教育类专业基础课系列教材

外国教育史

（第二版）

周 采◎编 著

HISTORY OF FOREIGN EDUCATION

华东师范大学出版社
·上海·

图书在版编目（CIP）数据

外国教育史 / 周采编著. —2版. —上海：华东
师范大学出版社，2020
ISBN 978-7-5760-0076-4

Ⅰ.①外…　Ⅱ.①周…　Ⅲ.①教育史—国外　Ⅳ.
①G519

中国版本图书馆CIP数据核字（2020）第036350号

外国教育史(第二版)

编　　著　周　采
责任编辑　师　文
特约审读　韩　蓉
责任校对　王丽平　时东明
装帧设计　俞　越

出版发行　华东师范大学出版社
社　　址　上海市中山北路3663号　邮编 200062
网　　址　www.ecnupress.com.cn
电　　话　021-60821666　行政传真 021-62572105
客服电话　021-62865537　门市（邮购）电话 021-62869887
地　　址　上海市中山北路3663号华东师范大学校内先锋路口
网　　店　http://hdsdcbs.tmall.com

印 刷 者　上海龙腾印务有限公司
开　　本　787毫米×1092毫米　1/16
印　　张　26.75
字　　数　627千字
版　　次　2020年11月第2版
印　　次　2023年7月第4次
书　　号　ISBN 978-7-5760-0076-4
定　　价　68.00元

出版人　王　焰

（如发现本版图书有印订质量问题，请寄回本社客服中心调换或电话021-62865537联系）

第二版前言

教育是国家发展的基础，是民族进步的关键，也是实现中华民族伟大复兴的基础工程。党的二十大报告提出"实施科教兴国战略，强化现代化建设人才支撑"，对加快建设教育强国、科技强国做出了全面部署，为到2035年建成教育强国指明了新的前进方向。本书旨在向读者阐述全球各地的教育发展历程，为我们理解和参与中国的教育改革提供有益的参考与启示。

《外国教育史》自2008年第一次出版，至今已有10年多。这次在原有书稿内容的基础上进行了修订，补充了一些新的内容，反映了相关领域学术研究的新成果。同时，也对书稿中的文字进行了修改，以使表述更加精炼。

新的版本较之第一版有如下变化：

1. 保持了《外国教育史》第一版的原有章节，仅对第二章"古代东方国家的教育"的第一节和第二节的顺序进行了调整，即将原来的第二节"两河流域的教育"调为第一节，将原来的第一节"古代埃及的教育"调为第二节。如此修改的原因是：先前人们曾认为文明的摇篮是尼罗河流域，但现在学者们一致同意，最早的文明出现在底格里斯河和幼发拉底河附近的美索不达米亚，尼罗河流域的埃及文明晚于其出现。

2. 在历史分期上，依然遵循传统的古代教育史、近代教育史和现代教育史的划分，但在其所覆盖的时间跨度上有所增加。

3. 第二版仍以民族国家作为审视外国教育史的基本单元，但在全球史研究不断有诸多成果问世的背景下，增添了一些新的历史背景资料，并关注各国和各地区在教育发展历程中的跨文化互动。

4. 在第四章"古代罗马的教育"中增加了塞涅卡的教育思想。作为晚期斯多亚学派的重要代表，塞涅卡强调通过教育使人格完善，重视博雅科目的学习，是西方绅士教育理想的渊源之一。

5. 第二版更加重视注明外国人名的外文姓名和生卒年代，并增加了许多专业术语的英文表述。

6. 添加了中文、英文参考文献。中文参考文献按发表时间排序，以便读者了解外国教育史学科发展的历史脉络；英文参考文献按照西方的惯例，按姓氏的第一个字母排序。

7. 为了帮助读者更好地理解和掌握每一章的内容，增加了"关键概念"栏目，说明每章写作脉络中的重要内容。

8. 对思考题进行了一些修改。

9. 需要说明的是，因篇幅过大，有些内容分为两章（上、下）进行叙述，对于该内容的总结将统一放在后一章的结尾处。例如，第八章和第九章介绍近代各国教育，其小结放在第九章末尾；以此类推。

由于编写者的学识水平，因此在本书阐述、分析、评论中难以避免片面或疏漏之处，敬请读者或使用者批评指正。

周 采

2023年7月于上海

第一版前言

　　教育史作为一门课程在大学开设最早是在19世纪初。近代普及教育的发展需要人们总结学校教育发展的经验或规律，但无论在欧美还是在中国，教育史学科主要是近代师范教育发展的产物。各国国民教育体系的建立促进了教育专业化和师范教育的发展，到19世纪后半期，欧美主要国家都开设了教育史课程，教育史教科书及相关读本陆续出版。20世纪20—30年代，我国学者也编写了一些研究外国教育史的著作和教材。当时，国人编写的相关书籍一般称"西洋教育史"。"外国教育史"的提法是新中国成立后才出现的，其体系主要受到苏联教育史教科书的影响。1962年，应高等师范院校教学的需要，曹孚先生编写了我国第一本《外国教育史》。同年，南京师范学院罗炳之先生编著的《外国教育史》由江苏人民出版社出版。20世纪80年代以来，研究外国教育史的前辈带领中青年学者编写了一批高质量的外国教育史教科书。近年来，情况的变化使编写新的外国教育史教材成为必要。一方面，外国教育史课程由学年课变为学期课，教材的篇幅有必要相应减少；另一方面，外国教育史领域近年来不断出现新的研究成果，也需要对教材内容进行适当的更新。

　　当今国际历史学界相对主义盛行，教育史研究呈现出多元化的趋势。但本人认为，教材的编写与学术著作不同，主要面对的是初学者而非专家。因此，在编写过程中注意了以下几点：

　　第一，坚持以历史唯物主义和辩证唯物主义作为编写本教材的指导思想，在一定社会背景下考察各个时代的教育制度和教育思想，并努力揭示其内在联系。

　　第二，在教材的性质方面兼顾职业取向与学术取向，而在历史编纂方面兼顾叙事取向和问题取向。

　　第三，广泛吸收近年来外国教育史研究领域的新成果，也反映了本人多年来从事外国教育史教学和研究的心得。

　　第四，为适应教学的需要，教材尽量编写得简明扼要；在编写体例方面：每章开头设计"提要"内容，结尾设计"本章小结"板块；结合教材内容列出若干思考题；书后附有参考书目，使读者对本学科的基本书籍一目了然。

　　在本教材的编写过程中，我曾和国内同行进行了交流，特别是华中师范大学教科院杨汉麟教授将自己制作的外国教育史课件提供给我作参考，在此，谨向杨教授表示最诚挚的感谢。

　　本书的出版得到华东师范大学出版社的大力支持，曹利群女士和赵建军先生给予了热情的帮助。本书的撰写参考了前辈和同行的许多研究成果，在此一并表示真诚的谢意。

　　由于本人学识水平有限，书中的缺点和谬误在所难免，恳请专家和读者批评指正。

周　采

2008年1月于南京

目 录

绪 论

一、外国教育史的研究对象

外国教育史研究对象的确定，涉及有关学科领域界线划分的问题，任何一门学科都有自己特殊的研究对象，这是其所以能成为一门学科的内在根据。首先，界定外国教育史研究对象的首要科学依据应是教育学科的研究对象，它应包括由被定义为教育学科的对象的研究所产生的知识系统。其次，由于外国教育史也属于史学范畴，所以它也应从历史的特定角度来研究问题，教育学作为一门学科应研究人类的教育现象和教育问题，外国教育史应从历史的特定角度来考察这些现象和问题。根据上述观点可以认为，外国教育史是教育科学的一个分支学科和基础学科，与中国教育史共同构成教育史学科。教育史具有教育学和历史学的跨学科性质。

根据上述考虑，外国教育史的研究对象应是除中国以外世界上所有国家和地区教育发生、发展与演变的全部历史过程。20世纪60年代以来，人们主张一种"大教育"理念，认为教育（education）不等于学校教育（schooling），教育史应既包括学校教育史，也关注家庭教育史和社会教育史；既研究教育实践和教育制度的历史发展，又探讨教育思想和理论产生与演变的历史。受篇幅和研究状况的限制，本书只能选择各个历史时期有代表性的国家和地区的教育实践、教育制度，以及有影响的教育理论作为主要内容。同时，外国教育史的任务不只在于单纯描述和罗列有关史实，或是仅考证和注释各种教育著作，更重要的是揭示外国教育发生与演变的历史规律，为我国教育事业的发展提供有益的借鉴和启示。

二、学习外国教育史的意义

外国教育史是教师教育课程的重要组成部分，是培养教师的必不可少的内容。随着近代教育专业化和师范教育的发展，教育史课程成为师范教育的必修课程之一。开设这门课程的目的，一是激发未来教师的职业热情；二是以史为鉴，运用教育史的实际经验，提高未来教师和在职教师的专业水平；三是影响其教育观，拓展其思路。

教育的发展具有继承性，今天的教育制度和教育理论并不是建立在虚无之上的。教育作为培养人的社会活动，与人类社会一同产生，并随着人类社会的发展而不断演变成今天的状况。今天的教育并不是与世界文明的发展相割裂的，而是其不断发展的产物，是人类以往所积累的知识和经验的概括和总结。事实上，今天教育学所涉及的许多问题正是自远古以来人们不断探讨的问题。学习和研究教育发展的历史，将有助于人们制定当前教育的总体方针，并预测教育发展的未来趋势。总之，了解外国教育的昨天是为了更好地理解今天和发展明天。

学习外国教育史有助于增长和深化我们的知识，开阔我们的视野。一部内容丰富的外国教育史将向我们展示多彩的历史画面。在学到有关历史知识的同时，我们还能与古人对话，从中学到各种看待问题的方法。我们将不会因孤陋寡闻而把早已为前人所提出的观点自以为是地当作新观点，我们能避免前人犯过的错误，训练自己学会理解、欣赏和公正地评价外国的各种教育实践和教育理论，并更有效地培养和锻炼我们的理论思维能力。

三、学习外国教育史的方法

做任何事情都必须讲究方法，尤其是学习，方法正确才能事半功倍。首先，应明确的问题是学习的方法应根据思维的方法，而思维方法按其适用范围和普遍性程度，是可以分为不同层次的。马克思主义认识论即辩证唯物主义和历史唯物主义揭示了关于自然、社会和人的思想发展的普遍规律，为一切科学研究提供了方法论。其次，一般科学思维方法，如系统方法、结构—功能方法、控制方法等是各种专门方法的概括和总结，是哲学思维方法的具体化。最后，还有各种具体学科的思维方法，如历史法和比较法等。学习外国教育史的方法大致涉及上述几个方面。同时，我们不应游离外国教育史的内容孤立地讨论学习方法，只有与内容相一致的方法才是科学的方法。

具体说来，在学习外国教育史时应注意以下几个主要的理论问题。

第一，社会大背景应成为外国教育史分析的中心。教育不是孤立地存在。我们不应就教育论教育，而应把它同广阔的社会背景联系起来，把教育看成社会整体的一个组成部分。一方面，每一个社会，其教育的发展水平是社会政治、经济和文化诸方面综合作用的结果；另一方面，教育对于社会政治、经济和文化也有反作用。在教育与社会诸方面的相互作用的关系中，社会物质生产和政治是决定和制约教育的重要因素，了解这一点将有助于我们正确地分析外国教育史发展的根本原因或基本动力。此外，在教育系统内部，各级各类教育之间和教育制度、教育实践及教育理论之间也存在内在联系，例如，学校教育制度的关键环节中的教育改革往往影响到初等教育和高等教育的发展。教育实践和教育理论之间也是相互影响的。

第二，历史的态度是学习外国教育史方法的一个重要方面。具体问题具体分析，这是马克思主义活的灵魂。这个原则要求我们把外国教育史的任何问题放在一定的历史范围内，放在其产生的历史条件下和整个历史进程中去加以考察。其一，看它们是否反映了当时历史发展的要求，是否促进了社会的进步，进而正确地评价其作用和意义。其二，不是根据教育家是否提供了我们今天所要求的东西，而是根据他们是否比他们的前辈提供了新的东西的原则，来判断教育家的历史功绩，不应苛求于古人。其三，以发展的观点和相互联系的观点看待外国教育史中的各种问题，要注意教育制度与教育思想的联系，以及不同时代与同一时代教育思想之间的批判继承关系；教育具有永恒性与历史性，它们之间的统一正是通过教育自身的批判继承来实现的。其四，依据史料而不盲信史料，重视研究主体的批判性历史思维。外国教育史知识的获得不应完全以史料为中心，而应重视提出问题和回答问题。一个人水平的高低不完全取决于其掌握的材料的多少，也受其思想水平和理论水平及其驾驭史料能力的影响。

第三，运用比较历史学的方法将有助于克服狭隘性，能帮助我们探索不同社会教育之间、不同国家之间教育等问题的共性和个性，还可以进行教育思想的比较，以发现教育发展的普遍规律和特殊本质。运用比较方法有一定的技巧：首先应确定比较的主题，然后需根据一定的标准，解释比较的内容，做出比较的结论。比较法的种类很多，有纵向比较和横向比较、同类比较和相异比较、定性比较和定量比较、宏观比较和微观比较以及综合比较等，应根据具体情况灵活运用。重要的是不能停留在事物的表象上，而是要进一步分析事物的本质，这正是运用比较法的目的所在。

四、外国教育的历史演变

在教育发展的历史分期问题上，我国教育理论界的学者见仁见智。在划分的根据或标准方面存在着意见分歧，但在具体的历史阶段的划分上却大同小异，一般大致分为古代、近代和现代三个历史时期。这一方面是受到历史学发展的影响，另一方面，教育的发展虽存在超前或滞后的情况，但大体上也是与整个社会的发展相适应的。因此，我们在外国教育史的历史分期问题上，也采取了一般的历史分期方法，大致勾画出外国教育产生、发展和演变的基本轮廓。

（一）古代教育史

古代东方的大河流域，如底格里斯河与幼发拉底河、尼罗河、印度河和黄河是世界文化教育的摇篮，在那里出现了最早的文字和学校。

古代希腊是西方文明之源。通过对东方先进文明遗产的吸收，希腊这个后起的文明之国得以在巨人的肩上创造出更加卓越的成就。在数以百计的城邦国家中，最有代表性的是斯巴达和雅典。对后世西方教育思想产生重要影响的人物是苏格拉底、柏拉图和亚里士多德。

在罗马帝国时期，产生了西方最早的教育行政制度。在中世纪早期，基督教教育成为西欧教育的主干，世俗封建主教育带有封建等级的特征。在中世纪后期，随着城市的发展，出现了中世纪大学、行会学校和城市学校，为西方后世的大学、职业教育和近代小学的发展奠定了基础。由于历史的原因，与西欧中世纪处于同一历史时期的拜占庭与阿拉伯在保存古代希腊和罗马文化以及沟通东西方文化方面有重要的历史贡献。

（二）近代教育史

1500年是世界近代史的开端。此前的世界基本处于闭塞状态，1500年左右的"地理大发现"之后，这种状态才被打破，西欧人走向海外，开始殖民征服，欧洲贸易才走出地中海的狭小范围而扩大到全世界，为新兴资产阶级开辟了新的活动场所，促进了欧洲封建生产方式迅速向资本主义生产方式过渡。文艺复兴时期是西方教育从中世纪教育向近代教育过渡的重要转折时期。人文主义者相信和重视教育在改造社会和形成完人方面的积极作用，一定程度上消除了禁欲主义对教育的消极影响。在宗教改革中，新教派教育家提出了国家应该承担教育的责任和普及义务教育的思想并积极付诸教育实践，平民小学有了较大发展，本族语开始作为教学用语，班级授课制得到发展。

17—19世纪是资本主义制度在先进国家取得胜利并得到巩固的时期，近代教育也得到了很大发展。首先是民族国家教育领导体制的建立。随着教育世俗化的发展，教育的领导权逐渐从教会手中转移到民族国家的手中，国家逐渐承担起教育的责任。其次是国民教育体系在各国的建立。初等义务教育逐步得到普及，国民教育成为民族国家进行社会控制的重要工具。再次是这个时期各级各类学校有了一定发展，在西方各国形成了带有明显等级特征的双轨学制；中等教育大众化的问题被提上议程；出现了一些新型大学，课程内容更加贴近社会生活。

在近代教育发展的各个历史时期，各国都出现了一些著名的教育家，他们批判了当时的教育体制和学校教育的弊端，针对当时的社会需要提出新的教育理想，不仅为当时和后来的教育改革提供了理论依据，也由于其思想的生命力而成为人类教育宝库的共同财富。

（三）现代教育史

19世纪末，欧美国家工业化迅速发展，人们试图通过教育的改进来解决各种社会矛盾，实现社会重建。实验科学，尤其是实验心理学的诞生和发展为教育革新提供了科学依据和方法论基础。19世纪末和20世纪初的欧美教育革新运动对现代欧美教育产生了深远影响，杜威和蒙台梭利是这个运动中具有代表性的著名教育家。

到1900年，中等教育成为发达国家教育领域中的重要一环。战后初期，欧美各国不同程度地致力于消除学校教育体系中的双轨制，中等教育逐步得到了一定程度的普及。1957年，苏联人造地球卫星的上天以及接踵而至的知识爆炸时代的到来，极大地刺激了西方各国的课程改革，人们急不可待地要将最新的科研成果充实到各级学校课程中去。

20世纪70年代以后，随着新的经济危机的到来，新自由主义和所谓"第三条道路"深刻地影响了西方各国教育改革的取向。在"小政府大市场"理念的主导下，市场机制被广泛引入教育改革。在有着地方分权传统的国家，它们在削弱地方当局教育领导权力的同时，加强了中央一级机构对教育的控制；为了鼓励竞争，给家长以更多的选择权利和机会；为了提高基础教育质量而大力推行标准化运动，国家课程和国家考试得到了发展。高等教育大众化时代的精英教育问题引发了新一轮论争，公平与效率的矛盾依然存在。

在20世纪世界教育思想史上，苏联教育思想占有重要地位。十月革命胜利以后，苏维埃政府遵照列宁的教育学说进行了教育改革和教育建设，不仅建立了独特和完整的苏维埃教育体系，也发展出不同于西方的教育理论。苏联教育理论以列宁的教育学说和马克思主义的方法论为思想基础，反映了不同时期苏联党和国家的教育方针，总结了苏联各个时期的教育经验。

20世纪欧美国家各种哲学流派异彩纷呈，并先后出现了与其相关的各种新的教育思想流派，包括改造主义教育、新传统教育（包括要素主义、永恒主义和新托马斯主义）、存在主义教育、结构主义教育、分析教育哲学、新行为主义教育、终身教育和现代人文主义教育。虽然战后各种教育思潮和教育流派使人眼花缭乱，但由于它们大多以现代西方哲学或心理学的某些流派作为自己的主要理论依据，大致可以分为三种主要思潮，即科学主义教育思潮、人本主义教育思潮、思辨唯心主义及宗教哲学教育思潮。

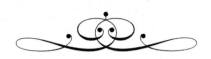

最早的人类可能出现在距今300万年或400万年之前，对于这段没有文字的史前时代（Prehistoric time）的研究只能依据古人类学、考古学、民族学、古生物学和古气候学等学科。研究人类教育的起源和史前教育有助于理解教育学原理，对于外国教育史学科来说，研究史前时代的教育具有发生学上的意义。

无论是考古资料还是文献记载都表明：光明来自东方。在古代东方的大河流域，如西亚的底格里斯河与幼发拉底河、埃及的尼罗河、印度的印度河和中国的黄河，是学校教育的最早发源地，在那里出现了世界上最早的文字、最早的学校、最早的书籍和最早的大教育家。

古代希腊教育是西方教育的开端，其渊源来自古代东方。雅典和斯巴达两个城邦的教育代表了不同的教育类型，对后世西方教育产生了重要影响。智者、苏格拉底、柏拉图和亚里士多德的教育理论是西方教育思想的源头，他们提出了经久不衰的教育话题。

古代罗马教育是古代希腊教育的延续。在学习和继承古代希腊教育的过程中，古代罗马人根据本民族的特点对其进行了改造。在与古代希腊文化的冲突与交融中，古代罗马的各级学校教育在共和后期得到迅速发展。帝国时期的学校教育成为国家的事业，加强了对学校和教师的控制与监督，产生了西方最早的教育行政制度，大规模的学校教育实践积累的丰富教育经验在古代罗马教育家的作品中得到了反映。

基督教产生于罗马帝国时期。中世纪早期，基督教教育成为西欧教育的主干，对欧洲政治、文化和教育的发展做出了一定的贡献。世俗封建主教育带有明显的等级性，宫廷教育和骑士教育反映了这种特征。中世纪后期，随着城市经济的发展，出现了中世纪大学，这是欧洲很多古老的大学的发端。新兴市民的行会学校和城市学校为西方后世职业教育和近代小学教育的出现奠定了基础。

在世界教育史上，拜占庭与阿拉伯的教育占有重要的历史地位。由于历史的原因，与西欧中世纪处于同一历史时期的拜占庭与阿拉伯的教育发展呈现出不同的历史图景。一方面，拜占庭与阿拉伯在保存古代希腊和古代罗马文化以及沟通东西方文化方面做出了重要贡献；另一方面，拜占庭与阿拉伯文化因其自身所具有的特色在世界文化史上熠熠生辉。

第一编 古代教育史

第一章 史前时代的教育

"从传统意义上讲，'史前'（prehistory）这个词指的是文字出现以前的时代，而'历史'（history）这个词用来表示文字产生之后的时代。人类能够用文字来交流、记录并保存资料。"[1] 对史前时代的研究主要依靠古人类学、考古学、民族学、古生物学和古气候学等多种学科所提供的材料。例如，古生物学和古气候学能使人们了解原始人类存在的环境及其对古人类产生的影响；古人类学和考古学提供了原始人类体质形态和物质文化发展的证据，以及当时人类社会关系和精神文化面貌的有益线索；民族学则可以帮助我们了解原始社会某一阶段的生产发展、社会生活、家庭形态、婚姻制度和宗教信仰等状况。马克思和恩格斯吸取了前人的研究成果，运用历史唯物主义方法，揭示了原始社会发展的基本规律，为原始社会史的科学理论奠定了基础。近几十年考古学和人类学的新发现和各国学者所进行的研究，丰富了原始社会史的材料，使原始社会史的研究达到了前所未有的水平，但在许多问题上还存在着较大的分歧和难点。[2]

第一节 人类的史前时代

一、人类的起源

人类历史和自然界历史有着紧密的联系。根据地史学和古生物学的研究，地球发展的初期阶段可能在60亿年之前，在距今46亿年前形成了地壳。此后的地球历史可分为五个代，即太古代（约46亿年前至25亿年前）、元古代（约25亿年前至6亿年前）、古生代（约6亿年前至2.25亿年前）、中生代（约2.25亿年前至7000万年前）和新生代（7000万年前至今）。每一个代分为若干纪，每一个纪又分为若干世。

最原始的生物出现在太古代。元古代末期出现了原始的腔肠动物、软体动物和节肢动物等多细胞的生物。古生代出现了生活在水里的最早的脊椎动物，后来发展成鱼类，其中一支演化成为两栖动物，两栖动物中的一个分支演化为爬行动物，其中一部分演化成各种各样的恐龙。最早的哺乳类动物及鸟类出现在中生代。

人类起源于新生代。新生代又分为第三纪和第四纪。第三纪分为古新世、始新世、渐新

① ［美］杰里·本特利、赫伯特·齐格勒著，魏凤莲译：《新全球史：文明的传承与交流（公元1000年之前）》（第五版），北京大学出版社2014年版，第6页。
② 吴于廑、齐世荣主编，刘家和、王敦书本卷主编：《世界史：古代史编》（上卷），高等教育出版社1994年版，第1—2页。

世、中新世、上新世；第四纪分为更新世和全新世。第三纪是哺乳动物发达的时代，在第三纪的始新世开始出现最早的灵长类。到了渐新世，在原始的灵长类中又先后出现了猴类和猿类，最早的人类就是从古猿演化而来的。从动物进化中可看出人类在自然界的位置——人属于动物界。现代人在动物界中属于脊索动物门，脊椎动物亚门，哺乳动物纲，灵长目，人科，人属，智人种。

人类的祖先是某种早已灭绝的古猿。一般认为，最早出现的猿人是曾经活跃于东非的南方古猿（Australopithecus），与人类和类人生物一样同属人科，可以直立行走，能够独立使用双臂完成工作，已具有一定的用言词交流的能力。大约在100万年前，南方古猿消失了，出现了新的具有更高智力的原始人类，属于人属，其中最重要的是直立人（Homo erectus），在距今250万年前至20万年前活跃于地球上。

大约20万年前，地球上出现了智人（Homo sapiens）。从10多万年前开始，智人的踪迹遍布整个东半球，居住在非洲、欧洲和亚洲的温暖地带。约1.5万年前，智人的社会组织几乎出现在世界上任何一个适合居住的地区。"很多学者认为，智人具有人类杰出的才智，能为了交流复杂的思想而构建强大而灵活的语言。随着语言的发展，人类能够积累知识，也能准确而有效地将知识传给下一代。"[1]

英国学者达尔文（Charles Darwin，1809—1882）的《物种起源》（The Origin of Species，1859）根据大量的动植物演变科学资料揭露了生物进化的规律。他在《人类起源与性的选择》（1871）中认为人类和现代的类人猿出自共同的祖先。恩格斯（Friedrich Engels，1820—1895）在《劳动在从猿到人转变过程中的作用》（1876）中运用辩证唯物主义的观点揭示了人类起源和人类社会产生的规律，提出了劳动创造人的理论。

"由于每年都有许多新的考古发现，而相关的理论又必须随着这些新发现而作修正，因此人类学家们尚不能就那200万年中人类物种更迭的细节达成一致。"[2]传统的非洲起源理论认为，最早的人类起源于非洲，然后迁徙到亚洲、欧洲、美洲和澳洲。但在爪哇出土的人类化石足以支持人类多地域起源论者的观点，即早期人类是在世界上的许多地方独自起源和进化的。为了解释新发现的化石，研究者将会在人类起源的问题上提出新的理论。

二、石器时代与母系氏族社会

人类最初使用的主要是石质工具（stone tools），考古学家把使用石器的时代称为石器时代（the Stone Age），主要分为旧石器时代（Paleolithic era）、中石器时代（Mesolithic era）和新石器时代（Neolithic era）。

（一）旧石器时代概况

历史学家和考古学家把在农业出现之前人类走过的一段漫长的发展时期称为"旧石器时

---

[1]　［美］杰里·本特利、赫伯特·齐格勒著，魏凤莲译：《新全球史：文明的传承与交流（公元1000年之前）》（第五版），北京大学出版社2014年版，第17页。

[2]　［美］斯塔夫里阿诺斯著，董书慧等译：《全球通史：从史前史到21世纪》（第7版·上），北京大学出版社2005年版，第5页。

代"，该时期可能在300万年前或更早就已经开始了，其最主要的特点是人们搜寻食物的方式，即猎取野兽或是在自然界采集能够食用的植物果实。生产工具以打制石器为主。人类已能用火，并以采集现成的天然产物为主，后来也猎取大动物。考古学者根据石器类型的分化，推测旧石器时代中期就有了性别的分工：男子从事狩猎，妇女从事采集。

关于最早的人类社会只能通过间接材料进行推测。一些学者认为，杂交的原始群（或原始人群）是人类最早的组织形式。另一些学者则认为，人类的第一个社会组织形式应是血缘家族。在血缘家族中，所有的兄弟姊妹都互为夫妻，亲子之间的婚姻则被禁止。但"血缘家族"这种社会组织形式是摩尔根[①]根据夏威夷人的亲属称谓提出的设想，尚无考古材料作为例证。

真正有考古材料作为证据的原始社会组织是母系氏族社会，它是在人类生产获得初步发展、能维持较定型群体生活并产生族内近亲通婚禁忌的基础上形成的，其成员必须和另一个氏族的成员通婚，互通婚姻的氏族就组成早期的部落。

（二）新石器时代的农业革命

新石器时代指的是从1.2万年前到6 000年前的早期农业社会。考古学家最初使用"新石器"这个词是由于这一时期工具制作技术的精良，他们在新石器时代的遗址中发现了磨制石器。"大多数历史学家和人类学家都指出，新石器时代的农业革命，是向文明过渡过程中最关键的进步，在这一过程中，通过植物的栽培和动物的驯化，人类不再是狩猎者和食物采集者，而成为食物生产者。"[②]

农业革命带来的最重要的改变是人口膨胀，促使新石器时代的人们采取一种新的社会组织模式，放弃了先前的游荡生活，转而在农田附近永久定居下来。大量的人口聚集在村庄中，促进了劳动分工。剩余的粮食使得一些人可以把时间和才智集中在自己的专业上，从而脱离了粮食生产。他们发展出一种早期的实用科学，从代代相传的经验中获得了有关地球及其运转规律的非凡的应用知识。新的社会分工和物品交换还使积聚财富成为可能。

新石器时代是母系氏族公社的全盛时期，族外通婚转为对偶婚，即由一对较为确定的夫妻组成，但容易离散。对偶也不构成独立的经济单位，所生的孩子留在女方的氏族内。氏族首领往往由年长的妇女担任。氏族的最高权力机关是氏族议事会，由全体成年男女组成，他们享有平等的权利。

三、文明的产生

在新石器时代末期，人类已知道使用金属。公元前3000年代，两河流域和印度河流域

[①] 摩尔根（Lewis Henry Morgan, 1818—1881）是美国著名的民族学家和人类学家。他从研究家乡的易洛魁人开始，深入研究了原始社会的社会制度、姻亲制度和氏族制度。其于1851年出版的《易洛魁联盟》是世界上最早的关于印第安人的民族学著作。1877年，他出版了著名的《古代社会》，指出氏族是原始社会的基本细胞，提出原始的母权制氏族是一切文明民族的父权制氏族以前的阶段。

[②] ［美］丹尼斯·舍尔曼著，赵立行译：《西方文明史读本》（第七版），复旦大学出版社2010年版，第18页。

已普遍使用青铜。从金石并用时代开始，原始社会进入解体阶段，但各地存在差异。在金石并用时代，两河流域、埃及和中南美洲的氏族制度已解体并出现国家；中国、印度和希腊爱琴海地区在青铜时代进入阶级社会；而罗马和世界大部分地区则到铁器时代才进入文明社会。

（一）社会大分工

从金石并用时代到铁器时代，出现了农业部落和游牧部落。恩格斯认为，游牧部落从其余的野蛮人群中分离出来，这是第一次社会大分工。氏族部落内部有了剩余产品，农业和畜牧业部落之间出现了经常性的交换。

社会大分工和交换的需要促进了手工业生产的发展，出现了制陶、纺织、酿酒和榨油等活动，尤其是金属器的出现，其冶炼、加工和制造需要专门的技巧和设备，多样的活动已不能由一人来进行，于是发生了第二次社会大分工——手工业和农业的分离。

（二）由母权制向父权制的转变

第一次社会大分工之后，男女性别间出现了新的分工。农业生产和放牧、牲畜管理都需要较强的劳动力，男子逐渐占主导地位，妇女转为主要从事家务劳动。原来以母系为中心的母权制氏族转变为以父系为中心的父权制氏族。

从母权制向父权制的转变是通过新的婚姻和家族形式来实现的，不稳定的对偶婚制逐步过渡为一夫一妻制。父系氏族公社仍保留着氏族社会的民主性质，由若干个家长制大家族组成。家长制大家族是父系氏族社会的基本社会经济细胞，它往往包括三四代的男系亲属，集体耕种属于氏族的土地，在大家族内共同消费。

（三）私有制和阶级的形成

从农业革命起，社会产品有了剩余，游牧部落中的畜群最早变为私有财产。第二次社会大分工后，出现了商品生产和货币，加速了私有制的发展，阶级产生了。为了生产出更多的剩余产品，人们不再把战争中的俘虏杀死，而是将其变为奴隶。私有制的产生和发展还使氏族内部出现财产分化，形成了氏族贵族。在氏族社会中不仅存在自由人和奴隶的差别，还出现了富人和穷人的区别。

劳动生产力的提高使得个体生产成为可能。以一夫一妻制及其子女所组成的个体家庭从大家族中独立出来，瓦解了作为父系氏族基本社会经济细胞的家长制大家族，形成以地域关系结合起来的农村公社。农村公社破坏了氏族的血缘关系，同时又保留着公有制的残余，比如土地、森林和牧场等是公有的，定期分配给家庭使用，它是生产资料公有制向私有制过渡阶段的社会组织。

（四）国家的产生

在氏族公社制度解体到国家产生的过程中出现了军事民主制，它保留了氏族制度的某些因素，同时存在着军事首长的个人权力。私有制和奴隶制的发展使得以掠取财富和奴隶为目的的战争频繁发生，战争进一步加速了社会分化，不同阶级和社会集团为了自身的阶级利益而斗争。氏族制度已经过时，为了调节阶级之间的利益冲突而使社会生存下去，必须建立一个强制机关，这就是国家的产生。

以军事首领和氏族贵族为代表的奴隶主阶级经过长期斗争夺取了全部权力，军事首领成为一国之王。国家从氏族组织的废墟上产生但与氏族有着根本的不同：氏族以血缘关系为纽带，国家则按地域来划分其国民；国家设有公共权力的暴力机关，如军队、警察、宪兵、法庭和监狱等，氏族则完全没有。国家的诞生标志着原始社会的终结。

第二节　教育的起源问题

教育的起源问题涉及"以什么样的方法论来认识的问题"，这不仅是教育史的问题，也被认为是教育原理的基本理论问题之一。[①]在近代教育史上，关于教育的起源问题有三种主张：生物起源说、心理模仿起源说和劳动起源说。

一、生物起源说

教育的生物起源说受到达尔文的生物进化论的影响，其主要代表人物是法国社会学家和哲学家利托尔诺（Charls Letourneau，1831—1902）。他在《各种人种的教育演化》（1900）一书中认为生存竞争是教育的基础。教育并不是人类特有的现象，远在人类出现以前，教育已在动物界存在。他把年长动物对年幼动物的爱护和照顾都视为一种教育，认为人类教育是在动物教育活动的基础上的改善与发展。他还把生物生存竞争的本能当作教育的起源和存在的基础。动物为了自身的物种的保存与发展，需要把自己的"知识"和"技能"传授给年幼的动物。

英国教育学家托马斯·沛西·能（Thomas Percy Nunn，1870—1944）在《教育原理》（1920）一书中认为："教育从它的起源来说，是一个生物学的过程，不仅一切人类社会有教育，不管这个社会如何原始，甚至高等动物中也有低级形式的教育。我之所以把教育称为生物学的过程，意思就是说，教育是与种族需要相适应的、种族生活的天生的，而不是获得的表现形式；教育既无待周密的考虑使它产生，也无需科学予以指导，它是扎根于本能的不可避免的行为。"[②]

二、心理模仿起源说

美国教育史家孟禄（Paul Monroe，1869—1947）在其《教育史课本》（*A Text-book in the*

① 孙喜亭著：《教育原理》（第2版），北京师范大学出版社2003年版，第17页。
② ［英］沛西·能著，王承绪、赵瑞瑛译：《教育原理》，人民教育出版社2005年版，第36页。

History of Education，1905）中从心理学观点出发批判了生物起源说，认为教育的生物起源说没有揭示人的心理和动物心理的本质区别，应当从心理学观点解释教育起源问题。

在孟禄看来，教育是起源于原始公社中儿童对成人的本能的、无意识的模仿（unconscious imitation）。原始社会中只有最简单形式的教育，普遍采用的方法是简单的、无意识的模仿，尚未有独立的教育活动，原始的教育就是一种无意识的模仿。[1]

心理模仿起源说过分夸大了模仿在教育中的地位和作用，而对教育是一种有目的、有意识的活动认识不足，否定了教育的目的性和意识性。[2]如果把模仿看作最初的、重要的教育手段是成立的，但把它看作教育的起源，未免把复杂的教育产生问题简单化了。[3]

三、劳动起源说

教育起源于劳动的学说主要是苏联一些教育史家和教育学家的观点，以耶·恩·米定斯基（Е. Н. Медынский，1885—1957）在《世界教育史》（1947）一书中的观点为主要代表。该学说主要以恩格斯的《家庭、私有制和国家的起源》和《劳动在从猿到人转变过程中的作用》为依据，认为从猿转变为人的根本原因是劳动。人类劳动有两个特点，一是制造和使用工具，二是劳动的社会性，即人类在劳动中组成一定的社会关系。

劳动起源说认为：① 教育从人类生产生活资料和生产资料的时候就开始了。人类为了自身的生存和延续，必须把生产经验和技能在劳动中传递给新生一代，教育是基于生产的需求、基于人类生存而产生的。② 教育是人类所特有的一种社会活动，是一种有意识、有目的的活动。这种意识性表现为教育者头脑中已获得生产知识，教育者已意识到传递经验的必要性，教育者还意识到要追求和达到的目标是什么。③ 教育产生于劳动是以人类的语言为条件的，语言和教育是同时在劳动中产生和发展起来的。

四、中国教育界关于教育起源的争论

新中国成立以后，我国教育学界和教育史研究者赞同并发展了苏联教育学家关于教育起源于劳动的观点，同时也和苏联教育学界一样，对生物起源说和心理模仿起源说持批判和否定的态度。

1978—1995年，教育起源问题的相关研究大致可分为两个阶段。第一阶段是1978—1983年，研究者大多重提劳动起源说，试图通过对教育起源于劳动的分析来探讨教育的生产属性，考察教育与生产劳动的关系，透视教育的经济功能。第二阶段是1984—1995年，这一阶段出现了大量研究教育起源的专文，对劳动起源说提出了不同的见解。

新的教育起源说主要有：① "教育起源于适应和满足人类社会生活和人类自身发展的需要"。② "教育起源于人类在劳动过程中形成的超生物经验的传递和交流"。③ "教育起源于人类教育的前身"。[4]

---

① Paul Monroe. *A Text-book in the History of Education*. New York: The Macmillan Company, 1905: 10.
② 胡德海：《教育起源问题刍议》，《华东师范大学学报》（教育科学版）1985年第2期，第68页。
③ 叶澜著：《教育概论》，人民教育出版社1991年版，第39页。
④ 参见瞿葆奎主编、郑金洲副主编：《教育基本理论之研究（1978—1995）》，福建教育出版社1998年版，第105—145页。

第三节　史前时代的文化教育概况

大量的考古发现表明，在史前时代，人类不仅创造了物质文化，也创造了精神文化，主要包括宗教的萌芽、史前艺术和科学知识的萌芽以及文字的产生。人类在旧石器时代和新石器时代的教育无文献可考，学者一般从近代仍处于原始社会阶段的部落的教育概况来推测人类原始社会教育的一般情况。

一、史前文化

宗教的萌芽有自然崇拜、图腾崇拜、巫术以及其他各种崇拜。史前艺术包括绘画、雕刻、装饰和音乐舞蹈等，科学知识的萌芽如初步的地理知识、原始语言和文字，这些都是原始社会教育的重要内容。

宗教是最古老而又普遍存在的意识形态之一。氏族集团是宗教活动的基本单位，故原始时代氏族制社会的宗教可概称为氏族宗教。在早期母权制时期有图腾崇拜和女始祖崇拜，晚期母权制时期有女性祖先崇拜、巫师崇拜和魔力崇拜等。到父权制时期，氏族宗教的主要形式有男性祖先崇拜、神灵崇拜和鬼怪崇拜等。到部落联盟时期，祖先神和自然神都出现了等级分化，还出现了地域保护神崇拜和天神崇拜。氏族宗教具有自发性、氏族性、制度性、地域性和功利性等特点，对氏族制度、社会经济、伦理、文化习俗和教育等有重要影响。[①]

艺术的萌芽大约产生于旧石器时代中期。人类在长期的集体劳动过程中发展了思维、语言和感官能力，有了审美意识和按照预想形象复制艺术品的能力和表达思想感情的需求，于是产生了史前艺术。尼安德特人[②]已能用赤鹿的趾骨、狐狸的犬齿和牛肩胛骨串成垂饰。

原始人已具有初步的地理知识，能够记住所到过的每一个地点，并给每一条小溪、山丘和悬崖以一定的名称。原始语言也产生了，但尚缺乏反映综合概念的词汇，每句所包含的词数也很少。原始人的数学知识还比较落后，只知道"多"和"少"，以后逐渐学会用具体物件作为计数的工具，最后形成了抽象的数的概念，但都处于萌芽状态。

文字是保存和传达语言的一种书写符号，扩大了语言在时间和空间上的交际作用，促进了人类的文明，是学校产生的重要因素。文字的产生经过了漫长的时期。最初，原始人常用刻痕和结绳的办法，但这些方法只能表达数量，而无法反映事物的特点和性质。在新石器时代，原始人发明了图画文字和象形文字，再进一步演进为表意文字。最早的文字产生于公元前4000年末，在西亚的塞姆语区，创造者是苏美尔人。[③]

[①] 参见吕大吉主编：《宗教学通论》，中国社会科学出版社1989年版，第352—391页。
[②] 尼安德特人（Neandertal）是旧石器时代的早期人类，出现于距今10万—3.5万年前。
[③] 吴于廑、齐世荣主编，刘家和、王敦书本卷主编：《世界史：古代史编》（上卷），高等教育出版社1994年版，第27—32页。

二、史前教育

在原始社会发展的早期阶段，生产水平极其低下，人们使用旧石器。在前氏族时期的民族中，老人在儿童和少年的教育中有着特殊的作用。教育仅是由成年人在生产劳动或生活中向年轻一代传授生产和生活经验，即使是最简单的工具的制造及其运用能力，都要求长辈给予儿童一定的指教。在前氏族时期社会制度的条件下，新一代的教育还带有很大的局限性和原始性。如恩格斯所指出的，儿童属于社会全体，原始公社的成员集体开展对儿童的教育，体现为儿童公有和儿童公育的传统。他们使儿童养成必要的生活习惯和劳动技能，使儿童认识整个部落的风俗，教儿童履行那些伴随着原始人民生活的各种仪式。

在近现代的一些原始部落，儿童在父母或在其他亲属或在公社的其他成员的教育下，在日常生活和生产劳动中，学习各种社会习俗、道德行为以及生产上的知识和技能。他们除了教给儿童以劳动的技能和技巧以外，还使儿童熟悉已发生的宗教仪式的规则，熟悉传说和英雄故事。在这个时期，传说和歌曲是培养习俗、品行和一定性格特征的素材。在原始社会，任何一个氏族成员都不能离开氏族而生存下去。所以，对于氏族成员来讲，必须服从氏族的风习和禁忌。氏族中有关婚姻的规定，有关共同分配的原则，氏族部落的各种决定，血族复仇等是每个氏族成员都要遵守的，并构成氏族对儿童进行道德教育的重要内容。这些教育多半由老人通过讲故事来进行，用氏族部落祖先的英勇行为启发青少年的道德感。

在母系氏族社会时期，男女两性分工的加强也体现在教育实施上，逐渐确定了男孩和女孩的一些区别。男女两性儿童在7—8岁以前，不分性别地由妇女照管。此后，男孩跟成年男子一起制造工具、打猎、捕鱼，女孩则跟成年妇女一起做饭、造器皿和制衣服。

苏联教育史家沙巴耶娃（M. Ф. Шабаева，1905—1983）在《论教育的起源和学校产生的问题》一文中依据人类学和考古学资料，推断在母系氏族社会的末期出现了社会教育机构的胚胎形式——"青年之家"（house of youth），它存在于男子之家内，由成年男人对达到一定年龄的部落少年实施社会的、军事的和宗教的教育。在史前时代的末期，当文字产生之后，青年之家也教授文字。随着社会分裂为对立的阶级，青年之家分为两种，一种是为普通人设立的，另一种是为特权阶级设立的，后者便发展为学校。

到了父系氏族时期，教育的内容和形式更加丰富。在教育的内容方面，增加了伦理道德和军事体育。在这一时期，比较普遍地实行青年礼（initiation），亦称"成丁礼"或"成年礼"，即原始氏族社会中考验青少年身心成长状况和确认其氏族成员地位的仪式和教育过程，其目的是要通过多种仪式对青年人进行考验，使其具备氏族、部落成员所应有的勇气和能力。这种考验通常是由老年人主持，由氏族选出特殊的人来进行教育。在不同的氏族和部落，青年礼的方式和时间都有所不同，有的长达数年，有的数月，有的数十天。

当私有制、奴隶制、一夫一妻制的家庭出现的时候，原始社会就开始瓦解了。家庭开始经营独立的经济，儿童教育也在家庭中实施。有些知识集中在少数人手中，智力教育跟教儿童学习各种需要体力劳动的工作分开，并变为祭司的特权。为了讲授这些知识，建立了特殊机构——学校，显贵的子弟可免去体力劳动，在特别的房舍里学习。

关键概念

教育的生物起源说	教育的心理模仿起源说	教育的劳动起源说
青年之家	青年礼	

本章小结

　　原始社会的教育具有全民的、平等的性质，是原始状态下的机会均等。与原始社会的社会组织和经济结构相对应，教育无阶级性，教育权平等，对儿童实行公有公育。少数人独占教育而多数人被排斥于教育之外的现象还没有产生，体力劳动和脑力劳动、体力劳动者和脑力劳动者还没有分离。教育为社会全体成员服务而没有沦为少数人奴役多数人的工具。

　　原始社会的教育尚未成为独立的社会活动，主要是附带在生活和生产的过程中进行。原始状态下的教育的基本特点是教育融合在社会生活之中，或者说是社会生活中包含一些教育的因素或教育的活动。老一辈在民族公社的生产活动、公共事务、宗教活动以及竞技等活动中，对年轻一代进行教育。因此，原始社会教育的内容具有多方面性，包括社会道德教育、生产劳动教育、宗教教育、文化教育和军事训练等多方面的内容。

　　原始社会的教育组织和方法还处于萌芽状态。由于没有文字和书籍、学校及专职教师，教育的形式和手段都极为简单，主要是老一辈结合实际生活通过口头语言的传授来进行的，儿童也在实践中以耳濡目染的方式进行学习，成人的榜样、讲述、奖惩，以及儿童自己的活动、观察和模仿等都是重要的教育途径。

　　随着人类社会进入阶级社会，教育民主平等的性质消失了，体力劳动和脑力劳动分离了，文化知识的少数垄断者出现了。在原始社会末期，教育开始分化，改变了当初的性质，并产生了文字和学校的萌芽。

思考题

1. 研究史前时代的主要依据是什么？
2. 了解史前时代历史发展概貌及其与教育的关系。
3. 了解关于教育起源的主要观点及其最新研究进展。
4. 论述史前教育的主要特征。

第二章　古代东方国家的教育

　　无论是考古资料还是文献记载都表明，在人类教育的发展史上，古代东方的大河流域，如西亚的底格里斯河与幼发拉底河、印度的印度河和中国的黄河是学校教育的最早发源地。在亚述、巴比伦、埃及、印度、希伯来和中国出现了世界上最早的文字，如苏美尔文字、古代埃及文字、古代汉字、古代印度文字和古代腓尼基文字；出现了最早的学校，如古代两河流域的学校、古代埃及的学校和中国学校；出现了最早的书籍，如古代两河流域的泥板书、古代埃及的纸草书和中国的竹帛书；以及最早的大教育家，如印度的乔达摩·悉达多和中国的孔子。东方文化还逐渐传入希腊，促进了希腊的文明化。[①]

　　学校的出现需要一定的历史条件：① 生产力的发展与社会分工的产生，丰富了物质产品，除提供人类消费之外，有了剩余产品，从而使一部分人专门从事教育活动而不参加生产劳动成为可能。② 人类积累了较为丰富的知识经验，需要集中地、专门地进行传授。与此同时，随着社会的发展，出现了文字，古代文字的书写和辨识都十分困难，需要长年累月的学习才能掌握，繁难的文字和繁多的知识，绝不是在实际生活中附带进行学习所能获得的，必须组织专门的机构专司其事，由任用专职人员负责，并使受教育者脱离其他事务而专心致志地钻研学习。③ 统治阶级需要垄断知识成果并传之于自己的后代，国家制度的建立以及统治者维护自身统治的需要，对人才培养规格也提出了一定的要求。以上这些都为学校教育的产生提供了重要的条件和基础。[②]

第一节　两河流域的教育

　　"第一缕文明之光出现在烈日暴晒之下的底格里斯河和幼发拉底河滋润着的一片荒原上。尽管以前有相当长的一段时间，人们曾认为文明发源于尼罗河流域，但现在大家已经一致认定，最早的文明中心是苏美尔。"[③]两河流域指底格里斯河（Tigris river）和幼发拉底河（Euphrates river）的中下游地区，其地理范围大致位于今日的伊拉克共和国的南部。两河流域

---

① 参见张瑞璠、王承绪主编，孙培青、任钟印本卷主编：《中外教育比较史纲》（古代卷），山东教育出版社1997年版，第一章"古代东方是世界文化教育的发源地"，第1—37页。

② 曹孚、滕大春、吴式颖、姜文闵编：《外国古代教育史》，人民教育出版社1981年版，第13—15页。

③ ［美］斯塔夫里阿诺斯著，董书慧等译：《全球通史：从史前史到21世纪》（第7版·上），北京大学出版社2005年版，第49页。

又称为美索不达米亚（Mesopotamia），意思是"两河之间的土地"。在古代，两河流域分为南北两部分，北部称亚述，南部称巴比伦尼亚。巴比伦尼亚又分为南北两部，尼普尔以北称阿卡德，以南称苏美尔。两大文明古国亚述和巴比伦就建在这里。从19世纪40年代开始，考古学者在这里发掘出大量的文物和文献并创立了"亚述学"（Assyriology），为研究两河流域的政治、经济和文化教育的历史提供了丰富的史料。

一、两河流域的古代文明

（一）两河流域历史概况

约公元前5000年后半叶，两河流域南部已有人居住，其历史包含着多种民族互相影响和互相承袭的过程。约公元前4300年，两河流域南部的苏美尔人进入金石并用时代，开始了氏族社会解体并向文明过渡的过程。公元前4300—前3500年，苏美尔人掌握了初步的人工灌溉技术，从事农业生产。一些农业公社成功地完成了从新石器时代的部落文化到文明的过渡。迄今所知的最早的文字，即苏美尔文字就产生于这个时期。约公元前3100—前2800年，出现苏美尔语的楔形文字。在两河流域已出现数以十计的奴隶制城邦。两河流域南部进入苏美尔早王朝时期（约公元前2800—前2371），后来出现阿卡德王国（约公元前2371—前2191）。乌尔第三王朝（约公元前2113—前2006）统一了两河流域南部。乌尔第三王朝灭亡后，古巴比伦王国再次统一两河流域，到第六代国王汉谟拉比（Hammurabi，公元前1792—前1750在位）时，巴比伦逐渐强大起来，建立了中央集权专制制度。约公元前1595年，古巴比伦王国被北方入侵的赫梯人所灭。

亚述地处两河流域北部，其历史分为早期亚述、中期亚述和亚述帝国三个时期。在早期亚述时期形成了以亚述城为中心的国家。在中期亚述时期，国王成为实际上的专制君主。从公元前10世纪末叶起，经过两个多世纪的征服战争，亚述人建立起一个地跨西亚和北非的帝国。公元前612年，亚述帝国灭亡，其遗产被新巴比伦王国和米底王国所瓜分。公元前605年，尼布甲尼撒（Nebuchadnezzar Ⅱ，公元前605—前562在位）即位为新巴比伦王国国王，与米底人、埃及人和犹太人之间不断发生战争。公元前586年，攻破耶路撒冷城以后，大部分居民被俘往巴比伦尼亚，史称"巴比伦之囚"。尼布甲尼撒对巴比伦城进行了大规模的建设，使巴比伦城成为当时世界上最繁华的城市。公元前539年，新巴比伦王国被新崛起的波斯人所灭。

（二）两河流域的文化

目前已知的最古老的文字出现在美索不达米亚，苏美尔人在公元前4000年代中叶创造了文字体系，经历了图画文字、表意文字和表音文字的发展历程。苏美尔人用削成三角形尖头的芦苇秆（或骨棒和木棒）当笔，在泥板上刻画，落笔后自然形成楔形，史称"楔形文字"（cuneiform），对西亚许多民族语言文字的形成和发展有着重要影响。腓尼基文字含有楔形文字的因素。

在科学上，苏美尔人是用10进位法和60进位法计数的。现在的计时法（1小时分为60分，1分是60秒）源于苏美尔计数法。苏美尔人还在天文学上改进了阴历置闰月的方法：1个月被分成4周，每周7天，分别用日、月、火、水、金、土、木七位星神的名称命名。"星期"意为星的日期，现在通行的七天一星期就始于此时。

腓尼基人（Phoenician）占据了地中海和黎巴嫩山脉中间的一条狭长的平原地带，自称迦南人。"腓尼基"这个词是早期希腊人对他们的称呼。腓尼基人对美索不达米亚文字进行了改进，于公元前1500年创造了22个辅音字母组成的早期字母文字，但没有元音。约公元前9世纪，希腊人修改了腓尼基字母并加上元音。罗马人在希腊字母的基础上形成拉丁字母并传给欧洲的文化继承人。又过了几个世纪，字母文字流传到中亚、南亚和西南亚，最终遍布世界大部分地区。

二、亚述和巴比伦的教育

（一）两河流域学校的产生

1. 学校诞生于寺庙

历史学家估计古代两河流域的学校诞生于寺庙。古代两河流域的人类生活受到寺庙的支配和深刻影响，寺庙是宗教和经济生活的中心，肩负着社会和政治等方面的职责。僧侣特别是高级僧侣大都有较高的文化修养，寺庙又有较为充实的图书资料和观象台等设备，自然成为文士（scribes）教育的场所。

2. 学校出现的时间

亚述和巴比伦的学校起于何时说法不一。有的学者认为至迟在公元前3000年代中叶已有学校出现，到公元前2000年，许多学校纷纷成立。有的学者则认为公元前2000年以后才有学校存在。许多苏美尔文献提到约公元前2000年代初期的学校。可以肯定的是，在汉谟拉比时期，培养文士的学校已盛行于全境。

3. 马里城学校遗址

20世纪30年代，法国考古学家帕拉（Andre Parrot）在两河流域上游的马里城发掘出一所约公元前2100年的学校，包括一条通道和两间房屋，小房面积为大房的三分之一。大房排列着4张石凳，可容纳45人；小房排着3张石凳，可容纳23人，很像学校的课室。房中放着许多学生的作业泥板。墙壁四周的底部安放着装有泥土的浅水槽，好似是准备制作书写用的泥板。在地板上装点了很多贝壳，好像是教授计算的教具。有学者推断这就是那个时期的学校；也有学者推断马里城学校是公元前3500年的建筑，是人类最早出现的学校，比埃及最早于公元前2500年产生的宫廷学校早1 000年。

（二）两河流域学校的类型和组织

根据在两河流域考古发掘出的远古学校遗址，按照其类型和组织可大致分为三类：第一类由宫廷或政府机关设立，第二类由寺庙设立，第三类由文士设立。三类学校很可能是并存的，特别是在巴比伦古王国时期。

有些考古学家认为，寺庙学校最为兴旺，僧侣掌握天文、数学、医学和建筑等知识；曾以各种符号创制音阶表和单词表；绘制苏美尔文和阿卡德文的语法解说；利用赞美诗、咒语、卜辞以及法律和历史知识指导学生从事语句练习；在课本中编写注释以减少学生学习的疑难；绘画山川鸟兽图形作为教学辅助；用讲授有趣的神话和寓言的方式进行道德教育。

学校是培养文士的场所。文士可为僧侣，可任官职，还可充当私人雇用的文字工作者。最初，文士有面向大众的倾向，后来阶级和等级日趋森严，社会地位高者的子弟才有入学的机会。

关于学校的规模和组织，文献中也屡有叙述。校长、教师和学生互称"同事"，自称是"学校的成员"。校长被尊为"学校之父"，是受师生敬仰的领袖。教师被直译为"泥板书舍的书写者"。在某些大规模的学校，教师可能分科任教，教授计算、测量、苏美尔文和图画等。古代东方国家，如中国、阿拉伯、波斯和土耳其等都是古典文和通用文共存，两河流域也不例外。亚述和巴比伦是双语并存的国家，古老的苏美尔文比日用的阿卡德文更受重视，苏美尔文教师的地位也高于阿卡德文教师。

那时学生作业繁重，在教师之下设有辅助教师或导生，由年长而准备充当教师者在教师指导之下从事实习性质的工作，反映出艺徒制或导生制已存在于教师培训之中。除校长和教师之外，学校还设有监督员（泥板书舍的管理人）、图书馆员、学生出席检查人员、鞭责学生人员和校门看守人员等。

在寺庙学校之外，还有书写家学校。一些希望充任政府官吏的人，到精通书写的书写家的家里就学。一般来说，寺庙学校水平高深，主要培植政府的高级僚属；书写家学校教学的水平较低，培养一般文书工作者。寺庙学校因此享有更高的社会声望。

（三）学校的教学内容和教学方法

在发掘出土和翻译成文的文献中有许多论述教育的作品，如《恩奇曼西和吉尔尼沙的争执》、《学生》和《文士和他的不肖之子》等，多方面展示了两河流域学校的概貌。

文士教育分为两个阶段进行。第一阶段传授基础知识，对象是一般学生。第二阶段是将志趣不同的学生分派到相应的寺庙或政府机关，按其准备承担的职责，接受较高水平的定向培养，方法是通过师生传承的艺徒制或导师制。

初级阶段以苏美尔文和阿卡德文的教学为主。教师教学生书写和阅读用古典的苏美尔文和通用的阿卡德文写成的书，练习苏美尔文和阿卡德文互译，书写重于阅读，古文重于今文。教师严格规定了学习书写的程序：先学习、记忆和抄写基本音阶，然后练习拼音，再掌握词汇。抄写时使用泥板，教师或导生先在上面写出范字，再令学生立即仿照书写。教师订正后，泥板随而揉搓成团以便下次再用。练习抄写的内容包括文学作品、皇家函件摘录和法律纲目等。

数学和音乐也是文士应学的知识。数学包括乘法、倒数、系数、核算账目、分配物资和计算体积等。在《恩奇曼西和吉尔尼沙的争执》中有这样互相揭短的话："你去划分田地，却没有能力完成任务，因为你不会运用测量工具，不会钉立田地的界桩，也讲不清如何划分的道理。"另外还说："即使他有了乐器，他也不会学唱，他是同辈同学中最蠢笨的，他不能发出优美的声音，不能歌唱，不能开口。"这反映出学不好音乐也是受人讥笑的。

文士不同于律师，不能出庭辩护。为能执行各项职务也必须娴熟法典和司法用语。学校教授先前的法令和后来的《汉谟拉比法典》（The Code of Hammurabi）。完成了初级阶段的教育之后可获得初级文士的资格。在第二阶段的教育中，学生到政府部门实习和学习。公元前2000年代的"智慧之家"也被推测是修完文士教育的青年修习高深学科之地。两河流域的学校侧重应用价值，不像希腊学校那样面向理论探索。

文士学校的教育方法在发掘的资料中也有记述。由于学习难度高，作业数量多，在教学方法上注重机械抄写和高压手段，盛行体罚。学生在一块泥板上写道："我不能迟到，否则老师会鞭笞我。"[1]有时教师甚至用锁链把学生双腿系起，令其至少两个月不得离开学校。

（四）两河流域文化教育的影响

在很长一段时期内，教育史家未曾给予两河流域的学校教育以应有的关注。但后来考古发掘出的大量文物充分揭示了这里的学校不但产生最早，其制度、课程和方法也达到了较高水平。亚述和巴比伦的学校教育可能早于埃及，至少与埃及同时有了学校，是人类最初的学校教育的摇篮。

亚述和巴比伦在与各国通商和扩充疆土的过程中，对腓尼基的艺术和商业以及对希腊的史诗和文学都产生了重要影响。特别是"巴比伦之囚"，使当时的犹太人看到了巴比伦城的学校和图书馆，深受异邦文化启发。有学者推断，犹太人曾把巴比伦的贵族教育体制推行于自己的国家。希伯来人把犹太会堂发展成为学校也是受到亚述和巴比伦寺庙学校的启示。更为重要的是，他们把巴比伦的一神教观念带回去，把对耶和华的崇拜发展成为犹太教，而犹太教是基督教的重要渊源之一。

第二节　古代埃及的教育

古代埃及是世界文明的发源地之一，位于东北非洲，北临地中海，东濒红海，南邻努比亚，西接利比亚。尼罗河（Nile River）是世界上最长的河流，河水源自东非高山上积累下来的雨水和雪，从南到北纵贯埃及全境，全长6 695公里，最后注入地中海。在1968年阿斯旺大坝（Aswan Dam）竣工前，尼罗河每年7—11月定期泛滥，洪水退去留下肥沃的土壤。公元前6000—前5000年，古代埃及的农业文化已相当发达并使用铜器。古埃及文明和美索不达米亚文明在很多方面是相似的，但也有着重要的区别。"古埃及文明的特点是稳定和乐观，比较而言，美索不达米亚的文化和宗教反映的是动荡和悲观的意识。"[2]

---

[1] James Bowen. A History of Western Education, Volume One. New York: Methuen & Co. Ltd, 1972: 14.
[2] ［美］丹尼斯·舍尔曼著，赵立行译：《西方文明史读本》（第七版），复旦大学出版社2010年版，第2页。

一、古代埃及历史概况

约公元前4000—前3500年，古代埃及出现了私有制和阶级关系的萌芽，约公元前3500—前3100年，私有制逐步确立，阶级逐渐形成。约公元前3100年，古代埃及国王美尼斯（Menes）统一了埃及，孟菲斯城最终成为埃及的政治文化中心。美尼斯及其后继者建立了一个由埃及国王——法老（Pharaohs）统治的集权国家。古代埃及的历史大致分为早期王朝时期（公元前3100—前2660）、古王国时期（公元前2686—前2181）、中王国时期（公元前2133—前1786）和新王国时期（公元前1567—前1085）。在被希腊人征服以前，古代埃及经历了31个王朝，从小国寡民的诺姆国家到地域王国，直至扩张为一个地跨西亚和北非的奴隶制帝国。

至少在公元前3200年的时候，古代埃及已出现了文字。可能受到美索不达米亚的影响，古埃及早期的文字也是象形文字，不过，古代埃及人很快补充了表示声音和概念的符号。古代埃及人将这些象形文字装饰在纪念碑和建筑物上，被希腊早期的旅行者称作圣书体。这种文字也被书写在纸草上。纸草是一种用尼罗河沿岸盛产的纸莎草芦苇制作的纸，古代埃及人称这种纸草为"Paoerus"，后世英文中的"paper"和法文及德文中的"papier"便是由此而来。为便于存放，古代埃及人把长的纸草卷成卷，这便是后来书籍分"卷"（volume）的由来。[①]但在日常生活中，约从公元前2600年到公元600年，古代埃及人主要使用僧侣体文字，这是一种简化了的象形文字。在古代埃及人采用希腊字母书写自己的语言后，发展出世俗体和科普特文字。

根据希罗多德（Herodotus，约公元前484—前425）在《历史》中的说法，希腊神话受埃及神话的影响很大，几乎所有神的名字都是从埃及传入希腊的。古代埃及人在应用科学（如天文、历法、医学和数学等）方面做出了自己的贡献。埃及人在预测尼罗河水的涨落中建立了天文学，把1年定为365天，12个月，每个月30天，剩下5天放在年尾作为节日；已能计算矩形、三角形、梯形和圆形的面积；发明了木乃伊的制作方法，为人体解剖积累了知识；金字塔（pyramids）更是古埃及文明的象征。

二、古代埃及的学校

在学校建立以前，古代埃及的教育主要在家庭中进行。那些需要精巧技术的职业，如僧侣、建筑师和木乃伊师等是在家中以父子相承的方式来传授的。根据古代埃及文献的记载，在古王国时期就出现了宫廷学校。到中王国时期，古代埃及已有类型多样、水平各异和组织良好的学校，如宫廷学校、职官学校、寺庙学校和文士学校等。

（一）古代埃及学校的主要类型

1. 宫廷学校

比较可靠的资料证明宫廷学校存在于中王国时期。新王国时期的宫廷学校不仅有记载，更有考古学家发掘出学校遗址。根据苏联教育史学家耶·恩·米定斯基的看法，建于公元前2500

---

① 张瑞璠、王承绪主编，孙培青、任钟印本卷主编：《中外教育比较史纲》（古代卷），山东教育出版社1997年版，第19页。

年的埃及宫廷学校是人类历史上有文字记载的最古老的学校。[①]

宫廷学校是由古代埃及法老设在王宫内的一种学校，主要以皇子、皇孙及贵胄大臣子弟为主要教育对象，也从一般奴隶主子弟中选择优秀者入学。法老邀集文士进行教学。年轻者所学的大概是一些普通课，包括读、写、数学和天文学等基础知识。对成年学生则进行程度较高的知识传授。学习结束以后，就被派往国家各机关接受锻炼以获得实际经验，然后正式委任为官吏。

2. 职官学校

职官学校也称为书吏学校，大约出现于中王国时期，是一种由政府各部门创建的、培养政府各机关合格职官的学校。由于政务繁忙，仅有宫廷学校已难以满足需要，政府部门不得不设立学校以培养所需要的职官，如管理国王马匹的机构担负训练司马官员的功能，管理档案的机构就负责培训管理档案的官员，国王银库附设学校以培养银库所需要的官员。

职官学校的学生大约从5岁开始学习，延续12年。学校不仅教授普通课程，还进行专门的职业教育。这种学校往往由学校所从属的政府机关的官吏担任老师。学生毕业以后，一般就在相关政府部门任下级官吏。

3. 寺庙学校

古代埃及的寺庙在社会上也享有较高地位。有些寺庙的僧侣有很深的学术造诣，精通数学和天文学。寺庙既是宗教活动的场所，也是为法老办理天文和建筑等专业事务的机构。大的寺庙办有寺庙学校，研究并传授神学、文学、地理学、地志学、历史学、数学、天文学、医学、建筑学、测量和水利学以及雕刻、绘画、舞蹈、音乐、法律和伦理学等。

在寺庙学校所进行的是较高深的科学研究和教育，重在学术知识的传授和探讨，俨然是古代埃及的最高学府。寺庙内藏书丰富，据说古代希腊的梭伦、泰勒斯和柏拉图等人曾到此游学。

4. 文士学校

文士在古代埃及社会中占据很重要的位置。公私事务都注重书写，一般子弟可以通过学为文士和充当书吏获得升迁。为了满足社会需要，文士学校应运而生。这类学校是私立的，多由担任各级官员的文士招生授课。一般说来，学校除教学生学习读、写、算以外，有时也教数学、天文和医学等，还教授外邦文字，如巴比伦文字。但文士学校的培养水平参差不齐，修业年限不一。穷家子弟进入水平较低的文士学校，富家子弟则进入水平高一些的文士学校。

（二）古代埃及学校的特征

上述古代埃及的各种学校目标不同、水平各异，但有以下相同点：

① 各类学校一般都以僧侣和官吏为师，并产生了大批被教育史家视为古代埃及最早的专业教师的人——文士。② 学习识字和学会阅读是教育的基本内容。古代埃及象形文字复杂，学生要掌握600多个构造复杂的符号是颇为困难的。书写的难度更大，需要花费比学习阅读更

[①] ［苏］米定斯基著，叶文雄译：《世界教育史》，生活·读书·新知三联书店1950年版，第11页。

多的时间。学生要学会用各种书写体进行抄写。抄写的内容一般是信件、道德训条或知识性的内容。学校一般都较重视辞令，强调教学生学会说话。③　由于建筑、水利、天文、税收和军事远征都离不开数学，因此，文士如果不懂数学会被视为耻辱。古代埃及学校利用许多时间教授数学，如算术和几何。④　在教育和教学方法上注重灌输和惩罚。古代埃及的学校每天学习的时间很长，从清晨起学一整天，有时还要到夜晚。学校盛行体罚，文献记载一位老师教训其学生："不要把时光玩掉了，否则你就要挨揍，因为男孩子的耳朵是长在背上的，打他他不听。"①

（三）古代埃及文化教育对西方的影响

古代埃及文化教育对西方文化教育的产生有深刻影响。古代埃及的象形文字对西亚的腓尼基字母的产生发生过重大影响。②而直接影响希腊文字产生的是腓尼基文字。从古代希腊文字衍生出拉丁文，从希腊文和拉丁文衍生出欧洲各国文字：英文、德文、法文、意大利文、西班牙文和葡萄牙文等。

希腊的数学、科学、宗教和神话很多是从古代埃及传入的。希腊人从古代埃及人那里学到了测地法。埃及人最初使用了12位神的名字，如宙斯、阿波罗、雅典娜、狄奥尼索斯等，后来曾被希腊人借用。这些神的名字、形象、职责、祭祀仪式等都是从埃及传入希腊的。埃及的风俗习惯也传入希腊，神托所和预言都是从埃及传入希腊的。希腊人关于灵魂不朽、灵魂可以和肉体分离的哲学——宗教思想最初也是从埃及传入的。③

第三节　古代印度的教育

古代印度是一个历史上的地理概念，指喜马拉雅山以南的整个南亚次大陆，包括现在的印度、巴基斯坦、孟加拉国、尼泊尔和不丹等国的领土。在古代印度，并不曾有任何一个国家以印度作为自己的国名。印度作为地域的名称是从印度河这一名称引申而来的。根据考古发现，印度河最早的文明是哈拉巴文化（Harapp，公元前2300—前1750）。其衰亡以后，古代印度的历史进入吠陀时代（Vedic age，约公元前1500—前500）。后期吠陀时代，军事民主制的机构转变成国家，种姓制度（caste system）形成，婆罗门教（Brahmanism）的教育成为古代印度教育的主流。公元前6世纪，古代印度进入列国时代（公元前6—前2世纪），因早期佛教（Early Buddhism）文献对研究这一时期具有重要作用，该时期也被称为"早期佛教时代"。公元前6世纪中期出现佛教，佛教教育在古代印度发展起来。后来佛教成为世界三大宗教之一，对世界教育产生了深远的影响。

---

① ［苏］司徒卢威著，陈文林、贾刚、萧家琛译：《古代的东方》，人民教育出版社1955年版，第89页。
② 吴于廑、齐世荣主编，刘家和、王敦书本卷主编：《世界史·古代史编》（上卷），高等教育出版社1994年版，第136页。
③ 张瑞璠、王承绪主编，孙培青、任钟印本卷主编：《中外教育比较史纲》（古代卷），山东教育出版社1997年版，第9—10、35—37页。

一、古代印度文明

（一）历史变迁

1921年新发现的印度远古文明被称为"印度河流域文明"，又被称为哈拉巴文化。考古发现的2000多枚印章上刻有文字，文字符号的总数在400—500个，有学者试图释读，但迄今未能得出公认的结论。哈拉巴文化的几百个遗址中已有城市国家。

印度河流域文明衰亡以后，古代印度的历史进入"吠陀时代"，相关传说被收集在被称为《吠陀》（*Vedas*）的文献中。早期吠陀时代（约公元前1500—前900）是雅利安部落进入古代印度的最初阶段，其氏族部落组织开始解体。后期吠陀时代（约公元前900—前600），雅利安人逐渐向东、向南扩展，分布于整个恒河流域以至纳巴达河流域，种姓制度正式形成，出现了国家，王权由选举产生。

在列国时代（公元前6—前2世纪）出现了许多不同大小和程度的国家，其中摩揭陀王国逐渐强大起来，在公元前500年，成为印度东北部最重要的国家，在那烂陀王朝时期（Nalanda Dynasty，约公元前364—前324），统一了恒河流域。公元前327—前325年，马其顿亚历山大曾侵入印度西北部。其后，孔雀王朝（约公元前324—前187）建立。在阿育王（约公元前268—前232在位）时期基本完成统一，建立了中央集权。

（二）古代印度文化

古代印度民族众多，语言复杂。在雅利安人进入印度以后，其语言成为占支配地位的语言，属于印度欧罗巴语系，最古老的是"吠陀梵语"，公元前4世纪形成梵语（Sanskrit）语法规范。梵语主要用于官方和宗教方面，民间则使用方言。印度河流域文明的文字失传以后，雅利安人的《吠陀》等作品长期靠口耳相传。约在列国时代初期再次出现文字。公元7世纪的梵文字母共47个，元音14个，辅音33个，是近代印度字母的原型。

没有文字的早期雅利安人创作了无数诗歌，最早的口传作品《吠陀》是为雅利安诸神创作的赞美诗、歌曲、祷文和仪式的汇编。约公元前600年，《吠陀》被记录下来，共有四部。《梨俱吠陀》所反映的时代被称为"早期吠陀时代"。《沙摩吠陀》、《耶柔吠陀》和《阿闼婆吠陀》所反映的时代被称为"后期吠陀"。在后期吠陀产生的时期又逐渐出现了解释吠陀的文献，即《梵书》、《森林书》和《奥义书》。这些文献所反映的时代被称为"后期吠陀时代"。

古代印度最伟大的史诗《摩诃婆罗多》（*Mahabharata*）和《罗摩衍那》（*Ramayana*）产生于吠陀时代晚期，描绘了印度教价值观的变化，是口口相传的世俗故事。《摩诃婆罗多》讲述了两大家族之间的战争。《罗摩衍那》最初是一部关于爱情和冒险的故事。婆罗门教的学者在公元后的几个世纪里对这两部史诗进行了修订，把护卫之神毗湿奴（Vishnu）放在史诗中最重要的位置。

古代印度人很早就注意观察天象，在吠陀时代已知道金、木、水、火、土五星，将其与日、月并称为七曜；还知道月亮经过的星座共28宿；将一年定为12月，每月定为30日。每年共360日，所余差额用增置闰月的方法来弥补。在笈多王朝（Gupta Dynasty，320—550）时期，数学家创造了从1到9的数字，又加了一个0，提出数字按位计值的方法，对数学运算起到了重要的作用。公元8世纪，阿拉伯和波斯的学者发现了印度数字，后来欧洲人将这种符号称为"阿拉伯数字"（Arabic numerals），因为他们是通过阿拉伯的穆斯林学习到的。

二、古代印度的教育

古代印度教育的发展与种姓制度、婆罗门教和佛教密切相关。"雅利安人没有建立大规模的政治机构，但是他们创建了一种明确的社会等级（social order）。实际上，他们的社会等级制度（social hierarchy）以某种方式维持了社会秩序和稳定，起到了在其他社会——比如美索不达米亚、埃及和中国——里的国家和政治组织的作用。"[①]

（一）种姓制度、婆罗门教与教育

1. 种姓制度与教育

"种姓"术语来源于葡萄牙语"casta"，指世袭的、通常不变的社会等级和社会身份。约公元前1000年以后，雅利安人逐渐区分出四个瓦尔纳（varna，意为"颜色"）：婆罗门（Brahmins）是祭司；刹帝利（Kshatriya）是战士和贵族；吠舍（Vaishyas）是农耕者、工匠和商人；首陀罗（Shudras）是农民和奴隶。前三个种姓是雅利安人氏族部落公社的成员，可以参加公社的宗教仪式，属于"再生族"。首陀罗没有公社成员的身份，主要是非雅利安人，不能参加宗教仪式，不能得到第二次生命（宗教生命），是"非再生族"。种姓制度形成以后，每一个人的社会地位都由其家庭出身来决定，各个种姓的人都世代地从事规定的职业，不能任意改变。各个种姓之间原则上禁止通婚。

种姓制度以及婆罗门权力高于一切是印度文明发展的突出特征之一。古代印度的教育以维系社会等级和培养宗教意识为其核心任务，所有雅利安人都必须受教育。婆罗门垄断了文化和教育，其他种姓不得从事教育活动。首陀罗被剥夺了受教育的权利。这些规定后来正式被载入《摩奴法典》（Manu Code）。

2. 婆罗门教与教育

在后期吠陀时代，雅利安人的宗教逐渐发展为有完整体系的婆罗门教，"梵我一致"说和"造业轮回"说是其主要的教义。在《奥义书》（Upanishads）中出现了对整个宇宙和人生所作的宗教哲学解释，认为唯一真实的存在是被称为"梵"或"梵天"（Brahma）的世界精神或灵魂，个人的"神我"来源于"梵"。由于人在世上造了"业"（Karma），死后灵魂不能重归于"梵"，或投生为生物，或转世为种姓高低不同的人，这要由人所造的"业"的善恶程度来定。人只有领悟这个道理，使"神我"与"梵"一致，才能摆脱轮回之苦。婆罗门教的"造业轮

---

① ［美］杰里·本特利、赫伯特·齐格勒著，魏凤莲译：《新全球史：文明的传承与交流（公元1000年之前）》（第五版），北京大学出版社2014年版，第114页。

回"说起了为种姓制度辩护的作用，对后来兴起的佛教教义也有深刻影响。

婆罗门教重祭祀的传统，是从早期吠陀时代的雅利安人继承而来的。但婆罗门教的"梵我一致"说和"造业轮回"说不把献祭神灵作为解脱痛苦的关键，而是强调人对自身和世界的反省以及个人的修行，对人世的认识具有浓厚的悲观色彩。后期吠陀时代，正在兴起的王权经常举行大祭来显示自己的权威及神圣的性质，婆罗门祭司们从中获得大笔财富，形成一个掌握神权的特殊等级，并垄断了对婆罗门教义和教法的解释权，而这种特权正是通过教育来获得和维持的。

（二）婆罗门的教育

在种姓制度中，婆罗门的地位最高。在吠陀时代，婆罗门垄断教育特权，教育的主要内容是婆罗门教的《吠陀》以及解释《吠陀》的各种文献，如《奥义书》等。其所受教育体系的完备程度和学术发展的较高水平反映了古代印度早期学校教育发展的主要特色。在早期吠陀时代，婆罗门的教育在家庭中进行。到后期吠陀时代，随着各门知识的积累和发展，尤其是解释《吠陀》的各种文献，如《梵书》、《森林书》和《奥义书》出现以后，家庭已不能承担复杂的教育工作，学校教育应运而生。古代印度最早的学校是古儒学校，其教育的主要内容是传授《吠陀》。

1. 早期的家庭教育传统

在雅利安人进入印度河流域初期及以后相当长的时期，家族是社会政治结构的基础。父亲是一家之主，对子女的生活有绝对的管理权，并传授生活的基本知识和技能、约定俗成的道德和风俗习惯，最主要的是传授《吠陀》。在文字出现以前，雅利安人的《吠陀》等作品依靠口耳相传，内容晦涩，艰深难懂。教学形式或以族长为师，或以父教子，教育的目的在于保持种姓的世袭和善尽僧侣职责。教学方法主要以朗读和背诵为主。最初在印度各地出现的学校是吠陀学校，亦称僧侣训练学校。吠陀学校初期仅招收婆罗门子弟，将其训练成未来的婆罗门祭司。到公元前500年左右，刹帝利和吠舍的子弟也可入学，但教师只能由婆罗门祭司担任。

2. "古儒"与学校的兴起

公元前8世纪左右，古代印度出现了解释《吠陀》的文献，进入"奥义书"时期。如果说在"吠陀"时代，解释经义和传授各门学科知识已非一般家庭教育所能胜任。于是出现了"古儒（guru）学校"。"古儒"指对解释《吠陀》的文献如《奥义书》具有研究而专门在家里从事青少年教育的人。他们在家设校，称作"阿什仑"（ashram）。

一般说来，婆罗门子弟7岁入学，刹帝利子弟8岁入学，吠舍子弟11岁入学。在成为正式学生以前，有一套例行程序：向古儒提出申请，举行隆重仪式，通过考验者方可入学。学生在古儒家中学习时间的长短视所学《吠陀》的卷数而定。学习一卷《吠陀》约需12年，完成《吠陀》四卷需48年，因而一般学生仅学习一卷。在完成学业时也要举行一定的仪式才能离开学校，一年内的学习时间只有4个半月或5个半月。古儒对学生进行道德训练，注重言传身教，对学生的卫生、宗教、举止和言行等有严格要求；在教学过程中常将年长儿童作为助手，是为近代"导生制"的渊源；传授《吠陀》以及相关知识是婆罗门教的义务，因而禁止收费。学生完成学业时，家长往往赠送丰厚的礼品。

课程设置除了四卷《吠陀》外，还有历史、文法、祭礼规则、数学、预兆学、时间学、因明学、伦理学、字源学、发音学、礼仪学、诗学、灵魂学、武器学、天文学和美术等。其中主要基础学科是"六科"，即语音学、韵律学、文法学、字源学、天文学和祭礼，在此基础上再钻研《吠陀》。教学采用口授法，《吠陀》需要背诵。学生在沙地上练习写字，一旦掌握技术之后就可用铁笔在棕榈树叶上写字。公元2世纪的教育法典规定：良好的教学必须不给儿童带来任何不愉快的感觉，教师须使用甜美而仁慈的语言。但儿童犯了过失，教师也可以严峻的语言申斥和威胁：下次再犯，便将拳打；拳打无效，就可把犯过者投入水中。①

除"古儒学校"外，婆罗门教还在各处设置"图洛司"（Tols），即一种简陋的学舍，每个学舍约有学生25名，不收费并供应食宿。"图洛司"受婆罗门势力控制较松，学习《吠陀》是主要课程。"图洛司"散布在各乡镇，有时数个"图洛司"设于几个中心地点，形成较大的学术教育中心。

3. 高等教育的雏形

从"奥义书"时代，几个较大的学术教育中心发展成为高等学校，如托克席拉（Takshasila）、班拿耳斯（Benares）、那的亚（Nedia）和萨罗蒂（Salogti）等。学者们设坛讲学，招收门徒，著书立说，阐明经义。意见分歧的学者们相互诘难，共同讨论。虽都在浓厚的宗教神学气氛中进行，但为古代印度高等学校的建立和高等教育的发展提供了条件。②在当时的学校里种姓等级森严，婆罗门和刹帝利垄断教育大权，主要培养高级的婆罗门祭司，以确保婆罗门在社会中的垄断地位。较晚出现的各种分科学校无不笼罩在浓厚的宗教氛围下，为阐明、解释和论证《吠陀》服务。

三、佛教教育

在列国时代初期（公元前6世纪前后）产生的佛教对婆罗门垄断教育的状况有很大的冲击。早期佛教的创始人是乔达摩·悉达多（Siddhartha Gautama，公元前563—前483），他被后人尊称为"佛陀"或"释迦牟尼"。他宣传"一切众生，皆有佛性"，打破种姓制度，将教育权和受教育权普及于四个种姓，在印度历史上，首陀罗第一次取得了受教育权。

佛陀传教从分析人生问题入手，认为当务之急是拯救世人。佛教主张"缘起论"，认为世界上一切事物都依赖一定的条件而存在。世上万事变幻无常，任何事物不可能永久保留，不必留恋尘世，而应追求永恒的存在——"涅槃"。佛教继承了婆罗门教的"造业"和"轮回"思想，主张众生平等，只要信奉佛教都有可能超脱生死轮回，进入极乐世界。佛教的基本教义是"四谛"说，即苦谛、集谛、灭谛和道谛。所传的教义适应了当时各个种姓反对婆罗门种姓特权的要求，得到了摩揭陀等国君主的支持，受到富人的大量布施，从各种姓中获得了大批信徒，很快发展成为一个大的宗教。

佛教寺院是佛教教育的主要机构。佛教认为，只有进入寺院修行学习，才能得到完全的解

---

① 曹孚、滕大春、吴式颖、姜文闵编：《外国古代教育史》，人民教育出版社1981年版，第27页。
② 戴本博主编：《外国教育史》（上），人民教育出版社1989年版，第24—25页。

脱。凡欲出家进入寺院者不能有疾病，也不能是奴隶、债务人以及为国王服役的人。不足年龄者由家长申请入院。学习分为两期：第一期称帕伯伽（Pabbajja），入学年龄为8岁；第二期称乌帕沙姆帕大（Upasampada），入学年龄为20岁。入学仪式简单，剪去头发，穿黄色宽袍、披其一肩，向大和尚行礼，口中并念："我受佛祖之保佑，我受大嘛（Dhamma）之保佑，我受善之保佑。"[①]

佛教学习的主要内容是佛教经典，也学习其他科目，如字典编辑法、医药、因明、哲学和经书注释等。最初阶段，教师口授，学生记诵；高深阶段，采用争辩和议论的方法。第一期儿童8岁入寺院学习12年，经考试合格者，称作"比丘"（Bhiksu），意为僧人。多数比丘离寺回家，少数人继续留寺，一般再学习10年，学习内容分为教义传授与生活监督两个方面，经过5年的学习后，如能熟读《唯纳耶》（Uinaya）则可与其师分住；如往他处，则仍要受到其师照顾，直到10年期满为止。

佛教教育极为重视道德品格教育和言行举止训练。寺院对衣、食、住、行、学习和修行等方面订有种种清规戒律。僧人不得从事任何世俗性职业，平时生活全凭乞化和在家信徒供养。洒扫寺院等杂务均由初学者担任，高级学生则致力默祷。僧徒对老师要毕恭毕敬，老师起身行走、睡觉以及日常小事都由学生侍奉。教师则要全心教育学生，要传授经义和照顾学生衣食住行。和婆罗门学校一样，师生关系非常融洽。

古代印度学术水平最高的佛教寺院约有六七所，其中最为著名的是纳兰陀寺，在公元5世纪以后逐渐发展为规模最大、学术成就最多的寺院，成为各国学生留学的胜地，并通过他们把佛教的大乘教义和古代印度的文化传播到亚洲各地。

公元10世纪以后，佛教在印度不再流传，但在东南亚其他国家得到了广泛传播，成为世界三大宗教之一。佛教教育对东方各国及西欧的教育都产生了重要影响，尤其是对中国宋代书院有重要的影响。佛教迎合了那个时代刹帝利和吠舍两个种姓的要求，主张众生平等，不分种姓高低，皆有受教育、追求来世幸福的权利，在一定程度上照顾了下层劳动人民，扩大了教育对象。

第四节　古代希伯来的教育

在美索不达米亚文明和古埃及文明之间建立起了一些在政治上无足轻重的小国，其中最重要的是腓尼基人和希伯来人（Hebrews）所在的国家。"腓尼基人是一个商业民族，促进了贸易，建立了殖民地，并传播了近东的文化。希伯来人发展了宗教和伦理观念，这成为日后基督教和伊斯兰文明的基础。"[②]希伯来人建立了以色列和犹太王国。犹太教在诸多方面都与近东其他国家的宗教不同，尤其表现在它的一神教、契约性和道德训诫方面。希伯来人的教育具有浓

---

① 蒋建白著：《印度教育概览》，商务印书馆1947年版，第8页。
② ［美］丹尼斯·舍尔曼著，赵立行译：《西方文明史读本》（第七版），复旦大学出版社2010年版，第2页。

厚的宗教神学氛围，服从、信奉和敬畏上帝是儿童教育的主要内容，其次是律法教育。

一、以色列犹太国家

公元前2000纪，最早的希伯来人在美索不达米亚和埃及之间过着游牧生活，后来在一些城市定居。据《圣经·旧约》记载，希伯来人的祖先亚伯拉罕来自苏美尔的乌尔城，大约在公元前1850年移居巴勒斯坦。考古学证据表明，在巴勒斯坦中心的山地，以色列人在公元前1200年以后维持了共同体，在公元前100年之后建立了几个小的王国。在经历了一系列政治和军事的失败的过程中，以色列人越来越强调对耶和华（Yahweh）的信仰。在所罗门王国（公元前970—前930）之后分裂，北部是较大的以色列王国，南部是较小的犹太王国。公元前722年，亚述人征服了以色列王国，公元前586年摧毁了耶路撒冷城，征服犹太王国。犹太人被掳至巴比伦，史称"巴比伦之囚"（Babylonian Captivity，公元前586—前538）。

在"巴比伦之囚"时期，犹太人的先知们[①]秘密传播着一种救世主的思想。犹太教（Judaism）就是一个以救世主耶和华为唯一的神来信仰的一神教（Monotheism）。他们相信耶和华（上帝）一定会惩治恶人，拯救犹太人。犹太教的发展经历了几个阶段，从以色列犹太人的氏族部落宗教发展为民族宗教，其上帝观也从家族和氏族部落的保护神演变为护国神和民族神。犹太教的经典是《圣经》（Bible）。从犹太教中演化出基督教时，《圣经》成了基督教经典的一部分，即《旧约》，在救赎理论和礼拜仪式方面也发生了很大变化。当基督教发展成世界宗教的时候，犹太人仍坚信本民族的犹太教，并作为散在世界各地的以色列犹太人的民族认同的根据。罗马人统治巴勒斯坦地区时，犹太人的多次起义均遭镇压。他们散居世界各地，一直保持着自己的宗教信仰和习俗而未遭同化。

二、古代希伯来的教育

古代希伯来的教育发展大致可分为两个时期，第一个时期约从摩西带领希伯来各部落逃离埃及到公元前586年犹太亡于巴比伦，这一时期以家庭教育为主；第二个时期从公元前586年至公元70年罗马吞并希伯来，这一时期以学校教育为主。[②]

（一）早期的教育

摩西带领希伯来各部落走出埃及定居巴勒斯坦以后，逐渐由游牧文化进入农业文化，形成父权制家庭。家庭是教育年轻一代的主要场所，父亲承担教育儿童的职责，道德和某些职业方面的训练以及宗教神学的灌输是家庭教育的主要内容，培养对耶和华的信仰是教育的重要目标。在早期家庭教育时期，儿童在家庭中享有较高的地位。教育上较注重引导、启发儿童提问和观察事物，注重父子之间的亲密感情和说服感化。犹太教教育使得犹太人在散居各地的情况下仍保持其宗教信仰。

---

① 先知（prophet），指犹太教、基督教《圣经》中指受上帝启示而传达上帝的话或预言未来之人。
② 戴本博主编：《外国教育史》（上），人民教育出版社1989年版，第31页。

古代希伯来的早期教育内容与宗教相联系，音乐和律法是学习的主要内容。音乐自古以来就在以色列人生活中占有极其重要的地位，主要为举行各种宗教仪式服务，作为赞美上帝、感化人的心灵和记载希伯来人的历史传说的手段。据说摩西曾作歌并要求希伯来人世代相传。大卫王也非常重视音乐的作用，据说他是希伯来第一个诗人，写过不少优雅动听的歌曲，在执政期间雇用了大批音乐教师，大规模开展音乐活动，并以此进行宗教教育。希伯来教育中所说的律法比现在意义上的法律要广泛得多，包括道德伦理、卫生、民法和宗教等内容。

古代希伯来人对书写艺术不如古代埃及人那么重视。其简单的农牧经济和特有的宗教生活无须书写；政府和王宫不甚重视与外界的外交往来、历史档案记载和商业贸易活动；古代希伯来人注重口耳相传和记忆，国家大事和历史掌故多以歌谣和故事的形式流传下来。在士师时期（约从约书亚死后至撒母耳），在巴勒斯坦地区开始出现书写。从撒母耳以后，官方记录、私人秘书、军队中的文士和其他一些文士才相继出现。在《圣经·历代志上》中提到"众文士家"，表明当时书写已开始成为世袭的职业。这一时期，先知们也开始运用书写，表明当时书写已得到广泛使用。但是，阅读和书写真正成为犹太人生活中不可缺少的一部分还是在犹太人从巴比伦返回家园后才开始的。

（二）学校教育

1. 文士的兴起

公元前538年左右，希伯来人重返家园后，重建城市，建立宗教公社，恢复了古代宗教生活，祭司成为最高统治者，《圣经》成了唯一法典。多年被囚的生活是希伯来人宗教和文化上的转折点。首先，希伯来人接触到了比自己先进的文明。当时的巴比伦有规模宏大的学校和图书馆、极其发达的文学艺术，是当时学术和文化的中心，通过接触，希伯来人认识到了学校和文学、艺术的重要性。其次，在返回家园后，希伯来不再是从事农牧的民族，大多居住在城镇，从事捕鱼、商业和手工业制作。

这一时期，先知阶层不复存在，第一批职业教师即文士阶层兴起。文士的原义是对律法有专门研究的人，集抄写员、律师和翻译为一身，逐渐占据希伯来人宗教生活的主要地位。只有家庭富裕又有许多闲暇时间的人方可成为文士。成为研究《圣经》的文士是每个青年梦寐以求的理想，虔诚与精通法律成为同义词。宗教不再是以往意义上的同上帝进行心灵交流，而是对律法进行深入钻研和精心考证。

2. 犹太会堂的兴起与初等教育

犹太会堂出现于"巴比伦之囚"时期。每逢安息日，希伯来人在家中祈祷，遇到三大节日则按古老习俗举行宗教仪式。后来由分散祈祷转向集体祈祷，在各居民区建立会堂。起初，会堂是进行教育、供人思考和祈祷的场所，后来逐渐成为讲述律法知识、在安息日和周末举行礼拜的地方。由异邦返归故土后，犹太会堂也随之迁移，传授律法变得愈发重要。祭司和文士在会堂中实行免费教育，起初限于青年或成人，后逐渐扩大到儿童。随着城市生活的发展和人们闲暇时间的增多，犹太会堂在各地普遍建立，除举行宗教仪式，为来自乡下做礼拜的人提供食宿以外，还在会堂中讲经学法，祭司或文士朗读律法后进行解释。由于前来会堂听讲经学律法的儿童越来越多，教学事务繁忙，会堂不得不设专人在会堂中或在附属的房舍中负责教学，初等学校应运而生。

希伯来人的学校究竟产生于何时尚无定论，但与犹太会堂密切相关。犹太人返回家园后，当时的家庭教育已无力承担教育儿童敬神和传授律法知识的重任。接触了巴比伦先进的文明后，希伯来人认识到了建立学校的重要性。普遍文化知识的增长、希伯来文学的传播以及从事商业贸易活动也要求青年人掌握有关的宗教和律法知识，通晓一般的读、写、算等技艺。对律法和《圣经》进行深入研究更需掌握读写知识，而家庭教育则难以满足。据史料记载，公元前2世纪左右，学校真正从犹太会堂中分离出来，形成较完备的教学制度。公元前1世纪，学校已极为发达。当时曾有规定：每一村落设学校1所，儿童在25名以内者，由教师1人教学；儿童满40名，另增助教1人；儿童满50名，设教师2人。[①]

希伯来人极为重视早期教育。先知以赛亚（Isaiah）主张婴儿断奶时就应开始接受教育，认为婴儿在襁褓中就应知道上帝是宇宙间的唯一神和创造者。儿童应背诵祈祷文、箴言，学唱赞美诗。在6岁正式进入学校前要大致了解《圣经》。在学前教育阶段，儿童还要参加各种宗教仪式，学会如何祈祷、如何敬神等。

初等学校或设在犹太会堂，或设在附属于会堂的房舍里。男孩6—10岁在文士和助手的指导下学习，课本是《摩西五书》，开篇是创世纪的故事。这时期主要是背诵《利未记》和《申命记》，也传授有关阅读、书写和算术方面的知识。10—15岁，儿童主要学习口头法律（oral law）。15岁以后，家庭富有的青年或部分有志成为文士的人学习宗教理论和律法理论，训练主持宗教活动的能力，还学习数学、天文学、外国语和地理等知识。

课程的学习以律法为主，教育儿童（包括女孩）熟悉和遵守律法是生活的主要内容之一。青年人到18岁如不从事神职工作便要学习经商。无论家境如何和地位高低，每个希伯来男孩都要学习一些经商技巧。在学校教育阶段，注重传授律法知识和宗教理论，注重记诵律法条文和《圣经》章句，重字义而不求甚解。其教学方法可归纳为以下几点：① 视律法和《圣经》为圣典，严禁对其作任何增加、删减或发挥。② 强调背诵和记忆。教学的最高目的在于使学生丝毫不漏地掌握《圣经》，能够一句不差地背诵《圣经》是学者最值得夸耀的事。③ 理论与实践相结合。学生在道德训练中，要对律法知识有精深的造诣并将其付诸实践。④ 为使儿童专心研读《圣经》并养成良好习惯。希伯来人主张体罚，当体罚无效时甚至可以将儿童置于死地。

古代希伯来的教师享有很高的社会地位。犹太人认为教师是一种神圣的职业，因为是第一位教师——上帝把律法教给了以色列人，教师又把律法传授给了以色列人的儿童。"要像尊重上帝那样尊重教师"是希伯来人对青年人的忠告。教师是儿童精神上的父亲，地位远比亲生父亲高得多。

古代希伯来的教育有浓厚的宗教神学氛围，要求儿童一开始就要服从、信奉和敬畏上帝，注重品德培养胜于传授知识，尤为注意培养儿童谦逊、节制、仁慈和诚实等品质，各种形式的教育的目的都是为了向学生灌输神学知识和律法理论。在希伯来人看来，掌握世俗知识的目的是为宗教神学服务。无论是其前期的家庭教育还是后期的学校教育都不重视自然科学知识和人

① 曹孚、滕大春、吴式颖、姜文闵编：《外国古代教育史》，人民教育出版社1981年版，第36页。

文知识。在基督教出现以后，犹太教的《圣经》被称作《旧约圣经》(*Old Testament*)，和《新约圣经》(*New Testament*)一起被编入《圣经》中。

关键概念

楔形文字	腓尼基字母	马里城学校遗址
泥板书舍	文士教育	纸草
《吠陀》	古儒	犹太会堂

本章小结

在学校出现以前，古代东方各国都有着家庭教育的传统，父亲在男孩的教育中担负着主要的职责。学校的产生标志着教育的发展进入了一个新的历史阶段，是社会生产力发展的产物。剩余产品的出现、人类在社会生活中间接经验的一定积累和文字的产生是学校产生的三个基本条件。

最早的文字及学校出现在古代东方的一些大河流域。青铜器和铁器的使用推动了灌溉农业的发展，为知识的积累和教育的专门化提供了条件。古代东方国家产生了最早的文字和学校，是世界文明的摇篮。

古代东方学校教育的基本特征表现在以下方面：首先，具有鲜明的阶级性和等级性。学校教育为奴隶主所占有，教育权为统治阶级所垄断，反映在教育的对象、培养的目标和教育的内容等方面。其次，学校教育与生产劳动完全脱离，不再在生产和生活的过程中附带进行，这是文明时代与原始时代教育的本质区别之一。

古代东方国家最早的学校类型主要有宫廷学校、寺庙学校和文士学校等；有了专职教师、固定的学生和专门的教材。但教师职业还不稳定，尤其在初期的学校中，教师专业化程度较低，主要以祭司、官吏和文士（书吏）为师；大多数学校设施简陋，个别施教，尚未形成正规的教学组织形式；教育内容包括智育、德育及宗教教育等，宗教色彩浓厚；教学方法注重书写和背诵，盛行体罚。

思考题

1. 世界上最早的学校发源地在哪里？
2. 试论古代东方国家的教育在世界教育史上的地位。
3. 试论古代两河流域的文化教育在世界教育史上的地位。
4. 古代埃及教育对西方教育有什么影响？
5. 简述古代印度的"古儒学校"。
6. 古代希伯来的教育与古代东方其他国家的教育有什么不同？

第三章　古代希腊的教育

希腊在古代不是一个国家的名称，而是希腊人对其所居住和生活地区的通称。公元前3000纪，希腊半岛的早期居民在美索不达米亚文明、埃及文明和腓尼基文明的影响下建立了社会。从公元前7世纪到前2世纪，希腊人以其积极的商贸活动使地中海各个地区的社会和经济成为一个整体，并为人类提供了大量关于哲学和教育的思考。"正如波斯、中国和印度的古典传统塑造了本地区的文化经历一样，希腊人的传统也对地中海区域、欧洲以及亚洲西南部地区带来了深远的影响。"①古代希腊的历史大致分为五个阶段：爱琴文明或克里特、迈锡尼文明时代（公元前20—前12世纪）；荷马时代（公元前11—前9世纪）；古风时代（公元前8—前6世纪）；古典时代（公元前5—前4世纪中期）；马其顿统治时代（公元前4世纪晚期—前2世纪中期）。

第一节　古代希腊各时期的教育

古代希腊教育的发展通常被划分为荷马时期、古风时期、古典时期和希腊化时期四个历史阶段。

公元前11—前9世纪是古代希腊历史上的荷马时期，因这个时期的资料主要来自《荷马史诗》（*Homer's Epic*），因而得名。《荷马史诗》相传为生活在公元前8世纪的盲诗人荷马（Homer）所作，包括《伊里亚特》（*Iliad*）和《奥德塞》（*Odyssey*）两部史诗，保存了希腊青铜时代后期和黑暗时代（指迈锡尼文化消失后的300年）的丰富信息，在教育、宗教和文化方面具有重要意义。荷马时期的希腊处于从氏族制度向奴隶制度的过渡时期，尚未出现学校。公元前9世纪初，希腊人建立了许多城邦，斯巴达（Sparta）和雅典（Athens）的教育具有代表性。以雅典为代表的希腊文化在后世欧洲的文化发展史上打下了深刻烙印。"在教育史上，斯巴达的教育通常是作为雅典教育的对比的意义上受到重视。"②在希腊化时期，希腊特别是雅典的学校教育制度传播到埃及、小亚细亚、波斯和美索不达米亚，文化教育的中心也从雅典转移到亚历山大里亚城（Alexandria）。

---

① ［美］杰里·本特利、赫伯特·齐格勒著，魏凤莲译：《新全球史：文明的传承与交流（公元1000年之前）》（第五版），北京大学出版社2014年版，第276页。
② 曹孚、滕大春、吴式颖、姜文闵编：《外国古代教育史》，人民教育出版社1981年版，第41—42页。

一、古典时期的希腊教育

公元前750—前700年，众多城邦涌现于希腊世界。一般而言，世界各民族从原始社会进入文明社会，最早建立的国家都是城邦类型的小国，再由小国演变为大国以至帝国。希腊文明的特点是在很长时间里保留了城邦小国分立的局面，并在城邦体制下其文明达到了繁荣昌盛的高峰。公元前800年，希腊人改进了腓尼基字母，以腓尼基人的辅音字母为基础，加上元音，由此创造了表达人类语言非常灵活的书写体系。

（一）斯巴达教育

斯巴达位于伯罗奔尼撒半岛南部。公元前7世纪中期，斯巴达对其邻邦美塞尼亚（Messenia）进行了大规模战争，历经许多困难后镇压了希洛人（Helots）的起义，使其沦为斯巴达国家的奴隶希洛特。从那时起，斯巴达人开始不惜一切代价保持自己的优势地位，进行了各种政体改革以确保斯巴达的统一和军事力量。传说中的立法者莱克格斯（Lycurgus）在公元前825—前800年推行改革，逐渐形成斯巴达的政体形式。①公元前6世纪，希洛特在人口数量上远远超过斯巴达公民，大约达到10∶1，使斯巴达人不得不耗费其全部的精力和资源以维持强有力的军事机器。"有组织的娱乐活动、集体进餐、公众事务、军事训练和执勤等活动几乎构成了生活的全部内容。"②斯巴达教育的全部特征都由追求军事效率的愿望决定，在维持对希洛特的军事统治的过程中很早就意识到了教育与城邦军事目的相一致的极端重要性，并使军事训练成为每个公民应尽的义务。

尚武成为斯巴达国家的灵魂并决定了其教育的特质。斯巴达人从7岁起就住到兵营里接受训练，20岁成为正式军人，服兵役直至60岁为止，一直受到军纪的约束。体弱多病的婴孩被遗弃于荒野等死，只有体质好的婴孩才能得到抚养。斯巴达人不用褓裸束缚婴儿，注重使儿童养成良好的生活习惯。7岁的男孩必须离家到公育机构（兵营）里生活。同龄人分成小队，挑选勇敢机警者担任小队长，由20—30岁的青年担任小队教导员。国家设有总监，由当地最高尚、最优秀的人担任。他们的助手叫作"鞭打者"，负责监督辖区各小队教导工作。此外，每一个斯巴达公民都有权随时教育、责罚任何一个斯巴达儿童，这被视为每个公民应尽的义务。

斯巴达的公育机构对儿童进行一种特殊形式的政治教育。教官或来访者与儿童谈话，常提出一些政治性的问题，如谁是城里最优秀的人，或问其对某一特别行为有何想法。儿童的回答必须简捷而有道理，如果回答错了，教导员处以咬大拇指作为惩罚。"尽管斯巴达教育的结果，总的说来，损毁了个性，但它仍然注意培养少年们在实际事务中的机智和聪明。"③

斯巴达妇女地位比较特殊，不像雅典有地位的妇女那样与世隔绝。为了培养身强力壮的军

① 关于莱克格斯改革的一手材料非常缺乏。一般认为，最好的证据来自色诺芬（公元前434—前355）在《斯巴达政体》中的描述。
② ［美］斯塔夫里阿诺斯著，董书慧等译：《全球通史：从史前史到21世纪》（第7版·上），北京大学出版社2005年版，第103页。
③ ［英］博伊德、金合著，任宝祥、吴元训主译：《西方教育史》，人民教育出版社1985年版，第13页。

人，国家鼓励多生育。出于母亲身体的强弱对胎儿有很大影响的考虑，斯巴达人让女孩子接受和男孩子一样的锻炼，如赛跑、角力、掷铁饼和投标枪等。男子常年出外远征，妇女作为一家之长受到尊敬。在希腊各城邦中，斯巴达的妇女作为出色的保姆和斯巴达的男人作为骁勇的战士一样出名。

一方面，斯巴达教育在造就全心全意为了国家的无敌战士的目标方面无疑是成功的。他们训练了年轻一代坚强、不怕苦和服从纪律的品性。另一方面，文化教育或科学教育被认为是无意义的事情。国家没有把阅读作为教育的组成部分，文学和艺术在斯巴达教育体系中没有地位。当其他希腊人发展了广泛的美学和艺术的兴趣时，斯巴达人固执地迷恋其狭隘的生活方式，在他们中间从来没有出过著名的诗人、艺术家或哲学家，甚至在伴随宗教仪式的音乐中也体现着这个民族的严肃精神。

希腊人对斯巴达感到敬仰的原因之一是其社会的稳固。其他希腊城邦都有过革命，但斯巴达的宪法几百年不变。因害怕外国的风尚会败坏他们的德行，斯巴达人不许外出旅行，外国人没事也不得进入斯巴达。"斯巴达对希腊思想起过双重的作用：一方面通过现实，一方面通过神话；而两者都是重要的。现实曾使斯巴达人在战争中打败了雅典，神话则影响了柏拉图的政治学说以及后来无数作家的政治学说。"①

（二）雅典教育

位于阿提卡半岛的雅典则发展起了一个完全不同类型的社会。公元前8世纪，雅典从原始社会过渡到奴隶制社会，最初实行君主政体，以后让位于由9位执政官主持的寡头政治。公元前594年，各派别一致同意任命梭伦（Solon，约公元前638—前559）为首席执政官施行改革，为雅典民主奠定了基础。伯里克利（Pericles，公元前461—前429在位）时期是雅典的黄金时代，正如伯里克利在那篇著名的追悼词中宣称的那样："我们的城市向全世界开放……雅典是希腊的学校。"②在克里斯提尼（Cleisthenes）改革后，公元前500年，雅典出现了民主政治，五百人会议握有最高的执政权和行政权，所有年满30岁的男性公民都有资格当代表。伯罗奔尼撒战争（Peloponnesian Wars，公元前431—前404）使各希腊城邦陷于混乱。公元前404年，斯巴达人逼迫雅典宣布投降。公元前338年，马其顿国王腓力二世（Philip Ⅱ of Macedon，公元前359—前336在位）大败底比斯和雅典联军，其继承人亚历山大大帝（Alexander the Great，公元前356—前323）开启了希腊化时期。借着征服者的权势，雅典教育广为流传。

西方教育史家把雅典教育作为进步的希腊教育的最典型的形式。早在公元前7世纪，雅典出现的学校是私人的事业，并非由国家创办。雅典教育分为新、旧两个阶段。旧教育时间可定为公元前6世纪到前5世纪中叶，新教育到公元前338年马其顿征服希腊为止。

1. 雅典旧教育

传说把最早教育立法归于梭伦，据说他颁布了一项法令，要教每个男孩游泳、读书。他

---

① ［英］罗素著，何兆武、李约瑟译：《西方哲学史》（上卷），商务印书馆1963年版，第131页。
② ［美］斯塔夫里阿诺斯著，董书慧等译：《全球通史：从史前史到21世纪》（第7版·上），北京大学出版社2005年版，第104页。

还制定了一系列规章制度，由专门的长官按当时存在的学校和体育学校必须实施的方法来强制执行。他的法令只规定了学生的年龄和出身、学生随从（教仆）的品格、学校上学和放学的时间，以及成人不得进入学区等。①

雅典和斯巴达的教育目的都是为了培养奴隶制城邦所需要的公民，能把公共利益置于个人之上并能效忠于国家。但两个城邦对"公民"的理解却有所不同。在斯巴达人看来，一个优秀的公民就是一个忠贞爱国、勇敢杀敌的战士，只重视军事体育。雅典的"公民"还要能过好和平的生活。一个理想的雅典公民除了军事素质以外，还须是一个具有良好文化素养的身心和谐发展的人，集"四主德"，即正义、勇敢、智慧和节制于一身。与斯巴达相比，雅典的教育有更多的智育成分。

雅典的上述教育理想反映在其教育制度中。在雅典旧教育时期，体育训练是雅典教育较为重要的部分，也是由国家直接监视的部分。儿童到某所私立体操学校或角力学校就学，刚脱离童年生活的青年则到叫作阿卡德米（Academy）或斯诺沙吉斯（Cynosarges）的公立体育馆学习。体育是循序渐进的。7岁的男孩只教他们良好的行为和轻微的体操，并鼓励他们玩球或各种其他游戏，希腊教育家对游戏的教育价值有相当正确的认识。男孩十二三岁才开始真正的体育训练，要学习五项运动：跳、跑、角力、投标枪和掷铁饼，以使其适应战争需要和发展其健美体格。

在旧教育时期，男孩约7岁上音乐学校，开始学习识字，然后学习《荷马史诗》。稍大一点就学习音乐、唱歌和演奏七弦琴。竖琴教师引导学生学习抒情诗人的作品，给诗歌谱曲，使孩子们可以学会温文尔雅，这样持续到14岁。富家子弟大约十四五岁时从体操学校转入体育馆，在体育教师的指导下接受两年更为高级的体操训练。同时，他们被允许进入剧院和出席法庭以获得许多非正式的教育。到18岁，自由出身的雅典青年正式载入公民册成为埃弗比（Ephebes），并在雅典神庙宣读誓词，以表明自己将尽的义务。普通教育结束后，埃弗比成员还要用一年的时间从事艰苦劳动，学习使用各种武器和熟悉各种军事行动，并在教师和政府官员的监督下练习体操。一年训练结束后，国家发给每个人矛和盾，然后委派他们去边境戍边一年。

雅典的妇女没有斯巴达妇女那样幸运，她们在家中深居简出，女孩子也只是在家庭中受教育，这种情况在裔昭印所著《古希腊的妇女——文化视域中的研究》一书中有生动的介绍。②

2. 雅典新教育

公元前5世纪上半叶，雅典城邦的政治经济发生了深刻变化，新教育就是这种变化的反映。雅典由农业国变成全希腊最强大的海上强国。雅典贸易大为扩展，形成了一个与农业贵族争夺所有权的新的富有商人阶级，对抗的最后结果是民主制度的建立。接踵而至的是希波战争（Greco-Persian Wars，公元前500—前479），雅典赢得了胜利并增强了力量，乘机将同盟国家合并，使其按雅典的意志行事。当时这种强力的扩张为有抱负的青年提供了新机遇，从而产生了教育他们以适应新形势的需要。

① ［英］博伊德、金合著，任宝祥、吴元训主译：《西方教育史》，人民教育出版社1985年版，第15—16页。
② 参见裔昭印著：《古希腊的妇女——文化视域中的研究》，商务印书馆2001年版。

上述变化带来雅典教育体系的变化明显地反映在对青年的教育中。大约在这时，在文学学习和音乐学习之间出现了显著区别。除了乐师之外，还出现了专门的文学教师，教授读、写、算和荷马、赫西奥德（Hesiod）及其他诗人的作品。乐谱和歌词分家了。当初学生学习乐器仅为唱歌时自我伴奏，仅限于七弦琴之类的乐器。后来，自由民的子弟学长笛一类的乐器就不能自奏自唱了，演奏这类乐器时乐谱与歌词必然脱离。

新教育时期最重要的变化是职业教师"智者"（sophistes）的出现。当时雅典的民主政体把权力交给雄辩家，成为一个优秀的公众演说家是青年人走上政坛的主要途径。为此，他们需要接受特殊教育，智者的出现满足了这种需求。"智者"一词的本义是有智慧的人或哲人，后来主要指外邦（即非雅典的）教师。智者对年轻人进行文学和修辞学的教育，声称这种教育能为青年的公众生活做准备。普罗泰戈拉（Protagoras，鼎盛年约公元前444—前441）是智者的先驱，约在公元前450年来到雅典。智者没有共同的学说或方法，大多数人涉及人文学科，尤其是与辩论术有关的文法、修辞和逻辑。半个世纪里，由智者引入并发展的新兴学科成为雅典教育的公认部分。

这一时期的另一类青年则更严格遵循早期希腊思想的旧科学传统，他们还要走出雅典以外寻求学习的指导。其中绝大部分人似乎在那些受毕达哥拉斯学派（Pythagoreans）影响的智者中得到了指导。毕达哥拉斯学派是一个培育数学和科学的笃信宗教的团体，青年人从他们那里学到了几何学、天文学、和声学（即音乐的数学理论）以及被看作几何学的一个分支的算术。

雅典人掌握了智者所教的一切以后就不再依赖外来教师。在公元前5世纪结束前，第一个雅典智者苏格拉底（Socrates，公元前469—前399）出现了。从那时起，具备智者的学识且更熟悉本民族的雅典教师的人数稳定增加。最初，这些雅典教师也像过去的智者那样以不定期、无系统的方式奔波讲学。到公元前4世纪的头十年产生了永久性的高级学校。第一批为青年建立的学校且最有影响、最著名的是伊索克拉底（Isocrates，公元前436—前338）于公元前390年在靠近吕克昂（Lyceum）的家里建立的学校，以及稍后一两年柏拉图（Plato，公元前427—前347）在阿卡德米和邻近的花园里建立的学校。在这两所学校里，智者派的传统就分道扬镳了：以撰写法律演说开始其职业生涯的伊索克拉底教授修辞学，并为青年们的实际生活做准备；而苏格拉底的得意门生柏拉图则以教授哲学为主业。

伊索克拉底想同智者派割断关系，但他本人仍是个智者。他声称要把不同能力的学生都训练成演说家；他像智者那样收取学费；其教学方法在本质上与智者派相同。伊索克拉底和智者之间的主要差别是其在较长的学习期内能给学生更多的练习修辞术的机会。学生在他的学校里学习辩论的理论和实践。他要求学生用当代和历史上的各种题目进行写作和讲演，要求他们根据老师详加论述和阐明的原理批评自己和同学的写作和讲演。通过这种方式，学生获得了表达才能和进步的人生观。

柏拉图的学校在很多方面与伊索克拉底的学校不同：学校更多关心的是对数学和思辨的兴趣而不是实践。教学方法也因此不同，苏格拉底的辩证法更适合思辨性的学习和研究。这从柏拉图的对话集中可以清楚地看到，如老师提出某个论题，并在学生们的评论下详加阐发。

3. 斯巴达和雅典教育的异同

综上所述，我们可以对斯巴达和雅典教育的异同及其成因作一个简要比较。

第一，就相同点而言，无论是斯巴达教育还是雅典教育都是为奴隶主统治服务的，教育具有鲜明的阶级和政治色彩；教育的对象都是奴隶主阶级；学校教育已脱离生产和生活过程，成为一项专门的活动；在战争频繁的奴隶制时代，都重视军事体育。第二，从不同点方面看，在斯巴达，教育被视为国家的事业，对其进行严格的监督和管理；注重军事教育而忽视文化教育；在品格教育方面，强调集体性而压抑个性；重视女子教育。雅典教育的特点主要包括：身心和谐发展的教育理想；教育机构有私立（文法、弦琴、体操学校）和国立（体育馆）两种，制度化程度较高；教育和生活需要紧密结合；不重视女子教育。第三，斯巴达和雅典教育存在差异的原因主要是由两者的地理环境、政治和经济制度以及民族传统的不同所决定的。作为古代西方两种不同类型的教育模式——斯巴达和雅典的教育，尤其是斯巴达注重"苦练"的性格教育和雅典的和谐发展的教育体系，对后世西方教育都产生了深远的影响。

二、希腊化时期的教育

希腊化时期（Hellenistic Era，公元前334—前30）的文化教育呈现出不同于古典时期的特点。公元前334年，马其顿国王亚历山大大帝（Alexander the Great，公元前356—前323）开始向东扩张，先后征服了希腊、小亚细亚、叙利亚、埃及和印度等地区，建立了一个横跨欧、亚、非的庞大军事帝国。亚历山大去世后，帝国分裂为若干王国，相继被罗马所灭。亚历山大的军事扩张在客观上促进了不同民族之间的文化交流和融合，推动了希腊文化的广泛传播，为希腊化时期教育的发展创造了有利条件。在希腊世界内部，由于城邦的覆灭，曾经创造出灿烂辉煌的希腊文化的社会基础不复存在。

（一）希腊本土教育的变化

第一，雅典中小学的教学内容不同了。过去的培养身心和谐发展和英勇善战的公民的教育宗旨到这时已不明显了。音乐学校和体操学校的重要性下降，日益为文学学校所取代。文法学校逐渐取代体育馆，教学内容主要是文法和修辞，还教授算术和几何等学科。

第二，埃弗比团的训练发生变化。公元前338年，希腊失去政治独立以后，埃弗比团的训练由单纯的军事体育训练改为军事与学园教学相结合的教育，强制改为自愿；受训时间也从3年或2年改为1年；过去仅限于本国公民，现在外国青年也可到雅典接受埃弗比团的训练。

第三，高等教育有较大发展，又出现了两所影响较大的学园。伊壁鸠鲁（Epicurus，公元前341—前270）于公元前306年在雅典建立伊壁鸠鲁学园。斯多葛派（Stoic）创始人芝诺（Zeno，约前336—前264）在雅典某个画廊讲学，被称为"画廊派"。斯多葛派有较长的历史，一直延续到罗马帝国时期，是罗马帝国的主要哲学派别。

（二）亚历山大里亚的学术成就和高等教育

在希腊化时期的教育发展史上，以雅典为代表的希腊教育在马其顿辖区内传播，文化教育中心向亚历山大里亚城转移。马其顿在埃及和叙利亚等地建立了许多希腊式城市，各城市的自治程度不一。希腊语在美索不达米亚成为文化和学术语言，对东方的一些国家产生重要影响。与此同时，希腊人也吸收了东方文化。

由亚历山大所建立的亚历山大里亚是希腊化世界的文化中心，位于埃及的尼罗河口，有利的地理位置使其成为商业繁荣的城市，在托勒密一世（Ptolemy，公元前323—前285在位）时期成为希腊世界的学者汇集之地。公元前3世纪中叶，亚历山大里亚建成著名的博物馆具有大学性质，分为文学部、数学部、天文部和医学部；建有希腊化世界最伟大的图书馆，藏书多达70万册；博物馆建有先进而完备的科学研究设备，包括植物园、动物园、化学实验室、解剖室和天文仪器等；博物馆从各地各国延聘人才，许多青年从各国来到这里求学；博物馆开设语言学、修辞学、哲学、文学、数学、天文学和医学等讲座。博物馆在发展科学文化、培养人才、沟通东西方文化诸方面起了重大的作用。

希腊化时期的自然科学成就远远超过了希腊古典时期。公元前3世纪时，欧几里得（Euclid，约公元前330—前275）创立了几何学体系。阿基米德（Archimedes，公元前287—前212）是希腊人中第一位把数学与实验研究结合起来的科学家。托勒密（Ptolemy，90—168）阐述了地球是宇宙中心的系统理论，直到16世纪哥白尼学说出现之前，地球中心论是天文学唯一的权威理论。亚历山大里亚的学者保存并收集整理了希腊的文学、哲学和艺术，建立了希腊文法体系，把词分为八大类，即名词（包括形容词）、动词、分词、代词、冠词、副词、介词和连词。

第二节　古代希腊的教育理论

古代西方教育思想孕育于古代希腊哲学之中。"它从古代希腊发源，诞生于公元前6世纪，在时间上经历了希腊古典时期、希腊化时期、罗马共和国时期和罗马帝国时期，因而有时亦被称作'希腊罗马哲学'。"[1]早期希腊哲学大体可区分为两大支：一支从东方伊奥尼亚地方的米利都学派（Miletus）开始直到德谟克利特（Democritus，公元前460—前370）的原子论，逐渐完成了古代希腊的唯物论哲学；另一支出现在西方意大利地方，以毕达哥拉斯学派和爱利亚学派（Eleatic）为主，寻求抽象的原则，为古代希腊唯心论哲学开辟了道路。

一般将希腊教育思想的发展分为三个发展阶段：① 萌芽阶段：《荷马史诗》中有关于英雄人物阿喀琉斯（Achilles）教育情况的记载；毕达哥拉斯及其学派提出了较为丰富的教育主张；塞诺芬尼（Xenophanes，鼎盛年约公元前540—前537）进一步发展了理性主义的观念。② 确立阶段：智者派和苏格拉底的教育思想标志着希腊教育思想的真正确立。与早期自然哲学家不同，智者派开拓了以人和社会为中心的新领域，提出了许多教育见解。苏格拉底反对智者派的感觉主义、相对主义和怀疑论，主张将教育建立在理性主义的基础之上。③ 体系化阶段：柏拉图和亚里士多德提出了相对独立的教育思想体系。柏拉图主张把个人发展与城邦发展联系起

---

① 张志伟主编：《西方哲学史》，中国人民大学出版社2002年版，第21页。

来，提出培养哲学王的教育理想。亚里士多德在批判地继承柏拉图教育思想的基础上，提出了和谐发展教育、教育适应自然以及自由教育的思想。[①]他们的主张成为后世西方主流教育思想的渊源。

一、毕达哥拉斯学派

毕达哥拉斯（Pythagoras，约公元前580—前500）是古希腊毕达哥拉斯学派的创始人，他去过埃及和巴比伦，其自然科学、哲学和宗教思想对他产生了深刻影响。毕达哥拉斯学派是前苏格拉底哲学中的一个重要学派，存在的时间很长，从公元前6世纪末古代希腊开始一直到公元3世纪古代罗马时期，是集政治活动、宗教信仰和学术研究为一体的团体。"他们的学说的创立、内容及其演变，可以说是古希腊哲学史上最复杂的现象之一。"[②]

（一）数目哲学

在哲学上，毕达哥拉斯最重要的思想是数本原说、和谐观念和灵魂理论。

1. 数是万物的本原

毕达哥拉斯是最早把数学引入希腊的人，在数学方面做出杰出的贡献，"毕达哥拉斯定理"（Pythagorean theorem）至今都很著名。毕达哥拉斯学派对当时著名哲学家提出的哲学问题用数学精神作出新的回答，成为与伊奥尼亚学派对峙的南意大利学派的首领。

毕达哥拉斯及其学派擅长数学研究，当其从哲学上探讨万物本原时，便发现了数量关系乃是事物的共同属性，因而将这种不具形体的、普遍的和抽象的"数"看作万物的本原，并以此说明宇宙万物的生成过程：从数目产生出点；从点产生出线；从线产生出平面；从平面产生出立体；从立体产生出水、火、土、气四大元素，产生出一切物体。"数"显然比"水"、"气"和"火"具有更高的普遍性、概括性和抽象性，更能体现自然万物的统一性。但"数"毕竟只是量的规定，当它被用来解释诸如意见、正义、婚姻、友爱、理性、音乐和天体等一切现象时，既是质料又是形式的"数"的性质就模糊不清了。

2. 宇宙是天体的和谐

毕达哥拉斯学派建立了一个以数为本原的自然体系，特别强调和谐观念，认为整个有定形的宇宙的组织就是数以及数的关系的和谐系统。"和谐"主要指一定的数的比率关系，一切美好的东西都是和谐或产生于和谐。美、友爱、音乐、天体和灵魂皆是和谐。毕达哥拉斯学派也研究了对立的问题，据说毕达哥拉斯列出了十对对立范畴：有限与无限、奇数与偶数、单一与众多、右与左、阳性与阴性、静止与运动、直线与曲线、光明与黑暗、善良与邪恶、正方与长方，但未能意识到和谐是对立面的统一。

3. 灵魂学说

"灵魂"（psukhe）是希腊哲学中的一个重要概念。据说毕达哥拉斯从埃及僧侣那里把"灵

[①] 参见张斌贤：《古希腊、罗马教育思想形成与发展的社会—文化基础》，选自吴式颖、任钟印主编：《外国教育思想通史》（第二卷：《古希腊、罗马的教育思想》），湖南教育出版社2002年版，第40—48页。

[②] 汪子嵩、范明生、陈春富、姚介厚著：《希腊哲学史》（第一卷），人民出版社1988年版，第243页。

魂不死说"和"轮回说"引进希腊。他开创了对于人的主体的最初探讨,将灵魂分为表象、心灵和生气三个部分。动物有表象和生气,只有人有心灵。灵魂的理性部分是不死的,其余的部分则会死亡。毕达哥拉斯学派内部严格规定了若干禁忌,认为音乐和哲学是净化灵魂的手段,音乐熏陶和哲学思考可以使灵魂处于和谐状态。

(二)毕达哥拉斯的教育思想

毕达哥拉斯学派有两条最能概括其思想特色的格言:"什么最智慧?——数目","什么最美好?——和谐"。该学派对于苏格拉底和柏拉图的影响是无可否认的。[①]尤其是毕达哥拉斯非功利的教育价值观与对和谐发展的重视对古代希腊的教育思想有着深刻的影响。

1."第一个民众教师"

黑格尔说毕达哥拉斯是希腊的"第一个民众教师"。首先,他的学说以说服人为出发点,并安排人的道德生活。其次,他从埃及和美索不达米亚引进了数学,把数学教给希腊人。他与他的学生所从事的数学的教学和研究促进人的思维能力的提高。[②]

2.净化灵魂是教育的目的

与"灵魂轮回说"相联系,毕达哥拉斯把灵魂的净化视为个人接受教育的唯一目的。人的灵魂是与神和宇宙的本质相通的,因而是神圣和永恒的。灵魂投入人体是一种惩罚,肉体是对灵魂的禁锢。若想摆脱轮回的痛苦,重归于神的怀抱,只有通过神秘的入教仪式、从事科学研究和哲学思考以净化灵魂,使其最终摆脱肉体的困扰。而只有在治理良好和秩序完美的社会里,个人才有可能受到良好的教育。这种非功利的教育价值观在亚里士多德那里就发展为"自由教育学说"。

3.论教育的内容和方法

毕达哥拉斯及其学派的教育方法实际上是清洗灵魂的特殊的生活方式,如沉默和自我反省等。从数目哲学和灵魂轮回说出发,他们重视算术、几何、天文和音乐的教学,算术处于最高地位。和谐的宇宙是与人的灵魂相通的,所以也应当研究天文。

根据肉体进入灵魂是接受惩罚的观点,毕达哥拉斯及其学派敌视肉体,视之为精神力量发展的障碍,在生活中努力限制肉体的需要。但后期的毕达哥拉斯学派逐步修改了早期的观点,注意到肉体和灵魂应该达到一种和谐。[③]毕达哥拉斯及其学派的数本原说、和谐观念和灵魂理论对后世希腊的哲学和教育思想产生了重要的影响。

二、智者

与早期希腊哲学相比,古典时期的希腊哲学主要是雅典哲学,研究对象从作为整体的宇宙万物扩展到人和社会,社会公正、国家本质和人生意义等问题进入了哲学家的视野。这

---

① 参见叶秀山著:《前苏格拉底哲学研究》,人民出版社1997年版,第60页。
② [德]黑格尔著,贺麟、王太庆译:《哲学史讲演录》(第一卷),商务印书馆1959年版,第208页。
③ 参见杜亮:《古希腊教育思想的萌芽》,选自吴式颖、任钟印主编,张斌贤、方晓东本卷主编:《外国教育思想通史》(第二卷:《古希腊、罗马的教育思想》),湖南教育出版社2002年版,第72—78页。

种转变是从智者开始的。智者原本泛指有智、有识和有才之人，如"七贤"①，公元前5世纪时则专指希腊出现的第一批职业教师。以往的公众教师是诗人和体育教师。到伯里克利时期，音乐教育和体育已不能满足需要，智者的教育活动满足了这种需求，受到青年人的热烈追捧。他们收费授徒，主要传授修辞学和雄辩术。智者不是统一的学派，但有一些共同特点：一是哲学上的感觉主义、相对主义和怀疑论；二是在论辩术、文法和修辞等方面都有所建树；三是以教书（主要教论辩术）为职业并收取学费；四是重视实际利益及其个人主义取向。

（一）"人是万物的尺度"

据说普罗泰戈拉（Protagoras，约公元前490—前410）是第一个自称"智者"的人。他提出的"人是万物的尺度"的命题在哲学史上意义重大且影响深远。一般认为，他所说的"人"指的是单个的人，衡量事物的尺度是单个人的个体感觉，带有明显的主观主义和相对主义色彩，否定了事物的客观性。但"它一反神是万物的神话传统和人是自然产物的自然哲学传统，把神、物、人的关系颠倒过来，使人成为衡量事物的标准、主宰万物的力量，可看作是西方哲学史上第一个强调主体能动性的典型命题，对于破除外在的限制与束缚，启发人们重视自身的价值，具有重要的启蒙意义"②。

（二）教育的目的、内容和教育方法

1. 为政治家提供预备教育

智者的教育目的是教人学会从事政治活动的本领。普罗泰戈拉在谈到他的教育目的时说，到他那里求学的人可以学到私人事务以及公共事务中的智慧，在处理家庭和公共事务方面表现出智慧和能力。智者为政治家提供了一种预备教育。他们认为，要善于从事政治活动仅有思想原则是不够的，还必须具有知识，这也是衡量一个人是否有教养的重要标志之一。

2. 奠定"三艺"始基

根据上述目的，智者把辩论术、修辞学和文法作为主要的教学科目，为后世西方中高等教育的主要内容奠定了最初的基础。普罗泰戈拉及其学生在文法和修辞学的发展上颇有贡献。他首次区分了演说的类别；研讨并制定了各种文法规则；讨论了各种词类及其性质和功能。智者的教学内容还包括自然科学，音乐教学也为某些智者所重视。学习这些科目的目的都是为了使人能够发表打动人心的演说。

3. 关注公民品德教育

智者也注意道德教育。普罗泰戈拉的有关思想被柏拉图收集到《普罗泰戈拉》中。普罗泰

---

① 七贤：古代希腊七位名人的统称，一般认为包括立法者梭伦（Solon，约公元前638—前559）、哲学家泰勒斯（Thales，约公元前624—前547或546）、监察官奇伦（Chilon，约公元前6世纪）、律师毕阿斯（Bias，公元前6世纪）、政治家庇塔库斯（Pittacus，约公元前650—前570）、僭主佩里安德（Periander，约公元前665—前585）和克莱俄布卢（Cleobulus，鼎盛期约在公元前600年左右）。

② 张志伟主编：《西方哲学史》，中国人民大学出版社2002年版，第68页。

戈拉认为，一个从事政治活动的人要有政治品德，其中最主要的因素是廉耻和公正。国家领导人和一般公民都应具有，否则国家就不能存在。政治品德是可以通过教育获得的。儿童从很早的时候开始就从父母和师长那里受到关于道德和善的引导和教育，并习惯做正当的事情。音乐和体育都有助于克服任性和放肆，有助于养成遵守规则行事的习惯；国家帮助每一个人，使其行为正当，遵守秩序。因此，政治品德乃是从青年时代起实施教育的结果。

（三）智者的历史地位

"伟大的智者派发展了一种个人主义的社会哲学。"[①]智者是古希腊历史上的一批启蒙者。第一，智者关心社会政治和人的道德问题，希腊哲学从研究自然转向研究人和社会的变化是从智者开始的。教育对于国家和公民不可或缺，公民的善恶全系于教育，这些重要的见解为柏拉图所接受，构成其教育思想的组成部分。第二，智者的活动适应了当时希腊社会的需要。早期的智者以普罗泰戈拉为代表，是一批真正的学者和教师。他们深信教育在国家中的重要地位，深刻理解教育对人的重大意义，并热情投身于教育实践。智者的教学活动推动了希腊文化的发展，启发了人们的思想。第三，智者致力于文法、修辞、逻辑的研究和教学，使这三门学科（三艺）得以建立和发展，并成为此后西方中高等教育的重要内容。

公元前5世纪末到前4世纪，智者运动明显地衰落了。一方面，伯罗奔尼撒战争以后，希腊城邦民主政制发生蜕变；另一方面，智者学说中的感觉主义、相对主义和怀疑论在哲学上的错误是很明显的。[②]这样我们就不难理解，为什么后起的苏格拉底和柏拉图等都将消除智者的危害、纠正智者的错误同改革雅典的政制、重建希腊社会秩序这两个目标紧密联系起来。苏格拉底和柏拉图的思想正是对智者思潮反思的结果，这是他们新的哲学和教育使命。

三、苏格拉底

苏格拉底出生于雅典，父亲是石匠，母亲是产婆，师从阿尔克劳（Archelaus）学习哲学，被视为西方思想史上的"斯芬克之谜"[③]，研究他有相当难度，主要因为他像孔子一样述而不作，也因为19世纪以后西方学者对他的研究和评价存在争议，一般认为柏拉图的早期著作阐述了他的观点。

探讨普遍性定义和苏格拉底方法是苏格拉底的两大历史贡献。

（一）"认识你自己"——从自然到自我的转变

"认识你自己"本来是德尔斐神庙门楣上的铭言。苏格拉底批判了自然哲学和智者，认为哲学的真正研究对象不是自然而是人自己，遂将该铭文作为哲学的座右铭。苏格拉底进一步说

---

① ［英］博伊德、金合著，任宝祥、吴元训主译：《西方教育史》，人民教育出版社1985年版，第26页。
② 汪子嵩、范明生、陈春富、姚介厚著：《希腊哲学史》（第二卷），人民出版社1993年版，第284页。
③ "斯芬克斯之谜"（Riddle of Sphinx）出自《俄狄浦斯王》的戏剧，即有一种动物早晨用四条腿走路，中午用两条腿走路，晚上用三条腿走路，腿最多时最无能。斯芬克斯后来被比喻为谜一样的人和谜语。可参见黄晋凯、何乃英著：《外国文学简史》，中国人民大学出版社2018年版。

明"认识你自己"是要认识自己的灵魂这个理性和智慧的所在地。他将人分为三个部分：灵魂、肉体以及由这两者结合而成的整体。灵魂的本质是理性，起统治作用。只有认识了人自己，才能正确处理城邦事务。

（二）"是什么"的问题——理念论的雏形

苏格拉底的对话往往是为一些概念正名，如什么是"勇敢"、"自制"、"正义"和"美德"等，可以概括为一个公式："X 是什么"，通过考察概念的定义来规范人的理性知识，探讨存在的本质，蕴涵着深刻的哲学意义。亚里士多德在《形而上学》（*Metaphysics*）中称赞探讨普遍性定义是苏格拉底的一大贡献，也是柏拉图理念论（Theory of Ideas）的直接思想来源。

苏格拉底要寻求普遍性定义，一是针对智者的相对主义，苏格拉底用逻辑方法对事物进行从现象到本质的分析，揭示一类事物的共同本质属性，要求概念有确定的内涵和外延，从而阐明这类事物存在的因果本性，这也就是苏格拉底所说的理性的知识。二是针对早期希腊哲学中的直观思维和独断倾向，要求从人的理性思维出发来探究事物的本质。苏格拉底的普遍定义对古希腊逻辑思想的发展卓有贡献，他是西方理性主义的开创人。

（三）"美德即知识"——道德与知识的同一性问题

"所谓'德性'（arete）在希腊语中原指事物的特性、品格、特长、功能，亦即使一事物成为该事物的本性，而人的 arete 就是人之为人的本性，所以后来便有了伦理上的意义。"[①] 在苏格拉底看来，人人都具有潜在的德性，人在理性的指导下认识自己的德性，才能使自己成为一个有德性的人。"美德即知识"是其道德哲学的基本命题，即道德与知识的同一性问题。在苏格拉底看来，无人有意作恶，人们由于无知才做错事。既然"知识"是对"德性"的理性把握，德性就有了整体性和可教性，知识的可教性蕴含了德性的可教性。通过理智的道德教育匡正祛邪，使城邦生活确立在理性道德价值的基础上，正是这种信念使苏格拉底成为教师。

"美德即知识"明确肯定了理性知识在人的道德行为中的决定性作用，在西方哲学中首次建立起一种理性主义道德哲学，赋予道德价值以客观性、确定性和普遍规范性，奠定了理性主义伦理学的基础，对后世西方伦理学的发展有很大的影响，也使苏格拉底成为著名教育思想家的先驱。

但亚里士多德从以下两个方面批评了苏格拉底：第一，等同了"知"与"行"，否认了两者之间的区别，将美德只归结为理论性知识，而不研究美德在人的生活行为中是怎样产生和实现的，这就抹杀了伦理学的经验性内容。第二，遗弃了灵魂的非理性部分，否定和忽视了情感和意志的作用，因而也就遗弃了情感和性格。后来柏拉图将灵魂分为理性和非理性两个部分，勇敢归于意志，节制（自制）归于情感。

---

① 张志伟主编：《西方哲学史》，中国人民大学出版社2002年版，第75页。

（四）苏格拉底方法

苏格拉底对教育思想的贡献还包括他的方法，因为他试图说明怎样思考才是正确的思维方法。苏格拉底方法（Socratic method）又称"产婆术"、"概念辩证法"和"问答法"，包括讽刺、助产术、归纳和定义四个步骤。

苏格拉底要求对话者提供某种美德的定义，通过反问使对方陷入自相矛盾；通过对答问者具体而片面的意见的否定，将其引向普遍、确定和真实的知识；通过启发和比喻等方法帮助对方说出蕴藏在其头脑中的知识；再引导对方从具体到抽象、从特殊到普遍，最后归纳出一类事物的共同本质。这就是后来亚里士多德所说的从个别到一般的归纳论证。

在苏格拉底看来，教师的作用在于帮助和推动学生自己思考的能力，意在"提醒"，即"点到为知"和"举一反三"。在这种意义上，哲学家作为人类的导师，不在于把什么神秘的东西塞进人的头脑，而是启发人用自己的头脑去思考，教人通过自己的逻辑思考得到具有普遍意义的知识。

（五）苏格拉底的历史地位

苏格拉底生活在古希腊城邦奴隶制面临变革的历史转折时期。他顺应历史潮流，由自然哲学转向人的问题，尤其致力于伦理道德问题，大力提倡理性，反对智者的感觉论、怀疑论和相对主义。苏格拉底提出的"德性即知识"的命题揭示了道德与知识的同一性，他的方法被视为后世西方启发式教学方法的渊源。"苏格拉底是将希腊哲学推向全盛高峰的开路人，由他倡导的理性主义传统成为西方哲学和科学的主流，一直影响着西方全部文明。"[1]

四、柏拉图

柏拉图（Plato，公元前427—前347）是古希腊哲学家和教育家，原名叫阿里斯多勒斯（Aristocles），后改名为柏拉图（在希腊语中意为平坦和宽阔）。他出生于雅典，父母是名门望族之后，从小受到良好的教育，早期喜爱文学，20岁左右成为苏格拉底的学生，转向哲学研究。苏格拉底去世后，公元前399年，柏拉图离开雅典到埃及和西西里等地游历十多年。公元前387年，柏拉图在城外西北角一座为纪念希腊英雄阿卡德穆（Academus）而设的花园和运动场附近创立了自己的学校。[2]后世的高等学术机构（Academy）因此而得名。

柏拉图著述颇丰，以其名义流传下来的著作有40多种，书信13封。经过学者的考证，其中有24篇著作和4封书信被确定为真品，《理想国》（*Republic*）是其代表作。柏拉图的著作大多用对话体写成，在哲学史和文学史上都具有重要的价值。"在柏拉图的手里，对话体运用得特别灵活，向来不从抽象概念而从具体事例出发，生动鲜明，以浅喻深，由近及远，去伪存真，层层深入，使人不但看到思想的最后成就或结论，而且看到活的思想的辩证发展过程。柏

---

① 汪子嵩、范明生、陈春富、姚介厚著：《希腊哲学史》（第二卷），人民出版社1993年版，第297页。
② 可参阅［法］让·布兰著，杨国政译：《柏拉图及其学园》，商务印书馆1999年版。

拉图树立了这种对话体的典范，后来许多思想家都采用过这种形式，但是至今还没有人能赶得上他。"[1]

（一）柏拉图的理念论和政治学说

1. 柏拉图的理念论

柏拉图建构了西方哲学史上第一个庞大的哲学体系。根据亚里士多德在《形而上学》中的看法，柏拉图熟悉各家各派的哲学理论，但主要继承和发展了爱利亚学派巴门尼德（Parmenides，盛年约公元前504—前501）到苏格拉底的思路，并将苏格拉底的思想从伦理学领域推广至整个宇宙自然。[2]

柏拉图哲学的核心概念是"理念"，其哲学思想被称作"理念论"。希腊哲学史家认为，"理念"是一个并不恰当的翻译。"理念"是用以译希腊文的"idea"和"eidos"的，均出自动词"idein"（看），本义指"看见的东西"，即形状，转义为"灵魂所见的东西"。希腊人从事哲学思考的过程也是哲学概念由感性到抽象的发展过程，这些概念大多有其感性的来源，远比我们想象的要丰富。因此，有学者主张将这个概念汉译为"相"（form）。[3]多数学者遵从约定俗成的原则沿用"理念"这个译名。

柏拉图认为，我们感觉到的具体事物都是变化无常的，不是真正地存在，不能构成真正的知识。知识的对象必然是一种真实的存在，即理念。但"理念"并非单纯的抽象概念，而是超越于个别之外并且作为其存在之根据的实在。每一类同名的东西都有一个同名的"理念"，在尊荣和能力上高于事物，所以它能够制约事物。在《理想国》中，他将"善的理念"置于最高的位置，一切"理念"都因分沾"善的理念"的光才成为"理念"，他以"日喻"（solar metaphor）来说明这种关系。[4]

从本体论上说，柏拉图实际上主张有两个世界：具体世界和理念世界，并进一步将两个世界划分为存在的四个部分：在具体世界中有实物及其影子，在理念世界中，他将理念和数理对象分开，认为后者也是前者的影子。柏拉图将人的知识也分为知识和意见两部分，只有知识才能认识真理，因为它是以理念为对象的；对具体事物的认识是变动不定的，所以只是意见而不是真理。他在《理想国》中以"线喻"（line metaphor）和"洞喻"（cave metaphor）来论证两个领域及其各自等级层次的区分。[5]

2. 柏拉图的政治学说

柏拉图是西方政治思想史上第一个提出系统学说的人，其政治学说的出发点是寻求正义。他在国家起源思想方面提出了"社会分工论"："在我看来，之所以要建立一个城邦，是因为我们每个人不能靠自己达到自足，我们需要许多东西。"[6]他认为人的灵魂由理性、激情和欲望三

---

① 朱光潜著：《西方美学史》，商务印书馆2011年版，第43页。
② 详细情况可参见张志伟主编：《西方哲学史》，中国人民大学出版社2002年版，第87页。
③ 汪子嵩、范明生、陈春富、姚介厚著：《希腊哲学史》（第二卷），人民出版社1993年版，第653页。
④ ［古希腊］柏拉图著，郭斌和、张竹明译：《理想国》，商务印书馆1986年版，第267—268页。
⑤ ［古希腊］柏拉图著，郭斌和、张竹明译：《理想国》，商务印书馆1986年版，第268—274页。
⑥ ［古希腊］柏拉图著，郭斌和、张竹明译：《理想国》，商务印书馆1986年版，第58页。

个部分组成，正义的人必须让理性统治激情，由激情抑制欲望。个人是缩小的国家，所以国家的正义和个人的正义是一样的。国家的三个阶层即统治者、武士和生产者各自的德性应该是智慧、勇敢和节制。如果这三个阶层能够各司其职，不相僭越，国家就达到了正义。受斯巴达的影响，他主张在统治者和武士中实行平均主义的共产主义原则，没有私有财产，没有家庭，优生优育，按照不同的年龄进行严格的教育，直到最后培养出国家的最高统治者——哲学王。哲学王应该根据"国家的理念"来治理国家。

在晚期作品《法律篇》（*The Laws*）中，柏拉图对自己的政治理想做了较大修改，更贴近现实生活。他认为，在社会或个人灵魂的各成分之间的和平而非战争是最佳状态，因此，立法非常重要。柏拉图看到了斯巴达训练体系的缺陷，认为在智慧、节制、正义和勇敢这四种美德中，斯巴达人只教年轻人勇敢面对危险和痛苦，而没有教他们面对快乐的诱惑而不屈服。柏拉图还承认了私有财产和家庭的地位，认为没有"私人"利益的社会虽是最美好和最幸福的社会，但"这种理想也许对高于人类的生物才可能存在"[①]。

（二）柏拉图的教育学说

柏拉图主要在《理想国》和《法律篇》中系统地阐述了其教育思想，他的哲学、伦理学和政治学都与他的教育学说密切相关。从哲学观方面说，教育的任务是要帮助人实现"灵魂转向"；从政治学方面看，教育的最高目的是培养哲学王。

1. 灵魂学说与教育

柏拉图的教育学说与其灵魂学说密切相关。他的灵魂说包括四个内容：灵魂的本性、灵魂的构成和等级、灵魂的回忆和灵魂不朽。灵魂不朽和灵魂轮回的思想几乎是较早人类共同的想法，东西方都有。在柏拉图的灵魂学说中，与教育有较大关联的是"回忆说"和"灵魂转向说"。

（1）"学习就是回忆"

柏拉图从毕达哥拉斯学派那里接受了灵魂不灭的学说，提出了"学习就是回忆"的命题。他认为，灵魂本来有某种知识，由于在投胎为人的时候受到惊吓而忘记了，将其提升到意识层面重新发现它就是回忆。根据"回忆说"，知识是灵魂固有的，对外部世界的感觉经验能推动灵魂回忆，却不是真正的知识的来源。灵魂又是如何得到这种知识的呢？柏拉图只能利用灵魂不朽和轮回的思想来解释，即知识是灵魂在降生以前已经学习到的。"回忆说"只是一个比喻的说法，是西方哲学史上最早的、朴素的先验论。

（2）灵魂的构成与教育目的

柏拉图将人的灵魂分为理智、激情和欲望三个不同的部分，理智应该占据统治地位。因此，首先，他在国家学说中提出应以享有最高智慧的哲学家为哲学王；在教育学说中提出教育的最高目标是培养哲学王。其次，他认为智者只能教人争权夺利，而教育的目的在于引导人们认识"善的理念"。他提出的课程表是在体育和音乐这两门初等教育课程之上学习五门课程：算术、

---

① ［英］A·E·泰勒著，谢随知、苗力田、徐鹏译：《柏拉图——生平及其著作》，山东人民出版社1990年版，第677页。

平面几何、立体几何、天文学和谐音学（音乐理论），使灵魂从可见世界逐步上升到辩证法。

（3）灵魂的转向与教育的意义

让哲学家做王实际上就是要使政治权力和哲学智慧结合在一起。如何才能培养哲学王？柏拉图通过"灵魂的转向"加以阐述。他批评智者试图将灵魂中原来没有的知识灌输进去，这好像将视力放进瞎子的眼睛中去一样。在他看来，灵魂本身具有一种认识能力，教育只是使这种固有的能力能够掌握正确的方向，他把这叫作"灵魂的转向"。

柏拉图的"灵魂转向说"和"回忆说"是一致的，都反对"知识外来说"。但"回忆说"讲的是灵魂有先验的知识，"灵魂转向说"讲的是灵魂固有的认识能力的提高。换句话说，柏拉图所说的灵魂转向就是要使人从专注于现实可见世界的种种变动事物转变到认识真正的存在，一直达到最高价值的"善的理念"。这种灵魂转向不是城邦中每一个人都能实现的，但作为理想国的最高统治者，即哲学王应认识"善的理念"，按照这种价值观将国家安排好。由于这种心灵转向只有通过教育才能实现，教育遂成为《理想国》的一个重要主题。

2. 柏拉图在《理想国》中的教育观

按照柏拉图的观点，实现理想的国家除了政治上和生活制度上的安排以外，另一个重要保证就是要建立一种良好的教育制度，通过层层挑选，方能造就出合格的执政者和军人。大体说来，可以将当时希腊各城邦的教育分为两类：一类是某些多立斯人城邦，如斯巴达和克里特等，关注青少年的军事训练和纪律教育。柏拉图在《国家篇》（The Republic）第四卷中设想的要消灭家庭、实行共妻共子中的一部分思想就来源于斯巴达实践。另一类是伊奥尼亚人的教育制度，除了体育训练外，比较注意文化智力方面的教育。雅典教育是从小亚细亚伊奥尼亚的殖民城邦流传过来的，就是柏拉图在《理想国》第二、三卷中讲到的初等教育，包括体育和音乐教育。

（1）论学前教育和初等教育

柏拉图研究了遗传对人的发展的影响，认为人之优劣取决于他的遗传，取决于他是否有优秀的父母，因而主张优生和优育。人的发展还取决于良好的教育和环境，这应由好的国家制度来解决。

柏拉图主张教育从幼年开始。一切事情都是开头最为重要。幼年正是性格形成的重要时期，任何事情都会留下深刻的影响。幼儿教育的一个重要内容是讲故事，其目的是要儿童形成符合将来作为保卫者应该具有的品质，使其长大成人后知道敬神和敬父母，并互相友爱。要达到此目的就要谨慎选择故事材料。

柏拉图接受希腊各城邦尤其是雅典教育的经验，把初等教育分为体育和音乐教育。他认为，只注重体育会使人变得粗野，只进行音乐教育会使人变得柔弱，体育和音乐教育二者不可偏废，应该用体育锻炼身体，用音乐陶冶心灵。所谓音乐教育，除了现在所理解的音乐外，还包括诗歌和文学等。为了培养理想的卫国者，他主张严格选择诗歌和音乐的内容，并对希腊的史诗和悲喜剧逐一作了严厉而仔细的审查。

柏拉图也注意到游戏在儿童教育中的地位，他认为游戏不只是玩耍和娱乐，应与道德教育相结合；游戏要有一定规范，防止在游戏中出现违反纪律和秩序的现象，这样就可以培养出严肃而守法的公民。

（2）论中等教育和高等教育

按照柏拉图的观点，青少年到了14岁左右可进体操学校接受3年的体育。未来的守卫者不能酗酒，简朴的生活有益健康；要通过锻炼使其吃苦耐劳；要培养其忠于国家、忠于职守的勇敢爱国精神。在3年的体育训练中，不可使其接受其他的学习，因为高度疲劳以及因疲劳而增加睡眠都不利于学习。

17—20岁的青年人除了继续接受音乐教育外，还应学习初步的科学知识，算术、几何和天文，这是军人所必需的知识。算术是各种学问都用得上的，几何学有助于如安营扎寨、测量作战阵地和编队布阵。天文学也应被列为普通知识范围之中，航海、农业和军事都需要它。

一般青年到20岁时学业基本结束，大多数将投入军营。少数优秀的、对智力有兴趣且各方面发展良好的青年要继续学习。在其20—30岁期间，他们要研究高深的科学理论，主要科目是算术、几何、天文、谐音学（音乐理论）。他们学习这些科目绝非为了实用，而是为了唤起人的思维能力，使它从感性世界转向精神世界。

到30岁以后，要进一步挑选为数极少的最优秀的人继续深造，进入学习哲学的阶段，一直学到35岁为止。算术、几何、天文和谐音学（音乐理论）（后来称为四艺）的研究是为学哲学做准备的。这时就要把这些学科的研究提高到彼此互相结合、互相联系的程度，能够从它们的相互关系中得到一个总的看法，只有这样才能对事物作出合理的说明，得到真理性的认识。对理念的认识只能通过思维而不能通过感觉，这是研究哲学、认识真理的唯一方法，这个方法就是辩证法。

（3）论实际工作经验的获得和品质的考验

学完5年哲学以后，最优秀的人还必须取得实际工作经验，必须去担当军事指挥以及其他各级行政职务，不至于在经验上落后于一般公民。精心挑选出来的极少一部分人还要经过许多考验，包括看他们能否经受住私利的诱惑；要使他们备尝各种艰难困苦，看他们在困苦面前能否坚守他们的目标而不动摇；把他放在极为恐怖和极端繁华的环境中，看这两种环境对他有何影响。如果他能经得起这些考验，不为各种力量所屈服，就可以把他推选为统治者。到50岁时，他的知识和经验都丰富了，就可以成为最高统治者——哲学王。

经过35年的培养和实际工作的锻炼，这种优秀人物具有了各种优秀的品质：他热爱知识和酷爱真理，专心致力于学问的研究；他目光锐利、聪明智慧；他所有的快乐不是肉体的而是精神的，因而他必然是节制的；他胸襟包罗万物，勇敢坚毅；他待人接物能够持之以公道，处理公务能合乎正义；他能够认识"善的理念"，以"善"作为他治国安邦和修身的依据；在教育出下一代接班人以后，他就可以欢度晚年，国家将建碑设祭以纪念他们。

（4）论女子教育

柏拉图主张女子应接受与男子平等的教育，在担负国家职务方面不分男女。不论是执政者还是军人，女人和男人一样都应成为候选人。看守羊群的狗不分雌雄，卫国者也应不分男女。既然男子所任的职务女子不应例外，那么女子也应受到与男子同等的教育，包括同样的音乐教育与体育。女子与男子唯一的区分是女子的体质较弱，所以在作战上她们可以作为男子的辅助，担任一些较轻的工作。

关于柏拉图对女子教育的开明主张的思想渊源有以下说法：第一，苏联学者沃尔金认为柏拉图男女平等的思想，"显然受了他所交往的那个独特的知识分子阶层的影响，当时在这个阶层中妇女已经起着相当显著的作用"①。第二，在理想国中取消了家庭和私有财产，男女平等是理想国的构图的必然的逻辑发展。第三，斯巴达实际的影响。斯巴达妇女显然比雅典妇女以及其他希腊城邦的妇女有着特殊的地位，比较受尊重，不像雅典妇女那样过着与世隔绝的生活，男女孩子一起赤身裸体地在运动场上做五项竞技的活动。②

（5）柏拉图的未成文学说

多年以来，教育史学界研究柏拉图教育思想的主要依据是其对话录《理想国》。但根据中外哲学史学界的研究成果，还可以通过其他相关文献进行更加深入的研究，如柏拉图的其他对话录和一些未成文学说。德国图宾根（Tbingen）学派的研究成果揭示出柏拉图的未成文学说对于研究其哲学乃至教育思想的重要理论意义，该学派认为古代伟人多通过口传来进行教育活动，近代以来在研究人物思想方面崇尚书本的做法并不一定适合古代。柏拉图在其《斐德诺篇》和《第二封书信》中曾对书写著作进行的深刻批判不仅表明其对书写著作的根本态度，也具有教学方法上的重要意义。③

3. 柏拉图在《法律篇》中教育观的变化

柏拉图晚年的作品《法律篇》被称作"第二个理想国"。他认为自己在《理想国》中设想的蓝图太过理想，无法实现，于是在《法律篇》中进行了调整。在他设想的新的政治制度中，实行君主制和民主制结合的混合政体，法治代替了哲学王的人治，哲学家也被继承王位的王子所取代。

柏拉图在《法律篇》中所反映的教育观发生了一些变化：第一，由选举产生专门负责教育的官员，任期5年，在新制度中占有特殊重要的地位。第二，对学校的兴建和专职教师都有了明确规定。第三，更加具体地规定了早期教育的步骤和内容。第四，首次提出强迫教育，规定所有公民的孩子到一定年龄必须接受学校教育。第五，详细介绍了埃及人"寓学习于游戏"的经验，同时也对儿童实行更为严格的管理。第六，在课程设置上取消了哲学课程，最高级的课程有三门，即算术、几何与天文。

4. 柏拉图的历史地位

柏拉图继承了苏格拉底关于概念的学说，吸取了毕达哥拉斯派和爱利亚派等学说中的某些成分，构建起西方哲学史上第一个庞大的唯心主义体系。他运用对话录的方式阐述自己的学说。其理论体系以理念论为中心，包括宇宙论、知识论、政治伦理说、国家学说和教育学说。

柏拉图的教育学说吸收了当时希腊城邦尤其是斯巴达和雅典的教育经验，以理念论哲学为依据，建立起恢宏的教育思想体系，几乎涉及教育领域中的所有重要问题：重视教育与政治的关系，主张由国家负责办理教育；重视教育与环境对人的巨大影响；论述了从学前教育、初

① ［苏］沃尔金著，中国人民大学编译室译：《论空想社会主义者》，中国人民大学出版社1959年版，第45页。
② 戴本博主编：《外国教育史》（上），人民教育出版社1989年版，第121—122页。
③ 周采：《柏拉图的未成文学说与书写批判及其教育意义》，《清华大学教育研究》2011年第1期，第54—60页。

等教育到中高等教育各阶段的教育内容和方法；首次提出了优生、胎教、计划生育及公共学前教育的思想，并论述了学前教育的内容及方法；提出了谨慎选择教材的问题，强调教育内容（游戏和故事材料等）应具有教育性，开创了西方后世"教育性教学"思想的先河；第一次确定了心理的基本范畴（理性、情感和欲望）及相应的伦理学范畴（智慧、勇敢、节制）；论述了通过体育和音乐教育使人身心和谐发展的问题；论述了算术、几何、天文、音乐的教育意义，尤其重视培养人的思维能力；主张通过实际工作和各种考验选拔政治精英；提出了重视女子教育及男女平等的思想。柏拉图的教育学说对后世西方教育思想的发展产生了巨大的影响，成为西方教育学说的重要思想渊源。

五、亚里士多德

亚里士多德（Aristotle，公元前384—前322）是一位百科全书式的思想家，创建了系统的哲学，对后世产生了深远影响。他在生物学、物理学、天文学、心理学、政治学、伦理学和文学等方面都有建树。亚里士多德追随柏拉图20年，在柏拉图去世后，他漫游各地，担任亚历山大大帝的教师达8年之久。公元前335年，他回到雅典，在吕克昂体育馆开办了一所学园，每天上午与有学问的朋友和学生在漫步中讨论一些深刻的学术问题（"逍遥派"因此而得名），下午则在回廊里为初学者和旁听者做公开演讲。公元前323年，亚历山大大帝去世，亚里士多德被迫离开雅典，第二年因病去世。

在古希腊哲学家中，亚里士多德的著作可能是最多的，但其中许多已经佚失，现在能看到的还有46种，外加19世纪80年代新发现的《雅典政制》（The Athenian Constitution）。1830—1870年由德国柏林研究院校印的《亚里士多德著作集》第一、二卷希腊文本是一般公认的标准本，其页码和行次是一般学术著作通常引用的。[①]中译本的《亚里士多德全集》共10卷，300余万字。在亚里士多德的现存作品中，与教育的关系较为密切的是《尼各马可伦理学》（Nicomachean Ethics）和《政治学》（Politics）。

（一）亚里士多德的思想体系

在亚里士多德以前，所谓"哲学"还只是一门包罗万象的学问，从自然到社会的各种问题都可以是它的研究对象。亚里士多德概括分析了早期自然哲学家们的思想，又继承和研究了苏格拉底、柏拉图和智者关于人和社会问题的辩论，并将它们划分为各门不同的学科，分别进行系统研究，成为物理学、天象学、生物学、心理学、伦理学、政治学和美学等学科的创始人。

1. 逻辑学与自然哲学

亚里士多德重视方法问题，写了《工具论》（Organon），为正确严谨地进行思考制定了规则和形式，开创了逻辑学。他提出了形式逻辑即分析逻辑论证的三段论学说，为哲学和科学的发展提供了重要的思想工具。亚里士多德有关自然哲学和自然科学的著作几乎占其现存所有

---

① 参见汪子嵩、范明生、陈春富、姚介厚著：《希腊哲学史》（第三卷·上），人民出版社1993年版，第34—36页。

著作的 1/5，其中最重要的是《物理学》（*Physics*）。他研究了运动、时间和空间，天气和气象，生物尤其是动物，生命、灵魂和心理。

2. 形而上学

亚里士多德接受了巴门尼德提出的将"是"与"不是"作为分辨真理和意见的标准，提出了哲学的目的在于求"真"。他又从苏格拉底和智者争辩伦理道德"是什么"中，认识到这个"是"就是要寻求事物的普遍确定性，因而提出"on"（是）为最普遍的哲学范畴。亚里士多德起初认为个别事物是第一本体，后来发现具体事物是由质料和形式组合而成的，形式先于质料，形式才是第一本体。事物的形式就是它的本质，也就是它的定义。亚里士多德提出的本体和本质、形式和质料、潜能和实现等成为以后哲学和科学研究的基本范畴，也为其教育学说奠定了哲学基础。

3. 实践哲学

亚里士多德继承了苏格拉底和柏拉图的理性主义传统，但认为人的品德不仅取决于道德理性，也是由情感和意志作用的实践活动，从而将实践智慧和理性智慧区别开来。他的伦理学、政治学、经济学和美学等属于实践哲学。实践哲学是人的哲学，但他所说的人不同于智者片面强调的个人。和苏格拉底、柏拉图一样，他也认识到社会共同体——城邦——对其成员的重要作用，即只有在共同合作的社会中，个人的才能才可以得到发挥，个人的幸福才能得到保障。因此，亚里士多德提出"人是政治动物"的命题，主张个人和集体的融合。他在伦理思想上提倡"中道"，在政治思想上也主张最好由中产阶层执政。他明确反对寡头的专制独裁，主张平等和自由的民主制，对西方的传统文化思想有重大影响。

（二）亚里士多德的教育观

亚里士多德认为，人的道德最初是接受了自然赋予的能力，这种能力有变好和变坏的可能，因此必须在实践中培养训练，以养成良好的习惯，道德才能完善；个人只能在群体——城邦社会——中生活，个人的道德只有在城邦中才能自我完善；伦理学是政治学的起点，政治学是伦理学的完成，二者紧密相连。因此，他在《政治学》中讨论教育问题，重视城邦对公民的教育作用，他的政治学被称为"教化伦理学"。

1. 伦理学与教育

希腊文"arete"（品德）兼有才和德两方面的含义。亚里士多德区分了"理智的品德"和"伦理的品德"；前者以真和假作为判断是非的标准，后者以善（好）和恶（坏）作为判断是非的标准；加上诗学中讲的美和丑，他就将真、善、美区分开来。亚里士多德认为，最好的善并不是柏拉图所说的"善的理念"，而是人的幸福；最高的幸福是进行理论的思辨活动。他追随柏拉图，区分理性、情感和欲望，应使情感和欲望服从理性；他看到了意志的作用，重视实践行为、道德行为中的选择作用；他主张中道，认为任何行为的过度和不足都是有害的；他看到了知、情、意三者的不同和联系，认为只有在正确的理性、高尚的快乐和合理的意志三者统一的情况下才能做出道德的行为。

与苏格拉底和柏拉图不同的是，亚里士多德认识到实践智慧不是思辨知识，也不是技艺，只是指导人的实践行为。实践智慧低于哲学智慧，它只考虑人的事务，而哲学却要考虑高于人的永恒的神圣的东西。政治智慧实际上是大范围应用的实践智慧。

伦理品德是否可教？由谁来教？亚里士多德认为伦理品德尤其是政治事务，不仅是理论知识，更重要的是实践经验，政治家的子弟没有从政经验，所以学不好政治学。他认为要成为有道德的善良的人，主要应通过习惯训练来培育人们的高尚品质，十分重视实践经验和具有强制力量的法律手段。①

亚里士多德对伦理学及其与教育的关系提出了比较完整的看法，以后西方伦理学提出的各种重要问题都没有超出他所提出的范围。他的古典伦理学为西方传统伦理学及西方德育理论奠定了基础。

2. 政治学与教育

亚里士多德的《政治学》是西方第一部专门的政治学著作，在西方政治思想史上占有重要的地位。他提出了"自然生成论"：人类具有合群性（即社会性），因而可以结成社会，组成城邦，"人类在本性上，也正是一个政治动物"②。亚里士多德论述了个人与国家的关系，认为良好的城邦必须建立在每个公民都具有良好品德的基础上，整体的善是从个人的善而来的。

柏拉图的共产共妻说遭到了亚里士多德的明确反对。他认为城邦的本性是"多"而不是"一"，城邦是由不同品质和能力的人组成的，并不是越划一越好；富者越富和穷者越穷是社会动乱、变革和战争的根本原因；在现实中只有民主制和寡头制两种政体，两者各有利弊，寡头制的缺陷是实行专制，民主制的缺陷是易为蛊惑者所控制，使法律丧失权威，所以最好由中产者执政。

亚里士多德认为，在理想的城邦中人们能够过和平和安宁的生活，享有闲暇。闲暇不是无所事事，而是让人有充分的时间去进行精神活动，专门从事思辨工作，研究和探索各种理论问题。这就是哲学家的生活，是高于政治家的生活的。

3. "白板说"与教育

柏拉图在《泰阿泰德篇》中曾提出过"蜡板说"，打破了当时人们常说的当下直接的感知或认识，提出了"记忆"这种认识因素。③亚里士多德将其发展为对后世西方认识论产生很大影响的具有唯物主义认识论倾向的"白板说"。

亚里士多德认为，理智没有什么东西不是先已在感觉中的。"正如蜡块只把带印的金戒指的印记接纳到自己身上，不取黄金本身，而只纯粹取其形式。"④又认为，人的灵魂正如一本什么也没有写上的书，或什么也没有写上的白纸或白板，它能接受对象知识。后世教育家往往引用亚里士多德的"蜡块"和"白板"的比喻来论证教育在人的形成中的作用。

4. "形式—质料说"和"潜能—实现说"与人的发展观

亚里士多德总结了以往哲学家关于原因的思想，认为任何事物的生成和存在都有四种不可

① 参见汪子嵩、范明生、陈春富、姚介厚著：《希腊哲学史》（第三卷·下），人民出版社1993年版，第1040—1043页。
② ［古希腊］亚里士多德著，吴寿彭译：《政治学》，商务印书馆1965年版，第7页。
③ 汪子嵩、范明生、陈春富、姚介厚著：《希腊哲学史》（第二卷），人民出版社1993年版，第941—942页。
④ ［德］黑格尔著，贺麟、王太庆译：《哲学史讲演录》（第二卷），商务印书馆1960年版，第344页。

或缺的根本原因：质料因、形式因、动力因和所为因。

"质料"指事物由之生成并继续存留其中的东西，如雕像的青铜、酒杯的白银等，它是事物的载体。"形式"有两种含义，一是指内在形式，也就是事物之所以为该事物的本质，与柏拉图的"理念"是同一词源，也是亚里士多德哲学中"形式"一词的主要含义和基本用法；二是指外在形式即形状。质料和形式是事物的两个根本原因。

亚里士多德又用"潜能"与"实现"这对范畴来阐释质料和形式的关系。"潜能"指事物具有能够实现其本质和目的的潜在力量，需要靠外在力量帮助其实现出来。"实现"指存在着的事物自身或获得了自己本质的事物。质料与形式的关系亦即潜能与实现的关系，质料以潜能的状态存在着，形式则是实现。质料一旦获得了自己的形式，它就实现出来，成了现实的存在。

亚里士多德从质料与形式、潜能与实现的观点来看待人的发展，认为人的肉体和灵魂的关系，犹如质料和形式的关系。人的发展与事物的发展同理，就是一个由可能性转变为现实性的过程。犹如一颗棕树的种子，虽然蕴藏着发展为一棵树的全部可能性，但只有在适当的条件，即土壤、阳光和雨露的条件下，棕树的种子才能成为棕树。对于人的发展来说，实现潜能的条件就是教育。上述思想成为后世西方教育史上"内发论"的思想渊源。

（三）亚里士多德的教育思想

1. 形成人的三要素

亚里士多德在《尼各马可伦理学》和《政治学》中提出和论证了形成人的三要素，即天性、习惯和教育，以及三者相互关系的思想。

亚里士多德在《尼各马可伦理学》中提出，人们善良，或由于自然本性，或由于习惯，或由于教导。自然本性的事情非人力所能及，理论和教育是否对所有人起作用是可疑的，但通过习惯培养学生有高尚的爱憎却像在土地上撒种子一样是可能的。生活在情感中的人是不会听从和接受理论劝告的，只能使用强制手段，即法律、教育和训练。亚里士多德认为，年轻一代多不喜节制和过艰苦生活。他称赞斯巴达由法律来规定教导和训练，认为对品德的共同关心要通过法律才能实现。

亚里士多德在《政治学》中重申了上述观点，认为人的品德来自三个方面：本性、习惯和理性。人生来具有不同于动物本性的人的天性；习惯可以改变人的天性，使其向善或是从恶；理性生活是人所独有的，本性、习惯和理性应和谐相处。但在实际情形中，三者并不总是一致。"人们既知理性的重要，所以三者之间要是不相和谐，宁可违背天赋和习惯，而依从理性，把理性作为行为的准则。"[①]

亚里士多德提出和论证了关于形成人的三要素，即天性、习惯和教育的思想，是后世关于遗传、环境和教育的理论的雏形。重视儿童的习惯培养的相关思想被视为西方教育史上"外铄论"的发端。

---

① ［古希腊］亚里士多德著，吴寿彭译：《政治学》，商务印书馆1965年版，第385页。

2. 论教育制度

亚里士多德不同意柏拉图将四种品德——正义、智慧、勇敢和节制归给城邦中的不同的人的说法，认为城邦中的每一个公民都需要具备这四种品德。亚里士多德探讨了以下几个问题：第一，要不要为儿童教育订立一个制度？第二，儿童教育应由城邦负责还是由私人负责？第三，这种教育制度应有什么性质？

第一，必须立法使每个公民都成为善良的人。在《政治学》第七卷第十四章中，亚里士多德专门讨论了统治者和被统治者的教育。他认为，在现实中很难碰到在灵魂和肉体上都像诸神和英雄一样出类拔萃的人，因此，只能选择统治者和被统治者轮流更替的政体，即民主政体。要做好的统治者必须先学会服从，先成为被统治者然后才能成为统治者。立法必须使每个公民都成为善良的人。"教育制度必须符合上述问题的抉择而制定不同的措施。"①

第二，教育制度的安排还必须考虑到人生的目的。亚里士多德认为，人的灵魂有两个不同的部分，即理性和非理性，蕴藏着服从理性并为之役使的本能。人生的目的应将重点放在哪一部分？当然是理性。但理想分为"实践理性"和"思辨理性"，必须把重点放在较高的一部分，即"思辨理性"。全部的人生也区分为勤劳与闲暇、战争与和平。战争只是导致和平的手段；勤劳只是获得闲暇的手段。政治家在拟订法制时必须更关注闲暇与和平的生活。"这些就是在教育制度上所应树立的宗旨，这些宗旨普遍适用于儿童期，以及成年前仍然需要教导的其他各期。"②总之，要把教育方针引向一切善德。

第三，全体公民应遵循同样的教育体系，规划这个体系是公众的职责。"按照当今的情况，教育作为各家的私事，父亲各自照顾其子女，各授以自己认为有益的教诲，这样在实际上是不合时宜的。教育（训练）所要达到的目的既然为全邦所共同，则大家就该采取一致的教育（训练）方案。"③任何公民应该为城邦所有，应像斯巴达那样，把教育作为要务，安排集体的措施。

3. 论教育年龄分期及各阶段的任务和方法

（1）教育适应自然的思想

在亚里士多德之前，希腊哲学家德谟克里特（Demokritos，盛年约在公元前420年）曾提出过教育与自然相似的思想。"比起柏拉图来，亚里士多德更多地注意儿童身心发展的阶段性，并根据这种心理学的考察来安排教育工作。"④他按照古代传统把人的发展和教育分为三个阶段，每7年为一阶段。第一阶段从出生到7岁，又分为两个时期，出生到5岁时，要注意身体的发展，5—7岁可以让儿童观察他以后要从事的学习。第二阶段是初等教育，主要学习读、写、算、体操和音乐。第三阶段是中高等教育，学习一些高级课程。

亚里士多德认为，教育儿童的基本原则是：第一，人生的经历有如一切生物的创生程序，其诞生始于父母的婚配，所以首先应凭借理性和思想调节公民们的生育（婚配）和习惯的训练。第二，人都有灵魂和躯体，其灵魂又分为非理性和理性两个部分。就发生而言，躯体先于灵魂，灵

---

① ［古希腊］亚里士多德著，吴寿彭译：《政治学》，商务印书馆1965年版，第385—386页。
② ［古希腊］亚里士多德著，吴寿彭译：《政治学》，商务印书馆1965年版，第389—390页。
③ ［古希腊］亚里士多德著，吴寿彭译：《政治学》，商务印书馆1965年版，第406—407页。
④ 曹孚、滕大春、吴式颖、姜文闵编：《外国古代教育史》，人民教育出版社1981年版，第61页。

魂的非理性部分先于理性部分。"于是，我们的结论就应该是：首先要注意儿童的身体，其次留心他们的情欲世界，然后才及于他们的灵魂。"[1]亚里士多德认为，既然在教育中是实践先于理论，对身体的训练先于对精神的训练，所以应该让孩子先接受体育训练，培养他们体格上的正常习惯，使身体得到正常的发展，然后使灵魂自身变得高尚。后一种教育是亚里士多德所重视的。

（2）优生优育和胎教

根据上述考虑，亚里士多德设想了教育的步骤和方法。他首先谈到婚姻和生育的问题，因为这关乎儿童的身体健康。他提出的意见包括：父母的年龄差异不应太大；早婚对生育儿女不利。他遵从当时雅典的社会习俗，认为女子18岁、男子37岁是最佳婚配年龄；激烈运动无益于健康；孕妇应注意保养自己的身体，适当运动，保持轻松和安静，因为母亲的性情会影响胎儿。亚里士多德在考虑上述问题时充分运用了他的医学知识。

（3）婴幼儿的养护和教育

亚里士多德研究了婴幼儿的养护与教育问题，认为孩子出生后的营养很重要，乳类是最适宜的；从婴幼儿开始训练他们抵御寒冷的能力对健康和提高他们日后应对战争的能力都是有意义的；5岁前的孩童不能有任何学习任务和强制劳动，以游戏或其他娱乐的方式为儿童安排一些活动是可行的；负责教育儿童的教育监导要注意为儿童选择适当的故事和传奇材料；对7岁前儿童的训导应在家庭中进行，避免他们和奴隶在一起，以免养成不良的恶习。5—7岁的儿童可以旁观人们正在从事他们将来要从事的工作。

（4）少年和青年时期的集体教育

按照亚里士多德的意见，7岁以后的儿童进入集体教育阶段。他将7—21岁的青少年教育大致分为两个阶段实行，即7岁至青春期以及青春期至21岁。亚里士多德探讨了现行教育规程的各门科目。当时一般的课程安排包括两种观念。基础课有四门：读写、体操、音乐和绘画。他在《政治学》中花了较多篇幅讨论音乐教育和体育。

亚里士多德反对采用训练运动员的方式训练儿童，认为这样会损害其体质，阻碍其发育。亚里士多德以前的思想家包括柏拉图都称赞斯巴达的体育，亚里士多德却看到斯巴达在战后的衰败，所以能对其作出客观的评价。亚里士多德认为，音乐使人们在闲暇中得到理性的享受，对于儿童的品德训练也具有重大作用，包含娱乐、陶冶性情和涵养理智三种功能。

亚里士多德在《政治学》中实际上只讨论了初等教育的内容。许多西方学者认为，这是一部尚未完成的著作，他没有讨论自己最为关注的理性知识教育课程，如逻辑学、自然哲学、形而上学、修辞学、伦理学和政治学等，因为在他看来，这些课程都是作为一个好公民应该学习的，并且他在自己的吕克昂学园也是通过这些课程教育学生的。

4. 亚里士多德在西方教育史上的地位

亚里士多德在西方教育史上占有重要地位。第一，他首次提出教育必须适应自然（儿童天性）的思想，并据此作了划分儿童教育年龄阶段的尝试，开创了后世"遵循自然"教育思想的先河。第二，他的思想是后世"外铄论"和"内发论"两大思潮的渊源，其"白板说"后为

---

[1]　［古希腊］亚里士多德著，吴寿彭译：《政治学》，商务印书馆1965年版，第395页。

洛克等人继承并发展成为"外铄论",而他的"潜能发展说"则是西方后世"内发论"的萌芽。第三,他首先指出了教育学和心理学的密切联系,要求教育与人的心理活动特点相适应,论证了以美育为重点的德、智、美和谐发展的原则。第四,他所倡导的文雅教育(自由教育)对西方后世的精英教育亦有重要影响。

亚里士多德的思想在西方文化发展史上经历了复杂的历史命运。在他去世以后,其主要遗稿长期被埋没,他的思想在希腊化时期晚期和罗马时期不被重视,却在阿拉伯世界引起重视,直到公元10世纪,他的著作和思想又从阿拉伯世界传回欧洲。亚里士多德既继承和发展了苏格拉底和柏拉图的理性主义传统,又十分重视经验事实的研究考察和分析证明。"可以毫不夸张地说,对西方哲学和文化传统产生如此重大影响的,在古代希腊哲学家中再没有人可以和亚里士多德相比。"[①]

关键概念

斯巴达教育	雅典教育	毕达哥拉斯	智者	普罗泰戈拉
苏格拉底	美德即知识	苏格拉底方法	柏拉图	《理想国》
学习就是回忆	亚里士多德	《尼各马可伦理学》	形成人的三要素	

本章小结

历史学家对公元前5世纪至前4世纪的希腊历史着迷出于以下几个方面的原因:一是希腊文明被认为是西方文明最直接的基础。二是古代希腊人几乎对所有基本问题都进行了理性和自然性的探讨,发展了对周围世界的科学解释,并运用理性来解决政治、伦理、历史和哲学问题。三是把平衡和控制作为人的理想。四是古代希腊经历和试验了各种政治形式。五是创造了炫目的美学作品。[②]

古代希腊教育是西方教育的源头和开端。一方面,古代希腊的教育实践以雅典及斯巴达两个城邦为主要代表,二者均重视教育的社会功能及军体训练。此外,斯巴达还重视性格教育、女子教育、优生、国家办教育、道德教育。雅典则重视和谐发展,建立了初步的,包括公立、私立的不十分严格的学校制度。另一方面,古代希腊的教育理论是西方教育思想发展的渊源。以智者、苏格拉底、柏拉图和亚里士多德为代表,他们以自己的哲学为理论基础,在借鉴和总结雅典及斯巴达教育实践经验的基础上,提出了一系列带有普遍性的重要教育理论问题,如教育与政治的关系、教育与人的天性的关系、知识与道德的关系以及训练与陶冶的关系等,这些都成为后世西方教育界不断讨论的话题。

---

① 汪子嵩、范明生、陈春富、姚介厚著:《希腊哲学史》(第三卷·上),人民出版社1993年版,第2页。
② [美]丹尼斯·舍尔曼著,赵立行译:《西方文明史读本》(第七版),复旦大学出版社2010年版,第45—46页。

思考题

1. 简述古代希腊教育发展的主要阶段。

2. 试比较斯巴达和雅典教育的异同并分析其成因。

3. 雅典的旧教育和新教育有什么区别？

4. 希腊化时期希腊本土和亚历山大里亚教育发生了哪些变化？

5. 论毕达哥拉斯的和谐发展思想对后世希腊教育思想的影响。

6. 智者对西方教育的主要贡献有哪些？

7. 简述普罗泰戈拉"人是万物的尺度"的思想。

8. 对苏格拉底"美德即知识"思想进行述评。

9. 简述苏格拉底方法（产婆术）。

10. 试论苏格拉底在西方教育思想史上的地位。

11. 对柏拉图的教育思想进行述评。

12. 在柏拉图晚年的《法律篇》一书中，教育观有什么变化？

13. 论柏拉图在西方教育史上的地位。

14. 论亚里士多德教育观点的基本内容及其对后世的影响。

15. 对亚里士多德自由教育思想进行述评。

16. 论亚里士多德在西方教育思想史上的地位。

17. 试论古代希腊教育在西方教育史上的地位。

18. 试论苏格拉底、柏拉图和亚里士多德的师承关系。

第四章　古代罗马的教育

希腊文明和罗马文明被称作"姊妹文明"。罗马文化是希腊文化的延续，在历史上也有自己的重要地位。"罗马由于发展起军事上的优势，因而不仅征服了巴尔干半岛的希腊本土，而且还征服了古代中东的西部地区——小亚细亚、巴勒斯坦、叙利亚和埃及。在征服过程中，罗马使西方历史进入了一个新阶段，开始了一个虽与过去联系，然而是新的西方文明。"[①]罗马有效地统治了广阔的区域和众多的人民，有着大规模的政治机构。罗马人清晰的思想和发达的法律结构是与罗马的基础哲学联系在一起的。"她的有价值的东西是实践性的，而不是理论性的；她是一个物质奇迹的建设者，而不长于哲学系统；她是现实主义和实用主义者，而不是理想主义者。"[②]

意大利是古代罗马教育的发源地。古代罗马的历史分为三个时期：王政时代（公元前8世纪—前6世纪）、共和时期（公元前6世纪—前1世纪）和帝国时期（公元前1世纪—5世纪末）。共和早期，罗马教育的主要形式是家庭教育；共和后期，在希腊文化的影响下，希腊式的文法学校应运而生。有了自己的文学巨匠及其作品以后，罗马人立即组织起拉丁文法学校和拉丁修辞学校。帝国时期，罗马逐步建立起为帝国政治统治服务的国家教育制度。大规模的学校教育实践使罗马人积累了丰富而成熟的教育经验，培养雄辩家的教育理想和教学法思想得到了发展。

第一节　罗马共和时期的教育

罗马文明在公元前1000年左右兴起。"罗马城始建于公元前8世纪，最初只是一个由国王统治的小城邦。公元前6世纪晚期，城邦的贵族废除了国王，结束了君王制，建立起共和制——这是一种政府统治形式，各个利益集团在政府内都有自己的代言人。罗马共和国存在了500多年，在共和制的宪制下，罗马成为地中海区域最主要的力量。"[③]公元前272年，罗马完成了对意大利的征服；通过三次布匿战争（公元前264—前146）打败了海上强国迦太基，控制

---

① ［美］斯塔夫里阿诺斯著，董书慧等译：《全球通史：从史前史到21世纪》（第7版·上），北京大学出版社2005年版，第101页。
② ［美］S·E·佛罗斯特著，吴元训等译：《西方教育的历史和哲学基础》，华夏出版社1987年版，第87页。
③ ［美］杰里·本特利、赫伯特·齐格勒著，魏凤莲译：《新全球史：文明的传承与交流（公元1000年之前）》（第五版），北京大学出版社2014年版，第311页。

了西地中海地区；通过对马其顿的多次战争征服了包括希腊在内的广大地区，建立起横跨欧、亚、非三洲的罗马帝国，显示出发展政治、行政和法律政策来统治新征服地区的能力。

一、罗马共和早期的教育

在罗马共和早期（公元前510—前3世纪初），主要的生产形式是小农经济，家庭是经济和生产单位。平民反对贵族的斗争是共和早期罗马社会斗争的主要内容，延续了两个世纪之久。公元前287年，平民反对贵族的斗争取得了胜利，债务奴役制的废除划清了自由民和奴隶的界限，促进了罗马公民集团的稳固，罗马从此走上奴役外籍奴隶的道路。

在共和早期，教育的主要形式是家庭教育。公元前6世纪，罗马有了文字。在公元前3世纪之前，罗马出现了学校，但学校在儿童教育中不占重要地位。"在早期罗马，教育子女是父母的责任。来自原始公社的习俗、惯例、传统形成了这样一种教育方式，即教育由父母进行，不需要任何行政管理。成年人把这种教育子女的任务看成是对于集体、部落和未来所负责任的一部分。"①从氏族社会承袭下来的家长制使得父亲在家庭中居于绝对的统治地位，他对子女有任意惩处甚至处死的权力。母亲在家庭中也有一定的影响并受到尊重。1—7岁的儿童不分性别由母亲抚养和教育。7岁以后，男孩子主要是由父亲进行教育，女孩子则在母亲的照看下受到教育。

罗马共和早期的教育是按照集体的要求来塑造年轻人的生活的。教育目的是培养合格的罗马公民，要求年轻一代具有坚定、果断、勇敢、强健和忠诚等美德，能够履行作为公民所应尽的职责。教育的主要方法是实践和观察。父亲带领儿子参加家庭及社会活动，如学会务农，跟随父亲到各种公共场合，学习必须遵循的礼仪和习惯。贵族子弟见习其父亲处理自己农庄上的事务以及受其保护的人的司法问题。

在共和早期的教育内容中，宗教和道德教育占重要地位，读、写、算教育的地位微乎其微。罗马人以尊重传统美德著称，包括孝道、爱国、守法、勇敢、庄严、诚实和谨慎等。祖先们的英勇故事是教育儿童的重要素材。公元前449年公布的《十二铜表法》（*the Laws of the Twelve Tables*）成为每个公民必读的教科书。儿童们必须熟记其中的法律条文，这被认为是训练守法的公民所必需的。罗马儿童的体育在家庭里进行，由父亲教儿子学习角力、骑马、投枪和游泳等。男孩子到16岁就可以到军中服役了。

二、罗马共和后期的教育

公元前3世纪中叶，罗马征服了意大利中部和意大利南部的希腊殖民地以后继续向外扩张。到公元前2世纪后期，罗马成为地中海上的霸主。在长期的对外征服和扩张中，罗马掠夺了大量的财富和土地，被征服地区的军民俘虏也源源不断地流入罗马。公元前3—前2世纪，从家内奴隶制发展到发达的奴隶制，罗马奴隶制经济得到迅速发展。在希腊文化的影响下，罗马的学校教育发展起来。

---

① ［美］S·E·佛罗斯特著，吴元训等译：《西方教育的历史和哲学基础》，华夏出版社1987年版，第96页。

（一）文化冲突与交融对罗马教育的影响

罗马共和国向外扩张的同时也发生了文化的变迁。一方面，罗马征服意大利后，经过长期的政治统治和经济文化的交流，意大利逐步罗马化。另一方面，罗马也吸收了外来文化，尤其被希腊文化所吸引。早期罗马深受伊达拉里亚和希腊文化的影响，随着对外扩张，罗马和地中海区域的许多民族发生接触。在征服希腊半岛之后，优秀的希腊艺术作品和各种科学著作大量传播到意大利，许多受过良好教育的希腊人自愿或被迫来到罗马，对罗马文化的发展产生了巨大影响。罗马人在吸收许多民族文化的基础上创造出了独特的拉丁文化。

罗马学校的发展受到希腊文化教育的深刻影响。罗马人在军事上征服希腊的过程也是其早已开始的希腊化不断加深的过程。罗马教育希腊化有多方面的原因：首先，为了有效统治各行省。罗马人在向海外扩张的过程中，行省制度是其奴役海外被征服地区人民的一种政治形式。希腊语已经是当时大半个"文明世界"的通用语，为有效地统治被征服地区，罗马便要求派往各地的官吏会说希腊语，希腊式的文法学校应运而生。其次，罗马共和时期的政体与希腊，尤其是雅典的奴隶制民主制有类似之处，雄辩术大有用武之地，希腊修辞学校遂被引进罗马。再次，希腊文化的发展水准大大高于罗马，使罗马人不得不向希腊学习。

以希腊文化为主体的外来文化与罗马固有的传统文化发生了冲突，罗马的学校教育就是在这一过程中发展起来的。罗马最早的文法学校和修辞学校几乎都是外国语学校，教师是希腊人，教学用语是希腊语，教材也是希腊人的作品。但罗马人也需要保持本民族的文化传统。拉丁语仍是官方语言。在有了西塞罗（Marcus Tullius Cicero，公元前106—前43）、维吉尔（Publius Vergilius Maro，公元前70—前19）和贺拉斯（Quintus Horatius Flaccus，公元前65—前8）这些文学巨匠及其作品以后，罗马人立即组织起拉丁文法学校和拉丁修辞学校。因此，罗马教育不是对希腊教育的简单继承。在文化冲突与交融的过程中，罗马逐渐创造性地发展起具有本民族特点的学校教育。

（二）共和后期的各级学校

1. 小学

共和后期的小学有了很大发展。7—12岁儿童进入小学，学习读、写、算以及道德格言和《十二铜表法》。教识字的方法是先学字母，再学音节和拼音，然后学习识字和诵读。罗马小学和当时希腊本土的初等教育类似，注重文字教育，不重视音乐教育和体育。罗马小学十分简陋，许多学校没有正式校舍，在简陋的棚子下或露天上课。教室里也没有课桌，学生坐在长凳上，把蜡板放在膝盖上用象牙笔尖进行书写。

罗马小学教师收入微薄，社会地位低微。个别希腊人开办的小学收费高于一般小学数倍，只有富人才承担得起这种高昂的费用，并用教仆陪送儿童上学，是为西方后世"双轨制"的渊源。平民子女成为小学的主要教育对象；贵族和富家子弟先是在家里请家庭教师，接受初等教育，然后上文法学校，再接受高等教育。

2. 文法学校

罗马历史上的第一位诗人李维·安德罗尼库斯（Livius Andronicus，公元前284—前204）是被释放的希腊籍奴隶，他首次将《奥德赛》译成拉丁文，该译本曾长期作为罗马儿童的课本。公元前272年，安德罗尼库斯在罗马开办了第一所中学性质的学校。公元前146年，罗马人征服希腊本土后，大批希腊教师来到罗马开办学校谋生。文法学校起初完全由希腊人主持，是教授希腊语和希腊文学的希腊文法学校。公元前100年，罗马出现了第一所拉丁文法学校，并随着拉丁文学的繁荣而迅速发展。此后，罗马儿童或在一所文法学校同时学习希腊文和拉丁文，或者兼上希腊语和拉丁语两种文法学校。

罗马富家子弟于12—16岁进入文法学校学习。教师被称为"文法学家"或"文学家"，收入和社会地位均高于小学教师。文法学校以学习文法为主，包括文学和语言。希腊文法学校学习《荷马史诗》和其他希腊作家的作品。拉丁文法学校则学习西塞罗等人的拉丁文学作品。学习科目还包括地理、历史、数学和自然科学。教学方法是讲解、听写和背诵，教学目的是为学生进入修辞学校做准备。罗马所有的学校纪律严格，实行体罚。学校的上课时间也很长，从清晨一直到黄昏。小学和中学都有暑假，还有神农节和智慧女神节等节假日。

3. 修辞学校

罗马年轻人完成文法学校的学习后已到16岁，准备担当公职的贵族和骑士的子弟进入修辞学校，这是一种培养演说家的学校。雄辩术在共和后期及帝国早期是从事政治活动的重要工具。一个从事公务活动的人不仅需要具备修辞和雄辩的修养，还要精通文学和具有广博的知识。因此，修辞学校所学科目十分广泛，包括修辞、雄辩术、法律、数学、天文、几何、历史、伦理和音乐等。修辞学校的建立比文法学校要晚许多年。开始只有希腊修辞学校，公元前1世纪中叶，拉丁修辞学校建立起来。教师是希腊和罗马的修辞学家和哲学家。

第二节　罗马帝国时期的教育

罗马共和国后期，随着罗马版图的扩展，罗马原有的城邦制度已无法适应新统治的需要，权力逐渐集中到少数军事统帅手中，中央集权统治逐步加强。公元前27年，罗马元老院赠予屋大维（Octavian，公元前63—14）"奥古斯都"称号，正式建立元首制，标志着罗马从共和时代进入帝国时代。帝国建立后的头二百年是帝国的黄金时代，史称"罗马和平"，这一时期经济繁荣，政局相对稳定，创立了完善的司法体系。安东尼王朝的马可·奥勒留（Marcus Aurelius，161—180在位）在位时，北方蛮族开始越过多瑙河定居，帝国出现衰落迹象。公元3世纪，罗马帝国危机全面爆发。公元395年，帝国正式分裂为西罗马帝国和东罗马帝国。西罗马帝国于公元476年在人民大起义和蛮族入侵中灭亡。

罗马帝国的建立促进了地中海周围广大地区经济和文化的交流。在帝国前期，罗马文化吸收了多民族文化成果，自然科学、哲学、文学、史学、法学和建筑艺术都有了长足发展。屋大维统治时期被称为罗马文学的"黄金时代"，著名诗人有维吉尔、贺拉斯和奥维德（Publius Ovidius Naso，公元前43—公元17）。出现了不少历史巨著，如塔西佗（Pulius Cornelius Tacitus，约55—120）的《编年史》（*Annals*）和《历史》（*history*），普鲁塔克（Plutarchus，约46—120）的《希腊罗马名人传》（*The live of the Noble Grecians and Romans*）等。帝国前期是罗马法发展的鼎盛时期。出现了许多著名法典，如《格里哥里安法典》（*Geogorian Code*）、《赫尔摩格尼法典》（*Helmogny Code*）和《提奥多西法典》（*Tindosi Code*）。但罗马文化的学术成就偏重于应用科学，在哲学和基础理论研究方面远远落后于古代希腊。

（一）国家教育制度的建立

在帝国前期，为了统治地跨欧、亚、非三洲的庞大帝国，元老院的权力逐渐被削弱，皇帝的权力不断扩大，直接控制和调节全国财政收支，中央集权的官僚制度逐渐创设起来。官僚制度的发展深刻地影响了教育制度，罗马教育开始了国有化进程。

国家重视发展教育，逐步建立了一套为帝国政治统治服务的国家教育制度，学校承担起培养各级官吏的任务，皇帝在罗马本土和各行省鼓励兴办学校。从韦帕芗（Vaspasianus，69—79在位）开始，由国库支付一部分文法教师和修辞教师的薪金。安托尼努斯·皮乌斯（Antonninus Pius，138—161在位）将给教师支付薪金的做法推广到各行省。从公元150年起，皇帝将元老的许多特权授予文法教师和修辞教师，如免税、免服兵役、授予某些外来教师以公民权和教师住宅不受侵犯等。公元425年，规定学校的建立权一律归帝国所有。皇帝亲自过目领取薪金的教师名单，规定教师的任免办法，并责成地方当局对私立学校或私人教师进行监督。

（二）帝国时期的各级学校

帝国时期的学校制度大体仍沿袭共和时期的旧制。"罗马教育最显著的特点就是它经过漫长岁月和处于变化多端的条件下所保持的一致性。从公元一世纪到四或五世纪，从罗马世界的东端到西端，罗马教育保持了它的一致性而没有实质上的变化。"[①]

小学仍以平民子女为主要对象，没有什么发展变化。教学内容还是读、写、算，但重点放在了文法分析上，出现了供小学使用的文法书，教师要求学生抄写文法的定义和规则。

文法学校发生了一些显著变化。一方面，拉丁语作为思想交流的工具，其价值日益增长。罗马文学与拉丁文法学校的地位逐渐压倒了希腊文学和希腊文法学校；拉丁文的学习逐渐代替了希腊文的学习。另一方面，公元3世纪，文法学校日趋形式主义，教学与生活脱离，实用学科减少，学习文学已不是为了文学欣赏，形式主义倾向日益明显。

修辞学校在帝国时期成为培养官吏—文士的学校。各行省上层阶级的子弟到学校接受修辞训练是一种普遍现象。通过学校教育，罗马化进程在帝国各地稳步进行。文法—修辞的传统保留下来，但其精神实质发生了变化。公元3世纪起，辩才和政治智慧在帝国已成为不需要的品

---

① ［英］博伊德、金合著，任宝祥、吴元训主译：《西方教育史》，人民教育出版社1985年版，第75页。

质，所需要的是唯命是听。雄辩术内容流于空泛，追求丰富词汇和华丽形式。拉丁修辞学校完全取代了希腊修辞学校。

帝国时期还存在着一些专业性质的学校。私人所建立的法律学校在法学教育上曾起过重要作用并影响了法学的建立和发展。法律学校的学习期限是4—5年，属于高等教育。还有医学校、建筑学校和机械学校等，教学多半采取学徒方式，学生向著名的实际工作者学习，教学方法注重实践。

第三节　基督教的产生及其早期教育活动

公元1世纪中叶，罗马帝国发生了一件对西方教育文化影响深远的事件，即基督教（Christianity）的产生。"基督教是世界上拥有信徒最多的第一宗教，它是古代哲学和希伯来宗教的混合产物，并在产生后的两千年间广泛而又深刻地影响了作为'两希'（希腊和希伯来）文化后继者的西方文明，又随着西方文明的扩张而参与了整个世界历史进程。"[1]

一、基督教的产生和演变

从公元2世纪末到3世纪末，罗马帝国爆发了严重的危机，史称"三世纪危机"，表现为农业萎缩、商业萧条、财政枯竭、政治混乱、贫民和奴隶不断起义、大批蛮族乘机入境。这种全面而深刻的危机是由于奴隶制的衰落和奴隶制社会矛盾激化造成的。

（一）基督教的产生和早期基督教

按照《圣经》和基督教的说法，上帝为救赎人类而于公元初年派遣其子或逻各斯"道成肉身"，通过圣母玛利亚降世为人，取名耶稣。耶稣在巴勒斯坦地区传播"悔罪得救"的福音，教人"爱上帝"、"爱人如爱己"，扶危救困，创造了很多奇迹，后因犹太教上层集团勾结罗马总督彼拉，其被钉死在十字架上。3天以后复活升天。他所拣选的使徒们信其为基督，形成了最初的基督教会。

一般说来，基督教的文化渊源大致有三个方面：① 从政治上说，基督教的产生与罗马帝国密切相关。最早出现在罗马统治下的犹太下层群众中间，不久传遍整个罗马帝国。它是受罗马统治的人民，尤其是犹太人民反抗罗马的群众运动的产物。在遭到镇压找不到出路时，人们转而把希望寄托于宗教。② 从宗教上说，基督教最初是从犹太教中发展起来的。所不同的是，犹太教的核心是法律和祭祀，基督教的核心则是信仰和道德。③ 从思想渊源来说，古希腊哲学为基督教的产生奠定了神学基础。"基督教虽然产生于公元之初，但是作为它的核心和灵魂的彼岸意识与唯灵主义，却早在数百年前即已发萌于希腊民间流行的奥尔弗神秘祭，并在希腊

---

① 吕大吉主编：《宗教学通论》，中国社会科学出版社1989年版，第508页。

唯心主义哲学的土壤中滋生壮大。"[1]

恩格斯认为，由于基督教没有加深民族隔阂的烦琐仪式，"毫无差别地对待一切民族"，"打破了犹太教基督徒的优越地位的观念"，更主要的是，由于"基督教又通过他的创始人的牺牲，为大家渴求地摆脱堕落世界获取内心得救，获取思想安慰，提供了人人易理解的形式"，因此，它很快超越了民族界限，传播到地中海沿岸各国，迅速发展为世界宗教。[2]

（二）基督教的转变与历史演变

公元1—4世纪，对基督教的迫害从零星分散发展为全国性的、官方操纵的大规模迫害，但未被消灭的基督教在组织制度上趋于定型，形成了古代公教会和主教、长老、执事三级教职制，崇拜仪式和圣礼也逐步程式化，最后编定了《新约圣经》正典，产生了一批"教父著作"和"护教著作"。有钱人、知识分子以及统治阶层人士入教者增多。公元392年，狄奥多西一世（Theodosius Ⅰ，379—395在位）正式宣布基督教为国教，基督教终于成为占统治地位的意识形态。

罗马帝国东西两部分在政治、社会、语言和文化传统等方面的差异，反映到意识形态领域就是使基督教逐渐形成东西两大派。东部的希腊教会以君士坦丁教会为中心，在很大程度上依附于国家政权；西方的拉丁教会以罗马教会为中心，独立于世俗政权甚至干预世俗事务。1054年，东西教会正式分裂。东部教会即正教，我国一般称东正教（the Orthodox Church）。西部教会即公教，我国一般称天主教（Catholicism）。

西罗马帝国灭亡后，蛮族国家中最强大的法兰克国王克罗维（Crowe，481—511在位）于496年皈依基督教。随着法兰克王国的武力扩张，基督教传播到西欧的广大地区。东正教在东罗马帝国的支持下也逐步传入东欧。在中世纪西欧社会政治多元的状况下，罗马天主教会（Roman Catholic Church）成为欧洲封建制度的巨大中心。16世纪宗教改革的结果是产生了脱离天主教的三大新教教派：路德宗（Lutheranism）、加尔文宗（Calvinism）和安立甘宗（Anglicanism）。

二、早期基督教会的教育活动

（一）家庭的基督教教育

"家庭是基督教的第一个教育机构。"[3]最初，改信基督教者都是成年人，教堂里没有儿童的位置。当一个成年人走进教堂并庄严宣誓效忠于基督教教义以后，他就尽力教育子女使其具有教会要求的道德和智力观念。一方面，早期基督教徒在罗马帝国的学校中受教育，在他们看来，文法学校和修辞学校渗透了异教思想。另一方面，那些皈依基督教的犹太人的大部分教育是从犹太会堂或犹太教士那里得到的，早期基督教没有开设初等学校，使父母们认识到自己的

① 赵林著：《西方宗教文化》，长江文艺出版社1997年版，第180页。
② 转引自吕大吉主编：《宗教学通论》，中国社会科学出版社1989年版，第514—515页。
③ ［美］S·E·佛罗斯特著，吴元训等译：《西方教育的历史和哲学基础》，华夏出版社1987年版，第113页。

责任。于是，家长就是孩子们的第一个教师。早期作品尤其强调母亲的教育作用。

（二）基督教堂的基督教教育

基督教的早期学校之一是基督教堂。早期基督教没有开设初等学校，公元2世纪，基督教堂开始承担为教友子女提供教育的义务，通过宣传和讲道来传授经典、道德和传统，到5世纪时几乎普及。在9世纪以后发展为婴儿洗礼的形式。教堂的课程包括教堂史、教义和仪式练习。有些教堂由主教来承担这种义务。

（三）初级教义学校和高级教义学校

早期基督教后来逐渐注意到儿童教育，并开办了训练神职人员的学校。最早的基督教学校是教义问答学校（Catechetical Schools），分为两种，一是初级教义问答学校，二是高级教义问答学校。

初级教义问答学校招收的学生包括信仰基督教家庭的儿童、犹太教改宗基督教者以及居民中某些热心基督教的成年人。教学科目除了教义初步知识外，道德行为训练占有重要地位。音乐也受到重视，特别是在东罗马帝国，音乐被认为有助于培养德行和增强对基督教的信仰，音乐歌词主要是教会的赞美诗。这类学校一般设在教堂。

高级教义问答学校以培养教会的神职人员为教育宗旨，注重教义学习，课程比初级教义学校要广泛得多。公元2—4世纪，基督教会将希腊罗马文化教育乃至学术思想加以改造，使其符合教会的需要。

第四节　古代罗马的教育思想

古代罗马的教育思想与哲学尤其是斯多亚学派（Stoic school）哲学关系密切。"由于所谓'罗马哲学'不过是希腊哲学的延续，实际上相当于希腊哲学的后期阶段，所以严格说并没有'希腊罗马哲学'，只有'希腊哲学'。"[①]晚期希腊哲学以伦理学为主要研究对象。古罗马著名教育家都受到斯多亚学派的深刻影响，论述了雄辩家的教育理想以及天性和教育的关系，追求贤哲的道德理想，精辟论述了教学法思想。

一、西塞罗

西塞罗（Marcus Tullius Cicero，公元前106—前43）是古罗马著名的演说家、罗马文学黄金时代的天才作者和共和时期杰出的拉丁文教师。他的家庭比较富有，从小受到良好教育。在希腊化和拉丁化的争论中，西塞罗站在折中调和的立场，在罗马由城邦制向帝国制转变的过程中，他是共和制的捍卫者并成为其殉葬品。

---

① 张志伟主编：《西方哲学史》，中国人民大学出版社2002年版，第21页。

（一）雄辩家定义

雄辩术起源于古代希腊，在罗马共和时期的政治生活中是争取民众、击败政敌的重要工具。西塞罗在《论雄辩家》（*Orator*）中阐述了雄辩家的教育理想："在我看来，有资格享有这种神圣称号的雄辩家是这样的人，不论在讲话中突然出现什么论题，他都能就这个论题以渊博的知识、巧妙的方法、诱人的魅力和很强的记忆力以及落落大方的文雅举止发表演说。"[①]西塞罗反对苏格拉底关于"人人都可以成为他所掌握的学科领域内的雄辩家"的观点，而认为一个人不可能是他所不懂的学科的雄辩家；如果不懂如何组织并完善自己的发言，同样不可能成为优秀的雄辩家。

（二）雄辩家理想

西塞罗认为，不论是过去还是现在，优秀的雄辩家一个也没有找到。主要原因是这门学问确实是不可思议地包罗万象和充满困难。谁如果没有获得一切重要学科和艺术的知识并成为一个好人，谁就不能成为完备具有一切优点的雄辩家。理想的雄辩家应当是德才兼备的。

从辩才方面说，第一，雄辩家必须掌握广博的学识。这些知识包括哲学、数学及其分支、物理、历史、音乐、文法、逻辑和伦理。雄辩家还需洞悉人性及其情感，以便使自己的演说扣人心弦。第二，要掌握雄辩的技巧。深入了解自然所赋予人类的心理上的情绪，还要加上一点诙谐、妙语、君子风度、迅速敏捷和简明扼要。要将这一切结合起来，达到令人陶醉而又温文尔雅的境界。总之，"对于雄辩家，我们必须要求他具有逻辑学家的精密，哲学家的思维，近乎诗人的辞藻，法学家的记忆力，悲剧演员的嗓子，以及近乎十全十美的演员的姿态"[②]。

从品德方面说，雄辩家必须是一个好人。西塞罗认为，领导者对社会负有责任，这就要求他必须是一个好人，一个具备良好道德的人。他应该忠诚地、公正地为公民服务，没有私心杂念。他的主要目的不是为了提高个人的尊严，而是为了提高全国无数个人的安全。他举出许多事例说明，正是那些具有一流雄辩才能但品德败坏的人使国家遭了难。

（三）雄辩家教育

首先，西塞罗论述了天性（nature）与教育的关系。天性才能对雄辩术的效能做出主要贡献。许多条件来自天性，教诲的帮助不大。人们经常缺少的不是雄辩术的原理和方法而是与生俱来的能力。艺术无疑不能灌输和给予这些能力，如敏捷的口才、清脆的声调、健全的肺、活力、匀称的体态、面形乃至整个身体，这些都是天性的赠品。

西塞罗也重视后天的学习和实践。一方面，良好的天赋能力通过教育可以变得更好。另一方面，即使一个人的智力低于众人，只要他像别人一样对于教给的甚至硬灌进去的东西真正能

[①]　［古罗马］昆体良著，任钟印选译：《昆体良教育论著选》（附录二：西塞罗《论雄辩家》选译），人民教育出版社1989年版，第207页。

[②]　［古罗马］昆体良著，任钟印选译：《昆体良教育论著选》，人民教育出版社1989年版，第224页。

够理解并牢牢记住，就足以学好其他技艺。因此，未来的雄辩家应该敏于学习。"在每个人通过自己的努力所获得的学识之上，又加上了大量的实践经验，这些经验比一切大师们的箴言都更有用。"①

其次，西塞罗强调练习在雄辩家教育中的重要性。就像竞技的训练那样，法庭上要做的事应在事前进行学习和练习。练习是使有关雄辩的各种知识化为演说效果的最重要方法。最常用的练习是模拟演说，即以尽可能接近真实的方式进行辩论。先确定一个与在讲坛上讲演类似的论题，然后尽可能逼真地发表演说。练习写作也非常重要，它能磨炼演说。

（四）西塞罗的历史地位

西塞罗对于教育的重要贡献在于以自己典雅的拉丁文体帮助了拉丁文学的发展，对古罗马以及后世西方教育的发展有着重要的影响。他积极倡导雄辩家教育，并使"雄辩家"成为有教养的人的标志或代名词。西塞罗的教育思想对后世有深远影响。昆体良继承并发展了他关于雄辩家理想以及天性与教育关系的思想。12—14世纪，一直有人研究并传播他的教育思想，在中世纪以及文艺复兴时期起到了积极作用，但当时教育界和文学界出现的"西塞罗主义"将其文体神圣化，阻滞了教育和文学的发展。

二、塞涅卡

塞涅卡（Lucius Annaeus Seneca，约公元前4—公元65）是罗马帝国时期著名的哲学家，生于西班牙科尔多巴城，早年信奉毕达哥拉斯的神秘主义及东方宗教崇拜，后来转向斯多亚学派，成为晚期斯多亚学派的重要代表人物之一。其哲学的两个部分即自然泛神论和伦理—治疗哲学都与其教育思想密切相关。他努力追求贤哲的道德理想，并深入探讨了培养贤哲的教育方法。"他开创了哲学史上的书信体写作方式，在西方思想史上一直被当作哲学劝说文字的典范。"②

（一）自然泛神论和伦理—治疗哲学

西方哲学史将希腊古典时代发生的从关注自然到关注人与社会判定为希腊哲学史发展的第一个转向。希腊哲学的第二个转向发生在希腊化罗马时期，人们关注的要点是人生的定位问题。个人的身心和谐与心灵的平静取代了城邦与公民合一的伦理与幸福，哲学研究的重点从城邦伦理转向个人精神治疗，在希腊化罗马的最大哲学流派，即斯多亚学派中得到了充分体现。学界一般将斯多亚学派的发展分为三个阶段：早期斯多亚学派、中期斯多亚学派和晚期斯多亚学派。③

1. 自然泛神论

"按照自然生活"是斯多亚学派的一个基本观念。斯多亚学派在自然哲学方面有自己独到

① ［古罗马］昆体良著，任钟印选译：《昆体良教育论著选》，人民教育出版社1989年版，第192页。
② 周采：《塞涅卡教育思想研究》，《贵州大学学报》（社科版）2016年第6期，第132—136、162页。
③ 周采：《斯多亚精神及其教育意义》，《教育学报》2013年第4期，第122—128页。

的贡献。该学派认为，宇宙是自然塑造形成并由自然统辖的。塞涅卡说："我们斯多亚派哲学家认为宇宙中存在着两种元素，即原因和物质，一切事物都是由这两种元素形成的。物质是无生命的，不活动的，是一种具有无限可能性的实体，如果没有东西促使它运动，它就不会动起来。"[①]在塞涅卡的哲学思想中有着较多的泛神论色彩。学界一般认为，"斯多亚学派的自然哲学其实就是它的神学"[②]。无论就整个宇宙还是就其终极原因来说，"自然"都被该学派理解为"神"。一方面，"神"渗透在世界的每一个角落，把世界造成有序的宇宙。另一方面，凡是统一体，尤其是高级的生命有机统一体，都需要一个主导部位或"形式"来统帅。在人身上，就是理性的灵魂。

2. 伦理—治疗哲学

广义的伦理学是斯多亚哲学体系的最高峰，属于理想主义伦理学的高贵典型。塞涅卡发挥了斯多亚学派所继承的苏格拉底—犬儒派精神，张扬一种主观世界与客观世界激烈对抗的精神。他把"非理性"欲望和激情都视为理性上的认知错误。

（1）治疗愤怒和悲伤的哲学

斯多亚伦理学大部分不是现代意义上的伦理学而是治疗哲学。现代伦理学把"利他"规定为"德性"的本质，斯多亚哲学则是躲在"伦理学"名目下的人生实践哲学。晚期斯多亚学派更关注个人生命中的问题，如幸福与不幸等。因此，该学派所关心的问题并非如何论证人际关系的正当性，而是如何获得个人自己的幸福，把个体的"高贵自足"视为"德性"的本质，倾心于个体自身的本体性疾病的治疗。

斯多亚学派所诊断的主要疾病是"激情"，认为所有激情都是疾病，其本质是本体性的失败感，是弱者的表征。塞涅卡继承和发挥了斯多亚学派"治疗哲学"的宗旨，将愤怒和悲伤视为激情类疾病中最为重大的两种。他在著名长文《论愤怒》中深入研究了愤怒的本质及其治疗方法，在三封告慰书即《致玛西娅的告慰书》、《致波里比乌斯的告慰书》和《致母亲赫尔维亚的告慰书》中细致地研究了悲伤，尤其是妇女的悲伤。

在塞涅卡看来，人的生活是基于友善与和睦的，人的本性并不渴望复仇，而愤怒却总是渴望复仇，反映出人内心的脆弱，也带来了人性的恶劣化。"屈服于任何一种激情奴役的人必定生活在这样的暴政之下。让美德堕落到去依赖恶习，这难道不是一种耻辱吗？"[③]在塞涅卡看来，愤怒的主要特征就是任性、放纵不羁和无法控制，因而是有害的。愤怒如果听从理性并遵循理性的引导，它就不再是愤怒。塞涅卡认为，在激情类疾病中较为重大的另一种是悲伤。适当的悲伤不是"病"，而一切过头的悲伤都掺入了观念成分，是典型的病态激情。塞涅卡诊断出的人类其他重大"疾病"还包括对自己价值的否认或者失败感。在晚期斯多亚学派时期，时代走向险恶和专制。从总体上说，人们在政治上已无能为力，所能做的就是在恶政面前保持自己的尊严。

---

① ［古罗马］塞涅卡著，赵又春、张建军译：《幸福而短促的人生——塞涅卡道德书简》，上海三联书店1989年版，第132—133页。
② 汪子嵩、陈村富、包利民、章雪富著：《希腊哲学史》（第四卷·上），人民出版社2010年版，第563页。
③ ［古罗马］塞涅卡著，包利民等译：《强者的温柔——塞涅卡伦理文选》，中国社会科学出版社2005年版，第12页。

（2）幸福伦理学

在塞涅卡的作品中也包括了现代意义上的伦理学思想，即把"利他"规定为"德性"的本质，认为善与恶的品性是人类心性所独有的。这突出体现在他对什么是幸福生活的理解中，尤其体现在他通过对恩惠问题的深入讨论所揭示的人际关系的正当性，这样的主题是标准的道德学，与教育的目的和任务问题密切相关。

塞涅卡认为，人的幸福的特征是通过理性去摆脱恐惧和悲伤。拥有了正确的价值判断，就拥有了完完全全的幸福。他在《论幸福生活》中指出："幸福生活就是拥有一颗自由、高尚、无所畏惧和前后一贯的心灵。"①他深入讨论了道德生活中的一些基本准则，认为人们应学着增强自制力、克制奢华、节制野心、缓和愤怒和培养节俭。在他看来，宽宏大量是美德之最，仁慈也非常重要，社会只有通过它的成员之间的爱和互相保护才能不受损害。塞涅卡伦理思想的特别开明之处是强调奴隶也是人，奴隶也可以有自由人的精神。

塞涅卡在《论恩惠》中反映出的伦理思想被认为最具有现代意义上的伦理学特征。他指出，所有的恶人都是忘恩负义的，最能破坏人类的和谐。忘记恩惠的人对于没有回报的美德漠不关心。而这种状况大多数是我们自己造成的，因为我们没有选对施恩惠的对象。恩惠应施与那些仁慈、正直、诚实和懂得感恩的人。"我们讨论的是恩惠，探讨的是构成人类社会的首要联系纽带；我们需要确定行为准则，以避免将盲目滥施视作慷慨，当然也要避免过于谨小慎微而有失慷慨；我们的慷慨既不能过多也不能过少。"②

（二）贤哲及其教育

塞涅卡将建立在理性基础上的有美德的生活视为幸福生活，亦即"贤哲（Sage）的生活"。即使成不了贤哲，也要尽力做一个好人。这就需要在哲学老师的指导下学习哲学。为了治疗愤怒之类的激情病，他深入探讨了受教育期间的人的教育，也研究了受教育时期之后人的德行培养问题。在一般学习方面，他也提出了自己独到的看法。

1. 贤哲理想

斯多亚学派强调苏格拉底道统——唯智主义，认为人的灵魂的主导部位是理智性的，不存在非理性部分，主观性的绝对自由可以抗衡一切外来压力。激情在本质上是一种认识问题，因而治疗激情不能靠非理性方式，只能靠知识，即对价值观的彻底重估。这就与教育问题联系到一起。斯多亚学派并不像一般希腊人那样把德性理解为某种情感反应，而是完全理解为知识性的品性，拥有德性的人被称为智慧之人。贤哲的首要含义是智慧的人（wise man），是一种知识性上的完善状态。塞涅卡在《论贤哲的坚强》中认为，贤哲是完美无缺的人，拥有人和神的美德；贤哲不会失去任何东西，不会悲伤，因为他的心是宁静的；贤哲具有远见，总能预先制定行动计划；贤哲富有同情心，援助他人；贤哲不可能被伤害，也不可能被羞辱。

斯多亚学派的道德理想——贤哲并非我们今天想象中的道德英雄，其美德大多是个人性

---

① ［古罗马］塞涅卡著，包利民等译：《强者的温柔——塞涅卡伦理文选》，中国社会科学出版社2005年版，第348页。
② ［古罗马］塞涅卡著，包利民等译：《强者的温柔——塞涅卡伦理文选》，中国社会科学出版社2005年版，第204—205页。

的，是对自己的满意，依靠个体自己内心的力量掌握自己的命运。在塞涅卡看来，虽然不能成为贤哲，但我们能够努力做一个好人。一个好人是神的学生，神的模仿者，神的真正后裔。神去考验他，强化他，使他能宁静地面对所有灾难，把灾难都看作是训练。

2. 培养美德需要学习哲学

斯多亚学派强调通过学习哲学和理性论证来进行自我治疗，而非被动地、非理性地信仰。在塞涅卡看来，哲学揭示了真理和自然，揭示了人生的规律，使人与世间的普遍现象合拍。哲学是"灵魂的健身术"，要聆听哲学家的教诲，从他们的著作中发现真理。智慧的生活需要每天反思，而没有哲学的指点，人的生活就不能除去恐惧和忧虑。学习哲学的意义还在于能磨炼和锻炼人的个性，向人证明应做什么和不应做什么。塞涅卡说："只有受过完整教育的人，通过不断实践被训练培养到完美程度的人，才能获得美德。"[①]

塞涅卡在第八十八封信《论七艺》中认为，七艺（Seven Liberal Arts）不追求教人如何变好的知识，而是为了赚钱。关键在于教授这些学科的学者是不是也教授美德。"那么我们为什么又要让孩子学习七艺呢？这不是因为这些学科能使他们品质优良，而是因为这种教育能训练他们的头脑，为他们获得美德做准备。"[②]

3. 培养美德的方法

塞涅卡在《论愤怒》中讨论了人在受教育期间和以后时期的愤怒治疗问题。他指出："受教育时期需要最多地加以注意。它也将被证明是最可受益的时期；因为当心灵还是很稚嫩的时候去训练它是很容易的，而要去控制那些已经随我们的长大而长成的恶习则是一件困难的事情。"[③]他认为人的性格各有差异，炽热的心灵本性上最容易愤怒；本性难以改变，只能通过辛苦的锻炼，多消耗或减少热量来抑制愤怒；游戏是有益的，适度的快乐会使心灵放松并平衡。应引导孩子向往善的事物；不娇生惯养，不许懒惰和安逸，远离过分快乐；应使童年远离阿谀之词，听真话；应给孩子找性情文静的老师和家庭教师。

塞涅卡认为，在受教育时期结束以后，治疗愤怒的首要任务是压制冲动，关键是不要轻信诽谤而产生被伤害感。理性应当掌管力量的缰绳，通过训练，克服激情是可能的。为了防止愤怒的发生，人们还必须考察自己的本性是更加适合积极的事务还是更加适合闲适的研究与沉思，必须转向自己的天赋指引的方向。应当阅读成熟作家的作品；应注重理解；谈话法有助于启发人主动学习而非强迫学习。他说："教学是最好的学习。""榜样比概念更快取得效果。"[④]

（三）塞涅卡的历史地位

塞涅卡的教育思想是以斯多亚学派的主张作为积极的精神支持的。在教育内容方面，斯多亚主义教育思想更关注"博雅科目"（liberal studies）的学习，以便塑造男孩子的性格，造

---

① ［古罗马］塞涅卡著，赵又春、张建军译：《幸福而短促的人生——塞涅卡道德书简》，上海三联书店1989年版，第214页。
② ［古罗马］塞涅卡著，赵又春、张建军译：《幸福而短促的人生——塞涅卡道德书简》，上海三联书店1989年版，第188页。
③ ［古罗马］塞涅卡著，包利民等译：《强者的温柔——塞涅卡伦理文选》，中国社会科学出版社2005年版，第42页。
④ Paul Monroe. *A Text-book in the History of Education*. New York: The Macmillan Company, 1905: 207.

就诚实和关心社会的人。道德的善恶完全取决于知识的有无。所谓好人就是有知识的人，而最大的邪恶是灵魂的愚昧。塞涅卡的"治疗哲学"的思想是要把其与众不同的强理性主义推广到底。

塞涅卡强调通过教育使人格完善，认为只有受过完整教育的、通过不断的实践训练和培养到完美程度的人才能获得美德。他主张顺从自然的教育，详细研究了人的天性特点，注意到人的性格存在差异，只有因势利导才能取得教育的成效。

在塞涅卡的教育思想中也可以发现西方绅士教育理想的渊源。他和西塞罗都强调感情冲动必须服从理性，主张对年轻人进行礼仪教育并提倡锻炼。

三、昆体良

昆体良（Marcus Fabius Quintilianus，约35—约95）是古罗马帝国时期著名的律师和修辞学教师。随着帝制的建立，雄辩术逐渐失去其在共和制下的含义，以两种方式继续存在，一是以发表赞美辞的方式继续为帝国效劳，二是在法庭辩论中发挥作用。当时的社会关注雄辩术技巧的训练，而忽视系统学习和道德培养。昆体良在《雄辩术原理》（*Institutio Oratoria*）一书中批判了这种功利主义的倾向，提出培养德才兼备的年轻一代的系统教育计划，精辟论述了教学法思想，是西方第一位教学法学者。

（一）论教育作用及各级教育

1. 系统论述了年轻一代的教育问题

在古罗马，雄辩家教育属于高等教育性质的教育，因此，很多人轻视儿童早期的培养，认为只要在雄辩技巧上下功夫就行了。昆体良批评了这种功利的观点。他指出，如果一个未来雄辩家的全部教育都由他负责，他就要从婴儿时期起奠定基础，引导儿童"从咿呀学语开始，经过初露头角的雄辩家所必需的各个阶段的教育，一直达到雄辩术的顶峰"[①]。在上述思想的指导下，昆体良突破高等教育的狭隘界限，讨论了学前教育、初等教育、中等教育乃至高等教育的全部问题。

2. 重视教育的作用和儿童早期教育

昆体良对教育在人的成长中的巨大作用充满信心，认为除了那些极为稀少的天生畸形和生来有缺陷的人以外，人都是可以经由教育培养成人的。继西塞罗之后，昆体良进一步讨论了天性与教育的关系。他认为，"天性是教育的原材料"，教育是铸范这个原材料的艺术。没有原材料，艺术无所作为。艺术的完善胜于材料的优质。中等的雄辩家多得之于天性，而优秀的雄辩家则更多得之于教育。

按照昆体良的计划，未来雄辩家的培养始于襁褓之中。他专门讨论了儿童早期教育的重要意义以及学前教育的内容和方法等问题。他十分重视家庭和环境在早期教育中的意义；明确肯定儿童在7岁以前学习的意义；主张教儿童认识字母、书写和阅读；在历史上第一次提出了双

---

① ［古罗马］昆体良著，任钟印选译：《昆体良教育论著选》，人民教育出版社1989年版，第6页。

语教育问题；详细讨论了语言学习的具体方法。昆体良提醒教师或父母，最重要的是不要让儿童在还不能热爱学习的时候就厌恶学习，要使最初的教育成为一种娱乐。

3. 论学校教育的重要性

昆体良极力论证学校的重要性，认为无论在家庭还是在学校，都可以保持纯洁的道德；如果我们总是一次只对一个人说话，世界上就不会有什么雄辩术；一个未来的雄辩家应当从童年起就习惯于见了人不至于羞涩腼腆；同窗共学还能形成友谊。在学校能学到更多的东西。当看到怠惰的同学受到责备时，自己可以引以为戒；当看到勤奋学生受到赞扬时，对自己也是一种刺激。同时，赞许能激起竞争、激发心智。

4. 论专业教育应建立在广博的普通知识基础之上

昆体良也和西塞罗一样，认为一个合格的雄辩家必须有宽广深厚的基础知识。当时一些浅薄的雄辩术教师为了迎合学生及其家长的速成的要求，只着眼于雄辩术的技术训练，认为只要能争取在法庭上胜诉就行了。有些教师压缩文法课中阅读的分量，甚至不愿意教授算术、几何、音乐理论和天文学这些课程，以为雄辩术不必以广博的知识为基础。昆体良力主专业教育应建立在尽可能广博的普通知识的基础之上。他为未来雄辩家拟定的学科计划包括文法、修辞学、音乐、几何、天文学、哲学（物理、伦理、辩证法）。

（二）教学法思想

昆体良在西方教育史上的重大贡献是他在教学法上的成就。其教学法思想主要包括以下方面。

1. 教师应德才兼备

昆体良对教师提出了很高的要求。教师应当是德才兼备的人，既教学生怎样演讲，又教学生怎样做人。教师要以慈父的态度对待学生，他应当严峻而不冷酷，和蔼而不纵容，冷酷会引起厌恶，纵容会招致轻视。他要经常讲解什么是荣誉和善良，因为愈是经常告诫，就愈少用惩罚。教师不应当发脾气，但又不应当对应该纠正的错误视而不见。他的教学应当简明扼要，他应当忍耐劳苦，对学生的要求应坚持，但又不要过分苛求。

2. 教学是一种双边活动

昆体良认为，教学是一种双边活动。"教师的职责是教，学生的职责是证明他们是可教的；否则，这种职责如果缺少一个方面，另一方面就是无用的……如果没有传递者和接受者之间协调一致的合作，雄辩术是不能达到完满成熟的境界的。"[1]

3. 因材施教的思想

昆体良认为，对受教育者的统一要求必须和照顾他们的个别差异相结合。首先，必须了解学生的能力和天赋素质，善于精细观察学生的能力和差异，弄清每个学生天性的特殊倾向，这是优秀教师的标志之一。然后，从两个方面因材施教。第一，把握学生不同的性格特点采取不同的教育方法，长善救失。比如，对于懒惰的学生须加紧督促；对于在失败时容易哭鼻子的学

---

[1] ［古罗马］昆体良著，任钟印选译：《昆体良教育论著选》，人民教育出版社1989年版，第92页。

生须多加鼓励。第二，教师要善于使每个人在他最有才能的方面得到进步，扬长避短。雄辩术教师"应敏锐地观察哪些学生的天性乐于运用单刀直入的、庄重的、和颜悦色的、猛烈的、华丽的或机智的演说风格，然后在教学中适合各人的特殊情况和需要，使每个学生能发挥各自的长处"[①]。

4. 反对体罚学生

在古代各民族的儿童教育中，体罚是普遍现象。但昆体良在公元1世纪就明确反对体罚，认为体罚是一种残忍的行为，是一种凌辱；如果孩子的卑劣倾向不能以申斥纠正，他对体罚也会习以为常；如果经常正面告诫，在课业上严加督促，体罚就没有必要；幼年时使用体罚，一旦到了青年期就更难以驾驭；体罚造成儿童心情压抑、沮丧和消沉。

5. 教师要俯就学生的能力

昆体良指出，教师要节制自己的力量，俯就学生的能力。如同一个走路很快的人，如果他恰好和一个小孩子走在一起，他就会用手牵着小孩，放慢自己的步伐，不能走得太快，免得他的小同伴跟不上。他反复告诫要防止学生负担过重，因为超出他的智力之上的东西是不能进入他的头脑的。他举例说："正如紧口瓶子不能容受一下子大量流进的液体，却能为慢慢地甚至一滴一滴地灌进的液体所填满，所以我们也必须仔细考察学生的接受能力。他们远远不能理解的东西是不能进入他们头脑的，因为头脑还没有成熟到能容受它们。"[②]这个"紧口瓶子"的比喻后来被夸美纽斯（John Amos Comenius）在《大教学论》（*The Great Didactic*）中引用。

6. 启发诱导和提问解答

昆体良十分注意运用启发诱导和提问解答的教学方法。昆体良指出，教师应当善于回答学生提出的问题，并向不发问的学生提问。经常提问学生的益处是：可以借此测验学生的鉴别能力；课堂提问可以防止学生漫不经心，防止他们对教师的讲课充耳不闻；最重要的是可以引导学生自己发现问题，运用他们的智力，而这正是这种教学方法的最终目的。

7. 防止学生疲劳过度

昆体良指出，应当允许儿童有些休息，没有什么东西能经受持久的劳累，专心致志的学习有赖于学生的意愿，而意愿是不能通过强制得到的。"我不会因学生爱好游戏而感到不高兴，那是天性活泼的标志，那种总是迟钝麻木、没精打采的，甚至对那个年龄所应有的激动也无动于衷的学生，我是不指望他能热心学习的。"[③]学生的道德品质会在游戏中表现出来，有助于教师及时给予教育。有些娱乐还有助于发展敏锐的智力。要紧的问题是应当给休息规定一个限度，否则，会使学生厌恶学习和养成懒惰习惯。

在西方古代和中世纪的教育家中，就教学法而言，几乎没有任何一个人像昆体良那样给后代以深远的影响。人文主义者和夸美纽斯因为昆体良而启发了思想，增长了智慧；昆体良因为人文主义者和夸美纽斯而得以重新被人类所赏识。

---

① ［古罗马］昆体良著，任钟印选译：《昆体良教育论著选》，人民教育出版社1989年版，第89—90页。
② ［古罗马］昆体良著，任钟印选译：《昆体良教育论著选》，人民教育出版社1989年版，第24页。
③ ［古罗马］昆体良著，任钟印选译：《昆体良教育论著选》，人民教育出版社1989年版，第27页。

（三）论道德教育

昆体良认为，教育的目的就是要培养善良而精于雄辩的人。一个雄辩家首先必须是一个善良的人，如果一个雄辩家不是为正义而是为罪恶辩护，雄辩术就成为有害的东西，而教授雄辩术的人将受到世人的谴责。所谓善良的人是有识别能力和明智的人。识别能力是指识别善与恶的能力；明智是指按法律与正义行动。一个恶人不论他是如何勤奋、有能力，是不可能成为一个完美的雄辩家的。有德行的生活较之最卓越的雄辩才能甚至更为可取。

（四）昆体良的历史地位

在古罗马时代，只有昆体良的《雄辩术原理》系统地论述了年轻一代的教育问题。首先，他论述了培养雄辩家的全过程，涉及学前教育、初等教育和中高等教育各个阶段。其次，昆体良继承和发展了西塞罗的雄辩家教育理想，更加深刻地论述了人的天性与教育的关系，他对教育作用的高度评价给予了文艺复兴时期的人文主义教育家以及夸美纽斯以深刻的影响。再次，昆体良提出了系统的教学法思想，这是他对西方教育思想发展的重要贡献。最后，文艺复兴时期，久已失传的昆体良的《雄辩术原理》在积尘中被重新发现，立即异彩夺目，使厌倦了经院主义的人文主义者为之倾倒。昆体良的许多教育见解至今仍然富有教益。

四、奥古斯丁

奥古斯丁（Aurelius Augustinus，354—430）是基督教教父哲学的集大成者。奥古斯丁生活在古代社会向中世纪过渡的时期，通晓古代各科知识。383年，他到罗马教授雄辩术。387年正式加入基督教，此后致力于宣讲教义和著书立说，影响与日俱增。奥古斯丁的著作是神学的百科全书，包括自传、哲学著作、神学著作、反异端著作、教育著作、圣文注释和布道著作等。在卷帙浩繁的著作里，《忏悔录》（The Confessions）、《论三位一体》（On Trinity）和《上帝之城》（The City of God）被认为是奥古斯丁的代表作。[①]他的宗教哲学对中世纪产生了很大影响，他的教育思想是中世纪基督教教育的理论基础。

（一）奥古斯丁的哲学思想

在奥古斯丁生活的时代，一方面，基督教已取得国教地位，但尚未取得精神上的绝对统治权。他的神学是融合基督教教义与古代哲学的结果。另一方面，哲学和宗教之间的区别并不像现代人所想象的那样明显，"哲学"这一概念在罗马后期已成为"幸福生活指南"的代名词。根据当时流行的理解，奥古斯丁把基督教看作"真正的哲学"，提出"基督教学说"的概念，对以往教父关于理性与信仰关系的思想进行总结，建立起基督教神学理论，其关于神学与哲学、信仰与理想关系的论述对中世纪思想产生了重大影响，成为基督教理性主义的基础，并为后世神学家提供了利用和改造古代哲学的榜样。

---

① 赵敦华著：《基督教哲学1500年》，人民出版社1994年版，第139—140页。

1. 光照论

奥古斯丁深受柏拉图哲学的影响。他的"光照"概念来自柏拉图在《国家篇》中所用的"日喻"。奥古斯丁把上帝比作真理之光，人的心灵好比是眼睛，理性好比视觉。正如只有在光照下眼睛才能有所见，心灵只有在上帝之光的照耀下才能有所认识。"光照"概念的意义在于首次明确地在认识者和认识对象之外设定了认识的先决条件。

奥古斯丁的光照论还包含了对人的认识过程的较为细致的心理分析。他把人的认识能力分为感觉和理性。记忆是联系这两种能力的中介，在人的认识过程中起着重要的作用。记忆好像一个库房，概念是从记忆中抽象出来的，记忆对感觉材料的加工处理是概念的基础，通过记忆的中介作用，感觉材料被集中在概念之中。

2. "主人与奴隶"

奥古斯丁关注的主题始终是上帝和人。他对人的自然本性的研究仍在灵魂与肉体的框架中进行，但提出了自己的解释：灵魂和肉体是有主从关系的两个实体，两者的结合是"不相混合的联合"。他的这个说法是"双重人格论"，即每个人都是一个"外在的人"和"内在的人"，前者是人的外表、表象，即被灵魂统辖的人体，后者是理性灵魂的深幽之处。"外在的人"是奴隶，"内在的人"才是主人，这是黑格尔《精神现象学》（*The Phenomenology of Spirit*）中"主人与奴隶"一章的先声。

3. 恶与爱

按照奥古斯丁的学说，记忆和理解能力与光照的结合构成了人的认识活动，意志的能力与恩典的结合构成了人的道德实践。他所说的意志主要指爱，他的恩典学说则与恶的解释有关，其伦理观的主题归结为爱与恶。

恶的性质和起源问题在奥古斯丁的思想发展过程中占据重要地位。他从本体论的高度对恶的性质做出了解释，认为所谓"恶"就是背离本体、趋向非存在的东西。有三类恶：物理的恶、认识的恶和伦理的恶，只有伦理的恶才称得上罪恶。伦理的恶起源于人的自由意志。灵魂的本性是追求比自身更高的完善性，如果反其道而行，趋向比较低的身体的完善，沉溺于官能享受和肉体快乐，那就是恶。由于人的意志已被罪恶所污染，已经失去了自由选择的能力，只有依靠上帝的恩典，人才能恢复意志自由。

4. 上帝之城

奥古斯丁的名著《上帝之城》是对人类和社会的神学说明。他的神学历史观蕴涵着"圣史"和"俗史"的区分。他写作该书的直接动机是重新评价罗马的历史地位，在此基础上解释了基督教与国家的关系，用乐观主义的神学社会观清除了基督徒对世俗政权的依赖心理和被世俗政权挫败的悲观情绪。"上帝之城"与"世俗之城"的区分包含了完整的国家和社会学说以及对政府、法律、财产制度与奴隶制度的讨论。

（二）教育思想

奥古斯丁的教育思想主要反映在他的《忏悔录》、《关于基督教教义》（*On Christian doctrine*）和《论导师》（*On the Tutor*）等作品中。《忏悔录》是他的自传，通过自己的亲身经历谈论了对人性和当时教育的批评意见。《关于基督教教义》着重阐述了有关牧师的教育。《论导师》强调的是人们应把上帝作为自己内心的导师。

1. 论教育目的

奥古斯丁认为，教育的目的是培养对上帝充满信仰、虔诚的基督教徒以及能为教会忠心耿耿服务的教士。根据抑制人性、高扬神性的基本宗旨和教育是一切内心修炼的教育本质观，奥古斯丁提出了教育为教会和神学服务的主张。他在《忏悔录》中说："主，你是我的君王，我的天主，请容许我将幼时所获得的有用知识为你服务，说话、书写、阅读、计算都为你服务。"①在奥古斯丁看来，上帝是世界的造物主，是至善、至美、至真的真理，是人们认识的主要对象和唯一来源；只有依靠上帝和《圣经》的启迪，人们才能获得知识，"理解为了信仰，信仰为了理解"。

2. 论教育内容

奥古斯丁的《关于基督教教义》为基督教传教士制定了教育计划，强调文法和修辞学对于训练辩才的重要性，主张把《圣经》列为主要教材。但他不排斥古典学科，认为文法、雄辩术、算术、几何、天文和音乐等可作为学生理解《圣经》的工具。奥古斯丁批评自然科学家心中没有上帝，他认为一个人面向大自然就是背叛上帝；而一个不能面向上帝的人，学问对他来说是无用的。在文学诗歌方面，他完全接受了柏拉图对史诗、悲剧和喜剧的偏颇观点，把文学作品视为荒诞不经的东西。在奥古斯丁看来，最重要的书是《圣经》，它是上帝的语言，是一切知识的源泉。

3. 论儿童教育

奥古斯丁通过对自己童年生活的回忆认为儿童生来是邪恶的。在他看来，"婴儿的纯洁不过是肢体的稚弱，而不是本心的无辜"②。他见过也体验过孩子的妒忌，还不会说话，就面若死灰，眼光狠狠盯着一同吃奶的孩子。他重视家庭教育对儿童的影响，在《忏悔录》中，记载了母亲的教育对他的深刻影响，并主张"以人道教人"。

通过自己幼年学识字的经历，奥古斯丁认为："识字出于自由的好奇心，比之因被迫而勉强遵行的更有效果。"③在语言的学习方面，他认为教学应引起学生的兴趣，教学应是愉快、自由的。但他反对儿童阅读无助于信仰的闲书，强调学习《圣经》应从儿童教育开始，随着年龄的增长，他们对《圣经》的理解会日益加深。

4. 论青年教育

奥古斯丁曾教授雄辩术。他批评成年人误导儿童，即受教育是为了日后能出人头地，认为"当时所推崇的学问，不过是通向聚讼的市场"，"在这个场所越会信口雌黄，越能获得称誉。人们的盲目达到这样程度，竟会夸耀自己的谬见。"④他也主张对已具有语言文字基础的青年加强雄辩才能的教育和训练，目的是更好地赞美和歌颂上帝以及批判异教或世俗文化。奥古

① ［古罗马］奥古斯丁著，周士良译：《忏悔录》，商务印书馆1963年版，第18—19页。
② ［古罗马］奥古斯丁著，周士良译：《忏悔录》，商务印书馆1963年版，第10页。
③ ［古罗马］奥古斯丁著，周士良译：《忏悔录》，商务印书馆1963年版，第18页。
④ ［古罗马］奥古斯丁著，周士良译：《忏悔录》，商务印书馆1963年版，第39页。

斯丁年轻时放纵过自己，根据自己的教训，他重视对青年的伦理道德教育，要求青年不可贪恋酒色，不可竞争嫉妒，应当爱戴主耶稣基督，并告诫青年不要与品行不端的人混在一起。

（三）奥古斯丁的历史地位

奥古斯丁是古罗马帝国后期在思想文化和教育方面有很大影响的人物。他顺应当时基督教日益壮大和发展的要求，用新柏拉图主义的哲学来论证基督教教义。他的神学和哲学思想，不仅在当时产生了积极的作用，而且对中世纪欧洲的经院哲学和教育有着深刻的影响。

奥古斯丁提出教育应为神学和教会服务的宗旨，提出一系列宗教伦理道德教育的主张。在教学内容和课程设置方面，他主张将古代欧洲传统的文化与信仰至上的教会教育融为一体，使古典文化为神学和教会服务。他的教育观点和方法体现了当时欧洲社会新旧交替时期的特点，带有承前启后的色彩。

奥古斯丁的神学和教育思想为中世纪欧洲教会教育奠定了理论基础。他所主张的以皈依上帝为教育目的，以禁欲主义为道德核心，以《圣经》为中心教材，以神学化了的"七艺"为课程，以服从、体罚为主要教育教学方法的思想，成为后来教会学校的指导思想。

奥古斯丁是一位虔诚的基督徒，他的教育思想不可避免地带有浓厚的宗教色彩和神秘主义的特征，但具有严于解剖自我思想、去恶从善的精神，在儿童和青少年教育方面的某些论述至今仍有借鉴意义。

关键概念

《十二铜表法》	文法学校	修辞学校	教义问答学校	西塞罗
《论雄辩家》	塞涅卡	昆体良	《雄辩术原理》	奥古斯丁

本章小结

古代罗马共和早期的教育以家庭教育形式为主，主要是军人与农夫的教育。随着对外的军事扩张和奴隶制的发展，古代罗马的传统教育受到外界文化尤其是希腊文化的影响。在文化的冲突与交融中，罗马的各级学校教育在共和后期得到迅速发展，在继承希腊文化教育的基础上，形成了自己的特色。帝国时期的教育与共和时期相比发生了显著的变化，教育成为国家的事业。学校成为培养各级官吏、文士和顺民的机关；帝国皇帝一方面提高文法学校和修辞学校教师的地位与待遇，另一方面加强国家对学校和教师的控制与监督。罗马帝国后期，随着基督教被定为国教和基督教会地位的变化，基督教逐渐控制了学校教育，并成为后来中世纪基督教会控制学校的根源。西方的文化教育从此留下了基督教文化的深刻烙印。

古代罗马的教育思想有如下特点：第一，受到斯多亚精神的深刻影响，带有明显的人文文化色彩，强调通过教育使人格完善。相对知识的传授来说，斯多亚教育思想更关注人之所以为人的特性，重视人格完善，强调品德培养对社会和人生的价值。第二，主张顺从自然的教育，论述了天性与教育的关系，重视后天的学习和实践。第三，斯多亚文字的劝说力量在西方教育思想史中有其重要意义。罗马人对修辞的兴趣和成就超过了其他国家，于是出现了道术的分裂，哲学归希腊，修辞归罗马，这种分离所造成的裂缝对教育产生了影响。第四，在古代罗马的教育思想中蕴含了西方绅士教育理想的渊源。好的雄辩家首先应该是一个善良的和富有人道主义精神的人；绅士能准确传达自己的思想并拥有正直的和值得信赖的个性；教育应更多地思考男孩子的性格塑造，以造就诚实的、关心社会的人，为此必须学习博雅科目；强调感情冲动必须服从理性，主张对年轻人进行礼仪教育并提倡锻炼。

思考题

1. 试论古罗马教育在西方教育史上的地位。
2. 共和后期的文化冲突与交融及其对罗马教育的影响。
3. 罗马帝国时期教育制度的发展有什么新的特征？
4. 简述西塞罗《论雄辩家》的主要内容及意义。
5. 简述昆体良《雄辩术原理》的主要内容及意义。
6. 对昆体良教学法思想进行述评。
7. 对奥古斯丁教育思想进行述评。

第五章　西欧中世纪的教育

西欧中世纪（The Middle Ages）是指公元5世纪末至14世纪文艺复兴以前的历史时期。公元476年，日耳曼人废黜了西罗马帝国的最后一个皇帝，标志着西罗马帝国的灭亡。5—11世纪是中世纪早期，基督教教会越来越强大，欧洲相继确立了封建关系。8—9世纪，在加洛林国王查理曼（Charlemagne the Great, 742—814在位）统治下鼓励文化活动，出现短暂复兴。11—12世纪是中世纪盛期，新的教育机构建立，并在13世纪早期发展为大学。14—15世纪上半叶，中世纪进入衰退、分裂和瓦解时期。黑死病造成人口大幅度减少，工资上涨和百年战争都说明中世纪后期的破坏性变化。

西欧中世纪教育受到多种因素的影响。其一，基督教会在西欧中世纪早期承担起对蛮族的启蒙教育，并逐渐成为主流意识形态，其世界观和教育观对中世纪教育有深刻影响。其二，地方的政治和军事贵族奉行的培养后代的制度构成骑士制度的主要内容。其三，12—14世纪城市的发展与新兴市民阶层的兴起相呼应，西欧的城市学校发展起来。其四，12世纪以后，西欧文化的发展受到阿拉伯文化影响。犹太人向西欧介绍阿拉伯文化，将阿拉伯文译本的希腊古典著作转译成拉丁文。为学习迅速增加的新知识，西欧的学校教育制度有了新的变化，主要表现为课程内容的深化和中世纪大学的兴起。

第一节　基督教与教育

中世纪早期文明反映了三重遗产：日耳曼的习俗和制度、罗马人的文化和制度以及基督教的信仰和制度。西罗马帝国灭亡后，蛮族国家中最强大的法兰克王国国王克罗维于496年皈依基督教。中古西欧是天主教会的天下，不仅在文化方面占据特殊地位，在政治和经济上也有很大势力。恩格斯指出："中世纪只知道一种意识形态，即宗教和神学。"[1]基督教教育成为西欧中世纪教育的主干。西欧中世纪沿用古代罗马基督教会的教阶制，作为组织原则，大主教和主教分别管辖大主教区和主教区。教会的基层组织是乡镇的教区，由教区神父管理。西欧中世纪的主教学校和教区学校与这种体制密切相关。在各级教区以外，教会还有另一种组织形态，即修道院，其在基督教会传播和重建中世纪文化的过程中发挥了重要作用，也是西欧中世纪的教育和学术中心。

---

① 中共中央马克思恩格斯列宁斯大林著作编译局编译：《马克思恩格斯选集》第四卷，人民出版社1972年版，第231页。

一、修道院学校

修道院学校（monastic schools）起源于基督教徒的修道院生活（monasticism）。"起先，对基督即将到来进行审判的期望，是它的主要推动力。到这种期望幻灭之后，感官与理智、肉体与灵魂的冲突问题，便取代了它的地位。"[①]有些隐修士奉行孤独的苦行，有些人则组成社团，这些社团成为最早的修道院。早期的社团各有其规章制度，有两位重要的改革者改变了这种状况。一位是拜占庭凯撒里亚的圣徒瓦西里（Saints Vasily，329—379），另一位是意大利尼西亚的改革者圣·本尼狄克（Saint Benedictus，约480—547）。他们为修道院制定纪律，将苦修、沉思与教会工作结合在一起，"个人放弃了他们的财产，过着集体生活，在修道院院长的全面指导下过禁欲生活。贫穷、圣洁和顺从成为瓦西里和本笃教士的主要道德品质，修士们聚集在一起举行宗教仪式和祈祷，把一天分成几个阶段，分别用来学习、反思和劳动"[②]。拜占庭各地的修道院都采纳了瓦西里的规章制度，西欧的修道院则大多使用圣·本尼狄克的规定。

（一）《本尼狄克教规》

公元530年，圣·本尼狄克创建了德蒙特·卡西诺修道院，为该院起草了著名的《本尼狄克教规》（Benedictine Rule），规定了修道士必须遵守严格的教规。在随后的几个世纪里几乎均为西欧修道院所采用，学习生活成为本尼狄克修道院的共同特征，在一定程度上遏制了修道士愈演愈烈的苦行竞争。随着时间的推移，抄写手稿成为修道院工作的一个组成部分，并担负起把被父母送交修道院的儿童培养成神职人员的任务。

（二）修道院教育概况

按照修道院的教规，附属于修道院的有两种学校，一种是在修道院内为修道院新信徒设立的"内学"，一种是在修道院外设立的"外学"。"内学"只接受准备担任神职者入学，"外学"是为其他学生设立的。修道院学校的学生一般10岁入学，学习年限约8年。早期修道院强调宗教信仰的培养，学习知识限于简单的读、写、算。后来课程内容得到扩展，将古希腊和古罗马的"七艺"纳为学习的主要科目。

修道院的教师由教士担任。在中国的纸和印刷术传入欧洲以前，书籍奇缺，教学方法主要是教士口授，学生记录，然后背诵和抄写。教师有时采用问答法进行教学，对学习文法有所帮助，有助于培养学生分析、抽象和概括的能力。学校实行个别教学，学习进度因人而异。学校实行严格的纪律，盛行体罚。

（三）"七艺"教育

"七艺"是西方教育史上对七种教学科目的总称。其作为教学科目发端于古代希腊，

---

① ［美］G·F·穆尔著，郭舜平、郑德超、项星耀、林纪焘译：《基督教简史》，商务印书馆1981年版，第112页。
② ［美］杰里·本特利、赫伯特·齐格勒著，魏凤莲译：《新全球史：文明的传承与交流（公元1000年之前）》（第五版），北京大学出版社2014年版，第504页。

智者派创立了"三艺"（trivium）——文法、修辞、辩证法（逻辑），柏拉图将"四艺"（quadrivium）——算术、几何、天文和音乐作为教学科目详加论述，并认为"三艺"是高级课程，"四艺"是初级课程。后来，"三艺"和"四艺"被合称为"七艺"。经古罗马的发展，至4世纪，"七艺"已确定为学校的课程。5—6世纪，"七艺"为基督教所接受并加以改造，为神学教育服务。卡西奥多罗斯（Cassiodorus，约490—575）在一部知识总汇著作《神圣与人类学识概览》（*Introduction to Divine and Human Readings*）中规划了神学教育和"七艺"教育的草图，这种划分成为中世纪学校教育的一般安排。

在不同的时代，"七艺"各科在修道院学校被重视的程度是有差异的。早期一般注重文法和修辞。经院哲学发展起来以后则开始重视辩证法，以打击异端和唯名论。12世纪阿拉伯文化传入后，算术、几何和天文受到重视。被基督教会改造过的"七艺"处于宗教奴仆的地位，但"七艺"教育延续了古代文化，并为中世纪大学的产生和发展作了必要的准备。

二、主教学校和教区学校

除了修道院学校以外，还有大教堂学校（Cathedral schools）和教区学校（Parish schools）。大教堂学校创建于英格兰。到8世纪末至9世纪初，西欧各地均兴办了这种类型的学校。大教堂学校设在主教所在地，学校的性质和水平与修道院学校相近。教堂学校创办的初衷是培养教士。主教区缺乏足够资源培养农村和偏远地区传教的教士，于是在办学形式上采用学徒制，向当地主教学习基本的拉丁文阅读和礼拜仪式等，主教亲自授课成为大教堂学校的一大特点。到8世纪时，主教往往迫于职责而四处奔走，就把教学任务委托给常驻在大教堂的宗教会议中具有相当学识的成员。一般情况下，每所教堂学校只有一位教师。在组织教学时，教师只负责教授和指导那些水平较高的学生，再由其转教给其他学生。大教堂学校所开设的课程基本上是"七艺"，也包含一些宗教经典。从大教堂学校出来的学生一般成为教会的各级管理人员。教区学校设在牧师所在的村落，学校规模很小，设备简陋，只教授基督教教义和一般读、写、算的初步知识。这是由教会举办的、向一般世俗群众开放的普通性质的教育。

三、中世纪基督教教育的历史地位

在中世纪初期和鼎盛时期，基督教是欧洲社会的文化基础。基督教教会推动了教会学校、修道院和大学等教育机构的发展，而这反过来又加强了基督教在整个欧洲的影响。对广大民众而言，"基督教之所以重要，是因为它是一套信仰和仪式，赋予个人生活以意义，并把他们凝聚成一个共同体。所以，正规的教理和神学反倒不如仪式和教规对普通听众有吸引力，因为仪式和教规能将个人融入更大社区的生活中"[①]。

而对于学识丰富的知识精英们而言，修道院教育是主要的文化中心。修道院在抄写文本、施行教育和积极传教方面的努力，使得古典文化得以延续和保存。"对中世纪文化起源的任何

---

① ［美］杰里·本特利、赫伯特·齐格勒著，魏凤莲译：《新全球史：文明的传承与交流（1000—1800年）》（第五版），北京大学出版社2014年版，第84页。

研究，都必不可免地要给西方修道院制度的历史以重要地位，因为，在从古典文明的衰落到12世纪欧洲各大学的兴起这长达700多年的整个时期内，修道院是贯穿于其中的最为典型的文化组织。"[①]中世纪中期以后，随着修道院数量的增多和所辖田产的扩大，修道士道德堕落，修道院和教会成为藏污纳垢之地，最终导致宗教改革的发生和基督教会的再次大分裂。

第二节　世俗贵族的教育

西罗马帝国灭亡以后，法兰克人于481年建立了法兰克王国。在加洛林国王查理曼的领导下，重新建立了中央集权的帝国统治，出现了短暂的复兴。西欧中世纪世俗封建主的教育主要包括宫廷教育和骑士教育。宫廷教育是在宫廷中为贵族开办的教育。一般做法是国王邀请著名学者管理宫廷学校，对王室成员、青年贵族和宫廷官员等进行教育。骑士教育是以西欧的封臣制为基础的。封君封臣所奉行的一整套道德规范和培养后代的制度出自封建主所处的生活环境和他们的生活方式，构成了骑士制度的主要内容。

一、宫廷教育

（一）查理曼大帝的教育改革

法兰克王国的加洛林王朝到8世纪的查理曼大帝统治时期达到鼎盛，加洛林帝国的建立在很大程度上依靠的是其个人的成就。查理曼文化程度不高，但极为聪慧，能讲拉丁语，略通希腊语，并经常和饱学之士交谈。查理曼以及他的几位继承人深刻意识到文化建设对于封建统治的重要性，继续以较大热情在全帝国境内鼓励教育，兴办学校、招聘学者、教授"七艺"，西欧的文化从此开始缓慢复兴。后人把这段历史称为"加洛林王朝文化复兴"。

查理曼发起了基督教化运动，这是一个试图以武力征服为前提的基督教一体化运动，是基督教与异教之间的抗争，而其所深藏的内涵则是查理曼试图以统一的意识形态和宗教观建立统一秩序的尝试。为实现通过传播知识使人民摆脱愚昧的抱负，他邀请了许多国家的学者到宫廷里去，并在他们的帮助下，开始了教会的改革工作。782年，他命令将学者编辑的讲道集颁发给各教堂使用。[②]787年，他颁布法令，致书各修道院院长，指责他们以及其他修士们的无知和语言粗鄙，要求所有神职人员都要认真学习语言文字，以便能读懂《圣经》。他命令教会必须改正他们所用的《圣经》和祈祷书中500年来存在的抄写错误。789年，查理曼又颁布通令，作为上述通告的补充。在这个通令中，他要求在每个修道院中以及各主教管区都要设立学校，使儿童学习识字、阅读。这个文告被后人当作"中世纪教育的第一个总纲"。

查理曼还力图振兴宫廷学校。在继承早期宫廷学校传统的基础上，他加大了宫廷学校中教

---

① ［英］克里斯托弗·道森著，长川某译：《宗教与西方文化的兴起》，四川人民出版社1989年版，第40页。
② ［美］S·E·佛罗斯特著，吴元训等译：《西方教育的历史和哲学基础》，华夏出版社1987年版，第117页。

育所占的比重，使其成为当时法兰克王国的学术和教育中心。宫廷学校不是严格意义上的教学组织形式，而是一系列课程和研究小组的集合体。查理曼的首府不断迁移，宫廷学校也经常移动，最后在亚琛（Achen，今德国境内）建立了宫廷和都城。由于不具有足够的财政资源来维持一套能够贯彻其政策的完备官僚体制或行政机构，他依赖于被称作伯爵的贵族代理人，他们在地方辖区内拥有政治、军事和法律的权威。查理曼经常在王国内巡视，并设置了一个新的帝国官员组织"国王的特使"，每年派他们到各地辖区内进行巡视并审查地方统治者的述职。为了提高宫廷学校的质量，查理曼邀请了爱尔兰的著名学者阿尔琴（Alcuin，735—804）来管理宫廷学校，聚集了当时欧洲的文化精英。宫廷学校的成员包括王室成员、青年贵族和宫廷官员。

（二）阿尔弗烈德的宫廷学校

中世纪早期，西欧君主中另一位注重教育事业的人是西萨克森王阿尔弗烈德大帝（Alfred the Great，849—899在位）。他顽强地与入侵不列颠的丹麦人斗争，终于在878年获得胜利，为萨克森人的统治地位奠定了基础。他仿照查理曼大帝，在自己的宫廷创立学校，在里面学习的有他的儿子和贵族子弟，还有非贵族的子弟。教授拉丁文、萨克森文的读和写以及"七艺"中的某些科目。学校里除了重视《圣经》诗篇的学习外，特别重视萨克森的诗篇，也注意德行培养。阿尔弗烈德从不列颠各地和欧洲大陆邀请学者协助其创办学校。他在发展本民族的语言和文化教育方面展现了远见卓识，组织人员并亲自参加编译工作，并要求主教注意青年的教育问题。

二、骑士教育

在中世纪的西方，世俗贵族主要指军事贵族。广义的贵族包括数目众多的骑士，常将伯爵和男爵等高级贵族笼统地包含在内。根据12世纪的材料，骑士要"保护教会、攻击变节者、尊重教士、为穷人抵御不公、在自己的家乡维护和平、为弟兄流血，如果需要则献出自己的生命"[①]。13—14世纪，新的军事技术降低了骑士的重要性，集中的王权削弱了骑士的独立性。

（一）骑士制度与骑士精神

骑士制度以西欧的封臣制为基础。11世纪，在领主之间普遍结成的封君和封臣关系，是当时政治分裂和国家权力分散的产物。封君往往同时拥有土地所有权和政治统治权，对其领地（即封地）内和附近的居民有许多行政司法权力，并利用这些权力控制和剥削农民。[②]

封君和封臣所奉行的一整套道德规范和培养后代的制度构成骑士制度的主要内容。骑士的品格应是忠诚和勇敢，严守效忠誓言，不背叛封君，竭尽全力为他服务，甚至不惜为他付出生命。"在贵族阶层内部，对骑士精神和优雅行为的重视逐渐增强了对较高道德标准和文雅举止

---

① ［美］丹尼斯·舍尔曼著，赵立行译：《西方文明史读本》（第七版），复旦大学出版社2010年版，第163页。
② 参见吴于廑、齐世荣主编，马克垚、朱寰本卷主编：《世界史：古代史编》（下卷），高等教育出版社1994年版，第211—212页。

的期望，这促使骑士们成为社会有教养的领导者。骑士精神是非正式的，却被广泛认可的适合于贵族的道德和行为准则。"[1]在骑士品质中，军人品质指勇敢、忠心和慷慨；宗教品质指服从教会、顺从和贞洁；社会交际品质包括礼貌、谦逊和仁慈。

（二）骑士教育的阶段与内容

出身良好的贵族想成为一名骑士，需要接受必要的教育和训练。骑士教育一般分为三个阶段：① 在家庭教育阶段主要由母亲负责对幼童加以养护。② 在侍童教育阶段，7—8岁的儿童被送到比自己家庭高一级的封君家里充当侍童，学习各种礼仪和弈棋、弹琴、唱歌、识字和吟诗等，并养成对宗教的虔诚。③ 侍从教育阶段的起始年龄是12—14岁，主要负责照料领主的日常生活。年龄再大一些可在比武场和疆场观摩和锻炼，学习使用各种武器和战斗技能。④ 到21岁，经过一定仪式便可正式成为骑士。

西欧中世纪骑士教育的主要内容是"骑士七技"，包括骑马、游泳、投枪、击剑、打猎、弈棋和吟诗。前5项为训练一个强壮、能征善战的武夫所必需的；弈棋是为了发展机智、沉着判断情况和布置攻防的能力；吟诗则是为了培养歌颂武功、效忠领主和与贵妇相处的礼仪。骑士精神深受贵族妇女的喜爱，并在一定程度上推广了其价值观念，在12世纪末和13世纪游吟诗人的歌曲和诗歌里得到了体现。

（三）对骑士教育的评价

"所谓骑士精神实为贵族精神。骑士的美德也就是贵族的美德。它蕴涵着超越地理和王朝界限的宗教因素，滋生于英雄传奇乃至'支离破碎的幻想'之中。然而这种不乏抽象的精神和跃马比武一样，成了上流社会的时尚。"[2]在骑士中形成了一种尊崇侠义的精神，尤其在12世纪以前，他们身体力行，锄强扶弱，忠君爱国，向往忠贞的爱情，有助于在社会中形成一种积极乐观的人生观和现实主义的精神面貌。骑士教育注意礼仪、文雅的举止，对于以后在欧洲出现的绅士教育有一定的影响。但骑士教育是以基督教信仰和封臣制为基础的，骑士精神的核心是勇敢杀敌和建功立业，其所崇奉的勇敢、忠心、服从、贞洁和慷慨等品德包含了浓厚的封建等级制特征。许多骑士在行为上表现出多面性，如：凶狠好斗，欺凌弱小，自私狡诈，贪生怕死，忘恩负义等。

第三节　经院哲学与中世纪大学

中世纪初期，欧洲社会尚未稳定，也没有足够的财力支持高等教育机构的发展。在中世纪鼎盛时期，经济发展给欧洲带来了财富，社会也需要受过教育的人。从11世纪初期开始，法国

---

[1] ［美］杰里·本特利、赫伯特·齐格勒著，魏凤莲译：《新全球史：文明的传承与交流（公元1000年之前）》（第五版），北京大学出版社2014年版，第78页。
[2] 阎照祥著：《英国贵族史》，人民出版社2000年版，第61页。

和意大利北部的主教和大主教们在其教区内组建学校，邀请知名学者任教，巴黎、沙特尔和博洛尼亚教区内的学校吸引了来自欧洲各地的学术人才。到12世纪，教会学校已经开设正式课程，集中在人文学科，尤其是文学和哲学。一些教会学校还提供法学、医学和神学方面的高等教育。在13世纪，亚里士多德的思想及其著作的拉丁译本传遍整个欧洲，对各种思想派别产生了深刻影响，最重要的结果就是经院哲学（Scholasticism）的出现。经院哲学作为基督教哲学在本质上是为信仰服务的，但以调和理性与信仰为主要的哲学问题对中世纪教育产生了重要影响。

一、经院哲学

经院哲学产生于9世纪，是最初在查理曼宫廷学校、修道院和主教学校发展起来的基督教哲学。这些学校以研究神学和哲学为中心，学校的教师和学者被称为"经院学者"，其哲学因此被称为"经院哲学"。教父哲学"在很大程度上属于旧文明，经院哲学才是真正属于新世界的日耳曼民族的哲学形态"[①]。

（一）经院哲学的历史发展

一般将经院哲学的发展分为早期、中期和晚期。早期占统治地位的是奥古斯丁和新柏拉图主义。中期是经院哲学的繁荣时期，亚里士多德成为哲学的最大权威。晚期是被视为异端的唯名论盛行的时期，意味着调和理性与信仰的努力以失败而告终。

经院哲学的第一位重要哲学家是"中世纪哲学之父"爱留根纳（Johannes Scotus Eriugena，约800—877），他在新柏拉图主义的影响下建立了欧洲中世纪第一个完整的哲学体系。11世纪，一些学者开始把辩证法引入神学研究，引发了围绕辩证法问题的大争论。安瑟尔谟（Anselmus，一译安瑟伦，1033—1109）在信仰支配理性的前提下，肯定了理性对神学的作用，确立了经院哲学的基本立场。围绕共相问题的争论在经院哲学内部形成了唯名论和唯实论两大派别，其争论促进了理性的发展。在基督教信仰的框架内，欧洲的理性主义重新抬头。

在12世纪的西欧大学，尤其是巴黎大学掀起了学习和研究亚里士多德哲学的热潮。著名经院神学家托马斯·阿奎那（Thomas Aquinas，约1225—1274）一生的绝大部分时间在巴黎大学授课。他认为亚里士多德很好地理解和解释了这个世界的运作，任何时代的任何思想都无法与之相媲美。其《反异教大全》和《神学大全》等著作在哲学、神学和教育领域都是中世纪欧洲最重要的著作。阿奎那所代表的理性主义的胜利使经院哲学达到了空前繁荣，但对于经院哲学来说无异于饮鸩止渴。

罗吉尔·培根（Roger Bacon，1214—1292）以其卓越的实验科学思想和哲学思想预示了新时代的曙光。以约翰·司各脱（Johannes Duns Scotus，一译邓斯·司各脱，1265—1308）为代表的司各脱主义和以威廉·奥卡姆（William of Occam，约1300—1349）为代表的奥卡姆主义发扬了唯名论思想，企图恢复奥古斯丁时代宗教的纯洁，把理性从神学中排斥出去，从而在客观

---

① 张志伟主编：《西方哲学史》，中国人民大学出版社2002年版，第221页。

上导致了理性的独立。所有这些因素的共同作用再加上14世纪由意大利发端的文艺复兴人文主义运动，最终导致了经院哲学的衰落和解体。

（二）经院哲学的主要内容和历史意义

1. 经院哲学的研究对象和思想渊源

经院哲学主要研究共相和殊相、一般与个别之间的关系问题。围绕该问题的争论，哲学家们分为两大派别："唯实论"（realism）主张普遍的共相是真正的实在，殊相或个别的东西只是现象而已；"唯名论"（nominalism）认为个别的东西才是真实的存在，共相不过是概念、语词而已，并无实际存在的意义。共相与殊相的关系成为经院哲学主要的争论问题的原因十分复杂，主要与希腊哲学传统、中世纪早期日耳曼民族的文化水准以及基督教调和理性与信仰的关系等相关联。[①]

从思想渊源来说，中世纪经院哲学是柏拉图主义与亚里士多德思想的奇特混合物。在托马斯·阿奎那之前，从教父哲学到早期经院哲学一直是柏拉图主义的天下。经过阿奎那的努力，亚里士多德成为中世纪经院哲学的最高权威：其形而上学提供了深邃的思想领域，其逻辑三段论提供了推理论证的方法。与此同时，柏拉图主义和奥古斯丁的思想也始终发挥着重要作用。

2. 经院哲学的本质特征

从本质上说，经院哲学是"神学的奴婢"。上帝是最高的超验的实体，其整个体系的高度抽象和形式化，造就了从概念到概念的抽象烦琐的方法论特征。经院哲学所研究的一些问题在今天看来也许十分荒唐，例如，基督教教义说人死了以后可以复活，经院哲学家们便研究死了的人将在什么年月复活？他们复活时是作为儿童还是青年？是作为成年还是老年？复活时的面貌如何？体格如何？是否胖子复活后仍是胖子，瘦子复活后仍是瘦子？在复活后的生活中男性女性的区别是否继续存在？他们争论不休的问题还包括"一个针尖上站几个天使"和"人牵羊还是羊牵人"等。

3. 经院哲学的历史意义

11世纪经院哲学中出现的唯实论和唯名论的争论促进了哲学的发展，也锻炼了人们的思维能力。教会认为唯实论符合教义，将其作为神学的理论基础，而视唯名论为异端，对唯名论者多次谴责和迫害。经院哲学作为基督教哲学在本质上是为信仰服务的，但它毕竟是理性活动。包括经院哲学在内的中世纪基督教文化是西方文化发展的有机组成部分，它把欧洲各野蛮民族相继纳入西方文明的轨道，拓展了文明世界的领域，为近代西方的兴盛打下了基础。

二、中世纪大学

中世纪大学（Medieval universities）的产生与城市经济的发达、阿拉伯文化的传入和经院哲学的发展及学者游历讲学的传统等都有密切的关系。早期著名的大学有萨莱诺大学、波隆那大学和巴黎大学。中世纪大学的行政制度有两种类型，即由学生或教师掌管行政。在大学产生

---

① 张志伟主编：《西方哲学史》，中国人民大学出版社2002年版，第222页。

之际，教会就试图加以控制。中世纪大学在传播文化和提高人的知识方面起到了积极作用。大学与经院哲学的密切联系使得后世西方思想家不断抨击其所谓的"经院习气"。

（一）著名的中世纪大学

中世纪大学起源于三所大学：萨莱诺大学、巴黎大学和波隆那大学。

1. 萨莱诺大学

最早的中世纪大学产生于意大利南部那不勒斯附近的萨莱诺（Salerno），那里环境幽美，气候宜人，有矿泉水可供治病。这里原有一所著名的医学校，君士坦丁·阿弗利坎那斯（Constantius Africanus）在这个学校做了许多有益工作，把希腊和阿拉伯人的医学名著译成拉丁文。他的活动吸引了各国青年前来学习，师生共同努力，在原有医学校的基础上建成了中世纪第一所大学。1231年得到官方认可，12—13世纪，其医学研究享有盛誉。[①]

2. 巴黎大学

12世纪的巴黎是当时法兰西王国的首府，有良好的文化氛围。巴黎（Paris）大学是在附属于巴黎圣母院的神学院的基础上建立起来的，经院哲学家阿伯拉尔（Petrus Abaelardus，1079—1142）起了重要作用。作为唯名论者，他认为理性应在信仰之先。他在教科书《是与否》中提出的问题包括：人类的信仰是否应根据理智？上帝是否是唯一的和全能的？基督的血肉是否真在祭坛的圣餐中？其著作被视为渎神而受到谴责。1180年，巴黎大学为法国国王路易七世（Louis Ⅶ，1137—1179在位）所承认。

3. 波隆那大学

12世纪上半叶，被人们遗忘数百年之久的罗马法被重新发现，意大利北部诸城市因政治经济的需要掀起了研习罗马法的热潮，作为向教皇、皇帝、国王和贵族争取自治权的法学根据。波隆那（Bologna）大学是由各地来这里学习法律的学生自行组织起来的。他们自聘教师，自筹办学经费，和教师一起组成了波隆那大学。腓特烈一世（Frederick Ⅰ，1152—1190在位）于1158年承认其为正式大学。

4. 其他中世纪大学

据教育史学家研究，英国牛津大学是1168年从巴黎分出，剑桥大学是1209年从牛津分出，成为独立的大学。13世纪以后，各国学者和僧俗封建主竞相建立大学。13世纪和14世纪，意大利有大学18所，法国有16所，西班牙和葡萄牙共有15所。布拉格大学创办于1348年，维也纳大学创办于1365年，海德堡大学创办于1386年。

（二）中世纪大学的主要类型及其管理

中世纪大学一般分为文学、法学、医学和神学四个学院。开办之初，波隆那大学只有法科，1316年始增设医科，1360年增设神学院。巴黎大学原来只有文学及神学院，后来增设教会法及医学。早期大学具有相对独立性。从法律上讲，大学是由皇帝、教皇和国王批准的，不

---

① James Bowen. *A History of Western Education, Volume Two*. New York: Methuen & Co. Ltd, 1975: 109.

受当地教会和封建领主的管辖。"中世纪大学享有多种特权，其中首要的是自治权，即大学本身不受外来势力干涉而具有的自我管理的权限，包括有权处理与外部的关系，监督成员的录用，制定自己的章程等。"[①]最终形成了波隆那大学以学生为主体和巴黎大学以教师为主体的两种自治模式。

1. 学生组织与教师组织

来自不同国家和地区的学生，为了保护自己免受当地教会和世俗封建主的迫害，按原籍组成"同乡会"（natione）以保护自己的利益。同时，他们模仿手工业行会，将自己的组织称为"师徒会社"。大学（universitas）这个字的原义是"会社"，是由一伙人所组成的具有法权的合法团体。"同乡会"的领导人由选举产生，叫作"顾问"，任期一年。大学的学生来源于不同的国家和地区，成分也很复杂。大多数学生是贵族出身或是商人子弟，还有一些是高级僧侣，如主教等。也有少数出身贫穷的子弟，可得到大学的补助，供给其膳宿等。

教师的组织称作"教师会"（facultas）。这个字的原义是一种学科，后引申为专教某一学科的教师团体。教师会与行会组织相类似，起初教学只是师生之间的私事，学生按照事先商订的契约交纳学费，教师则按照契约上课，否则要受罚。后来教师相约组成教师会，一般要有学历并经过考试，合格者再通过隆重的仪式才能被接纳加入教师会，被授予教师执照。当时有医学、文学、法学和神学四种教师会，每个教师会每年选一名主任。同乡会的顾问和教师会的主任共同组成大学委员会，委员会选举校长，任期一年。

2. 大学行政与学制

西欧中世纪大学行政制度有两种类型：一种以波隆那大学为代表，学生掌管学校行政，学生充任校长；一种以巴黎大学为代表，学校行政由教师掌握，校长由教师担任。南方诸国，如意大利、西班牙和葡萄牙以波隆那大学为范例；北方诸国，如英国、德国、丹麦和瑞典则以巴黎大学为模式。大学从教皇、国王、皇帝那里争得一些特权，教皇、国王、皇帝也要利用大学为其争夺权力服务。大学生后来得到了免税、免服兵役、自立法庭、讲演、罢教以及由一地迁往他地等的特权。

学生入学一般无年龄限制，14岁即可入读大学文科。先是学习"七艺"，修学年限为4—7年，具备读、写、说拉丁文能力并使教师满意后便可取得学士学位。学士开始时并非正式学位，只是表明学生开始取得学位候选人的资格，14世纪以后才成为正式学位。学生获得学士学位后仍要继续学习4—7年，经过考试和论文答辩才算完成学业。通过论文答辩者获得硕士和博士学位，可以在任何大学任教。

（三）教会对大学的控制

在大学产生之际，教会就试图加以控制。波隆那大学是在讲授罗马法的基础上建立的。教会仇视罗马法，要求讲教会法。在教会的挑唆下，主张讲罗马法与主张讲教会法的两派学生长期斗争，甚至引起暴乱。教会注意的重点是巴黎大学，在巴黎大学任职的教师要得到巴黎教

---

① 贺国庆等著：《欧洲中世纪大学》，人民教育出版社2009年版，第212页。

会负责巴黎大学事务的教务长颁发的教师执照。巴黎大学的师生与教会的教务长进行了长期斗争，直到13世纪，巴黎大学教务长才不能任意拘捕师生，并须按规定给合格教师发放执照。教会对巴黎大学的控制还表现在派遣多明我教团和圣方济各教团的托钵僧进入大学，控制学生的思想言行。

教会控制大学的关键是限制大学的教学内容。在亚里士多德的问题上，大学师生与教会展开了激烈斗争。12世纪末，亚里士多德的著作开始逐步被译成拉丁文，并在巴黎、牛津等大学成为最高权威。教会在1209年和1215年编制禁书目录。1209年，教会谴责亚里士多德的《物理学》一书，1210年，巴黎宗教会议决定把追随亚里士多德著作的大学师生一律革除教籍。1215年，教会谴责亚里士多德的《形而上学》。后来教会迫于形势不得不改变策略，变禁止为利用。经过托马斯·阿奎那的改造以后，1254年，亚里士多德的《物理学》和《形而上学》正式被列为巴黎大学的课程。

（四）中世纪大学的历史地位

一方面，中世纪大学的产生犹如在浩瀚的荒漠上现出的点点绿洲，给人以生机，给人以希望。多少世纪以来，人们饱受愚昧的折磨，人们渴望知识，到处寻觅知识，大学满足了人们的需求。它在传播文化，提高人的知识方面起到了积极的作用，培养了像罗吉尔·培根和约翰·司各脱这样的科学家和思想家。唯实论者托马斯·阿奎那按照神学改造亚里士多德思想的同时，在客观上传播了古希腊的世俗文化。另一方面，大学受制于教会，又由于它们与经院哲学的密切联系而成为禁锢人们思想的场所。在教会的控制下，中世纪大学总体上轻蔑自然、经验和社会现实，崇拜权威、信仰教义，这使其教学内容贫乏，与现实隔绝，教学方法烦琐、死板，充满形式主义。这些就是后世西方思想家不断抨击的"经院习气"。

第四节　行会学校和城市学校

11—12世纪，西欧重新充满了活力。商业复活了，城镇开始成长，随着城镇团体权力和声望的获得，相应开始了社会和政治变革。13世纪，与王权争取权力的不仅是教皇，国王还面对着相对强大和独立的诸侯和城市。13—14世纪，大部分城市都建立了行会，逐渐发展成独立组织，垄断了商业并在城市社会中发挥了重要作用。

（一）行会学校

12—13世纪，欧洲手工业产品的需求量迅速增长。为了保护自己的利益和避免不良竞争，中世纪欧洲出现的行会，往往成为一个城市具有决定意义的经济力量。行会在创办学校和发展职业技术教育方面曾起了组织、领导和管理的作用。"这对教育有两个显著促进：一方面，他们关心行会成员的儿童的普通教育。行会经常提供经费来加强和扩大学校，用以更好地关怀成员们的儿童。另一方面，行会自己办学校，雇教师，付工资，并且练习去控制他们要求儿童所需要的教育。"①

1. 行会的艺徒制

由行会监督的艺徒制度是由师徒之间的契约来约束的。契约由师傅和儿童的父亲共同签订。契约对学徒的规定是：在学徒期内（一般是7年）绝对服从师傅的命令，不得泄密，不得擅离职守，要保护师傅等，如有违背，要给师傅以赔偿。契约对师傅的要求是：不加保留并以最好的方法将技艺传授给徒弟，向学徒提供食宿和衣着等。学徒期满，合乎出师条件者便可出师，成为帮工（熟练工人），可以从师傅那里取得工钱。帮工可以到各地旅游并为不同的师傅工作，以便增长阅历，使技术更加娴熟，达到作为一个师傅所应具备的技艺水平。帮工的技艺达到专精程度以后再提供一件精心制作的作品给师傅及行会鉴定，如获通过，就可以得到"师傅"称号，然后才可以独立开业，有自己的店铺，收学徒，雇熟练工人。

欧洲行会的艺徒教育开创了西方教育史上职业教育的先河。艺徒教育在传授技艺的同时注重道德培养。但行会的艺徒制度带有浓厚的封建等级制色彩，常被师傅所滥用。师傅对待徒弟像仆人，倾向于让学徒打杂而不是学习技术。14世纪以后，行会制度已失去其进步意义。

2. 行会对普通教育的促进

行会在办学事业上也起过积极作用。行会为了本行会会员子弟能受到必要的文化教育，对创办学校颇为热心。英国的33种行会中有28种设立了学校，至今存在的有绸缎学校和文具商学校等，伦敦的泰勒学校后来成为英国的九大公学之一。日耳曼地区的慕尼黑设有技艺学校，柏林的裁缝行会也设立了多种技术学校。现代德国著名的"双元制"职业教育就是从手工业行会教育发端的。

（二）城市学校

罗马时代的很多学校是由城镇或都市资助和控制的。当基督教学校发展起来以后，很多城市学校被废弃或衰弱。12—13世纪，新兴市民的势力逐渐壮大，城市学校被创建并发展起来，决定交纳学费、选择教师并付给报酬和儿童入学资格等问题。在国王和统治者的帮助下，德意志和苏格兰从教士手中夺取并掌握了教育权，兴建了一批由市政府创办的学校，这些学校由市府提供经费，由市府任命校长和教师。

拉丁文法学校是这个时期最大的教育机构，它吸引了市政当局很大的兴趣，被作为进入上层社会、准备就业和在政府工作的途径。和教会控制的拉丁文法学校不同的是，城市控制的学校服务于城市自由民的兴趣和需要。

由于贫苦阶层要求用本族语而不是拉丁语教学，这一时期还出现了用本族语教学的由城市管理的小学，教授在商业生活中所需要的读和写。1320年，布鲁塞尔就出现过很多这样的学校。在城市中的所有小学都允许用本国语进行教学。这是近代小学的前身。

基尔特学校（行会学校）、城市学校的出现，挑战了教会对教育的垄断。以往地方教士都

---

① ［美］S·E·佛罗斯特著，吴元训等译：《西方教育的历史和哲学基础》，华夏出版社1987年版，第170页。

是本地区的文书和读经师。他们给人写合同、立遗嘱、写信和负责保护人们的档案，现在城市学校用本族语教授读和写，实际上就抢了教士的饭碗，两方势力为此明争暗斗，在不同的城市，两种势力消长的情况存在差异，往往达成一定的妥协。

关键概念

修道院学校	《本尼狄克教规》	七艺	教堂学校
教区学校	查理曼大帝的教育改革	骑士教育	经院哲学
中世纪大学	萨莱诺大学	波隆那大学	基尔特学校
艺徒教育	城市学校		

本章小结

　　15世纪文艺复兴时期的人文主义者把西欧中世纪早期说成"黑暗时代"，16世纪的新教接受了这个观点，甚至将中世纪早期称为"千年黑暗"。后来西方学术界一直沿用这种观点。这种全面否定中世纪的状况一直到20世纪20年代才有了根本的改观。美国历史学家、中世纪史权威、哈佛大学教授哈斯金斯（Charles Homer Haskins，1870—1937）在自己的作品中重新评价了西欧中世纪的地位，由于一批学者的共同努力，使"12世纪文化复兴"成为西方历史学中的显学。

　　诸多史料表明，在那个特定的时代，基督教会及其教育对中古欧洲的政治、文化和教育的发展确实做出了一定贡献。[①]西欧中世纪的基督教学校是近代公立小学的基础；骑士制度对西方后世绅士教育的发展有深刻影响；中世纪大学虽然不是近代意义上的大学，但欧洲很多古老的大学是从那里发端的；新兴市民的行会学校和城市学校也为后世西方的职业教育和近代小学教育的发展奠定了重要基础。

　　但我们也应看到，基督教教育作为一种宗教文化存在着很大的局限性。在教育史上，中世纪被称为"神性时代"，神对人的思想、精神甚至肉体的控制被认为是这一时代教育的基本特征。首先，教会一统的强制文化对教育的负面影响。中世纪早期的社会动荡与权力真空使得基督教会成为西欧社会与精神生活的领袖，成为西欧最大的封建主，也使当时的西欧成为基督教的天下，基督教神学理论成为主流的意识形态。教会一统文化将人视为有罪的羔羊，将教育看成使人皈依上帝的工具。其次，中世纪基督教的知识观也具有明显的局限性。信仰高于理性，知识的价值与教学内容的选择，都受到基督教神学的深刻影响。科学知识或被拒斥，或遭剪裁和改造甚至迫害。"古代社会过渡到近代社会时期，教会对教育的垄断持续了一千多年，这对欧洲理智生活的影响极大。最明显的结果，

---

① 参见杨昌栋著：《基督教在中古欧洲的贡献》，社会科学出版社2000年版；赵林著：《西方宗教文化》，长江文艺出版社1997年版，第208—217页。

是教会把普通知识限制在它的兴趣和教义固定范围之内。""结果，理智方面的探索被迫花了几个世纪的精力去重新发现古典文化。"①

思考题

1. 西欧中世纪教育的发展受到哪些重要历史因素的影响？
2. 试论基督教会和基督教文化对西欧中世纪教育的影响。
3. 简述《本尼狄克教规》。
4. 简述"七艺"。
5. 简述西方修道院制度在教育史上的地位。
6. 简述查理曼大帝的教育改革。
7. 对西欧中世纪骑士教育制度进行述评。
8. 简述"骑士七技"。
9. 简述经院哲学及其与中世纪大学的关系。
10. 对西欧中世纪大学进行述评。
11. 简述西欧中世纪后期城市学校的兴起及其发展特征。
12. 简述中世纪的艺徒制及其在西方职业教育史上的地位。
13. 简述中世纪行会在发展城市教育方面的贡献。

---

① ［英］博伊德、金合著，任宝祥、吴元训主译：《西方教育史》，人民教育出版社1985年版，第99—100页。

第六章　拜占庭和阿拉伯的教育

在世界教育史上，拜占庭与阿拉伯的教育占有重要地位。在中世纪早期的大部分时间里，与西欧相比，拜占庭和阿拉伯文明是非常先进的，组织良好且强大。由于历史的原因，与西欧中世纪处于同一历史时期的拜占庭与阿拉伯的教育发展呈现出不同的历史图景。一方面，拜占庭与阿拉伯在保存古代希腊和罗马文化以及在沟通东西方文化方面都做出了重要的历史贡献。另一方面，拜占庭与阿拉伯的文化因其自身所具有的特色而在世界文化教育史上熠熠生辉。

第一节　拜占庭的教育

西罗马帝国于476年灭亡后，以君士坦丁堡（Comstantinople）为中心的持续千年的拜占庭帝国（Byzantine Empire）发展起来，并继承了古罗马的遗产，是唯一存活至近代早期的古典社会。"在世界文明史上，拜占庭文明并非一个孤立的历史和文化现象。一方面，它是西方文明的一部分，确切地说，是古希腊、罗马文明的延续；另一方面，它又影响了近代西方文明，尤其是斯拉夫文明的形成。作为中世纪史的构成要素，拜占庭文明在古代文明和近代文明之间起了不可替代的桥梁作用。拜占庭文明不仅与西方文明源远流长，而且与东方文明联系密切。"[①]

一、拜占庭文明的历史特征

民族迁徙引起的战争导致罗马帝国出现军事、政治和经济危机，罗马帝国的中心开始转移到巴尔干和小亚细亚方向，最后选定拜占庭作为帝国新都，其具有易守难攻的战略价值，被命名为君士坦丁堡。

拜占庭的统治者通过政治和社会的调整来应对入侵者的挑战，其最重要的创新是在军区制体系下对拜占庭社会进行重组，主要做法是把帝国的一个军区置于一位军事将领的管辖之下，由其担负军事和市政的职责。军区将领由帝国政府任命。军区将领从自由农民那里招募军队，后者以军事服役来换取一定份额的土地。"在大约3个世纪的时间里，军区制系统在拜占庭帝

[①] 张广翔、刘玉宝：《拜占庭文明的特征及对世界文化的影响——卡尔波夫教授吉林大学讲学综述》，《史学理论研究》2007年第3期，第155页。

国运行良好，支撑了一支强大的军队和一个繁荣而独立的农民阶级"①，使其避免了西罗马的灭亡命运。大约在11世纪，富裕的土地所有者日益破坏了军区制体系，攫取了独立农民的地产合并成大庄园，减少了个人服务于拜占庭军队的意愿，也使中央政府的税收大量减少。1453年，拜占庭被奥斯曼帝国并入自己的版图，其历史走到了终点。

一般认为，构成拜占庭文明基础的几大特征是：① 君士坦丁堡实行"政教合一"的政策。规定皇帝不仅作为世俗君王进行统治，也在教会事务上发挥积极作用。在人们的宗教信仰方面，拜占庭教会不像西欧中世纪罗马教会那样拥有重大的权力。② 宽容的民族政策。由于其领土包括埃及、叙利亚和美索不达米亚，使其文化具有东西方文化的混合特征。拜占庭官方标准语是公元前5世纪的希腊语。希腊语是拜占庭人进入上流社会的敲门砖，成为当时社会精英的一种标志。③ 拜占庭的法律是罗马传统的延续和发展。罗马法真正形成的时间是在拜占庭帝国时期。

二、拜占庭各时期文化教育概貌

公元4世纪末，罗马帝国的东西两部分开始分道扬镳。东罗马帝国的诸种文化因素经过长期的冲突和融合，最终形成独具特色的拜占庭文化。4—5世纪，东罗马帝国处于由古典文化向中世纪拜占庭文化发展的过渡时期，这是一个多种文化冲突与交融的过程。在狄奥多西二世以后，拉丁文地位不断下降，逐步被希腊文所取代。历史学家认为，在东罗马起重要作用的文化因素主要有三个方面：一是古典希腊—罗马的文化传统，包括希腊化时代的文化传统；二是新兴的基督教文化因素；三是近东文明古国的文化影响。这三种文化因素交互作用，最终形成中世纪的拜占庭文化。②

（一）《查士丁尼法典》与法学教育

历史学家认为，罗马法的全盛时期不是在罗马帝国时期，而是在拜占庭帝国时期。查士丁尼皇帝（Emperor Justinian，527—565在位）统治时期被认为是拜占庭历史上的"第一个黄金时代"。随着政治、经济和军事的发展，文化学术也有显著进步。为了总结古罗马的统治经验，成立了罗马法编纂委员会，审订自哈德良皇帝（Emperor Hadrian, 117—138在位）以来400多年间罗马历代元老院的决议和皇帝诏令，删除其中已失效和相互矛盾的部分，于529年编成《查士丁尼法典》（Justinian Code），共10卷。后来又把历代法学家解释的论文汇总整理，于533年编成《学说汇纂》，共50卷，同年颁布《法理概要》，又称《法学家指南》，精审扼要，是学习罗马法的教材。最后又将534年以后颁布的法令于565年汇编成《新法典》（又译作《新律》），作为《查士丁尼法典》的续编。上述所有法律文献统称为《罗马民法大全》（Corpus Juris Civilis），是欧洲历史上第一部系统完备的法律文献。"这一法典影响了西欧大部分地区、

---

① ［美］杰里·本特利、赫伯特·齐格勒著，魏凤莲译：《新全球史：文明的传承与交流（1000—1800年）》（第五版），北京大学出版社2014年版，第65页。
② 吴于廑、齐世荣主编，马克垚、朱寰本卷主编：《世界史：古代史编》（下卷），高等教育出版社1994年版，第167页。

日本以及美国路易斯安那州的民法法典"[1]，也是法学教育的主要文献。

（二）圣像破坏运动与教会教育

历时117年之久的圣像破坏运动（726—843）确定了皇权高于教权的原则，使教会及其教育没有像西欧那样达到影响政治和垄断教育的地位，对拜占庭文化教育的发展有重大影响。在长期对外侵略扩张和遭受外族入侵威胁的拜占庭，战争已成为国家和政府的经常性职能，军事在拜占庭的各行各业中占据了特殊地位。

立奥三世（Leo Ⅲ，717—741）为了保障新兴军事贵族利益，从726年起宣布反对圣像崇拜，掀起一个全社会的圣像破坏运动。教会和修道院的圣像、圣迹和圣物被捣毁，土地和财产被没收，修士被迫还俗，参加生产，承担国家的赋税和徭役。尽管843年狄奥多尔重新宣布恢复圣像崇拜，但拜占庭教会元气大伤，皇权高于教权的原则继续存在，教会被没收的土地和财产也无法收回。取得土地的军事贵族成为不同等级的大封建主，拜占庭封建化过程前进了一大步。

在反圣像破坏斗争中，圣像崇拜者的代表人物狄奥多尔一向致力于使东正教摆脱皇权的控制。在担任君士坦丁堡的斯图狄乌斯修道院院长期间，他使遭受打击一度衰落的该修道院得到了恢复。他为修道院制定了新规则，通过修道院学校提高修士的文化知识。所有修士都要学习《圣经》和教父的著作，训练阅读和写作，练习写圣诗等。他的布道讲演汇成《大小教义问答》，在民众中广为流传。

（三）阿摩里亚王朝和马其顿王朝时期高等教育的发展

在阿摩里亚王朝（820—867）时期，教育得到了很大发展。凯撒·巴尔达斯（Caesar Bardas）在君士坦丁堡宫廷创建了一所高等学校，引进异教时代的"七艺"进行教学，后为拜占庭和西方学校广泛采用。这所学校免费招收贵族子弟入学，聘请著名学者担任教授，教授的高薪由政府支付。

在马其顿王朝（867—1056）时期，凯撒·巴尔达斯兴办的高等学校更加兴盛，不仅是培养高级人才的学府，也是学者荟萃的学术中心。9世纪后半期的学术领袖正是两次出任大教长并在巴尔达斯学校任教的佛提乌斯（Fortius）。他受过良好教育，才华过人，知识渊博，热衷教育。他既精通神学、哲学、史学、法学、语法和修辞学，还通晓医学和自然科学。除教书外，他还致力于写作，留下一批丰富的文化遗产，其中最著名的是《群书摘要》。

马其顿王朝时期的学术和艺术也得到了发展。这个时期拜占庭学术发展的重要特点是世俗因素和神学因素的逐渐融合，形成了拜占庭文化教育发展的"第二个黄金时代"。佛提乌斯的学生、皇帝立奥六世（Leo Ⅵ，886—912在位）创造了一种尊师重道、勤奋好学的气氛。他推

---

[1] ［美］杰里·本特利、赫伯特·齐格勒著，魏凤莲译：《新全球史：文明的传承与交流（公元1000年之前）》（第五版），北京大学出版社2014年版，第485页。

崇学术，奖掖学者，皇宫时常成为学者聚会的中心。立奥六世的文化学术政策为其以后的发展奠定了坚实的基础。

10世纪拜占庭的著名学者是君士坦丁七世（Constantine Ⅶ，905—959在位），人称"皇太子"。他儒雅好学，潜心学术，保护教育，著有《帝国行政论》和《典仪论》等。他身为帝王，却把国务委托给他人处理，自己亲自参加文化学术活动，并成为这一时期文化学术的带头人。罗马人一直重视历史的垂训作用，以鉴往知来。在他的倡议下，开始编撰一部卷帙浩瀚的历史丛书，题名为《狄奥方内斯著作续编》，实质上是9—10世纪拜占庭历史著作的汇编，它对于研究阿摩里亚王朝和马其顿王朝时期的历史有重要意义。

三、拜占庭的学校教育

拜占庭教育继续了古典教育传统，教育水平大大高于同一时期的西欧。希腊语仍是教学用语。当西欧的高等教育完全绝迹的时候，拜占庭的高等教育继续存在。7世纪前，拜占庭的高等学校遍及各行省的首府。7—8世纪，各地高等学校相继减少。

（一）世俗学校教育

5世纪时，西罗马帝国的高等学校已经绝迹，而君士坦丁堡大学却具有蓬勃生机，是拜占庭最有影响的大学，有30位教授分别主持希腊文、拉丁文、罗马演说术、智者派学说、法学和哲学等31个讲座。修学年限为5年，教学内容以"七艺"为基础，"七艺"之上有哲学和法律学。该大学在7—8世纪时曾两度衰落，9世纪时，在著名自然科学家、哲学家利奥的主持下再度兴隆，设有哲学、几何学、天文学和语言学等讲座，并教授数学、音乐、语法、法律和医药等学科。

拜占庭的专科学校也较为发达，较为著名的有贝鲁特和君士坦丁堡的法律学校、雅典的哲学学校、亚历山大里亚的医学校和哲学学校。为了培养司法工作者以及律师并使政府官吏懂法、知法和依法办事，查士丁尼（Justinian, 527—565在位）推行法律教育，成立了贝鲁特法律学校、君士坦丁堡法律学校等。法律学校修学年限是5年。在拜占庭的教育体系中，私人讲学也占有重要地位，在传播古典文化方面起了一定作用。

（二）教会学校教育

拜占庭教会比西罗马教会更早关心学校教育，也比西罗马教会更早提出教士应承担教师职责的问题。680年，君士坦丁堡教会曾发出两个关于学校教育的通谕，第一个通谕是关于主教学校和修道院学校的，第二个通谕要求农村和城镇教士开设的学校主要应该教文法。

教会所办的学校主要是修道院学校和主教学校，都是培养神职人员的高级学校。修道院学校最初是在拜占庭的土地上办起来的，以后才逐渐传入西欧各地，其教育内容完全是宗教性的。6—11世纪，主教学校在拜占庭得到了较大发展。君士坦丁堡大主教学校是拜占庭最高级的主教学校，对任教者的考核非常严格，是当时最高的神学研究中心。学生不仅学习"七艺"和科学，还研究古代哲学家的著作。

四、拜占庭文明对世界文化教育的影响

拜占庭的历史贡献主要表现在以下几个方面：① 起到了保护盾的作用，使得西方能自由地发展自己的文明。② 促进了贸易和经济的全面发展，一直是整个地中海盆地的经济发动机，其货币是国际标准交换媒介。③ 拜占庭挽救了古代文化艺术珍品并将其传给后世。④ "拜占庭对东斯拉夫人而言，就如同罗马对日耳曼人所起的作用一样，都是该民族伟大的教育者、伟大的引导者以及宗教和文明的源泉。"[1]

当西欧各国正忙于建邦立业之际，君士坦丁堡早已是人口逾百万的繁华都市。拜占庭高度发达的封建政治、经济、军事、文化、宗教和艺术等，对东欧其他国家和民族都产生了或直接或间接、或大或小的影响。在整个中世纪，拜占庭都是东方与西方、欧洲与亚洲经济和文化教育交流的桥梁，在保存和传播古代西方文化和沟通东西方文化方面，拜占庭做出了自己的贡献。拜占庭的文化和学校的发展水平也远远高于同一时期的西欧。

拜占庭文明对世界文化教育的影响主要表现在以下几个方面：第一，借十字军东征和威尼斯共和国的海上贸易，西方人在拜占庭帝国发现了古希腊、罗马文化经典作品的手稿。在将上述作品翻译之后，西方人才真正得以了解古希腊、罗马文化。第二，在拜占庭文明早期形成的《罗马民法大全》，不仅是《拿破仑法典》（Napoleonic Code）的范本，也是现代资本主义国家制定法律的依据，较为全面和系统地保护了私有制。第三，西方乃至东方的建筑、书籍装帧及镶嵌画艺术等都深受拜占庭文明的影响。拜占庭文明对斯拉夫文化的影响则更为广泛而深远，不仅为俄罗斯提供了国家形式和官僚体制，更为俄罗斯文化奠定了从语言文字到宗教信仰的精神基础。第四，拜占庭的文化教育在13世纪以前尤其是在11世纪以前高于西欧和东欧，对东欧的一些国家，如保加利亚、塞尔维亚和俄罗斯等有较大影响。第五，拜占庭的文化教育对于文艺复兴也起着积极的作用。当土耳其人在1453年占领君士坦丁堡以后，拜占庭的学术便大量传入欧洲，从而对西欧的文化教育产生了重大的影响。

第二节　阿拉伯—伊斯兰文化和教育

在中世纪与基督教世界并立的是伊斯兰教世界。阿拉伯—伊斯兰文明形成于中世纪特定的历史环境，伊斯兰教（Islam）的诞生和阿拉伯人从野蛮向文明的演进是影响伊斯兰传统文明的重要因素。在伊斯兰教产生以前，阿拉伯半岛已有基督教徒和犹太教徒举办的被称作"昆它布"（Kuttab）的简陋初级教育活动。

伊斯兰教产生以后，《古兰经》（Quran）成为阿拉伯国家宗教、政治、经济、军事、法律和教育制度的经典。在《古兰经》和穆罕默德（Muhammad，约570—632）的言论《圣训》

---

[1]［美］斯塔夫里阿诺斯著，董书慧等译：《全球通史：从史前史到21世纪》（第7版·上），北京大学出版社2005年版，第249页。

（*Hadith*）的影响下，重视教育、尊重人才和广开学校遂成为阿拉伯教育的优良传统。一方面，清真寺（Mosque）是阿拉伯教育的主要场所，承担着向民众普及教育的任务。另一方面，宫廷学校是上层统治者培养统治人才的重要场所。此外，学术研究和高等教育齐头并进，促进了学术和文化的繁荣，其发展水平远远高于同一时期的西欧。

阿拉伯文化和教育是阿拉伯帝国及以后各阿拉伯国家境内各族人民共同努力的结果，它是融合了东西方文化的一种混合文化，其发展水平高于同一时期的西欧，是欧洲继承古代希腊罗马文化的主要渠道。阿拉伯国家实行政教合一的制度，为巩固自己的统治，历代哈里发（Caliph）都重视和鼓励发展学术与兴办教育，高等教育得到了长足发展。阿拉伯的一些著名大学是当时西方学术和文化的交流中心，发达的自然科学及其研究成果对西欧中世纪大学的发展产生了深远影响。

一、阿拉伯社会历史概况

在伊斯兰教兴起之前，人类已在阿拉伯半岛生活了千年之久。游牧民族贝都因人（Bedouins）以家庭和部族为单位组织起来，对其部族有着强烈的忠诚感，坚定保卫共同的利益。在伊斯兰教出现以后，对部族的认同和忠诚仍然保留了几个世纪。

（一）伊斯兰教与阿拉伯帝国

6世纪和7世纪之交，阿拉伯半岛处在社会剧烈动荡和重大变革的时期。阿拉伯商人、贵族阶级为扩张土地和发展商业贸易，亟待建立一个统一的、强有力的统治机构，一般民众也渴望实现社会安定，先知穆罕默德顺应了阿拉伯人的这些要求，约在公元6世纪初创立了伊斯兰教。早期伊斯兰教信仰深受犹太教和基督教的影响。在以后的世纪里，希腊和印度的传统也使穆斯林获益匪浅，"糅合了阿拉伯、波斯、希腊和印度社会的多种因素"[①]。

"伊斯兰"一词的意思是"皈服"，意味着遵从安拉（Allah）的教导和意志。安拉是伊斯兰教唯一承认的神，信仰伊斯兰教者称为"穆斯林"（Muslim），意思是"已经服从的人"。《古兰经》规定了伊斯兰教的基本信仰、教法、宗教义务和作为穆斯林必须要恪守的道德规范。伊斯兰教以一神教崇拜取代了氏族部落的多神崇拜，主张在伊斯兰教徒中不分部落和氏族，都以兄弟相称，为打破狭隘的氏族界线、建立统一国家奠定了思想基础。随着伊斯兰教的产生和发展，阿拉伯统一国家逐渐形成。至穆罕默德病逝的632年，阿拉伯半岛大体上归于统一。

作为"封印先知"的穆罕默德没有指定继承者，在继任问题上的分歧导致了什叶派（Shia）的出现，而大多数穆斯林信奉逊尼派（Sunni），各派穆斯林为争夺继承人展开了激烈斗争，穆斯林共同体面临着瓦解和消失的危险。为了满足阿拉伯人夺取商路和肥沃土地以及缓和内部矛盾的要求，初期四任哈里发以及后来的倭马亚王朝（661—750）的两次大规模征服运

① ［美］杰里·本特利、赫伯特·齐格勒著，魏凤莲译：《新全球史：文明的传承与交流（公元1000年之前）》（第五版），北京大学出版社2014年版，第378页。

动为阿拉伯帝国奠定了疆域基础。到8世纪前半叶，横跨亚、欧、非三大洲的阿拉伯帝国基本形成。[①]公元750年以后，阿拉伯帝国陷于不断的分裂，1258年为蒙古人所灭。

（二）阿拉伯—伊斯兰文明的基本特征

一般认为，阿拉伯—伊斯兰文明具有以下基本特征。

1. 经济领域的国有倾向

国家土地所有制的长期存在构成了中东历史的突出现象。伊斯兰传统文明脱胎于阿拉伯半岛的野蛮状态，原始公有制的财产关系在前伊斯兰时代的阿拉伯半岛广泛存在。《古兰经》规定一切土地皆属安拉及其使者所有，进而阐述了国家土地所有制的经济原则，其实质在于宗教形式下租税的合一。"国家既作为土地所有者，同时又作为主权者而同直接生产者相对立。"[②]

2. 非穆斯林臣民的吉玛人的自治地位和孤立状态

《古兰经》严格区分了多神崇拜的阿拉伯人与一神教信仰的犹太人和基督徒。基督徒和犹太人在缴纳人丁税的前提下享有一定程度的自治权利，处于二等臣民的地位。穆斯林与基督徒、犹太人的居住空间错综交织，分别遵从各自的宗教法律，讲说各自的传统语言，恪守各自的生活习惯，隶属于各自的宗教首领。

3. 阿拉伯国家素有专制主义的政治传统

小农经济与灌溉农业的结合以及普遍的封闭状态是阿拉伯—伊斯兰文明中专制主义长期存在的物质基础。伊斯兰世界的传统理论强调"君权神授"和"君权至上"的政治原则。在中世纪欧洲的基督教诸国，宗教权力与世俗权力长期并立，教会与国家自成体系，分庭抗礼。相比之下，自伊斯兰教诞生之日起，宗教与政治浑然一体。政治群体往往体现为宗教派别，政治对抗大都采取宗教运动的形式，政治斗争的首要方式便是信仰的指责。[③]

二、阿拉伯—伊斯兰文化及其传播

阿拉伯帝国幅员辽阔，古代文化遗产丰富。帝国境内各族人民在吸收古代东西方文化遗产的基础上，经过长期的辛勤劳动，创造了光辉的阿拉伯—伊斯兰文化，为世界文化宝库做出了伟大的贡献。阿拉伯—伊斯兰文化以巴格达为中心，往西经开罗和科尔多瓦传播到北非和整个欧洲，往东传到中亚、印度和东南亚，对世界文化产生了极为深远的影响。

（一）阿拉伯—伊斯兰文化的形成

阿拉伯帝国善于吸收外域文化，伊斯兰教对异教学术的宽容态度与同一时期西欧基督教会对学术的态度形成了鲜明的对比。阿拉伯帝国领域内的美索不达米亚、波斯、印度、叙利亚和埃及等地都是古代东方文化荟萃的地区。阿拉伯帝国政治稳定，交通发达，经济繁荣，为阿拉

---

① 参见吴于廑、齐世荣主编，马克垚、朱寰本卷主编：《世界史·古代史编》（下卷），高等教育出版社1994年版，第113—125页。

② 中共中央马克思恩格斯列宁斯大林著作编译局编译：《马克思恩格斯全集》（第四十六卷），人民出版社1979年版，第891页。

③ 参见哈全安：《伊斯兰传统文明的基本特征与中东现代化进程的历史轨迹》，《史学理论研究》2007年第1期，第22—25页。

伯—伊斯兰文化的形成与发展提供了良好的环境。而通行全国的阿拉伯语和占统治地位的伊斯兰教意识形态则提供了文化发展的必要前提。8世纪中叶，中国的造纸术和罗盘针传入阿拉伯帝国，对阿拉伯—伊斯兰文化的发展和繁荣起到了积极的促进作用。

重视教育和尊重知识是伊斯兰人的优良传统。伊斯兰人的信条是：人的真才实学比他只有特定的宗教信仰更具有普遍的重要性。《圣训》关于教育的基本观点是：第一，"求学是信奉国教的每一个男子和每一个女子的天职"。第二，"你们应当自摇篮起而学习到墓穴"。第三，"学问虽远在中国，也当求之"。第四，"学者是历代先知的继承者"。第五，"学者的墨汁，其贵重不亚于殉教者的热血"。第六，"尊敬一位学者，等于尊敬七十位圣先知"。第七，"学者的品级居于第三；学者以上，唯有上帝与天使。"[1]

帝国统治者都比较关心科学文化事业的发展。尤其在阿拔斯王朝时期，大规模军事征服基本结束，哈里发更加热心提倡教育，发展科学文化。他们不分宗教畛域，不拘泥意识形态的差异，不惜重金延聘人才，尊重和奖掖各界学者。马门（Al-Mamun，813—833在位）热心扶植科学文化事业，派遣使者分赴各地搜集典籍，访贤求学，兴办学校，创建科学研究机构。他曾派著名学者萨拉姆（Salam）访问君士坦丁堡，索取到欧几里得的《几何学原理》，请学者将其译为阿拉伯文并以重金作为酬劳。马门在巴格达创立了规模宏伟的学术研究中心——智慧馆，收藏文化典籍，既是科学研究机构，也是培养科学人才的高等学府，吸引了各民族和不同宗教信仰的学者来从事科学研究和教学工作。

各地方的独立王朝也相继建立了一些类似巴格达智慧馆的学术研究机构和大学。散布在各地的清真寺都兼有学校的作用，是穆斯林的重要文化教育机构。在帝国统治者的大力提倡和各族人民的积极参与下，全国注重学习的空气蔚然成风。[2]

（二）阿拉伯—伊斯兰文化的主要成就及其对教育的影响

阿拉伯国家注重吸收各文明古国的文化，致力于希腊著作的翻译、注释和研究工作，把希腊的哲学、数学和物理学由叙利亚文或希腊文译成阿拉伯文。他们还学习印度和中国的文化。在此基础上，阿拉伯学者创造出新的阿拉伯文化。

1. 天文学和数学

阿拉伯帝国在巴格达、大马士革、设拉子、开罗和科尔多瓦等地设有专门的天文学研究机构，其中巴格达天文台是当时世界上规模最大、设备最先进的天文台。阿拉伯学者所研制的天文仪直到16世纪还为欧洲所使用。花剌子密（Muhammad ibn Mūsāal-Khwārizmī，约780—850）和白塔尼（al-Battani，约858—929）等阿拉伯著名的天文学者对世界天文学的发展做出过很大贡献。

阿拉伯的数学也发展到很高的水平。阿拉伯人在数学方面的重大贡献之一是把阿拉伯数字介绍到欧洲。"代数"这个词也是由阿拉伯人确定的。花剌子密是最早编写算术和代数的学者，

---

[1] ［叙利亚］托太哈著，马坚译：《回教教育史》，商务印书馆1949年版，第125页。
[2] 参见吴于廑、齐世荣主编，马克垚、朱寰本卷主编：《世界史：古代史编》（下卷），高等教育出版社1994年版，第142—144页。

他的《积分和方程计算》直到16世纪都是欧洲各大学的教科书。代数学和阿拉伯数字的计数方法都是通过这本书传入欧洲的。他还发现了二次方程的解法，是世界上第一个写代数学著作的人。直到16世纪，他的代数著作都是大学的权威教本。

在天文学方面，阿拉伯人一般接受了前希腊人的基本原则，在理论上没有什么重大突破。"但是，他们不间断地延续了古人的天文观察，从而使文艺复兴时期的天文学家们获得了约900年的记录，为他们的重大发现提供了依据。"[①]阿拉伯人制造出较精密的测量天体和地球的测天仪，并于9世纪在巴格达建立了天文台，又于1196年在西班牙建立了吉拉尔达（Giralda）天文台，这是欧洲第一座天文台。

2. 化学和医学

阿拉伯人在化学上的成绩也很显著，他们重视化学实验，改进了蒸馏和过滤等方法。阿拉伯人在医学上的贡献尤为突出。阿维森纳（Avicenna，980—1037，即伊本·西那）是阿拉伯杰出的医学家和哲学家，有"医中之王"的美誉。他的《医典》是阿拉伯医学的结晶，直到17世纪，欧洲各大学都以《医典》为教科书。阿拉伯人在药学方面的成就也十分令人惊叹，他们所创造的药学词汇，如糖浆、药用饮料和配剂等一直沿用至今。

3. 文学和艺术

《天方夜谭》（*Arabian Nights: the book of a thousand night and a night*，又名《一千零一夜》）是阿拉伯人在文学方面的杰出著作，是世界文学宝库中的瑰宝，其内容和写作风格对欧洲文学产生了广泛的影响。但丁的《神曲》、薄伽丘的《十日谈》和塞万提斯的《堂吉诃德》等名著都受到《天方夜谭》创作方法的影响。

三、清真寺与各级学校

（一）昆它布

昆它布在早期是基督教徒和犹太教徒创办的一种学校，由粗通文字的人在自己家里教儿童学习读、写、算的初步知识。这种在家招生教学的简陋初级教育场所被称为"昆它布"。伊斯兰教兴起后，公元8世纪，伊斯兰教徒在各地的清真寺中设立"昆它布"作为宣教的场所。初期，昆它布以教授文字、算术为主，后来则是以传播伊斯兰教教义为主，以《古兰经》为主要课程，为此要学习读写、文法、诗歌、算术和地理等。

儿童一般7岁进入"昆它布"学习，到12岁毕业。在学习期间，花3年时间达到熟读并能背诵《古兰经》的程度就算完成了学习任务。此后，贫穷儿童去从事各种职业，富家儿童则继续学习以《古兰经》为中心的其他课程，如文法、诗和算术等。富人家往往采取家庭教育的方式，请教师到家里教育其子女。课程除学习《古兰经》以外，各位家长还可以选其他科目作为学习的内容，如游泳、射箭和骑马等。有的人家则选定诗词、名人演说、大战记录和会话规则，有的还把历史列为必读科目。

---

① ［美］斯塔夫里阿诺斯著，董书慧等译：《全球通史：从史前史到21世纪》（第7版·上），北京大学出版社2005年版，第220页。

（二）清真寺学校

在阿拉伯国家，几乎所有的学校都与清真寺有关，或者说几乎所有的学校都为清真寺所设立，很少有独立于清真寺之外的学校。清真寺不但附设初级学校，也附设中级和高级学校。教师坐在清真寺的廊下或院中讲课，听者环绕教师坐成圆形，叫作"教学环"。教师讲授《古兰经》《圣训》和法律，有时也讲授数学和天文。

规模宏大的清真寺还设有学院，如开罗的阿资哈尔和西班牙一些地方的大清真寺均设有学院，家境富有者可以进入这种学院。每个学院常设有25—30间学生公寓，每间住4人，学院由清真寺长老掌管。

四、宫廷学校和高等教育

中世纪的阿拉伯高等教育十分发达。9世纪初，哈里发马门在巴格达建立的赫克迈大学是阿拉伯的第一所大学。马门请数学家萨拉姆任校长，请数学家、天文学家花剌子密任图书馆长，请东西方著名学者任教师，讲授数学、天文学、医学和哲学。史料记载，该校毕业生中有人精通天文学、算学、欧几里得的著作、托勒密的著作以及辩论术等。学校还有一座观象台供研究天文学之用。这所大学大概一直存在到11世纪初的塞尔柱（Seljuq）帝国时期。位于开罗的仪勒姆大学是法特迈王朝（Fatimite）的哈克慕（Hakim）在11世纪初建立的。该大学的课程有天文学、医学、文法和语言学等。学校设有图书馆，校外的人也可到图书馆借书和学习，图书馆备有纸笔供使用。教授们常被召到哈克慕宫廷中参加辩论会。

11世纪，塞尔柱突厥人崛起并建立了塞尔柱帝国，在首都巴格达创建了另一种名叫"迈德赖赛"的高等学校，以伊斯兰教的正统教派（即逊尼派）教义为宗旨，并成为逊尼派攻击什叶派的武器。该大学以培养政府的官吏和军事人才为其任务，不再是传授科学知识的场所，而是以《古兰经》和《圣训》为主要课程，兼授文学、文法、法律、算术和伦理学。高校成为国家的教育机关，由国家供给经费并派人员管理。12—13世纪，这种类型的高等学校已普及于各主要城市。

在统治西班牙时期，阿拉伯人在教育上也做出重要贡献。塞尔柱帝国改变了原来教育的性质，在学校，尤其是高等学校里加强宗教教育并扼杀科学课程教学，只有西班牙仍能教授自然科学课程。西方的哈里发继续奉行穆罕默德第四位继承者阿里（A1i，约600—661）的学术保护政策，在所有主要城市里建立了不少于70座图书馆。西方的阿拉伯人在科多瓦、克拉拿大、陶勒多和塞维尔等大城市设立高等学校，讲授算术、几何、三角、天文、解剖学、化学、逻辑学、文学、哲学和法律等，还设有一些专科学院，如医科学院和科多瓦音乐学院等。

五、阿拉伯教育的历史地位

在中古时代，与基督教世界并立的伊斯兰教世界创造了辉煌的文明。阿拉伯人不仅发展了在当时来说非常先进的自然科学，也在吸收世界各国文化教育先进经验的基础上形成了独具一格的阿拉伯—伊斯兰教育。

首先，阿拉伯教育以《古兰经》和《圣训》为其指导思想，伊斯兰教义本身就混合了犹太教和基督教等宗教思想，其排外性并不十分明显。此外，阿拉伯人在统治广大被征服地区以后，需要学习和运用各被征服民族的先进文化，因而对异族文化和异教文化采取了开明态度。在12世纪以前，阿拉伯教育的宗教气息并不浓厚，除了把《古兰经》列为各级各类学校的必修课外，允许教授自然科学以及希腊哲学。其次，阿拉伯人有尊师重道的优良传统。他们遵循《古兰经》和《圣训》的教导，尊重有知识的人。阿拉伯人认为书籍是神圣的，教师是有尊严的，学者是"历代先知的继承者"。阿拉伯的一些大学之所以具有吸引力，主要是由于它们有一些有名望的教师。再次，与同时期的西欧学校相比，阿拉伯大学的学术氛围较浓。在教学方法上，一些专科学校，如医学校的教学比较重视观察和实践，由有经验的教师或医生带领学生们在医院实习。巴格达、大马士革、开罗和塞维尔等地的天文台是学习天文学的重要场所。

阿拉伯的文化和教育在世界教育史上产生过积极的影响。第一，阿拉伯的学校尤其是高等教育对形成崇尚学习的社会风气具有良好影响。为求学而游历欧、亚、非三洲的人不在少数。各大学为了奖掖出身贫寒而学业优秀的学生，广设奖学金，如亚历山大的穷学生可以领到食宿、衣服和医学等费用。大马士革和开罗等地的穷学生亦可得到学校的衣食等供给。第二，由于阿拉伯国家善于吸收其他国家的先进文化，对异教文化及异教徒采取宽容政策，因而他们的学校能培养出许多杰出的学者和科学家，如数学家花剌子密、医学家和哲学家阿威森那、哲学家阿维罗伊（Averroes，1126—1198）、法拉比（Al-Farabi，870—950）和安萨里（Ghazzalz，1058—1111）等。他们的著作被译成拉丁文以及欧洲其他文字，他们的学说成为世界文化宝库中的一部分。第三，阿拉伯学校、学者和图书馆在保存及传播古代希腊文化方面的功绩不可磨灭。欧洲人是通过阿拉伯人而认识希腊学术的，可以说，没有阿拉伯文化就没有近代欧洲文化。12—13世纪的欧洲各大学实际上完全依赖由阿拉伯文译来的教科书。第四，阿拉伯的各种学校制度、课程、教师地位和学生游学等对于欧洲大学也有很大影响，并进而影响了欧洲的文艺复兴运动。

关键概念

拜占庭教育	《罗马民法大全》	《古兰经》	《圣训》	马门
花剌子密	阿维森纳	昆它布	清真寺学校	赫克迈大学

本章小结

在中世纪初期，西欧的文化教育处于"黑暗时期"，城市和学校普遍衰落，基督教和基督教会对思想和学术的发展具有很大的消极影响。与这种情况形成鲜明对照的是这一时期的拜占庭和阿拉伯的文化教育却大放异彩，不仅承传了古希腊罗马的文化，在沟通和融合东西方文化方面，拜占庭和阿拉伯的文化教育也做出了积极贡献，创造出具有自身特色的文化和教育。

拜占庭帝国实行了较为宽容的民族政策，法学比较发达，世俗政权的力量比教会要强大很多，并带有东方专制的特点。在这种社会和文化的背景之下，拜占庭教育的基本特点是教会教育和世俗教育并行不悖；在世俗教育中，高等教育比较发达；私人讲学之风盛行，并成为传播古典文化的重要渠道。

阿拉伯人对世界教育的贡献在于：首先，阿拉伯人把东西方文化融合为一体，创造出丰富多彩的阿拉伯—伊斯兰文化，为世界文化的发展做出卓越贡献。其次，阿拉伯—伊斯兰文化在中世纪欧洲文化史上居于承先启后、继往开来的重要地位，尤其对西欧中世纪大学产生了重要影响。再次，阿拉伯人促进了欧洲文化的复兴和发展，并在东西方交流方面做出了巨大贡献。中国的造纸术、指南针和火药等重大发明和印度数字等都是由阿拉伯人传入欧洲的，阿拉伯人是东西方文化交流的伟大使者。

阿拉伯教育的特点是：第一，受到伊斯兰教的深刻影响，主要表现在以伊斯兰教的经典《古兰经》和《圣训》为其教育的指导思想，有着尊重知识、重视教育和尊重教师的传统。第二，阿拉伯国家的统治者注意广开学路，不仅在宫廷中设有学校，在清真寺也附设学校，担负起教育民众的任务。第三，具有明显的世俗性及宗教宽容性，对外来文化兼收并蓄。第四，课程具有两重性，兼顾神学与实用，注重科学教育。第五，重视游历、访学和文化交流。第六，教育实践较为发达，但教育理论相对薄弱。

思考题

1. 论拜占庭文明的基本特征及其对教育的影响。
2. 论拜占庭文明在世界教育史上的地位。
3. 试比较拜占庭教育与同一时期西欧教育的异同并分析其成因。
4. 试论阿拉伯—伊斯兰文化的一般特征及其对教育的影响。
5. 简述《古兰经》和《圣训》对阿拉伯教育的影响。
6. 简述阿拉伯的教育机构"昆它布"。
7. 试论拜占庭和阿拉伯文化教育在世界教育史上的地位。

第二编 近代教育史

1500年是世界近代史的开端。[①]文艺复兴时期是西方教育从中世纪教育向近代教育过渡的重要转折时期。人文主义者相信和重视教育在改造社会和形成完人方面的积极作用。新教教派教育家提出国家应该将承担教育责任和普及义务教育的思想付诸实践，平民小学有了较大发展，本族语开始作为教学用语，班级授课制逐步成为普及教育的重要途径。

17—19世纪是资本主义制度在先进国家取得胜利并得到巩固的时期，近代教育也得到了很大发展：民族国家教育领导体制的建立，教育领导权逐渐从教会转移到民族国家；国民教育体系在各国建立，初等义务教育逐步得到普及；各级各类学校有一定的发展，在西方各国形成了带有明显等级特征的双轨学制；中等教育大众化的问题被提上议事日程；出现了一些新型大学，课程内容更加贴近社会生活的需要。

在近代各国出现了一些著名的教育家，他们批判当时的教育体制和学校教育的弊端，针对社会需要提出了新的教育理想，不仅为当时和后来的教育改革提供了理论依据，也由于其思想的生命力而成为人类教育宝库的共同财富。

---

① 吴于廑、齐世荣主编，刘祚昌、王觉非本卷主编：《世界史：近代史编》（上卷），高等教育出版社1992年版，第1页。

第七章　文艺复兴与宗教改革时期的教育

在西方，与地理大发现同时发生的还有两大运动，即文艺复兴运动（Renaissance Movement，14—17世纪初）和宗教改革运动（Religious Reform Movement，1520—1570）。地理大发现和宗教改革的发生都受到了文艺复兴的影响。文艺复兴所表现出来的人文主义精神是一种为创造现世的幸福而奋斗的进取精神，地理大发现就是在这种精神的鼓舞下完成的，文艺复兴也推动了宗教改革的发展。16世纪是西欧民族国家形成和君主专制制度发展的历史时期，在文化、思想、宗教和政治等领域完成了一些重大变革，对近代教育产生了深刻影响。

第一节　文艺复兴与人文主义教育

文艺复兴是14—16世纪在欧洲发生的一场思想文化运动。瑞士历史学家雅各布·布克哈特（Jacob Burkhardt，1818—1897）1860年出版的《意大利文艺复兴时期的文化》（*The Civilization of the Renaissance in Italy*）对文艺复兴的现代解释有很大影响。"由于布克哈特把文艺复兴定义为起源于意大利的欧洲历史上的一个关键时期，许多学者在经过考察以后，以各种形式表达了赞同、反对或重构的意见。"[①]

"文艺复兴"一词的意思是"再生"，这个术语由15世纪的知识分子创造。他们相信，他们的时代代表了继"黑暗时代"之后古典文化的再生。这个解释直到19世纪才为人们所接受。今天的历史学家已不再认为中世纪是漆黑一团的。"现代历史学家虽然没有丢弃'文艺复兴'这个熟悉的名词，但是更多的是把它定为从中世纪转向现代文明的一个过渡时期，大概从1350年到1600年，而不是一个明显的断代时期或转折点。"[②]影响文艺复兴产生的因素包括十字军东征所带来的与东方日益增加的接触，财富和繁荣的增加，市民政府日益增大的力量，希腊和罗马经典著作的广为流传，活字印刷的发明以及强大而活跃的中产阶级的出现等。被称作"人文主义者"（humanist）的文艺复兴时期的学者经常鄙视经院派神学家令人费解和繁复的著述风格，推崇古典希腊和罗马作家以及早期教会神父的简练典雅的语言，其道德思想代表

[①] ［美］玛格丽特·L·金著，李平译：《欧洲文艺复兴》，上海人民出版社2015年版，第2—5页。西方学者们关于文艺复兴的观点大致可以分为三种：小型的、中型的和大型的。第一种观点认为，文艺复兴构成了古典形式和思想的再生。第二种观点认为，文艺复兴包含了一场规模较大的文艺复兴运动。第三种观点认为，文艺复兴是位于中世界和现代世界之间的跨度长约两至三个世纪的一个历史阶段。

[②] ［美］斯塔夫里阿诺斯著，董书慧等译：《全球通史：从史前史到21世纪》（第7版·上），北京大学出版社2005年版，第370页。

了一种使基督教的价值观和道德观与文艺复兴时期欧洲日益发展的城市和商业社会相适应的努力。

一、人文主义教育的一般特征

"文艺复兴发端于14世纪意大利的北部城市，那里的学者和社会精英越来越关注古希腊罗马的文学和观念。随着对古代文明的兴趣增长，弃绝中世纪文明观念和习惯的趋势也在增强。尽管文艺复兴时期的人们仍然保留着深深的宗教情感，但他们比中世纪人更加关注世俗和物质的世界。最能概括文艺复兴含义的词汇是'人文主义'：重新关注充满活力的世俗世界中强大而又具创造力的个体。"[1]在北欧，文艺复兴开始于15世纪并延续到16世纪，更多地与宗教和伦理问题结合在一起。

（一）文艺复兴时期人文主义的类型

学者们对文艺复兴至少有两种看法：一种观点认为这是一段与过去彻底决裂的时期；另一种观点则认为前一种解释严重歪曲了事实。实际上，古文艺复兴根植于11至12世纪，文艺复兴不过是一段关心人超过关心神的时期。

文艺复兴时期的人文主义可以分为前后两个时期，前期人文主义精神比较狭窄，后期人文主义精神相对宽泛。文艺复兴有两个非常相似而又不同的发展形式：即意大利的和北方的（指阿尔卑斯山以北）。"意大利文艺复兴是文学、艺术和古罗马的复兴；而北方的文艺复兴则是宗教的复兴。"[2]意大利的人文主义主要表现为"公民人文主义"，而北方的人文主义则更倾向于"基督教人文主义"。还有与上述两者不同的第三种人文主义，即以拉伯雷和蒙田所代表的人文主义。[3]

（二）文艺复兴时期人文主义教育的一般特征

通常将人文主义教育的一般特征概括为以下几个方面：① 重视人的身心和谐发展，将培养有礼貌、仪态大方、身心健康和具有开拓精神的绅士作为目标。② 相信知识在促进道德提高、社会改良与人类进步方面的作用。③ 拉丁文、希腊文是学校的主要课程，历史、地理、数学和自然科学也被引入到学校课程中。④ 冲破禁欲主义的束缚，重视游戏和体育的教育作用。⑤ 以原罪论为基础的宗教道德教育开始解体，尊重儿童和反对体罚成为一些教育家的强烈要求。⑥ 亚里士多德根据儿童的生理和心理特点进行教育的主张被重新提出并付诸实践。⑦ 利用实物和直观教具进行教学。⑧ 空想社会主义者提出教育与生产劳动相结合的理想。

二、意大利的人文主义教育

"文学人文主义是一场复兴古典文学以及古典作品所体现的价值观运动，是早期文艺复兴

---

① ［美］丹尼斯·舍尔曼著，赵立行译：《西方文明史读本》（第七版），复旦大学出版社2010年版，第188页。
② ［美］S·E·佛罗斯特著，吴元训等译：《西方教育的历史和哲学基础》，华夏出版社1987年版，第180页。
③ 参见［英］阿伦·布洛克著，董乐山译：《西方人文主义传统》，生活·读书·新知三联书店1997年版，第31页。

的核心。这一趋势发端于14世纪期间的北部意大利，它将关注的焦点从体现中世纪特征的来世关心和作为宗教存在的人扩展到世俗人和世俗自然的问题。"①与文学人文主义密切相关的是重新重视更宽泛界定的"自由学科"。而教育课程的变化构成了制度性的发展，产生了持久和广泛的影响。

（一）意大利早期的人文主义教育

意大利是文艺复兴的发源地。从12至13世纪起，意大利北部的一些城市兴旺发达起来。经济的发达使其逐渐成为独立的政治实体，形成了城市国家，如威尼斯、佛罗伦萨、米兰和热那亚等，它们成为文学、艺术和科学技术发展的摇篮。从被誉为"文艺复兴之父"的彼特拉克（Francesco Petrarca，1304—1374）开始，意大利的人文主义者就把古典著作看成一切知识的来源，充满热情、不惜重金地搜集、整理和翻译古代文献，失散的书籍得以收回，埋藏在修道院暗室灰尘中的书籍得以重见天日。古籍的大量出现也为新教育创造了必要条件。

1. 弗吉里奥

第一个表达文艺复兴教育思想的人是弗吉里奥（Pietro Paolo Vergerio，1349—1420），他曾在意大利的几所大学担任教师。弗吉里奥对教育的贡献是双重的：出版了一本注释昆体良《雄辩术原理》的书，写了一篇题为《论绅士风度与自由学科》（*On the Manners of Gentleman and on Liberal Studies*）的专题论文。前者引起人们对昆体良这位伟大的罗马教师成熟教育经验的关注，后者则全面概括了人文主义教育的目的和方法。

弗吉里奥写作《论绅士风度与自由学科》的目的是为了指导巴多瓦贵族子弟。他重复了昆体良在1200年前的箴言：坚持通才教育（all-round education）对培养事业家的重要作用；他们都认为必须使所学科目适合学生的个人爱好和年龄；都要求把学问和品行结合起来，并认为学问从属于道德。两人的不同点主要在于：弗吉里奥试图把罗马教育与基督教人生观结合起来，反映出受中世纪教育影响的痕迹。

弗吉里奥讨论了绅士教育的课程：① 重视体育锻炼，目的是为了军事生活做准备，并使身体受理性支配。② 推荐"七艺"，强调文学的风格，也重视在中世纪多少有些被马虎对待的"四艺"。弗吉里奥在《论绅士风度与自由学科》中提出的完美观点在以后的两个世纪里享有盛誉，影响极大。②

2. 维多利诺

由人文主义者创建的几所宫廷学校成为其他学校的楷模，其中最负盛名的是维多利诺（Vittorino da Feltre，1378—1446）在帕多瓦（Padua）为孟都亚（Mantua）贵族冈查加家族（Gonzaga family）所办的学校。③维多利诺将弗吉里奥的思想付诸实践，被称为"第一个新式教师"。他将冈查加宫廷学校命名为"快乐之家"，在那里从教了24年（1423—1446），使学校获得了巨大声誉，慕名前来的求学者络绎不绝。

---

① ［美］丹尼斯·舍尔曼著，赵立行译：《西方文明史读本》（第七版），复旦大学出版社2010年版，第189页。
② ［英］博伊德、金合著，任宝祥、吴元训主译：《西方教育史》，人民教育出版社1985年版，第162—163页。
③ James Bowen. *A History of Western Education, Volume Two*. New York: Methuen & Co. Ltd, 1975: 225.

维多利诺的学校继承了古希腊通才教育传统，教育目的是造就身心和谐发展的有高度责任感的公民。在教育过程中注重学生的个性发展，要求教师的教导应跟随自然。学校课程包括古罗马和古希腊著作，还有历史、哲学、算术、几何、天文、音乐和体育。宗教教育课程被视为道德教育的重要手段，废除了体罚。

3. 格里诺

与维多利诺主持的学校相类似的是格里诺（Guarino da Verona，1374—1460）于1429年为费拉拉（Ferrara）贵族尼科洛·埃斯特（Niccolo d'Este）创办的学校，并指导该校至1436年。[①] 格里诺的学校在招收对象方面有所扩大；教育形式转向以学校教育为中心；更强调为谋生做准备；更强调把教育的基础放在文法上；更注重教学方法问题，强调教学的阶段性。格里诺对文法的注重被后继者传播开来而成为一种风气，这是西塞罗文体崇拜在学校教育上的反映。

（二）意大利晚期的人文主义教育

进入16世纪，意大利的君主时代来临，城市人文主义衰落，由复兴古罗马文化转向复兴古希腊文化，语言的障碍加大了难度。随着印刷术的出现，人文主义者的社会地位下降了，古代经典著作的印刷本、编纂很好的参考书和字典的流传，大大减少了人们对人文主义者的依赖和交往；社会的持续动荡使政治、战争和外交成为社会关注的主要问题。在上述背景下，意大利晚期的人文主义教育发生明显的转向，集中反映在下面代表人物的教育思想中。

1. 卡斯底格朗的《宫廷人物》

卡斯底格朗（Baldesar Castiglione，1478—1529）是意大利的政治活动家，其1528年完成的教育名著《宫廷人物》（*The Book of the Courtier*，1528）是16世纪欧洲最有影响的书籍之一，西方学者常将其与托马斯·埃利奥特（Thomas Elyot，1490—1546）的《行政官之书》（*The Book Named the Governour*）相提并论，后者被认为是卡斯底格朗《宫廷人物》的英国版。这两本书因关注掌权的官员的教育而在西方教育思想史上占有一席位置。

在文艺复兴时期的意大利乃至整个欧洲，宫廷是国家政治、文化艺术和上层社会社交的中心。卡斯底格朗因其出身和政治生涯而熟悉意大利的宫廷生活。所谓"宫廷人物"是统治集团以及依附于这个集团的文人和学士的总称，《宫廷人物》把这类人物定型化。

卡斯底格朗笔下的完美廷臣（courtier）具有以下的才能和品质：① 他是一个实干家，擅长战争艺术，沉着和勇敢，随时准备承担战争风险。② 他精通一切勇敢的运动，包括打猎、游泳、网球和各种武器的使用，还会舞蹈，这一切使他威武而优雅。③ 他是一位通晓语言的大师，也使用本国语言，言辞朴素大方，令人印象深刻。④ 他还具有学者的才智和聪明，善于把文学的装饰与军事的勇猛结合起来。⑤ 他必须掌握音乐和绘画的技巧，既为了实用，也为了审美的需要。⑥ 他能够用理智来控制激情，正直、勇敢、宽宏大量。⑦ 为了使自己完美无缺，他还需要宗教信仰。卡斯底格朗还在该书中描绘了最适合宫廷妇女的

---

① James Bowen. *A History of Western Education, Volume Two*. New York: Methuen & Co. Ltd, 1975: 228.

行为。

卡斯底格朗的《宫廷人物》中"弥漫着一股在怀旧之情中的理想主义气息"①，后来成为欧洲教育遗产中的一部分。《宫廷人物》的意义在于"他完全抛弃了那种使一切教育成为训练特殊公职的中世纪传统，复活了仅仅作为完人生活一个组成部分的古希腊的神圣理想。凑巧，在他所处的时代，那些被看作是最好的男子必不可少的品质，在朝臣的职业中，能够最充分地体现出来。"②

2. 马基雅维里的《君主论》

文艺复兴时期是西欧民族国家的形成时期，但此时的意大利却在罗马教廷和列强的干预下四分五裂。建立一个强大的、统一的中央集权国家成为有识之士的共同呼声。继但丁（Dante Alighieri，1265—1321）之后，马基雅维里（Niccolo Machiavelli，1469—1527）更加系统地论述了这一要求。他"以冷峻的现实主义精神对14、15世纪以来的意大利人文主义教育理想进行了深刻的反思，对教育与政治、道德与政治的关系进行了令人耳目一新的探索。在他面前，意大利人文主义教育家们关于通过教育培养具有美德的完人以变革社会的理想显得苍白无力"③。

马基雅维里继承了意大利的公民人文主义精神，认为君主应当是具有优秀品质的人，而适当的教育对于君主优秀品质的形成至关重要。他对人文主义的教育理想进行了反思与批判，认为靠慷慨、仁慈和守信这些美德，君主是不可能获得名誉、光荣和声望的。政治必须服从另外一套伦理准则，否则必然失败。马基雅维里对人性持悲观态度，主张教育面对现实。为了达到一个好的目的可以不择手段，因此需要两套教育伦理观或价值观。"在人类思想史上，恐怕再没有一位思想家像马基雅维里那样受到如此尖锐对立的毁与誉了。"④马基雅维里主义成为阴险狡诈、口是心非、背信弃义和残暴无情的代名词，但也有人认为他对人性的深入观察使人受益匪浅。

3. 康帕内拉的《太阳城》

康帕内拉（Tommaso Campanella，1568—1639）是文艺复兴晚期意大利著名的思想家和空想社会主义者，年轻时任教士，后因策划人民起义而被捕，在狱中度过27年，写成早期空想社会主义（Utopianism）著作《太阳城》（City of the Sun），其中包含着丰富的教育思想。

康帕内拉在《太阳城》里设计了一个空想共产主义国家：一切财产公有；每个公民都从事公共劳动；由社会组织生产和分配。太阳城把组织教育和领导生产看成是国家的两件大事，国家负责对全民实行义务教育。他设想了一个从婴儿期开始的良好教育制度；教育与劳动相结合，人的身心健全发展；直观教学作为教学的主要方法之一，在太阳城的内外城墙上都挂满了各种美丽的科学图表。太阳城是一所充满学术气氛的大学校。

① ［美］玛格丽特·L·金著，李平译：《欧洲文艺复兴》，上海人民出版社2015年版，第268页。
② ［英］博伊德、金合著，任宝祥、吴元训主译：《西方教育史》，人民教育出版社1985年版，第213页。
③ 吴式颖、任钟印主编，褚宏启、吴国珍本卷主编：《外国教育思想通史》（第四卷：《文艺复兴时期的教育思想》），湖南教育出版社2002年版，第205页。
④ 张志伟主编：《西方哲学史》，中国人民大学出版社2002年版，第298页。

三、北方的人文主义教育

相对于意大利来说，阿尔卑斯山以北的欧洲诸国的文艺复兴运动开始较晚，直到16世纪才受到人文主义教育的影响。随着海上航线的改变，意大利北部城市作为贸易中心的地位逐渐为大西洋沿岸的国家，如尼德兰、法国和英国的城市所取代，这些国家也需要与之相适应的教育。北方人文主义者大都去过意大利，部分继承了意大利早期人文主义的教育传统，但更重视道德和宗教教育。随着教育经验的积累，北方人文主义教育家在学校组织管理以及学校制度方面有所创新，先进的教学形式，如班级授课制开始出现并逐步得到推广。

（一）北方的人文主义学校

1. 尼德兰

北方的文艺复兴运动首先在尼德兰开始。当时的尼德兰相当于今天的荷兰、比利时、卢森堡和法国东北的一部分。德文特（Deventer）文法学校最负盛名，由新教团体"平民生活兄弟会"创办。在开始阶段，学校十分重视宗教及道德教育。随着文艺复兴运动的兴起，人文学科成为主要科目，班级授课制从那里发端。

2. 法国

15世纪末，文艺复兴运动才真正在法国开始。1494年对意大利的远征，在客观上促进了法国人与意大利人在思想文化上的交流，加速了人文主义在法国的传播。法兰西斯一世（Francois Ⅰ，1494—1547）鼓励工商业，支持人文主义学者的文化教育活动。人文主义教育家吉郎·布德（Guillaume Bude，1468—1540）在国王的支持下，在法兰西高等学校开设希腊文、拉丁文和希伯来文讲座。16世纪，法国十分有影响的学校是圭阳高等学校（College de Guyenne）。该校分10个班级，主要学习人文学科，教学方法注重辩论，该方法为法国各著名学校所接受。

3. 英国

15世纪中叶，牛津大学的一些学生从意大利游学回国后宣传人文主义精神。15世纪末，牛津大学成为英国文艺复兴运动的中心。热心人文主义学术的著名学者，如威廉·格罗辛（William Crocyn，1446—1519）、托马斯·林纳克（Thomas Linacre，1460—1524）和约翰·科利特（John Colet，1467—1519）把希腊文视为打开古希腊罗马文化宝库的钥匙，用人文主义观点讲授柏拉图和亚里士多德的哲学，推动英国人文主义运动蓬勃地发展。

英国女王伊丽莎白一世（Elizabeth Ⅰ，1558—1603在位）被认为是人文主义教育最典型的范例。此外，文法学校的设立确保了人文主义传统一直维系到20世纪中叶。约翰·科利特于1512年在伦敦设立的圣保罗学校（St Paul's School）是英国文艺复兴运动的一枚硕果，造就了许多著名学者和政治活动家，还影响了其他北方国家的教育。①

---

① James Bowen. *A History of Western Education*, *Volume Two*. New York: Methuen & Co. Ltd, 1975: 350.

（二）北方的人文主义教育思想

宗教改革以前，北方著名的人文主义教育代表人物的共同点是强调人文之学要以维护社会道德为标准，人文主义精神和学术知识应与宗教信仰相结合。

1. 伊拉斯谟

伊拉斯谟（Desiderius Erasmus，1469—1536）是北方文艺复兴领袖之一，其著名作品有：《愚神颂》（*Praise of Folly*，1509）、《论教学的正确方法》（*On the Right Method of Instruction*，1511）、《论基督教王子的教育》（*Education of the Christian Prince*，1516）、《论男孩的教育》（*On the Education of Boys*，1529）和《男孩的礼貌教育》（*On Civility in Children*，1530）等。"尽管伊拉斯谟登场的时候，早期的人文主义已经亮相一百多年，但对他那个时代而言，他的思想还是崭新的。古典文化和基督教精神的融合，是人文主义之父彼特拉克梦寐以求的理想，……古典文化和基督教精神的融合要等到伊拉斯谟来完成。"①

在《愚神颂》中，伊拉斯谟嘲讽了中世纪的基督教会、经院哲学和神学，主张宗教改革，以恢复早期基督教的平等、仁爱和互济精神。在政治思想上，他是个王权拥护者，认为国家能否安定、繁荣全在于君王的好坏，因此寄希望于王子的良好教育。"一个幸福的国家，将是王子都是哲学家或者哲学家掌握政权的国家。"②国家的希望全系于年轻一代的品格如何，因此，父母，尤其是国家应承担起教育的责任。

在伊拉斯谟看来，影响儿童发展的因素有"自然"、"训练"和"练习"。"自然"部分是先天接受教育的能力，部分是对美德的天生爱好；"训练"即教育和指导的熟练应用；"练习"即放手运用自然赋予的能动性并借练习加以促进。这三者之中，"训练"最为重要，"自然"虽是强有力的，而"训练"辅之以"练习"就更加有力。

伊拉斯谟对于教育的作用充满信心：任何人都可以接受教育，坏性格可以用教育来改造，好性格更要通过教育使其趋于完善。他确定了教育的四项任务："第一，教育的首要任务是在青年的头脑里播下虔诚的种子；第二，它使青年人能够热爱并透彻地学习自由学科；第三，它使青年人能为生活的义务做好准备；第四，它使青年人很早就习惯于基本的礼仪。"③

在教学内容上，伊拉斯谟希望在理性与启示、教义与古典著作之间有一个平衡。教材内容应包括基督教的作品，如《箴言》、《传道书》和福音书等，也应包括古典作家，如柏拉图、亚里士多德、普鲁塔克和西塞罗等人的作品。在论教学的正确方法中，伊拉斯谟研究了古典作品教学的正确方法和写作技巧，坚持认为正确方法可使智力一般的学生在希腊文和拉丁文方面取得突出成就。

伊拉斯谟的教育观是北欧人文主义的典型反映，对后世教育有深刻影响。他对于教育力量的高度估计对夸美纽斯产生了积极影响，并成为后世民主教育家的精神养料；他对于古典作品的推崇使得古代语言直到19世纪初期还一直支配着人文科学；他对国家承担教育责任的强调

---

① ［荷兰］约翰·赫伊津哈著，何道宽译：《伊拉斯谟传》，广西大学出版社2008年版，第106页。
② 华东师范大学教育系、浙江大学教育系选编：《西方古代教育论著选》（第2版），人民教育出版社2001年版，第212页。
③ 转引自［英］博伊德、金合著，任宝祥、吴元训主译：《西方教育史》，人民教育出版社1985年版，第175页。

是近代国民教育理论的先导。但是，伊拉斯谟不重视自然科学，在《愚神颂》中讽刺了自然科学家的实验，在《论基督教王子的教育》中未提到王子应学习自然科学。

2. 维夫斯

维夫斯（Juan Luis Vives，1492—1540）的主要教育作品有《基督教妇女的教育》（*The Instruction of a Christian Woman*，1524）、《走向智慧之路》（*Introduction to Wisdom*，1524）、《知识论》（*On the Transmission of Knowledge*，1531）和《论灵魂与心灵》（*De Anima et Vita*）。他对教育的看法与伊拉斯谟相似，但在运用哲学和心理学以解决教育问题方面走在伊拉斯谟的前面。维夫斯最先提出具有革命性的教育概念：教育主要是一个由学习者的本性所决定的学习过程，各种感觉是最初的教师，理解源于感觉。他说："学习的过程是从各种感觉到想象，再由想象到理解，它是学习过程的生命和本质。所以学习过程要由个别事实到大批事实，由个别事实到一般事实，这是在儿童学习中必须注意的。"[1]

3. 莫尔

莫尔（Thomas More，1478—1535）也是北方文艺复兴的领袖之一，是16世纪英国著名的人文主义者。他的《乌托邦》（*Utopia*）在空想社会主义史上占有重要地位。莫尔对君主专制国家进行抨击，认为造成社会种种罪恶的根源是私有制。与柏拉图的理想国不同，乌托邦不再是一个消费性理想国，而是一个人人劳动、按需分配的共产主义社会。乌托邦彻底废除了私有制，以家庭为生产单位。手工业生产是主要的劳动形式，每个公民还必须轮流从事农业生产。乌托邦保留了奴隶的身份作为对罪犯的惩罚形式。乌托邦实行民主制度，所有官员都由人民选举产生。

在莫尔看来，乌托邦生活的两件大事，一是生产劳动，二是文化教育和科学研究。所有儿童都要接受教育，应尽一切努力创造现实的幸福生活；德行将引导人的本性朝向以健康为基础的正直高尚的快乐，这有赖于国家制度和良好教育；厌恶经院哲学，酷爱古希腊罗马著作。莫尔超越一般人文主义的地方在于揭示了社会不平等的根源，提出了空想社会主义理想；重视科学知识在知识、学问和文化中的作用。

4. 拉伯雷

拉伯雷（Francois Rabelais，1483或1494—1553）花了20年时间完成的讽刺性小说《巨人传》（*Gargantua et Pantagruel*）[2]，使法国朝野感到震惊。他抨击封建统治、教会权威、经院哲学及其腐朽教育，提出人文主义政治、道德和教育思想，其核心思想是尊重人的价值，追求个性解放。

《巨人传》的主要教育观点是：① 教育的目的是培养"巨人"，他具有广博的、适应时代需要的知识，具有仁爱、勤劳、勇敢、正义和英勇善战等美德。② 儿童是发展中的人，教育对其个性发展的决定意义；反对强制教育，推崇重视儿童人格和兴趣的自由教育。③ 教育内

---

① 转引自［英］博伊德、金合著，任宝祥、吴元训主译：《西方教育史》，人民教育出版社1985年版，第180页。

② 1532年，拉伯雷以那西埃（Alcofribas Nasier）的笔名出版了《庞大固埃传奇》（《巨人传》的第二部分）。1534年，他用同一个笔名出版了《庞大固埃的父亲——高康大传奇》，该书即《巨人传》的第一部分。1545年，拉伯雷第一次署上真实姓名，出版了《巨人传》的第三部分《善良的庞大固埃英勇言行录》。

容包括各种语言，如拉丁文、希腊文、希伯来语和阿拉伯语等；算术、几何、天文和音乐等；广泛的自然科学知识；各种生产技艺。④ 教育方法注重理解，提倡实物教学和谈话法，反对死记硬背，提倡启发、诱导，强调理解所学知识，并通过观察、参观和远足等活动学习有关科目。⑤ 以宗教为道德教育的基础。

5. 蒙田

蒙田（Michel Eyquem de Montaigne，1533—1592）是文艺复兴晚期法国人文主义者和散文作家，他和伊拉斯谟的教育思想是文艺复兴时期在教育理论方面结出的硕果。蒙田精通拉丁语和希腊语，主要著作是《随笔集》（*Essais*）①。在哲学上，蒙田是一个怀疑论者。他把自己的座右铭"我知道什么？"刻在一枚自制的勋章上，勋章的另一面是摇摆的天平，隐喻人的认识的不可靠性。他崇尚自然，重视现实生活，重视个人经验，高度评价科学事业的价值。

蒙田在《随笔集》的《论儿童教育》和《论学究气》等文章中论述了儿童教育：① 教育的目的是培养绅士，主张"为生活而不是为学校而受教育"。绅士不是学究，两者之间的重要区别在于绅士注重行动而不是所谓的知识；学究的知识重装饰，绅士的知识重实用；学究重知识记忆，绅士重判断力培养；学究重印证权威，绅士重个人经验。② 在教学内容的选择上注重实用性、必要性和生活性。把哲学作为主要的基础课程，以培养学生的判断力。此后才可以学习逻辑学、物理学、几何学和修辞学。③ 教育方法应依顺自然。教育要适应儿童的能力；强调学习主动性与对知识的深刻理解，反对灌输式的教育方法，提倡启发性和探索性的学习；重视向大自然学习，向社会生活学习，要把世界当作一本"大书"来读，反对盲从权威，反对体罚，教师应寓教学于游戏和练习之中，通过行动而非听课来学习。

蒙田是一位对后世有较大影响的思想家。蒙田的怀疑论哲学对笛卡儿哲学有一定影响；他的绅士教育思想是洛克绅士教育理论的先声；他主张教育遵循自然的思想对夸美纽斯和卢梭的自然教育理论有直接的影响；他对学习哲学的强调深刻影响了后世法国学校的课程。

6. 培根

培根（Francis Bacon，1561—1626）被马克思称为"英国唯物主义和整个现代实验科学的真正始祖"。其主要著作有《培根论说文集》（*Bacon's Essays*，1597）、《学术的进展》（*The Advancement of Learning*，旧译《崇学论》，1605）和《新工具》（*Novum Organum*，1620）。

培根对于西方教育思想的贡献主要在以下方面：第一，提出了现实主义的科学观，论证了知识的功用，提出了科学复兴的思想。他在《新工具》中指出："人类知识和人类权力归于一。"②"通向人类权力和通向人类知识的两条路途是紧密连接，并且几乎合而为一的。"③这两句话被后人简要概括为"知识就是力量"，成为脍炙人口的名言。培根对知识的分类是近代科学

---

① 1580年，蒙田将自己的思想随笔结集出版。之后一年，他又写作了大量的日手稿。1587年，《随笔集》第三卷在巴黎出版。1592年蒙田逝世。1595年，其崇拜者将《随笔集》重新整理出版。

② ［英］培根著，许宝骙译：《新工具》，商务印书馆1986年版，第8页。

③ ［英］培根著，许宝骙译：《新工具》，商务印书馆1986年版，第108页。

分类的先导。《新大西岛》展示了科学治国的美好图景。第二，批评经院哲学无助于发现科学真理，他关于"四种假象"的学说明确反对权威崇拜，反对空谈和诡辩，在当时有解放思想的重大作用，有助于推动近代科学的发展。第三，依据经验论认识原则对传统逻辑进行批判，论证了科学归纳法，对近代科学教学方法有很大影响。

培根没有留下论述教育的专著，但他在《培根论说文集》和《论学术的进展》等作品中论及天性、习惯与教育的关系、道德教育、知识的传授、体育和养生以及对大学教育的看法等问题。[①]相对培根对教育的任何具体建议来说，其哲学对教育的影响要广泛得多。首先，他是现代主义科学观的最早提出者，这种科学观在后世西方占据统治地位。其次，培根要求进行教育改革，其经验主义学说成为17世纪新教育理论的哲学依据。再次，培根对旧教育的批判和对知识功用及其研究方法的探究成为17世纪教育改革运动的前奏。"他本人虽然不是教师，对教育实践也不感兴趣，但他对教育思想产生的影响比任何或全部教育家的影响更大。培根是新科学运动的伟大阐述者和哲学家，这场运动就是意大利文艺复兴贡献给世界的最后礼物。"[②]

第二节　宗教改革与教育

1517年，马丁·路德（Martin Luther，1483—1546）挑战正统教会和教皇权威，后来由他开始的宗教改革运动扩展到德国、北欧和欧洲其他地区。16世纪中叶，约翰·加尔文（John Calvin，1509—1564）在日内瓦开创了更具活力的新教形式，在中欧、法国部分地区、苏格兰和英国主导了反对天主教的斗争。为了应对新教改革，罗马天主教会也在内部进行了大刀阔斧的改革。在宗教改革运动中产生了脱离天主教的各种新教教派，新教（Protestantism）成为与天主教（Catholicism）和东正教（Orthodox Christianity）并列的三大教派之一。中世纪统一的教会被拆散成大量的地方性教会，其共同特点是由世俗统治者控制，权力由教会向政府转移。新教教派和天主教会均以兴办学校作为重要的传教手段，致力于学校教育的发展和教育思想的阐述，推动了宗教改革时期学校教育的发展。

一、新教改革与教育

新教改革（Protestant Reformation）是16世纪欧洲的宗教改革运动，德国的路德教和瑞士的加尔文教等宗教派别脱离了天主教会，还出现了一些与主流新教派有很大不同的激进的分支教派。各新教教派都致力于教育，包括民众教化和学校教育。为宣传新教教义，早期的新教徒急于普及《圣经》，大众扫盲的重要性凸显出来，路德派和加尔文派成为大众教育的开路先

---

① 参见吴式颖、任钟印丛书总主编，杨汉麟、周采本卷主编：《外国教育思想通史》（第五卷：《17世纪的教育思想》），北京师范大学出版社2017年版，第23—25页。

② ［英］博伊德、金合著，任宝祥、吴元训主译：《西方教育史》，人民教育出版社1985年版，第233—234页。

锋[①]。新教各派都关心民众教育的普及，将《圣经》由拉丁语译为本族语，将本族语作为教学用语，改进学校的教学组织形式，推进班级授课制度，从而推动了宗教改革时期学校教育和民众教育的发展。

（一）路德教派与教育

1517年10月，德国修士马丁·路德公开抨击教会兜售赎罪券的行为，批判其是罗马教会贪婪、虚伪和道德败坏的标志。按照当时的学术传统，路德将自己的观点公之于众，这就是著名的《九十五条论纲》（*Ninety-Five Theses*）。在短短几周内，其抄本传遍了欧洲的每一个角落。

1. 路德的教育思想

路德把《圣经》从天主教会的拉丁语翻译成德意志方言（Versailles），奠定了德国现代文学的基础，对教育的普及和发展也具有重要意义。他关于教育的主张反映在两个著名作品中，一是《致全德市长及地方议会参议员的信》（*Letter to the Councilmen of All the Cities that They Establish and Maintain Christian Schools*，1524）[②]，二是《遣送子女求学的责任》（*On Keeping Children in School*，1530）[③]。

路德把教育看作改造教会和改革社会的工具，认为教育应培养僧俗两界所需要的专门人才，担负起对人民实施普通教育的责任。他强调教育是教会、国家和父母的责任，提出普及义务教育的主张，呼吁市长和议员承担起教育青年的责任，国家应实行强迫教育；为使强迫教育能够实行，有必要缩短在学时间：男孩每天2小时，女孩每天1小时；中等教育和大学培养教师、传教士、牧师、法学家和医生等；提高大众识字率有助于人们更好地理解教义，同时也是一种维持政治稳定的措施。

2. 梅兰克顿的教育活动

梅兰克顿（Philipp Melanchton，1497—1560）是路德在教育工作方面的重要助手。他按照路德教派的要求在德意志各城市建立新的学校教育体系，对德国教育产生很大影响。梅兰克顿教育改革计划兼顾国家与教会的利益，体现了宗教与人文主义相结合的思想；他改组了海得堡大学，并在哥尼斯堡和耶拿组建了新的大学；更重视神学和道德，强化了北方人文主义对于宗教及道德的偏好。

1527年，梅兰克顿应萨克森选帝侯之请带领一个3人小组在该郡进行教育调查，并在1529年发表的《调查报告书》中提出组织该郡学校的计划：重视文法学校以及拉丁文法的学习；要求把儿童划分成不同的班级，学习不同的教材。梅兰克顿与德国中部及南部的56个城市建立了通信联系，指导这些地方的教育工作，被誉为"德意志师表"。但他的中学教学计划主要偏重拉丁文和希腊文，忽视自然科学的学习。

---

① ［英］安迪·格林著，王春华等译，朱旭东校：《教育与国家形成：英、法、美教育体系起源之比较》，教育科学出版社2004年版，第38页。

② James Bowen. *A History of Western Education, Volume Two.* New York: Methuen & Co. Ltd, 1975: 361—364.

③ James Bowen. *A History of Western Education, Volume Two.* New York: Methuen & Co. Ltd, 1975: 367—369.

3. 布肯哈根的教育活动

布肯哈根（Johannes Bugenhagen，1485—1558）也是路德新教中有组织才能的学者。他帮助路德改革德意志北部各地的教会和学校，根据路德的理想在每个教区建立起教区小学，课程包括阅读、习字和宗教，用德语教学，男女均可入学。在城市则设立拉丁学校，课程主要包括拉丁文、希腊文、希伯来文、辩论术、修辞学、数学、教义问答和音乐等。布肯哈根在德国北部主要致力于小学的改组与建立，以改造旧的小学为主，被誉为"平民学校之父"。

4. 斯图谟文科中学

斯图谟（Johnn Sturm，1507—1589）也是德国路德派教育家。1537年，他把原有的3所拉丁学校改组为具有大学预科性质的斯图谟文科中学。他把全校学生分成10个年级，每个年级由一位老师管理并有特定课程表，规定应读书籍和应采取的教学方法等。课程主要是拉丁文及其名著，以西塞罗著作为主；学习希腊文和希腊著名作品和逻辑学；数学与自然科学方面的课程很少。斯图谟在此工作28年，使斯图谟文科中学成为后世西方文科中学的范型。

（二）加尔文教派与教育

继德国之后，瑞士也发生了宗教改革。宗教改革家慈温利（Ulrich Zwingli，1484—1531）的教义比路德更加激进，并影响了加尔文。他们提出了新的教义，发表作品并创办学校，对当时西方学校教育的发展有重要影响。

1. 慈温利

慈温利在苏黎世教堂传教，明确否定教皇是上帝的代表，宣布《圣经》是信仰的唯一根据。他用方言读《祈祷书》，取消圣像，解散修道院，摒弃路德对诸侯的依赖，主张教会实行共和制。教皇下令苏黎世地方当局制裁慈温利，但遭拒绝，并宣布脱离天主教会统治。此后，苏黎世及其他一些州成为新教州，另外一些州则坚持天主教信仰。双方不断发生冲突，终于导致1531年战争的爆发，慈温利阵亡。1523年，他曾用拉丁文撰写了《少年的基督教教育》，推行宗教改革计划。他还创办了许多人文主义学校，并建立瑞士的第一批小学。其改革计划初步获得成效以后，经议会批准得到推广。

2. 加尔文

16世纪30年代，瑞士宗教改革的中心从苏黎世转移到日内瓦，加尔文成为瑞士宗教改革的新领袖。他的《基督教要义》（*Institutes of the Christian Religion*）吸收了慈温利和路德的观点，提出系统的新教神学理论，是宗教改革时期影响最大的著作。加尔文倡导的教义包括：《圣经》的权威至高无上，教会和国家的权威只能来源于《圣经》；提出"预定论"，比路德的"信仰耶稣即可免罪"更为激进；其编定的《教会法案》和《教理问答》被确定为指导市民思想行为的规范。加尔文派支持商业和高利贷，崇尚节俭和鼓励积累资金，迎合了新兴资产阶级的需要。

加尔文教派主张普及义务的、免费的初等教育。1538年制定的《日内瓦小学计划》规定用国语教学，学习加尔文教义。加尔文教派的小学教育重视宗教和道德教育，也重视理智培养及公民教育。加尔文创办一所学院，根据1556年《法规》，学院分成7个年级，学习内容包括法语、拉丁语和希腊语及相关作品。从该学院出来的青年大都在文学和其他人文科学方面受到良好训练，也具备一定的自然科学知识，其中一些人从事于政府和新教教会的各级领导工作。加尔文派教育家对欧洲各国影响较大。在加尔文当权时期，日内瓦成为各国新教徒的避难所。这些人后将加尔文派教义和教育思想带回本国，使加尔文派教育风靡法国、德国、荷兰、苏格兰和美国。

3. 尼德兰的教育

宗教改革时期学校教育最为发达的国家是尼德兰。16世纪初，尼德兰具有资本主义性质的大规模手工工场得到发展，爆发了尼德兰革命，经过40余年的战争，建立起欧洲第一个资产阶级共和国。加尔文教在尼德兰革命中发挥了精神鼓舞和政治动员的作用，尼德兰的教会和世俗政权也都关心教育。

历次宗教会议的决议中都有关于学校教育的条款，如1586年海牙宗教会议规定每个城市必须设立学校；1618年荷兰多特宗教会议要求家庭、学校和教会共同负责对儿童和青年的基督教教育；教会应会同长老甚至地方行政官员一起视察公私立学校；教会执事要关心穷人和创立学校；教会要仔细选择合适的校址，世俗当局要为教师提供足够的薪俸；每个城市、集镇和乡村都应设立学校并对穷人孩子实施免费教育。

尼德兰的世俗政权也关心教育。乌特勒支省和乌特勒支市在15世纪初到17世纪中期通过了许多发展学校教育的决定，其中最有意义的是16世纪中期以及17世纪中期通过的免费教育贫苦儿童的拨款。到17世纪中叶，尼德兰各地都建立起由市政当局管理并拨款资助的各级学校，基本上实行了小学义务教育的普及。尼德兰小学一律采用荷兰语作为教学用语，较为重视算术的教学。近代欧美国家的小学制度大多以尼德兰的城市小学为范型。

16至17世纪，尼德兰中等教育和高等教育也得到了迅速发展。教会和国家为中学配备有能力的校长和教师，为校长提供优厚薪金，为一些中学拨款。中学基本上是文科中学，学习科目以希腊文和拉丁文为主，有的也教授数学、哲学和文法等。陆续开办了雷顿大学、格罗宁根大学、阿姆斯特丹大学和乌德勒支大学等14所大学，这些大学都具有较高的学术水平，吸引了欧洲各国信奉新教的学者和学生。

（三）英国国教与教育

1. 英国的宗教改革

德国宗教改革运动发生后不久，路德教义渗透到英国。1521年，剑桥大学成立的一个秘密团体把《圣经》译成英文；英国天主教会内部也出现了改革要求。对英国天主教会构成最大威胁的是王权。亨利八世（Henry Ⅷ，1509—1549在位）即位初期对罗马教皇奉命唯谨，镇压路德派。他想离婚再娶以求子嗣，但教皇拖延不办，引起其强烈不满。1534年，英国议会通过《至尊法案》（The Supreme Act），宣布国王是"英国教会"（Anglican Church，即英国圣公会教）的唯一的、至高无上的首脑。

玛丽·都铎（Marie Tudor，1496—1533）时期恢复了英国教会与罗马教廷的上下级关系，并残酷惩罚新教徒，有"血腥的玛丽"之称。至伊丽莎白（1558—1603在位）时期，1563年议会制定的《三十九条信条》规定了英国教会的教义，把《圣经》定为信仰的唯一准则，坚持"信仰耶稣即可免罪"的原则。

2. 英国宗教改革时期的学校教育

在宗教改革时期，英国的骤变使小学受到毁坏。在深重的危机中，都铎王朝对民众教育表现了极大的兴趣，在伊丽莎白时期达到高潮。亨利八世与罗马教会决裂并解散修道院后，立即把注意力转向学校教育。牛津和剑桥地区的学院接受了从教会那里转让的捐款，在大修道院中心区重建9所规模更大的学校。爱德华六世（Edward VI，1537—1553）时期继续执行上述政策。伊丽莎白即位以后，许多俗人努力重建学校和创办新学校。

在英国宗教改革时期，学校的主要学科是文法和修辞。新教会行使旧教会的职责，只负责给予教师执教资格，教会定期到学校检查是否按教会规定教学，君主作为教会首脑插手学校事务，教会除强求教师宣誓效忠以外，偶尔对教材有所规定。1540年，亨利八世训令规定《利利文法》（*Lily's Grammar*）为学校唯一的文法课本。爱德华六世和伊丽莎白也发布过类似的训令。直到18世纪，这本书仍是钦定的教科书，英语日益被看作各种学科的语言表达工具。

二、天主教改革与教育

"以前，天主教改革被认为是反'宗教改革'，但是今天的历史学家已经承认它并不仅仅是一场反新教运动。它的根源可以追溯到前路德时代，因此天主教改革是与新教改革相似的一场宗教改革运动。"[1]罗马天主教会于16世纪40年代发动了天主教改革（Catholic Reformation）运动，有两个机构在解释天主教改革及推进其目标方面特别重要：一是特兰托宗教会议（The Council of Trent），二是耶稣会（the Society of Jesus）。特兰托宗教会议是各地主教、枢机主教以及其他高级神职人员的集会。1545—1563年，他们多次在特兰托聚会，处理一系列有关教义和改革的问题，承认并着手革除天主教的内部弊端，对一些神学问题进行详细界定，要求教会当局恪守道德准则，要求各地建立教育学校和研习机构以培养称职的神职人员。耶稣会的奠基人是圣依纳爵·罗耀拉（Ignatius Loyola，1491—1556），他于1540年创建了耶稣会，积极致力于拓展改革后的罗马教会的疆域。

（一）耶稣会的学院制度

"圣依纳爵要求所有耶稣会士接受严格的高等教育。他们不仅要学习神学和哲学，还要精通古典语言、文学、历史和科学。这种学术训练以及对罗马天主教会始终如一的忠诚，使得耶稣会成为最杰出的传教团体。"[2]他认识到对付宗教改革的关键是高等教育，那里聚集了社会上层阶级子弟。耶稣会在一些国家中逐渐建立起学院体系并获得了成功。耶稣会学院分为低级学

① ［美］斯塔夫里阿诺斯著，董书慧等译：《全球通史：从史前史到21世纪》（第7版·下），北京大学出版社2005年版，第380—381页。

② ［美］杰里·本特利、赫伯特·齐格勒著，魏凤莲译：《新全球史：文明的传承与交流（1000—1800年）》（第五版），北京大学出版社2014年版，第216页。

院和高级学院两级。低级学院设6个年级，相当于文科中学。高级学院又称哲学部，修业3至4年，相当于大学文科。有些学院还在哲学部之上设有神学部，学制是5至6年。在罗耀拉逝世之前，耶稣会已拥有100所学院和宗教团体。到16世纪末，天主教国家中高等教育的很大一部分已经掌握在耶稣会成员手中。

耶稣会成功的秘密之一在于把学术和信仰结合起来，这种特点反映在耶稣会的教育计划中。他们认真研究许多教育著作，仔细考察当时最优秀的天主教及新教学校所采用的教育方法，然后提出一个报告，在此基础上制定出了《耶稣会的教学之方法与组织》(简称《课程计划》)，并于1591年印出。试行8年后经过反复讨论，于1599年发布精心拟订的学科计划，对耶稣会派学校以及大学的学科和方法的所有细节均作出了明确规定。该计划一直使用到1832年才做了一些趋向于现代化的修改。

（二）耶稣会学院的课程和教法

耶稣会学院的课程分为三个层次：① 低年级学院主要是神学再加上一些人文学科，禁止使用本族语。最初3年以学习拉丁文为主，也学习希腊文。第4年开始阅读经过精心挑选的希腊文和拉丁文名著的选段。第5至6年研究经典作家作品的修辞。② 高级学院课程包括哲学、逻辑学、伦理学、代数、几何和三角等，后来增加了解析几何、微积分和机械学等课程。3至4年的哲学部课程修完后，考试及格者便可获得硕士学位。其中大多数将在低级学院担任教学工作，逐步上升到高年级的教学。③ 高级学院的哲学部之上设神学部，前4年研究《圣经》，学习教会史和戒律等，后2年复习前面学习过的哲学和神学各科，最后完成毕业论文。经答辩合格者授予神学博士的学位。后来，耶稣会的大学还有以医学和法学代替神学的做法。

为了保证提高教学质量，耶稣会学院重视教学方法的改进。低级学院所用的讲课方法是讲授各章节之大意，详细说明课文的结构和语法；介绍课文中相关的史地和风俗人情；讲解相关修辞和文字的组合；最后从中选出与道德教育有关的内容教育学生。高级学院则沿袭大学传统的讲演法。耶稣会学院的教学方法推崇记忆，轻视推理，注重各阶段课业的及时复习，教学法格言是"重复为学问之母"。"竞争"也是耶稣会学院通常用来刺激学生学习兴趣的主要手段。竞争的方法是两人一组，相互约束和鼓励，对辩论优胜者实行奖励。耶稣会学院的道德教育以基督教的传统戒律，如贞洁、服从、贫穷为其宗旨，对教会和教皇的绝对服从是其核心；要求所有学生住校，校舍环境幽美，设备完善；学校也很重视体育以及文娱活动。

（三）对耶稣会教育的评价

耶稣会学院非常注意教育实验，注意改善教学工作；重视师资质量，没有修完高级学院哲学部课程并取得硕士学位者不能在低级学院任教；大学教授必须修完哲学部和神学部的课程并取得博士学位；鼓励高级学院毕业生为教育事业献出一切；强调教学工作的计划性，《课程计划》规定了每年、每月、每周的工作进程。

学者对耶稣会学院的评价不一。一方面，耶稣会学院与时代潮流背道而驰，带有很多中世纪的特征。另一方面，耶稣会学院的人文知识、数学和道德教育比当时一些大学还要先进。耶稣会教育吸收了人文主义和新教的教育理念和做法，积极改善学校环境，注重提高教学质量和师资质量，采用先进的学校管理的方法，反映出近代教育的一些积极特征。

关键概念

人文主义教育	自由学科	弗吉里奥	维多利诺	《宫廷人物》
《太阳城》	伊拉斯谟	《乌托邦》	《巨人传》	蒙田
培根	路德	斯图谟文科中学	尼德兰的教育	耶稣会学院

本章小结

　　文艺复兴时期是西方教育从中世纪教育向近代教育过渡的重要转折时期，无论在教育思想方面，还是在教育实践和学校教育制度方面都有了很大的发展。

　　首先，人文主义者积极的人生观在一定程度上改变了中世纪基督教消极的人生观，尤其改变了以原罪说为依据的性恶论和儿童观，相信和重视教育在改造社会和形成完人方面的积极作用；无论是通才教育或博雅教育理想的重新提出，还是培养绅士的新教育理想，都对后世西方产生了很大影响；在一定程度上消除了禁欲主义对教育的消极影响，恢复了体育，注重年轻一代身心的和谐发展。

　　其次，宗教改革中新教派教育家提出了国家应该承担教育的责任和普及义务教育的思想并积极付诸教育实践，出现了公立学制和实施普及小学义务教育的法令，平民小学有了较大发展。

　　再次，在学校课程方面，注重通过实验制定学校的课程计划，增加了人文学科和自然科学的内容；在教学方面，本族语开始作为教学用语；出现了教育心理学的萌芽，注意按照儿童身心发展的特征施教，并重视利用一些积极的方法提高学生的学习兴趣。

　　最后，在学校管理和教学组织方面产生了班级授课制，采取分年级上课的制度。后世的进步教育家们均从人文主义教育家的思想中获得诸多启示。但是这个时期的教育仍然留有旧时代的许多痕迹，如基督教教会和神学思想对人们的思想和行为产生的束缚，以及对学校课程和道德教育的影响；人文主义教育的贵族倾向和文艺复兴后期崇尚古典的新的烦琐主义学风的出现等。

思考题

1. 论文艺复兴时期人文主义教育的一般特征。
2. 文艺复兴时期人文主义的主要类型及其与教育的关联。
3. 文艺复兴和宗教改革时期的欧洲教育有什么重要发展？
4. 简述弗吉里奥的《论绅士风度与自由学科》。

5. 维多利诺的"快乐之家"反映出文艺复兴时期人文主义教育的哪些特征?

6. 意大利早期人文主义教育和晚期人文主义教育有什么不同?

7. 简述卡斯底格朗的《宫廷人物》。

8. 马基雅维里《君主论》中的教育观与意大利早期人文主义教育观有什么不同?

9. 简述康帕内拉在《太阳城》中的教育理想。

10. 北方的人文主义教育与意大利的人文主义教育有什么重要区别?

11. 伊拉斯谟的教育思想反映了北欧人文主义教育思想的哪些特点?

12. 莫尔的《乌托邦》在哪些方面超越了一般人文主义教育?

13. 简述拉伯雷的《巨人传》。

14. 简述蒙田《随笔集》中的绅士教育思想。

15. 试论培根对西方教育发展的主要贡献。

16. 简述路德的普及教育思想。

17. 简述斯图谟文科中学。

18. 对耶稣会学院教育进行述评。

第八章　近代各国教育（上）

17至19世纪是资本主义制度在先进国家取得胜利并得到巩固的时期。以1640年英国资产阶级革命为开端，欧美和亚洲一些国家相继进行了资产阶级革命，而从18世纪60年代开始的工业革命增强了各国的经济实力。与资本主义政治经济的发展相适应，近代教育制度也在各国逐步确立。

首先，近代是民族国家教育领导体制建立的时期。欧洲国家在17至18世纪发展出两种不同的政体，英格兰和荷兰的统治者与代议机构分享权力，建立了宪政国家。而法国、西班牙、奥地利、普鲁斯和俄国建立了君主专制国家。教育的国家化和世俗化成为近代各国教育发展的一般趋势，教育领导权逐渐从教会手中转移到民族国家手中。各国形成不同的教育管理体制，如中央集权的教育领导体制和地方分权的教育领导体制。

其次，近代各国教育发展的重要内容是国民教育体系的建立。在法国大革命时期及之后的数十年间，国民教育体系作为一种体制得到巩固和永久承认，先在普鲁士和法国，然后在欧洲大陆的众多小国，如瑞士和荷兰。与国民教育改革有关的因素包括教育普及方式的发展、教育管理和体制结构的合理化以及公共资金及其支配方式的发展，国民教育成为民族国家进行社会控制的重要工具。

再次，近代各级各类学校有了一定的发展。与国民教育体系的建立相联系，在一些国家出现了公立小学，在传统的"4R"（读、写、算和宗教，因四科的英文名称第一重音均为R，被称为"4R"）课程的基础上有所扩展。中等教育和高等教育仍属于精英教育，主要以上层统治者和富家子弟为对象，在西方各国形成具有明显等级特征的双轨学制。为了适应新形势的需要，中等和高等教育进行了一些改革：中等学校课程朝着文实并重的方向发展，中等教育大众化问题被提上议事日程；出现了一些新型大学，课程内容更加贴近社会生活的需要。

最后，近代各国的教育思想得到发展。各国著名的教育思想家批判了当时教育体制和学校教育的弊端，针对社会需要提出新的教育构想。他们的教育思想不仅为当时和后来的教育改革提供了理论依据，也由于其思想的生命力而成为人类教育宝库的共同财富。

第一节　近代英国教育

1870年以前，英国教育主要由教会和民间机构开办，教育机构明显分为贵族学校和慈善学校两大体系。英国的传统看法是"教育是家庭职责"，送子女上学和为孩子择校被视为家长的权利。一般说来，富人家庭或为孩子聘请家庭教师或将其送入公学和大学接受教育。穷人家庭则送孩子去教会初等学校或慈善学校读书。直到二战结束前，英国教育中的双轨制都非常明显，公立学校和私立学校并存，各成体系，互不相通，主要依靠各种捐助体系发展学校教育。1870年，《初等教育法》（The Elementary Education Act）颁布以后，政府开始创办面对大众的公立初等学校。1902年，《巴尔福教育法案》颁布以后出现了公立中等学校。

一、17—18世纪的英国教育

1640年，英国发生了早期资产阶级革命。1688年"光荣革命"之后君主立宪制建立，确立了资本主义制度。18世纪60年代前后开展的工业革命也是影响英国教育的重要因素。17—18世纪，英国的初等教育、中等教育和职业技术教育都有了一定的发展，牛津大学（Oxford University，创建于1168年）和剑桥大学（Cambridge University，创建于1209年）进行了改革，一些思想家也提出了先进的教育主张。

（一）17—18世纪英国的学校教育

1. 17—18世纪英国的初等教育

17—18世纪的英国延续了西欧中世纪教会办理初等教育的做法，天主教教区学校改由英国国教会管辖，非国教派对初等教育实践也产生了重要影响。1699年，英国国教会成立基督教知识普及协会。1701年，非国教派成立不列颠及海外学校协会。这两个团体在促进英国贫苦儿童初等教育方面做出了重要贡献。

在国民教育体系产生之前，慈善学校（charity school）和主日学校（sunday school）是英国初等学校的主要类型。

慈善学校由教区学校模式发展而来。1601年，英国政府颁布《济贫法》，试图稳定社会秩序。在基督教知识普及协会和不列颠及海外学校协会的努力下，各地富人捐款设校。英国最早的慈善学校于1680年在伦敦设立。这类慈善学校有各种名称，如贫民免费学校（ragged school）、劳动学校（industrial school）、贫民学校（charity school）和感化学校（reformatory school）等。学校免收学费，提供书籍和衣物。

主日学校由热心贫民儿童教育的传教士罗伯特·瑞克斯（Robert Raikes，1735—1811）于1781年创办，18世纪80年代以后发展为一种运动。主日学校是在教堂和小教堂的基础上建立起来的，由牧师负责组织，利用星期日对儿童和一些没有机会接受正规教育的成人进行宗教和道德教育，学习粗浅的读写知识。到1795年，英国设有1 012所主日学校。1790年以后，主日学校运动进入衰落时期，被1803年兴起的导生制学校所取代。

除了教区学校、慈善学校和主日学校以外，还有一些私立学校，如主妇学校（dame school）、普通私立学校（common private school）、围篱学校（hedge school）和乞儿学校（regged school）等。初等学校的教学内容除了宗教教育以外，也教一些初步的读、写、算知识。在很长一段历史时期内，"4R"课程是欧洲各国初等学校的基本课程。

2. 17—18世纪英国的中等教育

17—18世纪的英国中等学校基本上是从中世纪流传下来的文法学校（grammar school）和公学（public school），一般以富家子弟为主要教育对象，教育内容主要是七艺，包括"三艺"（文法、逻辑、修辞）和"四艺"（算术、几何、天文、音乐）。一般认为"三艺"是中等教育的课程，"四艺"为高等教育的基本课程，但实际上有很多交叉。

（1）文法学校

文法学校重视古典知识，轻视实科知识，一般每周学习6天，每天10小时，按照宗教和地方习惯制定放假制度。从文法学校毕业的学生或进入牛津大学和剑桥大学，或成为一般官吏、医师、法官和教师等。英国革命以后，文法学校的培养对象从原来的贵族、僧侣子弟扩展到大工业家、大商人和乡绅等阶层的子弟，也有少数比较贫穷的工人子弟。

（2）公学

公学是英国教育中的特有现象。14—15世纪，英国出现一些专为特权阶级和富人子弟设立的设备较好、教育水准较高的文法学校，即"公学"，以区别于仅招收本地学生的地方学校。以1382年建立的文彻斯特公学为最早。公学的共同点是：① 是一种私立、寄宿和以升学为宗旨的中等学校，以向牛津大学和剑桥大学输送合格新生为主要任务，具有大学预科性质。② 经费靠私人捐助，拥有大量校产，不受政府资助和干涉，收费昂贵。③ 注重绅士风度培养，主要课程是古典学科。

15—17世纪，英国陆续创办了九所著名的公学，分别为：文彻斯特公学（1382）、伊顿公学（1440）、圣保罗公学（1509）、威斯敏斯特公学（1540）、舒兹伯利公学（1552）、麦钦泰勒公学（1560）、拉格比公学（1567）、哈罗公学（1571）和查特豪斯公学（1611）。公学作为英国社会特权的循环部分，使英国社会阶层较高的人占有从事地位较高、安全而有声望的职业的优势。在1964年至1979年的"公学革命"（Public School Revolution）之后，体面地埋葬了"公学"名称，和所有私立学校统称为"independant school"。①

3. 高等教育

中世纪贵族青年竞相到爵士府邸接受教育，进大学者寥寥无几。从16世纪末叶起，进入大学的人数逐渐增长。17—18世纪，英国的高等教育仍以牛津大学和剑桥大学为主干。两所大学各有众多学院，实行学院自治，注重古典学科，重视绅士风度培养，培养了众多政治领袖和学术精英。王室及贵族纷纷捐款或捐产，经费日渐充足，学生有一半以上为显贵和富家子弟，一半以上的剑桥毕业生和近2/3的牛津毕业生都从事教会工作。

17—18世纪，英国大学课程注重古典学科，尤其是逻辑、亚里士多德形而上学、伦理学和自然哲学，也从事神学、民法、教会法规和医学等高级学科的研究。17世纪末至18世纪初，自然科学方面的成就促使大学增加实科内容，设立自然科学讲座。牛顿曾亲自担任过数学讲座教授。

---

① 参见王承绪、徐辉主编：《战后英国教育研究》，江西教育出版社1992年版，第124页；原青林著：《揭示英才教育的秘诀——英国公学研究》，黑龙江人民出版社2006年版，第306页。

（二）17—18世纪英国的教育思想

1. 弥尔顿与《论教育》

约翰·弥尔顿（John Milton，1608—1674）是英国文学界具有重要地位的杰出诗人。1644年发表《论教育》（*On Education*），提出"文实并重"的教育主张，试图调和古典主义与现实主义，成为古典教育向实科教育过渡的代表著作。

弥尔顿批评英国学校教育强迫学生学习希腊语和拉丁语；建议在全国各城市兴办学园（academy），分为初级和高级两个部分，兼施中学和大学教育；主张把学生培养成聪明、有教养和肯负责的公民与领袖人物；课程计划既包括古典学科，也增添了大量自然科学和应用科学；重视培养军事和政治人才；建议学生进行军事训练或结队骑马到校外参观学习，包括出海学习航海和海战的知识等。

2. 亚当·斯密与《国富论》

亚当·斯密（Adam Smith，1723—1790）是英国古典经济学家，1776年出版《国民财富的性质和原因的研究》（*Nearth of Nations*，一译《国富论》），总结了近代初期各国资本主义发展的经验，批判地吸收了当时的经济理论，对整个国民经济运动过程作了较为系统的描述，并讨论了青年教育设施的费用、普及初等义务教育和成人教育方面的问题。

斯密的主要教育主张如下：① 即使是国家设立的小学的教师报酬也不可全由国家承担，以免教师变得贪图安逸。② 呼吁国家注意普及教育的问题。③ 在国家应如何发展普及义务初等教育方面提出了许多可行性建议。④ 最早提出人力资本理论，意识到提高普通人教育水平的重要经济、政治和社会价值，呼吁国家革除不过问教育的陋习。

二、19世纪英国教育的发展

英国在建立国家公立教育体系方面落后于欧洲大陆各国约大半个世纪。1870年，《初等教育法》奠定了公立教育体系，1891年实现小学完全免费。1902年的《巴尔福教育法案》规定创建地方教育署，由地方教育当局负责统一管理各级教育，一体化的国民教育体系得到巩固。

（一）英国教育管理的革命

"国家不愿意对教育发展进行干预是19世纪英国和欧洲大陆国家教育上最显著的区别。"[①]整个19世纪，英国大众教育的主力还是捐助学校。在1839年教育委员会建立之前，英国不存在国家教育管理机构。19世纪30年代以后，英国政府通过拨款和立法形式开始对学校教育进行干预，史称"英国教育管理的革命"（The Revolution of British Education Management）。

1. 英国教育领导体制的国家化

1802年，英国政府首次颁发教育法令，要求工厂学徒和手工业学徒学习读、写、算的

---

① ［英］安迪·格林著，王春华等译，朱旭东校：《教育与国家形成：英、法、美教育体系起源之比较》，教育科学出版社2004年版，第257页。

基本知识，由工厂主和业主担负学习费用。1806年，议员怀特布雷（Samuel Whitbread）建议国家在每个教区设立学校并进行管理，这是国会首次以国家名义讨论国民教育问题。1833年，国会通过财政部部长阿尔索普（Lord Althorp）提出的《教育补助金法案》，决定每年拨款20 000英镑作为对初等学校的建筑补助金，开创了国家财政支持教育的先例。

国家为教育提供了财政支持就必须监督如何消费拨款，这是设立教育委员会的初衷。1839年，英国政府首次设置枢密院教育委员会（Committee of Priory Council on Education），直接掌握和监督初等学校补助金的分配。1856年，枢密院教育委员会改组为教育局（Education Department），成为政府领导全国初等教育的机关。1899年，废除教育局，建立由议会直接管辖的教育署（Board of Education），把对初等教育和中等教育的领导权集中起来，初步完成英国教育领导体制的国家化。

2.《工厂法》中关于教育的规定

工业革命带来了诸多社会问题。为了稳定社会秩序和缓和阶级矛盾，英国政府于1833年颁布《工厂法》（The Factory Act of 1833），规定9—13岁的童工每天劳动8—9小时，每天应在工作时间内接受2小时义务教育。1844年颁布的《工厂法》要求童工必须提交上学证明。1846年《工厂法》明确规定工厂教育是强制性的，并为劳动条件之一，8—13岁的童工每周必须在学校学习6个半天或3个整天，否则雇主不得使用儿童劳动。《工厂法》的实施为英国政府正式颁布《初等教育法》奠定了基础。

3. 1870年的《福斯特教育法》

1870年，英国国会正式颁布《初等教育法》，该法案又称《福斯特教育法》（Forster Education Act），由下议院议员福斯特主持制定而得名。该法案规定：① 国家继续拨款补助教育并在缺少学校的地区设置公立学校。② 将全国划分为若干学区，由选举产生的学务委员会负责监督本学区教育。③ 各学区有权实施5—12岁儿童的强迫义务教育。④ 承认以前各派教会所兴办或管理的学校为国家教育的组成部分，但不能从地方财政得到补助。⑤ 学校的普通教学与宗教分离，凡接受公款补助的公立学校一律不得强迫学生上特定的宗教教义课程。《福斯特教育法》是英国国民教育制度正式形成的标志，为英国初等教育的发展奠定了基础。

4. 教育委员会的建立

根据《1899年教育法》（The Education Act 1899），英国成立了新的中央教育行政管理机构——教育委员会（Board of Education）以替代原来的教育局及科学与艺术局等，还设立了一个咨询委员会（Advisory Committee）协助教育委员会的工作。教育委员会建立的重要意义在于第一次统一了对初等教育和中等教育的管理。

（二）19世纪英国各级学校的发展

1. 初等教育

19世纪初，在卢梭和巴西多（Johan Bernharl Basedow，1724—1790）"泛爱主义教育运动"的影响下，英国开展了把泛爱主义与原有的慈善教育相结合的教育运动，慈善教育得到了进一步发展。一些人士积极出资开设初等学校以吸收更多贫民子弟入学，史称"慈善事业时期"。具有代表性的慈善学校是导生制学校（monitorial school）和幼儿学校（infant school）。

（1）贝尔—兰喀斯特制度

导生制（Monitorial System）又称贝尔—兰喀斯特制（Bell-Lancaster System）。1789年，英国非国教派传教士兰喀斯特（Joseph Lancaster，1778—1838）在伦敦创办学校，招收贫苦儿童入学。因经费缺乏，学校不能多聘教师，就采用新的教学方式，教师从学生中选择年龄大、学习成绩好的学生充任导生（monitor），再由其转教其他学生。同一时期，国教派教士贝尔（Andrew Bell，1753—1832）在英殖民地印度创办了类似的学校，并在1796年回国后，大力宣传自己的办学经验。

两种学校都不能给学生以系统、充分的知识，而且贝尔和兰喀斯特的导生制也存在一些差异：贝尔学校只招收英国国教儿童，兰喀斯特学校则招收各种基督教派的儿童；在兰喀斯特的学校里曾施行劳动教育以节省开支。导生制适应了当时对贫民和童工施行初等教育的需求，在英国各地学校得到了广泛采用，盛行30年之久，并传到法国、美国、意大利和瑞士等国。

（2）幼儿学校运动

幼儿学校主要由慈善人士开办。第一所幼儿学校由英国空想社会主义者欧文（Robert Owen，1771—1858）于1809年在苏格兰的新拉纳克棉纺厂创办，包括为3岁以下儿童设立的托儿所和为4—6岁儿童设立的幼儿园；利用游戏、军事体操、无拘束的谈话和直观教学方法对儿童进行教育，获得很高的声誉，许多慈善家和工厂主纷纷效仿。

在怀尔德斯平（Samuel Wilderspin，1792—1866）的努力下，1824年成立了全国性的幼儿教育协会，形成幼儿学校运动并对欧美其他国家产生了影响。1840年，幼儿学校开始成为国家补助对象，检查项目包括学校设备和教育内容与方法，"重视阶梯教室的教学，重视读和写，把娱乐活动限制在休息时间以内，反映了怀尔德斯平传统教育方式的倾向"[①]。

（3）初等教育内容的扩展与高级小学的出现

如前所述，17—18世纪英国初等教育内容主要是"4R"，即读、写、算和宗教。1862年，政府规定依据传授读、写、算的成就来确定财政拨款，对小学课程产生深远影响。19世纪70年代，中央政府进一步拨款鼓励教授读、写、算以外的科目，包括语法、历史、地理和缝纫，还有英国文学、数学、法语、德语、拉丁语、力学和植物学等。19世纪末，一些地方教育委员会在校舍、设备和课程等方面对以往的初等教育（elementary schooling）概念做了重大修改，为较优秀学生开设高级班，甚至单独成立了高级小学。

（4）师范教育的产生

随着初等学校的发展，教师匮乏问题日益严重，出现了导生制、师范学院、见习生制度和训练学院等。① 导生制是英国师范教育的最初表现形式。被选中的导生接受三个月培训和两个月实习，再由其转教其他学生。② 1839年，枢密院教育委员会主席凯-舒特尔渥兹（Kay-Shutleworth，1804—1877）创办了巴特西师范学院，从贫民学校选拔13岁少年，通过严格训练以培养其作为教育者的应有品格。③ 见习生制度（pupil teacher system）是在初等学校中选出

---

① 周采、杨汉麟主编：《外国学前教育史》（第2版），北京师范大学出版社2012年版，第68页。

优秀的13岁少年，以校长带徒弟的方法加以培养，5年期满可作为助理教员，也可考入师范学校继续学习。④ 训练学院（training college）是继巴特西师范学院之后开办的专门培训教师的学校，学习2年，实习1年。

2.《汤顿报告》与中等教育的发展

1868年，以亨利·汤顿（Henry Taunton，1793—1869）为首的中学调查委员会发表了长达21卷的调查研究报告，史称《汤顿报告》（*Taunton Report*）。该报告将文法学校分为三种类型：古典型、现代型和职业技术学校。古典型以升学为目的；现代型以培养各种专门人才为目的；职业技术学校则以培养普通职员和文书为主要目的。

《汤顿报告》在英国中等教育发展史上具有重要意义。首先，它奠定了此后英国三类中学的基础，后得到1924年的《哈多报告》（*Hadow Report*）和1938年的《史宾斯报告》（*Spens Report*）的肯定。到第二次世界大战前夕，三类学校制度已作为"人人受中等教育"的理想模式被广为接受。其次，《汤顿报告》关于应大力注重自然科学的学校以及为小有产者子弟设立技术学校的建议，促使国会于1869年通过了《捐资兴办学校法案》（*Endowed Shool Act*）。

3. 新大学运动

进入19世纪以后，文化科学知识的勃兴要求大学研究和教授实用的新课程，促进了英国原有高等教育的发展，并促使一些人士建立了一种注重世俗科学知识传授的新型大学，在这种背景下，英国兴起了"新大学运动"（New University Movement）。

1825年，著名诗人托玛斯·坎贝尔（Thomes Campbell，1771—1844）提出建立"大伦敦大学"（Great London University）的设想，要求为富裕中层阶级子弟设立非寄宿制的、有专业分科的和费用低廉的大学，以与贵族和教会控制的古典大学相抗衡，并用募集的15万英镑建立"伦敦大学学院"（University College of London）。学院成立了25人组成的校务会，确定基本教育目的和课程等。1828年，学生有300人，教学内容包括语文、数学、植物学、伦理道德科学、英国法、历史和经济等科目，尤其重视医学，1834年开设附属医院。

1829年，在伦敦设立了一所进行通才教育的"国王学院"（Kings College）。开设的课程除了古典语文、宗教和道德以外，也开设自然科学、哲学、伦理、商业和现代语等，还聘请著名法律家和医生来校教授法律和医学等。1836年，经王室批准，将"伦敦大学学院"与"国王学院"合并为伦敦大学（University of London）。

新大学运动推动了地方大学的诞生与发展。19世纪下半叶，在曼彻斯特（1851）、南安普敦（1862）、纽卡斯尔（1871）、里兹（1874）、布里斯托尔（1876）、谢菲尔德（1879）、伯明翰（1880）、诺丁汉（1881）、利物浦（1881）、雷丁（1892）和埃克塞特（1895）等城市相继成立了新大学学院。新大学的特点是：私立；不问所属教派；男女学生均可入学；采取寄宿和走读两种制度；重视科学、数学和商学；进入新大学的学生多为工商业资产阶级子弟。

（三）19世纪英国教育思想

1. 欧文的空想社会主义教育活动和教育思想

19世纪空想社会主义一般特征是：抨击资本主义制度（尤其是私有制）的罪恶；预测到

未来社会的某些特征；讨论未来社会的教育理想，如人的全面发展、培养集体主义精神、教育与生产劳动相结合等问题。但因受到唯心史观和不成熟资本主义生产关系的局限，其思想只能是空想。

欧文早年在新拉纳克进行社会改革及教育实验，在历史上首次为工人阶级及其子女创办了从学前教育到成人业余教育的独特而完整的工厂教育体系——性格形成学院，包括1—5岁的幼儿学校、6—10岁的小学、10—13岁的少年工人夜校以及成人教育机构。此外，首次实现了教育与大工业生产劳动的结合。后来，欧文到美国创办了共产主义公社——新和谐村，并在《新道德世界书》（The Book of New Moral World）中提出了未来理想社会的教育设想，如实行公共教育和全面发展的教育，实行教育与工农业生产劳动相结合等。

欧文接受了18世纪法国唯物主义者的学说，提出了关于人的性格形成学说，认为人的性格是外力（环境和教育）的产物，改造旧社会要从改造人的性格做起，必须改造环境并施加正确的教育影响。上述观点反映在他早期的作品《新社会观》（A New View of Society）中。性格形成学说是其从事社会改良和教育实验的宗旨，马克思曾评价欧文的教劳结合实验是"未来教育的萌芽"。

2. 斯宾塞的教育思想

19世纪中叶，英国已成为世界最先进的工业强国，但中等和高等教育仍以培养绅士风度和文职官吏为主要目标，古典人文学科占主导地位。这种状况引起了是维护古典主义教育传统还是提倡科学教育的激烈论争。赫伯特·斯宾塞（Herbert Spencer，1820—1903）和托马斯·赫胥黎（Thomas Henry Huxley，1825—1895）呼吁学校改革，提倡科学教育。相比之下，斯宾塞的"科学"理念较为宽泛，赫胥黎的"科学"主要指自然科学教育。与斯宾塞相比，赫胥黎更重视人文和科学的平衡。

斯宾塞是英国实证主义哲学家和教育家，1861年出版《教育论》（On Education），主张以科学教育取代古典主义教育，对于19世纪的科学教育运动具有重要意义。

（1）课程论思想

斯宾塞将进化论原理运用于个人的发展和教育，认为教育目的是"为完满生活做准备"。知识的价值应当有两个内涵：指导意义和训练意义。科学知识能指导人类各项主要活动，对儿童智力的发展也具有重要作用。"什么知识最有价值，一致的答案就是科学。这是从所有各方面得来的结论。"[1]

斯宾塞认为科学是一切知识的基础。他对科学的定义比较宽广，包括社会科学、心理学、经济学和政治学等，并据此提出以科学为主的课程体系。课程的第一部分是生理学，能指导人们保持良好健康、饱满情绪和充沛精力。第二部分主要是数学、力学、热学、光学、电磁学、化学、天文学、地质学、生物学和社会学等，同生产活动有直接关系，是使人易于谋生而有助于间接保全自己的知识，也是使国家兴旺发达和维系整个社会生存的基础知识。第三部分是心理学、生理学和教育学，为父母提供教养子女的知识。第四部分主要是历史，能为学生提供有

---

① ［英］赫·斯宾塞著，胡毅、王承绪译：《斯宾塞教育论著选》，人民教育出版社2005年版，第91页。

关国家组织的知识，有助于学生履行社会义务。第五部分是审美文化，如雕塑、绘画、音乐和诗歌等，能满足人们闲暇和娱乐所需知识。

（2）教学原则和教学方法

斯宾塞把生物复演理论（Recapitulation Theory）作为其教育方法的假设前提。"儿童所受的教育必须在方式和安排上同历史上的人类的教育一致。换句话说，个人知识的起源应该按照种族中知识的起源的同一途径。"[①]这种假设是生物学上重演理论的一个分支，随着科学的进步，重演理论本身已不再为人们所信服。斯宾塞夸大了遗传的影响。

斯宾塞的教学原则和教学方法思想包括：① 反对死记硬背，主张儿童的学习必须是愉快的，要听从"自然的指示"；儿童在自己的错误行为所带来的痛苦中学习。② 强调儿童自我发展和自我教育的重要性，主张儿童通过"发现"来学习；强调学习兴趣是教学必须遵循的最重要的原则。③ 重视儿童心智发展规律，教学应适应儿童的认识能力；赞同裴斯泰洛齐关于教学必须适合心智演化自然过程的思想；从简单到复杂、从不准确到准确、从具体到抽象是掌握每门学科必须经过的道路，应当成为教育必须遵循的原则。

（3）斯宾塞在教育史上的地位

第一，从个人生活需要出发批评旧教育的不切实用，认为教育目的在于为完满生活做准备，科学知识最有价值，提出以科学知识为主的课程体系，突破了英国传统的古典人文主义的教学内容，使教育与现实的社会生活密切联系。第二，强调自然教育和自我教育，反对注入式的、压制儿童智慧活动的旧教学。第三，在道德教育和体育方面也提出了一些有价值的意见。斯宾塞向保守的古典主义教育的挑战和对科学教育的论证推动了近代实科教育的发展，但他因忽视人文学科的功利主义倾向而受到批评。

3. 赫胥黎的教育思想

赫胥黎是19世纪英国著名的自然科学家和教育家，对当时英国教育的改革和教育观念的转变有较大影响，其教育思想反映在《科学与教育》（*Science and Education*）一书中。

（1）对古典教育传统的批判

赫胥黎批判英国初等学校、文法学校、公学和大学中存在的弊端，认为初等学校使儿童没有学到国家历史或政治体制的知识，更没有学到科学知识；中学的学生死记硬背在其一生中十之八九用不上的拉丁文和希腊文。他们"可能从来没有听说过地球围绕着太阳旋转"[②]，500个学生中未必有一个听到过有关算术规则的解释或懂得欧几里得定理。近代历史、地理、语言以及整个科学领域更是受到忽视。至于大学，学生在这里只是受到古典语言的基础教育，而不去关心科学研究或致力于专业学习。

（2）科学教育

赫胥黎认为，时代特点使自然科学知识发挥了越来越大的作用，能够有效利用自然科学的人，才能在工业竞争和生存斗争中获胜。"我认为，主张把自然科学知识作为教育的一个重要

① ［英］赫·斯宾塞著，胡毅、王承绪译：《斯宾塞教育论著选》，人民教育出版社2005年版，第61—62页。
② ［英］托·亨·赫胥黎著，单中惠、平波译：《科学与教育》，人民教育出版社1990年版，第66页。

组成部分，这绝不仅仅涉及那些中学。相反地，我觉得，在那些初等学校里，甚至更加迫切需要这样做。"①

科学教育应包括哪些学科？ 赫胥黎认为首先是自然科学。自然科学教育提供了具有特殊价值的知识，还能提供科学方法上的训练。他主张在中小学开设的自然学科主要有地理学、植物学、物理学、化学和人体生理学等。如何进行科学教育？赫胥黎认为要恰当地选择论题，注重实际教学，训练一些有实际经验的教师，安排充裕的时间。

（3）自由教育论

在积极倡导自然科学教育的同时，赫胥黎也重视道德理论、政治和社会生活基础知识，注重历史，特别是英国史的学习，并对忽视人文学科的倾向提出批评。他认为，如果为了科学而扼杀或削弱文学与美学的倾向将是极大的遗憾。他把知识分成科学和艺术两类，认为忽视任何一方都会造成心智扭曲，只有受过两方面的教育才能算是受过自由教育，受过自由教育的人才能从事多方面的职业。他对传统教育的批判和对科学教育与自由教育的提倡，对当时的教育改革产生了积极影响。

在当代研究中，有许多学者把英国教育与欧洲其他国家进行比较，无一例外地指出了英格兰教育的不足。②究其原因大致有以下几个方面：第一，与英国的建国过程有关。英国革命后地主贵族在政治方面占有重要地位，追求土地，宣扬"反工业化"和"反城市化"，阻碍了英国国民教育的发展。第二，与自由主义理念有关。崇尚最小政府的信条，反对国家控制教育。第三，与英国的贵族精神有关。"事实上，'向上流社会看齐'不仅是学校教育的基本准则，而且也是社会各阶级的价值取向。"③第四，早期工业革命的成功几乎不需要大规模的正规教育和先进的科学技术，使得维多利亚时代精英阶层轻视科技教育。④

正如恩格斯在100多年以前所说，在英国，一个进步一经取得，照例以后永不会失去。英国社会重视立法，重视通过某一具体方面的立法来解决某些具体问题，这种"渐进式"观念在教育变革方面也得到充分体现。

第二节　近代法国教育

17—18世纪法国的初等和中等教育基本上由天主教会控制。一方面，天主教会与胡格诺教派（Huguenot）进行了长期的残酷斗争。各教派为了扩大势力竞相开办学校，几乎所有的学校都掌握在教会团体手中。另一方面，18世纪启蒙思想家对法国的国民教育体系进行了勾画。法国革命者废除了君主政体，重新构建了社会秩序。但法国革命者缺乏自我管理的

① ［英］托·亨·赫胥黎著，单中惠、平波译：《科学与教育》，人民教育出版社1990年版，第66—67页。
② 参见［英］安迪·格林著，王春华等译，朱旭东校：《教育与国家形成：英、法、美教育体系起源之比较》，教育科学出版社2004年版，第18—19页。
③ 钱乘旦、陈晓律著：《在传统与变革之间——英国文化模式溯源》，浙江人民出版社1991年版，第393页。
④ 参见［英］安迪·格林著，王春华等译，朱旭东校：《教育与国家形成：英、法、美教育体系起源之比较》，教育科学出版社2004年版，第230—231页。

经验，无法设计出一个可以替代君主制的稳定政体，法国社会也因此经历了二十多年的混乱。19世纪早期，拿破仑将法国置于军事统治之下，却促进了革命理念在西欧大部分地区的传播。

法国大革命给教育带来了深刻变化。在革命过程中，先后执政的资产阶级各个党派从发展资本主义的政治、经济需要出发，积极改革封建旧教育，使教育成为资产阶级革命的有力工具。为此提出了许多具有资产阶级特色的教育方案，在拿破仑时代被付诸实践。19世纪初，拿破仑建立帝国大学，确立了中央集权的教育领导体制，并一直延续到当代。

一、17—18世纪的法国教育

（一）17—18世纪法国教育概况

在法国，信奉加尔文教的教徒被称作"胡格诺教徒"。胡格诺战争（1562—1594）不仅是宗教战争，也是法国新教贵族与天主教贵族为了争夺王位而发动的战争。胡格诺教徒在法国创立了大批初级学校，成为法国16世纪末至17世纪中期推行初等教育的重要力量之一。亨利四世（Henry Ⅳ，1589—1610在位）原为胡格诺信徒，为了继承法国王位，改信天主教，1598年，宣布天主教为国教。天主教的各个团体大都积极举办学校教育。

1. 耶稣会

天主教的耶稣会在法国教会团体中势力很大，在全国各地开办了许多中学和大学。耶稣会为迎合新的时代潮流扩大了学科范围，且教学方法多样，尤以学校工作组织严密、设备完善和训练严格著称，吸引了大批贵族和中产阶级子弟入学。17世纪下半期到18世纪中叶，法国封建王朝排斥其他教派，使得耶稣会完全控制了法国学校教育。

2. 圣乐会

法国皮鲁尔（Cardinal Pierre de Brulle）于1611年创立的天主教团体，主要致力于中等教育，1626年开办了50多所中等学校。圣乐会中学除了开设拉丁语、古典文学和神学课程外，还开设法语、近代外国语和哲学等；采用新的教学法，重视启发思考，发展个性，提倡鼓励和表扬。圣乐会促进了法国中等学校教育的近代化，还培育出了许多著名的教育家。耶稣会于1773年解散之后，圣乐会代替耶稣会主持法国中等学校。

3. 詹森派教师团体

在有声望的修道院院长圣·西兰（Abbot St Cyran）周围聚集了一批信奉天主教的著名学者，他们受到荷兰天主教神学家詹森（Cornelis Jansen，1585—1638）的宗教观点和笛卡儿（Rene Descartes，1596—1650）理性主义哲学的影响，寻求新的原则和方法来教育儿童，1646年，在巴黎建立了坡特·诺亚尔学校，招收9—10岁儿童。圣·西兰认为人的本性永远趋向邪恶，学校必须把学生置于严格的管理和监督之下。他的后继者强调知识学习的重要性，注重研究和尊重儿童的个性。坡特·诺亚尔学校所代表的教育新思想和改革精神给法国教育注入了活力，用法语教学、学习法语和法国文学的做法逐渐为一般学校所接受；研究儿童和根据儿童心理差异进行教育的主张也引起了人们的关注。

4. 基督教学校兄弟会

天主教神甫拉萨尔（Jeall Baptiste de la Salle，1651—1719）于1682年创立基督教学校兄弟会，主要从事初等学校教育。1684年，创办教师讲习所培养初等学校教师。基督教学校兄弟会教育目的是使贫民子女笃信天主教并促使新教徒子女改信天主教；主要课程有宗教、读、写、算和礼仪；实行班级授课制。18世纪末，基督教学校兄弟会达122所，学生有36 000多人，在促进平民初等教育的普及方面做出了贡献。

（二）18世纪法国启蒙时代的教育思想

启蒙时代的思想源于近代科学革命和英国的政治学说。首先，牛顿（Isaac Newton，1643—1727）依靠精确观测和数学推理建立了一套有力的天文学和数学理论，科学的影响甚至延伸到对人类事务的思考中。启蒙思想家期望能像牛顿发现主宰宇宙的万有引力定律一样，找到统治人类社会的自然法则。其次，启蒙学者继承和发展了英国资产阶级革命时期天赋人权、社会契约的政治学说和唯物主义经验论，努力建构以科学和理性为基础的世俗价值观，把教育作为启迪愚昧、发展理性和培养一代新人的重要武器，教育思想是其启蒙思想的重要组成部分，对西方教育历史的发展有着深远影响。

启蒙运动的中心是法国，被称作"哲人"（philosophes）的思想家是公共知识分子，他们高举理性的旗帜，主要致力于启迪民众，创作了很多历史、小说、戏剧、讽刺文学以及有关宗教、道德和政治问题的小册子。伏尔泰（Voltaire，1694—1778）的思想集中体现了启蒙运动的精神。

1. 爱尔维修的教育万能论

爱尔维修（Claude Adrien Helvétius，1715—1771）是18世纪法国唯物主义思想家的重要代表。其主要教育主张如下：① 高度评价教育在人的发展和社会改革中的巨大作用，反对宗教迷信和教会对教育事业的干预，主张由世俗势力管理学校。② 人在智力上是天然平等的，人是教育的产物，教育是万能的。爱尔维修从感觉主义出发，完全否定自然素质在人的发展中的任何意义，过高评价了教育的作用，得出教育万能的片面结论。但他以唯物主义认识论为基础，提出人的智力是天然平等的观点，为教育平等提供了理论依据，在当时具有很大的进步意义。

爱尔维修所说的"教育"含义很广，包括周围环境、所接受的教育以及政治和法律制度等。他夸大了政治和法律的作用，使之成为社会发展的决定因素。但爱尔维修由此得出的结论却具有启蒙意义：要改变法国社会现状就必须改变现存的政治与法律制度，只有通过教育使人的理智日益进步，国家才能改善政治和法律，引导人们日益走上幸福的道路。于是，爱尔维修又把教育夸大为改革社会的决定力量。

爱尔维修陷入了一种自相矛盾的循环论：教育和环境决定人的理智能力；人的理智又决定政治制度特别是法律制度为核心的环境。为了摆脱这个矛盾，爱尔维修寄希望于少数天才人物和开明君主，希望他们能用好法律代替坏法律，引导人们成为有德行的人，进而建立起合理的社会制度。马克思曾经指出，有一种唯物主义学说，认为人是环境和教育的产物，因而认为改变了的人是另一种环境和改变了的教育的产物。这种学说忽视了环境正是由人来改变的，而教育者本人一定是受教育的。这种学说必然会把社会分成两部分，其中一部分高于社会之上。

2. 狄德罗的教育思想

狄德罗（Denis Diderot，1713—1784）是18世纪法国杰出的唯物主义者。1750年，他开始着手编纂《百科全书》（*Encyclopédie*，1751—1772，又名《科学、艺术和工艺详解辞典》），并成为"百科全书派"的领袖。1746年，狄德罗匿名发表的《哲学思想录》（*Philosophical Thoughts*）阐述了自然神论的思想。1742年，他发表了《怀疑论者的漫步》，开始转向把自然看作机器的唯物主义观点。1773—1775年，他写出了《对爱尔维修〈论人的理智能力和教育〉一书的系统反驳》。此外，他在给俄国女皇叶卡捷琳娜二世制定的《俄罗斯大学计划》中阐明了教育的作用。

（1）论教育的作用

狄德罗认为，在自然状态中人是自由平等的，后来由于少数人采用暴力手段剥夺和践踏了人类的天赋权利，才出现封建专制这种不合理的统治形式。人们又由于愚昧无知产生了宗教迷信，其根本目的是要人们放弃天赋人权。通过教育启发人的理性，才能改革不合理的社会制度，实现平等、自由的"理性的王国"。狄德罗断定人的天生素质对人的发展具有不可忽视的影响，指出了人的发展受到遗传素质的制约，从而对教育的作用予以必要限制。

（2）论国民教育与科学教育

首先，狄德罗强烈反对等级森严的封建教育制度，要求实行由国家管理的国民教育制度，设立初等学校，实行免费的普及义务教育。其次，要求改革中学教学计划，加强实用科学，如数学、物理、化学和天文学等，削弱古典科目，还应学习文学、历史、图画、音乐和现代政治等学科。再次，在高等教育方面，主张清除经院哲学，减少古典文，传授科学知识。最后，探讨了学习和研究科学知识的方法，认为一切知识都来源于感觉，但必须依靠大脑把感性认识与理性认识结合起来。

3. 拉·夏洛泰论国民教育

拉·夏洛泰（La Chalotais，1701—1785）是18世纪中期法国驱逐耶稣会运动的主要倡导人和著名法官。1763年，他在《国民教育论或青年恩的学习计划》（*Essay on National Education or Plan of Studies for Young People*，简称《国民教育论》）中系统地论述了国家的办学思想，对后世西方世俗公共教育制度的建立产生了很大影响。

拉·夏洛泰的教育主张如下：① 批判了耶稣会学校教育，要求按照世俗化原则从根本上重建整个教育制度。② 论述了国民教育的意义。国家办学乃是天经地义的事，国民教育应以培养良好公民为目的，使人民心智完善、道德高尚和身体健康。③ 设想了按年龄划分的三级教育制度：5（或6）—10岁、10—16岁和16岁以上三个阶段。应注重本国语和科学，促使青年将美德付诸实践。④ 国民教育需要良好的教师，他们应是严谨的、有道德的和懂得如何读书的；应让儿童观察各种各样的事物，通过自然本身来教育儿童。

（三）法国大革命时期的教育改革

1789年7月14日，法国革命爆发。1789年8月，国民议会发表《人权和公民权宣言》

（*Declaration of the Rights of Man and the Citizen*），宣称人人平等，强调个人自由、私人财产安全及人身安全等个人权利。在革命过程中，先后执政的资产阶级各个党派都积极改革封建旧教育，提出了许多具有资产阶级特色的教育方案。

1.《塔列兰方案》

《塔列兰方案》是塔列朗（Charles Maurice de Talleyrand-Périgord，1754—1838）于1791年在制宪议会上提出的教育改革方案。其主要内容是：① 论述了法国国民教育应遵循的三大基本原则，即发展国民教育是政府不可推卸的责任，宪法应对国民教育的功能加以明确界定，国民教育的发展还应体现普及教育的原则。② 提出了三级国民教育体系，即每个县开设一所初等学校，教授标准法语和初步算术；各郡设立7年制的郡立中学，教授法语写作、希腊语和拉丁语、宗教知识和《人权宣言》；各省设立高等教育以培养专门的职业人才，如神职人员、律师、医生和军人等。③ 设立国立大学统帅整个国民教育系统。塔列兰方案是法国第一个较为系统的国民教育方案。"塔列兰对国民教育发展所确立的三大原则，为发展国民教育所构想的三级国民教育体系无不适应了大革命时期法国民众追求自由、平等、博爱及天赋人权的革命形势。"[①]

2.《孔多塞方案》

《孔多塞方案》是法国大革命时期孔多塞（Marie Jean Antoine Condoucet，1743—1794）于1792年4月20日—4月21日代表公共教育委员会呈递给立法会议的《国民教育组织计划纲要》。其主要内容是：① 国民教育是国家对其全体公民应尽的职责，应是由国家建立统一的、前后衔接的和世俗的学校系统。② 结构完整且功能健全的国民教育体系应包括五个递进的教育机构：初级小学（4年）、高级小学（3年）、中等学校（5年）、专门学校和大学校。③ 大学校（即国立科学艺术研究院）的职能是管理和监督各级各类学校，开展科学研究活动。④ 各级学校均应实施强迫、免费教育，摒弃教会教育。⑤ 在教学内容上废除宗教科目，增加农业、手工业和国内生产等；减少古典学科，扩大自然科学和数学；增设政治教育课等。孔多塞方案更充分地反映了国民教育的进步性：国民教育是由国家负责建立和监管的平等教育，国民教育的各级教育机构应相互衔接，应实行普及和免费制。

3.《雷佩尔提方案》

《雷佩尔提方案》是政治活动家雷佩尔提（Louis-Michel Lepelletier，1760—1793）的遗作，其思想接近雅各宾派，因投票赞成处死国王而被保皇党人暗杀。他生前拟定了一份创建国民教育体系的计划，1793年7月13日，罗伯斯庇尔在国民公会宣读了该计划。其主要内容是：① 由国家向富人征收累进所得税来开办寄宿学校——国民教育之家，免费向儿童提供衣食，以保证初等教育的实施。② 重视儿童的体育、智育和劳动教育。③ 设立由家长组成的国民教育协会。该方案在当时引起了强烈的反响，赞成者和反对者为此展开了激烈争论，经过部分修正后于1793年8月13日以国民公会法令的形式颁布，两个月后因故被废止。

---

① 吴式颖、任钟印主编，朱旭东、王保星本卷主编：《外国教育思想通史》（第六卷：《18世纪的教育思想》），湖南教育出版社2002年版，第175页。

4.《多诺教育法案》

《多诺教育法案》是对法国大革命时期各种教育方案或法案及其实施经验进行概括和总结后于1795年提出的新的国民教育法案。其主要内容包括：① 否定传统课程和教学方法，反对教会控制教育，由国家承担教育的义务和责任，强调向儿童灌输共和国的原则。② 规定学校系统包括每县在城镇设立一所小学，男女儿童同校但分开教育，贫穷儿童免费；中心学校的教学单位不再是班级而是按课程分类；高等职业技术学校培养各类专门人才。

上述各种教育法案或法案受到法国大革命前启蒙思想的影响，其共同特点是：① 提出了国民教育的设想，包括由国家承担普及国民教育责任以及教育管理和体制结构等方面的设想。② 提出了教育普及的方式和国民教育的经费来源等。③ 提出了各级各类学校系统的设想。④ 主张教育内容世俗化和科学化，包括减少古典课程和取消宗教课程，增设与社会生产和实践密切联系的课程，开设政治课等。上述法案对19世纪法国教育的发展产生了深远影响，是具有法国特色的国民教育体系和中央集权教育领导体制的主要思想来源。

二、19世纪法国教育的发展

19世纪的法国政局动荡，政权频繁更替，先后经历了拿破仑的法兰西第一帝国（1804—1814）、复辟王朝（1814—1830）、七月王朝（1830—1848）、法兰西第二共和国（1848—1851）、第二帝国（1852—1870）、巴黎公社（1871年3月18日—5月28日）和法兰西第三共和国初期（1871—1889）。

拿破仑建立的帝国大学在复辟时期更为稳固。1816年的立法规定小学接受市镇委员会的控制。1833年，把国家控制权延伸到给教师颁发证书和对学校进行检查。第二帝国时期，从中央到地方建立起一体化的教育管理体制，公立学校占支配地位，给学校颁发许可证并对其进行检查，培训教师并给其颁发证书，筹集公众资金和管理全国性考试。大学和专科学院有了很大发展。1882年的费里法案规定了小学教育的免费性、义务性和普遍性。

（一）19世纪法国教育概况

1. 拿破仑统治时期的教育

1799年，拿破仑发动政变建立政府。1804年，拿破仑建立法兰西第一帝国。他要求教育为军事和政治服务，为帝国培养干练的、忠于职守的官吏和忠君爱国的臣民。为了提高教育的行政管理效率，拿破仑建立起中央集权的教育领导体制。

（1）帝国大学与中央集权教育领导体制的建立

拿破仑于1806年和1808年制定法律建立帝国大学（Imperial University），它不是高等教育机构，而是全国最高的教育领导机构。其领导体制如下：① 大学最高官员称为"大学总监"，由拿破仑直接委派，负责设立审议会和总督学署。② 将全国划分为29个大学区，各个大学区设立学区总长、学区审议会和学区督学署职务。③ 大学区总长、帝国大学和学区的督学以及学区的大学和中学校长及教师均由帝国大学总监任免。④ 公立和私立学校开办或停办必须报请帝国大学总监批准。⑤ 各级各类学校的规章制度、课程设置和课时安排均由国家统一制定和监督实施。拿破仑统治时期建立的中央集权教育管理体制成为法国现代教育的显著特征。

（2）各级学制

根据帝国大学法令的规定，初等学校一律由教会开办，但必须接受国家监督；在各大学区建立数理、文学、医学、法律和神学学院，授予学士和博士学位；设立中央直属的国立中学（Lycec）和地方开办的市立中学（College）。国立中学是寄宿学校，经费由国库支出，培养目标是为升大学做准备和为拿破仑军队输送军官，重视自然科学知识的教学，古典语文仍占相当比重，强调政治和道德教育。市立中学的师资、设备条件和课程均低于国立中学水平，其培养目标主要是为各级政府部门输送文职官吏。这两种类型的公立中学后来成为法国中学的主要类型。

1795年，拿破仑恢复了巴黎师范学校，1808年3月，颁布敕令将其改组为培养国立中学教师的学校，招收300名男青年，实行寄宿制，学习文学、科学和教学艺术，注重严格的师范训练。这所学校一直延续到现在，为法国培养出了许多杰出人才。

拿破仑还亲自参与旧大学理科学院的改组工作。1794年9月，他将1793年创办的巴黎综合技术学校改名为巴黎理工学校。同年12月22日，通过法律明确规定学校的办学目的在于为炮兵、军工、公路、桥梁、民用建筑、矿业、船舶和测量等部门培养人才，也为其他需要数学和物理学知识的职业培养人才；学生集体住校，由一名将军担任学校领导，一律穿军装、佩剑，并定时参加军事演习；学校经费充足，设备优良，教师都是著名学者和科学家；强调学生应独立钻研，刻苦学习；重视实验和实习，考试严格。两百年来，巴黎理工学校为法国培养出大批杰出的科学家和著名的文学家、政治家、军事家、哲学家、历史学家、实业家和无数的高级工程师和教师，成为举世闻名的学校。

2. 波旁王朝复辟至巴黎公社前的教育

从1814年拿破仑帝国崩溃到1871年的半个多世纪里，法国进行了复辟和反复辟的斗争，政局极不稳定。在教育方面出现过短暂倒退，但仍然取得明显进步。

（1）《基佐教育法》

1831年，法国政府派索邦大学教授库森（Victor Cousin，1792—1867）考察普鲁士教育，并撰写报告介绍了普鲁士的教育概况。1833年，法国历史学家、教育部长基佐（Guizot，1782—1879）参照库森的教育报告制定和颁布了教育基本法，史称《基佐教育法》（*Kizo Education Act*）。该法案规定：① 每个乡镇设初等小学1所，每6 000人以上的城镇设高等小学1所；② 每省设立1所师范学校培养小学师资，教师国家考试合格并取得能力证书后，方能在学校任教，废除1830年以前教会颁发的教师资格证书和教士担任教师的特权；③ 国家保证教师获得最低限度的薪俸。

（2）《卡诺教育法》

1848年，法国爆发第三次资产阶级革命，在产业工人参加下推翻了二月王朝，建立了法兰西第二共和国（1848—1851）。卡诺（Hippolyte Carnot）任临时政府教育部部长，于1848年

6月向国会提出一份学校改革方案，7月审议通过，史称《卡诺教育法》(Kano Education Act)。主要内容有：① 实行普及义务初等教育，凡居民达300人以上的区、村至少须设小学1所；强迫男女儿童入学，免费供给学生书籍和膳食。② 提高小学教师待遇，增拨教育经费350万法郎，主要用于提高小学低年级教师薪俸。③ 学校脱离教会的影响，取消神学课程。④ 扩充小学课程，增设工农业知识、法国历史和地理、道德和公民知识。但该教育法实施半年后，于同年12月被新政府取消。

（3）《法卢法案》

1848年12月，路易·波拿巴（Louis Bonaparte，1808—1873）任第二共和国总统职位，任命耶稣会教徒法卢（Loi Falloux）为教育部部长。1850年，立法会议通过由法卢制定的教育法，史称《法卢法案》(Faro Act)。主要内容包括：① 实行全国单一的教育行政制度，加强政府对学校的监督。② 允许天主教会参与监督和指导教育，维护教会对私立学校的控制权。③ 关闭师范学校。④ 规定委任教育总长1人统辖全国教育，下设由28人组成的高等教育参事会为咨询机构，规定每省设一大学区，委任区大学校长1人为省教育行政首长。大学区设教育参事会，由教会、政府和教育团体选举代表组成。⑤ 为教会牧师开办中、小学提供方便等。《法卢法案》实施后几经修改，于1905年被废除。

3. 巴黎公社的教育改革

1871年3月18日，巴黎的无产阶级和广大人民群众通过武装起义推翻了以梯也尔（Adolphe Thiers，1797—1877）为首的法国资产阶级政府，成立了巴黎公社（Paris Commune）。公社刚一成立就在教育领域内进行了一系列改革，包括成立无产阶级教育领导机构——教育委员会，改革国民教育制度；学校与教会分离，实现教育世俗化；普及初等教育，积极兴办职业教育；重视女子教育和学龄前教育等。

4.《费里法案》

《费里法案》(Ferry Act)是法国政治家费里（Loi Ferry，1832—1893）提出的两项教育法案，《费里法案》为此后近百年间法国国民教育的发展打下了基础。

第一项《费里法案》于1881年6月通过，宣布实施普及、义务、免费和世俗的初等教育，规定母亲学校（幼儿园）和公立小学一律免收学费；公立学校不允许装饰宗教标志，不允许开设宗教课程。

第二项《费里法案》是于1882年3月通过的关于初等教育的义务性和世俗性的规定。具体内容包括：① 对6—13岁的所有儿童实施强迫的、义务的初等教育。② 小学的主要课程包括法语、历史、地理、生物、自然、算术、图画、音乐和体育等；废除宗教课，增设公民和道德课及手工课。③ 取消教会监督学校的权力，由职业教育家来领导学校理事会；宗教团体成员不得在公立学校任教。

（二）涂尔干的教育思想

爱弥尔·涂尔干（Émile Durkheim，1858—1917）是近代法国著名的社会学家、教育家和西方教育社会学的奠基者。其教育思想主要集中在《教育与社会学》（1922）、《道德教育》

（1925）和《法国教育的演进》（1938）^①等讲义中。《法国教育的演进》是史学界所公认的社会史开山之作，考察了从早期教会到19世纪长达十几个世纪教育制度和观念的历史演变，把教育观念的演进与思想体系史融合起来。

1. 论教育的功能和目的

涂尔干认为教育主要有两大功能：一是为工业经济输送技术工人，二是通过文化传递方式，成为社会整合的工具。社会大集体必须优先于个体而存在。逐渐加剧的劳动分工突出了个体，削弱了集体观念。如果没有国家来建设一种思想和情绪的共同体，社会将不成为社会。因此，教育的主要功能是促使个人社会化，通过集体文化的传递来促进社会的稳定。在儿童涉世之初，就应向其灌输集体生活的基本准则，培养儿童的共同文化，即集体意识，使其由"个体我"向"社会我"转变。既然教育是一种社会功能，国家就必须干预教育。

在涂尔干看来，无论什么时代，教育组织似乎比教会本身更为拒斥变迁，更为保守和传统，因为教育组织的功能在于将某种源远流长的文化传递给新的一代。与此同时，教育组织也会经受激烈的变迁和过度的革命。^②教育作为一项社会事务受社会及社会内其他子系统的制约，从而决定了教育学对社会学具有明显的依赖性：第一，社会学将教育与其赖以存在的社会条件联系起来，帮助人们更深刻地理解教育；第二，社会学能在社会共同意识受到干扰而难以确定教育目的时，帮助人们重新去认识和发现它。

2. 论道德教育

涂尔干指出，以职业伦理和公民道德为基础的实践理性体现了现代社会学论题的基本内涵。教师的职责是为学生提供对待生活的各种可能的终极态度，教师必须与学生一样坚守纪律精神和知性精神并付诸实践。教育学是科学，而教育是实践，两者相辅相成却截然有别。教育始终摆脱不了日常情景的权宜性和紧迫性。正是有了这些限制，课堂才能成为一个既不能被推演也不能被还原的社会，成为儿童未来社会生活的试验场。教育的根本目的不再是单纯向学生传授知识和技能，学校不再是一种自闭的堡垒或浪漫的园地，而是一种能够将个人生活和社会生活联结起来的具有真正社会意义的中介组织。

根据上述观点，涂尔干关于初等教育的议题围绕三个方面展开。第一是纪律精神。学校纪律是儿童能够感受到自身有限性的第一种限制，同时也能培养儿童处于具体社会生活条件中的规范感，纪律精神是对未来的职业伦理和公民道德的准备。第二是自制精神。其基础是儿童对群体生活的依恋。只有使儿童感受和意识到群体生活所提供的可能性和团结感，才能为未来生活构建一种公共精神。第三是知性精神。知性的运用是儿童获得自主和自决精神的过程，具有启蒙的意涵。这种启蒙绝没有要求教师为儿童灌输一种总体知识和普遍规范，而是使儿童在特定的界限内自由地运用理性，逐步形成一种内化的社会态度，这才是"社会化"观念的基本要义。

教育理论是涂尔干社会学理论的一个重要组成部分，他开创了教育社会学这个新的学科领

---

① 该书中译本为［法］爱弥尔·涂尔干著，李康译：《教育思想的演进》，上海人民出版社2003年版。
② 参见［法］爱弥尔·涂尔干著，李康译：《教育思想的演进》，上海人民出版社2003年版，第39—40页。

域。涂尔干明确反对理想主义和个体主义，强调教育的本质就是一个社会过程。他有意识地避免了卢梭等人的浪漫主义思想中的理想国。认为教育科学应认识到教育在不同社会中所发挥的作用，思考教育应如何反映当代社会的需要。其理论的不足之处在于没能对市民社会存在的矛盾作出理论解释，他涉及阶级对抗这一话题却又为它开脱。

第三节　近代德国教育

在西方近代教育史上，德国在教育思想和教育制度方面都做出过突出贡献。赫尔巴特的《普通教育学》（*The Science of Education*）被视为第一部具有科学体系的教育学著作，福禄培尔创办的幼儿园影响了世界学前教育的发展。近代西方的教育视导、公立教育、义务教育制度、实科教育、师范教育、双轨学制和双元制职业教育等大多起源于德国，并对其他国家产生了重要影响。

17—19世纪，德国经历了三十年战争（1618—1648）、狂飙突击运动、拿破仑入侵和资产阶级革命，其教育发展的总趋势是：国家政权对教育控制的加强，学制和课程的变革反映了教育与生活的联系更加密切；师范教育和学前教育兴起，在夸美纽斯和裴斯泰洛齐的影响下对教学方法进行了重要改革；大学的学术研究得到加强，学校网扩大，系统的教育理论产生。史学家认为，近代德国在经济和政治上落后于英、法两国，但在教育上不比它的邻国逊色，这是一种值得研究的历史现象。

一、17—18世纪的德国教育

德国宗教改革在教育方面的重要成果之一是德语学校的发展。先前被视为方言的德语不仅逐渐成为宗教教育用语，也成为德国新教初等学校发展的基础。德国也是近代西方最早颁布法令实施强迫初等义务的国家。17—18世纪，世俗政权和教会为争夺对学校的控制权进行了长期的斗争。到18世纪末，初等学校的管理权逐渐由教会转移到政府手中，强迫儿童入学变成了公民义务。

（一）17—18世纪的各级各类学校

1. 初等学校

这一时期德国初等学校发展的主要特征是德语学校的发展、强迫义务教育原则的提出和教学内容及教学方法的改进。

德国新教地区的初等学校起源于宗教改革运动。马丁·路德把拉丁文的《圣经》翻译成德文并撰写了《教义问答》，使德语逐渐成为宗教教育用语。最早把德语列为专门一章的是1559年符腾堡的侯爵克利斯朵夫（Christopher）所颁布的学校规章。直到17世纪教育改革运动中，政府才承认了这些德语学校或国语学校。

强迫义务教育原则首见于萨克森1557年和1580年的法令以及威丁堡1559年的法令。1619

年，威玛公国颁布的学校规章要求境内的教士和校长列出6—12岁男女儿童的名单，以便劝告家长履行送子女入学的职责。1642年，哥达的埃纳斯特（Emest）公爵颁布的《学校规程》更把儿童入学年龄提早至5岁，明确规定了儿童缺课时对其家长的罚款办法，被认为是第一份不折不扣得到落实的规程。18世纪，普鲁士各地区纷纷仿照埃纳斯特公爵颁布了类似的学校规章。1763年，腓特烈二世（Friedrich Ⅱ，1740—1786在位）颁布的《普通学校规章》详细规定了学校各项经费的来源及其使用。

初等学校的教学内容和16世纪一样，包括读、写、宗教教育和唱歌，算术、自然和历史等知识是逐渐增加的。17—18世纪德国所有的学校规章都建议实行直观教学原则和班级授课制度，反映了拉特克（Woifgang Ratke，1571—1635）教学法原则的影响。三十年战争后，学校人满为患，教师普遍没有受过师范训练。1738年以前，普鲁士把乡村教师享有包揽本村缝制衣服的专利权作为改善教师经济状况的办法。1779年，腓特烈二世下令要求把国民学校教师的大部分位置留给那些能领取养老金的退伍的残废军人。

17世纪和18世纪初，虔信派（pietism）的教学内容和方法在当时是进步的，在开办德国初等学校方面发挥过重要作用。虔信派是17世纪后半期在德国西部发起的一种反对正统新教的派别，把手工科列入学校课程，在教学方法方面受到拉特克和夸美纽斯的影响，强调明白性、直观性和自动性原则。虔信派在国民教育方面的重要代表人物是弗兰克（August Hermann Francke，1663—1727）。他在哈勒（Halle）开办了一所贫民免费学校和一所孤儿院及流浪儿童教养院、几所德语初等学校、一所拉丁学校和一所师范学校。到18世纪中叶，虔信派在普鲁士开办的初等学校达到2 000所。

2. 中等学校

17—18世纪德国中等学校的主要类型是文科中学，主要训练德意志各公国的官吏并为预备担任法官和医生的人升入大学做准备。文科中学的教学内容主要是拉丁文和希腊文。17世纪后半期的哈勒学园成为教育革新的旗帜，课程除了古典语义以外，还增加了德文、法文、数学和科学课程。

（1）文科中学

17—18世纪，德国中等学校的主要类型是文科中学（gymnasium）。以往中学主要训练牧师，后来还训练德意志各公国的官吏，并训练预备担任学术职业，如法官和医生的人升入大学。德国中学的教学内容大部分是拉丁文和希腊文。17世纪后半期，中等教育也进行过一些改革。弗兰克采取拉特克的新教学法，使1702年建成的哈勒学园成为中等教育革新的旗帜。学园招收高年级学生，实行寄宿制；除了古典语以外，增加了德文和法文课，设有数学、自然科学、历史和地理等学科；按照学生的各科学习进度分班。哈勒学园的主旨是把旧的古典学科同现代语和现代科学综合在一起，它成为18世纪前半期德国文科中学的典范。

（2）实科学校

作为新型中等学校的实科中学和实科高等小学也起源于哈勒学园。1708年，哈勒学园的席姆勒（Zemmler）试图为成年人学习数学、机械学、自然知识和手工工艺设立学校或学习班，讲授物理学、力学、天文学、地理、法律学、绘画和制图。在教学法上广泛应用图表、标本和模型等直观教学方法。后来，一位肄业于哈勒学园的学生赫克（J. J. Hecker，1701—1768）在考赫斯特拉斯（Kochstrasse）建立了第一所这样的学校，名为"经济数学实科学校"。据1747年该校规划书上提供的资料，学校开设德文、法文和拉丁文等学科，后增设历史、地理、几何、机械、建筑和绘图等学科。这所学校办得很成功，并存在了很长时间。它还附设各种工艺学习班，并具有师资培训学院的性质。德国许多城镇也设立了类似的学校，1756年在威丁堡，1764年在赫尔伯斯特，1765年在布律斯劳等。这类学校的宗旨是为学生提供现代生活实际需要的知识和技能。

3. 骑士学院

骑士学院是16世纪末到18世纪德国的一种特殊学校，主要训练包括王子在内的贵族青年担任宫廷文武官职，陆续出现于杜平根（1589）、卡息尔（1599）、哈勒（1680）、埃尔兰根（1699）、勃兰登堡（1704）和柏林（1706）等地，直到19世纪才消失。

骑士学院有其特定的历史背景。16世纪，贵族子弟和市民子弟平等出入于高等学校。但到16世纪末，都市和市民阶级在长期战争中濒于崩溃，在宫廷和军队中居于高位的君主和贵族却声威大震。贵族子弟纷纷从文法学校退出，或在家里聘请导师教授，或进入专为他们开办的"等级隔离"学校。这种专为朝臣、王子和各级贵族所设的学校之多乃是德国的特殊情况。到19世纪，贵族政治特权不复存在，中产阶级恢复了以前的地位，贵族子弟重新回到中等阶级子弟也可以进入的高等学校，文科中学和大学的学历成为担任高级官吏，至少是文职高级官吏的必要条件。

骑士学院为新贵族提供文雅的现代教育，现代语言和自然科学在课程中占首要地位。在宫廷和公共场所，绅士必须精通法语。数学和自然科学的重要性提高了，不仅奠定了新哲学和新世界观的基础，对于军事工艺和手工艺（如筑城学、建筑学和机械学）也有应用价值。其他学科的作用则在于扩大知识面、精通世故、提高军事能力和宫廷交际水平。学校所在的城市如果有宫廷官员的府邸，还要向其学习风度和仪表，也是结识权贵的好机会。

由上可见，德国的骑士学院已不同于中世纪的骑士教育，具有近代教育性质和功利主义目的。骑士学院为德国中等学校课程的发展做出了新贡献，19世纪中等学校所设置的一些学科，如体育运动、现代语文和自然科学等，均由其率先创设。

4. 高等教育

17—18世纪，在德国原有的各大学中，教会影响日渐削弱，国家影响逐步加强。教授过去由大学选举产生，这时则改由政府委任。学习期限过去是5—7年，现在缩短为3—4年。随着工场手工业、自然科学和数学的发展以及哲学新思潮（培根、笛卡儿和莱布尼兹等）的出现，导致了一场新的大学运动。到18世纪末，大学恢复了学术和科学地位。新的大学运动起源于1694年创立的哈勒大学（Halle University），并以其为中心，其次是1737年创立的哥廷根大学（Georg-August-University of Göttingen）和1743年创立的埃尔兰根大学（Erlangen University）。

哈勒大学是普鲁士振兴的基石，在德国及欧洲都享有盛誉。以往新教设立的大学和天主教大学一样都以教会肯定的教条为教育原则，而哈勒大学从创立之日起就奉行两条新的原则：① 采纳近代哲学和近代科学。② 以思想自由和教学自由为基本原则，从而使大学的性质从根本上得到改观。

哥廷根大学脱胎于哈勒大学，大力鼓励和支持真正的科学研究。该大学有藏书丰富的图书馆，还有专门从事自然科学和医学研究的研究所，享有盛名的学科是法学、政治学和历史学。在哈勒大学不受重视的古典文学研究在哥廷根大学却获得新的生机。格斯纳（J. M. Gesner）等人采用新人文主义研究方法，从美学、文学和历史的角度分析批判古典文学和古典作家，抛弃了旧人文主义者强令学生模仿西塞罗文体而练习拉丁文写作的做法。

到18世纪末，包括新教大学和天主教大学在内的德国所有大学都按照哈勒和哥廷根两所大学的模式进行了改革，近代哲学和近代科学的精神影响到所有学院的教学领域；研究自由和教学自由被政府认可为大学的基本法权；以往根据标准教材照本宣科的方法已被学术报告所代替，传统的辩论方法则由各种课堂讨论代替；除了哲学和天主教大学的神学院仍用拉丁语外，在大学中一般用德语作报告；各地古典文的学习已不再以文学创作为目标，而是以新人文主义思想去研究古典文学，促进了人类文化的发展。改革后的德国大学充满活力，在德国的学术研究和民族兴亡中发挥了重要的作用，成为当时世界各国大学效法的典范。

（二）泛爱派和康德

18世纪下半期，当英国的工业革命、法国和美国的政治革命震撼旧世界的时候，德国仍然是政治上四分五裂、经济上落后的国家。但法国启蒙思想给德国人以强大的冲击，哲学革命成了政治革命的先导，教育改革要求也被提了出来，德国教育家的思想受到卢梭的强烈影响。

1. 泛爱派

泛爱派（Philanthropists）的领袖人物是巴西多（J. B. Basedow，1724—1790），其教育观是在卢梭、夸美纽斯和拉·夏洛泰的影响下形成的。1774年，他按自己的教育理想在德绍（Dessau）创办了一所学校，即泛爱学校（Philanthropinum）[①]，开设了广泛的课程，扩大了实用知识的范围，重视体育和劳动教育，所有学生都要学习木工、镟工、制图和农事劳动；学校生活顺应儿童的天性，把儿童看作儿童，鼓励儿童的主动积极性，以奖善代替体罚；语言学习采用谈话、图片、游戏、演剧和诵读等方式进行；改进各科教学方法，算术注重心算，地理教学采用由近及远的方法；本族语的学习在学校中居于重要地位。

泛爱学校分三种班级：① 学术班是为贵族子弟开设的，旨在培养未来的官吏。贵族子弟自费入学。② 师范班是为有才能的穷人子弟设立的，旨在培养未来的教师。③ 侍从班是为才能较低的穷人子弟开设的，旨在为贵族和富人培养服务人员。这种班级划分体现了泛爱学校的等级性。泛爱学校开始只有学生14人，后来发展到53人。学校的新气象受到社会的赞赏，远近来校参观者甚多，康德也曾对泛爱学校给予很高的评价。1793年，泛爱学校停办，其教师散布到欧洲各地，使泛爱学校的影响扩及法国、瑞士各国。但巴西多将学习变为游戏的观点受到了黑格尔的批评。

---

① Paul Monroe. *A Text-book in the History of Education*. New York: The Macmillan Company, 1905: 580.

2. 康德的教育思想

康德（Immanuel Kant，1724—1804）是德国古典唯心主义哲学的奠基人。他的教育观是在巴西多的泛爱学校、虔信派的伦理观和卢梭的《爱弥儿》（*Emile Dr On Education*）的影响下形成的，但对巴西多和卢梭的思想做了许多修正。康德曾在哥尼斯堡大学做过教育学讲演，其讲演稿经他的学生林克（Theodo Rink）整理，于1803年出版，书名为《论教育》（*On Education*）。

（1）教育观

首先，康德论述了教育与天性的关系。人有各种自然禀赋，要使其从潜在变成现实就要靠教育。"根据康德的见解，教育的目的是引导人类达到完善的地步，帮助每一个人发展自己的人的本性。在这个公式里，包含了新的、在夸美纽斯和卢梭的教育学中都没有的自然适应性原则的因素，即：① 在理解自然适应性的教育方面加进道德的原则（改善了的思想）；② 关于教育不只遵循着自然，而且改造、改善人的本性的新思想。加进去的这些因素就发展了教育的自然适应性原则。"[1]其次，教育的理想是教育儿童使其适合于人类理想与人生全部目的的境界。再次，康德力主公共教育，认为在学校中与人接触有利于培养未来公民。办学校要依靠有远见卓识的专家，新教育理想应经过实验的检验。最后，"由于自然禀赋的发展在人这里不是自行发生的，所以教育完全是一种艺术"[2]，只有使教育方法成为科学才能达到发展人类本性的目的。

（2）教育的组成部分

康德将全部教育分为体育（婴儿的饮食和抚育）、管束、训导和陶冶道德四个部分。管束是为了使儿童的动物本性变化为人类本性，防止人类为动物的冲动所支配而不能达到做人的目的。只有习惯于管束的人才能成为守法的公民。管束必须及早开始，同时要使抑制的服从与儿童的自由意志协调起来。幼年初期必须学习服从的美德，以后则使其得到相当的自由以进行思考和反省。

训导包括身体的训导和心理的训导。身体的训导是指各种身体的能力，包括感觉能力的发展。心理的训导指各种智能，如注意力、记忆力、想象力和判断力的发展。有时，康德又将管束与训导合称为"教化"。心理与身体的训育都是发展人的能力，可以归入广义的体育。全部教育可以划分为两大部分：广义的体育（包括保育、管束、身体的和心理的训导）和实际的教育，后者指道德陶冶，是教育的最高目的。

康德之所以将道德陶冶叫作"实际的教育"，是因为它是要实行的。广义的体育在于给自由以规律，实际的教育是陶冶本性，培养德行。康德认为人性是善的，教育的任务是要将潜藏于其中的善性发展起来，使儿童知道善恶之分，自觉以道德法律作为行为的准则，以养成品格。道德与管束不同，更与责罚不相容。修身问答是学校培养道德的有益方式，但绝不能把道德陶冶的任务交给教会。康德主张宗教教育必须与道德教育相结合。唱诗、祈祷、做礼拜本身并不

① ［苏］耶·恩·米定斯基著，何国华、吴文侃译：《教育史中教育的自然适应性原则》，《教育译报》1957年第4期，第18页。

② ［德］伊曼努尔·康德著，赵鹏、何兆武译：《论教育学》，上海人民出版社2005年版，第9页。

是善行，只是激发人的道德感和义务心，促使人们向善。康德的观点反映了其受启蒙思想的影响。

康德和卢梭一样认为在道德的善恶上知识是无能为力的，道德的关键在于"善良的意志"，在于"良心"。"善良的意志"以理性为指导；人有自己的独立意志，在道德面前人是自由的，人的行为是由其自己选择的，但应是以理性作统帅的强制性的选择。依据理性所做出的选择就是实现人的自由。人正是通过自身的道德实践而意识到自由，意识到自己应以崇高的理想作为行为的指南，意识到真正的自我。

康德的教育学说对于裴斯泰洛齐和赫尔巴特等人产生了很大的影响。裴斯泰洛齐主要在认识论和官能训练上接受了康德的影响。赫尔巴特的教育目的、道德教育以及有关心理学的统觉论等则直接源于康德。

二、19世纪德国教育的发展

19世纪20年代，德国开始向工业化社会过渡，从英国引进先进的生产技术以改造手工业工场。1818年，废除了各邦之间的60个关税区，实行统一税制，德国经济状况有所好转。在此期间发生了法国和普鲁士战争，1807年普鲁士战败，蒙受了割地赔款的耻辱。腓特烈·威廉三世（Frederick William Ⅲ，1770—1840）及忠于他的臣民首先想到以教育激发民众的爱国热情，民族主义成为这一时期德国教育发展的动力。

19世纪德国开展的教育运动在欧洲各国处于领先地位，德国大学成为世界公认的科学研究中心。19世纪德国教育的历史发展分为三个时期：第一，从大学到小学，各种教育制度的改组和完善的时期。第二，19世纪40年代初至60年代末是教育发展的停滞时期，这是当时革命与反革命政治风暴的反映。第三，从德国政治出现欣欣向荣的气象开始，教育又跨入生气勃勃突飞猛进的时期。[①]

在思想战线方面，这一时期的德国也表现得极为活跃。18世纪最后的年代，在法国革命的影响下，在德国的文化生活中掀起了"新人文主义运动"，在文学、历史和哲学等领域都有明显反映，推动了德国古典哲学和古典文学的发展，出现了许多杰出的学者。

（一）国家教育体制的建立

德国政府与教会一直在争夺教育的领导权。1794年，霍亨索伦王朝的普鲁士国王腓特烈·威廉二世（Frederich William Ⅱ，1786—1797在位）制定的《普鲁士基本民法》规定，普通学校与大学均为国立机关，负有教导少年以有用的科学知识的责任，只能由国家视其必要及许可而设立。凡公立学校与教育机关都应受国家的监督，任何时候均应接受国家的监督与视察。该法还明确规定对教师的委任权属于国家，所有中学教师均为国家官吏。儿童不能因其宗教信仰之不同而被拒于校外，也不可强迫他们留校接受与其信仰不同的宗教教育。上述条款实际上成为普鲁士的教育宪法。

---

① ［德］弗·鲍尔生著，滕大春、滕大生译：《德国教育史》，人民教育出版社1986年版，第121页。

18世纪末，德国从中央到地方建立起一套教育行政管理机构。1787年，腓特烈·威廉二世命令设立最高学务委员会作为中央教育机关，管理全国的教育事业。但因最高学务委员会成员是从牧师中产生的，工作人员多数为神职人员，不免经常受到教会的干涉。1810年，腓特烈·威廉二世下令取消最高学务委员会，在内政部设专管教育和宗教事务的司。1817年，将该司改为一个部，专管教育和宗教事务。部长属内阁成员，由国王直接任命，其下分为三个司：第一司管理大、中学校及专门的艺术教育；第二司管理小学、师范及残疾人的教育；第三司管理宗教事务。中央以下的省、县均设立教育局。省教育局在省长领导之下负责办理市民学校和初等学校教师的考试、任用、待遇、抚恤、升降和奖惩等事务。设立县教育局，隶属于县长之下，局的负责人称为"查学员"，每年都必须去所辖学校进行巡视并向上级作报告。在县查学员之下又有若干地方查学员。同时每所独立的学校都设董事会，负责管理学校的各项事务。通过这种方式，自上而下形成了相当健全的教育管理系统，有利于教育事业的发展。

国家管理机构对整个小学教育网络的监督始于1808年洪堡（Freiherr von Karl Wilhelm Humboldt，1767—1835）担任公共教学部部长之时，著名的初等学校体系也创立于这个时期。普鲁士各省都设立了专门的中等教育署，每一个区有专门机构来监督小学和初中的教育。1810年的立法规定教育世俗化，义务教育期限是3年。1812年的法规对预备中学进行了改革，使其成为9年制公立中学，并允许其颁发能力证书作为进入高校的条件。1826年的法规进一步规定义务教育年限为7—14岁，每个教区设立一所小学，对全部教师进行培训。到1837年为止，已有详细的国家级法规对预备中学作出规定，内容涉及学生的入学、课程、修学年限、教师分配和工作时间等，并规定了宗教和体育教育的性质。

在阿尔滕斯泰因（Karl vom Stein zum Altenstein，1770—1840）担任教育部长期间（1817—1838），普鲁士小学教育得到了发展并逐渐规范化。到19世纪30年代为止，普鲁士形成了完整的公立中小学教育体系，为14岁以下的所有儿童提供免费的义务教育，14岁之后则提供精英式教育。学校是公立的，完全接受国家教育局的管理，主要经费来源于税收。公立小学的数目早已大大超过了私立学校，1861年两者的比例是34：1。国家不仅给学校颁发许可证和对其进行检查，还给教师颁发证书并进行培训，详细规定课程，对全国性的考试进行管理，各级学校教育制度的雏形已经形成。在建立一体化的公立学校教育体系方面，普鲁士比其他国家都要领先数十年，这也意味着普鲁士对教学内容施加了最为严格的控制。

（二）各级各类学校教育的发展

德国教育管理机构建立之后，起重要推动作用的是洪堡，他于1809年出任德国教育部长，根据人文主义精神对教育进行一系列改革，对德国教育发展产生了积极影响。

1. 初等教育

进入19世纪以后，德国初等教育的发展大大加快。巴伐利亚（1802）和萨克森（1805）先后公布的初等义务教育法是德国最早的普及义务教育法，也是世界上最早实行义务教育的地区。促使德国初等教育迅速发展的原因有二：一是经济方面的。德国自从引进机器发展资本主义生产以来，需要有文化知识的人才。二是政治方面的。1806年普法战争中德国战败，人们希望通过学校进行爱国主义教育。

由于政府对初等教育的重视和提倡，到19世纪中叶，德国初等教育的发展已取得相当可观的成就。1846年，普及义务教育的学校已有24 044所，学生243.4万人。这一时期的德国学校重视德语、德国历史和地理课程，并通过这些课程进行爱国教育。

为了使小学教育得到改进，德国政府重视初等学校教师的培训工作，对此采取了两条措施：其一，派遣留学生赴瑞士向裴斯泰洛齐学习；其二，发展师范教育。德国最高学务委员会成立之后决定派遣17名教师赴瑞士学习裴斯泰洛齐的教育思想和教育方法。这些教师从瑞士学习回国之后，政府或让他们担任教育行政官员，或主持教师训练学校。哥尼斯堡教师学校校长卡尔·泽勒（Karl. A. Zeller，1774—1840）就是其中的一员，他培养了数以百计的小学教师，在推广裴斯泰洛齐的教育思想方面做了许多工作。

2. 中等教育

（1）洪堡的中等教育改革

洪堡改革中等教育的第一项措施是提高师资质量。1810年，洪堡颁布考核中等学校教师的规程，规定高级文科学校的教师必须通过由大学规定的中学古文科目的考试，只有及格者才能获得教师的资格和称号。1826年，进一步规定教师在未被正式任用之前应有一年的实习期。1831年规定，凡有志于当教师者，无论是否大学毕业，都应接受哲学、教育学、神学和古文科目的考试。同时必须在下列三组科目中有一组见长：① 希腊文、拉丁文及德文；② 数学及自然科学；③ 历史、地理，而其他两组也应有相当的修养。洪堡的这项改革有利于提高教育质量，并最终使学校教育与教会分离。

洪堡改革中等教育的第二个措施是整顿各种不同名称的古典中学。此前的德国古典中学名称繁多，有文科中学、高级女子中学、学院、拉丁学校和阿卡德米学校。1812年，洪堡颁布中等学校毕业考试规程，统一各种不同名称的古典中学。规定九年制的学校称为"文科中学"，六年制的学校称为"前期文科中学"，专为中等阶级设立的市民学校称为"中学"。18世纪中期开始出现的实科中学发展缓慢，这个时期的中等学校以文科为主，规定只有文科中学毕业生才能升入大学或充任国家官吏。

洪堡改革中等教育的第三项措施是整顿学校课程。1816年公布了中等学校的教学计划，将学科分为三类：第一类为语言学科，包括拉丁语、希腊语、希伯来语和德语，法语及其他外语为选修科；第二类是科学学科，包括数学、自然科学、历史和地理；第三类是体操和音乐，由学生自由选修。同时还规定语文和数学为基础学科。

（2）德国双轨学制的形成

经过改革之后的德国学校出现双轨制（Dual School System）。一方面，德国的初等教育和中学的课程不相衔接，课程各自独立、自成体系。另一方面，在学制方面，初等学校修业时间是6—14岁，而中学的修业时间则是9—18岁。根据规定，初等学校学生经过最初3年的学习之后不允许转入中学，而大学是专为文科（实科）中学学生提供的，是文科（实科）中学的继续教育。修满规定年限的初等学校毕业生，根据规定只能升入工业或商业学校或夜间的、星期日的学校。这样就形成了一个鲜明的双轨系统，即平民子弟只能进免费的初等学校，工商业中等专业学校则是他们最后的，也是最高的学习阶段。贵族及有产者的子弟则从文科（实科）中学的轨道进入高等学校。双轨制造成了教育上的不平等现象，剥夺了普通民众接受高等教育的权利。

3. 技术教育

1812年，德国开始重视技术教育。1820年，技术教育和工业学校改由商工局领导。当时的局长博依德（Boyd）于1817年向普鲁士政府提出了7项发展技术教育的建议，建议在普鲁士的25个行政区各建一所地方工业学校，在这些学校之上设立一所中央工业学校。同年还在各地区的城市里设立了一年制的手工业学校。1821年，以这些学校为基础形成了地方工业学校网，学制改为2年，毕业生可以升入中央工业学校。各校开设课程不一，一般包括德语、物理、化学、数学、应用数学、模型制作、自由画和工具画等。至1825年，普鲁士境内已有地方工业学校20所。

4. 师范教育

为了提高初等教育的质量，德国政府重视发展师范教育。1831年，普鲁士各州已普遍建立了师范学校，至1840年，达到38所。德国对师资的训练极为严格，首先要经过严格考试，一般分为口试和笔试。师范学校招收小学毕业生，修业3年，开设的课程如下：第一学年为宗教史导言、德语、读法、书法、算术、几何、数学、图画、唱歌和声学、风琴和钢琴；第二学年为耶稣信仰与道德的研究、德语、自然、数理、地理、自然哲学和博物等；第三学年为动物、植物、矿物、物理、历史、心理学、作文、习字、图画、音乐、教学法和实习。如此较为全面的德国师范学校课程有助于提高师资水准。

5. 高等教育

19世纪初，德国在普法战争中丧失了大片国土，其中著名大学，如哈利大学和哥廷根大学也随之丢失。洪堡在哲学家费希特（Johann Gottieb Fichte，1762—1814）的建议下，于1810年建立柏林大学（University of Berlin），在新人文主义的影响下，改变了原来大学为政府训练高级官吏的传统任务。洪堡规定柏林大学的任务是在向学生传授科学知识的同时，还要发展科学研究。在费希特的建议下，洪堡精心选择拟聘请的大学教授，不仅要有教学技能，还要在学术方面确有造诣。许多著名学者，如黑格尔等群集柏林大学，大学学风发生了很大变化。大学生们在教授的指导下进行科研活动，德国在哲学、史学、神学、生物学、物理学、化学、法学和医学等方面都取得了重大进展。

德国其他大学也以柏林大学为榜样。至1850年，几乎德国所有大学都提出"到实验室去、到图书馆去、研究科学和发现真理"等口号。柏林大学的学风深刻影响了美国和其他国家。美国约翰·霍普金斯大学（Johns Hopkins University）就是参考柏林大学的模式设立的。在高等教育方面，除了原有大学外，这时还出现了一种新型的高等工业学校，注重工艺科技教育，适应了19世纪初德国工业技术的发展。到19世纪下半叶，此类学校已有10多所，学生20 000多人。继高等工业学校之后，陆续出现了采矿、农林兽医、军事和军工等方面的专业学院。

（三）19世纪的教育思想

1. 费希特论国民教育

1806年，在耶拿战役中德国被拿破仑彻底打败，包括柏林在内的大片德国领土被拿破仑的军队占领，国家处于危急存亡之秋。振奋民族精神，奋发图强，把德国重建为一个独立的国家，是摆在德国人面前的一个严肃而紧迫的任务。费希特担任新建的柏林大学的校长。1807—1808年冬天，当法国军队还占领着柏林的时候，他便多次发表告德国民众的讲演，激励人民自强图存，而救国之道首先就是改革并振兴教育。

费希特提出要给所有儿童受教育机会，而不分其家庭的社会地位和男女性别；以道德更新作为重建德国的重要手段，培养年轻一代坚定的性格，明辨是非，热爱正义；在智育方面应注重发展学生独立思考的能力，发展其能动性，批评死记硬背和机械灌输的旧方法；把儿童组织成团体，自幼习惯团体生活，学会为共同的利益而工作，长大成人后成为对社会有益的公民；高度评价裴斯泰洛齐的教育经验。

2. 第斯多惠的教育思想

第斯多惠（F. A. W. Diesterweg, 1790—1866）是19世纪德国著名的资产阶级民主主义教育家，反抗德国的封建教育和教会对教育权的控制，力图发展德国的民主教育体系，尤其在发展德国的国民学校和改革师范教育上贡献了自己全部的精力。

第斯多惠大学毕业后开始从事教育工作并受到裴斯泰洛齐思想的影响。1820—1832年，他担任梅尔斯师范学校校长，1832—1847年，调任为柏林师范学校校长，在这两所师范学校工作期间，他进行了一系列的教学改革实验：把教育学列为师范学校最重要的必修课，把心理学和人类学规定为教育学的基础；重视师范生的教学实习，专门在师范学校中设立了一所附属小学作为实习基地，力图培养有崇高社会责任感、好研究和具有独立精神的教师。在从事师范教育实践的同时，第斯多惠进行了大量的著述与宣传工作。他一生在《莱茵教育》杂志上发表文章400多篇，批评德国政府与教会对学校的束缚和不关心培养教师。

1835年，第斯多惠主编出版其重要的代表作《德国教师教育指南》（*A Guide to Teacher Education in Germany*），详尽地阐述了有关教学与教师培养等问题，并介绍了一些为教师提供各种文化与专业知识的教育名著。该书对德国教师的思想与专业指导产生过巨大作用，在欧洲教育理论，尤其是教学理论的发展上占有重要地位。

（1）"全人"教育理想

针对德国教育狭隘的民族利己主义和大国沙文主义倾向，第斯多惠提出了"全人教育"理想。其一，"全人"是能自由思考，以追求真、善、美为崇高使命，充满人道和博爱，为人类而忘我牺牲的人。其二，爱人类精神与爱祖国精神的培养应当结合起来。"你要说，要想，人是我的名字，德国人是我的绰号。"[①]其三，正确的教育应该加强人的所有器官，锻炼人的感觉灵敏性，发展人的思维能力，培养人的语言能力，激励人们敦品励行，养成尊重真理的习惯，

---

① ［苏］米定斯基著，叶文雄译：《世界教育史》，生活·读书·新知三联书店1950年版，第333页。

遏止利己倾向。

在第斯多惠关于教育目的的思想中，自动性的培养占有最重要的地位。在他看来，只有充分发展学生的自动性，才能培养出能自由思考的、各方面素质和谐发展的人。第斯多惠教育目的思想是对普鲁士政府和教会所确定的教育方针的反叛，启发当时的德国教师从追求人的发展和崇高方面理解教育目的。

（2）论教育的自然适应性和文化适应性原则

第斯多惠论述了两个基本的教育原则：自然适应性原则和文化适应性原则。

第斯多惠继承了卢梭与裴斯泰洛齐关于儿童的自然本性和天赋力量的观点，把自然适应性确定为教育的最高原则。他说："自然适应性原则在教育学的天地中是永恒的，它是辉煌的、永不熄灭的、永不改变自己状态的指路明灯，它是极、是轴心，一切其他的教育和教学法的规则都围绕着它旋转，而且都趋向它。"[1]他把人的自然本性理解为与生俱来的智慧与能力，它潜藏在人的本性之中，教育必须适应儿童自然本性的发展规律。他强调认识和研究儿童自然本性的发展过程，把儿童的智力发展过程分为感觉阶段、记忆阶段和理性阶段并进行了系统论述。第斯多惠提出的教育的自然适应性原则顺应了由裴斯泰洛齐和赫尔巴特等倡导的教育心理学化的趋势。

与自然适应性原则相对应，第斯多惠提出了文化适应性原则。在他看来，人的自然本性的发展必然受到时间、空间、社会风俗习惯、时代精神、历史的和现代的文化等方面的影响，教育必须适应社会文化的状况与要求。首先，教育必须注意到民族性。他要求教师们通过教授本国历史、地理和民族文学，使儿童彻底了解祖国文化，培养儿童的爱国主义情感。其次，教育必须适应变化着的现代社会生活的要求。他提出教学内容要符合现代科学发展水平，要让儿童认识现代科学发展状况，通过教学把儿童提升到现代文化成就的高度。最后，要注意时代精神，培养儿童具备一切符合时代要求的优良社会品质。在教育的文化适应性原则中，第斯多惠第一次明确地提出了教育必须受到诸种客观的社会条件的制约，这是对西方近代教育理论的一个贡献。他提出教学内容要"适应现代科学水平"和"适应文化"的口号试图引起教育者对正在发展的工业文明的关注。

（3）教学论思想

第斯多惠把国民学校看作实现其教育理想的重要基地。他从裴斯泰洛齐的教学思想、德国古典哲学的辩证法思想和自然科学的发展理论中汲取营养，总结丰富的教学实践经验，形成了较完整的教学论体系。他的教学论思想主要反映在《德国教师教育指南》一书中。

首先，第斯多惠辩证地论述了教学的实质目的与形式目的的关系。他认为教学可以具有两种倾向，或者是想使学生知道一定的教材，给他以知识和技巧，使其成为不可剥夺的财产；或者是希望通过教学发展他的能力。在第一种情况下，追求的是实质目的；在第二种情况下，追求的是形式目的。在教学过程中两种目的是相互依存的。在采用正确方法的前提下，学生在学习教材、掌握知识的同时，他的能力也必然得到发展，实质目的和形式目的的关系是辩证统

---

① ［苏］耶·恩·米定斯基著，何国华、吴文侃译：《教育史中教育的自然适应性原则》，《教育译报》1957年第4期。

一的，形式目的不能离开知识教学而独立存在；学生的能力发展也有助于其主动地学习教材、掌握知识。

其次，第斯多惠强烈反对用当时盛行的"学术式的方法"，即讲述法进行教学，主张用启发式的对话法进行教学，通过提出一些能影响学生认识能力的问题来引起他的主动性，并不断地激发他，引导他获得新的知识和产生新的思想。启发式对话法能发展学生的分析、归纳、推理、判断等各种能力，养成其积极思考的习惯。它不是把知识直接传授给学生，而是引导他去发现它们并且独立地掌握它们。

再次，第斯多惠认为良好的教学方法还应该符合学生的年龄特征和学科的性质。他认为，对话式、问题式教学是初等学校最基本的教学方法，讲述法则适合于中等和高等学校，不同学科应采用不同的教学方法，如地理、历史等科目应该采用讲述法，数学和自然科学应采用对话法。但启发式的对话法则适合于各级学校，在学校中应笼罩着问题和回答、探索和发现。

最后，第斯多惠论述了教学的一般原则，如循序渐进原则、巩固性原则、直观性原则，以及考虑学生的个性差异、教学应力求引人入胜、要精力充沛地进行教学和教育性教学等要求。他接受了裴斯泰洛齐关于教学必须具有人格形成和道德思想培养作用的思想，认为教育适应文化的根本问题在于贯彻道德教育的要求。他批评了当时德国的教学实际，即在世俗性教学内容方面偏重知识传授，仅在宗教教育中才灌输道德说教的做法，认为这种教学是保守主义的、宗教忏悔主义的，正确的教学应该是在教给儿童知识的过程中，同时给儿童以先进的文化思想认识，使掌握知识与陶冶品行统一起来。

第斯多惠在德国乃至欧洲近代教育发展史上最重要的贡献就是他的教学理论。第斯多惠对教育史上历来有争议的若干问题，如实质教学与形式教学或传授知识与发展能力的关系、教学与发展的关系、教师和学生在教学中的地位等进行了深入考察，提出了很多具有启迪意义的见解。他的教学理论的最大特点是实践性和系统性，重视将教学理论与实际教学经验结合起来进行探讨。他集前人研究之大成，同时审慎地研究了近代德国教育学与心理学的研究成果，将教学原理系统化和规则化，提高了教学原理与原则的研究水平。第斯多惠因其卓越的贡献而被誉为"德国教师的教师"。

关键概念

主日学校	"4R"教育	公学	弥尔顿
《福斯特教育法》	贝尔—兰喀斯特制度	新大学运动	欧文
斯宾塞	赫胥黎	教育万能论	《国民教育论》
《塔列兰方案》	《帝国大学令》	《基佐教育法》	《费里法案》
涂尔干	实科学校	泛爱学校	康德
洪堡改革	第斯多惠	《德国教师教育指南》	

思考题

1. 述评近代各国教育制度发展的一般特征及其成因。

2. 简述"4R"教育。

3. 简述英国公学。

4. 简述弥尔顿《论教育》中课程计划的特点及其意义。

5. 简述亚当·斯密《国富论》中的普及义务教育思想。

6. 对贝尔—兰喀斯特制度进行述评。

7. 简述英国1868年《汤顿报告》的内容和意义。

8. 简述19世纪英国的"新大学运动"。

9. 对欧文性格形成学说进行述评。

10. 对斯宾塞和赫胥黎的科学教育思想进行述评。

11. 简述爱尔维修的教育万能论。

12. 简述拉·夏洛泰的国民教育观。

13. 法国大革命时期出现过哪些教育方案？

14. 简述《基佐教育法》的主要内容。

15. 对涂尔干教育思想进行述评。

16. 对康德教育思想进行述评。

17. 对洪堡教育改革进行述评。

18. 简述费希特的国民教育思想。

19. 简述第斯多惠的《德国教师教育指南》。

20. 简述第斯多惠论教育的自然适应性原则和文化适应性原则。

21. 对第斯多惠教学理论进行述评。

第九章　近代各国教育（下）

本章介绍了俄国、美国和日本的近代教育制度和教育思想。第一节介绍17世纪至1917年十月革命前沙皇时代的俄国教育的历史发展。第二节介绍美国独立革命以后至19世纪末教育的历史发展。第三节介绍日本明治维新以前教育的历史发展、明治维新时期的教育改革和近代日本教育制度的形成。在最后的"近代各国教育小结"部分对近代各国教育发展的一般特点进行了分析和归纳。

第一节　近代俄国教育

俄罗斯人、乌克兰人和白俄罗斯人有着共同的起源，其祖先是斯拉夫人的东部分支，被称为"东斯拉夫人"①。在拜占庭文化的影响下，东斯拉夫人自古信仰东正教。18世纪，彼得一世（Пётр Ⅰ，1721—1725在位）的教育改革曾推动了俄国教育的发展。叶卡捷琳娜一世（Екатерина Ⅰ，1725—1727在位）1786年颁布的《俄罗斯帝国国民学校章程》是俄国国民教育制度建立的标志。1804年，亚历山大一世（Александр Ⅰ Павлович，1801—1825在位）颁布了《大学所属各级学校规程》，建立了上下衔接的学校教育体系，促进全国性学校网的形成。总体上说，十月革命前俄国的国民教育还十分落后。"全国具有中等和高等教育程度的专业人才极为稀少。许多少数民族连自己的文字都没有，更谈不到接受学校教育了。"②

一、17—18世纪的俄国教育

8世纪以后，拜占庭文化，尤其是东正教逐渐对东斯拉夫人产生了深刻影响。988年，基辅罗斯③出现了最早的学校。16世纪，读写学校大多设在教堂和修道院中，在较大城市及修道院设有少数文法学校。16世纪以后，天主教和新教纷纷开办学校以争取信徒。基辅的兄弟会于1632年开设的基辅莫吉拉学院是俄国第一所高等学校，基辅也在引进西方学术和推动俄国近代化的进程中起了重要作用。

---

① 斯拉夫人分为三支，即西部斯拉夫人（主要是波兰人、捷克人、斯洛伐克人）、东部斯拉夫人（即罗斯人，是俄罗斯人、乌克兰人和白俄罗斯人的祖先）和南部斯拉夫人（主要是塞尔维亚人、克罗地亚人、斯洛文尼亚人、马其顿人、黑山人和保加利亚人）。

② 吴式颖著：《俄国教育史——从教育现代化视角所作的考察》，人民教育出版社2006年版，第1页。

③ "基辅罗斯"（Kievan Rus）这一名称是19世纪俄罗斯史学界为了表明这一时期国家中心位于基辅而创造的。根据史学史的观点，基辅罗斯被认为是三个现代东斯拉夫国家即俄罗斯、乌克兰和白俄罗斯的前身。

（一）彼得一世的教育改革

18世纪初，俄国在与欧洲及土耳其人作战的过程中暴露出其落后性。自彼得一世开始，俄国从以往学习波兰转向学习德国①，开辟了国家管理教育的先例。其教育改革主要包括以下方面：第一，设立各种实科专门学校。1701年，彼得一世下敕令开办炮兵学校、数学及航海学校和外国语学校三所实科专门学校。第二，改善初等教育。1714年，敕令各地开办计算学校，招收10—15岁的贵族和官吏子弟。1717年，敕令注册的所有职工必须学习读写。1719年，在格勒海军工厂首先设立俄语学校。第三，设立科学院的计划。1724年，正式发布了设置科学院的法令，分为三个部分：数学研究、物理研究和人文科学研究。科学院还附设大学和预备中学。第一批院士由聘请来的欧洲著名学者担任，后来逐步为俄国院士所取代。

彼得一世改革增进了俄国与欧洲各国的联系，加强了西方思想对俄国上层社会的影响。在他去世以后，从皇位继承问题开始，贵族各派势力之间进行了长期斗争，37年间政权更迭达6次之多，国家无暇顾及教育，具有资产阶级色彩的彼得一世的教育改革由此告终，俄国教育走向低潮。

（二）罗蒙诺索夫与莫斯科大学

在彼得一世的女儿伊丽莎白一世（Елизавéта Ⅰ，1741—1761在位）时期，俄国恢复了发展工商业的政策，不再允许德意志人干预朝政。罗蒙诺索夫（Михаил Васильевич Ломоносов，1711—1765）是俄国百科全书式的学者，被誉为"俄国科学史上的彼得大帝"。1754年，由他主持制定设立"莫斯科大学"的意见草案。1755年1月，叶卡捷琳娜一世签署了建立莫斯科大学的法令。同年4月，大学及其附属中学正式开学。

莫斯科大学及其附属学校有以下特点：① 不设神学系和神学课。大学由政府直辖，由教授会管理，享有一定的自治权。附属中学的校长及监督员从大学教授中任命。大学教授会有权决定附属中学的经费使用和教师聘退。② 学校可以招收农奴以外所有人的子弟入学。③ 初期的教师大多由外国人担任。到1768年，大学讲义基本用俄语发行。到18世纪末，除少数语言和艺术课以外，附属中学已全部由俄国人担任教师。

（三）1786年《俄罗斯帝国国民学校章程》

叶卡捷琳娜二世（Екатерина Ⅱ，1762—1796在位）继位后，以奥地利为榜样改革教育，1782年聘请费·伊·扬科维奇（Фёдор Иванович Янкович，1741—1814）到俄国主持教育改革，成立国民学校委员会负责制定国民学校方案。

1786年，叶卡捷琳娜二世签署的《俄罗斯帝国国民学校章程》规定：① 在城市设初级国民学校和中心国民学校。初级国民学校修业2年，中心国民学校修业5年，给予全体国民以教育的机会，不论其阶级、出身和性别。② 中心国民学校主要以培养初级国民学校教师为目标，

---

① 吴式颖著：《俄国教育史——从教育现代化视角所作的考察》，人民教育出版社2006年版，第143页。

开设阅读、书写、计算、历史、地理、文法、几何、机械学、物理、自然史和建筑等课程。初级国民学校只开设中心国民学校前2年的课程。③ 各地国民学校由当地政府负责领导，由其委托视学官和校长进行管理。在中央设有总管理处。学校经费由国家和地方贵族、商人共同承担。《俄罗斯帝国国民学校章程》标志着俄国国民教育制度基础的建立，是俄国政府最早发布的系统的初等教育学制令。

二、19世纪社会大变革年代的俄国教育

（一）近代俄国教育制度的建立

在1802年以前，俄国中央和地方都没有专门的教育管理机构，办教育受到沙皇个人素质的影响，很难保证教育政策的连续性。18世纪后期，法国大革命影响了欧洲，俄国商品经济和资产阶级民主思想也发展起来，推动亚历山大一世进行社会改革，主要效仿德国和法国建立起集权制的教育管理制度。

1. 1803年《国民教育暂行章程》与四级学制

1802年，亚历山大一世首次建立了全国教育行政机关——国民教育部，此后除了教会学校以外的世俗学校皆归该部管辖。1803年颁布的《国民教育暂行章程》建立了中央集权的教育管理体制和上下衔接的学校教育体系，促进了全国性学校网的形成。

《国民教育暂行章程》设立了四级学制：第一，规定全国分为6大学区，各大学区设立一所大学。每所大学有一定的自治权和管理本学区内各级普通学校的行政权。大学的主要目标是培养官员和教师，在招生方面没有社会地位的限制，分为哲学系、医学系和法律系。第二，各大学区内的最低程度的学校是教区学校，学制1年，由地方出资兴办，目的是教给所有儿童基本生活、自然知识、公民和宗教课程。第三，每县至少设一所县立学校，除教师工资由国家提供外，其他费用仍由地方承担，学制2年，其课程与教区学校课程相联系并有所扩展。第四，在省会城市设立中学，主要向大学输送新生，开设20门百科全书式的课程。1804年，《大学附属学校章程》颁布后新办了3所大学、几十所中学和一些教区学校。

2.《大学所属文科中学和初等学校章程》和《大学章程》与中央集权制的加强

拿破仑的失败和欧洲神圣同盟的建立使俄国保守力量得以复兴，在十二月党人起义被镇压以后，沙皇政府于1828年颁布的《大学所属文科中学和初等学校章程》和1835年颁布的《大学章程》是保守势力进一步强化的产物：1803年建立的四级学制虽然被保留下来，但恢复了办学的等级原则；废除了各级学校课程的衔接性原则，加强了文科中学的宗教教育和古典主义方向；扩大了学校中监视学生和教师行为的官吏的编制，建立了对学校的警察监视制度。①

上述两个章程颁布后，沙皇政府对大学的控制日益加强。1834年的训令要求设置专门的监督员监视学生的活动，1835年的《大学章程》正式废除了大学的自治权，后来又进一步砍削课

---

① 吴式颖著：《俄国教育史——从教育现代化视角所作的考察》，人民教育出版社2006年版，第169页。

程、要求审查讲授提纲、禁止学生出国留学和增加学费等，俄国中央集权的教育领导体制进一步加强了。

3. 职业教育的进展

俄国统治者重视专业技术教育。在1828年的《大学所属文科中学和初等学校章程》中，允许各地根据当地工业和贸易的需要，在教区学校和县立学校中开设特别班级，让学生学习农业、工艺、力学、会计、商业贸易等课程，还在彼得格勒开设工艺学院。1835年的《大学章程》中规定大学可组织应用科学的讲演和开设实用课程。1839年又规定中学可设立实业科或补习班。官方还在各地开设了不少中等或初等矿山、林业、农业和商业学校，与当时欧洲此类学校多为私立的情况迥然不同。

（二）19世纪中叶俄国的公共教育运动

1861年，沙皇政府迫于国内外形势颁布的《关于农民脱离农奴依附地位的法令》，成为俄国从封建生产方式向资本主义生产方式过渡的重要标志。此前，俄国教育主要是政府行为，社会的参与和教育的理性化水平是很低的。"俄国的公共教育运动则是由俄国进步知识界发动的批判封建教育制度、推动国民教育改革和发展的社会运动。"[①]

1. 俄国公共教育运动概况

19世纪中叶，俄国公共教育运动中存在不同派别，但都反对以农奴制为基础的等级教育制度，要求广泛开展男女平等的普及教育和更多的实科教育；主张尊重师生人格，给予大学自治的权利，反对对师生的监视措施等。在运动中，许多知名人士以组织团体、出版书籍和刊物的方式进行宣传。经过广泛的宣传讨论和介绍西欧教育家思想，引发了社会各主要阶层对教育的关心，推动了19世纪60年代沙皇政府一系列教育政策的制定和颁布。

自由主义教育是19世纪教育运动中的重要思想派别之一，其代表人物是尼·伊·皮洛戈夫（Н. И. Пирогов，1810—1881）和列夫·托尔斯泰（Л. Н. Толстой，1828—1910）。一般说来，他们接受了西欧资产阶级的自由教育主张，要求废除教育的等级制度；给予平民以更多的实科教育；在教学中尊重儿童个性；通过教育手段使俄罗斯民族与国家兴旺发达。

革命民主主义者的教育思想是19世纪60年代教育运动中最激进的部分，其主要代表人物是车尔尼雪夫斯基（Н. Г. Чернышевский，1828—1889）和杜勃罗留波夫（Н. А. Добролюбов，1836—1861），其先驱是别林斯基（В. Г. Белинский，1811—1848）和赫尔岑（А. И. Герцен，1812—1870）。他们认为真正的教育必须建立在推翻沙皇专制制度的基础之上，强调教育的俄罗斯人民性原则，提出造就社会新人和优秀公民的教育理想。

2. 公共教育运动中的国家教育章程

《俄罗斯帝国大学普通章程》（1863）的突出特点是在一定程度上恢复了大学的自治权，校长、副校长和系主任等均由校内和系内学术机构选举产生，任期4年。教授也按竞选方式推举，允许提供开展学术研究活动的条件等。在大学设历史文学系、数理学系、法学系和医学

---

① 吴式颖著：《俄国教育史——从教育现代化视角所作的考察》，人民教育出版社2006年版，第169页。

系，增加新学科讲座。

《文科中学和中学预备学校章程》（1864）是调和实科教育与古典教育之争的产物，规定中学是给予学生以普通教育并帮助其进入大学或高等专门学校的预备学校；招收各阶层的儿童入学，修业7年；分为以教古典语言为主的古典中学和不教古典语言的实科中学；实科中学毕业后只能进入高等专门学校。

《国民教育部部属女校章程》（1860）规定女子中学的目的是对未来家庭中的妻子和母亲给予宗教的、道德的和知识的教养。女子中学分6年制和3年制两种，有选修课和必修课之分。

《初等国民学校章程》（1864）与《地方自治制度章程》（1864）相呼应，将初等国民学校的设立与经营权交给地方行政、群众团体乃至私人；规定教会学校另成体系而不在国民学校体系之内，但教会对非教会学校有监督权；要求各地初等国民学校招收各阶层男女儿童入学，宗旨是使全体国民确立宗教及道德观念，普及初等有用知识；要求开设神学、读、写、算术等基本学科，并以俄语作为教学用语。

三、乌申斯基的教育思想

乌申斯基（К. Д. Ушинский，1824—1871）是俄国著名的教育家，在19世纪俄国社会变革的影响下，他发表了《论公共教育的民族性》（1857）、《论教育学书籍的好处》（1857）和《学校的三要素》（1858）等教育论文，出版著作《人是教育的对象》（1867—1869）。乌申斯基的教育思想达到俄国古典教育学的顶峰，被誉为"俄国教育科学的创始人"、"真正的人民教育家"和"俄国教师的教师"。他在俄国教育界的地位如同普希金在文学界和罗蒙诺索夫在科学界的地位。

（一）论教育的民族性原则

教育的民族性原则是贯穿乌申斯基教育思想与实践的一根红线。18世纪初，彼得一世的改革扩大了俄国与西欧各国的联系，也出现上层社会对西欧（尤其是法国和德国）的崇拜。贵族纷纷延聘法国人担任家庭教师，大学和大学预备学校也重视西欧语言和文学的学习，请外国人任教。沙皇政府接过"民族性"口号，推行"民族性、东正教、专制制度"三位一体的教育政策。当时的资产阶级知识分子对外国文化有着不同的态度：西欧派主张全盘西化，斯拉夫派希望保持古老的传统。他们的观点受到19世纪俄国社会进步人士，如激进的十二月党人、皮洛果夫和托尔斯泰等人的批评。在上述背景下，乌申斯基在《论公共教育的民族性》一文中论述了教育的民族性原则。

乌申斯基认为，民族性是随着欧洲近代国家的出现而逐渐形成的。民族性包含爱国主义和人民性两方面内容。民族性是民族历史发展的结果，并促进民族在社会和经济各领域中继续不断向前发展；民族性应不断发展完善，其推动力是劳动人民；民族性是教育的唯一源泉，能激发人的情感，这是所崇拜的外国教育所没有的。乌申斯基指出了欧洲各国教育的局限性，要求根据本民族需要批判地吸收其他民族的优秀遗产，并在民族性的基础上创造性地丰富和发展全人类的成就。

在乌申斯基看来，民族性教育具有以下本质特征：第一，人民是民族性教育不断完善、不断发展的最根本推动力量；也是民族教育成功的基本保证。第二，教育应该是人民的，应该由人民自己来管理和领导。第三，民族性教育应当以人民利益为最高标准。为此，必须广设学校，实行义务教育制度；地方学校比官方教育制度有更大的优越性，它最终将给俄国的国民教育奠定巩固的基础；国民教育经费主要应由政府和人民共同筹集。第四，民族性教育应当是男女平等的教育，男女儿童应有统一的教育制度。第五，民族性教育应当充分吸收本民族人民所创造的优秀文化成果作为教育的重要内容，尤其应当把本民族语言的学习放在中心地位。第六，本族语在民族生存、巩固和发展中有重要作用，本族语是俄国人赖以掌握和传递思想和知识的唯一工具。第七，从教育的民族性原则出发，应把爱国主义教育放在极为重要的位置，培养儿童热爱祖国的崇高情感。①

乌申斯基要求建立具有俄国特色的教育制度和教育思想体系，反对沙皇政府和保守派人士照搬德国教育的做法，在当时具有民族和民主的进步意义，但他把民族性建立在东正教的基础上则反映了其历史局限性。

（二）论教育学的科学基础

乌申斯基将教育学称为"艺术"而不是"科学"，认为科学只研究正存在的和已存在的东西，而艺术则创造还没有的东西。他认为，教师不应当是官方教育政策的机械执行者，也不应当照搬别国的理论，而应当是自己事业的创造者和艺术家。在乌申斯基看来，应当把教育学看成一种创新的理论。②正是基于这种精神，乌申斯基创建了俄国人自己的教育科学体系，并被后人称为"俄国教育科学之父"。

乌申斯基认为，教育科学研究的中心就是作为教育对象的"人"。要把一个人教育成为一个理想的人，除了耐心、天赋才能和技巧之外，还需要有专门知识。教育学受到教育者生理和心理发展规律、教育目的和内容、教育和教学的途径方法以及校内外各方面的教育者的影响。

乌申斯基探讨了教育科学的理论基础。"如果教育学希望全面地去教育人，那么它就必须首先全面地去了解人。"③科学能给予教育以重大帮助，包括解剖学、人体生理学、病理学、心理学、逻辑学、语言学、地理学、统计学、政治经济学和各种历史学科等。乌申斯基认为这些人类科学能揭示和比较关于人的特性的知识及其相互关系。他将生理学、心理学和逻辑学并列为"教育学的三个主要基础"，其中心理学尤为重要，应在各门科学中占首位。乌申斯基要求在心理发展的过程中去研究儿童的心理。同时，生理过程是人的心理活动的基础，研究教育学

---

① 参见滕大春主编：《外国教育通史》（第三卷），山东教育出版社1990年版，第462—466页。
② 参见［俄］康·德·乌申斯基著，郑文樾、张佩珍、张敏整译：《人是教育的对象——教育人类学初探》（上卷），人民教育出版社1989年版，第1—5页。
③ ［俄］康·德·乌申斯基著，郑文樾、张佩珍、张敏整译：《人是教育的对象——教育人类学初探》（上卷），人民教育出版社1989年版，第10页。

就要预先初步熟悉人体生活和发展的结构与规律。哲学思想应当成为指导教育的基础，但教育学也应当有自己的独立性。

在乌申斯基看来，单纯研究教育规则的教育学是"狭义的教育学"，没有理论的教育实践如同医学中的巫术。学校中最重要的成员乃是教师，没有转化为教育者信念的任何教学大纲和教育方法只是死条文。因此，在教师中普及正确的教育思想是改进公共教育的最可靠方法。乌申斯基建议在大学设立教育系，主张广设地方师范学校以培养各级各类的学校教师。教师教育要培养未来教师的优秀品质和坚定信念，学好基础课程、教育专业课程和注重实习。

（三）教学论思想

乌申斯基认为教学论是教育学课程的"一半"。他把科学的教育学思想和民族性原则贯彻到教学论之中，建立起俄国古典教学论的完整体系。

1. 教学目的

乌申斯基认为教学有两个目的：第一个目的是"形式的目的"，即发展学生的智力；第二个目的是"实质的目的"，即以必要的基本知识和技能去丰富学生的头脑。第二个目的比第一个目的更加重要，但教学的两个目的是相互结合、缺一不可的。在课程设置上，乌申斯基强调实科教育优先于古典课程，现代自然科学知识适应现代社会，在发展儿童的智力方面比古典学科更有作用。

2. 教育性教学

乌申斯基把教学看成是教育的主要工具，将教学是否具有教育性视为教学好坏的重要标准之一，教学应影响知识的增长，并影响人的信念。但教学的教育性不可能自发地展现出来，在教学过程中必须通过教师的启发指导，由学生自觉地掌握教学内容来实现。

3. 教学阶段

乌申斯基认为教学过程既有自己的特殊规律，又与人类认识事物的过程有共同规律。人类的认识过程是不断发现新真理的过程，而教学过程则是学生由不知到知的过程。直接感知、教师和书本的生动语言可使学生获得具体形象，成为其知识的源泉。乌申斯基基于上述认识提出了教学阶段的思想：第一个阶段与认识发展的阶段类似，即获得感知——通过思维加工获得初步概念——将众多概念系统化；第二个阶段，师生共同进一步概括教材，并通过作业运用知识、巩固知识和发展熟练技巧。好的教学过程是教师积极指导与学生积极学习两方面相结合的过程。

4. 学习是艰苦的劳动

乌申斯基认为，教学过程作为学生获取知识的过程应当是沿着既定方向克服困难的过程。学习是劳动，而且应该永远是劳动。他反对流行的自由、自发式教学，反对将学习变成娱乐和混时间，认为那样做会使头脑、心灵和德性堕落下去。教师最主要的职责在于培养学生脑力劳动的习惯，这个职责比传授学科本身更为重要。

5. 教学的心理学基础

乌申斯基的心理学以唯物主义认识论为基础，他批判地吸收了各心理学流派的思想，建立起自己独创的心理学理论。他认为，人的心理就是人特有的机能，大脑及整个中枢神经系统作为心理活动的器官是生活的产物，并由生活经验形成。因此，心理学问题一定要通过实验来解决。他把心理活动分为意识、情感和意志三个方面，并进一步分析了教学过程中的心理因素，如注意、记忆、思维、意志和情感等。

6. 教学原则和分科教学法

乌申斯基提出的教学原则包括自觉性与积极性原则、连贯性原则和巩固性原则等。他还研究了分科教学法，尤其对初等教育中本族语和外国语的教学方法提出了许多具体建议。

7. 教学组织制度

乌申斯基认为班级授课是教学的基本方式，要求每个班级成员相对稳定，按课程表上课。教师应当在上课中起主导作用，教师的讲解甚至起着决定性的作用。同时，也应注意每个学生的特点。教师的艺术在于突出主要思想，必须认真备课。

第二节　近代美国教育

美国是联邦制国家，教育归各州自行管理，没有全国统一的国民教育体系。在殖民地时期，人们对公立教育有很多设想，并实施涉及殖民地管理机构的教育计划，经历了从社区教育、教会教育到正规学校教育的发展。建国以后，联邦的一些法令规定了加入联邦的地区所需要具备的教育条件，各个州有自己独立的教育体系。内战时期，美国北部大多数州在1830—1860年的改革时代形成公立教育体系。美国南方各州则在内战后才形成普遍的公立教育体系。

一、17—18世纪的美国教育

（一）殖民地时期的教育

15世纪末欧洲人登上美洲大陆之时，印第安人尚处在部落阶段。哥伦布发现美洲以后，1512年，西班牙国王把对印第安人的传教活动列为殖民者的首要任务。1607年，伦敦公司依据英国国王的特许状，在大西洋詹姆斯河口建立詹姆斯城，拉开英国在北美建立殖民地的序幕。至1733年，英国已在大西洋沿岸建立了13个殖民地。北部殖民地包括罗德艾兰、康涅狄格、新罕布什尔和马萨诸塞，统称为"新英格兰"，居民多为英国清教徒。中部殖民地的居民来自欧洲各国，如荷兰、瑞典、法国与德国等，教派比较复杂。南部殖民地的居民主要是英国国教徒。

"对于第一代定居者来说，教育基本上是家庭和社区事务，所采用的教育方式也是从中世纪直接继承下来的。"①教会是整合社会向心力和教育的重要力量。随着居住地域的分化，重新定居给社会造成了很大冲击，付薪劳动的兴起破坏了传统的家庭劳动模式，传统教育赖以存在的团体间的纽带和责任松懈了，于是学校教育发展起来。

---

① ［英］安迪·格林著，王春华等译，朱旭东校：《教育与国家形成：英、法、美教育体系起源之比较》，教育科学出版社 2004年版，第188页。

在新英格兰，1635年在波士顿出现了最早的拉丁文法学校。1636年，马萨诸塞的清教徒开办哈佛学院，这是美洲的第一所高等学府。《马萨诸塞1642年法》是北美殖民地最早的强迫性教育法规，要求每个镇委派人员管理儿童教育工作，对不执行规定的家长和师傅将处以罚款，但未涉及建立学校的问题。《马萨诸塞1647年法》是北美殖民地关于建立学校的最早法规，规定辖区内凡住户增加至50户，应由镇任命一名教师教儿童读书识字，教师的薪金由家长、师傅或全体居民承担；凡住户达100户的镇必须设立一所文法学校。对拒不实行上述规定达1年以上者处以罚款。1702年，在康涅狄格建立了耶鲁学院（Yale College）。

南部殖民地教育的等级性特征较为明显，殖民者主要利用黑人奴隶的劳动建立庄园，一般聘请家庭教师教孩子，再送去欧洲深造。这种状况决定了他们对国民教育的冷漠态度。1693年，建立了以英国国王和皇后的名字命名的"威廉—玛丽学院"（William Mary College）。

中部殖民地位于新英格兰与南方殖民地之间，包括纽约、新泽西、特拉华和宾夕法尼亚。1674以前，纽约处于荷兰的控制之下，学校主要由荷兰改良教会提供经费来源，建成一些教区学校。宾夕法尼亚、新泽西和特拉华的社会成分更为复杂，种族与宗教的差异使得教区学校成为学校教育的主要形式。

18世纪前期，北美殖民地教育有了新的进步。以古典教学内容为主的传统英式文法学校因不能适应需要而受到抵制。中部和新英格兰殖民地城市中兴起了各种设于家中的私立学校。1751年，本杰明·富兰克林（Benjamin Franklin，1706—1790）创办了费城文实中学（Philadelphia Academy），其课程兼顾古典和实用。18世纪前期，三所早期大学哈佛学院、威廉—玛丽学院和耶鲁学院开设了更多的数学和自然科学课程，添置了实验用的仪器设备。18世纪40—60年代，有6所新的大学先后建立。

（二）建国初期的教育

1775—1781年的独立战争后，美利坚合众国诞生了。1783年，英国政府签订了《巴黎和约》（Peace of Paris），正式承认美国独立。《独立宣言》（Declaration of Independence）"1776年由托马斯·杰斐逊起草，反映了约翰·洛克和启蒙思想家们的思想，表达了美国起义者的理想主义，影响了其他地区的革命"[1]。联邦政府的政治家对教育有很高的热情，但在建国初期，教育仍由各地方负责。在战争期间，许多地区学校关闭，哈佛学院和王家学院也不能幸免。战后十余年学校减少，文盲和失学人数增加。[2]在宪法的第10个修正案中规定教育由各州负责。政治领袖的大力倡导为学校发展创造了良好的舆论氛围，但主要由私人团体办学的状况在建国后依旧持续了一段时间。在农村地区，社区仍是办学的主力军。在市镇和一些主要城市，越来越多的慈善组织加入办学队伍。

1. 建国初期与教育相关的法律

管理教育事业是由美国各州的宪法规定的。1776年，马萨诸塞州议会制定的宪法是政府

---

① ［美］杰里·本特利、赫伯特·齐格勒著，魏凤莲译：《新全球史：文明的传承与交流（1750至今）》（第五版），北京大学出版社2014年版，第448页。

② 滕大春著：《美国教育史》，人民教育出版社1994年版，第140页。

正式以法律形式介入教育领域的肇端。后来，北卡罗来纳（1776）、佛蒙特州（1777）和密苏里州（1820）等州相继效仿，但这些宪法未提及普及公立学校。《1785年土地法令》（*The Northwest and Ordinance of 1785*）和《1787年土地法令》（*The Northwest and Ordinance of 1787*）对建立公立学校有重要的意义，1789年的法令对具有美国特色的学区制的形成也有重要作用。

《1785年土地法令》是美国联邦政府处理西部土地的法令，提出用公地所获得的土地税办理公共教育的设想，要求阿巴拉契亚山脉以西的地区为建立公立学校提供相当的土地。《1787年土地法令》规定将西北地区按英国制度以每6平方英里为一个镇区，再划分为36区，将第16区的土地留给公立学校办学之用，每两个镇区应当用土地收入建立一所高等学校。

2. 富兰克林的教育思想

本杰明·富兰克林是殖民地时期美国著名的政治家、科学家和教育家。他采用多种方式对新兴资产阶级进行启蒙教育。1728年，富兰克林在费城成立讲读社，帮助手工业者和商人进行自我教育；1730年，在费城创建了美国第一个图书馆；1732年，开始刊印《穷苦的理查德历书》（*Poor Richard's Almanck*），宣传勤奋节俭方面的教诲，被认为是"美国成人教育和社会教育的先驱"；1749年，撰写了著名的小册子《宾夕法尼亚青年教育的建议》（*Proposals Relating to the Education of Youth in Pennsylvania*），主张改革拉丁文法学校，设立文实并重的新型中学，1751年，创建费城文实中学，被誉为美国"文实学校运动之父"。

富兰克林的认识论受到英国唯物主义经验论的影响，强调行动，讲求实效。他重视道德教育和良好道德规范的实践，列出13条道德规范，如节制、秩序、节俭、勤奋、真诚、正义、中庸和谦逊等，反映了北美新兴资产阶级积极进取的精神面貌。

在洛克和弥尔顿的影响下，富兰克林提出一个旨在同时为升学和就业做好准备的课程计划，包括图画、算术、几何、天文、地理、英语、演说、逻辑、历史、年代学、拉丁语、希腊语、现代外国语、农艺、园艺和机械等20多个科目，重视科学在人类物质进步和道德进步中的作用，并以此作为衡量学校的标准。富兰克林的计划对以后美国中等学校课程的设置有广泛而深刻的影响。

晚年的富兰克林更加尖锐地批判了古典主义教育，将其比作男人夹在胳膊下供装饰用的"帽子"，认为没有必要把大量的时间花在古典语言的学习上。这些思想反映在其《关于费城文实学校创建者的意图》（1789）之中。[①]

3. 杰斐逊的教育思想

托马斯·杰斐逊（Thomas Jefferson, 1743—1826）是美国第三任总统（1801—1809），毕业于威廉—玛丽学院。他认为人性有待教育进一步改善。教育能改造人性中的邪恶和堕落，使其具有道德和社会价值。教育亦是民主政治的保证，一个民族不可能长期保持在无知而又自由的状态。他提出教育的两大任务：一是训练公民懂得自己的社会责任，使之既能与专制独裁者作斗争，又能审理重大的有争议的问题。二是培养倾向于按民主方式进行统治的有知识的领袖。为了完成这些任务，应由各州建立公立学校教育系统。

---

① 参见周采：《富兰克林》，赵祥麟主编：《外国教育家评传》（第2卷），上海教育出版社1992年版，第331—363页。

1779年，杰斐逊以弗吉尼亚州议员的名义提出《知识普及法案》，建议为本州所有自由儿童在读、写、算和历史方面提供3年的免费教育；在本州不同地区建立文法中学，对优秀学生给予奖学金，以便进入威廉—玛丽学院深造。但此法案未能实现。

在就任副总统和总统期间，杰斐逊继续关心公立学校教育制度的建立，尤其对建立国立大学产生兴趣，曾鼓励其他人于1806年向国会提出有关议案，但未获成功。在退任总统回到弗吉尼亚后，杰斐逊致力于弗吉尼亚教育研究，州议会于1818年通过他提出的《弗吉尼亚大学校址、课程和政策的报告》。该报告详细讨论了弗吉尼亚大学（University of Virginia）的校址、资金来源、教育目的和课程设置等问题。根据杰斐逊的提议，弗吉尼亚大学于1819年建立，杰斐逊任首任校长，被誉为"弗吉尼亚大学之父"。但在黑人教育问题上，杰斐逊持有种族偏见。

二、19世纪的美国教育

19世纪的美国已自下而上地发展起地方分权的教育领导体制。学区（school district）是美国教育管理的基层单位；美国的地方分权以州集权为标志，各州具有独立的直接领导和管理教育的教育立法权和教育行政权；联邦设立中央教育机构，主要为各州教育系统提供咨询和帮助。

（一）美国地方分权教育领导体制的建立

1. 学区制的建立和整顿

美国的教育行政是自下而上发展起来的。学区制是美国教育的一个特色。在建国初期，美国东北部农村地区和中西部地区较为典型的学校是由小社区组织和管理的社区学校，办学经费来自当地的财产税、燃料税和学费，后来也接受州的资助。从18世纪晚期开始，由于市镇人口外移，社区办学体制被采用。

马萨诸塞州最先确立了学区制的法律地位。1789年法令规定50户、100户、150户和200户四种规模的学区，赋予其与市镇学校一样的设置、义务、管理权、教师任命权和学校教育监督权等。缅因州、佛蒙特州、新汉普顿、罗德艾兰岛和康涅狄格州是较早采用学区制的几个地区。纽约州（1812）、俄亥俄州（1821）和伊利诺伊州（1825）也相继建立了学区制。

社区创办的学校一般由社区委员会负责管理，挑选教师、决定课程和学期长短。在19世纪30—60年代的改革时期，社区体制被认为腐败无用。19世纪中期以后，各州对学区制实行改革，主要措施一是削弱学区的职能和权限，二是合并学区，学校越来越依赖于政府的资助。[①]

作为地方教育行政机构的学区是美国教育管理的基层单位。学区有很大的权力，负责制定教育计划、确定入学年龄、划分就学片、设置课程、编制教育预算、依法征收教育税、管理教职员人事、维修管理校舍、购置教材教具和为学生提供交通工具等。

---

① 参见滕大春著：《美国教育史》，人民教育出版社1994年版，第462—464页。

2. 县市教育管理机构

县制在美国历史悠久，移民迁到新大陆不久，各殖民区曾设县。建国后疆域扩大，县先设于新州，后来各州普遍设县。全国多数地区最初实行学区制，后来由州负责办理教育，县教育遂由州管辖。最初没有专职教育行政人员，由县负责管理各学区的校务。县教育局长负责检定、任免各校教师。但美国各州的县市教育发展并不平衡。

市镇管理学校最早在新英格兰各州实行，建国后在新兴城市设置办学和管学的机构。康涅狄格、印第安纳、缅因、马萨诸塞、新罕布什尔、新泽西、宾夕法尼亚、罗得岛和佛蒙特9个州都实行市镇管理学校的制度，所征教育税款和儿童就学人数均比县区多。一般市镇和镇区通常也分学区。大致说来，市镇和镇区都是管理城市教育的，而县区是面向农村的。

美国各州划分区域的制度存在差异。南北战争之后，学区大量合并，学区教育领导管理人数逐渐减少。与此同时，县市级教育领导管理人员有较多增加，民主管理和科学管理成为令人瞩目的课题。由于市县的含义较广，人员的产生或由民众选举或由地方长官委派；对于人员的资历和学历的要求，各县市标准也有出入。如何既符合民主原则又达到科学效益，曾引起广泛的注意和争论。[①]

3. 州教育管理机构

建国初期，有许多比教育更为紧迫的问题亟待解决，人们的观念也难以统一，因此，在1787年制定的联邦宪法中对教育只字不提。1791年批准的《人权法案》(*Bill of Right*)，即宪法的修正案第10条规定：凡是宪法未曾给予联邦而又未曾限制给予各州的权力，都是保留给各州或人民的，从而将教育权力比较明确地归属于地方（主要是州）。本着宪法及其修正案的精神，各州政府在各自的法律中先后对教育问题作出程度不同、方式各异的规定，为美国地方分权教育体制的形成奠定了基础。

美国的地方分权制以州集权为标志。一般由州设立教育委员会，负责决策和规划。另设州教育厅，负责贯彻教育政策和督导各级学校工作。1812—1821年，纽约州设立教育督察长，管理全州的初等学校，这是美国最早在州一级设立教育官员。1837年，马萨诸塞州设立教育委员会。到19世纪下半期，美国各州大多设立了州教育委员会。

美国各州具有直接领导和管理教育的权力，各州都有独立的教育立法权和教育行政权。各州教育管理的权限一般包括以下方面：制定州教育发展规划；规定最低程度的学校标准，包括规定课程标准，选定教科书和其他教材，设计学校建筑标准并监督实施，规定教师资格，确定学生上学交通计划标准，帮助规划教育用品的生产；管理联邦资助的项目；促进教育机会均等，有效利用地方、州和联邦提供的财源，制定财政支出计划，给地方分配教育经费；收集和交流教育信息，提供咨询服务。[②]

4. 联邦政府教育管理机构

根据美国宪法，教育权力保留给各州，联邦无权直接领导教育。联邦政府对教育的影响主

---

① 参见滕大春著：《美国教育史》，人民教育出版社1994年版，第467—470页。
② 参见滕大春著：《美国教育史》，人民教育出版社1994年版，第471—478页。

要是通过国会的教育立法和教育部的行政指导和行政协商来实现的。1867年，联邦政府设立中央教育机构教育署，由总统任命署长，每年向国会提交教育报告。由于反对派担心教育走向集权，削弱教育署的权限。总的说来，联邦教育署和教育局的整体规模呈扩大趋势，人员和经营管理的项目增多，逐渐成为具有多种职能的中央教育领导机构。其主要权限是搜集、印发、统计材料和情报，管理联邦教育经费，对各州教育系统提供咨询和帮助。

（二）各级各类学校的发展

1. 公立学校运动

公立学校运动（Common School Movement）是美国19世纪初期以建立公立初等学校、实施普遍的国民初等教育为主旨的教育运动，发端于19世纪20年代的新英格兰地区，后在各州迅速发展。公立学校运动的最初推动力主要来自公立学校被视为形成民族意识的最强有力的工具。从美国革命初期起，教育就被认为对形成民族特点、培养社会凝聚力和推进共和观念具有重要作用。

各州在公立学校运动中采取了以下主要措施：① 废止原来范围狭小的学区，设立州教育委员会等地方教育行政机构，加强对学校教育的领导管理。② 废止计时学费制，实行免费教育。③ 多方筹集资金支付办学经费。④ 制定、颁布和强制实施义务上学法令。⑤ 在公立学校不得设置和讲授某一宗教派别教义的课程。⑥ 统一教材，扩大教学内容，改善学校设施，延长上课时间，培训师资等。至19世纪50年代，北部各州已确立由地方行政当局出资兴办和领导管理的、面向全体国民的、免费的和世俗性的公立学校体系，由此推动师范教育、公立中等教育和高等教育的发展。

19世纪上半期出现的公立学校运动主要限于美国北部和西部的初等教育，但该运动加速了美国教育公共化、世俗化和普及初等教育的进程。美国公立教育体制的形成有自己的特点。一般说来，欧洲大陆国家的教育体制在很大程度上出现了极端集中化，这种情况源于国家社会主义以及来自君主或类似政府的经常性干预。而在美国，公立教育体制出现分化更多源于社会的自发力量。"概括美国的最经典的说法是相对的无政府化。"[1]美国公立教育是在一个分权的制度中兴起的，市民社会的自发力量比任何政权的指导更有作用。

贺拉斯·曼（Horace Mann，1796—1859）在公立学校运动中做出过重大贡献，被誉为"美国公立教育之父"。这个时期，北方大多数州都形成了公立教育体系，接受公共资金，接受州和县教育委员会的管理，公立学校已对捐助学校和慈善学校形成包围之势。到1850年，90%的学校和学院的学生来自那些接受公共资金的学校。到1860年，北方许多城镇确立了分年级的教育体系。

随着公立教育委员会的建立，北方各州公立教育体系逐渐得到规范。公立教育委员会负责任命教师，详细规定教学用书，规范学期并落实义务教育法。19世纪60年代，美国大多数州

---

① ［英］安迪·格林著，王春华等译，朱旭东校：《教育与国家形成：英、法、美教育体系起源之比较》，教育科学出版社2004年版，第184页。

都取消了学费。到1870年为止，2/3的教育支出来自公共资金，教师实现初步的专业化。美国北部各州已具备公立教育体系的全部特征，但没有像欧洲那样集中化。[1]

2. 中等教育的发展

美国中等教育的发展经历了三个阶段：拉丁文法学校、文实中学和公立中学。殖民地时期盛行拉丁文法学校；建国初期盛行文实中学；南北战争以后盛行公立中学。文实中学带有从拉丁文法学校向公立中学的过渡性质。美国中学是与英国公学、法国国立中学、德国文科中学齐名的四种重要的中等学校类型之一。[2]19世纪的美国中等教育经历了从文实中学的兴盛到公立中学的产生的发展历程。

（1）文实中学的发展

富兰克林于1751年在费城首创文实中学之后，各地纷纷仿效。文实中学（academy）与传统文科中学最大的不同在于它不是为升入大学做准备，而是为青年人就业做准备。一方面，经济发展为青年升学提供了物质条件和就业机会，商业和工业知识受到重视，文实中学提供多方面的教育，适应了社会需求；另一方面，公立小学增加后小学教师严重缺乏，文实中学培养师资的传统受到地方当局的重视。

文实中学通常分为英语科、自然科学科、升学准备科和师范科四种类型。因能满足学生的就业要求，文实中学得到了迅速发展。1751—1800年期间，美国开办了100多所文实中学，1830年全国已有950所，1850年达到6 000多所，在中等教育领域占据了绝对优势。文实中学接受政府资助，但在学校制度和课程设置等方面有自主权和灵活性，将青少年就业能力的培养作为重要目标来安排各种课程。文实中学在中等教育领域首开男女同校之风，实施班级教学。文实中学继承了拉丁文法学校私立收费和为青年升学服务的传统，又为学生就业做准备，为公立中学的发展积累了经验，成为美国中等教育史上从古典中学向实科中学过渡的重要桥梁。

（2）公立中学的产生

公立中学（public high school）是19世纪后期美国实施普通中等教育的主要机构。"high school"是相对于"common school"（公立小学）而言的，由学区征税设立，公共管理，并得到联邦政府、州当局及其他方面的支持。男女同校或分校，面向各阶层、各教派的儿童，学生免费入学。公立中学的诞生意味着美国中等教育领域中民主化和世俗化的发展，促进了与欧洲不同的美国式公共教育阶梯的形成。

美国最早的公立中学是1821年由波士顿市议会拨款兴办的英语学校，旨在为青年就业服务，学制3年，摒弃了拉丁语和希腊语等学科，不设立任何宗教课程。在实际教学工作中还允许灵活变化以适应不同的要求。公立中学常被称为"美国的实科中学"。

1827年，马萨诸塞州学校法首次以州的名义规定：住户达500以上的市镇或区，至少设置1所公立中学，对课程和教员提出具体要求；居民达4 000人以上的市镇或区的中学须加设拉丁

[1] ［英］安迪·格林著，王春华等译，朱旭东校：《教育与国家形成：英、法、美教育体系起源之比较》，教育科学出版社2004年版，第12—13页。
[2] 滕大春著：《美国教育史》，人民教育出版社1994年版，第202页。

语、希腊语、历史、雄辩术和逻辑学等升学预备课程。此后，学校的目标变为兼顾升学与就业，大多改为4年制，入学年龄从9—13岁不等。

1860年，全国公立中学有300多所。由于传统势力的影响、南北战争和经济危机等原因，在南北战争之前，与文实中学相比，公立中学的发展一直处于落后地位。1874年，密执安州判决卡拉马祖（Karamazu）诉讼案以后，公立中学进入迅速发展时期，课程日渐复杂，并采用课程分科和选修制度。20世纪初，出现初级中学和高级中学两级分段学制，尤以三·三分段最为流行。在办学宗旨上，公立中学受到1918年"中等教育七大原则"的影响，强调为社会服务。

3. 高等教育的发展

南北战争以后，美国高等教育朝着三个方向发展：一是农工学院，二是学术型大学，三是初级学院。

（1）农工学院

为了第二次抗英战争，1802年美国建立了西点军校（West Point Military），以培养军事领导人才和军工技术人员。战争结束后，一些退役的军事工程师投身建筑铁路及其他民用工程，一些青年军工人员到学院或大学传授工程科目。1820年捐款设立的加丁那职业学校和1825年设立的闰斯利尔学校是美国两所成功的农科学校。1861年，国会议员毛利（Justin Morrill）的增地学院提案要求联邦政府根据各州在国会议员的多寡，以每名拨给2万英亩土地为标准，由州设置传授农工科目的学院。1862年和1890年，毛利提案两度通过。农工学院的诞生是美国高等教育发展中的重要事件。

（2）学术型大学

在德国柏林大学的影响下，1876年，美国创办了面向学术的约翰·霍普金斯大学（Johns Hopkins University），是主要从事高深学术研究和以提供高级学位课程为主的私立大学。

（3）初级学院

这是美国的二年制高等学校，出现于19世纪90年代。19世纪后半叶，美国许多大学校长提出改革大学体制的建议。1892年，芝加哥大学（University of Chicago）首任校长威廉·哈珀（William Rainey Harper，1856—1906）将大学分成"学术学院"和"大学学院"两部分。前者包括大学一、二年级，后者包括大学三、四年级。1896年，将上述两部分分别称为"初级学院"和"高级学院"。这是美国教育史上首次使用"初级学院"（Junior College）名称。另有一些经费困难的四年制学院改为二年制学院，一些中学附设初级学院部，一些师范学校和职业技术学校改办和创办私立的与公立的初级学院。1901年，伊利诺伊州建立了美国第一所公立初级学院——乔利埃特初级学院（Joliet Junior College）。20世纪上半期，初级学院迅速发展。战后，公立初级学院称"社区学院"。

（4）师范教育

南北战争以前，师范学校和中学师范科负责培养初等学校教师，大学培养中等学校教师。大学注重传授学科知识，并不注重教育和教学方面专业能力的养成。南北战争以后，大学设置教育学讲座以满足形势发展的需要。最先设置教育学讲座的是爱德华州（1873）。此后，密执安州（1879）、威斯康星州（1881）、北卡罗来纳州（1884）、印第安纳州（1886）和纽约州（1887）相继由大学设立教育学讲座。1890年，纽约州阿尔邦尼师范学校升格为师范学院。纽约州还设立了一所师范学校，1898年并入哥伦比亚大学，成为该校的师范学院，是美国师范学院的样板。在哥伦比亚大学师范学院之后，许多新的师范学院相继诞生，原有的师范学校陆续升格为师范学院，招收中学毕业者，修业4年，兼施学业和专业训练。教育专业科目包括教育原理、教育心理学、儿童心理学、教学法、教育史、比较教育、教育行政管理、见习和实习等。

（三）贺拉斯·曼论教育

贺拉斯·曼是19世纪30年代美国公立学校运动的重要推动者。1837年，他被任命为马萨诸塞州教育委员会秘书，在这个岗位上兢兢业业工作了11年（1837—1848），为推进公共教育制度的发展做出很大贡献。他没有留下专门的教育著作，其教育主张主要反映在12份年度报告中。此外，还有一些文章、讲演稿、信件和日记。

首先，贺拉斯·曼阐述了普及教育的思想。他继承美国开国元勋的教育理想，把培养优秀的美国公民作为普及教育的目标，为宣传普及免费教育做了大量的社会宣传工作。他论述了普及免费教育的必要性：要建立强大的共和国，理想公民不能只是少数人，必须使广大人民掌握足够的知识；通过普及教育可使人们以平等的机会去谋生，将给人类带来最大的幸福；要达成上述目的，必须建立免费的公共教育制度。

其次，贺拉斯·曼论述了公立免费学校的性质。他要求把全州4—16岁的儿童都作为公立学校的招收对象，不论其经济、宗教、性别和社会政治背景如何；学校必须是免费的，不应当是宗教教派或政治派别的工具；学校必须由公众共同管理和支持，应当建立州教育委员会作为全州公立学校的最高管理机关；在市和镇也应当设有市镇的教育委员会，州和市镇都应有完整的视导制度，视导人员的职责是了解情况、分配有关资金、审定教科书和教师等；应由专门的教育工作者主持学校，由一个具有广泛代表性的学校委员会负责；学校应以公共教育税收作为主要财政来源。

再次，贺拉斯·曼探讨了公立免费学校建设与完善的途径。一是提高师资质量。教育当局应当善于选择教师，经常组织教师讨论教育和教学以提高其水平。二是改进教学制度。改进教学内容以适应社会生活需要；对教材进行统一审定以改变课本五花八门的情况；改进教学方式和方法，大力推行裴斯泰洛齐的教学经验；提倡按年龄分班，延长教学时间等。三是改善物质基础条件。校舍的好坏不仅关系到普及教育的成效，也关系到儿童的身体健康；应扩大学区或由相邻学区合办学校，以使资金不至于过于分散；向公众募集捐款和要求州当局增加教育经费。

贺拉斯·曼的教育思想和教育活动主要是以推广公立免费学校、扩大普及教育为中心展开的。他善于根据当地的社会实际及时吸收和创造性地运用各种有用的思想和经验，不断批评保守的教育观念，以忘我奋斗的作风赢得了人们的信赖和尊敬，无愧于"美国公共教育之父"的荣誉称号。

第三节 近代日本教育

公元2世纪末至3世纪初，日本成了奴隶制国家。公元3世纪后期，中国的儒学传入日本，对其文化教育的发展产生了深远影响。公元646年的"大化改新"标志着日本社会向封建社会的过渡。①19世纪后半叶的日本明治维新运动倡导"脱亚入欧"、"富国强兵"与"和魂洋才"的发展理念和国策，逐渐形成了一种特殊的混合文化。在这种民族文化和教育自觉性的前提下，日本避免了全盘西化的困境。在学习西方的同时，根据本国情况不断加以改进，逐渐形成了具有日本特色的近代教育制度。

一、明治维新前的日本教育

日本原处于亚洲大陆的东部边缘。"有证据表明，在距今约260万年至11 700年前的更新世时期，第一批原始人、人类以外的动物，以及随之而来的植物迁徙横跨欧亚大陆，进入了日本列岛。然而，那时的日本还不是列岛，它的南、北部通过海岸线边缘的低地与大陆板块相连，从而与日本海共同构成了一个新月状的陆地外沿，日本海也成了一个典型的内陆海。"②后来由于地壳变动，在距今约12 000年前，海水涌入低地，新月地带与大陆分离，并形成了一串岛链，形成了由北海道、本州、九州、四国这4个大岛和数百个小岛组成的日本列岛。公元2世纪末，日本列岛上的100多个小国长期发生战争。到公元3世纪初，合并为30余国。北九州的邪马台国强大起来，是初期的奴隶制国家。公元3世纪中叶以后，在本州中部出现了大和国，5世纪初完全统一了日本。

日本在两汉三国时代就与中国有直接交往。中国的儒学大约于公元5世纪传入日本，他们在宫廷里开办了学问所，学习中国经典，这是一种有组织的宫廷教育。片假名（Katakana）由汉字脱胎而来。522年，佛教和佛教经典通过朝鲜传入日本。圣德太子（593—622摄政）于604年起草了著名的《十七条宪法》，强调官僚政治与儒家原则，废除氏族制度，建立以皇室为中心的中央集权制国家，并试图把政治和教育、王法和佛法结合起来，建立一个具有法治和人伦的国家。"这部文献与后世的'大化改新'（645）、《大宝律令》（702）、《养老律令》（718）相结合，共同推动了日本律令国家的建立。"③圣德太子在摄政期间向中国派遣留学生，还在国内鼓励开办私塾。

（一）"大化改新"与贵族学校制度的建立

在圣德太子之后，日本经过一段时间的动乱，孝德天皇（597—654）于645年即位，宣布年号"大化"，向封建社会过渡。"大化改新"以后，日本王朝首都从飞鸟地区迁到平京（即奈

---

① 关于明治维新前的日本教育状况可参见王桂编著：《日本教育史》，吉林教育出版社1987年版，第1—84页；滕大春主编：《外国教育通史》（第二卷），山东教育出版社1989年版，第369—412页。
② ［英］布雷特·L·沃克著，贺平译：《日本史》，东方出版中心2017年版，第10页。
③ ［英］布雷特·L·沃克著，贺平译：《日本史》，东方出版中心2017年版，第24页。

良），进入奈良时代（710—794），这也是深受中国影响的时期。日本全面吸收唐代文化，仿照唐代的教育制度建立了贵族学校教育制度。702年，《大宝律令》中的"学令"提出了有关于学制的种种规定。在京城设大学寮（简称"大学"），在地方设"国"和"学"，使日本教育制度化和法令化。奈良时代的私塾和家庭教育也很发达。

（二）平安时代的国风文化

公元794年，日本京城迁到平安京（即京都），开始了平安时代（794—1192），这是日本封建制度发展的重要阶段。9世纪以后，日本在吸收和消化中国文化的基础上，结合本民族的文化传统，形成独特的日本民族文化，在日本文化史上称为"唐式文化"向"国风文化"的演变。14世纪初延喜年间，大学和国学衰落，私学发展，主要有文章院、弘文院、劝学院、学馆院和奖学院五类私学。平安时代佛教发达，寺院是文化教育的中心。

（三）镰仓时代至室町时代的教育

1185年，源赖朝（1147—1199）击败武士家族平氏后在镰仓建立幕府，摆脱朝廷控制，开始了武家掌握政权的时期。朝廷虽然存在，公家（天皇、皇族、中央权贵和寺院僧侣）也还有一些权力，但实权却掌握在幕府将军手中。日本中世纪的历史被称为"武家统治的时期"。幕府的统治经历了"镰仓幕府时代"（1192—1333）、"室町幕府时代"（1336—1573）和"江户幕府时代"（1603—1867）。前两个时期是封建主割据的动荡年代。江户时期从封建割据走向统一，加强了幕府的集权统治。

镰仓至室町时代，贵族教育衰落，代之而起的是武士教育和寺院教育，受教育的阶层比以前更加广泛。镰仓时期，公家设立的官办学校不复存在，家庭和寺院成了武士教育的主要场所。由于武士阶层偏重武艺，文化教养水平较低，因此僧侣掌握了文化大权，比较著名的文化教育机构有金泽文库和足利学校。

（四）江户时代的教育

1598年，德川家康（1542—1616）在征服各方势力后成为全国的统治者，在江户建立了江户幕府（1603—1868），又名德川幕府，是日本史上最后一个幕府。德川家康重视以朱子学为主的儒学，积极复兴儒家学说。以往，儒学只是作为日本统治阶级必备的文化教养而存在，到14世纪中期，日本进入儒学研究时期，出现了儒学各学派，如朱子学派、古学派和阳明学派。

影响江户时代文化教育的因素除儒学各派以外，还有国学和洋学。国学是以神代史、古代皇朝史、古代典章制度和古代文学作为研究对象的一门学问，从1688年开始，其发展经历了四个阶段，到明治维新以后国学派才逐渐瓦解。

洋学又称"兰学"（Dutch learning），因西方文化通过荷兰传入日本而得名。16世纪40年代，欧洲文化传入日本。初期的兰学主要是翻译荷兰语言和西方医学，后来先后扩展到自然科学、军事技术、西方哲学和政治学说，出现了一些著名的兰学家。兰学的传播为明治维新时期的教育改革打下了基础。

江户时代的教育机构的类型有幕府直辖学校、藩学、寺子屋、乡校和私塾等。① 幕府直辖学校以幕臣子弟为对象，培养官吏和实务人才。幕府设立的洋学校以开成所最为著名，除此之外还有医学所和昌平坂学问所，后者是幕府时代儒学的最高学府。② 早期的藩学主要培养武士，明治维新以前已向近代学校方向发展。明治维新以后，藩学是近代化中学的基础，改为中学校或专科学校。③ 寺子屋是江户时代为平民子弟开设的初等教育机构。明治维新以后，寺子屋成为日本普及小学教育的基础。④ 乡校是以公费在乡村设立的平民初等教育机构。明治维新以后，寺子屋逐年减少而乡校却日益增多，这是因为乡校比较符合明治政府的意图，在行政、教育宗旨和教学内容上比较接近近代学校的发展方向。而寺子屋则逐渐改为近代小学校，不再新设。

综上所述，第一，明治维新以前，日本的学校教育已经比较发达。1853年之后日本被迫开国，受聘于日本的西方学者接踵而至。据统计，幕府末期大约有20%的平民粗通文字。京都、大阪和江户这三大城市的市民文化水准和洋学知识走在全国前列。这是明治政府成立后能够较快发展近代教育、实行一系列教育改革的前提条件。第二，日本在江户时代对西方的文化和科学技术等产生兴趣，上层统治阶级着重吸收中国宋朝和明朝的封建主义文化，而下级武士和开明藩主却对西方资本主义文化大力摄取，因此形成了儒学、国学和兰学各种流派之争，并在竞争中创办了传授各种学说和文化知识的教育机构，为明治维新做了思想准备，也为近代教育打下了基础。

二、明治维新与日本近代教育制度的建立

"明治维新"是指日本19世纪后半叶明治天皇在位时期的资产阶级改革运动，标志着日本由封建社会转向资本主义社会。明治维新领导人认识到教育对国家建设和现代化的主导作用，以西方国家为模式，将"殖产兴业"、"富国强兵"和"文明开化"作为基本国策，创建公共教育制度。一些代表团被派往主要的西方国家考察其教育制度，一些西方顾问应邀设计日本教育的新方法。1871年设立文部省，1872年颁布《学制令》。经过明治维新时期的教育改革，日本建立起现代教育制度。

一般将明治维新时期教育的发展历程分为三个阶段：明治初期的教育（1868—1884）、明治中期的教育（1885—1894）和明治后期的教育（1895—1912）。明治初期，日本效法西方国家颁布了《学制令》，初步创立近代学制。明治中期，确立了国家主义教育体制。明治后期，国家主义教育进一步加强。下面介绍明治初期和中期的教育，明治后期的教育将在第十五章展开叙述。

（一）明治初期日本近代教育制度的初创

明治初期是指从1868年明治政府建立到1884年自由民权运动基本结束的历史时期。这是日本近代历史的起点，也是明治维新的关键性历史时期。日本教育在"富国强兵"、"殖产兴业"、"文明开化"三大方针的指引下，伴随政治、经济、军事和文化领域的改革，也进行了教育改革实验，广泛吸收了欧美国家的教育思想和教育制度，为建立近代日本教育制度奠定了基

础。①新政府采取两项根本措施引进西方文化教育：一是聘用外国专家、技师和技工，派遣留学生；二是改革传统的封建教育制度、教育内容和教育方法，发展国民教育事业以启迪民智。

1. 文部省的设置

1868年6月公布的《政体书》是明治初年中央政府组织法，此后新政府多次更改官制，逐步加强中央集权制度。1869年6月，新政府实行"奉还版籍"，取消藩主的领有权和实际统治权，由中央政府直接统治全国，完成中央集权的第一步。同年7月再次改革中央官制，集权于中央。1871年，彻底剥夺封建领主的权力，文武官僚在天皇的名义下实行专制政治。1871年，增设文部省，取消大学校兼管教育行政的制度。由文部省负责统辖全国各府县的学校和一切教育事业。

2.《学制令》与法国式教育

新政府成立之初，面临的首要任务是如何引进欧美教育制度以制定全国统一学制。1871年，新政府组建12人学制调查委员会，以法国教育制度为依据起草"学制"，也参照了英国、荷兰、德国和美国的教育制度。12人学制调查委员会成员包括10名洋学家和2名国学家、汉学家，把日本古代制度充实到新学制中。

1872年，日本颁布《学制令》。① 仿照法国规定了学区。全国分为8个大学区，每个大学区设一所大学，每个大学区设32个中学区，全国共设256个中学区，各区设一所中学；每一中学区分成210个小学区，全国设立53 760所小学。② 各级学校。小学：6岁入学，分为上下两等，各为4年。中学：分为上下两级，修业年限各为3年。大学：教授高深学问，分为理、化、法、医和数理5个学科。③ 教员。小学教员不论男女，年龄须在20岁以上，并取得师范学校毕业证书或中学毕业证书；中学教员年龄须在25岁以上并取得大学毕业证书，大学教员必须是学士称号获得者。④ 学校经费来源。包括学生缴纳的学费；设置者（民间）承担的捐赠款、学区内筹集的款项和诸项存款利息；国库补助的委托款。⑤ 教育管理制度。在文部省统辖下设督学局，各大学区设督学，各中学区设学区监督。督学有权与地方官协议督办学区内的学校。学区监督负责管理和监督小学区的学务。

日本以法国为样板设计了中央集权的教育制度。《学制令》的基本精神是功利主义的学校目的论、实用主义的学问观、教育上的平等精神和学费由人民承担。

《学制令》颁布的同年，文部省开办东京师范学校。后来设立6所省立师范学校，地方政府设立82个师资训练中心。文部省责成地方政府解决教育经费问题。在中等和高等教育方面，1872年，政府下令停办藩学。新的中学多数是私立的，或是由以往的私塾改建而成的。有三所幕府学校几经改革成为东京大学，是日本培养高级政府官吏和开展现代学术研究的最高机构。

3.《教育令》与美国式教育

《学制令》实施后，日本出现入学率低和中途退学等问题，主要原因为：一是民众无送子女上学的经济能力，二是教学计划脱离各地区的实际和学生发展水平。在《学制令》颁布

---

① 参见王桂编著：《日本教育史》，吉林教育出版社1987年版，第98—99页。

不久，明治政府对教育政策进行了修改，学校教育制度也几经变化。从1872年建立近代学校教育制度至1890年颁布《教育敕语》的18年里，日本在教育政策和教育制度方面进行了反复实验。

根据1879年9月颁布的《教育令》，大学区制的教育管理体制被废除，改行美国式的地方分权制，以自由主义为基础，尊重地方自治，初等教育缩短为4年。这项改革促使教育民主化运动兴起，也对中央集权造成了损害，教育发展停顿，入学率下降。实践证明，《教育令》过于自由化的倾向并不适合日本国情。为了纠正这种倾向，明治政府于1880年修改《教育令》，恢复大学区制，再次强调国家对教育的控制；把小学四·四分段改为初等科3年、中等科3年、高等科2年的三级制，初等科为义务教育。1885年又进一步修改《教育令》，采纳了普鲁士中央集权的教育制度。经过上述改革，明治初期的日本形成了由欧洲的集权主义、美国的自由主义以及东方儒家的家族与国家观念混合而成的教育思想和教育体系。

（二）明治中期国家主义教育制度的确立

明治中期，日本教育由改革实验阶段进入确立国家主义教育体制阶段，确立教育的指导思想是国家至上主义，这与当时日本的资本主义政治、经济和文化状况密切相关，是日本资本主义经济和君主立宪制的产物。

1. 国民教育制度的确立

明治政府于1872年颁布的《学制令》未能实现。此后，1879—1885年有过三次改革试验，即《教育令》、《修改教育令》和《第二次修改教育令》。在这段时间里，全国各地进行过各种改革，力图消化西方教育的影响和吸收江户时代后期的教育遗产，并把二者融合起来；各种学派尤其是国学派、儒学派和洋学派展开的论争为确立国民教育制度作了思想准备。

1885年，明治政府建立内阁制度。首任文部大臣森有礼（Mori Arinori，1847—1889）把德国的国家主义与日本天皇制国体结合起来，推行"国体教育主义"，于1886年制定《帝国大学令》，将东京大学改为帝国大学；制定《师范学校令》、《小学校令》、《中学校令》和《学位令》，规范了日本学校教育制度。这些法令被统称为《学校令》，在法制上奠定了战前日本教育制度的基础。根据《学校令》，日本建立起以小学为基础的连贯的学校系统。小学、中学和师范学校均分为普通和高等两级，并形成以高等小学—普通中学—高等中学—帝国大学为直系的和以高等小学—普通师范学校—高等师范学校为旁系的两大系统。

2.《教育敕语》及其影响

日本近代教育以国家主义为基础。森有礼强调教育不是为了个人而是为了国家。1890年，由日本政府编撰的《教育敕语》以天皇诏书的形式再次确认教育的国家主义方向，宣布了日本教育的基本方针，体现了明治政府将"西方技术与东方道德"相分离的政策，强调国家荣誉和忠君思想。国家主义和《教育敕语》对战前日本教育产生了极大影响，直到战后实施教育改革时才被逐渐消除。

3. 职业教育法的制定与实施

19世纪80年代后期，日本加强职业教育的改革，以促进其发展。1890年和1894年先后制定了《实业补习学校规程》、《徒弟学校规程》、《实业教育国库补助办法》和《简易学校规程》等各种法令。1899年，颁布《实业学校令》，建立中等职业教育制度。1903年颁布了《专业学校令》，建立了高等专科学校制度。

三、福泽谕吉论教育

福泽谕吉（Fukuzawa Yukichi，1835—1901）是日本近代的兰学家、启蒙思想家和教育家。他批判日本的封建意识形态，宣传天赋人权思想，传播西方资本主义文明，对日本资本主义发展起到了很大的推动作用，故有"日本的伏尔泰"之称。1872年至70年代末，他先后发表其代表作《劝学篇》和《文明论概略》。福泽谕吉的教育思想是其启蒙思想的重要组成部分。

（一）个人独立和国家独立

福泽谕吉在《劝学篇》中一再强调个人独立的重要性，被他的学生归结为"独立自尊"四个字。"所谓独立，是指应该有独立的实力，并不是指偶然独立的外表而言。"[1]独立包括由自己辩明事理，处置事情，不依赖他人的智慧和钱财而建立一种独立的生活。在福泽谕吉看来，个人独立是国家独立的基础。国与国之间是平等的，人如果没有独立精神就不能伸张国家独立的权利。

（二）学习西方文明

福泽谕吉指出，日本文明徒具外形而缺乏内在精神，说明落后就要挨打的道理。他没有对西洋文明顶礼膜拜，而是分析日本发展文明的有利条件，鼓励日本人发扬独立自尊的精神，吸取西方文明，取彼之长，补我之短。

在如何学习西方文明的问题上，福泽谕吉主张弃其糟粕，择善从之，决不盲目照搬。落后国家在学习和吸收外国先进文明时一定要结合本国的具体情况，切不可全盘效法，更不应该单纯仿效文明的外形，关键是要使日本人掌握"有形的自然科学和无形的独立精神"。

福泽谕吉重视学习实际有用的科学，主张儒学和国学让位于实学，专心致志学习对人生日常生活有用的实际学问，如练习写信、记账，学会打算盘和使用天平等，还可学习地理学、物理学、历史、经济学和修身学等。在洋学中，他非常推崇物理学，认为物理学能够根据实验结果和事实探索研究对象的真实性和规律性。

（三）论教育的作用

在进化论的影响下，福泽谕吉将人的成长与植物的发育进行了类比，也估计了教育的作用。"人的能力中，天赋遗传的因素是有限度的，绝不能超过其限度"；"人，学则智，不学则愚，人的智慧取决于教育如何"[2]。

---

[1] ［日］福泽谕吉著，北京编译社译：《文明论概略》，商务印书馆1959年版，第191页。
[2] 转引自赵祥麟主编：《外国教育家评传》（第二卷），上海教育出版社1992年版，第423页。

福泽谕吉把教育喻为花匠的工作。如果花匠对庭院里的松树和牡丹置之不理，任其自然成长，它们就会逐渐枝枯叶落。如果花匠经常剪枝培土，一年四季精心侍弄，它们就会枝繁叶茂，花色鲜艳。人的教育也是这样。如果任其自然发育而不注意施以体育和智育，人就会受周围风气的感染，失掉健康的身心和品格，成为粗野下等的平庸之辈。教育，特别是学校教育，不是以单纯灌输知识为目的，而是以开发人的天赋能力为目标。

（四）论普及教育

福泽谕吉主张"四民平等"和教育机会均等，重视普及学校教育。人的天赋能力的发展和日本的文明开化均以普及学校教育为前提条件。在日本颁布《学制令》前后，福泽谕吉是"强迫教育"的赞成者。1879—1886年，日本4次修改义务教育制度，说明普及义务教育和强迫推行义务教育制是行不通的。因此，1886年以后，福泽谕吉反对"强迫教育"，认为国民教育是丰衣足食之后的事情，普及学校教育不能操之过急，每个儿童可根据家庭经济条件来决定是否受教育。在日本产业革命兴起后资本主义经济飞跃的情况下，福泽谕吉赞成应为教育事业大量投资，以促进学术知识的发展与普及。

（五）论智育和德育

福泽谕吉主张德才兼备。他认为，道德是指一个人内心真诚，智慧是指思考事物、分析事物和理解事物的能力。他把道德分为私德与公德，把智慧分为私智和公智。智慧和道德两者兼备才是完人。福泽谕吉认为，儒学家提倡道德而轻视智慧是最令人忧虑的弊端，提倡向学生传授实际有用的知识。

在福泽谕吉看来，道德观念和道德习惯的形成受遗传因素、家庭环境、家庭风气、社会环境和社会舆论等方面的影响，不能完全归结为教育本身的力量。道德教育只靠学校教育是不够的，还必须由家庭、社会和学校共同努力才能完成。最重要的是教育者自身的道德修养，要躬身实践给孩子做出榜样，使受教育者在潜移默化中受到教育。

（六）福泽谕吉在日本教育史上的地位

福泽谕吉是一位百科全书式的启蒙思想家，他在世时就有许多弟子和追随者，影响波及日本人民和政府两个方面。他的著作是一个包罗万象的体系，在政治、经济、社会文化、思想和教育领域都产生过重大影响。在他逝世之后，有人继续传播其思想。在明治维新时期，福泽谕吉的名著成为轰动全国的畅销书，对日本社会各阶级产生前所未有的影响。他的思想对自由民权思想的勃兴和自由民权运动的发展产生了深刻影响。他的影响还广泛渗透到政府的各个部门。在日本明治维新时期，福泽谕吉作为新兴资产阶级的代言人，以革新进取精神，积极从事思想启蒙运动，批判封建主义意识形态，输入西方资本主义文明，号召日本走西方资本主义道路，在日本近代史上起到了启蒙思想领袖的作用。[1]

---

[1] 参见赵祥麟主编：《外国教育家评传》（第二卷），上海教育出版社1992年版，第421—431页。

关键概念

彼得一世的教育改革	《俄罗斯帝国国民学校章程》	俄国公共教育运动
乌申斯基	人是教育的对象	富兰克林
文实中学	《1785年土地法令》	公立学校运动
贺拉斯·曼	初级学院	明治维新时期的教育改革
福泽谕吉		

近代各国教育（第八章、第九章）小结

一、近代教育的国家化和世俗化趋势

1760—1840年是欧洲大陆国家形成教育体系的经典时期。欧洲大陆的正规学校教育起源于教会和宗教团体，它们是早期教育得以扩展的工具，是系统教学形式的首创者。但使宗教教育转变为正规学校教育体系，以满足世俗社会和民族需要却是国家的功劳。这一过程开始得比较早，在很多国家都可以追溯到16世纪。国民教育作为一种工具的价值第一次在有关强制入学、政府资助和学校审核的法律方面得到了决定性预示，教育的控制权逐渐归于国家。随着公立学校逐渐取得领导地位（相对于各种私立学校和自愿捐助学校而言），中央政府和地方当局不可避免地加强了对教育的控制。国家通过分配资金，给学校颁发许可证书，对学校进行审核，同时通过教师标准、国家级证书制度和标准课程等措施逐渐加强了对学校教育的管理。

二、近代国民教育体系的建立

首先，各级各类教育在近代得到发展。小学教育由于有了国家的帮助而得到巩固，对小学教育的免费性和强制性立法规定使儿童接受教育成为一种普遍现象；中等教育从范围狭小的精英式教育中走出来，逐渐整合为更为现代的课程和教学；职业和技术教育得到了发展，以满足工商业发展的需要。其次，各国教育体制逐渐系统化。不同的机构被整合起来，逐渐发展成为一个由整合的教育科层进行管理、由受过培训的人员担任教师的系统。这是一个按年级划分的等级系统，其内部各成分之间相互联系和互相补充。这也是一个教育阶梯，由不同的课程和入学要求共同规定。

上述这些变化标志着近代国民教育体系和教育体制与历史上的自愿捐助学校及其他各种颇有特色的教育形式的截然分裂。以前的教育是教会、家庭和行会等为了满足自己的需要而举办的。专门的教育体制的建立和正规教育及职业培训的垄断地位的确立，标志着教育概念和形式的一次变革，也意味着学校教育、社会和国家三者关系的一次变革。教育变得大众化了，成为社会组织的一个核心特征。

随着学校教育体制的建立，教育开始受到普遍的、全国性的关注。教育（education）以不可逆

转之势被认为是正规的、系统的学校教育（schooling）的同义词，并成为国家的一个基本特征。国民教育体系是教育发展史上的一个分水岭，标志着大众教育时代的到来和扫盲事业的发展，也成为国家办学的源头，并逐渐在20世纪各个现代国家教育发展中取得主导地位。

三、近代各国教育发展的不平衡性

近代各国教育发展是不平衡的，形式也是多种多样的。经典的公立教育体系（接受国家资助和管理，管理体系分工明确）最早出现在欧洲大陆，尤其是德、法、荷兰和瑞士，到1830年已建立基本的公立教育体系。美国北部各州在1830年到内战期间也按照较为地方化的模式建立起了公立教育体系。而英国、欧洲南部国家和美国南部各州在这方面相对滞后，英格兰甚至到20世纪才建立起一体化的公立教育体系。高入学率、高教学水平和高扫盲程度与公立教育体系的发展密切相关。

一般说来，哪个国家建立了比较系统的学校体系并进行统一管理，培训教师并对教师的工作进行监控，优先发展教育事业，哪个国家的人们受教育的机会就越多，其教育的水平也就越高。但是，这并不意味着该国人民所受的教育必然是理想的教育。事实上，由最有效的体制——尤以普鲁士为代表——所传授的知识和态度常表现得比较狭隘，灌输国家意志的目的也最为强烈，因而遭到较为民主的教育体系的质疑。

四、对近代国民教育评价的不同理论视角

国民教育体系的社会起源是什么？这是历史上的思想家和当代学者共同关心的理论课题。围绕这个话题，人们有不同的观点，包括自由主义理论、马克思和恩格斯的理论、功能主义理论和新马克思主义理论等。

① 英国辉格党派对历史的经典阐述是把政治民主化与自由主义理论联系起来，带有较强的新教取向。它把历史看作一个逐渐进化的过程，并尝试使之与进步这个概念相联系。在这一派人士看来，在国民教育体系的形成中，有三个重要因素：宗教，尤其是新教，18世纪的启蒙思想和民主精神。这方面的代表作是美国著名教育史家卡伯莱（Ellwood P. Cubberley，1868—1941）的一本颇有影响的著作《美国公立教育》。[①]

② 以涂尔干为代表的结构功能主义观点认为，国民教育的社会起源应归结于教育与工业革命、社会整合与技能准备。与其他经典的社会学奠基人相比，涂尔干对教育有更为深入的探讨。他认为教育主要有两大功能：第一，是为工业经济输送技术工人。第二，使文化传递的方式成为社会整合的工具。[②]在涂尔干的影响下，美国功能主义重点关注教育和劳动的关系。人力资本理论是功能主义的另一个变种。许多历史记载都以功能主义为理论前提，这类研究隐含了一个假设：教育发展是工业发展的产物，源于技术发展的需要，并通过提供这些技术而促进了经济发展。

③ 马克思主义社会学注重教育结构和资本主义生产关系之间的相关性和同质性。涂尔干理论的不足是不能充分解释，甚至是回避了近代社会存在阶级冲突的事实。马克思主义经典作家则阐明了教育是如何根据阶级、种族和性别差异来筛选和分流的。

---

① 参见周采著：《美国教育史学：嬗变与超越》，人民教育出版社2006年版，第52—64页。
② 参见本书第八章第二节涂尔干的教育思想。

④ 战后西方"修正主义"教育史学中的激进派从广义上考察教育和工业化带来的社会变化之间的联系，从总体上看更符合马克思主义对资本主义工业过程的分析。他们的观点强调城市化、无产阶级和家庭结构的变迁对近代西方教育的影响。主要代表人物是美国的凯茨（Michael B. Katz）[1]、鲍尔斯（Samuel Bowles）和金蒂斯（Herbert Gintis）[2]等。

⑤ 西方马克思主义者葛兰西（Antonio Gramsci，1891—1937）在马克思历史著作的指导下，深刻阐述了不同历史时期各级社会的形成，国家、意识形态和政治上层建筑之间的关系。他的国家理论和霸权理论重点关注国家为确保统治阶级的霸权所起的广泛意义上的"教育"和教化职能，并高度关注民族、宗教和文化体制的历史特性。[3]

不同教育体系的相对优势和弱势常常成为近代讨论的焦点，到处游历的教育家们也提供了丰富的第一手资料。当时的许多比较研究注意到不同学校教育体系的不同教育内容，在考察教育内容及其组织时带有一定的政治意识。那些称赞法国和普鲁士教育体制的人和英国众多中产阶级激进党成员一样，都是出于对国家干预这一观念的推崇。而那些较为民主的人们则对普鲁士体系的权力主义表示怀疑，而主张英国的学校教育体系要把普鲁士的效率和美国管理的民主性结合起来。

五、近代各国教育特色的形成

（一）欧洲大陆的教育和中央集权制

学者常把德国教育和专制主义联系在一起。普鲁士教育的特色在18世纪专制政治时期就已经奠定了基础，国家有权强迫百姓接受义务教育。但普鲁士也被称为学校教育的典范，受到了普遍的尊崇，即使那些在政治上与之极其对立的国家也非常推崇普鲁士小学教育时间之长及教师效率之高。

能够给所有儿童提供小学教育的国家还有荷兰、德国的其他各邦、法国、瑞士、丹麦、瑞典和挪威。公立教育在那些还没有摆脱专制主义、未曾开始工业化的大陆得到进一步发展。在欧洲最为专制的政府（如普鲁士）的统治下，所有儿童，即使是联合王国最卑微阶级的儿童，都正在他们的村庄和教区学校接受更为多样、可靠、在各方面看来都更有价值的教育，而英国的学校却习惯或者擅长于装饰。[4]

西方许多人士盛赞法国国立中学在学术上的优越性，盛赞普鲁士、瑞士和法国在高等职业教育上的优异，并把这种优越性归功于国家干预的功效以及法国人民对这一干预的接受。显然，每一个国家都有其独特的长处和短处，比如，法国有优秀的综合工科学校，但其小学教育却存在明显的局限性。

（二）美国教育和民族性、地方分权

美国的教育制度显然受到了分权政治的重要影响。在公立教育制度建立的早期，美国中央政权

① 参见周采著：《美国教育史学：嬗变与超越》，人民教育出版社2006年版，第236—249页。
② 参见［美］S·鲍尔斯、H·金蒂斯著，王佩雄等译：《美国：经济生活与教育改革》，上海教育出版社1990年版。
③ 参见衣俊卿、丁立群、李小娟等译：《20世纪的新马克思主义》，中央编译出版社2001年版，第114—118页。
④ ［英］安迪·格林著，王春华等译，朱旭东校：《教育与国家形成：英、法、美教育体系起源之比较》，教育科学出版社2004年版，第15—16页。

的参与程度比起欧洲各国明显少多了。在很大程度上，美国早期的学校是社会私人办学的产物，有私人也有团体合作举办。这些自我决策的个人与团体创办学校的经验非常宝贵，不仅仅作为一个神话，在实际社会中也扮演着重要角色。然而实际上，所有这些都深深地根植于美国地方主义的意识形态。

人们已经普遍认识到教育在美利坚民族国家形成过程中的重要性。特别对这样一个由讲不同语言、有着不同文化背景的移民组成的国家，这片土地上从来没有建立过国家机构，因此教育对于建立这个国家的民族感来说就更为重要了。尽管这一代的部分政治家或社会领袖通过自己的努力也产生了一定的政治影响，但由于人们更重视的是当地的自治活动，因此他们的努力并没有引起大的反响。像其他地方一样，在美国形成其占主导地位的意识形态的过程中，教育扮演了一个重要的角色。美国的意识形态实际上并不像有些人所传的那样，是一种神话般的、无阶级的"美国主义"意识形态，其社会秩序也并没有完全实现其共和的理想，在这个国度中，各种族、各阶级的权力和地位之间的关系同样错综复杂。这也就决定了美国的教育不可能是社会中平等的个体之间的自发活动。尽管教育的要求和活动是来自基层的，但也必须有一个上层机构来组织，当然这个上层机构不一定就是联邦政府自身。

（三）英国教育和自由国家

在19世纪的大部分时间里，英国政府一直抵制欧洲大陆借助国家发展教育的策略。英国的主流教育传统仍然是自愿捐助制，一种基于个人的自愿捐助并且拥有独立控制权的学校组织形式。这种对国家集中控制的抵制与美国北方诸州在某些方面很相似，但它却缺乏后者由地方各界的主动性而激发出来的发展活力。英国的教育改革根本没能像美国那样，在目标和方法上达成广泛的一致。因此，在很长时间里，英国的教育一直处于僵持状态，许多重要的改革一直到许多教育界人士都认识到其重要性之后很久才得以实施。

在19世纪的主要国家中，英国是最后建立全国性教育体系并且是最不情愿让其受控于公众的一个。正如第一章所试图阐明的，国家形式缓慢和不均衡的发展会表现在教育的许多相关方面，比如，迟迟没有建立有关学生入学以及对学校和教师进行认证的法律，也没有建立起全国性的教师培训和考试体系；在很长一段时期内公众对教育的资助和控制都处于较低水平，导致教学督导和课程管理都软弱无力。教育集中管理的确立经历了一个非常漫长的过程。

这种缺乏统一指导和支持的状况导致了英国小学教育的低入学率和参差不齐的教育标准，技术教育发展滞后，中等教育改革缓慢。总之，教育机构的多样性和各教育部门间长期缺乏整合构成了英国教育体系的主要特征。这种普遍的教育发展的相对不足是自愿捐助教育体系的产物，该体系在各方面条件都具备的情况下没有完成向一个完备的全国性教育体系的演变，而是继续存在了很长时间。直到1870年，英国才建立起全国性的教育体系，并且即便到了那个时候，英国的教育体系也还是与自愿捐助制进行传统妥协的产物，直到1899年才建立起单一的教育管理机构。而国立中等学校则直到1902年才建立起来，这比法国和普鲁士晚了整整100年。

因此，有关英国教育发展的最有意义的问题并非它因何产生，而是它为什么那么晚才发生，以及为什么以其特有的方式发生。英国这个宗教改革时期欧洲文化程度最高的国家，何以在维多利亚时期却成了西欧文化程度最低、教育最不发达的国家呢？（参见本书第八章第一节结语）这是历史学家经常思考的问题。

思考题

1. 简述彼得一世的教育改革。
2. 简述1786年《俄罗斯帝国国民学校章程》的主要内容和意义。
3. 简述俄国1803年《国民教育暂行章程》的主要内容和意义。
4. 对19世纪中叶俄国公共教育运动进行述评。
5. 述评乌申斯基的教育民族性原则。
6. 简述乌申斯基的教学论思想。
7. 试论乌申斯基在俄国教育史上的地位。
8. 简述美国联邦政府的《1785年土地法令》和《1787年土地法令》对教育的影响。
9. 简述富兰克林的教育思想。
10. 简述杰斐逊的教育思想。
11. 简述美国教育的学区制。
12. 简述美国地方分权教育领导体制的建立及其特征。
13. 对美国19世纪上半期公立学校运动进行述评。
14. 简述美国的文实中学。
15. 简述贺拉斯·曼的公共教育思想。
16. 述评日本明治维新时期的教育改革。
17. 简述福泽谕吉的教育思想。
18. 分析近代国民教育发展的一般特征及其成因。
19. 试比较各国教育体系起源的异同并分析其成因。
20. 试论近代各国教育领导体制的主要类型及其特征。

第十章　近代教育理论（上）

近代教育理论（包括第十章和第十一章）将介绍17—19世纪世界著名教育家的教育思想。第十章介绍了夸美纽斯、洛克和卢梭的教育理论，第十一章介绍裴斯泰洛齐、赫尔巴特、福禄培尔以及马克思和恩格斯的教育理论。在从封建时代过渡到资本主义时代的历史时期，上述教育家继承了前人的有关思想，并从自己的世界观和教育实践经验出发，提出了系统的教育理论，探讨了家庭和学校教育的目标、内容和方法。夸美纽斯的学校教育制度设想和教学经验的总结、洛克的绅士教育的理论、卢梭的教育适应自然的理论、裴斯泰洛齐的普及近代小学教育的思想、赫尔巴特的教育性教学和教学形式阶段的理论、福禄培尔的学前教育理论以及马克思、恩格斯的教育理论，都是人类教育思想的共同财富。

第一节　夸　美　纽　斯

随着近代自然科学的兴起和学校教育的发展，教育理论和教学法研究在17世纪日趋繁荣。在推动这个高潮的一批先觉中贡献最大者是捷克教育家夸美纽斯（Johann Amos Comenius，1592—1670），其著作有256种之多。其中《大教学论》（*The Great Didactic*，1632）奠定了现代教育学的基本框架，是教育学从综合性的知识领域分化出来成为一门独立学科的起点，夸美纽斯被教育史家誉为"教育科学的真正奠基人"和"教育史上的哥白尼"。

一、生平、著作与思想特点

夸美纽斯生于"捷克兄弟会"[①]成员家庭。当时的捷克隶属于德意志神圣罗马帝国[②]，受到德国天主教贵族的压迫。他12岁时成为孤儿，1604—1605年就读于兄弟会学校，1608年入读拉丁语学校，大学毕业后担任兄弟会牧师，兼任兄弟会学校校长。三十年战争（1618—1648）造成的瘟疫夺去了其妻儿的生命。在极其艰苦的流亡生涯中，夸美纽斯坚持从事教育研究，曾应邀去英国、匈牙利和瑞典等国从事教育改革，1670年客逝于荷兰。

[①] "捷克兄弟会"是捷克胡斯战争中塔波尔派（Tabor）失败后由其余众组成的新教教派，其成员多为贫苦农民、手工业者和小商人。该教派继承了塔波尔派的民主传统和爱国主义精神，主张人与人之间完全平等，实行普及初等教育，重视民族语教学，推动捷克语言文学的发展。
[②] 德意志神圣罗马帝国（Holy Roman Empire，962—1806）。

夸美纽斯的《母育学校》（*School of Infancy*，1630）是西方教育史上第一部学前教育专著，详细地论述了在家庭中进行幼儿教育的各个方面。《大教学论》是其教育代表作，论述了教育的目的和任务、教育适应自然的原则、学校制度及各阶段的教育任务、班级授课制、教学原则和教学方法等，成为近代教育理论的奠基之作。《世界图解》（*The World Sensible Thing Pictured*，1654）是西方历史上第一部依据直观原则编写的对幼儿进行启蒙教育的看图识字课本。

夸美纽斯生活于欧洲从封建制度向资本主义制度过渡的时代。一方面，资本主义生产方式在各国有不同程度的发展，近代自然科学体系正在形成，人文主义思想广泛流传。另一方面，封建制度在多数国家仍占统治地位，宗教神学世界观依然禁锢着人们的头脑。受这种过渡时代历史特征的影响，夸美纽斯的世界观充满了新与旧的矛盾：在人文主义影响下关心人的现世生活，主张通过教育使人和谐发展；具有民主精神，希望通过教育改良社会；相信上帝是万物的创造者和主宰者，但受到近代自然科学的影响，探索自然发展的法则并运用于教育；认为感觉是认识的起点和源泉，又认为《圣经》是认识的重要源泉。

夸美纽斯思想中的进步因素集中体现在泛智（Pansophia）论中，即将一切有用的知识教给一切人并使其智慧得到普遍发展的理想。泛智论反映了文艺复兴以来新兴资产阶级反对宗教蒙昧主义、提倡发展科学的时代精神以及普及教育的民主要求，是夸美纽斯教育思想的核心，也是其从事教育活动的宗旨。夸美纽斯善于吸收前人的思想和经验，他几乎研究了古代、文艺复兴时代以及当时的所有重要教育著作。17世纪的德国教育家聚焦于教学法研究，拉特克（Wolfgang Von Ratke，1571—1635）的《新方法》（1617）对夸美纽斯有直接影响，但他没有停留在对教学法的探讨上，而是建构起一个有深刻见解的教育理论体系。

二、论教育的目的和作用

在昆体良和伊拉斯谟等人的影响下，夸美纽斯高度评价了教育在社会和人的发展中的重要作用。首先，将教育视为改良社会的手段。"教会和国家的改革包含在年轻人的正确教导中。"[①]他希望通过教育改变社会道德普遍堕落的现象，坚信受到良好教育的民族将善于利用地下宝藏，过上富足和幸福的生活。其次，高度评价了教育在人的发展中的作用。人生而具有学问、道德和信仰的种子，这是人可接受教育的基础。他把人心"比作一张白纸"或"一块蜡"，人脑能接受万物的映像。但与生俱来的"种子"和领悟事物的能力只是"潜伏地存在着"，需要通过教育加以发展。"只有通过恰当的教育，人才能成为人。"[②]

夸美纽斯的教育目的论以神学目的论为依据，同时接受了文艺复兴以来人文主义者和新教对于人生的乐观态度。他认为，作为上帝的完善的创造物的人不仅要认识自己还要认识上帝，"今世只是为永生做准备。"[③]人是造物中最崇高、最完善和最美好的。人要成为理性的动物、一切造物中的主宰和造物主的形象和爱物，由此引申出教育的目的：博学、有德行和宗教虔

① ［捷克］夸美纽斯著，任钟印译：《大教学论·教学法解析》，人民教育出版社2006年版，第270页。
② ［捷克］夸美纽斯著，任钟印译：《大教学论·教学法解析》，人民教育出版社2006年版，第51页。
③ ［捷克］夸美纽斯著，任钟印译：《大教学论·教学法解析》，人民教育出版社2006年版，第32页。

信。夸美纽斯提出"周全的教育"的理想，所有人不论穷富都应接受智育、德育和宗教教育。也要顾及身体健康，身体是灵魂的住所和工具，离开了身体，灵魂既不能看也不能听。

三、论教育适应自然的原则

在夸美纽斯的《大教学论》中，自然适应性起着方法论基础的作用。教育适应自然的原则是夸美纽斯教育思想的主导原则。亚里士多德提出教育要适应儿童自然，即适应儿童本性的思想。[①]在近代自然科学的影响下，17世纪西方的一些先进人士一反以往从《圣经》中寻找立论依据的惯例，转而采用引证自然的方法，夸美纽斯也受到这种时代风尚的影响。

17世纪数学和力学的发展为各种工艺的发明和创造奠定了理论基础，时钟、印刷术、抽水机和起重机等各种机器不断被发明出来，使机械唯物主义观点成为这个时代的总观点。人们把世界看成一架"巨大的机器"，人类的一切方面都应受机械法则的支配。夸美纽斯把这个机械的原则叫作"秩序"。"真正维系我们这个世界的结构以至它的细微末节的原则不是别的，只是秩序而已；就是，按照地点、时间、数目、大小和重量把先来的和后来的，高级的和低级的，大的和小的，相同的和相异的种种事物加以合适的区分，使每件事物都能好好地实践它的功用。所以，秩序就叫作事物的灵魂。"[②]

按照夸美纽斯的解释，教育适应自然主要指遵循自然界的"秩序"，它是在自然界中起支配作用的普遍法则，对动植物的生活或人的活动都发生作用。他将人看作自然界的一部分，因此人的发展以及人的教育也应服从自然界的普遍法则。比如：鸟儿在春天繁殖，园丁在春天种植，人类的教育也应加以效仿，要从"人生的春天"，即儿童时期开始教育。根据"秩序"的原则，夸美纽斯批评旧学校的最大弊病就是违背自然，强迫学生死记硬背，用无用的知识填满学生的头脑，造成儿童在时间和精力上的极大浪费。要想改革旧教育必须贯彻教育适应自然的原则。

在夸美纽斯的教育适应自然的思想中，也包含有依据人的天性和身心发展规律进行教育的含义。他所理解的"天性"是指人的初始的、原本的状态。[③]夸美纽斯根据性格的差异把儿童分成六类，试图从人脑的不同来解释性格的不同，从生理机制上找心理的原因，并要求一切教学都应考虑到学生的天性倾向和兴趣爱好。"从上述夸美纽斯的主张的上下文可以看出，在自然适应性原则中，他是注意到考虑儿童年龄特征的，但是这些年龄特征在他的论证中并没有占独立的地位，不是他的基本论据，而是从属于某种更普遍的规律性、基本原理、包罗万象的规律的。"[④]

受当时科学发展水平的限制，夸美纽斯似乎并不理解教育作为一种社会现象的特殊规律，也没能全面揭示自然界和人类社会发展的普遍法则。当他采用与自然和社会现象类比的方法论述教育问题时，虽然包含了许多真知灼见，但也不可避免地出现许多片面、机械和牵强附会的

---

① ［苏］耶·恩·米定斯基著，何国华、吴文侃译：《教育史中教育的自然适应性原则》，《教育译报》1957年第4期，第14页。
② ［捷克］夸美纽斯著，傅任敢译：《大教学论》，人民教育出版社1984年版，第75页。
③ ［捷克］夸美纽斯著，任钟印译：《大教学论·教学法解析》，人民教育出版社2006年版，第39页。
④ ［苏］耶·恩·米定斯基著，何国华、吴文侃译：《教育史中教育的自然适应性原则》，《教育译报》1957年第4期，第16页。

地方。实际上，夸美纽斯教育思想中许多有益的主张与合理的因素并不是模仿自然秩序得出的结论，而是他对本人和前人长期教育经验的总结。他在对这些教育经验进行理论论证时，不是依据《圣经》和神学教条，而是引证自然，试图以合乎自然秩序的方式来论证自己教育改革主张的合理性，不仅在方法论上符合时代风尚，而且也反映了他力图改革陈规陋习并将学校教育组织得更为合理和有效的良好愿望。

四、论学校制度

夸美纽斯认为，在各种教育形式中，学校教育具有特别重要的意义，学校的产生是人类社会进步的结果。在子女教育问题上，父母往往既没有时间也缺乏能力，因此应充分利用以教育青少年为己任的教师及学校。但他批评了当时学校普遍存在的不合理和效率低下等弊病，提出了系统的学制和学校改革的构想。

（一）关于学制的设想

1.《大教学论》中的四级学制

依据自然适应性原则和民主思想，夸美纽斯在《大教学论》中提出统一的单轨学制，他把一个人从诞生到成年分为四个发展阶段，分别为婴幼儿期、儿童期、少年期和青年期，各阶段6年，共24年。与之相应的是母育学校、国语学校、拉丁语学校和大学四级学制。

① 母育学校。从儿童出生至6岁为第一阶段。母亲是儿童的第一位教师，家庭是儿童的第一所学校，因此，他将其称之为"母育学校"，其主要任务是为儿童奠定体力、智慧和道德发展的基础。

② 国语学校。儿童满6岁后应进入国语学校接受初等教育。应在每个城市和村庄都建立国语学校，招收所有儿童而不问其社会地位或性别；以国语作为教学用语，学习读、写、算、音乐、宗教、天文和地理等，并训练感觉器官、想象力和记忆力。

③ 拉丁语学校。在每个城市设立一所中等教育性质的拉丁语学校，分为6个年级，每年以一种学科为主，如文法、自然哲学、数学、伦理学、辩证术和修辞学。学校应为学生提供百科全书式的知识，为以后接受更高等的教育做好准备。

④ 大学。在每个王国或省设立一所大学，通过公开考试挑选青年，旨在培养牧师、律师、医生、教师和国家领导人。大学"课程应该真正是普遍的，应有学习人类知识的每一个部门的准备"[①]，大学还应是研究机构。根据当时的西方惯例，应以大旅行（grand tour）结束大学生活。

夸美纽斯在《大教学论》中提出了一个前后衔接的单轨学制。首先，论述了普及初等教育的思想，并主张中等教育向一切人开放。其次，提出了发展心理学思想。每个阶段有特定的任务，前一阶段为后一阶段打基础，而后一阶段是前一阶段合乎逻辑的发展。皮亚杰认为："在方法上尽管存在差异，但毫无疑问的是，我们仍可以认为夸美纽斯是发展心理学中遗传学思想的先驱之一，是适合学生发展阶段的渐进教学体系的创始人。"[②]

① [捷克]夸美纽斯著，傅任敢译：《大教学论》，人民教育出版社1984年版，第243页。
② [摩洛哥]扎古尔·摩西主编，梅祖培、龙冶芳等译：《世界著名教育思想家》（第一卷），中国对外翻译出版公司1994年版，第143页。

2.《泛教论》中的七级终身教育制度

在20世纪30年代发现的夸美纽斯晚年著作《人类改进通论》（*General Consideration Concerning Human Improvement*）（七卷本）之一的《泛教论》（*Panpaedia*）手稿中，他进一步将人的教育划分为七个阶段：胎儿期、幼儿期、童年期、少年期、青年期、成年期、老年期。第2—5阶段与《大教学论》中的四级学制大体相同，下面介绍第1、6、7阶段的教育安排。

① 胎儿学校。在人生的第一个阶段应设立胎儿学校，实行优生优育，设立"婚姻指导委员会"及"产前诊所"，为准备结婚的青年男女和孕妇提供咨询，以便养育健康的婴儿。

② 成人学校。实行继续教育，但以自我教育为主。依据泛智论原则，开列涉及完善身心和认识世界的大纲和书目，加强道德修养和技术学习，使人更好地从事其本职工作。

③ 老年学校。老人不应无所事事，而应继续学习和工作，总结自己丰富的人生阅历，并以安详的态度对待死亡，使人生有一个完满的终结。

夸美纽斯在阐述上述人生阶段及相应教育机构时还提出，与人生前两个阶段相应的教育机构是"私立学校"；与后三个阶段相应的是"公立学校"；与最后两个阶段相应的是"个体学校"。不论哪类学校都应由国家、教会或社团提供必要的书籍、教具及合格的教师。夸美纽斯指出，其倡导的教育体系的目的在于改造人类，使所有人都变成"真正理性的、真正道德的、真正虔诚的"人，使人类社会成为开放的幸福天堂。[①]

（二）关于学校管理

在中世纪，欧洲学校组织松散，实行个别化教学，缺乏统一的教学计划和严格的教学组织管理形式。宗教改革时期，在耶稣会派和路德派等教派学校的教育实践中，已出现班级授课制，并按年、月、周规定教学进程。夸美纽斯在《大教学论》中论述了班级授课制和学年制等学校管理问题，后来又在《泛智学校》和《创建纪律严明的学校的准则》等著作中进行了更为深入的探讨。

1. 班级授课制

夸美纽斯从理论上论述了班级授课制，论证了班级授课制的必要性和可行性。班级授课是对师生产生激励作用、提高教学效率的有力手段；班级授课应根据儿童年龄特点和知识水平将其分成不同班级，每个班级有一个专用教室和一位教师，面对全班学生进行教学，全班学生在教师的指导下学习同样的功课。但夸美纽斯夸大了班级授课制的可能性，坚持认为"一个教师同时教几百个学生不仅是可能的，而且也是很重要的"[②]。

2. 学年制和学日制

在中世纪，学校工作无计划，学生可以随时入学。为了改变这种混乱无序的状况，夸美纽斯制定了统一的学年制和学日制。除了特殊情况外，各年级应在每年秋季开始和结束学年

---

① 参见杨汉麟：《夸美纽斯的教育思想》，吴式颖、任钟印总主编，杨汉麟、周采本卷主编：《外国教育思想通史》（第五卷：《17世纪的教育思想》），湖南教育出版社2002年版，第268—270页。
② ［捷克］夸美纽斯著，任钟印译：《大教学论·教学法解析》，人民教育出版社2006年版，第152页。

课程，其他时间不接收任何儿童入校，以使全班学习进度一致，经过考试升入更高年级；将学年划分为月、周、日、时，每日有4个小时用于上课；在学习1小时后要休息半小时，每天保证8小时睡眠，每周三、周六下午是学生的自由活动时间。每年有4次休假日，每次8天。

3. 考查和考试制度

夸美纽斯还制定了一套与班级授课制和学年制相配套的考查和考试制度，包括学时考查、学日考查、学周考查、学月考查、学季考试和学年考试。其中，学年考试是学校最隆重的考试，通常在学年结束时举行，将全校学生集中在操场上，通过抽签进行口试，合格者可升级，不合格者须重修或被勒令退学。

4. 督学制度

夸美纽斯是西方教育史上倡导国家设置督学的先驱。任命督学是国王和当权者的权力，应将那些受人尊敬的、贤明的、信教的、积极的并具有丰富教学经验、自愿从事该项工作的明达之士推举到督学岗位上。督学的职责包括对未来的管理者进行培训，对各类学校人员进行管理，对学校的各项教学工作进行检查，监督学校规章制度的执行等。

五、教学论思想

夸美纽斯的教学论思想有其实践和哲学的依据，并总结了前辈、同辈和他本人丰富的教学经验。从思想来源方面说，他在知识论和认识论上主要受到弗兰西斯·培根的影响。1605年，培根在《学术的进展》（*Advancement of Learning*）中提出了一个百科全书式的知识体系（参见本书第七章第一节）。培根的唯物主义感觉论是夸美纽斯教学的哲学心理学基础。在教学法方面，夸美纽斯主要受到昆体良和拉特克等人的影响。

（一）"泛智论"与课程论思想

夸美纽斯在《泛智论》一书中以百科全书的形式概括关于上帝、自然和社会的普遍知识，形成了一个"泛智体系"。1639年，他在英国发表《泛智的先声》（*Precursor of Pansophy*）。1641年，他应邀赴伦敦领导一个学术委员会研究和编纂《泛智论》，设想建立一个研究人和神的学院。在《泛智学校》中，他希望设立一种对儿童进行广博教育的学校，设立七个年级，学习一切学科。他曾在匈牙利进行相关实验，但未完全实现上述的计划。

"泛智论"的核心是泛智教育。① 把一切知识领域中的精粹的总和教给人们，使其理解一切事物的原因并学会运用。② 所学习的东西一定要对生活有用。因此，把自然科学的学习提到重要地位。③ 训练学生的行动能力，为其将来生活做准备。④ 学习各种语言，如本民族语、拉丁语、希腊语和希伯来语等，并使这些语言成为学习相关知识的工具和各民族交际的手段。

夸美纽斯的"泛智论"思想具有重要的历史意义。首先，它反映了文艺复兴以后人们对百科全书式的知识的追求与向往，超出了中世纪经院哲学的思想范畴，带有近代思想的特征。其次，"泛智论"强调了教育与生活的联系。再次，赋予"泛智论"以丰富的、科学的和民主的含义，提出"把一切事物教给一切人类的全部艺术"的教育理想①，并通过教育实验加以实现。

（二）关于教学原则

夸美纽斯在《大教学论》中提出了许多教学原则，如"教和学的方便性的诸原则"、"教和学的彻底性的诸原则"和"教和学的简明性和快速性的诸原则"等，并论证了与之适应的教学方法。

1. 直观性原则

在文艺复兴时期，许多人文主义教育家，如莫尔、拉伯雷和蒙田等人都提倡过直观教学，夸美纽斯从唯物主义感觉论出发，对直观教学作了进一步的发挥。

夸美纽斯深信知识来源于感觉，在感觉中没有的，在理智中也不会有。在教学中，摆在年轻人智力面前的事物必须是真实的事物。"由此可引导出一条教师的金科玉律。一切事物都应当尽可能放在感官面前。"②如果对象本身不能得到，则可以使用它们的替代物，如编制复制品和模型以供教学之用。

夸美纽斯关于直观教学的论述以唯物主义感觉论为基础，将文艺复兴以来的有关思想和经验系统化，适应了近代科学发展对学校教育的要求，有助于使教学活动走出经院哲学的迷宫。但他过于夸大了直观教学的作用，没有认识到感性知识是认识的初级阶段，只有上升到理性认识才能认识事物的本质。

2. 启发诱导原则

夸美纽斯批评了经院式教学方式，主张让学生接触实际，独立思考，教他们用自己的眼睛去看，用自己的脑子去思考，而不要由别人越俎代庖。这就必须调动儿童学习的自觉性和积极性，启发学生学习的热情和兴趣。吸引学生爱好学习的具体方法，包括提出问题、说明所学内容的重要性、采用直观教具、运用表扬和奖励等。他一再强调教学如果不成功只能归咎于教师无能，学生不愿学习是教师的过错。

3. 量力性原则

夸美纽斯要求教学应适合儿童的年龄特征，"要学习的一切学科要这样安排，使之适应学生的年龄。凡是他们不能理解的，都不要给他们学习"③。如果强迫学生每天接受6—8个小时的班级授课外加作业，学生会因负担过重而出现恶心甚至精神错乱的问题。他借用昆体良的紧口瓶子的例子以说明量力性原则："有些人教学生时，不是学生能吸收多少就教多少，而是他们自己愿意教多少就教多少，这种行为是十足的愚蠢，因为才能需要支持而不能负担过重。教师也如同医生，他是自然的仆役而不是自然的主人。"④

4. 循序渐进原则

夸美纽斯通过与自然类比的方法，引出教学要循序渐进的原则。他指出："各个年级的全

---

① ［捷克］夸美纽斯著，傅任敢译：《大教学论》，人民教育出版社1984年版，第1页。
② ［捷克］夸美纽斯著，任钟印译：《大教学论·教学法解析》，人民教育出版社2006年版，第168页。
③ ［捷克］夸美纽斯著，任钟印译：《大教学论·教学法解析》，人民教育出版社2006年版，第106页。
④ ［捷克］夸美纽斯著，任钟印译：《大教学论·教学法解析》，人民教育出版社2006年版，第127页。

部科目都应当精心地划分阶段，使先行的为随后的铺平道路，并使之更加明白。时间应精心地加以划分，使每年、每月、每日、每时都有指定的功课；时间和学科的划分应得到严格坚持，不遗漏、不颠倒任何事情。"①学生在日常学习中，首先必须学会理解事物，然后才能记住它们。不要把重点放在口语和书写上面，除非在理解和记忆方面受到过训练。

5. 巩固性原则

人们普遍抱怨离开学校的人很少受到彻底的教育，夸美纽斯分析了造成这种情况的原因：一是学校忽视了更为重要的学业，二是由于学生忘记了所学的东西，其结果犹如往不断漏水的筛子上倒水。补救办法有以下几条：① 只学真正有用的学科；② 在教细节以前彻底地把基础训练做好；③ 各部分尽可能衔接起来；④ 一切后教的东西都要以先教的东西为基础；⑤ 将重点放在同类学科之间的相似点上；⑥ 一切学业的安排都照顾到学生的智力、记忆力和语言的性质；⑦ 用经常的练习来巩固知识。②

6. 因材施教原则

夸美纽斯继承和发展了昆体良的因材施教思想，在强调人的自然的平等和可受教性的同时，也注意到人的个别特征，并提醒教师在教学过程中要注意研究这些特征，有针对性地施教。"人与人的头脑之间的差异就像存在于各种不同的植物或动物之间的差异一样大。"③同样的方法不能同样用于一切人。有一些人智力很强，能充分理解每一种学科，但也有很多人连掌握某些事物的基本知识也觉得很困难；有些人在抽象科学方面显得很有能力，但对实用学问却显得无能；有些人除了音乐以外什么都能学会，有些人不能够精通数学、诗词或逻辑学。因此，教师违背学生天性的努力是徒劳的，教师的使命是培养学生而不是改造学生，应鼓励每个人在他的天然倾向的方面得到发展。

六、学前教育思想

夸美纽斯在《大教学论》和《母育学校》中有着丰富的学前教育思想，包括儿童观、学前教育的意义、母育学校的教育内容及用书、幼儿的游戏及玩具、幼儿的劳动教育和语言发展、幼儿的集体教育以及进入公共学校的准备等。④

（一）学前期教育的意义

在人文主义精神的影响下，夸美纽斯把儿童比作"上帝的种子"，将儿童比作比金银珠宝还要珍贵的"无价之宝"，并警告那些欺侮儿童的人，要他们像尊敬基督那样去尊敬儿童，要严厉谴责、惩处那些虐待儿童的人。⑤夸美纽斯认为，"任何人在幼年时代播下什么样的种子，那他老年就要收获那样的果实"⑥。人比其他动物更高贵，父母只注意子女身体的养护和外表的

---

① ［捷克］夸美纽斯著，任钟印译：《大教学论·教学法解析》，人民教育出版社2006年版，第111—115页。

② ［捷克］夸美纽斯著，任钟印译：《大教学论·教学法解析》，人民教育出版社2006年版，第132—133页。

③ ［捷克］夸美纽斯著，任钟印译：《大教学论·教学法解析》，人民教育出版社2006年版，第165页。

④ 详见周采、杨汉麟主编：《外国学前教育史》（第2版），北京师范大学出版社2012年版，第51—59页。

⑤ 任钟印选编，任宝祥、熊礼贵、鲍晓苏等译：《夸美纽斯教育论著选》，人民教育出版社1990年版，第13页。

⑥ 任钟印选编，任宝祥、熊礼贵、鲍晓苏等译：《夸美纽斯教育论著选》，人民教育出版社1990年版，第22页。

装饰是远远不够的，更要注意其灵魂。在夸美纽斯看来，每一个家庭都可成为一所学校，孩子的父母亲（特别是母亲）便是教师。

（二）母育学校的教育

夸美纽斯探讨了母育学校的教育，包括保育、德育和智育。① "健康的精神寓于健康的身体"，父母首先应保持其子女的健康。② 儿童生下来不是要做一头小牛或一头小驴，而是要成为一个有理性的人。"成年时还未受过管理的，到老年就会没有德行。"① 应让儿童学习有关德行的初步知识。③ 为学前儿童拟定广泛的智育大纲，主张训练其外部感觉和观察力，获得各类知识，发展语言和思维，为进入学校做好准备。夸美纽斯强调："应当把一个人在人生的旅途中所应当具备的一切知识的种子播植到儿童身上。"② 根据感觉是知识的主要源泉的观点，他主张通过观察自然来培养儿童的观察力。他还讨论了幼儿父母教育指导书和儿童读物的问题，认为必须考虑为父母编写一部手册，以作为家庭教育的指南。他也考虑到要为儿童编写图画书。他的有关思想反映在《母育学校》和《世界图解》中。

（三）论幼儿游戏

夸美纽斯认为游戏是对儿童进行全面教育的手段。儿童血气旺盛、天性好动，应让他们有事可做，像蚂蚁一样不停地忙碌，并通过玩耍而得到满足。儿童不活动比起不得闲对身心两方面的损害更多。给儿童以活动的自由的好处，是可以锻炼身体、增进健康、运用和磨炼思想，以及练习四肢五官，使之趋于灵活。

在夸美纽斯看来，游戏是最适合幼儿的活动方式。儿童在游戏时专注于某种事物，自然本身在激发他们去做事情，用游戏的手段可以使其受到一种积极的生活锻炼而没有任何困难。父母要积极行动起来帮助、指导甚至直接参与儿童游戏。但真的工具常会给孩子带来危险，必须找些替代品，如铁刀、木剑、锄头、小车、滑板、踏车和建筑物等。儿童也可以用自己所喜欢的泥土、木片、木块或石头搭盖小房子，以表现他们的初步建筑术。

（四）进入公共学校的准备

夸美纽斯在《母育学校》中详细论述了儿童在何时进入小学以及入学前应作些什么准备。他认为，父母没有准备就将其子女送往学校是不智之举，学校教师将会被这样的孩子所困扰。更为糟糕的是一些父母所做的错误准备，即用教师和学校来惊吓和刺激儿童，会使儿童对学校和教师持有更加憎恶和奴隶般恐惧的情绪。夸美纽斯指出，正确的准备应当是：第一，在儿童接近入学的时候，父母、家庭教师和监护人应当以快乐的心情尽力鼓励儿童，好像节日和收获葡萄季节快到时那样，要告诉儿童入学获得学问是何等美好的事情；第二，应当用各种方法努力激发儿童对于未来教师的信心和爱戴。

---

① 任钟印选编，任宝祥、熊礼贵、鲍晓苏等译：《夸美纽斯教育论著选》，人民教育出版社1990年版，第52页。
② [捷克]夸美纽斯著，傅任敢译：《大教学论》，人民教育出版社1984年版，第218页。

七、历史地位和影响

夸美纽斯善于吸收前人的教育理论和实践经验中有益的东西，并结合自己的思想和丰富的教育实践经验，为人类创立了不朽的教育学说。① 他受到了文艺复兴以来人文主义精神的影响，热爱儿童，重视教育在现世生活中的作用。② 在他提出的"把一切知识教给一切人"的泛智教育理想中，蕴涵着丰富的科学和民主思想，他关于普及教育和科学文化的主张预示了近代教育的方向。③ 他拟定了西方教育史上第一个从学前教育到大学教育的单轨学制，后来更发展为一个系统的终身教育体系，成为近现代单轨学制及终身教育的先驱者。④ 他系统地论述了班级授课制和学年制，在学校管理制度方面提出许多设想。⑤ 他努力探讨教学工作的规律，提出改革旧教育的课程体系及教学工作的原则和方法，奠定了近代教学理论的基础。由于夸美纽斯的卓越贡献，教育史家称他是"教育科学的真正奠基人"和"教育史上的哥白尼"，几乎所有18世纪和19世纪教育理论的萌芽均可在他的著作中发现。

作为新旧交替时代的一位历史人物，夸美纽斯的思想受到过渡时代的局限，主要表现为其世界观和教育观具有浓厚的宗教神学色彩。因此有学者认为夸美纽斯的思想是保守的，甚至指责他在理性主义不断上升的年代仍将捍卫基督徒的信仰放在首位。与此同时，他的许多思想又具有超前特征，在当时不能为一般人所理解，也不具备实现的历史条件。随着夸美纽斯的去世，他的教育学说几乎为人所遗忘。直至19世纪中叶以后，随着近代民族国家担负起国民教育的责任，普及教育迅速发展，尤其是通过德国教育家的宣传，夸美纽斯的教育思想才重新引起人们的重视，并得到高度评价，进而确立了他在西方教育史上的重要地位。

第二节　洛　　克

约翰·洛克（John Locke，1632—1704）是17世纪的英国哲学家和教育思想家。在哲学上，他被看成"不但是认识论中经验主义的奠基者，同样也是哲学上的自由主义的始祖"①。洛克的教育思想是近代西方教育理论的先导。在由中世纪宗教教育转向近代世俗教育的历史时期，他继承并发展了前人的有关思想，系统地阐述了绅士教育理论，反映了这一时期英国教育发展的主要趋势，推动了17世纪英国学校教育的发展，也对18世纪法国启蒙思想家及后世西方教育思想的发展产生了深刻影响。②

一、生平和理论成就

在16世纪后半期至17世纪前半期的英国，教育问题如同宗教和政治问题一样，在社会上被热烈而持久地讨论，新观念和新思想通过传单和小册子等工具迅速地在英格兰传播。改革家

---

① ［英］罗素著，马元德译：《西方哲学史》（下卷），商务印书馆2011年版，第144页。
② 详见周采：《洛克的教育思想》，吴式颖、任钟印主编，杨汉麟、周采本卷主编：《外国教育思想通史》（第五卷：《17世纪的教育思想》），湖南教育出版社2002年版，第304—358页。

都把社会有用性和贴切性作为教育改革的目标，希望教育能更好地为实际生活需要服务，减少一点学究气和形式主义。从17世纪中期开始，贵族和绅士的教育与训练受到广泛注意，家庭教师和学园教育成为适应绅士特定教育需求的教育形式。洛克的教育主张正是在上述背景下提出来的。

（一）生平活动和著作

洛克是1688年英国"光荣革命"精神的忠实表达者，其大部分理论著作在革命后几年内问世。"洛克是哲学家里面最幸运的人。他本国的政权落入了和他抱同样政见的人的掌握，恰在这时候他完成了自己的理论哲学著作。在实践和理论两方面，他主张的意见在这以后许多年间是最有魄力威望的政治家和哲学家们所奉从的。"[①]

洛克出生于英国西南部萨默塞特郡的灵顿，其父是辩护律师和小地主。1647年，他进入威斯敏斯特学校学习，1652年得到牛津大学基督教会的奖学金，1656年以牛津大学文学学士身份毕业，1658年以牛津大学文学硕士身份毕业，1675年被牛津大学授予医学学士学位。洛克于1666年结识了辉格党领袖库柏勋爵（Anthony Ashley Cooper，1672年起称莎夫茨伯利伯爵），此后多年任其私人医生、家庭教师和秘书。1682年，莎夫茨伯利伯爵因反对约克公爵（即詹姆士二世）继承王位的活动败露而逃亡荷兰，洛克也被迫去荷兰避难，1689年回到英国，同年出版了《人类理解论》、《政府论》和《论宗教宽容》，1693年出版了《教育漫话》（*Some Thoughts Concerning Education*）。在洛克逝世2年之后出版了他的《理解能力指导散论》（*Of the Conduct of the Understanding*）。反映其教育思想的作品还有《漫谈绅士的阅读与学习》和《自然哲学要素》等。

《教育漫话》是英国教育家洛克的教育名著，于1693年出版，系统地阐述了绅士教育理论，洛克认为人之好坏、有用或无用，十分之九由教育决定，国家的幸福与繁荣有赖于儿童良好的教育；反对经院主义教育，主张将青年绅士培养成身体健康、精神健全、能以理性克制欲望、谙悉人情世故、娴于礼仪、能在生活中精明处理各种事务的能干的人才。此书出版后成为英国新型中等学校的"大宪章"，书中许多见解为18、19世纪新教育理论所吸收。

洛克理论的基本特征是经验主义和自由主义。他是西方近代早期古典自由主义的重要代表人物，该学说的主要特征是维护宗教宽容、尊重人身安全和财产权、限制世袭主义。在教育方面则认为人生而平等，以后的不平等是环境的产物，因此十分强调教育的重要性。洛克通过自己的理论著述详尽地表达了上述的自由主义主张，在当时具有进步意义。

（二）理论工作的主要成就

1. 以唯物主义经验论为主体的认识论

"洛克最伟大的思想成就无疑是《人类理解论》"[②]，该书被认为是"西方哲学经典中具有永恒重要性的作品"，1700年出版的第四版则代表了他最后的观点。该书主要关心今天被称作认

① ［英］罗素著，马元德译：《西方哲学史》（下卷），商务印书馆2011年版，第144页。
② ［英］爱德华·乔纳森·洛克著，管月飞译：《洛克》，华夏出版社2013年版，第7页。

识论或知识论、心灵哲学和语言哲学中的问题。由本体论转向认识论是西方近代哲学的一般特征。洛克明确提出，其哲学目的在于研究人类知识的起源、可靠性和范围。他批判了天赋观念论，系统地考察了人的认识能力，详尽地论证了培根和霍布斯提出的知识和观念起源于感性世界的基本原则，建立了欧洲哲学史上前所未有的庞大的唯物经验主义理论体系。

继霍布斯和伽桑狄之后，洛克对"天赋观念论"进行了更为深刻的批判。当时的天赋观念论虽有不同学派和各种理论形式，如古代柏拉图和中世纪经院派以来的传统天赋理论、笛卡儿及其唯心主义信徒的天赋观念论、英国的传统宗教思想和道德思想、剑桥柏拉图学派的天赋理论，[①] 但其共同特点是把某些观念和原则的普遍必然性和对它们的大致同意作为天赋性的证明。洛克举出大量事例来证明"一切人类并没有公共承认的原则"，又驳斥了所谓的"理性发现论"，认为人们的观念最初都起源于特殊的感觉，儿童必须经过长期教育才能逐渐懂得一些抽象命题的意义。

洛克详尽地论证了培根和霍布斯提出的关于知识和观念起源于感性世界的原则，使经验主义认识论成为一个体系，在认识论的发展史上做出卓越贡献。首先，洛克提出心灵一开始是"白板"的假定，并认为心灵后来掌握的知识和观念都来自经验。经验的形成有两个来源：感觉和反省。前者来自对外界事物的直接感觉本身，后者则是人的心灵对自己内心作用的感觉，它的对象是我们自身内部的心理活动。其次，洛克提出了关于简单观念和复杂观念的学说。前者是指通过感觉所获得的诸如红与黄、软与硬、甜与苦等，它们是认识的基础和材料；后者则对前者进行概括，使之上升为"抽象观念"。再次，依据那个时代的"物质微粒学说"，洛克认为外界可被感知的物体具有两类性质："第一性质"与"第二性质"。前者指广延、形式、运动、静止、数目等，后者指当物体的"微细部分作用于人的感官"，人产生颜色、声音、滋味等方面的观念时，物体所具有的各种有关"能力"。由前者就产生了"第一性质的观念"，由后者则产生了"第二性质的观念"。最后，洛克论证了知识的等级、确定性和范围。根据知识的不同来源和不同的确定性程度，可把知识划分为三个等级：直觉的知识、解证的知识和感觉的知识。

综上所述，洛克详尽地论证了基于感觉经验之上的人类认识的发展过程。他的经验主义从总体上说是唯物主义，但是他的认识学说具有明显的二元论倾向，主要表现在"二重经验说"上。洛克把感觉和内省，即把外界物质和心理活动看作是人的知识和观念的两个来源，并认为内省经验与外物完全无关。

2. 自由主义政治学说

洛克的政治思想是为1688年英国"光荣革命"确立的君主立宪制国家辩护的，在此意义上，可以说洛克是1688年英国封建贵族同资产阶级和新贵族妥协的产儿。在《政府论》中，他和霍布斯一样以自然法和社会契约论为基础来解释国家权力的起源、性质和作用，但他没有像霍布斯那样把自然状态描绘成一个弱肉强食的不安定状态，而认为自然状态是一种"完备无

---

① 参见吕大吉：《关于洛克与天赋观念论的论战》，选自中国社会科学院哲学研究所西方哲学史研究室编：《外国哲学史研究集刊——经验论与唯理论研究》，上海人民出版社1982年版，第147—187页。

缺的自由状态"。在这种状态中，自然法，即人类理性教导着全人类，任何人都不得侵犯他人的生命、自由和财产这些基本权利。通过契约所建立的政府正是财产权的保护者。洛克要求施以法治，极力反对君主专制制度，提出了立法权、执行权和对外权三权分立学说；为防止出现政府专制的问题，洛克又提出了政府解体和革命的思想。

洛克的政治学说在西方政治思想史上具有重要的意义，他第一次使"社会契约论"成为完整的资产阶级的理论；他所论证的天赋人权原则成为其后一切资产阶级反封建斗争的有力武器；他所确立的公民享有不可剥夺、不可转让的生命、自由和财产的权利，经过美国的《独立宣言》和法国的《人权宣言》等以法律形式确立下来，成为资产阶级法律的原则；他的分权理论第一次为资产阶级用民主形式组织国家提供了理论论证，并成为西方资本主义国家制度的一项主要原则。

3. 宗教宽容学说

洛克生活在一个由传统的天启宗教观念向理性主义的自然宗教观念转变的时代。17世纪的英国，新兴资产阶级要求改良宗教，以结束宗教改革以来遍及英国及全欧的残酷而持久的宗教战争，以实现社会安定，促进资本主义发展。总之，主张宗教宽容是17世纪欧洲历史发展中的一种进步现象。而"洛克为信仰问题上的宽容所作的辩护，已经成了经典"[1]。

洛克在《论宗教宽容》中深刻地揭露了盛行于世的宗教纷争和宗教迫害的内在本质，这"只不过是人们互相争夺统治他人的权力和最高权威的标记罢了"[2]。而纯正教会基本特征的标志应当是宽容。洛克明确主张政教分离，认为政府为行使自己的权利可使用强制手段，而宗教涉及人们内在心灵时的信念是不能使用法律和刑罚的威力的。西方多数思想史家都认为洛克是最重要的自然神论者；但也有学者认为洛克的哲学思想虽然为自然神论的发展提供了某些理论原则，而他本人并非标准的自然神论者。

二、论教育作用与绅士培养目标

绅士教育是近代欧洲代表新兴资产阶级利益的一种教育观，虽与中世纪"文雅骑士"的理想相联系，但由于其真正发端于文艺复兴初期的意大利，形成于文艺复兴晚期的法国和英国，最后系统化于17世纪的英国，因而被认为是具有英国特色的一种教育观或教育思潮。洛克的《教育漫话》是西方绅士教育主题中的一部经典著作，"它给予洛克在启蒙思想家们关于儿童教养的传统中一个永恒的位置"[3]。

（一）论教育的作用

洛克从唯物主义经验论的立场出发，充分肯定了教育的作用。他考察了儿童初入世时的状态后认为："儿童的观念是渐渐学得的。"[4]他承认有所谓"天才"，这些人用不着别人多少帮助，

---

① ［英］索利著，段德智译：《英国哲学史》，山东人民出版社1992年版，第129页。
② ［英］约翰·洛克著，吴云贵译：《论宗教宽容》，商务印书馆1982年版，第1—2页。
③ ［英］爱德华·乔纳森·洛著，管月飞译：《洛克》，华夏出版社2013年版，第10页。
④ ［英］约翰·洛克著，关文运译：《人类理解论》（上册），商务印书馆1959年版，第70页。

凭着天赋的才力，自幼就能向着最好的境界去发展，做出伟大的事业，但在他看来，这样的人是很少的。"我敢说我们日常所见的人中，他们之所以或好或坏，或有用或无用，十分之九都是他们的教育所决定的。人类之所以千差万别，便是由于教育之故。"[1]"人们的态度能力之所以千差万别，教育的力量比别的事情的影响都大。"[2]

受"白板说"的局限，洛克不能合理地解释教育在人的发展中的作用。"白板说"是一种消极被动的反映论，包含着一些无法解决的矛盾。"反省"的说法肯定心灵有自己活动的能力，既然有这种能力，心灵就不再是消极被动的感受器，不是一无所有的白板。洛克认为："我们天生就有几乎能做任何事情的诸多官能和诸多能力。"[3]这种说法与"白板说"有什么矛盾？他似乎没有想到。

洛克之所以徘徊在唯物主义一元论与二元论之间，将一些自相矛盾的观点兼收并蓄，其中一个重要原因是对霍布斯机械唯物主义物质观的反思。依照霍布斯的物质观，所谓"物质"只是一种具有长、宽、高的"有机体"，它自身是连运动也不能产生的，又如何能作用于感官和心灵，使人产生感觉和思想的呢？为了解决这个矛盾，洛克采取了他所特有的"健全理智"的认识方法，在经验主义的基础上改造和吸收了理性主义的因素，在重视经验的同时，亦提倡理性思维。

洛克思想的个人主义和自由主义特征使他更多地从教育对于个人发展影响的角度去论证教育的作用，但他也强调使儿童受到良好的教育不只是父母的责任，因为"国家的幸福与繁荣也靠儿童具有良好的教育"[4]。洛克强调教育对于英国保持世界领先地位的重要性，英国之所以在世界上是一个有地位的国家，其原因便是英国人有德行、本领和学问。要想使下一代人的信心不减退，德行不堕落，知识不退步，就必须"从青年们的教育与原则性上去打好基础"[5]。

（二）论绅士培养目标

洛克主张不同地位和职业的人所受的教育应有所区别，王子、贵族和普通绅士的儿子的教养方法也应当有所不同。"最应注意的还是绅士的职业。因为一旦绅士受到教育，走上了正轨，其他的人自然很快就都能走上正轨了。"[6]在《教育漫话》中，他以青年绅士的培养作为教育的主要目标。

洛克所要培养的绅士不是教士，不是学究，也不是朝臣，而是事业家。《教育漫话》通篇都在围绕这个基本点展开讨论。"绅士需要的是事业家的知识，合乎他的地位的举止，同时要能按照自己的身份，使自己成为国内著名的和有益于国家的一个人物。"[7]年轻绅士必须有强健的身体，具备德行、智慧、礼仪和学问；他要能用理性克制不合理的欲望，使自己更明智，更

---

① ［英］约翰·洛克著，傅任敢译：《教育漫话》，人民教育出版社1985年版，第24页。
② ［英］约翰·洛克著，傅任敢译：《教育漫话》，人民教育出版社1985年版，第42页。
③ ［英］约翰·洛克著，吴棠译：《理解能力指导散论》，人民教育出版社1993年版，第11页。
④ ［英］约翰·洛克著，傅任敢译：《教育漫话》，人民教育出版社1985年版，第23页。
⑤ ［英］约翰·洛克著，傅任敢译：《教育漫话》，人民教育出版社1985年版，第71页。
⑥ ［英］约翰·洛克著，傅任敢译：《教育漫话》，人民教育出版社1985年版，第223页。
⑦ ［英］约翰·洛克著，傅任敢译：《教育漫话》，人民教育出版社1985年版，第97页。

能深谋远虑；他持重，有良好教养；他懂得人情世故，使自己聪敏地与别人相处；他具备一个事业家所需要的各种知识，能干又精明，能处理好自己的事务。

受文艺复兴后期以满足普通生活权利要求为目的的新教育运动的深刻影响，洛克在蒙田等人之后进一步呼吁将教育重心逐渐从学术成就的追求转向绅士风度的培养上。绅士不是博学的人，因而没有必要熟悉一切科学的对象。而正确地判断人，使自己与别人聪敏地相处，较之于说希腊文与拉丁文、使脑袋里充满物理学与玄学的深奥理论要有用得多。总之，洛克把性格训练作为绅士教育的首要目的。

出于培养事业家的考虑，洛克对当时的学校教育持不信任态度，主张家庭教育。他承认家庭教育和学校教育都有缺点，但两相比较而言，家庭教育更有利于绅士所需德行的培养，更能保持绅士的纯洁和谦逊。此外，家庭教育也比学校教育更有助于个别教导，学生的心理和礼貌的形成需要针对儿童的个性特点采取相应措施，而这在大群学生中间是无法办到的。

三、论体育

洛克把健康的身体看作绅士事业成功、生活幸福的首要条件。他在《教育漫话》中详尽地讨论了儿童健康教育以及骑马、击剑等活动对增进健康的意义。

洛克指出："健康之精神寓于健康之身体，这是对于人世幸福的一种简短而充分的描绘。"[1] "我们要能工作，要有幸福，必然先有健康；我们要能忍耐劳苦，要能出人头地，也必须先有强健的身体；这种种道理都很明显，用不着任何证明。"[2]

洛克强调，健康教育的对象是身体健康，至少是没有疾病的儿童，而不是讨论医生对于有病的、身体脆弱的儿童该怎么办。在他看来，这个问题其实只要短短的一条规则就可以说清楚，绅士们对待儿女应该像诚笃的小康农民对待子女一样。首先，不能娇生惯养，应通过循序渐进的锻炼使儿童逐步养成忍受酷暑严寒的习惯。例如，不戴帽子，用冷水洗脚，多过露天生活等。其次，应建立起合理的生活制度。他反对用紧身衣服束缚儿童，主张儿童饮食简单、清淡，但可以充分享受睡眠，药物应少用或最好不用。最后，强调培养节制精神和良好的生活习惯。

游泳、骑马、击剑等原属于中世纪"骑士七技"的内容，后逐渐成为贵族和绅士教育传统中的重要内容之一。击剑与骑马被看成教养的必要部分，洛克意识到不提它们会被认为是重大的遗漏。他把骑马看成是一件最有益于健康的运动，而且还能使人在马上习得镇静与优雅，这对于一个绅士在平时与战时都是有用的。洛克也承认击剑对于健康来说是一种很好的运动，但容易使青年以决斗的方式一展自己的技能与勇敢。相对而言，扑击的运动方式既具有实用性又没有太大危险。

洛克发展了蒙田关于"锻炼"的主张和培根注重身体保健的思想，也沿袭了骑士军事体育的传统做法，把游泳、骑马、击剑等看作是有益于身体健康的运动。洛克以一位职业医生的眼

---

①［英］约翰·洛克著，傅任敢译：《教育漫话》，人民教育出版社1985年版，第24页。
②［英］约翰·洛克著，傅任敢译：《教育漫话》，人民教育出版社1985年版，第25页。

光，结合当时的医学保健知识，对年轻绅士的健康教育问题提出了许多切实可行的建议。

四、论德育

洛克继承了由培根和霍布斯开启的近代经验主义伦理学的传统。其一，洛克不像理性主义伦理学那样热衷于建构纯粹的道德形而上学体系，而是通过经验、观念、归纳和推演等实证的方法来阐述道德理论；其二，洛克进一步使道德学从宗教中分离出来，主张从感觉经验中寻找人类道德的起源、内容和标准，带有鲜明的个人主义、现实主义和功利主义色彩；其三，洛克确信正确的思维是道德、高尚行为的前提，认识能力是人的道德本性的组成部分，没有理性的自律，道德根本就不可能存在。

（一）经验主义伦理学原理

洛克运用经验主义方法研究伦理问题，重视道德的经验事实和具体行为的评价。他批判了"天赋道德观念论"，认为善恶等道德观念都是人们在后天经验的基础上通过理性发现的。"事物所以有善恶之分，只是由于我们有苦、乐之感。所谓善就是能引起（或增加）快乐或减少痛苦的东西"，"所谓恶就是能产生（或增加）痛苦或能减少快乐的东西。"[1]道德行为受到属于外在力量的官长和属于内在力量的良心两个"法庭"的管辖，后者更重要。洛克相信每个人都有足够的经验和智慧去内化道德规范，这就要求教育者制定和说明规范，然后借助各种措施和方法灌输给个人。洛克试图调解普遍意志和利己主义主体之间的矛盾，力图把个人行为纳入既有利于个人本身，又有利于社会的轨道。

洛克的伦理思想以经验主义和功利主义为其特征，反映了新兴资产阶级的利益和愿望，有利于资本主义的发展。他批判了封建旧道德传统，教导人们要从宗教狂热中解脱出来，重视道德原则和现实生活的密切联系，明确肯定了环境和教育在形成道德观念和道德原则过程中的作用。

（二）年轻绅士应具备的品德

经验主义、功利主义和自由主义是洛克在《教育漫话》中讨论年轻绅士所应具备品德的主要理论依据。在他看来，绅士应具备三种品德：有远虑，富有同情心或仁爱心，有良好的教养或礼仪。洛克的德育目标便是要造就能按这些道德规范行事的、有绅士风度的人。

1. 人有远虑就是有德

洛克提出了"人有远虑就是有德"的著名命题。他指出人的利己本性以及目光易短浅的弱点。人都只关心自己并只注重当前的现实利益，往往由于一时的快乐而导致将来更大的痛苦，因此，必须通过教育使人成为有理性的生物，以长远利益为人生指针，若只顾当前利益而不考虑长远利益就是失德。洛克提出："一切德行与价值的重要原则及基础在于：一个要能克制自己的欲望，要能不顾自己的倾向而纯粹顺从理性所认为最好的指导，虽则欲望是在指向另外一

---

① ［英］约翰·洛克著，关文运译：《人类理解论》（上册），商务印书馆1959年版，第199页。

个方面。"①人类在各个年龄阶段有各种不同的欲望并不是错处，问题不在于有没有欲望，而在于有没有管束欲望的能力。因此，一切德行与美善的原则都在于克制理智所不容许的欲望。大凡不能克制嗜欲、不知听从理智指导而摒绝目前快乐或与痛苦纠缠的人，就有流于一无所能的危险。

2. 培养同情心或仁爱心

近代伦理思想的一个重要特征是注重个人利益与社会公共利益的关系。洛克要求人们在追求私利时不要去损害他人和公共利益，应在长远利益的基础上把公私利益结合起来。为此，洛克强调培养儿童的同情心或仁爱之心，教导儿童不去摧残或毁灭任何生物，除非是为了保存其他更高贵的事物，或者是为了它们自身的利益。他要求年轻绅士养成仁爱心，礼遇下人，对于地位较低、财产较少的同胞更要同情和温和。"仁爱"本属于基督教伦理学的一个重要概念，洛克在这个旧概念里装进了资产阶级博爱思想的新内容。

3. 礼仪是绅士的美德

洛克将良好教养或礼仪（civility）视为"绅士的第二种美德"。"礼仪"或"礼貌"在洛克生活的时代不是什么新概念，中世纪曾为人们留下了大量关于社交行为的记载。14世纪以后，在大的封建宫廷中形成的属于世俗上层社会中的行为方式，逐渐成为包括市民阶层在内的其他阶层中广为流行的行为准则和戒律。②洛克关于绅士礼仪问题的讨论便反映了这种时代需要。

与伊拉斯谟一样，洛克强调培养绅士的教养和风度有赖于教育，但他反对过分拘泥于礼仪，认为礼仪太烦琐也是一种过失。礼仪是在人的一切美德之上加的一层装饰，目的是获得别人的尊重与好感。美德是精神上的一种宝藏，而使其生出光彩的则是良好的礼仪。因此，他将礼仪教育问题深化为一种德行理论。良好礼仪的核心问题是对自己和他人都要有正确的认识。不要自视甚低，以避免忸怩羞怯；也不要目中无人，以避免行为不检点和轻慢。

（三）论品德培养方法

1. 教育方法应适合儿童的天性

洛克强调研究儿童的一般心理特征和个性特征对教育方法的重要意义。"上帝在人类的精神上面印上了各种特性，这些特性正同他们的体态一样，稍微改变一点点是可以的，但是很难把他们完全改成一个相反的样子。"③两个儿童很少能用完全相同的方法去教导。由于"不可改移的本性"，儿童表现出或强悍或懦弱、或有自信力或很谦虚、或温驯或顽强、或好奇或粗心、或敏捷或迟钝，对待他们的方法也应有所不同。教育者应在儿童年幼还不会装模作样地来掩饰自己的时候，去观察和研究他们的天性和才能，然后看他的天性怎样才能得到改良，看他所缺乏的东西是否能通过努力去获得或由练习去巩固。

---

① ［英］约翰·洛克著，傅任敢译：《教育漫话》，人民教育出版社1985年版，第43页。
② 参见［德］诺贝特·埃利亚斯著，王佩莉译：《文明的进程：文明的社会起源和心理起源的研究》（第一卷：《西方国家世俗上层行为的变化》），生活·读书·新知三联书店1998年版，第155—156页。
③ ［英］约翰·洛克著，傅任敢译：《教育漫话》，人民教育出版社1985年版，第61页。

2. 自由与管理

洛克花了许多气力研究自由与意志、自由与放纵和自由与管理的问题。在他看来，"自我"、"人格者"只能属于有理智的主体，是能受法律支配并能感受苦乐的主体，表达了他关于人格独立、自主和尊严的思想，否定了神学人格论和君主人格论。但自由与放纵对于儿童是没有什么好处的，他们遇事没有判断能力，非得有人管束不可。相反，成人行事，一切有自己的理智可以凭靠，专制与严厉对他们来说不是一种好方法。因此，"无论需要何种严格的管理，总是儿童愈小愈须多用；一旦施用适度，获得效果之后，便应放松，改用比较温和的管教方法"①。父母应先凭借畏惧取得支配儿童精神的力量，待孩子年岁稍长以后，就要用友爱去维系。

3. 奖励与惩罚

洛克主张把奖励与惩罚作为支配儿童的重要手段，但反对人们通常选择的将身体上的痛苦或快乐作为奖惩的方法，这只能助长那些本应被扑灭的嗜欲，助长心里一切罪恶源泉，一有机会它便会变本加厉，来势更加凶猛。洛克指责鞭笞儿童是"奴隶式的管教"，这种方法也可以治好任性的毛病，但接踵而至的却是更恶劣和更危险的心情颓丧的毛病，这种儿童终生对自己和别人都没有用处。用儿童心爱的事物讨取其欢心同样应小心加以避免。

洛克主张另一类的奖励与惩罚，即尊重与羞辱。"儿童一旦懂得了尊重与羞辱的意义之后，尊重与羞辱对于他的心理便是最有力量的一种刺激。如果你能使儿童爱好名誉，惧怕羞辱，你就使他们具备了一个真正的原则，这个原则就会永远发生作用，使他们走上正轨。"②斥责应在私下进行，不应当众宣布儿童的过失，使其无地自容。相反，对儿童的赞扬应公开进行，以使其奖励的意义更大。

4. 通过练习及早培养各种良好习惯

洛克认为："习惯有很大的魔力，凡我们所惯做的事情，都觉得顺利并且高兴，因此，它就有很强的吸引力。"③儿童不是用规则可以教得好的，规则总是会被他们忘掉。克制不合理欲望的能力的获得和增进是要靠习惯的，而要使这种能力可以容易地、熟练地发挥，则靠及早练习。习惯的力量比理智更加有恒和简便。习惯一旦培养成功就很容易、很自然地发生作用。在习惯的培养方法上，洛克提醒两件事：第一，最好是和颜悦色地劝导，不可疾言厉色地责备，好像儿童有意违犯似的；第二，同时培养的习惯不可太多，否则会把儿童弄得头昏眼花，反而一种习惯都培养不成。应由导师监督儿童反复练习某项行为以期养成习惯，而不要让他们去死记规则。

5. 说理和榜样

洛克认为，儿童希望被人看作具有理性的动物比人们想象的年岁还要早。他们这种自负的态度应当得到鼓励，而且应在可能的范围内尽量利用这种态度，把它当作支配儿童的最好工具。洛克所倡导的说理是以适合儿童的能力与理解力为限的。一个3岁或7岁的孩子，不能把

---

① ［英］约翰·洛克著，傅任敢译：《教育漫话》，人民教育出版社1985年版，第50—51页。
② ［英］约翰·洛克著，傅任敢译：《教育漫话》，人民教育出版社1985年版，第55页。
③ ［英］约翰·洛克著，关文运译：《人类理解论》（上册），商务印书馆1959年版，第250页。

他们当作成人一样去和他辩论。长篇大论的说教和富有哲学意味的辩论，充其量不过使儿童感到惊奇与迷惑，并不能给他们以教导。如果要用道理打动他们，那种道理须明白晓畅，适合他们的思想水平，而且应该能够被接触到和被感觉到才行。

洛克重视榜样的教育力量。他指出，人类是一种模仿性很强的动物，是染于青则青、染于黄则黄的。伴侣的影响比一切教训、规则和教导都要大。因此，学习的方法与其依从规则，不如根据榜样。父亲与导师都应以身作则，决不可食言，除非是存心使儿童变坏。此外，还应把儿童应该做的或是应该避免的事情的榜样放在他们的眼前。

五、论智育

洛克认为，教育必须使人适合于生活、适合于世界，而不只是适合于学校，因而反对把一两种文字（拉丁文和希腊文）当作教育的全部任务。教育在本质上是一种性格训练，知识教育并没有穷尽它。"学问是应该有的，但是它应该居第二位，只能作为辅助更重要的品质之用。"[①]一个有德行或有智慧的人比一个大学者更为可贵。对心地良好的人来说，学问有助于德行与智慧。而对那些心地不是那么良好的人来说，文字、科学以及教育上的其他一切成就都没有用处，或只会徒然地使其变得更坏、更愚蠢和更危险。因此，导师的主要任务在于努力培养年轻绅士的品德，有了这一点，学问则极容易用适当的方法去获得。

（一）知识观

洛克的知识观以其经验论原则为基础。他把知识分为直觉的、论证的和感觉的三个等级，认为数学以外的知识（包括物理学和其他自然科学知识）都属于感觉的知识，不具有普遍性和必然性，是一种最不可靠、最不确定的知识。他的观点虽有实体不可知论倾向，并对当时不甚发达的自然科学持怀疑态度，但他反独断的批判精神和对于观察、实验等方法的强调，对科学研究的发展有积极作用。

与对自然科学的怀疑态度相比，洛克对数学、工艺之学和人事之学的重视显得十分突出。首先，洛克提出，"没有比数学更能培养推理能力的了，所以，我认为凡是有时间和机会的人都应该学习数学"[②]。其次，洛克强调工艺之学对绅士事业的意义。发明印刷术、罗盘、金鸡纳霜的人比设立学院、工场和医院的人更有实际用处。最后，洛克认为，绅士的正当职业是为他的国家服务，因而关心道德的和政治的知识才是正当的。总之，从功利主义立场出发，洛克认为道德学、政治学和各种工艺之学对人类最有功用。

洛克强调培养理解力、思考力和判断力对于扩大知识的重要意义。教育的目的在于教会人们生活，阅读只能为心智提供知识材料，只有思考才能把这些材料变为我们自己的知识。洛克否定经院主义方法是知识的源泉，认为经院中的规则或公理不能帮助人们推进科学的发展或发现未知的真理。在洛克看来，获得知识的确实而唯一的办法是在我们的心智之中形成关于事物

---

① ［英］约翰·洛克著，傅任敢译：《教育漫话》，人民教育出版社1985年版，第151页。
② ［英］约翰·洛克著，傅任敢译：《教育漫话》，人民教育出版社1985年版，第100页。

的清晰、稳定的意念，而不应当根据人们的意见来判断事物。

（二）学习计划

洛克在《教育漫话》和《漫谈绅士的阅读与学习》中提出了内容广泛的学习计划，其特点是新观念与旧传统并存。他主张把现代实用科目与古典科目结合起来，兼顾装饰与实用。他为年轻绅士开列的学习科目包括阅读、写字、图画、速记、法文、拉丁文、地理、算术、天文、年代学、历史、伦理学、民法、法律、修辞学、逻辑、自然哲学、希腊文、跳舞、音乐、击剑、游泳、骑马、扑击、旅行、园艺、细木工和商业算学等。"这是一个既广又窄的课程表。说它广，是因为它囊括了当时盛行的宫廷教育中所有的能够使青年绅士适应宫廷生活和公共事务所需要的科目；说它窄，是因为摒弃了从文化的标准来要求的文学以及其他广泛的美学兴趣。这是由于他的功利主义局限性使某些科目突出，然而，它却填补了先前教育家们所忽略了的科目。"[①]

洛克重视语言学习，认为正确写作与正确说话可以使人显得优雅并被人注意。但洛克不主张学习希腊文，虽然他也承认不懂希腊文的人不能算学者，但这里所说的是绅士教育。洛克主张绅士学法文和拉丁文。法文作为一种活文字有实用价值。拉丁文主要起装饰作用，但没有必要花太多时间或强迫儿童去学习。洛克还填补了先前教育家们所忽略的英文，呼吁彻底掌握英语，给人留下深刻印象。

洛克课程表中另一个引人注目的内容是对手工技艺的热情倡导。他论证了学习手工技艺的诸多好处。其一，对于从练习得来的技巧，其本身就是值得获得的。"技巧"既指文字和科学中的技能，还包括图画、车工、园艺、淬火和铁工等有用的技能。其二，练习技能和技巧对于绅士的健康也是有益的。其三，技巧工作对于年轻绅士来说是一种合适而又健康的娱乐。最后，学习技艺还有助于绅士管理和教导他的工匠和园丁等。洛克提倡的技艺活动有园艺、木工、车工、熏香、油饰、雕刻、铁工、铜工、银工、刻板、琢磨、安配宝石和光学玻璃等。绅士也还应学习商业算术，有助于保持其财富。

按照当时上流社会的习俗，洛克也主张通过游学来结束绅士的教育。他认为旅行的主要好处一是学习语言，二是能与各种人打交道，以便在智慧与持重上获得长进。当时绅士子弟出国旅游年龄一般在16—21岁之间。洛克主张游学年龄要么早一点，即7—14岁或16岁，以便更好地学习外国文字；要么年长一些，可无须导师约束。

（三）关于教学方法

洛克指责文法学校的教学内容和方法不适合儿童的年龄特点，使得儿童非有鞭笞不肯学习，即使在这种鞭策之下也学得也极为勉强。在大学里则盛行以争辩的方法来求学，以口角的艺术来教人，无助于探求真理和知识。他从经验论和儿童心理学出发探讨了教学方法。

---

① ［英］博伊德、金合著，任宝祥、吴元训主译：《西方教育史》，人民教育出版社1985年版，第275页。

1. 教学法的心理学依据

首先，洛克把"联想论"心理学运用于教育。他用带有机械主义倾向的方法来处理心理现象，先把心理现象分解为简单成分，然后把这些成分合成复杂观念，这就是后来所谓的"联想主义"。从"联想"出发，洛克重视在学习过程中联系新旧知识。"就是说，尽量和他已经知道的东西连接起来。要和他已知的东西有所区分，但紧密连接。"[①]"应该从心理所已具有的知识入手，进而探求那些与它相邻相关的知识。"[②]

其次，洛克认真研究了儿童的心理特点。"儿童究竟是儿童"，他活泼好动，憎恶懒惰，喜爱忙忙碌碌；爱好快乐，喜欢自由，因而喜欢游戏；有好奇心，因而有求知欲望；心理仄狭脆弱，通常只能容纳一种思想；喜欢变换和见异思迁。此外，做事疏忽、漫不经心、思想混乱、缺乏判断力，也都是儿童时期自然的过失。只要他们不是存心如此，都应温和提醒，逐渐予以克服。

最后，洛克把数学解证方法运用于人的理性发展一般过程的研究，提出"理性发展四阶段说"。"第一个最高的阶段就是发现出证明来；第二就是有规则地配置起各种证明来，以明白的秩序，使它们的联系和力量为人迅速明白看见；第三就是察知和它们的联系；第四就是形成一个正确的结论。"[③]这样，他借用自然科学方法的语言表述了对一般人类认识规律的总看法，并认为学了数学的人能把这种推理方法迁移到知识的其他部分中去。

2. 论儿童教学方法

洛克要求尊重儿童的人格和权利，坚持认为教学方法必须考虑他们的特殊需要、兴趣和能力，并根据自己对儿童年龄特征和心理特点的观察，精辟论述了教育儿童的具体方法，丰富和发展了文艺复兴以来人文主义教育家"教育遵循自然"的方法。

第一，"我们教导儿童的主要技巧是把儿童应做的事也都变成一种游戏似的"[④]，不应把书本和别种要儿童去学的事物当作一种任务强加给他们，而应设法使儿童在自以为只是游戏的时候学习阅读。第二，教师的重大作用和技巧就在于尽力使得一切事情变得容易。在大多数情形下，不可以把困难交给儿童自己解决，这会使其愈发感到迷惘。第三，鼓励儿童的好奇心。不应讥笑儿童提出的任何问题，而应给予认真答复。在解释儿童想要了解的事物时应按照他的年龄与知识的能量，而不应超过他的悟性所能理解的程度。第四，"教员的巨大技巧在于集中学生的注意"[⑤]，粗暴的方法只会阻碍儿童的专心。第五，应使儿童的身心轮番做有益的练习。"把身体上与精神上的训练相互变成一种娱乐，说不定就是教育上的最大秘诀之一。"[⑥]一个人读书读倦了并不需要立刻就去睡，而是需要另外做点别的可以消遣和得到快乐的事情。通过这种方式，儿童的生活与进步将在一连串的消遣中变得快快乐乐。

① ［英］约翰·洛克著，吴棠译：《理解能力指导散论》，人民教育出版社1993年版，第73页。
② ［英］约翰·洛克著，傅任敢译：《教育漫话》，人民教育出版社1985年版，第196页。
③ ［英］约翰·洛克著，关文运译：《人类理解论》（下册），商务印书馆1959年版，第676页。
④ ［英］约翰·洛克著，傅任敢译：《教育漫话》，人民教育出版社1985年版，第59页。
⑤ ［英］约翰·洛克著，傅任敢译：《教育漫话》，人民教育出版社1985年版，第166页。
⑥ ［英］约翰·洛克著，傅任敢译：《教育漫话》，人民教育出版社1985年版，第197页。

六、历史地位

洛克是17世纪英国卓有建树的思想家，以其唯物主义经验论哲学、自由主义政治学说、信仰自由和宗教宽容学说、功利主义伦理学说和绅士教育学说，在西方思想史上建立起自己崇高的学术地位。作为一切形式的新兴资产阶级的代表，洛克的学说在当时为资产阶级革命运动和反封建的革命思潮提供了思想武器，而且作为一种系统的世界观，长期影响了整个西方的精神和制度。

（一）主要历史贡献

"少独断精神为洛克的特质，由他传给了整个自由主义运动"[1]，这在每一派别都认为自己是绝对真理的唯一代表的时代里大可证明洛克的创见。洛克的主要贡献是他的哲学著作《人类理解论》，他进一步发扬了培根的思想，系统地阐述了经验主义思维方式。黑格尔认为，这种形而上学化的经验主义一般在英国和欧洲都认为是最好的认识方式，科学尤其是经验科学源于这种方式。[2]

洛克的哲学为他的教育学说奠定了理论基础。他的思想方法深受当时自然科学所建立起来的数学—力学的世界图景的影响。一方面，他强调当时自然科学中所用的观察、实验的方法和物理学因素而形成了的经验主义理论，另一方面，受到笛卡儿几何学方法的深刻影响，他也重视逻辑推理和数学因素。虽然洛克哲学杂有二元论成分，但运用在教育方面却得出了积极结论：其一，从"白板论"出发，洛克十分重视教育的作用，认定在人的形成方面，教育的力量比别的事情的影响都要大，该观点后来被爱尔维修发展为"教育万能论"；其二，洛克认为我们天生就有几乎能做任何事情的诸多官能和诸多能力，必须培养人的理解力、判断力和思考力。洛克是近世重视形式教育和智力发展的先驱。

洛克对教育的第二个贡献是系统地阐述了绅士教育理论。一方面，西方学者一般认为他的教育思想属于贵族教育传统，这突出表现在他把教育在本质上视为是一种陶冶性格和训练性格的活动，并把德行培养放在首位，礼貌和人情世故教育也受到了较多关注。另一方面，洛克又超越了贵族教育传统，十分重视科学和各种工艺技术。他对贵族教育传统的激进背离突出反映在其提出的学习计划中。传统的贵族教育是古典文学和骑士制度的混合物，而洛克学习计划的最大特点是强调实用性，使教育进一步摆脱了古典主义和习俗的束缚，发展了为绅士现实生活服务的新教育，因此其被誉为"穿着贵族外衣的新兴中产阶级"的教育思想的代表。

洛克对于教育的第三个贡献是发展了人文主义教育家关于"教育适应自然"的思想，将教育方法建立在心理学的基础之上。自然主义人性论和唯物主义经验论是洛克心理学思想的两个主要理论依据。他认定本性"不可改移"，并强调这种本性在不同的儿童身上存在着极大的个性差异。因此有必要细心观察并深入研究儿童的个性特征，因势利导，使其向善。

---

① ［英］罗素著，马元德译：《西方哲学史》（下卷），商务印书馆2011年版，第147页。
② ［德］黑格尔著，贺麟、王太庆译：《哲学史讲演录》（第4卷），商务印书馆1978年版，第137页。

（二）对后世的影响

英国哲学家罗素指出："从洛克时代以来到现代，在欧洲一向有两大类哲学，一类学说与方法都是从洛克得来的，另一类先来自笛卡儿，后来自康德。"[①]由于洛克哲学存在着内在矛盾，动摇于唯物主义一元论与二元论之间，因而他所留下的哲学遗产既是以狄德罗等为代表的18世纪法国唯物主义的思想渊源，又成为以贝克莱为代表的主观唯心主义哲学的思想渊源。"洛克对许多重要的哲学问题的解答依然是我们所拥有的最好的解答之一。"[②]

在整个18世纪，洛克被视为教育方面的权威，其思想不断被援引。《教育漫话》一书被誉为"标志着西方哲学、社会和教育思想的主要转折点"[③]和17世纪学校教育的"大宪章"。"通过这本书，大部分教育哲学的精髓就能够带到即将来临的新时期。"[④]17世纪末洛克著作最早的法文翻译者认为，尽管洛克关心的只是一部分社会精英的教育，但他的所有原则几乎都是普遍适用的。

洛克的教育思想对18世纪英国家庭教师教育和学园教育均产生了重要影响。17世纪后期，文法学校仍强调古典语言的教学，与社会发展要求不相适应。在这种情况下，家庭教师和学园应运而生，将埃利奥特、培根、弥尔顿和欧洲其他国家的进步教育思想付诸实践，提供了工商业发展所需要的各种实用课程。洛克以"功用"作为选择学习科目的主要标准，主张文实结合。他的教育思想成为这种新教育的理论支柱。洛克在《教育漫话》中对文法学校的批评和对绅士私人教育的倡导，引发了18世纪英国关于"公学教育和私人导师的教育，何者更可取"的热烈讨论。

18世纪的法国唯物主义者拉·夏洛泰、孔狄亚克和爱尔维修等人都受到洛克唯物主义经验论的影响，认为个人的状况在很大程度上取决于他所受的教育，并根据这种观点推论出国家的性质依靠于其公民所受教育的性质，教育对国家的支持是社会改革的基本条件，进而倡导国民教育。他们的主张为西方国民教育理论与实践的发展奠定了重要的思想基础。

卢梭的教育思想也受到洛克的深刻影响。他对教育问题的讨论大多基于洛克提出的问题，或是提出异议，或是修正和发展，如关于锻炼、养成良好习惯和培养感觉等主张是对洛克有关思想的详尽发挥。卢梭关于"教育适应自然"的思想在某种意义上亦与洛克关于儿童本性"不可改移"的观念相联系。卢梭对"事物"及其效用的重视更是受到洛克的很大影响。因此，尽管卢梭的教育体系与洛克的教育体系有很大区别，即洛克的教育思想总体上是建立在"白板说"的基础之上的，由此倾向于"外铄论"或"形成说"，而卢梭的教育思想则倾向于"内发论"或"发展论"，但两者的思想中不乏相通之处。洛克教育思想中的不少观点都在卢梭那里得到了发展，成为西方现代教育派的重要思想渊源之一。

---

① ［英］罗素著，马元德译：《西方哲学史》（下卷），商务印书馆2011年版，第189页。

② ［英］爱德华·乔纳森·洛著，管月飞译：《洛克》，华夏出版社2013年版，第1页。

③ James Bowen. *A History of Western Education*, Volume Three, New York: Methuen & Co. Ltd, 1981: 176.

④ ［英］博伊德、金合著，任宝祥、吴元训主译：《西方教育史》，人民教育出版社1985年版，第271页。

第三节 卢 梭

让·雅克·卢梭（Jean-Jacques Rousseau，1712—1778）是18世纪法国的启蒙思想家、哲学家和教育思想家。卢梭虽是启蒙运动的一员，但当其他启蒙思想家为理性、文明和进步高唱赞歌之时，他却敏锐地意识到自然与文明之间、自然状态与社会状态之间、道德与理性之间的深刻矛盾，从更深层次对自然、社会和人生进行了冷峻的沉思。他意识到，当哲学家们把科学理性贯穿于人类知识的所有领域时，不仅自由，甚至人本身的价值和尊严都成了问题。结果，启蒙主义的两大支柱——理性与自由——就发生了尖锐的矛盾。卢梭对启蒙运动的反思启发了康德，使其认识到科学知识的局限和自由问题的重要意义，即理性与自由之间的冲突，从而更加自觉和深入地开始了对启蒙主义的反思。

一、生平、主要著作和思想特色

"让·雅克·卢梭是一个古怪的天才，只有极少几个人能像他那样影响现代世界。"[①]他生于瑞士日内瓦一个流亡的法国新教徒家庭，母亲在他出生几天后去世，父亲是一位钟表匠，据说有点神经错乱。卢梭没有进过学校，靠自学成才。他熟悉法国蒙田和英国洛克的作品，从他们那里融合了英法两国的气质而形成了自己才华的特色。1740年，卢梭曾任家庭教师，激发了其对教育的浓厚兴趣。最初，他满足于追随洛克和上一个世纪法国比较进步的教育家。1742年，卢梭结识了启蒙学者狄德罗和伏尔泰等人，参加《百科全书》的撰写活动。在一段时间里，卢梭和他们的观点是一致的，认为人类的不平等在很大程度上是由环境和教育造成的，提倡国民教育是培养良好公民的必要手段。37岁以前的卢梭显得迟钝，据说37岁那年他被雷电击倒之后一下子变得耳聪目明，此后神气十足地过了12年。1749年，他因撰写《论科学与艺术的复兴是否有助于敦风化俗》（简称《论科学和艺术》）一文获得了第戎学院征文奖而声名鹊起。以后，他相继发表了《论人类不平等的起源和基础》（1753）、《新爱洛绮丝》（*Julie, ou La Nouvelle Heloise*，1761）、《社会契约论》（*Social Contract*，1762）和《爱弥儿》（*Emile*，1762）。他以语言的力量帮助法国大革命的发端是任何人所不能及的。

西方学界一般认为，卢梭的两篇论文，即《论科学和艺术》和《论人类不平等的起源和基础》是"解构"性质的。另外两部完成于1762年的作品，即《社会契约论》和《爱弥儿》则具有"重建"性质，卢梭分别从法律和教育这两个西方思想史的传统领域入手，向人们描述了他的理想国的概貌。

《爱弥儿》是卢梭的教育哲理小说，通过论述主人公爱弥儿及其未婚妻苏菲（Sophie）的教育过程，批判经院主义教育，提倡自然主义教育。人生来具有自由、理性和良心的禀赋，顺应天性发展就可成为善良的人并实现善良社会，教育应受天性指引，以培养"自然人"为目

---

① ［美］S·E·佛罗斯特著，吴元训等译：《西方教育的历史和哲学基础》，华夏出版社1987年版，第341页。

的；论述了儿童身心发展四个时期的特点、教育内容和方法；论述了女子教育。卢梭的教育方式带有西方绅士教育的特征，即侧重培养品格而非提高智力。该书反映了新兴资产阶级改革教育的要求，是与柏拉图的《理想国》和杜威的《民主主义与教育》齐名的世界三大教育名著之一。

卢梭的《忏悔录》被视为浪漫主义运动的典范。在这本自传中，他力图以真诚的方式实录自己一生的优缺点，这种自我审视的方式有助于建立起浪漫主义艺术的下述准则："凸现个人的经历，在童年时期探寻解释成年品格特征的途径。"[1]浪漫主义运动的特征总的说来是用审美的标准代替功利的标准。在认识论方面，卢梭偏爱经验胜过理智的做法，也预示着浪漫主义运动。作为"浪漫主义运动之父"，他是从人的情感来推断人类范围以外的事实那派思想体系的创始者。"孤独本能对社会束缚的反抗，不仅是了解一般所谓的浪漫主义运动的哲学、政治和情操的关键，也是了解一直到如今这运动的后裔的哲学、政治和情操的关键。"[2]

卢梭基本上是一位自然神论者。他把上帝作为宇宙运动变化的始因，但上帝并不能随意创造或消灭物质。他承认感觉是认识的来源；由于上帝的恩赐，人生而秉有自由、理性和良心，构成了人的善良天性。人本善良，但社会通过种种虚伪的做法使人腐化堕落。社会以繁文缛节取代道德，以无用的知识与游手好闲取代真理与美德。"人是生而自由的，但却无往不在枷锁之中。"[3]卢梭把私有制视为社会罪恶的根源，提出社会契约论，作为以暴力推翻封建专制的理论依据。他希望建立以劳动和小私有制为基础的社会，以确保广大小资产阶级的利益。他的社会政治学说对法国大革命的历史进程和西方政治制度的建立都有很大的影响。

卢梭在哲学上的主要贡献是他的社会政治学说，自由和平等是其社会政治哲学的最高目的。《论人类不平等的起源和基础》探讨了不平等的起源和基础，《社会契约论》关注如何实现社会平等，围绕"社会不平等的起源和基础"与"克服社会不平等的途径"两个主题阐发了独具特色的思想。从某种意义上说，卢梭开启了启蒙运动的自我反思和批判，其社会政治学说以自然法理论为基础，揭示了"自然状态"与"社会状态"之间的矛盾。在《论人类不平等的起源和基础》中，卢梭激烈地批判了当时的社会状态，表现出一种回归自然的倾向。但他也意识到了人类实际上是不可能再回到自然状态中去的，于是便在《社会契约论》中寻找一种在进入社会状态的时候不至于丧失自由和平等的社会契约，这就是人民主权的民主共和国。他的自由、平等和人民主权的思想成为法国大革命中雅各宾派的思想武器。

二、自然主义教育观

（一）自然教育的含义

"回归自然"既是卢梭政治、宗教和伦理思想的基本原则，也是其教育思想的主要根据。从性善论出发，他提出了自然教育原则作为批判旧教育和建立新教育的一个理论依据。卢梭

---

[1] 参见［美］萨利·肖尔茨著，李中泽、贾安伦译：《卢梭》，中华书局2002年版，第5页。
[2] ［英］罗素著，马元德译：《西方哲学史》（下卷），商务印书馆2011年版，第241页。
[3] ［法］卢梭著，何兆武译：《社会契约论》，商务印书馆2003年版，第4页。

认为，人类的教育来源于三个方面：自然、人和事物。他说："我们的才能和器官的内在发展，是自然的教育；别人教我们如何利用这种发展，是人的教育；我们对影响我们的事物获得良好的经验，是事物的教育。"[1]只有使这三种不同的教育保持一致才能使学生受到良好的教育。但自然的教育完全是不能由我们决定的，事物的教育只在某些方面由我们决定，只有人的教育才是我们真正能加以控制的，应设法使其他两种教育配合我们无法控制的那种教育。卢梭把"自然"称为"原始的倾向"或"内在的自然"，要求教育应适应人的内在自然发展的要求，被认为是"主观自然主义"的典型代表。"我们发现卢梭对于教育的自然适应性的解释与夸美纽斯不同。在卢梭的教育体系中，这个原则被解释为遵循儿童发展的自然进程。帮助这种发展也是他在教育小说《爱弥儿》中所揭示的自然教育理论的一个方面。"[2]

旧教育把儿童看作小大人或各种原始罪恶的体现者，而卢梭要求以新的观点看待儿童。在他看来，成人对儿童一点也不理解，总是把小孩子当大人看待，不考虑孩子们按其能力可以学到些什么。由于对待儿童的观念错了，所以愈走愈误入歧途。卢梭要求尊重和研究儿童，把孩子看作孩子。"大自然希望儿童在成人以前就要像儿童的样子。如果我们打乱了这个次序，我们就会造成一些……年纪轻轻的博士和老态龙钟的儿童。"[3]他呼吁让天真烂漫的儿童享受那稍纵即逝的时光，强调充分度过儿童时代的重要意义，要求教育者考虑儿童的年龄特征、个别差异和性别特征。尊重并研究儿童，在此基础上决定教育的程序、内容与方法，这是卢梭教育思想的主线，也是他对于教育发展的主要贡献。

（二）自然教育的培养目标

卢梭在《爱弥儿》中提出了通过家庭教育或自然教育培养"自然人"的设想。"自然人"不是封建国家的公民或国民，不是局限于某种阶级和某种职业的人，也不是脱离社会的孤独野蛮人，而是一个"有见识、有性格、身体和头脑都健康的人"[4]。

在卢梭看来，"自然人"必须知道怎样在城市谋生。"自然人"应被教育成社会成员并能够尽到自己的职责。"自然人"不是无以为业或依靠家产为生的懒汉，他能够独立生活，养成从事劳动的能力。卢梭反对封建等级教育制度，反对培养封建贵族及依附于封建权贵的各种专业人员。"自然人"是自食其力的人，能迎接命运的挑战，适应各种客观形势发展变化的要求。

（三）自然教育的基本要求

1. 自由教育

卢梭认为人具有自由的天性。在偏见和人类的习俗没有改变人的自然倾向以前，人之所以幸福，完全在于他们能够运用自己的自由。自由是人的天性，自然教育的首要要求就是自由教育，它能使人保持自己善良的天性而免于罪恶；有助于教师了解学生；能适应儿童活泼的性

---

[1] ［法］卢梭著，李平沤译：《爱弥儿》（上卷），商务印书馆1983年版，第7页。
[2] ［苏］耶·恩·米定斯基著，何国华、吴文侃译：《教育史中教育的自然适应性原则》，《教育译报》1957年第4期，第17页。
[3] ［法］卢梭著，李平沤译：《爱弥儿》（上卷），商务印书馆1983年版，第91页。
[4] ［法］卢梭著，李平沤译：《爱弥儿》（上卷），商务印书馆1983年版，第128页。

情，使其快乐。"这就是我的第一个基本原理。只要把这个原理应用于儿童，就可源源得出各种教育的法则。"①卢梭反对把自由与放纵混为一谈，主张"有节制的自由"。

2. 消极教育

卢梭把从出生到12岁称作"人生当中最危险的一段时间"，一方面，如不采取手段摧毁种种错误和恶习，它们就会发芽滋长，扎下深根，永远也拔不掉；另一方面，在儿童心灵还没有具备种种能力之前，不应当让其运用自己的心灵。因此，最初几年的教育应当纯粹是消极的，不在于教学生以道德和真理，而在于防止其心灵沾染罪恶，防止其思想产生谬见。卢梭要求教育者或采取自己不教也不让别人教的方针，或只锻炼他的身体、器官、感觉和体力，而尽可能地让他的心闲着不用，不仅不应当争取时间，而且必须把时间白白地放过去。

3. 身心调和发展

卢梭认为，教育的最大的秘诀是使身体锻炼和思想锻炼互相调剂。多病的身体会损害精神的陶冶；身体太舒服了，精神就会败坏。因此，如果想要培养学生的智慧，就应当先培养为他的智慧所支配的体力。人类真正的理解力不是脱离身体而独立形成的，有了良好的体格才能使人的思想敏锐和正确。

4. 活动教育

卢梭指出，人不只是一个消极被动的有感觉的生物，而是一个主动的有智慧的生物。生活就是活动，教育者必须为儿童提供活动的机会和自由，他想做什么就应该让他做什么。必须让儿童使用大自然赋予他们的一切力量。皮亚杰高度评价了卢梭关于活动教育的主张："儿童具有他自己的真实活动，而且不真正利用这种活动并扩展它，教育就不能成功。的确，这个公式使卢梭成为教育界的哥白尼。"②

5. 行动多于口训

卢梭认为："真正的教育不在于口训而在于实行。"③孩子们容易忘记自己说过的话和别人对他们说过的话，但对他们做的和别人替他们做的事情就不容易忘记了。在他看来，凭一些空洞的格言和不合理的清规并不能约束孩子们的心灵，反而会使其产生极其危险的偏见。正是由于孩子所学的第一个词、所认识的第一件事物完全是按照别人的话去了解的，而自己根本就不明白它的用途，所以才丧失了他的判断能力。

卢梭的自然教育思想有明显的社会动机，力图使年轻一代摆脱封建制度的束缚，免受封建权威、习俗和偏见的毒害。从这种意义上说，首先，他的自由教育和消极教育的主张有其历史进步性。但卢梭似乎夸大了社会环境对人的消极影响，看轻了社会对儿童的积极教育作用。其次，卢梭强调尊重儿童和研究儿童，考虑儿童身心发展的需要，确立了儿童在教育中的主体地位，揭示了儿童身心发展规律对教育的内在制约性。但受当时科学发展水平的影响，卢梭对儿童早期发展的可能性和必要性是估计不足的。最后，卢梭一方面主张身心锻炼应相互调剂、相互促进，另一方面又认为可以只锻炼身体和器官，而让心闲着不用，在某种意义上陷入了自相矛盾。

① ［法］卢梭著，李平沤译：《爱弥儿》（上卷），商务印书馆1983年版，第80—81页。
② 任钟印主编：《世界教育名著通览》，湖北教育出版社1994年版，第1519页。
③ ［法］卢梭著，李平沤译：《爱弥儿》（下卷），商务印书馆1983年版，第401页。

三、各时期的教育内容和方法

卢梭指出，人生的每一个阶段都有其适当的完善程度，都有其特有的成熟时期。他要求教育者按照学生的年龄去对待他们。"我的方法……它是根据一个人在不同的年龄时的能力，根据我们按他的能力所选择的学习内容而进行的。"[①]如果教育方法不太适合学生的个性、年龄和性别，要想取得成功是令人怀疑的。他在《爱弥儿》的前四卷中把受教育者的发展过程划分为四个年龄阶段，提出各阶段身心发展的特征及相应的教育任务与方法，分别为：婴儿期（出生—2岁）以身体的养护为主；儿童期（2—12岁）以体育锻炼和感官训练为主；青年期（12—16岁）以智育为主；青春期（16—20岁）以道德教育为主。第五卷则论述了女子教育。"在教育上考虑年龄的作用是《爱弥儿》的中心课题；尽管它有很多缺点，但卢梭对于这个问题的议论，对于促进教育思想的发展是一项最有价值的贡献。"[②]

（一）婴儿期的教育（出生—2岁）

1. 儿童不应只跟从一个向导

卢梭认为，为了受到良好的教育，儿童的向导应包括保姆、父母和导师。其一，关于父母。母亲应亲自哺育自己的孩子，这将有利于儿童身心健康，也能使社会风气自行好转；由明理有识而心眼偏窄的父亲培养，也许比世界上最能干的教师培养还好些；父母之间的亲热感情在儿童教育中有重要意义，家庭生活的乐趣是抵抗坏风气的毒害的良方。其二，关于导师。一个孩子的教师应该是年轻的，他能成为学生的伙伴，在分享学生的欢乐中赢得学生对他的信任。"我宁愿把有这种知识的老师称为导师而不称教师，因为问题不在于他拿什么东西去教孩子，而是他要指导孩子怎样做人。他的责任不是教给孩子们以行为的准绳，他的责任是促使他们去发现这些准绳。"[③]

2. 儿童身体的养护与锻炼

卢梭注意到有一半的孩子不到8岁就死了，因而重视婴儿身体养护。第一，应在乡村中养育孩子，空气对儿童的体格健康作用很大，尤其在生命开始的头几年更为显著。城市是"坑陷人类的深渊"，乡村则能更新人类。第二，反对把新生婴儿捆绑在襁褓之中，这会阻碍血液和体液的流通，妨碍孩子的成长。第三，反对给孩子请医生和用药。第四，主张锻炼儿童的体格，使其忍受各种艰难困苦。在锻炼儿童的具体方法上卢梭推崇洛克等人的相关主张。

（二）儿童期的教育（2—12岁）

1. 论感觉教育

卢梭把人的认识过程分为感觉和判断两个阶段，人的智力无非就是比较和判断的能力。人的感觉力无可争辩地先于智力发展，先有感觉而后有观念。"我们最初的哲学老师是我们的脚、

---

① ［法］卢梭著，李平沤译：《爱弥儿》（上卷），商务印书馆1983年版，第257页。
② ［英］博伊德、金合著，任宝祥、吴元训主译：《西方教育史》，人民教育出版社1985年版，第295页。
③ ［法］卢梭著，李平沤译：《爱弥儿》（上卷），商务印书馆1983年版，第23页。

我们的手和我们的眼睛。"①必须锻炼感官，通过它们学习正确的判断。

卢梭把感觉教育分为触觉、视觉、听觉、味觉和嗅觉五个方面。触觉发达较早，并有较多的正确性。训练触觉的方法一是用触觉代替视觉，二是用触觉代替听觉。此外，应经常保持和增进皮肤的敏感，避免由于不断接触粗糙坚硬的物体而迟钝。视觉容易发生错误，因为它延伸的地方太远，总是比其他的感觉先接触物体。训练视觉的方法主要是用触觉来辅助视觉的发展，用触觉来鉴定视觉所获得的印象。此外，学习绘画、几何等能培养和发展儿童敏锐的观察能力。卢梭认为"第六感觉"是由各种感觉很好地配合使用而产生的，它能通过事物的种种外形的综合而使我们知道事物的性质。

"卢梭论证的感觉教育的重要意义和实施方法，在教育史上是空前的。"②他认识到感觉在人的认识发展过程中的重要价值，把感觉教育视为儿童时期主要的教育任务，这是继培根和夸美纽斯之后，对于崇尚理论灌输的传统教育的又一次改造。但卢梭的感觉训练与知识学习相脱离，从时间上来说也过于漫长，直到12岁以后才进入知识教育阶段，显然有失偏颇。

2. 童年时期的德育奠基工作

（1）良心与理性

卢梭认为，在人的灵魂深处生来就有一种正义和道德的原则，它能使我们不差不错地判断善恶，他把这个原则称作"良心"，其内容是对自己的爱、对痛苦的忧虑、对死亡的恐惧和对幸福的向往。"良心之所以能激励人，正是因为存在着这样一种根据对自己和对同类的双重关系而形成的一系列的道德。"③卢梭把良心解释为天性的结果，是独立于理智的，"但没有理性，良心就不能得到发展"④。既然人人都有良心这种天赋的道德本能，罪恶又是如何产生的呢？卢梭认为这是后天毒害所致，或出于个人的原因，或由于社会的缘故，尤其是由于腐朽邪恶的社会对于天性的戕害造成的。错误的教育使自爱心变成自私心。

（2）德育的奠基工作

在卢梭看来，童年时期是理性的睡眠时期。在达到理智年龄以前，人们为善和为恶都不是出于认识，真正的道德教育是青春期的工作。在童年期只能进行一些德育的奠基工作，其基本精神是：不要使儿童养成驾驭人的习惯，而是尽早养成自己多动手和少要别人替他们做事的习惯，使能力与欲望保持平衡，就可以把他们的欲念导向为善，防止自爱心变成自私心。

（3）儿童德育方法

卢梭根据自己所理解的童年期的特点提出了一些德育方法。他反对向儿童说理，主张用榜样的力量激励儿童模仿善行；用"自然后果"的方法纠正和遏止儿童的恶行；利用游戏和其他活动的方式教育儿童；在研究和了解儿童个性的基础上因材施教；利用教师的榜样作用。

---

① ［法］卢梭著，李平沤译：《爱弥儿》（上卷），商务印书馆1983年版，第149页。
② 滕大春著：《卢梭教育思想述评》，人民教育出版社1984年版，第95页。
③ ［法］卢梭著，李平沤译：《爱弥儿》（下卷），商务印书馆1983年版，第417页。
④ ［法］卢梭著，李平沤译：《爱弥儿》（上卷），商务印书馆1983年版，第56页。

"自然后果律"是卢梭提出的儿童德育的重要方法。他认为，上帝在使人自由的同时，对人的力量也施加了极其严格的限制，人做了坏事，就自受它的恶果。在理性处于睡眠的童年时期，说理无异于对牛弹琴。正确的方法是尽量用可以感觉得到的事物去影响他们。如果儿童有冒失的行为，就让他碰到一些有形的障碍或受到由他行为本身产生的惩罚加以禁止。比如，他打坏他所用的家具，别忙着给他另外的家具，让他感觉到没有家具的不方便；他打破他房间的窗子，就让他昼夜都受风吹，别怕他受风寒。总之，不能为了惩罚孩子而惩罚孩子，应当使他们觉得这些惩罚正是他们不良行为的自然后果。

卢梭反对儿童学习寓言，反对儿童读书，因为这样做只能教儿童谈论他们实际上不知道的东西。他把读书称作孩子们在童年时期遇到的"灾难"，无论怎样努力把寓言写得简单，但由于你想通过它去进行教育，就不能不在其中加上一些小孩子无法理解的思想。"只要你长期同曾经学过寓言的孩子在一起，你就可以发现，当他们有机会把所学的寓言拿来应用时，他们的所作所为差不多同寓言作者的意图完全是相反的；对于你想纠正或防止的缺点，他们不仅满不在乎，而且还偏偏喜欢为非作恶。"①

卢梭的儿童德育理论以性善论为基础，以博爱和自食其力为内容，以事物的影响为其方法。他把道德品质的形成视为天性与环境共同作用的结果，重视教师示范和人格感化以及儿童的善行。但在关于说理的问题上则存在偏激并自相矛盾的弊端。一方面，他认为儿童不懂道理，因而反对向儿童说理；另一方面，在反对儿童学习寓言时又说应对孩子直截了当地"讲真理"。

（三）青年期的教育（12—16岁）

《爱弥儿》第三卷论述了12—16岁的教育。通过前一阶段身体和感官的发展及感觉经验的积累，此时应该对爱弥儿进行智育和劳动教育。

1. 有用的知识

卢梭认为，这个年龄的人还不能很好地理解人与人的相互关系，不能充分掌握道德概念，应主要引导他学习自然知识。他提出了"有用即价值尺度"的思想，强烈反对经院主义脱离实际的文字说教。卢梭所谓"有用"的知识主要指切合儿童现实需要、能够被儿童所理解和掌握以及有助于儿童形成正确观念的知识。卢梭反对强制儿童记诵古典文、寓言故事以及某些学科术语，主张凡是能够从经验中学习的事物就不要从书本中去学习，甚至要求"以世界为唯一的书本，以事实为唯一的教材"②。卢梭举出许多事例以说明爱弥儿是如何从事实中学习天文、地理、物理和化学等知识。

在卢梭看来，学习知识应与培养独立精神和发展智力结合起来。"不要教他这样那样的学问，而要由他自己去发现那些学问。你一旦在他心中用权威代替了理智，他就不再运用他的理智了，他将为别人的见解所左右。"③"问题不在于教他各种学问，而在于培养他有爱好学问的兴趣，而且在这种兴趣充分增长起来的时候，教他以研究学问的方法。毫无疑问，这是所有一

---

① ［法］卢梭著，李平沤译：《爱弥儿》（上卷），商务印书馆1983年版，第133页。
② ［法］卢梭著，李平沤译：《爱弥儿》（上卷），商务印书馆1983年版，第217页。
③ ［法］卢梭著，李平沤译：《爱弥儿》（上卷），商务印书馆1983年版，第217页。

切良好的教育的一个基本原则。"[1]教师应很好地激发学生的学习兴趣和好奇心，让它成为这个年龄的孩子寻求知识的动力。

2. 劳动教育

卢梭将劳动视为社会人不可避免的责任。任何一个公民，无论是贫是富，是强是弱，只要他不劳动，就是一个流氓。因此，在发展爱弥儿智力的同时，应教他有关职业和劳动的技能。这不仅关系到他日后的幸福，也关系到他的做人。

在卢梭看来，在人类所有一切可以谋生的职业中，最能使人接近自然状态的职业是手工艺劳动。农业劳动被束缚于土地并受土地权的制约。对于一个真正的自由人来说，最理想的职业乃是手工艺劳动。而在众多的手工艺劳动中最适合的是做木工。这种手工艺将使人适应环境的任何变迁，获得真正的独立和自由，并尽到自己对社会的义务。卢梭还强调要使爱弥儿在劳动中懂得尊重劳动和劳动人民。

（四）青春期的教育（16—20岁）

卢梭认为青春期有两个特点：一是情欲发动的时期，二是开始意识到社会关系的时期。这两个特征决定了青春期应以道德教育为主，包括品德教育、信仰教育和性教育。

1. 人有欲念与理性两个本原

卢梭的整个自然教育是建立在人性善的基础上的，但在论述伦理学时他提出了人有两个本原的假设：一个本原促使人去研究永恒的真理，去爱正义和美德，进入智者怡然沉思的知识的领域；另一个本原则使人故步自封，受自己感官和欲念的奴役。换句话说，人的理性趋向善良，而人的欲念却有可能驱使人去作恶。在人的本原上，理性与欲念之间存在冲突。特别是进入青春期以后，欲念的增多更使这种冲突加剧。然而，人是能动的，真正的人是有自由意志的，他可以通过努力使欲念受理性指导而不滥用自由，去恶从善。

2. 由爱己到爱他

卢梭认为，品德教育的主要任务是培养善良的情感、正确的判断和良好的习惯。善良情感的基础是人与生俱来的良心，就个人来说首先是自爱。自爱是原始的、内在的、先于一切其他欲念的，一切其他的欲念只不过是它的演变。自爱的目的在于保持人的生存。自爱始终是好的，是符合自然的秩序的。但一个人的生存和幸福又始终是和别人联系在一起的，只有把自爱加以扩大和升华，使人不仅自爱也爱他人进而爱全人类，才能有每个人的生存和幸福。教师必须教育学生对人友好、同情、仁慈和宽厚。有了这种善良的情感，就可阻止妒忌、贪婪、仇恨和虚荣等情感的滋长。通过这种方式，卢梭和洛克一样把利己和利他协调了起来。

3. 正确的判断依赖理智

卢梭认为，善良的情感引导人趋善避恶，而要对善恶做出正确判断则依赖理智上的道德观念。人的道德观念是对社会认识的产物，道德判断则取决于他自身。在我们的灵魂深处，生来

---

[1] ［法］卢梭著，李平沤译：《爱弥儿》（上卷），商务印书馆1983年版，第223页。

就有的一种正义和道德原则就是"良心"。人类之所以有共同的道德观念和道德原则正是因为人类的本性是善良的，都具有天赋的良心，这是人的道德判断能力的基础。必须通过人去研究社会，并通过社会去研究人，才能树立正确的道德观。而要理解人和社会，较好的途径是研究历史。通过学习历史和伟大人物的传记，可以教导人们客观地评判人的言行，培养判断是非善恶的能力。卢梭也重视培养良好的道德行为习惯，做了好事才能变成好人。说教是没有用的，必须针对每个人的特点对症下药。

4. 自然神论与信仰教育

在卢梭看来，没有信仰就没有真正的道德。他在《萨瓦省牧师的信仰自白》中阐述了自然神论，认为世界是由一个有力量和有智慧的意志统治着的。卢梭所说的上帝并不是正统基督教义所指的"人格神"。他所说的上帝安排了万物及其和谐的秩序，但并不干预人世。基于自然神论，卢梭反对传统的宗教教育，认为向儿童灌输宗教教条是无益的。只有到青春期后，在感知经验和理性思维的基础上去认识和理解宇宙的奥妙，找出其中可以用来指导行为的准则，才能随之自然地树立对上帝的信仰。卢梭的观点与传统基督教教义存在着明显冲突，同时遭到天主教和新教的反对，《爱弥儿》被判当众焚毁。

卢梭认为，情欲发动是青春期的特征，对青少年必须进行性教育。应顺从自然发展，既不盲目抑制，也不妄加激励，使青少年远离不正当的诱惑，避免刺激其早熟。教师要用适宜的工作和活动来吸引青少年的注意，使其精力有发泄的出路。

（五）女子教育

《爱弥儿》第五卷论述了女子教育。通过对爱弥儿的未婚妻苏菲的教育，卢梭表达了对于女人的天性和职能的理解。他列举了男女两性的许多差异，认为这些差异来自大自然的安排。根据教育应顺乎自然的道理，男女的教育也必须有所不同。

男女两性差异体现在身体、性格和智力各个方面。第一，在身体和性格上，男子积极主动、身强力壮，女子消极被动、身体柔弱。第二，在智力上，女子不能像男子一样担任艰深的理论探索和学术研究工作。第三，在自然和社会的要求上，男女也是有别的。女人被自然赋予了生儿育女的职责，必须充当贤良内助，善于操持家务，不能像男子那样去参加社会、政治和学术工作。

卢梭根据自己对妇女天性和天职的理解，以培养贤妻良母作为女子教育的目标或方向。他说，女人是为男人而生的，女子必须针对男子的需要而受教育。在女人身上去培养男人的品质，把女人造就成一个好男子，这是违反自然的。

在如何实施女子教育方面，卢梭认为，第一，应当养成妇女强健的体魄。有了强健的体魄，才能促进心智的发展，才能生育健壮的子女，才能使妇女有健康的精神和容颜。第二，应当养成妇女柔顺的品德。第三，应当培养妇女治家的能力。第四，应当形成妇女优美的风格，具有优良文雅的风度、美好而不妖艳的容貌、高尚的智慧和清晰的头脑。卢梭所说的智慧主要指妇女掌握实际问题的能力，观察、分析和判断事物的能力，艺术欣赏和表现的能力，语言能力和审美能力等，这些都是女子的真正财富。

（六）国家教育和公民教育

卢梭在《爱弥儿》中探讨的是家庭教育而非学校教育，尤其不是由国家设置和管理的公共学校教育。在这个方面，他继承了西方贵族家庭教育的传统思想。但他曾谈到公民教育问题。在写作《爱弥儿》之前的1755年，他在为《百科全书》撰写的《论政治经济学》条文里曾提到了培养公民的必要，并指出人们从小就应接受这项训练。

在《关于波兰政府机构的几点设想》（*Consideration on the Government of Poland*，1772）中，卢梭表明了自己关于国家教育和公民教育的观点：他反对天主教教会控制教育；由国家制定教育制度，管理公立教育，考核校长和教师的工作；公民应享有平等的教育权利；实施免费教育或尽量降低收费标准，以保障贫苦家庭子女的受教育权；共和国的教育目的是将儿童培养成爱国者，而培养波兰爱国者的教育必须由波兰人担任教师；教育内容须由国家以法律形式予以确定，应按照社会需要培养公民，绝不能把个人与社会对立起来，任由个人天性泛滥。

出现在卢梭教育思想中的上述矛盾是可以理解的。一方面，卢梭反对现实社会中的封建国家及其教育，认为"国家"和"公民"这两个名词应从现代语言中取消；另一方面，卢梭和柏拉图等人一样有自己的理想国，并相信由国家兴学培养公民可以实现理想的社会和国家。卢梭前后的矛盾是由于他针对的问题不同所导致的。

四、卢梭评价问题

（一）历史地位与影响

卢梭的教育学说包含了相当激进的思想，充满新兴资产阶级自由、平等和博爱的精神。他抨击封建制度，在法国大革命的前夜，具有解放人们思想的重要意义。"卢梭在教育界发动了一场哥白尼式的大革命。他把儿童放在教育过程的中心，认为儿童有一种潜在的发展可能，而教育就是为儿童提供优良的环境，使其充分地实现这种可能性。"[①]他的教育主张被视为是新旧教育理念的分水岭。"变抑制天性的教育为尊重天性的教育，是教育上的巨大变革。在这个历史转折点上，卢梭是关键性的人物。"[②]卢梭提出的研究儿童原始状态的主张，给教育找到了出发点，被视为"新教育方法"的一个光辉先导。杜威说："卢梭所说的和所做的一样，有许多是傻的。但是，他的关于教育根据受教育者的能力和根据研究儿童的需要以便发现什么是天赋的能力的主张，听起来是现代一切为教育进步所做的努力的基调。他的意思是，教育不是从外部强加给儿童和年轻人某些东西，而是人类天赋能力的生长。从卢梭那时以来教育改革家们所最强调的种种主张，都源于这个概念。"[③]

卢梭同时奠定了实用主义哲学和进步教育的理论基础，对欧美教育产生了深远的影响，康德、裴斯泰洛齐、巴西多、福禄培尔、杜威和蒙台梭利都曾受到卢梭教育思想的深刻启发。从

① ［美］S·E·佛罗斯特著，吴元训等译：《西方教育的历史和哲学基础》，华夏出版社1987年版，第345页。
② 赵祥麟主编：《外国教育家评传》（第一卷），上海教育出版社1992年版，第600页。
③ ［美］约翰·杜威著，赵祥麟、任钟印、吴志宏译：《学校与社会·明日之学校》，人民教育出版社1994年版，第221页。

哲学方面说，康德所做的一项重要工作就是通过批判为理性的诸功能"划界"，他以限制科学知识的方式为自由、道德和形而上学留地盘。卢梭关于生来具有学习能力的婴幼儿不是通过语言和文字，而是通过经验并利用自己尚未成熟的器官进行学习的主张，被认为是近代教育思想的萌芽，并在裴斯泰洛齐、福禄培尔、杜威和蒙台梭利等人的教育理论中得到进一步的发展。

卢梭也是一位有争议的思想家，他在《社会契约论》中提出的"国家全体成员的经常意志就是公意"的思想被认为有压制个人意志的嫌疑；他的"人民主权不可分割"的思想也被认为与当时英法的政治思想主流（如三权分立）相偏离。[1]有人将他视为反对启蒙运动的"浪漫主义运动之父"和"伪民主独裁的政治哲学的发明人"。[2]人们批评其思想囿于小生产者的狭隘眼界，带有以小国寡民、自然淳朴的田园生活和小共和国为最高理想的历史局限性和保守性。他贬斥现代科学技术和艺术，贬低理性而崇尚非理性，在论述问题时存在前后矛盾，在论述方法上含义不明或随意变化。但总的来看，卢梭仍然代表了西方自由主义的一个重要的支脉。[3]

在卢梭的教育思想中，正确性、深刻性与偏激性、片面性共存。他的理论缺少实践基础，缺少关于儿童心理发展的阐述。他反复强调儿童不同于成人，每一年龄阶段都有其本身的特征和恒定不变的心理发展法则，受科学发展水平和教育经验的限制，他无法科学地阐明或揭示这些特征和法则。历史事实证明，对于卢梭的教育理论只能从精神实质上领会和把握，而不能刻舟求剑式地盲目照搬。

（二）对卢梭的种种误解

为了传播自己的思想体系，卢梭写了大量的散文、论文、文学作品和信札，但认为知音寥寥，只有极少数具有天分的人才能理解他的思想。"在他看来，读者要想欣赏他的东西，既需要情感，也需要理性，既需要德性和追求真理的热情，也需要自然本能。"[4]由于不能理解卢梭思想的浪漫主义和非理性主义的特质，人们往往容易对他的思想产生误解。"草率的读者、教育家很少想到去钻研卢梭哲学思想以便更好地掌握他的教育理论，因为他们无法领会他思想的精确对称性质。《爱弥儿》甚至在18世纪就受到误解，而且今天它仍然没有得到正确的理解。"[5]

对卢梭的误解主要表现在以下几个方面：第一，有些人认为《爱弥儿》是一部关于教育的实践性著作，然而这是一部小说，其中的教育思想是通过人物体现或实例阐述出来的，包括性格模糊不清的爱弥儿和一个既没有姓名也没有个人背景的管教者，作者对他们经历的描述只是为了阐明一种特殊的方法而虚构的。"将《爱弥儿》中的规诫原原本本、不折不扣地付诸实

---

① 顾肃著：《自由主义的基本理念》，中央编译出版社2003年版，第280—281页。

② ［英］罗素著，马元德译：《西方哲学史》（下卷），商务印书馆1986年版，第225页。

③ 顾肃著：《自由主义的基本理念》，中央编译出版社2003年版，第283页。

④ ［美］萨利·肖尔茨著，李中泽、贾安伦译：《卢梭》，中华书局2002年版，第1页。

⑤ ［摩洛哥］扎古尔·摩西主编，梅祖培、龙冶芳等译：《世界著名教育思想家》（第4卷），中国对外翻译出版公司1996年版，第24页。

践，会把教育者引向灾难，这并非危言耸听。裴斯泰洛齐在教育他的儿子雅各布的过程中痛苦地证明了这一点。"①

第二，人们通常把《爱弥儿》奉为一部要求解放和不干涉儿童发展的"自由教育学"的圣经。的确，卢梭谨慎地让其立论建立在自由原则的基础之上，任何使爱弥儿的意志屈从于他人意志的做法都被有计划地加以否决。然而，他的意志仍然是通过持续、有力地反对"自恋"来得到教育的。按照卢梭的设想，爱弥儿应保证遵守法律，他在与同伴冲突迭起的接触过程中制定了法律。

第三，卢梭提出的观察和了解儿童的请求也常常被用来归纳他所设计的一种移植应用于教育的心理学方法。这种观点忽略了这样一个事实：他的心理学非常近似但绝不是现代实验者所理解的那种意义上的科学。卢梭指出，重要的问题是教育者应当深入了解教育对象，即儿童，新兴的人类科学能够为这项研究做出有益的贡献，但他又认为教育对象始终是一个主体，一个自由的存在，从而抵制任何从原则上确定教育对象是什么和他能够成为什么的企图。

第四，教育家常常误把卢梭在《爱弥儿》中用小说笔调描绘的行为原则当作训导加以应用。例如，卢梭攻击书本并把爱弥儿的阅读进程拖得极慢，但这绝不意味着他拒绝书本；同样，《论科学和艺术》的目的也不是破坏文化，他想要表明的是，过早引导儿童去"预先消化"那些对他们来说无关紧要的概念，会把他们禁锢在一个预先造好的世界中，使他们完全并且始终要借助别人来思考。阅读本身不是目的，目的在于让儿童有自己的学习兴趣，并在阅读中学会思考。

第五，关于苏菲的教育也存在误读的情况。《爱弥尔》第五卷中的某些见解其实是故意想让女权主义者气得口吐白沫，如"女人是特意为愉悦男人而创造的"，必须按照她的性别义务来教育她。但卢梭在第五卷中的另一些段落中谴责了平等主义为要求分享权力的妇女所设置的陷阱。妇女有着极其敏感、务实的天性，这种女性所特有的灵巧恰好弥补其力量上的不足；没有它，女人不会成为男人的伴侣，只会成为他的奴隶。女性坚持要与男性平等并且通过服从他来统治他，这便要归功于女性的这种天才的优势。

第六，把对卢梭冠以"共和国教育之父"是需要反复思量的。甚至在法国大革命时期，那些负责制定公共教学规划的人一旦把颂词强加给卢梭就会遇到极大的困难，因为《爱弥儿》讨论的是一种私人教育形式。在《关于波兰政府机构的几点设想》中，卢梭主张建立国家教育制度，为其社会中心论的阐释提供了证明。

第七，卢梭在同一年（1762）完成的《爱弥儿》和《社会契约论》之间重新建立起一种适当的平衡，正如他在一封信中所言，这两者共同构成一个完备的体系。但他更看重的是《爱弥儿》，而不是他的政治学短文，并认为《社会契约论》应当被看作是《爱弥儿》的"一种附录"。卢梭在《爱弥儿》第五卷中对《社会契约论》的要旨作了扼要的复述，根植于教育领域的政治基础便昭然若揭了。②

---

① ［摩洛哥］扎古尔·摩西主编，梅祖培、龙冶芳等译：《世界著名教育思想家》（第4卷），中国对外翻译出版公司1996年版，第21页。

② 参见法国学者米歇尔·索埃塔尔的《让-雅克·卢梭》，选自［摩洛哥］扎古尔·摩西主编，梅祖培、龙冶芳等译：《世界著名教育思想家》（第4卷），中国对外翻译出版公司1996年版，第21—24页。

关键概念

夸美纽斯	《母育学校》	《大教学论》	《世界图解》
教育适应自然原则	泛智论	洛克	《教育漫话》
绅士教育	卢梭	《爱弥儿》	自然主义教育
自然后果律			

思考题

1. 简述夸美纽斯《大教学论》的主要内容。
2. 简述夸美纽斯的教育适应自然原则。
3. 简述夸美纽斯的泛智教育思想。
4. 对夸美纽斯的教学原则进行述评。
5. 对夸美纽斯的学前教育思想进行述评。
6. 简述夸美纽斯在教育史上的地位。
7. 简述洛克《教育漫话》的主要内容。
8. 对洛克的绅士教育思想进行述评。
9. 简述卢梭《爱弥儿》的主要内容。
10. 对卢梭的教育适应自然理论进行述评。
11. 论述卢梭在西方教育思想史上的地位。
12. 试比较夸美纽斯与卢梭教育适应自然原则的异同。

第十一章　近代教育理论（下）

第一节　裴斯泰洛齐

约翰·亨利赫·裴斯泰洛齐（Johann Hernrich Pestalozzi，1746—1827）是瑞士教育家，其教育活动和理论贯穿了"拯救农村"和"教育救民"的改良思想。他提出了人的能力和谐发展的思想，重视家庭教育，实施教育与生产劳动相结合；扩大了初等教育课程，提出了"教育心理化"口号，探索简化教学方法的途径，提出了要素教育论，奠定了小学各科教学法的基础。他的教育实践和教育思想对赫尔巴特和福禄培尔有直接影响，在推动西方近代国民教育的发展上做出了重要贡献。

一、生平与教育著作

裴斯泰洛齐生于苏黎世的一个医生家庭，中学毕业后进入加洛林学院学习法律，在此期间受到卢梭的深刻影响。1768年，他在家乡涅伊霍夫（Neuhpof）开办了"新庄"，进行新的耕作方法的实验，试图帮助农民摆脱贫困。1774—1780年，他在新庄创办孤儿院。1780—1798年，裴斯泰洛齐主要从事写作，陆续出版了《隐士的黄昏》（*Evening Hours of a Hermit*，1780）、《林哈德和葛笃德》（*Leonard and Gertrude*，1781—1787）和《我对人类发展中自然进程的追踪考察》（*Investigations into the Course of Nature in the Development of the Human Race*，1791）。1798—1825年是裴斯泰洛齐教育生涯的全盛时期，先后在斯坦斯（Stanz，1798）、布格多夫（Burgdorf，1799—1805）和伊佛东（Yverdun，1805—1825）从事初等教育新方法的实验。这个时期的主要教育作品是《葛笃德如何教育她的孩子》（*How Gertrude Teaches her Children*，1801）、《早期教育通信》（*Letters on Early Education*，1816）[1]和《天鹅之歌》（*Swansong*，1826）。1827年，裴斯泰洛齐在故乡涅伊霍夫与世长辞。

《林哈德和葛笃德》是裴斯泰洛齐著名的社会和教育小说，于1781—1787年陆续出版。作者通过农民林哈德与葛笃德夫妇及其子女的生活故事，阐明以教育改良社会的观点和教育观；主张通过适应现代生活的新教育来实现社会改革；强调进行与大自然相结合的教育训练以发展人的内在力量；认为生产劳动与教学相结合、功课与劳作合一的教育能满足人的真正需要。该小说使裴斯泰洛齐在欧洲一举成名。

《葛笃德如何教育她的孩子》是裴斯泰洛齐的书信集，包括14封书信，于1801年出版，是

---

① James Bowen. *A History of Western Education, Volume Three*. New York: Methuen & Co. Ltd, 1981: 224.

其教育和教学理论的代表作，探讨了符合儿童身心自然发展的规律，并主要简化初等教学法，以使每个母亲都能掌握；要素教学法是该书的核心内容，着重阐明初等学校教学中关于形状、数目和语言三大重要内容的要素教育原理，以及语言文字、图画、写字、测量、地理、算术等学科的具体教学方法。该书使裴斯泰洛齐作为国民学校伟大的教育家和革新家而闻名于世。

二、人性论与教育目的

关于人的观念是裴斯泰洛齐教育学说的基础。他在《我对人类发展中自然进程的追踪考察》中提出了人的二重本性和人生存的三种状态的学说。裴斯泰洛齐认为，人兼有动物性与崇高性。前者指个人保存自己的本能，是一种低级天性；后者追求自我完善，能懂得和实现真善美的更高价值。两者既有区别也有联系。所有高级天性都是以低级天性为前提和基础的，而高级天性则是从低级天性中产生和发展而来的；教育的任务就是尽可能把低级天性往高级天性阶段培养。

裴斯泰洛齐通过了解贯穿18世纪欧洲思想界的三种状态的学说，把人理解为在原则上生存于三种状态，即自然状态、社会状态和道德状态的生物。在人的进化过程中，这三种状态依时间顺序展开。每个人毫无例外地有前两个状态，而作为个体的他或她都能够而且应该使自己具有最后一个状态，即道德状态。在自然状态中，人与动物相类似，关心自己的利益；在社会状态中，人的所作所为受到权利和义务的制约，以法律方式追求同样的利益；在道德状态中，人战胜了自身的矛盾，达到了和谐。裴斯泰洛齐强调指出，道德化应该是个人的生活目标，因此也就是教育的目标。[①]

裴斯泰洛齐从卢梭那里吸取了自然界的自然进程的思想以及主动性和练习的意义，从18世纪末至19世纪初的德国哲学中吸取了发展的思想，从康德的哲学中吸取了道德完善的思想。在裴斯泰洛齐所看来，"教育是按照自然界的自然进程和使人类经常改善的方向，通过练习而达到人的内部所具有的力量和才能的自我发展。在这个公式中，教育的自然适应性原则，比卢梭和康德的教育学说中的理解要复杂得多"[②]。

三、论普及教育与人的和谐发展

（一）论普及教育

在18世纪启蒙运动的影响下，裴斯泰洛齐深信教育是社会改革的重要手段，社会的腐败和道德堕落是不合理和不平等的教育制度所造成的；劳苦大众的贫困和悲惨的生活境遇是其缺乏教育和文化科学知识的结果。他批评当时的教育制度本末倒置，少数特权阶级的子女从小学读到大学，占人口绝大多数的工农劳动大众的子女则被拒于学校大门之外，加深和扩大了社会阶级之间的差别，并使这种差别和矛盾永久化。

---

① ［瑞士］裴斯泰洛齐：《我对人类发展中自然进程的追踪考察》。选自［瑞士］阿图尔·布律迈尔主编，尹德新组译，杜文棠审校：《裴斯泰洛齐选集》（第二卷），教育科学出版社1994年版，第116—119页。
② ［苏］耶·恩·米定斯基著，何国华、吴文侃译：《教育史中教育的自然适应性原则》，《教育译报》1957年第4期，第19页。

裴斯泰洛齐批评了当时的初等学校，认为它们除教义问答外别的课程则可有可无；学校教师多半是鞋匠和理发师，把教书当作副业，缺乏教养和责任心；贫苦人家的孩子学不到生活必需的知识，个性受到极大的摧残。他还批评欧洲公共教育制度迷失了方向：一方面，已上升到科学与艺术的顶峰；另一方面，丧失了大多数人正常教养的整个基础。裴斯泰洛齐主张建立民主的教育制度，希望提高劳动者的文化知识水平，改变其贫困的处境。这是裴斯泰洛齐为之奋斗一生的崇高理想。

（二）论人的能力的和谐发展

裴斯泰洛齐受到卢梭的"自然主义"和莱布尼兹的"单子论"哲学的影响，认为每个人都具有自然所赋予的潜在力量和才能，都具有渴求发展的倾向，比如，眼睛要看、耳朵要听、脚要走路、心要信仰和爱、理智要思维。换句话说，每个人在身体和精神方面生来就具有一些要求以及活动和发展的力量与才能，教育的目的就在于全面和谐地发展人的一切天赋力量和才能。教育者必须研究儿童，使教育与其自然发展相一致。裴斯泰洛齐认为，人就其本性来说是不完善的，在人的本性中具有一些优良素质，也具有低级动物的本能。如果没有教育的帮助，人从动物本能状态中解放出来是很缓慢的。同时，人的一切天赋力量和才能只是发展的可能性，有赖于合理的教育将其引向正确的发展道路。

为了构想出使人道德化的教育途径，裴斯泰洛齐进行了长期的研究与实验。"教育就是如何严肃对待一个人的本性和如何和谐发展每个人的才能。"[1]最值得我们关注的是心灵的发展，也就是爱、信任、感激和责任等；智力的发展应与训练动手能力及勤劳作风相联系。在裴斯泰洛齐看来，心、脑、手是紧密联系的，应平衡发展。①"大脑"指人的理性或推理才能。②"心"指人与人之间情感沟通的问题，包括感觉、情绪和激情等非理性心灵范畴。③"手"指生产活动，指人通过与外界的相互作用来塑造人自身。[2]以这种方式受教育的人就能够在生活中负起社会责任。裴斯泰洛齐关于心、脑、手的观念来自卢梭，[3]他将这些观念进一步发展为人的能力和谐发展的思想。

四、教学心理学化和要素教育论

（一）教学心理学化

教学心理学化是裴斯泰洛齐新式教学的总原则。他在《方法》（1800）一文中明确指出："我试图将人类的教学过程心理化。"[4]只有使教学过程与儿童心理的自然发展相一致，才能使儿童的天性及能力得到和谐的发展。裴斯泰洛齐反对机械灌输的旧式教学，不断在教育实验中

---

① 卓晴君、方晓东主编：《教育与人的发展》，教育科学出版社1995年版，第7页。
② ［摩洛哥］扎古尔·摩西主编，梅祖培、龙冶芳等译：《世界著名教育思想家》（第3卷），中国对外翻译出版公司1995年版，第248页。
③ 参见［摩洛哥］扎古尔·摩西主编，梅祖培、龙冶芳等译：《世界著名教育思想家》（第4卷），中国对外翻译出版公司1996年版，第26页。
④ ［瑞士］裴斯泰洛齐著，夏之莲等译：《裴斯泰洛齐教育论著选》，人民教育出版社1992年版，第189页。

探索儿童心理发展的规律及与之相适应的正确教学方法。他说："半个世纪以来我孜孜不倦地探索简化大众教育的手段，特别是初级阶段的教育手段，我想阐明学校教育应遵循发展和培养人性各种能力的自然进程。"①

裴斯泰洛齐认定合理的教育方法的基础是对心理发展过程的认识，教学如果不和儿童对事物的亲身经验有机联系起来是没有任何价值的。按照这个原则检查任何课程是否适当，就看其能否唤起学生自我活动的能力。教学如能遵循儿童心理发展的顺序，就能使儿童认识到自己的能力，激发自身的学习兴趣。裴斯泰洛齐提出的使"教学心理学化"的设想及其实验揭示了近代教育发展和人类教育认识发展的趋势，激励后人沿着他所开创的道路不断前进。

（二）要素教育

要素教育（elementary education）是裴斯泰洛齐提出的有关初等教育和教学心理学化的理论，是其简化大众教育手段的一个重要努力。他坚信，这种简化的教学方法能使最无经验、最无知的人也能教育自己的孩子。要素教育论是裴斯泰洛齐基于教学心理学化理论对初等教育内容和方法进行论述的重要理论，也是其为初等教育革新所做的开创性实践的结晶。

裴斯泰洛齐认为，在一切知识中都存在着一些最简单的"要素"，指儿童自然能力的最简单的萌芽。教育过程应从一些最简单的、能为儿童所理解和接受的要素开始，逐步过渡到更加复杂的要素，促使儿童各种天赋能力的和谐发展。人的全部能力可分为意愿、智慧和实践能力三种，因而可将教育分为德育、智育和体育。

德育、智育和体育的要素教育如下：① 德育的要素是儿童对母亲的爱，应从在家庭中培养亲子之爱开始，逐步扩展到爱兄弟、爱邻人、爱全人类及至爱上帝。② 体育的要素是儿童身体各关节的活动，应从锻炼关节活动开始，逐渐发展站、行、跑、跳、掷、摇和角力等各种活动能力，使儿童身体健康并受到初步劳动能力的训练。③ 智力的要素是整个要素教育的核心，包括对事物的数目、形状和名称的认识。

儿童智力的最初萌芽是对事物的感觉与观察能力，这就是事物的数目、形状和名称。认识这三个要素的相应能力是计算、测量和表达，培养这三种能力的学科是算术、几何与语文。各门学科的教学亦须从最简单的要素开始，由简到繁、循序发展，如算术教学要从简单的数"1"开始，再逐渐发展到加、减、乘、除；语文教学要从读音开始，由音节到单字，再到简单句子，逐渐扩充简单句为复杂句，以培养观察、描述和表达能力；几何教学要从最简单的点、线开始，再发展到复杂的几何图形。这种教学方法体现了发展思维能力、直观教学、循序渐进和注重练习等教学法思想，对初等学校的教学改革影响深远。

裴斯泰洛齐在教育实践中经过不断地研究与探索，根据对智育、德育和体育等方面最基本要素的分析，提出了要素教育理论，奠定了初等学校各科教学法的基础，对初等教育的发展与普及做出很大贡献。

---

① ［瑞士］阿图尔·布律迈尔主编，尹德新组译，杜文棠审校：《裴斯泰洛齐选集》（第二卷），教育科学出版社1994年版，第341页。

五、初等教育分科教学法

裴斯泰洛齐根据初步教育原理及其一般教学理论创立了初等教育分科教学法。

（一）国语教学法

裴斯泰洛齐把国语教学分为三个部分：发音、扩大语汇和学习文法。① 在发音方面有"拼音识字教学法"，即儿童先学发音，再学拼音节，然后学单词。② 在扩大语汇方面采取直观教学，使之与周围环境、地理和自然等基础知识相结合，以丰富儿童的语汇，扩大儿童的知识范围。③ 学习文法是在学习语汇的基础上进行的，如先教"粉笔"这个词，然后在这个词上加形容词"白"，即"白粉笔"，再加上动词而成为"我用这支白粉笔写字"。同时他主张用定义和练习的方法，发展儿童的观察力，确定物体和现象的特征，培养儿童明确而系统地描述事物的技能。裴斯泰洛齐建议绘画的教学应该先于写字的教学。

（二）算术教学法

裴斯泰洛齐认为算术的基本要素是"1"，如1加1为2，2减1余1，亦即用对1和由1构成的个位数的演算，帮助儿童达到对多位数的关系的了解与计算。他在《林哈德和葛笃德》中介绍了算术教学方法，[①]主张一切算术教学都必须从直观实物开始，通过棍子、豆子和小石子等进行教学，反对让儿童在不明白数字概念的情况下背诵算术口诀。为了便于儿童学习小数（分数），他把10个或100个小正方体堆砌成大正方体，把这个正方形变成为一个整数1，以此来说明部分与整体、小数与整数、分数与整数的关系。这是以后算术教学中常用的直观教具——算术箱的基础。在他的启发下，福禄培尔发明了幼儿园使用的教具——恩物（Froebel's Gifts）。

（三）测量教学法

裴斯泰洛齐认为，直线是测量教学的基本要素。在测量教学中，他先教儿童学习横线、垂直线和斜线，然后学习平行线以及由直线构成的角，再学习四边形和三角形等，最后再教曲线以及由曲线构成的图形。他强调在进行测量教学时应充分运用各种实物和图形，使之与算术、绘画及语言的研究紧密联系，并结合实地测量来学习。

（四）地理教学法

裴斯泰洛齐主张由近及远地进行地理教学。① 引导儿童实地观察和认识学校和本村的地形、山、谷、溪间、河流等。② 用土塑造地理模型，绘制地图。③ 认识地理挂图，并逐步扩大儿童地理知识的范围。④ 认识整个地球和人类的关系，并使这种认识与自然史、农林、牧渔、气候、交通运输、城市、人口等联系起来。

---

① ［瑞士］裴斯泰洛齐著，北京编译社译：《林哈德和葛笃德》（下卷），人民教育出版社1984年版，第180—183页。

徒步旅行是裴斯泰洛齐学校生活的重要组成部分。他经常带领儿童到阿尔卑斯山去，到邻国去，这成为自然科学和地理学课程的组成部分。每次旅行前，裴斯泰洛齐都要阅读描述地理与旅行的游记，查阅地图。上课期间，裴斯泰洛齐也带儿童经常到户外观察，描绘或画出植物、地形、动物或岩石等。[①]徒步旅行后来成为西方幼儿园和初等学校"自然研究"课程的主要方法。

六、论家庭教育

家庭教育思想贯穿于裴斯泰洛齐大部分的教育作品。他反复强调家庭教育的重要意义，详细地研究了家庭教育的内容与方法，探讨了家庭教育与学校教育之间的关系，这些都是他留给人类文化宝库的重要遗产。

（一）起居室是"人类教育的圣地"

从青年时代起，裴斯泰洛齐就对孩子所受的家庭教育的影响怀有一种类似崇拜的看法。这与他早年的经历以及卢梭的影响有关。他把家庭关系看作最起码、最重要的自然关系。如果说儿童健康成长的内在源泉在其自身，外在源泉则是父母的教育。在裴斯泰洛齐看来，家庭生活以爱为依托，而正义是以爱为根基的。父母的心燃起孩子们的信仰与爱。家庭生活是进行真正良好教育的天然基础。"在起居室这块圣地，人的各种力量在发展过程中仿佛自然地建立起平衡，并保持平衡。"[②]他断定，家庭是教育的起点，家庭应成为自然教育方案的基础，是培养人品和公民品德的大学校。

（二）教育父母是教师的最重要的任务

裴斯泰洛齐憎恶封建制度，指责其使人民丧失了家庭力量和荣誉心。国民教育的首要目标是恢复家庭教育的力量，提高家庭教育的水平。为改善全民教育，首先要激发父母的自觉性，应通过提高父母的道德水准来普遍地改善每个家庭的生活。与此相关联的是裴斯泰洛齐酝酿了几十年的美好愿望，即利用合适的书籍来改善每个家庭的教育。当有足够多的人认识到正确的教学和教育方法时，就可以由母亲在起居室进行初等教育。裴斯泰洛齐的《孩子直观和说话培养指南》（1803）就是试图用教育通俗读物影响民众的有益尝试，他始终把教育母亲看成是教师的最重要任务。

（三）从家庭教育中寻找教育科学的出发点

裴斯泰洛齐甚至设想是否慢慢地取消学校，把孩子的教育权完全交到父母，尤其是母亲手中。但后来的教育经验使他认识到学校的必要性。"即使在家庭生活的优越条件下和料

---

① ［瑞士］阿图尔·布律迈尔主编，尹德新组译，杜文棠审校：《裴斯泰洛齐选集》（第一卷），教育科学出版社1994年版，第66页。

② ［瑞士］阿图尔·布律迈尔主编，尹德新组译，杜文棠审校：《裴斯泰洛齐选集》（第二卷），教育科学出版社1994年版，第218页。

理得最好的家务中，教育的成果也是片面的，都缺乏整体发展一切天性的那部分知识。社会状况使父母们缺少必要的时间把自己确定了解和掌握的东西教给自己的孩子。"[①]学校不可能包括对人教育的全部内容，不能替代父母、起居室和家庭生活的地位。学校永远无法代替家庭教育。学校只能作为家庭教育的辅助手段而为世界服务。学校教育必须与家庭生活相一致。

在裴斯泰洛齐看来，必须根据家庭教育的原理来改造初等学校。"正是在家庭圣洁的感情中，自然本身为人类能力发展的和谐性和方向性作好了充分的准备，我们必须在家庭中寻找我们教育科学的出发点，而后教育科学才能成为一种全国性的力量。"[②]他指出，重要的问题是在学校教育和家庭教育之间建立起密切的联系。裴斯泰洛齐设想建立实验学校，使孩子们掌握智力和实践教育的要素，并使每个人在离开学校后能够去训练他的兄弟姐妹。

裴斯泰洛齐从自然教育、国民教育、和谐教育和生活教育等多重角度揭示了家庭生活在人的发展过程中的教育作用。他深刻认识到学校教育与家庭教育各自的利弊，指出完善教育的首要条件是使两者配合一致，互相弥补，并提出达到这一目的的种种方法的设想，强调国家最迫切的义务之一是为保持健康的家庭生活创造一切条件。虽然裴斯泰洛齐有一种把家庭生活和家庭教育理想化的倾向，但他提出的问题至今仍富有启发意义。

七、地位和影响

在世界教育史上，裴斯泰洛齐为贫民儿童教育和国民教育事业的发展鞠躬尽瘁。他希望通过教育使人完善，进而改良社会。这个信念激励他为贫苦儿童的教育和国民教育事业献出了自己毕生的心血。他在西方教育史上第一次明确提出了"教育心理学化"的口号，开启了19世纪欧洲教育心理学化运动。他提出要素教育思想并在此基础上建立了初等教育分科教学法体系，推动了近代国民教育的普及与发展，被誉为"国民教育之父"。由于《林哈德和葛笃德》的出版，1792年法国立法会议授予裴斯泰洛齐"法兰西共和国公民"称号，这在当时是极大的荣誉。

在伊弗东的20年是裴斯泰洛齐教育生涯的全盛时期，他得到了很高的荣誉和广泛的敬仰。意大利、西班牙、丹麦、德国和法国等国都有专家和青年去学习、参观和访问。伊弗东成为一所著名的国际性学院，人们像游览阿尔卑斯山冰川那样争相前往，参加那里的学习和讨论，回国后宣传和推行裴斯泰洛齐的办学精神和教学方法。

德国教育家在学习裴斯泰洛齐方面走在前列。赫尔巴特于1799年参观了裴斯泰洛齐的学校，对新方法很是赞赏。福禄培尔曾于1808—1810年在伊弗东工作，称伊弗东是"教育圣地"，接受了裴斯泰洛齐关于母亲和家庭在儿童教育中具有重要作用的思想，将数、形、语言的基本要素思想运用到幼儿教育中。第斯多惠继承和发展了裴斯泰洛齐的教学思想，被称为"德国的裴斯泰洛齐"。裴斯泰洛齐的教育思想对德国国民教育的发展和德意志民族的复兴有重要作用。

---

① ［瑞士］阿图尔·布律迈尔主编，尹德新组译，杜文棠审校：《裴斯泰洛齐选集》（第二卷），教育科学出版社1994年版，第176页。
② ［瑞士］裴斯泰洛齐著，夏之莲等译：《裴斯泰洛齐教育论著选》，人民教育出版社1992年版，第336页。

费希特在《对德意志民族的演讲》中把裴斯泰洛齐和马丁·路德并列为"民族救星"，认为公共教育的改革必须建立在裴斯泰洛齐的原则之上。

在19世纪中期，西方各国兴起"裴斯泰洛齐运动"（The Pestalozzian Movement）。在法国，在教育部长维克多·库桑（Victor Cousin）的努力下，裴斯泰洛齐的方法被运用于教师培训。在英国，欧文和培尔两人先后访问伊弗东，将裴斯泰洛齐的方法运用于幼儿学校和导生制学校；格里夫斯（Jarues Greaves）在1817—1822年访问伊弗东期间，与裴斯泰洛齐建立了深厚的友谊，并在伦敦创办了一所学校，采用了伊弗东的教学方法。1860年，美国纽约州奥斯威戈一所师范学校率先以裴斯泰洛齐的直观教学法训练教师，其他师范学校（normal schools）相继仿效，一时形成"奥斯威戈运动"（Oswego Movement）[1]。1868年，日本在明治维新时期接受了美国式的裴斯泰洛齐直观教学法，并与日本的教育实际相结合，发展为启迪教学法并在日本进行推广，成为日本教学法发展的转折点。

1909年，瑞士为纪念裴斯泰洛齐在涅伊霍夫设立裴斯泰洛齐学院，对学生进行农业和手工业技能的训练。苏黎世和布格多夫矗立着他的纪念雕像。苏黎世博物馆珍藏着他留下的文化教育遗产。裴斯泰洛齐的教育学说在清末传入中国，对我国初等教育的发展也有相当的影响。

第二节　赫尔巴特

约翰·弗里德里希·赫尔巴特（Johann Friedrich Herbert, 1776—1841）是19世纪德国著名的教育家和心理学家，被誉为被"科学教育学之父"和"教育性教学的倡导者"及"教学形式阶段的发明者"。他主张建立独立的教育科学，认为"教育学作为一门科学，是以实践哲学和心理学为基础的。前者说明教育的目的；后者说明教育的途径、手段与障碍"[2]。"在很长时间里，人们把'赫尔巴特教育理论'和'科学教育理论'作为同义语。"[3]

一、生平、著作与教育研究的基本路径

作为一位法官的独生子，赫尔巴特幼年在母亲的关注下接受家庭教师的严格教育，培养其多方面的兴趣。1794年，他到耶拿大学（University of Jena）学习，费希特在那里讲授哲学，赫尔巴特深受其影响。1797—1800年，他在瑞士从事家庭教师工作，在陪伴三个贵族男孩的过程中积累了教育经验，并开始思考教育性教学问题。1800—1809年，赫尔巴特在哥廷根大学（University of Göttingen）讲授哲学和教育学。1809年，他到格尼斯堡大学（University of Königsberg）与实习学校创建教育研习班（pedagogical seminar），开展教育实验，在那里工作

① Paul Monroe. *A Text-book in the History of Education*. New York: The Macmillan Company, 1905: 669.
② ［德］赫尔巴特著，李其龙、郭官义等译：《赫尔巴特文集（3）》（教育学卷一），浙江教育出版社2002年版，第187页。
③ ［德］弗·鲍尔生著，滕大春、滕大生译：《德国教育史》，人民教育出版社1986年版，第165页。

了22年。[1]

赫尔巴特的教育思想受到卢梭、康德和裴斯泰洛齐的影响。1799年，他在瑞士布格多夫拜访裴斯泰洛齐后深受启发，成为德国第一个用文字传播裴斯泰洛齐教育思想的人。1802年，他发表了《直观教学入门》（*Idea of an ABC of Sense Perception*），介绍裴斯泰洛齐的直观教学法。1804年，他发表了《论对世界之审美描述是教育的首要工作》（*Aesthetic Presentation of the World as the Chief Business of Education*）一文[2]，阐述了教育性教学的意义和途径。1806年，其教育代表作《普通教育学》（*The Science of Education*）问世。1835年，他出版了《教育学讲授纲要》（*Outlines of Educational Doctrine*）。

德国学者诺尔贝特·希根海格（Norbert Hilgenheger）认为，赫尔巴特教育思想模式的发展是沿着两条有鲜明区别的路线展开的，一条是分析性路线，另一条是以实现综合为目标的思辨。前一条路线从赫尔巴特本人的经验和实验开始，首先产生经验主义教育学，然后形成教育的哲学理论。这条教育思想路线使哲学或多或少地依赖于教育学。后一条路线从已有的哲学体系的原则出发，发展出一套有关教学的理论与实践学说。这条路线使教育学依赖于哲学、心理学和伦理学。"青年赫尔巴特的教育著作多采取分析式的教育思想模式，极少例外。而在他中年形成了自己的哲学思想体系并作了全面阐述之后，他便一直优先遵循以确立综合为目标的思辨方式。"[3]

二、教育学的理论依据

赫尔巴特一直关注哲学与教育学、教育理论与教育实践的关系问题，认为哲学（主要是心理学和伦理学）是建立教育学的理论基础，"教育学对我来说只不过是哲学的一种应用"[4]。在他看来，"凡没有哲学思维的人去从事教育，很容易自以为自己已经做过广泛的改革，其实只是对方式、方法稍稍作了些改进而已。在这里，比任何别的方面都更需要用哲学的眼光来检验那些流行的思想，因为在这里，日常的工作和受到形形色色的思想影响的个人经验如此严重地使人的视野变得狭隘"[5]。

1802年，赫尔巴特在《关于教育学的两个讲座》中，主张将"作为科学的教育学"与"教育艺术"加以区分，认为一门"科学"包含一系列原理的综合，而"艺术"是一系列能相互统一起来以实现某一目的的技能的综合。一方面，他认为纯粹的理论和纯粹的实践都存在问题。理论因其所具有的普遍性，往往只涉及每个人实践的极小一部分。另一方面，经过分析和验证已经证明，纯粹的实践毕竟总是墨守成规的，局限性极大。赫尔巴特看到了教育理论与教育实践之间的裂痕，并试图解决两者之间的联结问题。

---

① Paul Monroe. *A Text-book in the History of Education*. New York: The Macmillan Company, 1905: 625.

② James Bowen. *A History of Western Education, Volume Three*. New York: Methuen & Co. Ltd, 1981: 233.

③ ［摩洛哥］扎古尔·摩西主编，梅祖培、龙冶芳等译：《世界著名教育思想家》（第2卷），中国对外翻译出版公司1995年版，第185—186页。

④ ［德］赫尔巴特著，李其龙、郭官义等译：《赫尔巴特文集（5）》（教育学卷三），浙江教育出版社2002年版，第160页。

⑤ ［德］赫尔巴特著，李其龙、郭官义等译：《赫尔巴特文集（4）》（教育学卷二），浙江教育出版社2002年版，第198页。

（一）伦理学与教育目的

1804年，赫尔巴特在《论对世界之审美描述是教育的首要工作》中指出："我们可以将教育唯一的任务和全部的任务概括为这样一个概念：道德。""道德普遍地被认为是人类的最高目标，因此也是教育的最高目标。"[①]1808年，他在《一般实践哲学》中系统地阐述了伦理学思想。把道德判断解释为一种特殊形式的审美判断，这是当时德国实践哲学界的一种时尚。赫尔巴特认为，美学判断与伦理判断具有相似性；实践哲学是要解决为生活提供何种支持的问题，它应该具有处世学说的基本特征，否则人们会在实际生活中发生义务冲突；他还主张从人的感觉经验中寻找道德评价的标准。

赫尔巴特认为，日常生活的道德判断可以按照内心自由、完美性、友善、正义和公正这五种道德观念（the five moral ideas）加以修正。1808年，他在《一般实践哲学》中系统地阐述了上述五种道德观念。在1835年的《教育学讲授纲要》中，赫尔巴特从教育学视角对五种实践观念进行了简明扼要的论述，将培养五种道德观念视为教育的目的，也是学生应遵守的道德规范。五种道德观念是人类普遍应具备的美德和巩固世界秩序的永恒真理，培养人们具备上述五种道德观念是教育的最高目的。

五种道德观念各自的含义是：①"内心自由"指认识与意志的统一。人际关系依赖于人们已经认识到的东西；借助于服从，内在自由观念才能是实践的，并成为决断的指导。②"完美性"要求人具有完美的理想和实现志向的坚定毅力，完美性的观念是实践的。③"友善"指行善的决心。人间一切关系中最丑恶的东西是恶意、嫉妒和幸灾乐祸。④"正义"指人们之间可能发生冲突时应以"正义"去调节。"法"是众多意志的和谐，"守法"则是预防争斗的规则。⑤"公正"指对人们的行为应实行善者赏、恶者罚，赏罚分明、公平合理。

在赫尔巴特看来，实践哲学毕竟不同于成文法，是要对意志的关系作出判断。在实践哲学中，"法"是众多意志的和谐，是预防争斗的规则。对两个理性生物来说，需有一个第三方来解决他们相互之间的冲突。在教育实践中，公平的观念要求在给学生以应有的惩罚时必须严格把握尺度，并使受惩罚者将所受的惩罚视为是正确的而愿意接受。

（二）教育学的心理学基础

赫尔巴特指出，教育者的首要科学就是心理学，在西方教育史上第一次把心理学作为基础理论来阐明教育学问题。他是最早宣称心理学是一门科学的人，最先将心理学与哲学、生理学分开，认为心理学作为一门科学，应建立在形而上学、数学和经验的基础之上。赫尔巴特的主要心理学著作是《心理学教科书》（*Textbook of Psychology*, 1816）[②]和《作为根据经验、形而上学和数学的科学之心理学》（1824—1825）。

赫尔巴特认为，仅凭感觉或仅凭理性都不能真正认识事物。人的认识活动是通过经验获

---

① ［德］赫尔巴特著，李其龙、郭官义等译：《赫尔巴特文集（4）》（教育学卷二），浙江教育出版社2002年版，第177页。
② James Bowen, *A History of Western Education, Volume Three*. New York: Methuen & Co. Ltd, 1981: 234.

得材料，再通过心智活动从经验中产生观念，并不断地依靠旧的观念来同化新的观念，形成观念团的"统觉"（apperceptive mass）过程。为了说明这个过程，赫尔巴特提出"意识阈"的概念：占意识中心的观念只容许与其调和的观念出现于意识之上，而将与其不调和的观念抑制下去。假如条件变化，在意识阈之下的观念就可能出现于意识阈之上，将原在意识阈之上的某部分观念排挤到意识阈之下。赫尔巴特一生的主要工作就是从理论上阐明"统觉"概念的内涵及其在教育上的应用。

心理学史对赫尔巴特的评价很高。他最早宣称心理学是一门科学，在心理学方面有不少建树。他完全摒弃了"官能"的概念，帮助摧毁了当时占统治地位的官能心理学（faculty psychology）；主张对心理现象作定量分析，第一个尝试将数学应用于心理学研究，为实验心理学的形成开辟了道路；在他的心理学思想中有辩证法的因素，如观念的对立与融合的思想、意识阈限转化的思想等；他的无意识说和意识阈概念；对心理活动研究的数量分析等，对费希纳的心理物理学和弗洛伊德的精神分析都有直接的贡献。赫尔巴特把从心理学研究中得出并加以发展的各种理论运用到教育科学中，强调教师不仅要学习心理学，还应随时观察和分析研究儿童的个性，这是心理学不能代替的。但与冯特之前的其他心理学一样，赫尔巴特的心理学主要以哲学为基础，仍属于"哲学心理学"（philosophical psychology）的范畴。[1]

三、教育学的三个组成部分

赫尔巴特力图使教育学成为一门独立的科学，努力建立完整的教育学理论体系。该体系在1806年的《普通教育学》中定型，并在漫长的教育实践中得到完善。他将教育过程分为相互联系、前后衔接的三个部分：管理、教学和训育。① 管理的任务是要克服儿童"不驯服的烈性"，为教学和训育创造秩序。② 教学是实现教育目的的基本手段，通过激发学生多方面的兴趣，使学生具有能正确决定意志的思想范围。③ 训育即道德教育，在赫尔巴特的教育体系中，德育问题既是贯穿始终的纲领，又是专门的组成部分。

（一）管理

赫尔巴特把儿童管理作为教育科学的首要组成部分。教育与管理本身就是密切结合的，"只教不管"会徒劳无益；"只管不教"则会导致对心智的压迫。在他看来，管理是教育的一根缰绳，教师必须"坚强而温和地"抓住它，才能使存在于儿童身上的"不驯服的烈性"、"盲目冲动的种子"以及"率真的欲望"得到约束，使儿童养成遵守秩序的精神。在教育的初始阶段，应对学生采取"惩罚性威胁"和"监督"等措施。在教育的较高阶段，学生能从理性上出于自己的意志服从教师。

赫尔巴特提到当时德国学校中管理儿童的通常做法。① 监督。这是儿童管理不可缺少的部分，但一定要适当，否则会造成危险。② 威胁。"惩罚性威胁"是必要的，但单纯采用威胁

---

[1] 西方心理学的发展经历了哲学心理学与科学心理学两个时期。哲学心理学是在科学心理学诞生以前，哲学家和教育家运用思辨的方法对人的心理活动规律进行研究所得到的认识的总和。

的办法经常不能得到预期的效果，必须与其他方法结合进行。③ 惩罚。如果儿童出现恶劣行为，就必须加以惩罚，包括体罚、剥夺自由、禁止用餐、关禁闭室和立壁角等。

在列举了当时德国学校儿童管理的一般措施以后，赫尔巴特以更多的篇幅否定了这些方法。例如，他指出"监督"的种种危害，包括拘泥于细节的监督对双方都是一种负担；监督妨碍儿童控制自己；性格是由本人的意志产生的，而监督显然不利于这种良好性格的形成。"假如要把监督作为常规工作的话，那么就不可能要求那些在监督压制下成长的人们机智敏捷，具有创造能力，具有果敢精神和自信行为；我们也许只能期待产生这样的人，他们始终只是单调刻板，并习惯于墨守成规俗套，不思改变，而对于高尚与奇特的事件则畏缩不前，把自己葬送于庸庸碌碌与安逸之中。"①

赫尔巴特提出了一些更为积极的儿童管理办法，一是权威与爱，二是给儿童以活动的机会。在给儿童以父亲的威严和母亲的慈爱方面，其观点接近于其他教育家。他进一步认为，要想使儿童管理安排得容易一些，必须考虑根据儿童好动的天性，安排适当的活动。乡村由于活动范围宽广，相对城市学校来说要容易一些。城市孩子被看管在狭小的范围内，精力无处发泄，往往造成极大破坏。"教育者们完全有理由及早考虑到向儿童提供大量受欢迎而无害的活动，以消除他们那种十分难以阻止住的不安稳。"②

（二）教学

在赫尔巴特的教育学体系中，教育的目的即培养"性格的道德力量"处于核心地位，教育的内容和方法都是由此决定的。在教养与教育之间、教学与管理及训育之间存在密切的联系。对于教育如何通过"第三者"的介入在学生身上产生自治行动这个教育的根本问题，他的回答是：情感起源于思想，而原则和行为方式则产生于这些情感。只有对头脑进行训练，教育才可能实现。头脑就其本性而言是能够通过适当的教学加以训练的。

1. 教育性教学

1797—1798年，赫尔巴特在《给冯·施泰格尔先生的几份报告》中细致地阐述了如何对三个男孩进行教育性教学的经历与体会。1802年，他在《直观教学入门》中论证了基于直观的数学教学能培养学生的想象力和注意力，而这些都是教育的前提。1804年，他在《论对世界之审美描述是教育的首要工作》中表明，脱离了教学，教育一般不会取得成功。教育性教学的基础是儿童天生的活泼性格，即儿童对世界和他人的兴趣。③1806年，他在《普通教育学》中更加明确地论述了教育性教学的必要性和可能性，认为不存在"无教学的教育"和"无教育的教学"。

赫尔巴特坚持这样一个信念：情感和意志受知识的影响；思想影响情感，情感影响行为。一个青年人纯粹出于得到好处的目的向某一位教师学习什么本领和学识，这对于教育者来说是

---

① ［德］赫尔巴特著，李其龙译：《普通教育学·教育学讲授纲要》，人民教育出版社1989年版，第25—26页。
② ［德］赫尔巴特著，李其龙译：《普通教育学·教育学讲授纲要》，人民教育出版社1989年版，第28页。
③ 这几篇作品可参见［德］赫尔巴特著，李其龙、郭官义等译：《赫尔巴特文集（4）》（教育学卷二），浙江教育出版社2002年版。

无关紧要的，但他的思想范围如何形成，这对于教育者来说就是一切，因为从思维中将产生感受，从感受中又会产生行动的原则与方式。我们只有知道如何在青年人的心灵中培植起一种广阔的、其中各部分都紧密地联系在一起的思想范围，而且这一思想范围具有克服环境不利方面的能力，具有吸收环境有利方面并使之与其本身同一起来的能力，那么我们才能发挥教育的巨大威力。

1818年，赫尔巴特在《根据行政专区参议格拉夫先生的构想对学校年级及其改革的教育学鉴定》中比较了教育性教学与传统教学在目的和手段上的差异：传统教学的目的在于尽可能多地向学生传授有用的知识和技能，关心学生的实践和技能；教育性教学侧重兴趣，而兴趣在以前充其量只被当作学习的动力加以考察。他始终强调，兴趣不仅是学习某些技能和本领的基础，更是为了强化道德人格，这才是教育的最终目标。

赫尔巴特的教育性教学包括两条主线：一是美学和文学，二是数学和自然科学。有时他也将之简称为"诗歌和数学"，强调培养学生"诗化的伟大性格"。① 文学教学的目的是激发对他人情感的切身关注，尤其是对幼年儿童的教学，必须用诗来让他们认识到单纯的人际关系，必须使思想、情感、原则和行为方式互相联系在一起。② 数学不仅具有实用价值和技术上的重要性，更为主要的是应当把数学当作训练思想集中的一种手段，帮助学生培养性格。总之，数学的教学为从理论上了解世界创造了条件，而文学、艺术与历史的教学则旨在传授对世界的审美把握。

2. 多方面兴趣与课程

赫尔巴特认为，兴趣对于教育性教学具有两方面的关键意义。首先，"多方面兴趣"（many-sidedness of interest）①是教育性教学的一个至关重要的中间目标。只有多方面兴趣能够给予意志以必要的内在自由，没有这种内在自由，受教育者就不能按照正确的观点采取行动。其次，兴趣不仅有目的功能，还具有手段功能，是教育性教学容许的唯一动因。只有持续的兴趣才能不断地、轻松地开阔思维、接触世界，并鼓励个人真诚地与自己的同胞共命运。因此，"教学中最严重的罪过"就是枯燥乏味。

赫尔巴特提出经验的、思辨的、审美的、同情的、社会的和宗教的六种兴趣（the six areas of experience），并在此基础上拟定广泛的课程体系。第一类属于来自对事物认知方面的兴趣和课程，包括经验的兴趣，如各种自然学科；思辨的兴趣，如数学；审美的兴趣，如工艺学科。第二类属于来自社会交际和人类关系方面的兴趣和课程，包括同情的兴趣，如历史等学科；社会的兴趣，如语言、文学等学科；宗教的兴趣，如宗教学科。前一类课程属于自然学科，后一类课程属于社会学科，两者涵盖相互联系的许多学科。

3. 形式教学阶段

方法论在赫尔巴特的教育学理论中占有非常重要的地位，其目的是按照正确的顺序将六种兴趣引入学生的心灵。他依据观念心理学提出了形式教学阶段理论和四段教学法（the four-step

---

① Paul Monroe. *A Text-book in the History of Education*. New York: The Macmillan Company, 1905: 633.

methodology of teaching ）[①]。赫尔巴特认为，教学过程是学生观念体系形成的过程，他将教学过程分为清楚、联想、系统和方法四个阶段。在每个教学阶段都明确地提出教师"教"的具体任务和活动方式，也清楚地规定学生"学"的具体要求和活动范围，使各个教学环节与各种心理活动巧妙、有机地配合。

① 清楚（clarity），指清晰、明确地感知新教材。教师讲授新教材时要清楚、明白，学生要尽可能保持较高的学习兴趣，集中注意于新教材的讲述和新知识的分析。这时学生的心理活动处于静态的钻研状态。这个阶段的教学方法是提示教学和分析教学。教师应事先仔细考察学生的"思想仓库"，然后决定提供何种新观念；新观念确定以后，还必须尽力引导学生寻找有关的旧观念去感知它。

② 联想（association），指学生通过深入思考，在旧有知识的基础上形成新的知识。此时学生尚不清楚究竟形成什么样的新知识和新经验，处于期待的、动态的钻研进程中，教师要不失时机地通过与学生无拘无束的谈话，帮助学生深入思考，使新旧知识能很好地结合起来。在这个过程中，培养和利用良好的记忆力和想象力十分重要。

③ 系统（system），指通过教师的谈话指导，以及学生对教材的深入思考和理解，特别是通过新旧知识的联系，在学生头脑中形成并概括出各种概念、定义、原则和规则等系统性的经验。这时学生的心理活动处于静态的理解状态，兴趣集中在对问题的探求上。这是更为高级的综合教学阶段，主要目的是使相关的新旧观念重新联合，形成普遍性的观念。

④ 方法（method），指让学生通过一定形式的练习与作业把系统化了的知识运用于实际，以检查是否正确理解了主题思想，这实际上也是观念系统化的延续。这时学生的心理活动完全处于动态的理解状态，兴趣已转入行动阶段，可以通过练习和作业等将所学知识运用于实际。这是教学的最后阶段，标志着教学过程的终结。

赫尔巴特认为，尽管因教材的构成部分大小不一，简繁程度不同，教学所经历的时间有长有短，但都包括上述四个顺序的教学阶段，它们是普遍适用于教学活动的形式，故名"形式教学阶段"。

上述四个教学阶段都细致地考虑到了学生学习时的心理状态，揭示了学生在教学过程中认识事物的规律。形式教学阶段理论在当时有助于教师讲课和学生掌握知识，有利于教学质量的提高。赫尔巴特在其教育学著作中告诫教育工作者，不要把某一种教学方法绝对化，要博采各种方法之长，结合具体情况加以运用。他认为学生的智力是有差别的，个性也是有差别的。教育应从学生的个性出发，尽可能地安排多样化的教学活动，以适应学生的个别差异。

（三）训育

在赫尔巴特的教育体系中，德育既是贯穿一切、贯穿始终的纲，又是专门的组成部分。"对青少年的心灵产生直接影响，即有目的地进行培养，就是训育。这就是说，不考虑思想范

---

① James Bowen. *A History of Western Education*, *Volume Three*. New York: Methuen & Co. Ltd, 1981: 238—239.

围，仅仅通过对感觉的作用进行培养，似乎是有可能性的！"[1]在德语中，教育（Erziehung）一词从训育（Zucht）与牵引（Ziehen）这两个词发展而来。人们常将其主要部分看作训育，将教育与教学作对照，而赫尔巴特却把它和儿童管理作对比，认为训育"与儿童管理有共同的特征；它是直接对儿童的心灵发生影响；它与教学共同的地方在于它们的目的都是培养"[2]。训育又不同于儿童管理，应具有陶冶性；训育建立在道德观念的基础上，使受训者在心悦诚服中形成道德性格的力量。赫尔巴特指出："训育应当起维持、决定和调节的作用；应当在整体上考虑使心灵能够平静与清晰；应当部分地通过赞许与责备使心灵受触动，应当及时地提醒它和纠正它的错误。"[3]

一般的训育措施包括六种：维持的训育、起决定作用的训育、调节的训育、抑制的训育、道德的训育和提醒的训育。①"维持的训育"旨在巩固管理所取得的成果，特别是巩固儿童服从的意愿。②"起决定作用的训育"旨在加强儿童决定自己行为的能力，使其对自己应该做什么做出正确的决定。③"调节的训育"旨在通过说服使儿童回忆往事，预见未来，剖析自己的内心世界，从中找到自己行为的根源，最终在行为中保持一贯性。④"抑制的训育"旨在使儿童保持情绪的平静与头脑的清晰，克制狂热的冲动，从而培养审美判断力，建立道德。⑤"道德的训育"旨在以上述四种训育为基础，向儿童说明真理、让他们通过模仿高尚行为等，树立起道德观念。⑥"提醒的训育"旨在以儿童作出的道德决心及时提醒儿童纠正失误。[4]

赫尔巴特认为，训育可以同管理与教学结合起来进行。由于训育在彬彬有礼、快乐和谐的自然气氛中进行，能对严厉的管理与气氛紧张的教学起到缓解作用。训育可以有"激发"和"抑制"两大措施，包括压制和惩罚、赞许与奖励。有些措施在形式上似乎与管理相同，但在运用中却有区别。管理主要着眼于当前的作用，而训育注意儿童的未来。训育中采用的压制与惩罚旨在使儿童吸取教训；赞许与奖励则旨在使儿童学有榜样。训育是一种延续的、不断的、慢慢的和持续的诱导工作，要对儿童的性格进行直接与间接的陶冶。

四、地位与影响

（一）赫尔巴特对教育的历史贡献

赫尔巴特是西方近代教育史上有重要影响的教育家。首先，他提出要以伦理学决定教育的目的，以心理学决定教育的方法，试图在伦理学和心理学的基础上建立系统的教育理论，他是近代教育家中试图使教育学成为一门科学的开山之人。其次，他在历史上首次提出心理学是一门科学并将其作为教学论的基础。直到19世纪初，心理学尚未成为一门科学，康德否认心理学是科学的观点影响了德国乃至欧洲。夸美纽斯、卢梭和裴斯泰洛齐等人虽然提出了教育应适应自然，即适应儿童天性的原则，但都缺乏心理学的依据。赫尔巴特试图使心理学成为科学的

---

① ［德］赫尔巴特著，李其龙译：《普通教育学·教育学讲授纲要》，人民教育出版社1989年版，第147—148页。
② ［德］赫尔巴特著，李其龙译：《普通教育学·教育学讲授纲要》，人民教育出版社1989年版，第147页。
③ ［德］赫尔巴特著，李其龙译：《普通教育学·教育学讲授纲要》，人民教育出版社1989年版，第278页。
④ 赵祥麟主编：《外国教育家评传》（第二卷），上海教育出版社1992年版，第109页。

努力，以及将心理学运用于教育和教学的尝试，在当时显然具有积极意义。再次，赫尔巴特最重要的贡献是教育性教学的理论与实践。教育性教学在他的教育理论中居于中心地位。"在赫尔巴特以前，与教育和教学有关的问题本来都是分开研究的。只是在后来才试图确定教学和教育两者之间如何才能相互支持。赫尔巴特与此截然不同，他迈出大胆的一步，在他的教育理论中将'教学'概念置于从属'教育'概念的地位。在他看来，惩罚和羞辱学生之类的外部影响并不是最重要的教育手段。与此相反，教学得法乃是改善教育的不二法门，必然行之有效。"①

赫尔巴特的教育思想存在时代和阶级的局限性。他的教育理论受到其社会政治观点的影响，带有明显的保守色彩；他的哲学观点使其教育思想带有思辨特征；他主要关注文科中学的教育和教学，把性格的形成作为教育的目的，带有明显的旧时代的贵族教育色彩；其儿童管理思想反映了普鲁士集权教育压制儿童的特征；他的心理学虽有创新，但仍属于科学心理学诞生之前的哲学心理学的范畴，建立在这种心理学基础之上的教育理论的合理性与先进性也令人怀疑。

（二）赫尔巴特的影响

赫尔巴特的教育学说在其生前没有受到充分的重视，在他去世20年后才被奉为教育理论的权威。通过其门徒的努力，赫尔巴特的教育理论被付诸实践并加以发展，进而传播到全国和世界其他国家，深刻地影响了近代教育科学的形成，推动了各国教育事业的发展。

1. 赫尔巴特思想的传播

赫尔巴特去世后，其好友德罗比施（M. W. Drobisch）等人在莱比锡大学建立了"赫尔巴特主义"（Herbartianism）中心。1844年，在该中心受过两年教育的斯托伊（K. von Stoy）在耶拿大学按照赫尔巴特的模式开设了师范研讨班（Seminar）。1861年，曾听过赫尔巴特讲课的齐勒尔（Tuiskon Ziller）首次提出"赫尔巴特学派"的名称。1862年，齐勒尔主持莱比锡大学师范研讨班，成为赫尔巴特学派的首领。1868年，他创建了科学教育学会，出版了《科学教育学会年鉴》，使赫尔巴特的教育思想得到迅速推广，并在德国教育领域取得了统治地位。1885年，齐勒尔的学生莱因（W. Rein）继斯托伊之后，负责耶拿大学教育学讲座与师范研讨班的领导工作。在他的努力下，耶拿大学成为赫尔巴特研究的国际性中心。到这里来学习和研究的有许多国家的学者，包括了美国、英国、俄罗斯、罗马尼亚、芬兰、瑞典、希腊、日本、澳大利亚、南非、智利和墨西哥等。正是通过他们，赫尔巴特教育思想迅速传播到世界各国。②赫尔巴特运动（the Herbartian Movement）对美国的学校教育产生了较大影响。20世纪初，赫尔巴特学说传入中国。时值废科举、兴学堂之际，一批有识之士通过文章和书刊介绍赫尔巴特学派的思想，曾对我国解放前的中小学课堂教学产生过一定影响。

2. 赫尔巴特学派对赫尔巴特教育思想的发展

以齐勒尔、斯托伊和莱因等人为首的赫尔巴特学派不仅使赫尔巴特教育理论通俗化、简明

---

① ［摩洛哥］扎古尔·摩西主编，梅祖培、龙冶芳等译：《世界著名教育思想家》（第2卷），中国对外翻译出版公司1995年版，第184—185页。
② 赵祥麟主编：《外国教育家评传》（第二卷），上海教育出版社1992年版，第111页。

化与具体化，还进一步发展了赫尔巴特思想。① 在赫尔巴特四个教学阶段的基础上提出"五步教学法"，即把"清楚"分为"准备"（Preparation）和"提示"（Presentation），形成五阶段教学法：准备、提示、联想、概括和运用。①② 根据教学内容需要"一致"与"关联"的思想，提出了"集中中心说"，把人文学科作为各科教学的中心，使其他学科教学围绕着人文学科进行。③ 根据赫尔巴特关于应使教学材料接近儿童发展阶段的思想，提出"文化阶段说"，认为儿童成长过程与人类历史发展阶段类似，选编了适合各年级的教科书。

赫尔巴特学派有将五段教学法形式化和机械化的倾向，其影响在第一次世界大战后逐步衰落，代之而起的是美国进步主义教育派和欧洲的新教育派。直至20世纪50年代，仍有教师采用赫尔巴特的教学方法，他的一些教学论思想被吸收到教学论著中。②

第三节　福 禄 培 尔

弗里德里希·福禄培尔（Friedrich Wilhelm August Froebel，1782—1852）是19世纪德国著名的教育家，被誉为"幼儿园之父"。他热爱儿童，创办了世界上第一所幼儿园，撰写了许多学前教育作品，积极组织幼儿园教师培训，把毕生心血献给幼儿教育事业。"尽管教育和心理学领域的研究成果已使幼儿教育有所改进，但是，福禄培尔的幼儿园教育观点仍然具有世界性的影响。"③

一、生平与教育活动

福禄培尔出生于德国中部图林根的一个牧师家庭，不到1岁时母亲病逝，父亲终日忙于宗教事务，他的早期教育是碎片化的，没有明确的目的。④1793—1797年，他被舅舅送入文法学校学习。1799—1801年，他在耶拿大学学习，那时正是自然哲学（Natur-philosophie）发展的鼎盛时期，席勒（Friedrich von Schiller，1759—1805）在那里讲学。

1805年，福禄培尔在裴斯泰洛齐的学生、法兰克福模范学校校长格吕纳（G. A. Gruner）的影响下开始从事教育工作。1808—1810年，他作为私人教师带领3个男孩学生到瑞士的伊弗东，跟随裴斯泰洛齐学习，开始思考教育方法和教育目的的统一性，对儿童游戏进行了研究，萌发了创立幼儿园教育体系的想法。1811—1812年，他在哥廷根大学学习物理、化学、自然史和矿物学。1812—1813年，他在柏林大学学习，特别喜欢自然史，使他"认识到宇宙有规律的发展中表现的内在关系的确定性"⑤。

1816年，福禄培尔在凯尔豪（Keilhau）创办了德国普通教养院（Universal German

① Paul Monroe. *A Text-book in the History of Education*. New York: Macmillan Company, 1905: 637—638.
② 赵祥麟主编：《外国教育家评传》（第二卷），上海教育出版社1992年版，第111—113页。
③ 单中惠著：《让我们与儿童一起生活吧：幼儿园之父福禄培尔》，华东师范大学出版社2008年版，前言第1页。
④ Paul Monroe. *A Text-book in the History of Education*. New York: The Macmillan Company, 1905: 642.
⑤ 单中惠著：《让我们与儿童一起生活吧：幼儿园之父福禄培尔》，华东师范大学出版社2008年版，第343页。

Institute）。通过在该学校的教育实践，他认识到："儿童不仅能接受事物，而且具有创造力，甚至儿童还是具有潜能的人。"[1]1826年，福禄培尔的教育代表作《人的教育》（The Education of Man）问世。1835年，他在瑞士布格多夫（Burgdorf）开办孤儿院，开设招收3岁以上儿童的学前班，研究儿童游戏，开设教师进修课程。1837年，福禄培尔在勃兰根堡（Blankenbung）为3—6岁儿童开办幼儿教育机构，并创制出一套称作"恩物"（gifts）的教学用品。1838年，他创办《星期日杂志》（Sunday Journal），宣传幼儿教育的重要性，介绍幼儿教育方法。1840年，福禄培尔将勃兰根堡幼儿教育机构命名为"幼儿园"（Kindergarten）。1843年，他出版《母亲与儿歌》（Mother and Love Songs），1849年创办幼儿园教师训练所。1851年，由于宗教和政治的原因，普鲁士政府下令禁止设立福禄培尔式的幼儿园。他曾打算去美国继续发展幼儿园事业，终因年迈体弱未能成行。1852年，福禄培尔逝世。

1860年，普鲁士政府取消设立幼儿园的禁令。1861年，兰格（Wichard Lange）将福禄培尔于1838—1840年在杂志上发表的15篇幼儿教育论文整理出版，命名为《幼儿园教育学》（Pedagogics of the Kindergarten）。同年，兰格将福禄培尔生前在杂志上发表的11篇文章汇集为《幼儿发展中的教育》（Education by Development）。

《人的教育》是德国教育家福禄培尔的教育代表作，于1826年出版。作者在书中主要阐述了以下基本观点：教育理论的哲学基础是永恒的统一的法则，即上帝；教育是引导人增长自觉，达到纯洁无瑕，能有意识地、自由地表现神的统一的内在法则，并采用适当的方法和工具，使受教育者成为有思想的、有智慧的人；教育的目的在于实现忠诚的、纯洁的、宁静的，亦即神圣的人生；教育需遵循自然的法则，即适应儿童的本性，在自然界中对儿童进行教育等。

二、论教育的基本原则

各种资料表明，影响福禄培尔教育思想形成的因素是多方面的。早年生活养成其宗教精神和对探索自然的兴趣。在哲学观方面，他主要受到德国古典哲学，尤其是费希特的"行动哲学"、谢林（F. W. Schelling）的自然哲学和克劳泽（K. C. F. Krause）的万物在神论的深刻影响。早期进化思想和自然科学也被福禄培尔用作寻求自然及人的发展规律的依据。他还研究过席勒（F. Schiller）和歌德（J. W. von Goethe）等人的浪漫主义文学和美学观点，席勒的《审美教育书简》（On the Aesthetic Education of Man）对其游戏思想有深刻影响。裴斯泰洛齐是其教育思想的渊源。

（一）统一的原则

在福禄培尔生活的年代，欧洲自然科学有了很大发展。新的事实证明宇宙是发展的，事物之间是相互联系的，人们认识到人类与周围的世界是统一的，都服从相同的规律。这种时代风尚反映在福禄培尔的《人的教育》中："有一条永恒的法则在一切事物中存在着、作用

---

[1] B. von Marenholz-Bülow. *Reminiscences of Friedrich Froebel*. Boston: Lee and Shepard, 1877: 3.

着、主宰着。这条法则，无论在外部，即在自然中，或在内部，即在精神中，或在两者的结合中，即在生活中，都始终同样地明晰和确定……这个统一体就是上帝……一切事物只有通过上帝的精神在其中发生作用才能存在。在每一事物中发生作用的上帝的精神就是每一事物的本质。"[①]

福禄培尔认为，一切事物的命运和使命就在于展现其本质，即上帝的精神。不同的是，人是有自觉和自决意识的最高贵的生灵，他能够感受、理解和认识存在于自身的上帝的精神。人类首先须认识自然，进而认识人性，最终认识上帝的统一。教育的实质正在于使人能自由和自觉地表现他的本质，即上帝的精神。帮助人类逐步认识自然、人性和上帝的统一是教育的任务。

（二）顺应自然的原则

在福禄培尔看来，神性是人性的本质或根源，人性肯定是善的。从上帝精神的作用和从人的完美性和本来的健全性来看，教育、教学和训练的最初的基本标志必然是容忍的、顺应的，仅仅是保护性的、防御性的。"一切专断的、指示性的、绝对的和干预性的训练、教育和教学必然地起着毁灭的、阻碍的、破坏的作用。"[②]其危害就在于会使存在于人身上的上帝的精神（自由与自决）丧失掉，而自由与自决正是全部教育和全部生活的目的与追求。

人性本善，那么又应该如何解释儿童生活中的不良现象呢？福禄培尔认为原因有二：一是人的本质的各个方面的发展被完全忽略；二是发展过程遭到不良干预。人身上的缺点的一切表现，是由于他的善良的品性和良好的追求遭到压制或扭曲，被误解或往错误方向引导。因此，克服和清除一切缺点、恶习和不良现象的唯一切实可行的方法，在于努力寻求和发现人固有的善良的源泉，善加保护、培养和正确引导。只有在发现人的原始的健全性遭到破坏的情况下，才须采取直接的强制性的教育措施。

"在福禄培尔的'人的教育'这一著作（1826）中，第一次见到'自然适应性'这个术语；他的先驱者——夸美纽斯、卢梭、裴斯泰洛齐谈到了遵循自然，但并没有使用这个术语。"[③]福禄培尔在德国唯心主义哲学（特别是谢林的哲学）影响下，使得自己对自然适应性的解释贯穿着一种神秘主义，并使他对"恩物"的论证充满神象征主义，很少考虑学前儿童的年龄特征。

（三）发展的原则

福禄培尔把自然哲学中"进化"的概念运用于人的发展和人的教育，认为人性是不断发展和成长的，和自然界的进化过程一样，经历了从不完善到完善、从低级到高级、由简单到复杂的前进序列。发展是分阶段的、连续的和联系的。那种希望儿童可以跳过少年期和青年期，在各方面表现得像一个成年人的想法，会给后面的教育带来不可克服的困难。

[①] ［德］福禄培尔著，孙祖复译：《人的教育》，人民教育出版社1991年版，第1—2页。
[②] ［德］福禄培尔著，孙祖复译：《人的教育》，人民教育出版社1991年版，第6页。
[③] ［苏］耶·恩·米定斯基著，何国华、吴文侃译：《教育史中教育的自然适应性原则》，《教育译报》1957年第4期，第19页。

在谢林关于自然和精神同一的学说的影响下，福禄培尔试图从自然发展的规律中寻求人的发展规律。他在研究了矿物结晶发展的规律后认为，"产生于自然本身的结晶发展的整个自然过程与人的精神和心情的发展有着十分奇特的一致性"[1]。如同万物生长一样，人的成长也必须服从两条互相补充的原则：对立与调和。对立调和法则是一切运动的原因，亦是人发展的原因。儿童一方面接受外界刺激，了解外界；另一方面又把自己对事物的认识通过活动表现出来。教育总是从内因和外因的矛盾入手，在两者之间发现调和的东西，克服差异，最终使两者达到统一。

（四）创造的原则

在福禄培尔看来，上帝是富有创造精神的。"上帝创造了人，即创造了他自己的摹本，他按照他自己的形象创造了人，因而人应当像上帝一样进行创造和发生作用。"[2]人进行创造原本是为了使存在于他身上的上帝的本质以一定的形式表现出来，而以这种方式获得面包、衣服则是第二位的派生物。福禄培尔批评当时的学校教育脱离生活。"学生被排除出一切家庭业务之外，排除出一切以制造外部产品为目的的业务之外，乃是我们当今存在的学校，特别是所谓的拉丁学校和高级中学的最大缺点之一。"[3]实际上，通过生活和从生活中学习，要比任何方式的学习更深入和更容易理解。在生活中和行动中接受和理解事物，比之单纯地通过言语和概念吸收和感受事物，对于人的形成和发展更为有力。

三、教育分期与各时期的任务

在福禄培尔的发展学说中，有着明显的复演说倾向。"在个人内部生活的发展中复现着人类精神发展的历史，整个人类就其总体上说可以看作一个人，并且在他身上可以看到个人所必然经历的各个发展阶段……"[4]他也把人类的发展分成若干阶段，但没有硬性划定精确的年龄分段。每一阶段并不是依据年龄限度而定的，而是由某些显著的特征决定的，即每一阶段的基本倾向支配一切其他的发展，并影响每一阶段教育目标的确定。在《人的教育》中，福禄培尔把人类初期的发展分为四个阶段：婴儿期、幼儿期、少年期和青年期，并具体讨论了前三个时期的教育。

（一）婴儿期

福禄培尔把婴儿期看作"吸收"的时期。此时期人类从外界吸收富有多样性的事物，这一时期的活动应以感官的发展为主。婴儿的听觉器官先得到发展，然后是视觉的发展，使父母和周围的人有可能引导婴儿去观察和进一步认识事物。随着感觉的向前发展，婴儿可以有规律地运用身体和四肢。在发展了感官、身体和四肢的活动后，到了儿童开始自动地向外表现内在本

---

[1]［德］福禄培尔著，孙祖复译：《人的教育》，人民教育出版社1991年版，第117页。
[2]［德］福禄培尔著，孙祖复译：《人的教育》，人民教育出版社1991年版，第22页。
[3]［德］福禄培尔著，孙祖复译：《人的教育》，人民教育出版社1991年版，第178页。
[4]［德］福禄培尔著，孙祖复译：《人的教育》，人民教育出版社1991年版，第108页。

质的程度时，人的发展的婴儿期也终止了，并进入了幼儿期。

（二）幼儿期

随着幼儿期的到来，真正的人的教育便开始了，身体的保育减少，智力培养加强。游戏和说话是儿童这个时期生活的要素。借助语言和游戏的方式，儿童开始把他的内在本质向外表现。假如儿童在这个年龄阶段遭到损害，他必须付出最大的艰辛和最大的努力才能成长为强健的人。

在这个时期，人及其教育还是完全被托付给母亲、父亲和家庭的。母亲应始终把言语与行动结合起来对幼儿进行教育，包括激发孩子的身体和四肢的活动；培养幼儿与父亲和兄弟姐妹之间的共同感情；通过有节拍、有韵律的动作，使幼儿习惯于自制、节度和协调，并为今后形成对自然和艺术、音乐和诗歌的深刻鉴赏力奠定基础；循序渐进地引导幼儿从走路到观察事物，再引向对图画和对数目的认识。幼儿的父亲则通过自己的每一种手艺、每一种职业，引导孩子掌握人类的一切知识，使儿童及早学会思考，养成劳动和做事的习惯。

（三）少年期

按照福禄培尔的想法，少年期主要是使外部的东西成为内部的东西的时期，即学习的时期。这一时期"主要是让儿童懂得事物的特殊关系和个别事物，以便他们以后能够引出它们内在的统一性……"[1]通过激发和养成坚强的、经久不渝的意志，使纯洁的人性得以实现和表现，乃是指导少年儿童、教学和学校的主要目的和关键所在。借助实例和言语进行的教学是达到这一目的的途径。

在少年时期，游戏与家庭生活仍是教育中的要素。幼儿的活动本能到这时发展为塑造的冲动，为了创造物和成果而活动。父母应让孩子有机会分担自己的工作，即使做出一些牺牲和克制也在所不惜，否则会使孩子的内在力量遭到削弱。当季节和环境不容许儿童在户外游戏时，应在室内开展作业活动，如纸工、厚纸工和模型制作等。此外，寓言、童话和故事也是迫切需要的。这个年龄阶段的儿童喜欢唱歌。这些都是儿童借以表达自己内心活动的重要方式。

四、幼儿园教育理论

（一）幼儿园工作的意义与任务

在夸美纽斯和裴斯泰洛齐的影响下，福禄培尔重视家庭，尤其是母亲在早期教育中的作用。"家庭是人的生产的根本条件和人的存在的中介，因此，儿童只有和家庭联系起来并处在它的影响之下，他的本能才能获得充分的发展。"[2]母亲出于天性，本能地、自发地教育自己的孩子，但显然是不够的。1829年，福禄培尔意识到必须为3—7岁的儿童建立专门的教育机构，以便协助家庭更好地教育孩子。他把幼儿园教育作为家庭教育的"补充"而非"替代"，强调

---

① ［德］福禄培尔著，孙祖复译：《人的教育》，人民教育出版社1991年版，第61页。
② 单中惠、许建美、龚兵、杨捷、王晓宇编译：《福禄培尔幼儿教育著作精选》，华东师范大学出版社2009年版，第68—69页。

幼儿园是家庭生活的继续和扩展。两者的一致性乃是完善教育的首要的不可缺少的条件。福禄培尔的幼儿园采取半日制正是这一思想的体现。

福禄培尔认为，"'幼儿园'是提高道德和使人高尚的最理想的场所，是在各种条件和关系下完整实现和美好展示真正家庭生活的最可靠的方式、最正确的途径和最简明的方法。对个体而言，幼儿园是儿童圆满的个人生活、快乐的社会生活、自由的公共生活和和睦的人类生活的真正源泉"[①]。幼儿园的工作任务是通过各种游戏和活动培养儿童的社会态度和民族美德，认识自然与人类，发展智力与体力，以及培养做事或生产的技能和技巧，尤其是运用知识与实践的能力，为下个阶段的发展做好准备。此外，幼儿园还应担负训练幼儿园教师、推广幼儿教育经验的任务。

（二）幼儿园教育方法

福禄培尔关于幼儿园教育方法的基本原理是自我活动或自动性（self-activity）。他认为，自我活动是一切生命最基本的特性，也是人类生长的基本法则。通过自我活动，个体自动地向外表现存在于自身的上帝的精神。自我活动帮助个体认识自然和人类，并最终认识上帝的统一。因此，福禄培尔在继承裴斯泰洛齐的直观性教学原则的同时，提出自我表现作为补充和发展。自我活动能表现出儿童的发展程度，激发他们对新知识的兴趣和注意，鼓励自信与自尊，并引导儿童了解各种知识之间的关系。

依据上述原理，福禄培尔重视儿童的亲身观察。他说："我的教育方法是从一开始就向学生提供在事物中收集自己的经验的机会，让他们用自己的眼睛观察，使其学会从自己的经验，从事物和事物之间的关系，从人类社会的真正生活中去认识。"[②]他要求教育工作者有意识地把有关联性的事物呈现在儿童面前，使儿童能容易而正确地感知这些事物，并形成观念。

福禄培尔高度评价游戏的教育价值，把游戏看作儿童内在本质的自发表现，是人在这一阶段上最纯洁的精神产物。游戏不等于儿童的外部活动，更多地是指儿童的心理态度。游戏是一切善的根源和整个未来生活的胚芽，既能给儿童以欢乐、自由和满足，又能培养其意志力和自我牺牲的精神。"在这些游戏中得到充足滋养的绝不仅仅是身体的，或者说肉体的力量，而且也在不断增长地、肯定地、可靠地显示出精神和道德的力量。"[③]游戏是创造性的自我活动和本能的自我教育。"每一个村镇应当具备一个自己的、供儿童世界使用的公共游戏场所。这对整个社区的生活将会产生卓越的成效……它将为社会培养共同的意识和感情，发展社会共同的法则和要求……激发和培育了许多公民的和道德的品质。"[④]

杜威曾高度评价了福禄培尔的游戏思想："游戏是如此出自自然的和不可避免的，以致很少有教育著作家从理论上赋予它在实际中所占的地位，或者试图弄明白，儿童自发的游戏活动能否提出一些可供学校采纳的启示。只有古代的柏拉图和近代的福禄培尔算是两个重大的

① 单中惠、许建美、龚兵、杨捷、王晓宇编译：《福禄培尔幼儿教育著作精选》，华东师范大学出版社2009年版，第316页。
② B. von Marenholz-Bülow. *Reminiscences of Friedrich Froebel*. Boston: Lee and Shepard, 1877: 226.
③ ［德］福禄培尔著，孙祖复译：《人的教育》，人民教育出版社1991年版，第72页。
④ ［德］福禄培尔著，孙祖复译：《人的教育》，人民教育出版社1991年版，第73—74页。

例外。"①

福禄培尔深切地感受到儿童之间社交关系的重要性，由自我活动所导致的个性自我的实现须经由"社会化"的历程才能达到。儿童本身是一个整体，又是社会这个大整体的有机组成部分。只有通过与他人的交往才能认识自己与他人的关系，进而认识人性。在未发表的"赫尔巴计划"（Helba-Plan）中，福禄培尔主张使儿童在团体活动中接受教育。在幼儿园教育实践中，他强调"社会参与"的意义，要使儿童充分地适应小组生活，必须重视家庭和邻里生活的复演。福禄培尔为儿童个性的发展开辟了新领域，社会合作、互助和参与这些重要的教育原理是其对教育的不朽贡献，也是美国进步主义幼儿园运动的一个重要思想来源。

（三）幼儿园课程

福禄培尔将其后半生的精力倾注于幼儿园课程发展，确信必须对儿童活动与游戏的内容和材料善加指导。依据感性直观、自我活动与社会参与的思想，他建立起以活动与游戏为主要特征的幼儿园课程体系，包括游戏与歌谣、恩物游戏、手工作业、运动游戏、自然研究、唱歌、表演和讲故事等。

1. 游戏与歌谣

1841年，福禄培尔发表了题为《儿歌》的小册子，1843年扩充为《母亲与儿歌》。他曾说明编写该书的目的在于帮助儿童发展身体和四肢，发展感觉，帮助母亲以及代替母亲的人意识到对孩子的责任。他认为这本书比较全面地反映了其教育基本原理，如母亲和家庭教育的重要意义、自然教育、活动与游戏教育、博爱情感的激发以及自我意识的唤醒等。福禄培尔认为，指导母亲和保姆的方法应作为激励和指导幼儿园孩子的手段，该书成为其训练幼儿园教师的主要教材。《母亲与儿歌》首先选了7首"母亲的歌"，反映母亲对孩子的情感。接下来是50首"游戏的歌"，每一首歌由四部分组成：① 指导母亲的格言；② 儿歌；③ 与这首儿歌的内容相联系的图画；④ 适合儿童身心发展的运动方式的说明。

2. 恩物游戏

恩物是福禄培尔创制的一套供儿童使用的教学用品。他认为，恩物的教育价值在于它是帮助儿童认识自然及其内在规律的重要工具。自然界的万物统一于上帝的精神，在发展中又显出外在的差异性和多样性。恩物作为自然的象征，能帮助儿童由易到难、由简到繁和循序渐进地认识自然。

福禄培尔于1835年开始研究球戏，次年创制出1—5种恩物。1850年，他在《教育周刊》上正式公布恩物与作业体系时明确提到了8种恩物，但对于恩物的种类与数目并未作出明确的规定，也未清楚解释恩物与作业之间的区别，后来人们演绎出的各种体系，其实不一定符合福禄培尔的原意。

福禄培尔的第一种恩物是一个盒子里装有6个绒毛做的小球，分为红、黄、蓝、绿、紫和白六种颜色，每个小球上系有两条线。福禄培尔认为球是一切玩具中最有价值的：它是万物统一体

---

① ［美］约翰·杜威著，赵祥麟、任钟印、吴志宏译：《学校与社会·明日之学校》，人民教育出版社1994年版，第277页。

的象征和孩子天性统一的象征；它能帮助儿童辨别颜色；能锻炼肌肉，训练感觉和四肢，培养注意和独立活动；持球和扔球的过程可使孩子获得存在、占有、空间和时间等概念的感性认识；还有助于发展儿童的语言。福禄培尔认为，这些球戏可分成等级，供不同发展阶段的儿童使用。

第二种恩物是用硬木制作的3件一套的玩具：球体、立方体和圆柱体（后两个有穿孔）。[①]借助第二种恩物，可以使儿童认识物体的各种形状和几种几何形体。此外，儿童可以发挥自己的想象力，想出种种办法来玩它们。

第三种恩物是一个沿各个方向对开一下可分成8块小立方体的大立方体。通过教师的解释，可唤起儿童对于整体与部分、部分与部分之间关系的注意。儿童也可以把这些立方体想象为"砖块"，他们建造的本能因此可以被唤起。

第四种恩物是一个沿纵向切成许多平板的立方体，它能帮助儿童了解算术的基本道理。因此，他们不仅能掌握加、减、乘、除的基本规则，而且能很容易地写出算术数字和符号。

第五种恩物是一个可分割成27个体积相等的小立方体的大立方体。其中3个小立方体再沿对角线二分，另外3块则沿对角线四分。利用此种恩物能进行大量的几何教学。

第六种恩物是27个砖形木块，其中3个纵向二分，6个横向平分，也可组成一个大立方体。

第七种恩物是一个大立方体，可分成64个小立方体。

第八种恩物是一个大立方体，可分成64个小长方体。这些恩物给建造工作以更广泛的练习机会，能发展儿童的创造力和想象力，并可进一步发展整体和部分的概念，了解"一中有多"和"多归于一"。

福禄培尔认为，真正的恩物应满足三个条件：① 既能使儿童理解周围的世界，又能表达他对于这个客观世界的认识。② 每一种恩物应包含一切前面的恩物，并预示后继的恩物。③ 每种恩物本身应表现为完整的有秩序的统一观念——整体由部分组成，部分可形成有秩序的整体。

3. 手工作业（Occupations）

手工作业与恩物的关系十分密切，主要体现了福禄培尔关于创造的原则。创造不是臆造或滥造，必须以对客观世界的认识为其前提，否则可能不具有教育价值。实际上，手工作业是要求将恩物的知识运用于实践。

手工作业的材料包括大小和色彩不同的纸和纸板，可用来剪或折成各种不同的形态；供绘画、雕塑和编织一类工作的材料；沙、黏土和泥土等。做这些工作需要较高的技巧，必须在学会摆弄恩物后才能进行。与恩物中的立体相对应的有泥塑、纸板、折纸和木雕；与恩物中的平面相对应的有折纸、织席、编条、缝纫、穿珠和图画等。

手工作业与恩物的明显区别在于，其一，在安排的顺序方面，恩物在先，手工作业在后；其二，恩物的作用主要在于接受或吸收，手工作业则主要在于发表和表现；其三，恩物游戏不改变物体的形态，手工作业则要改变材料的形态。

---

① 1836年福禄培尔创制最初的五种恩物时，第二种恩物尚缺少圆柱体。它是在1844年才被加进去的，被福禄培尔视为球体和立方体之间所谓的"调和物"。

4. 运动游戏（movement of games）

福禄培尔认为，幼儿园必须拥有一个供游戏用的宽敞而明亮的大房间，并与一个花园相连。只要天气许可，孩子们可随时转移到花园里去开展运动游戏活动。福禄培尔指出了运动游戏的基本特点是：圆圈游戏、团体游戏和伴以诗歌的游戏。运动游戏的根本原理是"部分—整体"，有助于儿童了解个体与团体的关系。运动游戏是建立在儿童模仿自然界和日常生活中所观察到的各种动作的基础之上的，如"小河"、"蜗牛"、"磨坊"和"旅行"等。

5. 自然研究（nature study）

受裴斯泰洛齐的影响，福禄培尔幼儿园的课程中设有自然研究。他认为，虽说这主要是学校的任务，但幼儿园开展诸如研究自然的旅行、园艺与饲养等活动，不但可使儿童养成爱护花木禽兽之品性，还有助于满足儿童的好奇心，培养自制力和牺牲精神，促进知识的学习与智力的发展，培养对自然科学研究的兴趣。

（四）从幼儿园到学校的过渡

早在创办幼儿园之前，福禄培尔就已注意到从幼儿期过渡到少年期的问题，1816年建立的学校实际上招收了幼儿后期至学龄初期的儿童，在《人的教育》中，福禄培尔也强调了两者之间的连续性。只是后来他专注于幼儿园事业的发展，暂时无暇顾及此项研究。

1847年，福禄培尔在给友人的一封信中提及，儿童在离开幼儿园进入普通学校之前，必须有所准备。否则，从幼儿园的直观方法突然转变为学校的抽象方法，会使儿童难以适应，对其心灵造成损害，同时也使学校对这些新生感到不满和困惑。

1852年5月25日，即福禄培尔逝世前4周，他写了一封长信给学生埃玛·伯瑟曼（Emma Bothmann），讨论介于幼儿园和普通学校之间的"中间学校"（intermediate school），认为其任务是帮助儿童顺利实现从感觉直观到抽象思维的转折。一方面，中间学校继续采用幼儿园的某些方法，如游戏、唱歌、园艺、饲养和图画等；另一方面，它逐步引导儿童进行抽象思维活动，由具体事物的认识发展到关于这些事物的一般原则和概念，最大限度地减少从幼儿园到普通学校之间的非连续性。[①]

（五）幼儿园教师和保育员培训班计划

在福禄培尔看来，教育儿童的目的可以通过两种方式实现：一是家庭教育，二是共同教育。真正的幼儿园应该培训幼儿园教师，使那些适合幼儿园工作的年轻妇女学会照看、培养和教育儿童。

培训妇女成为家庭教育助手的工作应包括两个方面：一是为儿童教养的第一个阶段培养托儿所的女仆和保育员；二是"为加强培养儿童的指导者和教育者，使其具有学校教育所需的全面发展的能力，确实帮助儿童做好入学的准备"[②]。具体而言，女仆和保育员的培训侧重于实践

---

① H. Courthope & M. A. Bowen. *Froebel and Education through Self-Activity*. New York: Scribner' Sons, 1903: 155—159.

② 单中惠、许建美、龚兵、杨捷、王晓宇编译：《福禄培尔幼儿教育著作精选》，华东师范大学出版社2009年版，第317页。

和细节知识的掌握及正确应用，儿童指导者和教育者的培训侧重于对教育整体的思考和研究。

按照福禄培尔的计划，培训班的入学者应是年龄在15—20岁之间、身体发育成熟、健康和强壮的妇女，她们应把儿童保育作为特定的第一职业。除此之外，应热爱儿童，具有与儿童一起进行游戏和作业活动的能力和理解力，品行纯洁，理性和谦逊，有唱歌的爱好和能力，具有优秀的公立学校和女子学校所传授的知识与灵巧。培训班的时间一般是26周。他还为培训班制定了每天的日常安排、特点和要旨、入学的外部条件等。

五、学校教育

什么是学校？福禄培尔认为，学校既不能被理解为校舍，也不能被理解为学校的经营，而是为一定的目的和按自觉的内在联系有意识地传授知识。如果说，幼儿时期儿童认识的任务是对事物外部特性的观察，到了少年期，认识的对象由对事物外部特性的观察转向了对事物内部本质的思考。教学的目的是使学生彻底了解一切事物的统一性。

学校应当教什么？福禄培尔认为这取决于人在少年时期发展的性质和要求。心灵、外部世界以及作为媒介物联结两者的语言，构成了少年期儿童生活的核心。因此学校必须相应地设置三方面的课程：① 认识心灵的科目（宗教与宗教教学）；② 认识外在世界的科目（自然科学与数学）；③ 统一外在世界与内在世界的科目（语言）；除这三大主题之外，福禄培尔还增加了表现人的内心的科目，即艺术。

根据上述思想，福禄培尔提出16个教学科目，即宗教教育、体育卫生、自然科学的常识、诗的记诵与歌唱、说话、手工、图画、颜色辨别、游戏、故事和童话以及小说的叙述、散步和短距离的旅行、算术、几何、文法、写字、阅读。

福禄培尔强调学校教育与家庭教育的密切联系。在上述16个教学科目之中，前10项应是"那种统一的家庭与学校生活的内容"[①]，这些内容分散在家庭和学校的事务之中。保持两者的一致将有助于使教育面向实际和富有生气，并有助于建立德意志民族的知识体系。福禄培尔指出，应当督促学生做一定的、不繁重的家务，甚至可以特地安排他们到手工业者和农人那里接受正式的教导。

福禄培尔呼吁重视艺术教育，要求尽早地把唱歌、图画、绘画和雕塑作为正规学校的正式教学对象。他认为，艺术工作是上帝赋予人类创造本能的表现形式，应给予其发展机会。艺术教育并非意味着儿童必须专门学艺术并成为艺术家，其目的在于培养儿童的艺术欣赏能力和艺术修养，以便让他们实现充分而全面的发展。

福禄培尔在教育史上第一次把手工训练作为学校的正式科目，认为它兼具内容与手段的双重性质，儿童既能从中学到各方面的丰富知识，又有助于文化知识的吸收，所以应使其成为知识与文化的基础。虽然在当时条件下他无法实施这个主张，但他的有关思想引起了许多教育家的注意。1866年，被誉为"芬兰初等学校之父"的安洛·辛格劳斯（Uno Cygnaus）将手工教育引入芬兰学校。芬兰的成功又推动了丹麦、瑞典和奥匈帝国等国手工教育的发展。

---

① ［德］福禄培尔著，孙祖复译：《人的教育》，人民教育出版社1991年版，第179页。

福禄培尔还主张把身体训练作为学校的一种正当的教学内容，"身体同精神一样必须经过真正学校的训练"①。应当把身体训练作为训育的基础。那种机械式的训练用语，如"坐直"和"把手放正"等不仅使教师和学生同样感到受罪，且收效甚微。体力活动与精神活动相互联系，体力活动就会对精神活动产生有利影响。身体训练还能够促使少年儿童生动地认识自己身体的内部构造，重视身体及其保护。

六、地位与影响

福禄培尔在幼儿教育领域做出了突出贡献。他首创了"没有书本的学校"——幼儿园，并在长期的幼儿教育实践中摸索、总结出一套教育幼儿的新方法，建立起近代学前教育的理论体系。他积极宣传公共学前教育思想，广泛扩展幼儿园，培训幼教师资。19世纪后半期至20世纪初期，他的幼儿教育方法深刻地影响了欧美各国、日本和其他国家的幼儿教育。1851年，幼儿园传入英国，1871年，英国创立了福禄培尔协会。1881年，在德国柏林创建了裴斯泰洛齐—福禄培尔之家，1848年，在威斯康星的瓦特镇（Watertown），德国人卡尔·舒尔兹夫人（Frau Karl Schurz）建立了一所福禄培尔学校，1860年，伊丽莎白·皮博迪（Elizabeth Peabody）在波士顿开办了一所私立幼儿园。1868年，在那里创立了一所福禄培尔学院。1873年，在圣路易斯（St Louis）建立了美国第一所公立幼儿园。②1876年，幼儿园传入日本，1903年传入中国。福禄培尔因此被誉为"幼儿园之父"。福禄培尔的影响超出了学前教育的范围，逐渐影响到小学乃至中学课程的设置。

后世对福禄培尔游戏的批评主要是认为他将宗教神秘主义的象征意义加入游戏的意义之中，游戏的形式主义比较明显。在他生前已有人要求他进一步简化幼儿园的教育方法，从哲学、数学理论和象征主义的解释中解脱出来。在他逝世之后，有人批评他过多地肯定游戏的意义，而对知识的意义说得太少；过分强调有组织的游戏，忽视对儿童个体的研究等。在后来的美国进步主义幼儿园运动中，人们提出"回到福禄培尔基点"的口号，反对福禄培尔主义运动中的形式主义，思考福禄培尔游戏思想中一些富有生命力的内容，比如强调游戏和手工活动在儿童早期发展中的重要意义，强调通过游戏培养儿童的社会合群精神等。杜威在自己的一些作品中曾对这些"基点"给予了充分肯定。

第四节　马克思和恩格斯

卡尔·马克思（Karl Marx，1818—1883）和弗里德里希·恩格斯（Friedrich Engels，1820—1895）是马克思主义经典作家。在19世纪40—90年代形成的马克思主义教育思想是马克思主义的重要组成部分。马克思和恩格斯创立了辩证唯物主义和历史唯物主义，论述了无产阶级革

---

① ［德］福禄培尔著，孙祖复译：《人的教育》，人民教育出版社1991年版，第190页。
② James Bowen. *A History of Western Education*, *Volume Three*. New York: Methuen & Co. Ltd, 1981: 341—342.

命和解放的学说，从崭新的世界观角度考察和审视了教育问题；论述了阶级社会中教育的阶级性，批判了资本主义社会的教育；对未来社会的教育进行了展望，提出了关于人的全面发展的学说，阐述了教育与生产劳动相结合的思想。马克思主义教育学说的创立是世界教育史上的革命性变革，不仅为无产阶级教育观提供了理论基础，还对社会主义国家的教育实践产生了广泛而深远的影响。

一、马克思和恩格斯教育学说的历史基础

马克思和恩格斯的教育学说与工业革命后工人阶级的状况以及工人阶级争取受教育权的斗争密切相关。19世纪初，在西方发达国家出现的许多工人组织和社会主义组织，都把工人及其子女的受教育权列入斗争纲领，尤其是空想共产主义者的教育主张，深刻地批判了资本主义的罪恶，提出了未来社会教育的设想。马克思和恩格斯科学总结了当时无产阶级革命斗争的经验，批判地改造和利用了在他们以前的人类智慧所创造出来的优秀成果，站在无产阶级的立场上，对当时的教育制度和近代教育思想进行了多方面的考察，并在许多著作中提出了自己的看法，成为马克思主义教育学说的主要来源和重要组成部分。

在对19世纪40—80年代英国、美国、法国和德国的教育进行考察后，马克思和恩格斯批判了法国封建复辟势力和教会对教育的集权统治，揭示了英国自由教育体制的资产阶级性质，比较赞成美国教育的地方分权、社区管理和教学自治的体制，赞扬法国19世纪70年代开始的国家与教会分离、学校与宗教分离的举措，并从巴黎公社实践中发现了对教育实行社会管理的新形式。马克思和恩格斯肯定了普遍实施义务的、免费的和世俗的教育的方向，赞扬了法兰西第二共和国和第三共和国在这方面的创议与实际成就，对普鲁士自1819年开始实施的义务教育也给予了肯定，高度评价了巴黎公社教育改革的意义。[①]

马克思和恩格斯对近代教育思想也提出了自己的看法，认为培根、霍布斯和洛克是法国唯物主义者的先辈；卢梭的社会契约论并非建立在自然主义基础之上，而是表达了16世纪开始、18世纪大踏步走向成熟的"市民社会"的预感；18世纪法国唯物主义者、教育家爱尔维修的学说以洛克学说为出发点，把他的唯物主义运用到社会生活方面，人类智力的天然平等、理性进步和工业进步的一致、人的天性的善良和教育的万能，这就是他的体系中的几个主要因素。关于经验、习惯、教育的万能，关于外部环境对人的影响，关于工业的重大意义，关于享乐的合理性等的唯物主义学说，同共产主义和社会主义之间有着必然的联系。

马克思和恩格斯批判地继承了19世纪空想社会主义者的教育思想。马克思指出："有一种唯物主义学说，认为人是环境和教育的产物，因而认为改变了的人是另一种环境和改变了的教育的产物——这种学说忘记了：环境正是由人来改变的，而教育者本人一定是受教育的。因此，这种学说必然会把社会分成两部分，其中一部分高出于社会之上（例如，在罗伯特·欧文那里就是如此）。"[②] 马克思高度评价了欧文的教育实验。"只要看过罗伯特·欧文的著作，就会

① 参见陈桂生：《马克思和恩格斯的教育思想》，吴式颖、任钟印主编，单中惠、贺国庆本卷主编：《外国教育思想通史》（第八卷：《19世纪的教育思想》），湖南教育出版社2002年版，第314—319页。
② 华东师范大学教育系编：《马克思恩格斯论教育》（修订本），人民教育出版社1986年版，第56页。

确信，从工厂制度中萌发出了未来教育的幼芽，未来教育对所有已满一定年龄的儿童来说，就是生产劳动同智育和体育相结合，它不仅是提高社会生产的一种方法，而且是造就全面发展的人的唯一方法。"① 恩格斯也指出："新拉纳克的人口逐渐增加到二千五百人，这些人的成分原来是极其复杂的，而且多半是极其堕落的分子，可是欧文把这个地方变成了一个完善的模范移民区，在这里，酗酒、警察、刑事法庭、诉讼、贫困救济、慈善事业都绝迹了。而他之所以做到这点，只是由于他使人生活在比较合乎人的尊严的环境中，特别是关心成长中的一代的教育。他发明了并且第一次在这里创办了幼儿园。孩子们从两岁起，就进幼儿园；他们在那里生活得非常愉快，父母简直很难把他们领回去。"②

马克思和恩格斯认为傅立叶的教育观点包含着最天才的观测。恩格斯指出，根据欧文和傅立叶这两个空想主义者的意见，他们都要求消灭城市和乡村之间的对立，并将其作为消灭整个旧分工的第一个基本条件。每个社会成员都既从事农业，又从事工业。不同的是，在傅立叶看来，手艺和工场手工业在工业中起着最主要的作用，而在欧文看来，大工业已经起着最主要的作用，而且认为在家务劳动中也应该应用蒸汽力和机器。但是他们都要求每个人在农业上和工业上也尽可能多地调换工种，并相应地训练青年从事尽可能全面的技术活动，人应当通过全面的实践活动获得全面的发展；劳动应当重新获得由于分工而丧失的那种吸引人的力量。③

二、论教育的本质

马克思和恩格斯创立的辩证唯物主义和历史唯物主义为研究教育现象提供了崭新的理论视角和方法论，他们明确指出，不应在人的思想和理论中去寻找产生社会思想和社会理论的源泉，而应从社会的物质条件中去寻找；社会存在决定社会意识，经济基础决定上层建筑；教育具有历史性，不存在抽象的人性。在阶级社会，教育具有阶级性。

（一）论教育的社会本质

在恩格斯看来，马克思对人类的最主要贡献之一是提出了社会存在决定社会意识的理论。马克思在《政治经济学批判导言》中指出："人们在自己生活的社会生产中发生一定的、必然的、不以他们的意志为转移的关系，即同他们的物质生产力的一定发展阶段相适合的生产关系。这些生产关系的总和构成社会的经济结构，即有法律的和政治的上层建筑竖立其上并有一定的社会意识形式与之相适应的现实基础。物质生活的生产方式制约着社会生活、政治生活和精神生活的过程。不是人们的意识决定人们的存在，相反，是人们的社会存在决定人们的意识。"④ 这是马克思和恩格斯考察教育过程及其性质的基本观点。

---

① 华东师范大学教育系编：《马克思恩格斯论教育》（修订本），人民教育出版社1986年版，第229—230页。
② 华东师范大学教育系编：《马克思恩格斯论教育》（修订本），人民教育出版社1986年版，第288页。
③ 参见陈桂生：《马克思和恩格斯的教育思想》，吴式颖、任钟印主编，单中惠、贺国庆本卷主编：《外国教育思想通史》（第八卷：《19世纪的教育思想》），湖南教育出版社2002年版，第321—322页。
④ 中共中央马克思恩格斯列宁斯大林著作编译局编译：《马克思恩格斯选集》（第二卷），人民出版社1972年版，第82—83页。

根据这个观点，教育是社会历史发展的产物，受社会历史条件的制约。当社会发展到阶级社会时，教育则受占统治地位的阶级所支配。这是因为统治阶级的思想在每一个时代都是占统治地位的思想。一个阶级是社会上占统治地位的物质力量，同时也是社会上占统治地位的精神力量，支配着物质生产资料的阶级，同时也支配着精神生产的资料。所以，在阶级社会中教育必然是阶级的教育。

恩格斯在《英国工人阶级状况》一书中列举了大量的事实，说明英国工人阶级受到的教育数量少、质量低，达到令人吃惊的程度。英国资产阶级之所以不重视，甚至有意忽视工人的教育，是因为它对资产阶级好处少，而可能带来的工人的自觉意识却是可怕的。至于教会所办的学校则充满了宗教精神，结果是孩子们的脑子里塞满了不能理解的教条，从童年时期开始就培养了教派的仇恨和狂热的偏执，而一切智力的、精神的和道德的发展却被可耻地忽视了。工人只有仇恨资产阶级和反抗资产阶级才能获得做人的尊严。马克思和恩格斯在《共产党宣言》里批判了资产阶级教育把人训练成机器，提出要消灭教育的资产阶级性质，并指出共产党人的目的是要改变社会对教育作用的性质，要使教育摆脱统治阶级的影响，唯一办法就是无产阶级必须取得政治统治，然后利用手中的政权消灭资本主义私有制，建立社会主义公有制。

（二）论人的本质与教育

马克思和恩格斯批评以往人们总是抽象、直观地看待人性，把人性孤立于历史进程之外，将其看成与社会生活无关的东西。18世纪的法国唯物论者爱尔维修首次提出人类智力天然平等的学说，肯定人是环境和教育的产物。但法国唯物主义者把人视为环境的消极产物，并得出教育万能的结论。马克思认为，环境的改变和人的活动的一致只能被看作并合理地理解为革命的实践。马克思所说的环境特别是指一切社会关系之中的物质经济基础。而社会关系对人的影响要通过人的社会实践，要改变不良环境也要通过社会实践。教育不是万能的，人不是环境的消极产物，人和环境之间的关系是辩证统一的。

马克思主义经典作家认为："人的本质并不是单个人所固有的抽象物。在其现实性上，它是一切社会关系的总和。"[①]个人是现实中的个人，即从事活动的、进行物质生产的，因而是生活在不以其意志为转移的、一定物质生活条件下的个人。在阶级社会中，人性主要表现为阶级性，人的阶级性是人的社会性的具体表现。离开人的社会经济基础，离开人的社会实践，在阶级社会中想找出纯粹的、抽象的人性，是违反辩证唯物主义和历史唯物主义的。当然，这不等于说教育工作只讲人的社会性，在阶级社会中只讲人的阶级性就够了，还必须考虑人身上的，比如物理的、化学的、生物的定律所起的作用，教育科学应利用许多自然规律，比如神经系统方面的规律和生理学方面的规律等。人在实践中怎样能更有效地接受社会主义社会环境的正面影响，又如何才能更有效地促进社会主义社会的发展，这都有赖于社会科学和自然科学为教育学和心理学提供了更充分的科学根据。

---

① 华东师范大学教育系编：《马克思恩格斯论教育》（修订本），人民教育出版社1986年版，第56页。

马克思和恩格斯对人的个性形成过程中遗传、环境、社会实践和教育的作用的科学分析，构成了马克思和恩格斯关于人的个性形成的学说。从马克思主义的观点看来，遗传是客观存在的，遗传上的差异是社会劳动和分工的历史造成的。马克思和恩格斯也肯定天才是存在的，天才是指遗传素质而言。但任何天才都要受到历史条件的限制，受到科学技术发展水平和社会分工的制约，也取决于他们所受的教育。良好的遗传素质提供了个性发展的可能性和优越性，但它能否顺利发展还取决于社会条件，即环境、教育和个人的社会实践等多方面因素，而最终还是取决于社会生活的需要。

三、论人的全面发展

在马克思和恩格斯之前，许多教育思想家都曾谈到人的和谐发展或多方面发展的问题。与他们不同，马克思和恩格斯首先在大工业发展的条件下考察人的片面发展的社会根源，并指出了以普遍的个人的全面发展代替片面发展的历史必然性。马克思和恩格斯无意代替在特定社会—文化条件下参与教育实践的人们确立的具体教育目的，而是把人的全面发展理论作为一般价值观，对具体的教育实践起着重要的指导作用。

马克思和恩格斯研究了近代社会生产的发展，认为随着劳动的分工，人的本身发生了肢解，这在工场手工业时代达到了最高峰。恩格斯说，为了训练某种单一的活动，其他一切肉体的和精神的能力就成了牺牲品。人的这种畸形发展和分工齐头并进，分工在工场手工业中达到了最高的发展。马克思也认为，工场手工业把工人变成畸形物，它压抑工人全面的生产志趣和才能，人为地培植工人片面的技巧，个体的本身也被分解开来，成为某种局部劳动的自动的工具。工人在手工业工场里被迫完成某一部分的操作，制造某一部分的零件，而无法顾及生产的整个计划，不可避免地变成片面发展的人，变成某种局部劳动的自动的工具。

大机器工业生产出现以后，情况发生了很大的变化。由于大工业生产通过机器和化学工程的发展带来技术上的不断变革，引起工人职能的变动，它要求工人具备多方面的才能，不只是完成某一部分操作的人，而是通晓机器工业特性，了解物理学、力学、化学等一般规律的人。马克思指出，在大工业生产过程中，"用一种全面发展，把不同社会职能当作交替活动方式来做的人，去代替那种片面发展，只担任社会一个局部职能的人"①。

马克思主义创始人揭露了资本主义生产制度下存在的深刻矛盾：一方面大机器工业生产要求人们全面发展其才能，另一方面资产阶级为了自身的利益，却把工人"变成了一个部分机器的有意识的附属物"。这个矛盾在资本主义社会是不可能克服的，只有到了社会主义社会才能得到解决。因为在社会主义社会，生产是由全体成员为着全社会利益按一定的计划来进行的。那时人的全面发展才能得到实现，教育才能摆脱以前的片面性。

恩格斯指出："由整个社会共同地和有计划地来经营的工业，就更加需要各方面都有能力的人，即能通晓整个生产系统的人。……教育可使年轻人很快就能够熟悉整个生产系统，它可使他们根据社会的需要或他们自己的爱好，轮流从一个生产部门，转到另一个生产部门。因

---

① 马克思著，郭大力等译：《资本论》（第一卷），人民出版社1973年版，第526页。

此，教育就会使他们摆脱现代这种分工为每个人造成的片面性。这样一来，根据共产主义原则组织起来的社会，将使自己的成员能够全面地发挥他们各方面的才能，而同时各个不同的阶级也就必然消失。"①为了提高生产以满足社会全体人员的需要，必须发展科学和技术，施行全面发展的教育。恩格斯认为，要提高工业和农业生产，单靠机械的和化学的辅助工具是不够的，还必须相应地发展运用这些工具的人的能力。如果这个社会能造就全面发展的一代生产者，他们懂得整个工业生产的科学基础，而且其中每一个人都从头到尾地实际体验过一系列生产部门，那么，这样的社会将创造新的生产力。

马克思和恩格斯科学地预测到：由社会全体人员组成的共同联合体来共同而有计划地利用生产力；把生产发展到能够满足全体成员需要的规模，消灭牺牲一些人的利益来满足另一些人的需要的情况，彻底消灭阶级和阶级对立；通过消除旧分工、进行生产教育、变换工种，共同享受大家创造出来的福利以及城乡的融合，使社会全体成员的才能得到全面的发展。到了共产主义社会，人的全面发展就可以完全实现了。

四、论教育与生产劳动相结合

马克思主义创始人指出，教育与生产劳动相结合是培养全面发展的人的唯一方法。马克思在评价欧文的教育经验时曾指出："这种教育使每一个已达一定年龄的儿童都把生产劳动和智育、体育结合起来，这不仅是增加社会生产的一种方法，而且是培养全面发展的人的唯一方法。"②马克思主义认为，在资本主义社会，教育与生产劳动的结合已有可能而且是必要的。马克思认为，生产劳动与教育的早期结合，是改造现代社会最强有力的手段之一。他深信如将有报酬的生产劳动、智育、体育和技术教育结合起来，就能够使工人阶级大大超过中、上等阶级的水平。而到了社会主义社会以后，就可彻底实行教育与生产劳动相结合，培养全面发展的新人了。

马克思和恩格斯在《共产党宣言》中曾经提出取消当时的儿童的工厂劳动，把教育同物质生产结合起来。恩格斯还曾向人们表明，在无产阶级掌握政权以后，所有的儿童，从能够离开母亲照顾的时候起，将由国家机关公费教育，并把教育和工厂劳动结合起来。而在共产主义制度下，生产劳动给每一个人提供全面发展和表现自己全部能力，即体力的和脑力的机会。通过这种方式，生产劳动就不再是奴役人的手段，而成了解放人的手段。因此，生产劳动也就从一种负担变成一种快乐了。

综上所述，马克思主义认为教育与生产劳动相结合不仅是增加社会生产的一种方法，而且是培养全面发展的人的唯一方法，它还是改造现代社会的一种最强有力的手段。在社会主义社会，通过系统的合理的教育，通过教育与生产劳动相结合，就可以培养全面发展的新人。这种新人既能从事体力劳动，又能从事脑力劳动。

---

① 中共中央马克思恩格斯列宁斯大林著作编译局编译：《马克思恩格斯全集》（第四卷），人民出版社1958年版，第370—371页。
② 华东师范大学教育系编：《马克思恩格斯论教育》（修订本），人民教育出版社1986年版，第214页。

五、马克思和恩格斯教育思想的历史地位

马克思和恩格斯创立的辩证唯物主义和历史唯物主义为研究教育现象提供了崭新的理论视角和方法论。他们明确指出，我们不应在人的思想和理论中去寻找产生社会思想和社会理论的源泉，而应从社会的物质条件中去寻找；社会存在决定社会意识，经济基础决定上层建筑；抽象的人性是不存在的，阶级社会的教育具有阶级性，资产阶级的教育是为其阶级利益服务的工具；只有在未来的共产主义社会才能实现人的全面发展，而教育与劳动相结合是实现人的全面发展的必由之路。

马克思和恩格斯以资本主义教育为考察对象，在批判资本主义教育过程中揭示了未来教育的发展方向，奠定了无产阶级教育观的理论基础。进入20世纪以后，随着无产阶级革命的发展和工人运动以及民族独立运动的蓬勃发展，马克思主义的影响迅速扩大。如果说马克思和恩格斯把社会主义教育思想从空想变成科学，那么在20世纪，随着无产阶级政权在一批国家的诞生，也就有条件实现社会主义从理论到实践的转化，并在社会主义教育实践中发展与丰富了马克思主义教育思想。

关键概念

裴斯泰洛齐	《林哈德和葛笃德》	要素教育	赫尔巴特
《普通教育学》	教育性教学	形式教学阶段	福禄培尔
《人的教育》	福禄培尔恩物	马克思和恩格斯教育学说	

近代教育理论（第十章、第十一章）小结

（一）近代教育理论发展的两条路线

近代是教育理论发展的重要历史时期。文艺复兴以后，西欧各国的经济、政治和文化在17世纪中得到了很大的发展。随着西欧自然科学、哲学和社会科学的发展，新的教育思想也得到了发展。英国哲学家弗兰西斯·培根的"知识就是力量"、百科全书式的知识体系以及实验归纳法的提出，在知识论和方法论上为改革经院主义教育和近代科学教育的兴起做出了贡献。夸美纽斯和洛克是这个时期的主要代表人物。夸美纽斯总结前人和自己的教育经验，全面阐述了学校教育理论。他以"泛智论"为教育改革的出发点，以教育的自然适应性为指导原则，提出了完整的近代学制系统，系统地探讨和阐述了教学原则，从理论上论证了班级授课制，为近代学校教育的普及和发展提供了理论依据。

从西方教育思想的历史发展来看，在洛克以后，有两条明显不同的传承路线：一条从洛克到卢梭，从卢梭到裴斯泰洛齐，再从裴斯泰洛齐到赫尔巴特和福禄培尔的明显传承关系；另一条同样

从洛克开始，到18世纪法国唯物主义者，再到19世纪空想社会主义者，他们的思想成为马克思和恩格斯教育学说的思想来源之一。

洛克的经验主义认识论、自由主义、宗教宽容学说和绅士教育理论反映了17世纪的时代精神，更影响了18世纪的教育思想。18世纪是启蒙运动和资产阶级革命的时代，启蒙思想家高举自由和平等的旗帜，批判封建专制制度，充分肯定人类理性和教育的作用，提出人的智力天然平等和教育万能的主张，论述了国民教育和普及教育的思想，探讨了国民教育的具体组织与实施，为正在兴起的近代民族国家的教育发展提供了理论依据。

在18世纪的教育思想家中，卢梭占有重要的地位。当其他启蒙思想家为理性、文明和进步高唱赞歌之时，他敏锐地意识到自然与文明之间、自然状态与社会状态之间、道德与理性之间的深刻矛盾，从更深层次对自然、社会和人生进行了冷峻沉思。以人性善和社会恶为出发点，卢梭发展了文艺复兴以来的绅士教育传统，关注教育与儿童天性、社会与儿童教育之间的关系。他为儿童的权利而呼吁，强调充分度过儿童时代的意义，引起世人对儿童的关注，现代意义上的儿童研究由此发端。而他挑起的关于儿童本位和社会本位的争论成为教育哲学界经久不衰的话题。

裴斯泰洛齐是生活于18—19世纪的跨世纪的教育思想家和实践家，他的社会责任感和人道主义精神使他成为西方教育史上少有的充满人格魅力的教育家。他有着不同于洛克和卢梭的贵族家庭教育传统，更注重通过普及贫苦儿童的初等学校教育来改良人性和社会，在仔细考察人性、社会与教育的关系的基础上，提出发展人的崇高理性的教育目标，主张人的心、脑、手协调发展。为了普及初等学校教育，他明确提出了"教育心理学化"，努力简化教学方法，提出初等学校的分科教学法，努力将家庭教育方法引入学校教育。他的教育实践活动和教育思想对19世纪西方国民教育的普及和西方教育思想的发展有着深刻的影响。

人们通常认为，19世纪是德国教育家的世纪，确切地说是赫尔巴特和福禄培尔的世纪。继裴斯泰洛齐提出"教育心理学化"之后，赫尔巴特在伦理学和心理学的基础上，构建起以管理、教学和训育为主要内容的教育理论体系。他深入探讨了"教育性教学"的必要性和可能性，从多方面兴趣的培养入手进行性格陶冶，拓宽了文科中学的课程范围。同时，他提出的教学形式阶段理论规范了课堂教学活动，成为西方"传统教育理论"的主要代表。

裴斯泰洛齐的另一位著名传人是福禄培尔。他在裴斯泰洛齐的影响下创建了世界上第一所幼儿园，并通过著述活动和实验活动为近代幼儿园教育学奠定了基础。后来的福禄培尔主义幼儿园运动在各国传播了他的幼儿园和学前教育方法，对19世纪末20世纪初西方各国学前教育的发展产生了广泛影响。

马克思和恩格斯教育学说作为马克思主义或科学共产主义的重要组成部分，反映了大工业历史条件下无产阶级的教育诉求，是世界教育史上一个划时代的革命。从辩证唯物主义和历史唯物主义出发，马克思和恩格斯历史地考察了当时资本主义各国的教育制度和教育思想，论述了教育的社会本质，批判了抽象的人性论，揭示了阶级社会中教育的阶级本质和资本家剥削带来的人的片面发展，展望了未来社会人的全面发展以及教育和生产劳动相结合的教育，对社会主义国家教育理论和实践的发展产生了深刻的影响。

（二）近代教育理论发展的一般趋势

近代教育思想的发展具有一些明显的趋势，如国民教育和公共教育思想的发展，教育内容上的文实并重趋向和科学教育思想的发展，教学方法上的心理学化趋势和教育研究的科学化趋势等。

首先，近代教育的国家化和世俗化进程反映在教育思想的发展上。继宗教改革时期路德提出普及教育的主张之后，英国亚当·斯密的《国富论》、18世纪法国启蒙学者的思想、法国大革命时期的各种教育方案等，都论证了建立国民教育制度的必要性和可能性，提出了国民教育制度的各种设想，预示了近代教育的发展方向，为各国教育制度的建立提供了理论依据。与上述思想家不同的是，夸美纽斯从规范学校教育的视角提出了统一学校制度，论证了班级授课制和学年制，论述了教学原则和教育方法，为学校教育制度的正规化和教师职业的专业化提供了重要的理论支撑。

其次，近代科学对近代教育理论发展有重要影响。一方面，科学的发展为近代教育理论的发展提供了知识论和方法论。弗兰西斯·培根提出了"知识就是力量"的口号，并提出百科全书式的知识体系和实验归纳的科学方法，为近代课程论的发展和教学方法的革新提供了重要的思想来源。夸美纽斯的泛智论思想、百科全书式的课程体系和基于唯物主义感觉论的教学方法等，都来自培根的重要影响。在弥尔顿的学园教育思想、洛克的绅士教育计划和卢梭为爱弥尔安排的学习计划中，我们都能看到文实并重的课程主张和对"有用"知识的强调。斯宾塞和赫胥黎对古典主义教育的批判，对科学教育的必要性和合理性的论证，以及以科学知识为核心的课程体系和教学方法的提出，则代表着近代科学教育理论发展的方向。

再次，教育心理学化是近代教育理论发展的另一个重要趋势。夸美纽斯试图从大自然的发展规律中寻找教育发展的规律，卢梭则从儿童天性发展规律中寻找教育方法的依据。裴斯泰洛齐明确提出"教育心理学化"。赫尔巴特试图把教育方法建立在心理学的基础之上。第斯多惠更提出了文化适应性原则作为自然适应性原则的补充。总的说来，在冯特建立心理学实验室之前，近代教育思想家主要依据的是哲学心理学，更多依赖于教育经验而非教育实验。

最后，教育研究的科学化趋势。近代是科学的各个门类从哲学母体中脱颖而出的时期。受到科学发展趋势的激励，赫尔巴特以实践哲学（伦理学）决定教育的目的，以心理学决定教育的方法。在他的努力下，教育学终于有了科学的形式。在很长时间内，人们就把赫尔巴特视为"科学教育学"的同义语，而他本人也被誉为"科学教育学的奠基人"。

思考题

1. 简述《林哈德和葛笃德》的主要内容。
2. 简述裴斯泰洛齐对近代初等教育的主要贡献。
3. 简述裴斯泰洛齐的"要素教育"思想。
4. 简述赫尔巴特《普通教育学》的主要内容。
5. 述评赫尔巴特的"教育性教学"思想。

6. 述评赫尔巴特的教学形式阶段理论。

7. 试论赫尔巴特在教育史上的地位。

8. 简述福禄培尔《人的教育》的主要内容。

9. 简述福禄培尔的恩物游戏。

10. 述评福禄培尔的幼儿园教育理论。

11. 简述福禄培尔在世界学前教育史上的地位。

12. 试论马克思和恩格斯在世界教育史上的地位。

19世纪末，欧美国家工业和经济迅速发展，人们试图通过教育改革来解决各种社会矛盾。实验科学，尤其是实验心理学的诞生和发展为教育革新提供了科学依据和方法论基础。19世纪末20世纪初的欧美教育革新运动对现代欧美教育产生了深远的影响，杜威和蒙台梭利是这个运动中具有代表性的著名教育家。

到1900年，中等教育成为发达国家的重要教育领域。战后初期，欧美各国致力于消除学校教育体系中的双轨制，中等教育逐步得到普及。1957年苏联人造地球卫星的上天和"知识爆炸"时代的到来，极大地刺激了西方各国的课程改革。20世纪70年代以后，新自由主义和"第三条道路"深刻地影响了西方各国的教育改革取向。

在20世纪世界教育史上，苏联教育思想占有重要的地位。十月革命以后，苏维埃政府遵照列宁的教育学说进行了教育改革和教育建设，建立了独特而完整的苏维埃教育体系，发展起不同于西方的教育理论。苏联教育理论以列宁的教育学说和马克思主义的方法论为思想基础，反映了不同时期苏联党和政府的教育方针，总结了苏联各个时期的教育经验。

20世纪，欧美各种哲学流派异彩纷呈，先后出现了各种新的教育思想和流派，如改造主义教育、新传统教育（包括要素主义、永恒主义和新托马斯主义）、存在主义教育、结构主义教育、分析教育哲学、新行为主义教育、终身教育和现代人文主义教育。

第三编　现代教育史

第十二章　欧美教育革新运动

19世纪末20世纪初的欧美教育革新运动是欧美社会改革运动的重要组成部分。社会生活的重大变化使人们寄希望于教育，以实现社会重建。随着初等义务教育的普及，教育质量的提高得到关注，人们日益重视对儿童特性的研究，力图建立"科学的教育学"。卢梭及其追随者的教育主张成为教育革新运动的主要思想渊源。人们抨击旧教育的不切实际，主张一种与社会生活和儿童生活紧密联系的新教育。19世纪末和20世纪前期，欧美教育思潮和教育实验所涵盖的内容十分广泛，有欧洲的"新教育思潮"（new educational movement）和美国的"进步主义教育运动"（progressive education movement）。实验教育学、凯兴斯泰纳教育理论和蒙台梭利的教育方法也被视为欧洲进步主义（European progressivism）。也有人把上述欧美各种教育思潮统称为教育"进步运动"（the progressive movement）或"进步教育"（progressive education）。[1]

第一节　欧洲的新教育运动

欧洲的"新教育运动"亦称"新学校运动"（new school movement）或"欧洲进步主义"（European progressivism），是指19世纪末20世纪初在欧洲兴起的教育改革运动。新教育开始于19世纪80年代末的英国，后来扩展到德国、法国、瑞士、比利时、荷兰和奥地利等国。初期以建立不同于传统学校的新学校作为新教育的"实验室"为其特征。第一次世界大战以后，在教育实践不断推广的基础上，新教育理论进一步发展。第二次世界大战前夕，新教育运动逐步走向衰落。

一、欧洲新教育的历史发展

1889年，英国教育家塞西尔·雷迪（Cecil Reddie, 1858—1932）在德比郡（Derbyshire）的阿博茨霍尔姆（Abbotsholme）创办了一所乡村寄宿学校，被视为欧洲新教育运动的开端和新学校的典范。这所新型公学招收11—18岁的男孩，力图将其培养为英国新型领导阶层。学校课程包括体力和手工活动、艺术和想象力课程、文学和智力课程、社会教育、宗教和道德教育等。学校作息时间分成三个部分：上午主要学习功课，下午从事体育锻炼和户外实践，晚上

---

[1] James Bowen. *A History of Western Education, Volume Three.* New York: Methuen & Co. Ltd, 1981: 405—406.

有娱乐和艺术活动。1893年，雷迪学校的一位教师约翰·巴德利（J. H. Badley）在苏塞克斯郡（Sussex）创建了贝达尔斯学校（the Bedales School），实行男女合校，倾向于培养创造者，更关心教学过程，学校管理更为民主，受到更广泛的欢迎。

德国的赫尔曼·利茨（Hermann Lietz，1868—1919）参观了雷迪的学校。1898年，他在伊尔森堡（Ilsenburg）创办了德国第一所乡村之家，招收12—16岁的男孩。1901—1904年，他在伊尔森堡为6—12岁的儿童创办学校，在豪滨达（Haubinda）为12—16岁的少年创办学校。在比贝尔施泰因（Bieberstein）为16—19岁的青年创办学校。在利茨的影响下，德国先后出现了以他的学校为模式范本的许多新学校，形成了"乡村之家运动"，利茨作为这个运动的奠基人而享有盛誉。以"英国模式"（England model）著称的这种学校模式后来传到荷兰、比利时、瑞典和法国。[①]

1899年，法国社会学家和教育家埃德蒙·德莫林（Edmond Demolins，1852—1907）在巴黎近郊的诺曼底风景区创办了法国第一所新学校——罗歇斯学校（Roches School）。重视"小家庭"式的师生亲密关系，在开设各种正规课程的同时，还开展体力劳动和小组游戏，尤其重视体育运动，有"运动学校"之称。学校的目的是通过各种活动的训练使每个学生身体健康，心智得到完善的发展，并培养良好的道德。学校的课程包括现代语、数学、自然科学、历史、地理和手工劳动等。

上述先驱性的乡村寄宿学校（country boarding school）存在明显的局限性，费用昂贵，主要以具有激进思想的上层社会和高收入阶层的少数学龄儿童为对象，规模一般较小，独立于国家教育制度之外。但这些新学校引起了世人对新教育的关注和对传统教育的反思。各国新学校之间建立起紧密的联系，使新教育赢得了国际声誉。

1899年，德莫林的追随者、瑞士教育家费利耶尔（A. Ferriere）在日内瓦建立"国际新学校局"，作为欧洲各国新学校的联络中心。1921年，在法国加来（Calais）成立"新教育联谊会"（New Education Fellowship，简称NEF），蒙台梭利和亚历山大·萨瑟兰·尼尔（Alexander Sutherland Neill，1883—1973）参加了这次会议。联谊会还出版了杂志《新时期的教育》（Education for the New Era）。1929年经济大萧条以后，新教育联谊会修改了目标。1932年的法国尼斯（Nice）会议强调关心"时代的复杂性"，使教育为社会变革服务。新教育联谊会在欧洲、亚洲和非洲的一些国家及英语世界的大部分地区建立了分会。当极权主义控制了意大利时，社会重建的梦想破灭了。1966年，新教育联谊会更名为"世界教育联谊会"（World Education Fellowship，简称WEF），标志着新教育运动作为一场运动的终结。

二、爱伦·凯与《儿童的世纪》

爱伦·凯（Ellen Key，1849—1926）是瑞典作家、妇女运动活动家和教育家，出生于国会议员家庭，受到父母激进思想的影响，23岁随父漫游欧洲，广泛阅读进化论、优生学、哲学和心理学著作，深受卢梭、达尔文、尼采和斯宾塞等人的影响，后来在妇女学校、工人学校和平

---

① James Bowen. *A History of Western Education, Volume Three*. New York: Methuen & Co. Ltd, 1981: 404.

民大学任教。1889年结束教师生涯后，她更加积极地投身于捍卫妇女和儿童权力的妇女运动，被誉为"瑞典的智慧女神"。她的著作《儿童的世纪》（*The Century of the Child*，1900）被视为新教育的经典作品。

爱伦·凯呼吁保障作为未来母亲的妇女的权益，包括择偶权和选举权等。妇女作为母亲应担负起抚养和教育儿女的责任，提高自我发展的能力。家庭中和谐诚挚的氛围、父母高尚的情操和以身作则，对儿童来说是最好的教育。不仅婴幼儿教育应由母亲负责，甚至未来的小学教育也应由家庭承担，由母亲夺回教育的权力，以此作为实现女性解放的目标。

爱伦·凯尖锐地批判家庭和学校教育对儿童的摧残，指责旧教育的结果是使儿童"脑力消耗，神经衰弱，独创力受到限制……对于周围事实之观察力迟钝"[1]；主张依据卢梭的自然教育原则改革旧教育，以造就身心健全、自由独立和富于创造精神的新人；倡导自由教育，主张建立以儿童为中心的理想学校，充分考虑儿童的年龄特征和个性差异；废除班级制度、教科书、考试及体罚制度，代之以宽松自由的环境，使儿童在独立自主的活动中获得经验，发展自我；将儿童按照不同的性格和兴趣组成小组，自选图书进行自学；教师以谈话方式测验学生平时的学习成绩；学校设立手工工场并美化校园以发展儿童的能力和进行审美教育；建立新的师范学校以便为理想学校提供新式教师。

爱伦·凯在《儿童的世纪》中预言"20世纪将成为儿童的世纪"，强调教育者应了解儿童，保护儿童纯朴天真的个性。该书被译成多种文字出版，在世纪之交的欧美教育革新中发挥了重要作用。

三、德可乐利教学法

奥维德·德可乐利（Ovide Decroly，1871—1932）是比利时的心理学家和教育家，欧洲新教育的代表人物。1901年，他在布鲁塞尔创办了特殊儿童学校，研究低能儿童的心理和教育问题；1903年，德可乐利将其教育方法试用于正常儿童；1907年，在布鲁塞尔市郊创办了"生活学校"；出席了1921年和1923年欧洲新教育联谊会的大会并演讲。其主要著作有《论个性心理学与实验心理学》（1908）、《语言的发展》（1930）和《新教学法》等。

德可乐利将儿童的本能和兴趣视为教育的基础，认为当时的学校教育过于强调学术性，所教科目互不关联，不能很好地适应儿童的年龄、能力和兴趣；儿童被动吸收得太多，主动表达得太少。他认为学校应循两条路线进行改革：一是加强教育与生活的联系，二是为儿童的发展提供适宜的有刺激的环境。其基本设想是将班级分解为能力小组，施行主动的、个别化的、适合儿童需要和兴趣的学校课程。德可乐利把学校设在一个便于儿童接触自然、能充分自由活动的环境之中。那里风景秀丽、场所开阔，教师是细心的观察者和富有智慧的激励者，儿童按自己的兴趣从事使身心受益的作业活动。他的教学计划在教育史上被称为"德可乐利教学法"（Decroly method）。

德可乐利将兴趣视为儿童成长方向的指示器。他认为人有四种原始的需要，即供养自己、

---

① 任钟印主编：《世界教育名著通览》，湖北教育出版社1994年版，第1025页。

保护自己免遭自然力的伤害、防卫自己对抗危险和各种敌人以及活动的需要。与这些需要相联系，有四种主要的兴趣中心：食物、躲避自然灾害、防御敌人以及劳动和相互依赖。根据这种观点，他打破了传统的分科体系，把课程分为关于个人的知识和关于环境的知识两大类，以个人生活中的需要为中心，再与属于环境的知识，如家庭、学校、社会、动物、植物、矿物、天时和气象等联系起来，组成教学单元，逐年学习。

德可乐利教学方法根据单元学习分为观察、联想和表达三段。"观察"在于收集第一手资料并予以理解。要使儿童直接感知事物，根据格式塔心理学的观点，必须遵循从整体到部分的原则。"联想"指对已充分理解的第一手资料进行综合、分类和比较，为概括打好基础。"表达"的目的在于帮助巩固前两个阶段所习得的东西，并帮助扩大学生的兴趣范围。"表达"可分为具体和抽象两种。前者如泥工、裁剪、油漆、绘画等手工活动，后者则包括书写、作文和讨论等。

德可乐利保留了读、写、算的教学及传统小学的大部分教材，增加有用的知识与技能，激发学生对学习和生活的极大热情。他的方法同样适用于富裕阶层和普通学生。上述种种优越性使其实验得到了政府的重视，被引入国立学校，对西方教育产生了深远影响。

四、罗素的《教育论》

伯特兰·罗素（Bertrand Arthur William Russell，1872—1970）是英国哲学家、数学家、逻辑学家和教育家，1890年考入剑桥大学三一学院，毕业后获该院研究员职位。1927—1932年，罗素与妻子朵拉（Dora Russell）开办皮肯希尔（Beconhill）学校，其办学思想受到麦克米伦姐妹[①]和蒙台梭利的影响。学校招收2—10岁的儿童，按不同年龄分组进行教育，强调"自由教育"、"爱的教育"和更多地发展个人主义。罗素学识渊博，著述甚多，当选为英国科学院荣誉院士，并获得诺贝尔文学奖（1949），主要教育著作有《教育与美好生活》（*Education and Good Life*，1926，又译《教育论》）和《教育与社会秩序》（*Education and the Social Order*）。

罗素认为，现代教育有四大发展趋势：教育制度民主化、教育内容实用化、教育方法自由化和给幼儿期以更多的注意。① 教育制度民主化。"我们所应追求的未来的教育制度乃是一种能使每个儿童都获得最优机会的制度。理想的教育制度必定是民主的，虽然这种制度不会很快实现。"[②]② 教育内容实用化。主张把数学和自然科学摆在重要位置，认为那些没有直接实际用途的知识只适合于专门人才的教育。③ 教育方法自由化。罗素高度赞扬蒙台梭利教学法。旧观念认为儿童是撒旦的爪牙，似乎除了采用恐吓和强迫的方式，儿童绝不可能情愿学习，但蒙台梭利的方法说明使用强迫的方法完全是由于缺少教学艺术。④ 给幼儿期以更多的注意。这种趋势的出现与精神分析学家的深刻影响有关，他们在从事精神分析或治疗时往往追溯到孩提时代，并强调幼儿期在人格、品性发展中的重要性。

罗素明确提出了个人本位的教育目的，反对把国家强大作为教育的最高目的，把学生当作

---

① 麦克米伦姐妹即雷切尔·麦克米伦（Rechel McMillan, 1859—1917）和玛格丽特·麦克米伦（Margaret McMillan, 1860—1931）。

② ［英］罗素著，靳建国译：《教育论》，东方出版社1990年版，第4页。

实现其目的的工具。他主张教育的目的是培养四种理想的品性：活力、勇气、敏感和理智，坚信"一个由因教育而拥有高度活力、勇气、敏感和智慧的男女所组成的社会，将与过去存在的一切社会截然不同……教育是打开新世界的钥匙"[1]。

在6岁前儿童的品性教育方面，罗素认为成人应树立正确的儿童观，尊重儿童的人格。他把通过良好习惯产生成绩视为现代道德教育的秘诀。6岁以后的学校教育应关注智力进步，在教学中培养"智力美德"，包括好奇心、虚心、有志竟成的信念、耐心、勤奋、专心和一丝不苟。作为新教育的代言人，罗素认为教育的动力应当是学生的求知欲。"要尽可能让学生变被动为主动。这就是使教育变苦事为乐事的秘诀之一。"[2]

罗素的教育思想以其民主与科学的精神为基本特征，充满了怀疑精神和向旧观念挑战的勇气。作为新教育的代表人物之一，他的主张与当时的儿童中心主义思潮相吻合，并带有模糊的乌托邦色彩。

综上所述，新教育思潮促使对西方教育传统进行全面反思，推动了对教育现象的重新认识。一方面，新教育家创办的各种新学校为现代教育改革提供了新的模式。在新教育运动中形成的思想和开展的实践对20世纪欧美国家的教育发展产生了广泛而深刻的影响，成为20世纪西方教育发展的重要起点。另一方面，也应看到新教育家的思想重点在于儿童个人的发展，关注精英教育而非大众教育，未能解决好教育过程中的一些基本矛盾，如儿童主动性与教师工作的矛盾、活动与系统知识的矛盾、自由和纪律的矛盾以及发展个性与社会合作的矛盾等。

第二节　美国的进步主义教育运动

"进步主义教育运动"指产生于19世纪末并持续到20世纪50年代的美国教育革新思潮，其性质与欧洲新教育思潮相似，但历史背景和发展历程却存在诸多差异。其一，进步主义教育运动是作为进步主义运动的一部分发端的。19世纪末，在美国兴起广泛的社会改良运动，旨在反对工业社会的政治经济弊病。进步主义者揭露了公立学校中存在的严重问题，试图通过改革使学校教育适应美国社会的新需要。其二，进步教育理论源自卢梭、裴斯泰洛齐和福禄培尔等人的思想，深受现代科学，尤其是生物科学和进化论的影响。其三，进步教育理论的"实验室"主要是美国的公立学校。相对于欧洲的"新学校"来说，进步学校更关心普通民众的教育，更强调教育与社会生活的联系，更重视从做中学，更注意学校的民主化问题。

一、进步主义教育运动始末

美国进步主义教育运动的出现和发展大致经历了三个阶段：19世纪末至第一次世界大战；1919年至1929年经济大萧条；20世纪30年代至第二次世界大战。在第一个阶段，杜威扮演了

---

[1]　[英]罗素著，靳建国译：《教育论》，东方出版社1990年版，第43—44页。
[2]　[英]罗素著，靳建国译：《教育论》，东方出版社1990年版，第161页。

重要角色。[①]

19世纪末，帕克（F. W. Parker，1837—1902），被杜威称为"进步教育之父"，先后在马萨诸塞州的昆西市和芝加哥的库克师范学校从事教育实验。赖斯（J. Rice）于1892年接受《论坛》杂志的委托，访问了36个城市，与1 200位教师交谈，揭露了美国学校教育的弊端，引发了全国性的对传统教育的批评。1896年，杜威创办芝加哥实验学校。在杜威的影响下，许多进步教育实验以各种形式展开。

第一次世界大战以后，美国公立教育成为世界先锋，进步教育的发展时机成熟。1919年，由安那波利斯海军学院教师斯坦伍德·科布（Stanwood Cobb）发起建立"进步教育发展协会"（Association for the Advancement of Progressive Education），提出改进初等教育的七点目标，并将其作为进步教育纲领。协会后来改称为美国进步教育协会（American Progressive Education Association）。1924年，创办杂志《进步教育》（*Progressive Education*）。

20世纪20年代，美国的教师教育得到了很大发展，哥伦比亚大学师范学院成为美国进步主义教育运动的中心。首任院长詹姆斯·罗素（James Russell）尽最大努力聘请了当时最负盛名的教育家杜威和孟禄（Paul Monroe）、心理学家桑代克（William Thorndike）、社会理论家拉格（Harold Rugg）、课程专家克伯屈（William H. Kilpatrick）和赫尔巴特主义者麦克默里（Frank McMurry）。[②]杜威担任协会的名誉主席。但由于运动的专业化倾向，使其失去了公众的理解和支持，进步主义教育运动内部出现了"儿童中心"和"社会中心"的分化。1929年的经济大萧条也使进步主义教育运动发生转向：此前强调儿童中心和个人的自由发展，此后更加重视学校的社会职能。

从20世纪30年代初期开始，进步主义教育运动的重心逐步从初等教育转向中等教育，集中反映在"八年研究"（Eight Years of Study，1933—1940）上。进步主义教育运动内部产生了分裂，"改造主义"是这种分化的产物。进步主义教育还受到新保守主义教育思潮的攻击。1940年，美国在欧洲卷入战争，进步主义教育限于空谈理论，失去感召力。1944年，美国进步教育协会更名为"美国教育联谊会"，成为欧洲新教育联谊会的一个分会，虽在1953年恢复了原名，但已失去意义。1955年，协会解散。1957年，《进步教育》杂志停办，标志着美国教育史上一个时代的结束。

进步主义教育运动衰落的原因是多方面的。其一，进步主义教育运动难以与美国社会的变化保持同步。美国在完成工业化和城市化以后，社会结构亦更为复杂，使进步主义教育家们无所适从。冷战局面的出现、朝鲜战争以及麦卡锡主义的盛行，使进步主义教育运动失去了赖以生存的社会基础。1957年苏联人造卫星的上天使进步主义教育遭到更为广泛和激烈的批评。其二，进步主义教育理论和实践存在矛盾，它过分强调儿童的个人自由，忽视社会和文化对个人发展的决定作用；过分否定学校工作的一些基本规律，导致教学质量下降；其指导思想和理论基础的多元化与运动的统一性之间存在矛盾，教育理论和教育实践之间也存在矛盾，导

---

① James Bowen. *A History of Western Education, Volume Three*. New York: Methuen & Co. Ltd, 1981: 430.

② James Bowen. *A History of Western Education, Volume Three*. New York: Methuen & Co. Ltd, 1981: 434.

致运动的内部分裂。其三，进步主义教育运动所提倡的建议对教师提出了过高的要求。其四，改造主义和各种保守主义的抨击在很大程度上击中了进步主义教育的要害，加速了其衰落的进程。

长期以来，人们对进步主义教育思想及进步主义教育运动的看法褒贬不一，对于进步主义教育思潮对美国学校教育的影响的评价也存在很大分歧。进步主义教育运动是西方教育史，尤其是美国现代教育史上的重要一章，在批判传统教育方面发挥了积极作用，给学校带来了多方面的变革。进步主义教育运动提出的一些基本问题，如：什么是教育的目的，学校计划应该建立在什么基础上，这些问题明确后学校应该教什么，都对教育思想的变革具有启发意义。虽然"进步主义教育"作为一个运动画上了句号，但作为一种思想，仍然与当代美国教育中的许多问题联系在一起。

二、进步主义教育运动中的著名案例

在杜威早期工作的刺激下，一些改革者开展了进步教育实验，试图通过学校来改变社会。他们受到19世纪进步主义教育思想的不同因素的影响，其实验活动也产生了不同的影响。

（一）帕克的昆西教学法

帕克是美国进步主义教育运动的先驱者，1875—1880年，在担任马萨诸塞州昆西市教育局长期间，主持了昆西学校实验。1883—1899年，他担任芝加哥库克师范学校校长，继续其教育实验。1901年，他担任芝加哥大学教育学院第一任院长，其主要教育著作是《关于教育学的谈话》（1894）。

帕克的教育实验以昆西教学法（Quincy Plan）著称，其主要特征是：① 儿童应处于学校教育的中心。儿童具有内在的能力，能自发地从事学习和工作。教师必须了解儿童，并满足其要求和需要。② 重视学校的社会功能。强调学校应成为理想的家庭、完善的社区和雏形的民主政治，促进民主制度的发展。③ 学校课程应尽可能与实践活动相联系，唤起儿童的学习意愿；将学习内容与儿童的日常生活相联系，围绕一个核心安排相互联系的科目。④ 培养儿童自我探索和创造的精神。"教师的伟大工作是指导学生发现真理。"[1]

在19世纪90年代，帕克发展了与杜威的友谊，向他传播新教育的哲学思想。在帕克去世以后，他的弟子库克（F. J. Cooke）将他的思想与杜威的思想融为一体并付诸实践，进一步发展了昆西教学法。

（二）约翰逊的有机教育学校

玛丽埃塔·约翰逊（Marietta Johnson，1864—1938）是美国教育家，进步教育协会的创始人之一。1907年，她在亚拉巴马州的费尔霍普（Fairhope）创办了一所实验学校，以"有机教育学校"（Organic School）著称。

---

[1] 任钟印主编：《世界教育名著通览》，湖北教育出版社1994年版，第981页。

杜威把约翰逊的教育实验称作"教育即自然发展的一个实验"，认为"约翰逊女士的根本原则就是卢梭的主要思想"。①约翰逊借用了亨德森（C. H. Henderson）在1902年写的一本书中的术语。她称自己的教育方法是"有机的"，即遵循学生的自然生长。学校的目的在于为儿童提供每个发展阶段所必需的作业和活动。她主张以一般发展而不是以获得知识的分量来调整学生的分班，根据学生年龄来分组，称作"生活班"（1ife class）。实验学校开始只有两个生活班（6—11岁），后发展为6个班，学生年龄放宽至18岁。

约翰逊的有机教育学校课程以活动为主，她认为活动能开阔儿童的视野，成为其知识的源泉。这种活动必须继续在家庭里开始的自然进程，凭着儿童自己求知的愿望，将其引导到读、写、算、地理等正规课程的学习。强迫的作业、指定的课文和通常的考试都被取消。约翰逊设计出以下活动代替一般课程：体育活动、自然研究、音乐、手工、野外地理、讲故事、感觉教育、数的基本概念、戏剧表演、体育比赛以及画地图和地形等。

约翰逊重视社会意识的培养，认为发展合适的社会关系应是学校最重要的任务之一。应培养学生无私、坦率和合作的品质以及提出建设性建议的能力。她反对放纵儿童，认为应以一种平衡而有纪律的方式发展整个人的机体。

（三）沃特的葛雷制

威廉·沃特（W. A. Wirt, 1874—1938）是美国教育家，葛雷制（Gary System）的创始人。1907年，他被印第安纳州葛雷市教育委员会聘为公立学校督学，推行一种进步主义性质的教学制度，以"葛雷分团制"（Gary Platoon System）著称。沃特以杜威的"教育即生活"、"学校即社会"和"做中学"为理论依据，以具有社会性质的作业作为学校课程。他把学校分为四个部分：体育场、教室、工厂和商店、礼堂。课程也分成四个方面：学术工作和科学、工艺和家政、团体活动以及体育和游戏。

葛雷学校以其独特的教学制度而闻名。为了减少学校经费开支，提高办学效率，沃特在教学中采用二重编制法：将全校学生一分为二，一部分在教室上课，另一部分在体育场、图书馆、工厂和商店等场所活动，上下午对调，废除寒暑假和星期日，昼夜开放，从而为更多的学生提供入学机会，解决了葛雷地区学校少、供不应求的矛盾。相对当时一般公立学校组织中的惊人浪费来说，沃特的措施具有积极意义。把儿童从早到晚留在学校也可避免他们在街头巷尾沾染不良习气。同时，节省下来的钱被用于装备学校工厂，聘请更多的教师开设正课以外的科目，以及支付特别增设的班级的费用。葛雷学校还为成年人提供夜校课程。

沃特的葛雷制曾被认为是美国进步教育运动中最卓越的例子。其课程设置能保持儿童的天然兴趣和热情。其管理方式经济而有较高效率。到1929年，美国已有41个州的200多座城市的学校采用了这一制度。②

---

① ［美］约翰·杜威著，赵祥麟、任钟印、吴志宏译：《学校与社会·明日之学校》，人民教育出版社1994年版，第230页。
② James Bowen. *A History of Western Education, Volume Three.* New York: Methuen & Co. Ltd, 1981: 433.

（四）帕克赫斯特的道尔顿制

海伦·帕克赫斯特（Helen Parkhurst，1887—1973）是美国教育家，道尔顿制（Dalton Plan）的创始人。1904年，她16岁就开始了教师生涯。她曾跟随蒙台梭利学习以获得从教经验和发展自己的教学制度。1911年，她在华盛顿州的爱迪生学校任教时曾拟定了一个实验室计划。1915年，她在加利福尼亚州第一次将该计划付诸实验。1920年，她应邀去马萨诸塞州道尔顿市的道尔顿中学实施这个计划，遂将其教育方法以"道尔顿实验室计划"命名。

道尔顿制是一种个别教学制度。帕克赫斯特批评班级授课制没有照顾到学生的个别差异，提出了以下主张：① 在学校里废除课堂教学，废除课程表和年级制，代之以"公约"或合同式的学习，即把各科一年的课程划分为分月的作业大纲，学生以公约的形式确定自己应完成的各项学习任务，根据自己的需要自学。学习进度快的学生可提前更换公约，能力差的学生不必强求一致。② 将各教室改为各科作业室或实验室，按学科的性质陈列参考用书和实验仪器，供学生学习之用。各作业室配有该科教师一人，负责指导学生。③ 用"表格法"了解学生的学习进度，增强学生学习的动力，简化学生管理。

道尔顿制的两个重要原则是自由与合作。要使儿童自由学习，允许他们根据自己的需要安排学习，养成独立工作的能力。它还强调师生之间、学生之间的合作，以培养学生的社会意识。20世纪20年代，道尔顿制在许多国家，如英国和苏联流行一时。帕克赫斯特于1924年和1925年分别到日本和中国介绍其方法。道尔顿制存在的主要问题是过于强调个别差异；对教师要求过高；在实施时易导致放任自流；将教室完全改为实验室则显得不切实际。

（五）华虚朋的文纳特卡计划

华虚朋（C. W. Washburne，1889—1968）是美国教育家，帕克的学生。1919—1945年，他在担任伊利诺伊州文纳特卡的地方教育官员期间从事教育实验。1939—1943年，他担任美国进步教育协会的主席，著有《使学校适应儿童》（1926）和《什么是进步教育》（1952）。

华虚朋的教育实验以"文纳特卡计划"（Winnetka Plan）著称。他重视适应儿童的个别差异，但认为道尔顿制缺乏科学的课程结构和教材，缺乏创造性的活动技巧。华虚朋提出的解决办法是将个别学习和小组学习结合起来，使个性发展与社会意识的培养相互联系。具体做法是将课程分为两个部分：共同知识或技能（包括读、写、算等工具性学科）和创造性、社会性作业（如木工、金工、织布、绘画、雕刻等）。前者主要按学科进行，以学生自学为主，教师适当进行个别辅导，按计划进行学习，平时有进度记录，最后以考试来检验学习结果。后者则以小组为单位展开活动，以加强不同年龄儿童的联系，培养合作精神。

文纳特卡计划在20世纪三四十年代的美国得到迅速而广泛的传播，对不少国家的教育产生了重要影响，但被认为影响学科的深入学习。20世纪50年代起，文纳特卡计划逐渐衰落。

（六）克伯屈的设计教学法

克伯屈（William H. Kilpatrick，1871—1965）是美国教育家，是杜威教育哲学的诠释者。

1918年，他发表了《设计教学法》(*The Project Method*)，系统地阐述了设计教学法（Project Method），被誉为"设计教学法之父"。

在克伯屈看来，随着工业化而来的是社会道德水准的普遍下降，培养品格应成为教育的最终目的。他所说的品格包括道德品质，也包括人的一切思想方法、情绪以及参照自我、他人及世界而产生的行动。克伯屈反对主智主义教育，强调发展完整的人格，主张建立一种以生活和实际经验为中心的新学校。

克伯屈认为有机体是通过行动来学习的，强调在学习过程中人与其环境应相互作用，学习的结果是为了获得新的行为方式。克伯屈提出"广义的方法"和"狭义的方法"的概念。"广义的方法与儿童们活动时作出的反应有关。它所关心的是帮助儿童把全部反应尽可能完善地建成一个整体。狭义的方法关心儿童们如何能富有成效地学好这个或那个具体事物。"[1]广义的方法具有伦理道德或哲学的意味，是生活问题；狭义的方法则首先是一个心理学问题。克伯屈批评旧式教育局限于狭义的方法，认为新式教育应强调广义的方法又不忽视狭义的方法。

克伯屈强调有目的的活动是设计教学法的核心，儿童自动的、自发的、有目的的学习是设计教学法的本质。他将"设计教学法"定义为在社会环境中进行有目的的活动，重视教学活动的社会和道德因素，主张放弃固定的课程体制，取消分科教学，取消现有的教科书，把学生有目的的活动作为所设计的学习单元。

根据不同的目的，克伯屈将设计教学法分成四种类型。第一，生产者的设计，也称"建造设计"，以生产某物为目的，用物质形式体现一个思想或观念。第二，消费者的设计，以消费为目的。他认为儿童"非常活跃地消费、吸收与享用别人所生产的东西"[2]，如欣赏别人的画、演出或文学作品等，所以又称"欣赏设计"。第三，问题的设计，目的在于解决一个问题，澄清某种理性的困难，如阳光对植物的影响、鸟儿为什么会飞等。第四，练习的设计，或称"具体学习设计"，目的是获得某一种或某一程度的技能或知识，如学习读、写、算等。第一类即生产者的设计是重点，最能体现教育的社会化。同时，四种设计的分类不是固定的，一个具体的学习单元可以包含两个或两个以上的设计。设计不仅是个人的，也可以是集体的。

根据杜威的思维五步骤，克伯屈提出了设计教学法的四步骤：决定目的、制定计划、实施计划和评判结果。在这个过程中应强调教师的指导和决定作用，必须使目的具有教育的价值。而四个步骤的实行则以学生为主。这四个步骤只是逻辑上的而非次序上的。

设计教学法在美国得到了迅速传播。20世纪30年代，对英语国家的学校产生了广泛影响，不仅在西欧和苏联被采用，对中国、印度和埃及等国的教育也有较大影响。设计教学法充分发挥了儿童的主动性和积极性，使儿童成为学习的主人；力求使教学符合儿童的心理发展规律，以提高学习效率；注重培养儿童的合作精神，加强教学与儿童实际生活的联系。但设计教学法的四个步骤主要是针对生产者的设计而言的，克伯屈也承认没有为学习知识的设计教学确定明确的步骤。由于强调根据儿童的经验组织教学，导致系统知识学习的削弱。

---

① 任钟印主编：《世界教育名著通览》，湖北教育出版社1994年版，第1245页。
② 任钟印主编：《世界教育名著通览》，湖北教育出版社1994年版，第1260页。

第三节　实 验 教 育 学

实验教育学（Experimental Pedagogy）是19世纪末20世纪初产生于德国，后在欧美一些国家发展的以教育实验为标志的教育思想流派，在德国、法国和美国都有其代表人物。实验心理学、实验生理学以及其他自然科学的研究成果为实验教育学提供了科学基础和实验方法。作为传统教育的对立物，实验教育学试图解决旧教育存在的弊端。

实验教育学的基本特征是重视研究儿童发展与教育的关系，强调从实验的结果中寻找教育的途径和方法。实验教育学者批判旧教育注重逻辑推理和抽象思辨的方法，认为其结果必然导致与教育实践和教育对象的脱离。他们通过观察、调查、计算、测量和统计等方法进行研究，努力将教育学建立在自然科学的基础上，使教育学成为一门真正的科学。

实验教育学为新教育提供了重要的理论依据，促进了教育理论的科学化，使教育学从哲学的桎梏中解放出来，并给实际教育工作者以有益的启迪，对当时和后世的教育都产生了深远的影响。实验教育学与20世纪初出现的儿童研究运动和学校调查运动相关联，成为教育科学的开端。其存在的主要问题在于：一是片面强调儿童的生物性，忽视社会性因素；二是把实验方法推崇到极端，视之为教育研究的唯一方法，简单照搬自然科学方法，忽视了社会科学与自然科学之间的差异。

一、德国的实验教育学

（一）梅伊曼

梅伊曼（E. Meumann，1862—1915）是德国的心理学家和教育学家，实验教育学的创始人之一。青年时期，他曾跟随冯特学习实验心理学。1901年，他在德国《教育学刊》上发表系列文章，首次提出和论述了"实验教育学"，著有《实验教育学讲义》（1908）。

梅伊曼批评传统教育学体系的规章和准则缺乏以科学实验方法所作的严密论证，阻碍了教育科学的发展，降低了教育工作者的独立性和职业兴趣。他主张利用与儿童发展有关的科学研究成果推动教育的科学化，以观察和实验为主的科学方法作为教育研究的主要途径。梅伊曼把实验教育学的建立看作一种方法革命，其特点是通过科学实验的验证来发现和陈述事实，反对任何思辨，否认实验教育学应该包括教育学的整个领域。

在梅伊曼看来，实验教育学是汇集有关教育的各种实验的一门科学。他详细地论述了实验教育学的研究范围，包括儿童身心发展的规律、儿童的智力发展问题、儿童的个体差异、天才儿童的特点、儿童心理组成部分的发展情况、教学方法、教师工作和学校制度的合理性等。梅伊曼重点研究了智力发展，尤其是与学习过程中的心理疲劳和记忆有关的问题。

梅伊曼主张实验教育学的研究人员应该主要是受过训练的实验心理学家，研究的主要场所是心理学实验室。与实验心理学家不同的是，实验教育学研究的是教育过程中的问题。他不赞成课堂教学实验法，认为只有在心理实验室获得的研究成果才是最有价值、最可靠的。

在教育史上，梅伊曼首次系统地论述了实验教育学的性质、方法、研究范围和任务。他看到了教育学的实践性，指出了以思辨和逻辑推理方式研究教育的局限性，要求把教育学建立在科学实验的基础上，对于传统教育的改革起了很大的推动作用。但他反对建立教育学的完整体系，并把实验研究方法强调到了极端。

（二）拉伊

拉伊（W. A. Lay，1862—1926）是德国教育家，实验教育学的创始人之一，1905年，他与梅伊曼共同创办了《实验教育学》杂志。1893年，他到母校卡尔斯鲁厄第二师范学校任教，后任校长。他的研究成果来自该校及其附小的教育实验，著有《实验教育学》（1907）、《行动学校》（1911）和《新教育科学大纲》（1921）。

作为实验教育学开创者的拉伊与梅伊曼在一些基本问题上有许多共识，都认为用思辨方法建立起来的旧教育学缺乏科学性，不能很好地解决教育实践中存在的问题；都强调实验教育学是以实验方法为基础的新的独立科学；都认为实验教育学必须借助相关科学。

拉伊与梅伊曼也存在意见分歧。拉伊批评梅伊曼把实验教育学与系统教育学对立起来的做法。他把实验教育学视为普通教育学，认为教育科学应包括相互联系的三大领域：教育史、辅助学科和实验研究。在重视实验研究新方法的同时，不应忽略教育史和辅助学科（包括自然科学和人文科学）的方法。因为任何实验研究或课题的选择都需要对有关问题先作历史考察，利用辅助学科进行价值定向的选择；需要运用实验方法对前两者的研究成果进行鉴定。拉伊把实验教育学看作旧教育学的扩充与严密化，是一种完整的教育学。

拉伊指出，教育实验中假定的成立、事实的发现和系统的建立，受到自然科学和文化研究的重要影响。"人类大部分是环境的产物。"[①]环境影响儿童，儿童也对环境发生反应，反应的形式是印象、印象的类化和表现。教育就是按照规范的科学对人类的身体和心理的发展进行引导和控制。拉伊把教育学分为"个体教育学"、"自然教育学"和"社会教育学"，但又认为三者没有明显的分界，个人和他的自然与社会生活构成一个相互关联的整体，只是在分析影响教育产生的原因时才从三个方面去考虑。同时，拉伊强调"表现"（即行动）在教育过程中的价值，甚至认为应把"表现"的原则当作整个教育和教学的基本原则。因此，他的实验教育学也被称为"行动教育学"。

拉伊将教育实验分为假设、实验和应用三个阶段。他强调实验与教育实际的密切联系，作为最终假设的规则和原则来自教育经验；教育实验的情境必须简化，应符合教室的情景和特点；在实践中运用从实验获得的知识与结论。这些观点导致他与梅伊曼的不同。拉伊主张将教育实验与心理实验区分开来，并在正常的学校环境（教室）中进行；重视学校和教师在教育实验研究中的作用，主张教师参与心理学家、医生和人类学家的共同研究。

---

① ［德］拉伊著，金澍荣、黄觉民译：《实验教育学》，商务印书馆1938年版，第168页。

二、美国的实验教育学

（一）霍尔

霍尔（G. S. Hall，1844—1924）是美国儿童心理学的创始人，美国教育心理学的开拓者。其学术生涯的特点是兴趣多样化，他主要的兴趣是将发展心理学与教育联系起来。他对儿童心理和教育问题所进行的广泛调查引起了社会对于儿童研究的热情，形成了儿童研究运动（child-study movement），被誉为"儿童研究之父"，其教育代表作是《青年期的心理与教育》（1904）。

霍尔曾被说成"心理学的达尔文"。他把生物学上的进化论和复演说扩展到心理学，提出进化不仅表现在肌体上也表现在心理上，论述了个体心理发展是种族进化历史复演的理论。霍尔认为，儿童期是人类远古时代的反映，少年期是中世纪的复演，青年期是比较新近的祖先的特性的反映。教育必须遵循复演的顺序，适应儿童在不同阶段的不同需要，允许儿童将在发展过程中依次出现的各种活动本能充分展现出来。

霍尔根据复演说提出自己的教育主张。他重视肌肉运动，认为肌肉是意志、品性和思想的器官，肌肉的发达最能促进脑髓的发展；他反对把儿童关在屋内静坐或死读书，主张遵循个体发展的特点，对儿童进行自然教育；应在一定范围内让儿童表现其野蛮本能，使儿童在自然环境中狩猎、争斗和嬉戏，使其通过本能的发泄达到"净化"。

霍尔的复演说作为一种儿童发展理论，现在已基本上被理论界所否定。其主要错误是将个体发展史和种族发展史完全等同起来，从而引向生物决定论。但霍尔由复演说中发展而来的教育主张却为业已到来的欧美教育革新运动提供了理论依据。他的理论重新强调了夸美纽斯提出的适合儿童学习年龄阶段的主张，支持了卢梭教育顺应自然的观点。他是美国第一个试图把发展心理学运用到教育领域的人。

霍尔在儿童研究中广泛使用从德国学来的问卷法。到1915年，霍尔和他的学生已发展和使用过194种问卷，具体方法包括：① 直接让被试者回答问卷。② 通过教师和父母收集资料。他的《关于儿童说谎》（1882）和《儿童心理的内容》（1883）等论文反映了这种研究的结果。在霍尔的影响下，1890—1915年，在儿童研究中盛行问卷法。国内外纷纷成立用问卷法研究儿童的团体和协会，引发了儿童研究运动。

（二）桑代克

桑代克（Edward Lee Thorndike，1874—1949）是美国心理学家和教育家，早年在詹姆斯（William James，1842—1910）的指导下从事动物学习的研究，后将动物研究技术应用于儿童，把大部分时间花在人类学习、教育及心理测验诸领域。桑代克是一位多产的作家，他的书目包括507项，其中许多是巨著和专著，比较著名的有《教育心理学》（1903）、《智力测验》（1926）、《成人的学习》（1931）、《人类的学习》（1931）以及与其学生盖茨（A. I. Gates）合著的《教育之基本原理》（1932）。他在美国被认为是"教育心理学的奠基人"。

"联结"是桑代克教育心理学的核心概念。起初他用小鸡做实验，训练它们走用书隔起来的迷津。后来他又用猫和狗作被试，使用自己设计的迷箱，进行动物学习的研究。根据这些实验，桑代克认为动物的学习就是刺激和反应之间形成的联结，并把这种看法照搬到人类的学习。英国联想心理学早已提出联结的概念。桑代克在实验的基础上，根据机能主义的观点，以刺激与反应的联结代替了观念的联合。

桑代克总结以往教育心理学的探索，根据自己对学习的实验研究，开始确立教育心理学的名称及其体系，使教育心理学成为一门独立的学科。他把教育心理学的对象确定为研究人的本性及其改变的规律，它由人的本性、学习心理学和个别差异三部分组成。桑代克把行为分为先天的反应趋势（本能）和习得的反应趋势（习惯）两类。他将本能视为一切行为的基石。本能的特点是不学而能，是先天的联结，而习惯是后天的联结。人性只是为教育提供了出发点，教育的真正任务是根据人的需要来逐渐改变人性，因而重视研究人的学习规律。

学习心理学是桑代克教育心理学最重要的部分。他把学习过程看作形成后天习得的联结的过程，提出尝试错误的学习理论和学习的三个定律。他用猫进行的实验研究最为著名。他把饥饿的猫放在迷箱里，食物放在箱子外面作为逃脱的奖赏。猫为了打开门闩就必须去拉一根杠杆或一条链子。在饥饿的驱使下，猫不断地进行尝试与错误学习，表现出正确的行为。桑代克总结出的三个学习定律是：准备律、效果律和练习律。① 准备律强调有效的学习必须有良好的心理准备，即具有一定的学习兴趣与欲望。② 效果律被用来解释学习，反应的"满意"效果加强联结，"不满"或"烦恼"效果削弱联结。③ 练习律是指反应重复的次数愈多，联结愈牢固。

后来，桑代克研究人类学习，对上述的学习定律进行了修改和补充，提出"相属原则"，认为"相属的"容易造成联结，"不相属的"难以造成联结。1901年，桑代克和伍德沃思（R. S. Woodworth）共同发表了关于学习迁移的著名论文，在此基础上他提出了学习迁移的"相同元素说"，认为当两种机能有了相同的因素时，这一机能的变化才使另一机能也有了变化。这种学说对摧毁官能心理学和形式训练说起到了巨大作用。

桑代克的学习理论对现代心理学产生了深远的影响，他的工作被认为是"联想主义的基石"。他进行研究工作的客观精神构成行为主义的重要前提。桑代克对行为研究的重视摆脱了心理学仅研究意识束缚的局限，重视把心理学运用于教育领域。但他的学习理论存在局限：只注重外显的行为，极少参照意识或心理过程，忽视人的认知因素，发展了一种客观的和机械的学习理论；在把动物学习理论搬用到人类的学习时，抹杀了人类学习的本质特点；夸大了遗传的作用，忽视了教育和环境在形成个别差异中的影响。

三、儿童学

儿童学（Pedology）是产生于19世纪末，发展于20世纪初的一门研究儿童的学科。其代表人物有美国的霍尔和德国的克里斯曼（O. Chrisman）。该学科是在实验心理学、实验教育学以及其他自然科学发展的基础上产生的。

1896年，克里斯曼在其博士论文中提出了"儿童学"这个名词，要以历史上关于儿童研究的各种学说为基础，努力使儿童研究科学化，并使之成为一门独立的科学。他给"儿童学"

下的定义是："儿童学是一种纯粹的科学，他的职能在研究儿童的生活、发达观念及其本体。儿童学之对于儿童和植物学之对于植物，矿物学之对于矿物没有两样；儿童学不是教育学，因为教育学是应用科学，儿童学却不能作为应用科学看待的。"[1]后来，人们对他的这个定义作了修正，认为儿童学和教育学还是紧密联系的。

1911年，在德可乐利的推动下，在布鲁塞尔召开了儿童学第一届国际会议。德可乐利当选为主席。以后，儿童学在欧美各国广为流传。儿童学研究的主要内容有：① 儿童个体的出生及遗传对儿童个体的制约作用。② 儿童身体的发育过程。③ 儿童常见疾病。④ 儿童的心理，如本能、感知觉、想象、思维、语言、情感和意志等。⑤ 异常儿童。在儿童学的研究中采用传记法、谈话法、问卷调查法、诊断法和智力测验法等。

儿童学以与儿童发展相关的众多学科为自己的参照对象，采用了当时先进的科学方法，重视遗传、早期环境和教育对儿童发展的影响，是当时儿童研究运动的重要产物，而且在一定程度上推动了人们对儿童的身心特点及其发展规律的研究。但是很多儿童学学者过分强调遗传和早期环境的作用，表现出遗传决定论或环境决定论的倾向；儿童在早期受到一定的社会环境影响后，这种影响终身不可改变；进而认为阶级出身不同和种族不同的儿童之间的差异注定是不能改变的。

四、智力测验

智力测验（intelligence test）作为儿童研究运动的表现形式之一，产生于20世纪初的法国，二三十年代盛行于美国，后在意大利、德国、英国、日本和中国等国得到迅速传播和发展并流行至今。

（一）比纳的智力测验

艾尔弗雷德·比纳（Alfred Binet，1857—1911）是法国心理学家、智力测验方法的首创者。1889年，他和博尼（H. Beaunis）在巴黎大学创建了法国第一个心理实验室。1895年，他们创办了法国第一个心理学刊物《心理学年报》。1905年，比纳与西蒙（T. Simon）出版了第一份智力量表，其主要著作有《推理心理学》（1886）、《个性的变化》（1891）、《实验心理学概论》（1894）、《智力的实验研究》（1902）和《关于儿童的新观念》（1909）。

比纳重视个性差异的研究。他批评传统教育根本不注重儿童的个性差异，要求把新教育建立在个性心理学的基础上。他尤其关心人的思维方式的差异，并从不同角度区分出三组思维类型：① 分析逻辑的思维方式和直觉灵感的思维方式。② 客观的思维方式和主观的思维方式。③ 实际的思维方式和思辨的思维方式。比纳主张根据人的思维方式的差异来施教。

比纳编制智力量表是当时法国实施义务教育的需要。1904年，法国政府要求运用各种方法鉴别低能儿童，以便开设特殊学校或特别班，避免不断留级带来的麻烦。根据政府要求，比纳和西蒙编制了智力测验表，其基本指导思想是：① 人具有一般的智力，由四种功能，即思维

---

① ［日］关宽之著，朱孟迁、邵人模、范尧深译述：《儿童学》，商务印书馆1931年版，第12页。

定向、意义理解、发现和判断组成。其中判断是智力的基本功能。② 正常人的智力随着年龄增长而提高。1905年的"比纳—西蒙智力测验量表"（Binet-Simon Intelligence Scale）以3—13岁的儿童为对象，根据测验项目难度的递增排列。通过从易到难的各项测验，测定被试思维判断是否敏捷。

"比纳—西蒙智力测验量表"问世后受到普遍好评，但也暴露出一些局限，主要是不能明确简便地从年龄角度来说明被试的智力超前或落后的程度。1908年，比纳和西蒙发表了第二份量表，按年龄分组进行测试，引入"智龄"这个智力测验的重要术语，增加了测试题的数量，这份量表又被称为"年龄量表"，能迅速判断一个人智力落后或超前的程度。1911年，比纳在去世前和西蒙对量表又做过一次修改，使其更加规范化，成为比较科学、系统的儿童智力发展的测验工具。比纳和西蒙的智力测验量表被迅速译成多种文字在世界上广泛的流传。

（二）智力测验的发展

1916年，美国斯坦福大学教授特曼（Lewis M. Terman）制定了适合3—18岁儿童与青少年的"斯坦福—比纳量表"（Stanford-Binet Intelligence Scale）。它以比纳和西蒙的量表为蓝本，把它延长到成人水平，在测试上有较高的信度和效度，并采用"智商"（Intelligence Quotient，简称IQ）来衡量儿童智力发展水平。智商在90—110为正常智力，高于110为优秀智力，低于90为弱智。

美国教育心理学家桑代克在智力测验的基础上，提出测定儿童学业成绩的公式。按照此公式，判断儿童的学业成绩的优劣不能只看各科分数，还要看是否达到智力与学习能力的一般标准。桑代克还从事成就、能力倾向和人格方面的测验。在成就测验方面，他在1901年编制了书法量表，1914年编订了阅读能力测验。他还领导其他学者进行算术、作文、拼音和语文等方面的测验。在能力测验方面，桑代克在1915年提出了职业测验的理论，列举了模拟、样本、类比和经验四种类型的职业测验。在人格测验方面，他在1912年编制了兴趣测验。国际心理界对于比纳创造的智力测验褒贬不一，但由于尚未找到比智力测验更有效的衡量手段，智力测验仍广泛流行。

第四节　凯兴斯泰纳的公民教育与劳作学校理论

德国教育家乔治·凯兴斯泰纳（Georg Kerschensteiner，1854—1932）是19世纪后期开始在欧美流行的劳作教育思潮的主要代表人。1881年，他获得了慕尼黑大学哲学博士学位。1883—1895年，他先后在许多中学任教。1895—1919年，他在任慕尼黑市教育局长期间进行国民学校和补习学校改革，从事教育理论研究，通过著述和讲演的方式广泛地宣传自己的教育观点。退休后，凯兴斯泰纳任慕尼黑大学名誉教授，主讲教育原理和学校组织等课程。他曾多次出国讲学和考察欧美各国教育，著有《德国青年的公民教育》（1901）、《公民教育要义》（1910）、《劳作学校要义》（1911）、《性格与性格教育》（1912）、《陶冶过程的基本原理》

（1917）和《教育原理》（1926），对德国乃至世界许多国家的教育都产生了重要影响。

一、公民教育理论

关于国家职能的思想是凯兴斯泰纳公民教育理论的政治基础。他的政治理想是要建立一个"文化法治国家"。为了实现这个理想，国家有双重任务：一是维护国家内在与外在的安全和公民的身心健康，二是向伦理化社会发展，逐步实现人道国家的理想。凯兴斯泰纳关注当时国家之间的对峙关系，把"自我保存"看作国家的重要职能，把"自我完善"看作自我保存职能的重要内容。在他看来，仅仅维持平衡是不够的，还必须使国家日趋完善。只有当国家能够不断发展时，自我保存的概念才有实际意义。

凯兴斯泰纳认为，应通过给予每个人以最广泛的教育，使其懂得国家的职能，并有能力也乐意尽最大的努力担负起在国家组织中的职责。教育有用的国家公民是公立学校的目的，也是一切教育的目的。公民教育的核心是通过个人的完善来实现为国家服务的目的。"国民教育的问题，即国家信念的教育，培养人们将个人利益置于集体利益之中的教育，是一切教育问题中最最艰巨的问题。"[①]在他看来，"有用的国家公民"应具备三项品质：其一，具有关于国家的任务的知识；其二，具有为国家服务的能力；其三，具有热爱祖国、愿意效力于国家的品质。

凯兴斯泰纳也提及了"世界的好公民"概念，认为教育出国家的好公民，也就是在教育出世界的好公民，因为社会团体越大，不同利益的差异越大，就越有必要在培养国家观念的同时，培养人类的观念。但他又认为，在目前国家之间为生存展开斗争的情况下，要求国家为人类的利益而漠视自己的安全是缺乏现实性的。他所说的好公民只能是"国家的好公民"。

关于公民教育的对象，凯兴斯泰纳的思想前后有些变化。他在1901年的《德国青年的公民教育》中明确说"公民教育的对象是制造业中14—20岁的人口"[②]。但在该书的第四版序言中又强调"所有阶级都需要这样一种（公民）教育——不仅是劳动群众，而且也包括我们称之为富有的和有教养的阶级"[③]。他认为，只有富有的和有教养的阶级受到"国家的好公民"的教育，才能担负起管理国家的职责。他还特别强调对农民和女子的公民教育，认为忽视对他们的教育是现代教育制度的两大缺点，主张设立农业补习学校，要求对14岁以后的女孩子的教育必须与男孩子的教育一视同仁。

二、劳作学校理论

在凯兴斯泰纳的教育理论体系中，劳作学校理论既是公民教育理论的有机组成部分，又是一个相对独立的部分。在1901年出版的《德国青年的公民教育》中，他把职业工作视为"公民训练的一种极好方式"，人的品格不是通过读书或倾听说教形成的，而是在连续不断的和扎实的实际工作中形成的。1905年，凯兴斯泰纳在汉堡的《小学校的改造》讲演中，首次使用"劳作学校"的名称，主张为实现公民教育的目的，必须将德国的国民学校由"书本学校"改

---

① ［德］乔治·凯兴斯泰纳著，郑惠卿译：《凯兴斯泰纳教育论著选》，人民教育出版社1993年版，第219—220页。
② 任钟印主编：《世界教育名著通览》，湖北教育出版社1994年版，第1048页。
③ 赵祥麟主编：《外国教育家评传》（第2卷），上海教育出版社1992年版，第628页。

造成"劳作学校"，强调公民教育、职业教育和劳作学校的关系是目的、手段和机构的关系，它们是三位一体的。

凯兴斯泰纳并不认为自己是"新的革命家"，他不过是要把旧的和很古的教育要求"妥当实行罢了"。他指出，以职业教育为人的教育途径是裴斯泰洛齐发现的人类教育真理，应将其发扬光大。劳作学校是一种最理想的学校组织形式，是为国家培养有用公民的重要教育机构。凯兴斯泰纳从公民教育目标出发，赋予劳作教育以新的意义和内容。他的劳作教育理论被称作"国家主义的劳作教育论"或"公民教育的劳作学校论"。他强调的是要培养对国家社会有用的人，而不只是注重个人的发展。与当时一般的新教育和进步教育者相比，凯兴斯泰纳更重视的是教育的社会功能。

凯兴斯泰纳阐明"劳作"在教育学上的定义。第一，"劳作"不只是体力上的，而且是一种身心并用的活动。第二，"劳作"与游戏、运动和活动不同，它既有客观目的，又须经受艰辛，所以富有教育意义。第三，"劳作"应能唤起个人的客观兴趣，使学生有内心要求，照自己的计划想方设法地完成，并检验自己的劳动成果。

凯兴斯泰纳确定了劳作学校的三项任务。第一项任务是帮助学生将来能在国家的组织团体中担任一种工作或一种职务，即"职业陶冶的预备"，这是劳作学校的基本任务。在他看来，每个时代国内大多数人的职务，纯系身手工作，一般人的天赋也多偏于身手工作。因此，体力工作是各样真艺术的基础，是各样真科学的基础。从儿童发育来看，身体也先于精神。总之，必须以体力工作做"先锋"，借以唤起精神力量。第二项任务是"职业陶冶的伦理化"，要求把所任的职务看作郑重的公事，不只是专为个人去做，而是要把个人的工作与社会的进步联系在一起，把职业陶冶与性格陶冶结合起来。第三项任务是"团体的伦理化"，要求把学生组成工作团体，培养其互助互爱、团结工作的精神。

在凯兴斯泰纳看来，上述三项任务仅指出了性格陶冶应取的方向和国民学校应走的道路。为了保证这些任务的完成，还必须研究劳作学校的具体方法，包括教学内容和方法以及教育与教学的管理。其基本精神是：让学生在自动的创造性的劳动活动中得到性格陶冶。他从性格陶冶的角度阐述了活动教学的意义，认为作为未来公民所应具备的性格特点，如意志力、判断力、精细性和自奋性，只能通过热情而持久的活动才能发展。大堆的死知识远不如精神的发展、伦理的适应力和工作的本领要紧。

凯兴斯泰纳要求围绕性格陶冶这个中心从三个方面开展训育和教学。① 必须把"劳作教学"列为独立科目，聘请专门的技术教员。② 改革传统科目的教学，摒除旧式的知识灌输方式，在讲清学科基本概念的基础上着重培养学生的逻辑思维能力。必须精简教材，让学生随自己的兴趣独立研究一切科学。③ 发展学生的公民素养和社会技能。各种学科的组织都必须以团体工作为基本原则，发展利他主义，努力把学生的注意力引向社会利益。

凯兴斯泰纳的公民教育理论是19世纪末在欧美各国出现的民族主义教育趋势的反映，是当时德国国家主义教育政策的产物。但也应看到，他将新的教育方法引进公立学校体系，改革了国民学校教育和工人进修教育；重视学校的社会功能，努力培养学生的合作精神和创造性的劳动能力。"他看到了日益增长的技术革命和与之俱来的知识爆炸，从而促进了科学、技术训练的事业和才智的专门化，以适应上述的发展。"[1]

作为劳作教育思潮的主要代表，凯兴斯泰纳对德国和其他一些国家的学校教育产生了较大影响。1919年，魏玛共和国制定的德国新宪法将公民教育和劳作教育定为初等学校的必修科目。1920年召开的德国教育大会强调新学校必须是劳作学校并制定了具体的实施办法。在他的影响下，欧洲许多国家，如瑞士、英国、法国和俄国也采取了劳作学校的做法。他的《劳作学校要义》被译成多种文字在世界上广为流传，1935年该书被译成中文出版。

关键概念

新教育运动	乡村之家运动	《儿童的世纪》	德可乐利教学法
《教育与美好生活》	昆西教学法	有机教育学校	葛雷制
道尔顿制	文纳特卡计划	设计教学法	实验教育学
儿童研究运动	桑代克	儿童学	智力测验
比纳—西蒙智力测验量表	斯坦福—比纳量表	智商	凯兴斯泰纳
劳作学校理论			

本章小结

如上所述，19世纪末至20世纪前期欧美新教育思潮的代表人物在继承西方教育传统中某些思想要素的同时，也批判了这种传统中不适应现代社会要求的内容，根据现代生物学、心理学等学科的最新研究成果，提出了一系列新的教育主张，并努力把这些见解付诸教育实践。上述各种教育思潮之间存在着相互影响和相互促进的关系。其共同特点是：重视儿童自身在教育过程中的主体地位，认为儿童先天具有善性和自我发展的能力，因而不再把儿童视为强制行为的对象；重视儿童研究和教育调查，并运用定性研究和定量研究结合、思辨与经验结合，以及比较和测量等新方法，力图使教育研究科学化；重视儿童的创造性活动、社会合作活动和劳动在儿童身心发展中的作用。这些思想在很大程度上构成了西方现代教育理论的最初形态，并对20世纪欧美国家的教育发展产生了广泛而深刻的影响。

这一时期的欧美教育思潮存在一些片面性、局限性或不成熟性，留下了许多尚未解决的矛盾，如在儿童研究中有着严重的生物化倾向；极端的个人主义性质，过高地估计了儿童的自由、个性和创造性的意义；片面强调实用、适应，只顾眼前利益而忽视长远利益，忽视了基本知识的传授和一般智力的发展，降低了教育质量，因而引起了传统派思想的回潮。

---

[1] ［澳大利亚］W·F·康内尔著，张法琨、方能达、李乐天等译：《二十世纪世界教育史》，人民教育出版社1990年版，第247页。

思考题

1. 述评19世纪末至20世纪上半期的欧美教育革新运动。

2. 简述爱伦·凯《儿童的世纪》的主要内容。

3. 简述德可乐利教学法。

4. 简述帕克的昆西教学法。

5. 简述约翰逊的有机教育学校。

6. 简述沃特的葛雷制。

7. 简述帕克赫斯特的道尔顿制。

8. 简述华虚朋的文纳特卡计划。

9. 简述克伯屈的设计教学法。

10. 述评实验教育学。

11. 简述霍尔对儿童研究运动的影响。

12. 简述桑代克对教育心理学的贡献。

13. 简述儿童学。

14. 简述《比纳—西蒙智力测验量表》。

15. 述评凯兴斯泰纳的公民教育与劳作学校理论。

第十三章 现代西方教育理论

美国的约翰·杜威（John Dewey，1859—1952）和意大利的玛利拉·蒙台梭利（Maria Montessori，1870—1952）是现代西方著名的教育家。在19世纪末至20世纪上半期的欧美教育革新运动中，他们批判脱离社会和儿童的旧教育，认为教育应促进有机体与环境的相互作用，注重儿童的自我活动和自我教育，使年轻一代更好地适应社会生活。

杜威的教育理论与其实用主义哲学相联系，具有其他教育理论所不具备的复杂性。他以实用主义经验论、社会改良主义与民主主义以及机能主义心理学为主要的理论依据，从不同角度探讨了教育、社会和受教育个体发展三者之间的相互关系。

19世纪末，教育家们追求建立教育科学，他们或是采用赫尔巴特主义者的观点，或是使用实验心理学的方法，而蒙台梭利在20世纪的欧洲和世界赢得了"最伟大的科学的和进步的教育家之一"的赞誉。[1]她从卢梭、裴斯泰洛齐和福禄培尔的思想中得到启发，并受到当时西方实验心理学和低能儿研究的深刻影响，其教育方法被认为完全是儿童中心的，至今仍对世界各国的学前教育和早期儿童教育有着非常广泛的影响。

第一节 杜 威

南北战争以后，美国由农业国迅速发展为世界工业大国，但学校教育不能适应工业化和民主化的要求。杜威以实用主义哲学、民主主义政治理想和机能心理学为基础，批判地继承了前人的思想，构建起庞大的教育哲学体系。他的教育理论对美国进步主义教育运动有重要影响。杜威曾到中国、日本、苏联和土耳其等国演讲，对这些国家的教育产生过影响。博大精深的杜威教育理论对研究教育问题的人们依然有着重要的启迪作用。

一、生平、著作和教育思想的理论基础

（一）杜威的生平和著作

杜威出生于美国佛蒙特州柏灵顿市一个零售商人的家庭，1879年毕业于佛蒙特大学，担任过中学和小学教师。1884年，他获得约翰·霍布金斯大学哲学博士学位，此后在密执安大学

---

① James Bowen. *A History of Western Education, Volume Three*. New York: Methuen & Co. Ltd, 1981: 394.

和明尼苏达大学任教。1894年，杜威开始担任芝加哥大学哲学、心理学和教育学系主任。1896年，他创办了芝加哥实验学校（Chicago University Laboratory School），以"杜威学校"著称。1904年，杜威辞去芝加哥大学的职务。在芝加哥大学的10年是杜威教育思想形成和发展的关键时期，他发表了《我的教育信条》（The Will to Believe，1897）、《学校与社会》（The School and Society，1899）和《儿童与课程》（The Child and the Curriculum，1902）。

1904年，杜威任哥伦比亚大学教授。在美国进步主义教育运动的鼎盛时期，杜威发表了《我们怎样思维》（How we Think，1910）、《明日之学校》（School of Tomorrow，1915）、《民主主义与教育》（Democracy and Education，1916）和《进步教育与教育科学》（1928）。1930—1939年，杜威从哥伦比亚大学退休并任该校名誉教授，修订了《我们怎样思维》（1933），并发表《芝加哥实验的理论》（1936）、《经验与教育》（1938）、《人的问题》（1946）和《〈教育资源的使用〉一书引言》（1952）。

杜威一生勤勉，著有40本著作和700多篇论文，形成了一个复杂的实用主义思想体系，内容涉及形而上学、认识论、逻辑、伦理学、美学、科学哲学和教育哲学等，但他的主要影响是在教育理论方面。1969—1990年，美国南伊利诺斯大学出版社陆续出版了杜威的全部著作，共计37卷，按时序分为三辑：《约翰·杜威早期著作集，1882—1898年》（5卷本，1969—1972）、《约翰·杜威中期著作集，1899—1924年》（15卷本，1976—1983）和《约翰·杜威晚期著作集，1925—1953年》（17卷本，1981—1990）。[①]

《民主主义与教育》是杜威的教育代表作。依照杜威本人的划分，该书约含三个部分：① 论述了教育的社会职能，指出了当时学校教育的严重缺陷及改革方向。② 阐述了民主社会的教育性质，明确教育即生长、生活和经验改造的意义，并通过对过去各种教育理论的批判来反证民主教育的正确性和优越性。③ 以实用主义教育哲学来调和教育理论中长期存在的各种二元论问题，如兴趣和努力、经验和思想、劳动和休闲、个人和自然、教育和职业等，并阐述了对于课程、教材和教法的新观点。最后，杜威论述了实用主义的真理观和道德论。

（二）杜威教育思想的理论基础

杜威早年对德国哲学，尤其是黑格尔哲学感兴趣，后来受到达尔文的进化论、霍尔的发展心理学和皮尔士（Charles S. Pierce，1839—1914）、詹姆斯的实用主义哲学的影响，逐渐形成自己看待教育的特殊方式。第一，反对传统哲学中的二元论，以辩证眼光看待教育过程中的二元论问题。第二，以生物进化观点看待儿童本能和能力的发展，带有浓厚的进化哲学的色彩。第三，将"经验"理解为有机体与环境的相互作用，重视儿童的直接经验在教育中的意义。第四，推崇科学实验方法并将其运用于教学法研究，提出"教学五步骤"。第五，提出民主主义的社会政治理想。"充分了解杜威的观念是困难的，因为，杜威的文风并不算准确、清晰。"[②]

---

① 参见［美］罗伯特·B·塔利斯著，彭国华译：《杜威》，中华书局2002年版，第94—95页。
②［美］罗伯特·威斯布鲁克著，王红欣译：《杜威与美国民主》，北京大学出版社2010年版，第5页。

1. 实用主义经验论

"杜威开创的哲学致力于将理论和实践统一起来。"[1]他几乎对每个哲学领域的中心问题都进行过思考，并运用自己的哲学直接应对教育问题。杜威把哲学看作教育的一般理论，"教育乃是使哲学上的分歧具体化并受到检验的实验室"[2]，"哲学乃是作为审慎进行的实践的教育理论"[3]。

杜威反对传统哲学中的各种二元对立，如心与身（mind-body）、主观与客观（subject-object）等，而将"经验"作为实用主义哲学的核心。在他看来，所谓"经验"是一个具有"两套意义"的字眼，是主体和客体、物质与精神的统一体，包括经验的事物和经验的过程。与传统经验主义不同，杜威引进生物学的概念，认为经验是有机体与环境相互作用的结果，强调经验的能动性与连续性，尤其是行动和操作在认识过程中的重要性，并把这种思想广泛地运用于学校工作的理论与实践。杜威试图避免哲学上的"二元论"，没有把主观经验与自然界相等同。但他认为经验的对象是由经验的过程本身所创造的，否定了对象是客观的、独立的存在，最终走向唯心主义。

2. 社会改良主义与民主主义

社会改良主义贯穿于杜威的教育理论。他指责美国现实制度远没有使民主理想变为现实，但反对通过革命去改变整个社会，认为只能进行一点一滴的改良使之渐趋完善，并坚信"教育是社会进步及社会改革的基本方法"[4]。他看到"个人至上"或"社会至上"各自的片面性，强调社会和个人是相互关联的有机体。

在杜威看来，衡量一个社会是不是民主主义的社会有两个标准：第一，从国内来说，应以社会成员共享利益的多寡为尺度。"一个社会必须给全体成员以平等和宽厚的条件求得知识的机会，一个划分成阶级的社会，只须特别注意统治者的教育。一个流动的社会，有许多渠道把任何地方发生的变化分布出去，这样的社会，必须教育成员发展个人的首创精神和适应能力。"[5]第二，从国家之间的关系来说，优良社会应当是开放型的而非封闭型的社会，是人类相互依存、互利互惠的社会。在杜威那里，民主主义既是社会政治理想也是教育理想，民主社会与教育发展是互为条件的，教育是实现民主社会的基本工具，民主社会又是教育发展的沃土。

3. 机能主义心理学

一般把杜威在1896年发表的短文《心理学中的反射弧概念》看作是芝加哥机能主义心理学派正式建立的重要里程碑。他反对把心理分析为各个元素或各个部分，认为心理活动是一个连续的整体，主张心理学研究动作的机能，研究整个有机体对环境的适应活动。在他看来，心理活动的实质就是有机体采取一定的行动来适应环境和满足自己的需要。与此相联系，他重视本能的作用，认为儿童的能力、兴趣、需要和习惯都建立在他们的原始本能之上，儿童心理活

---

① ［美］罗伯特·威斯布鲁克著，王红欣译：《杜威与美国民主》，北京大学出版社2010年版，第ix页。
② ［美］约翰·杜威著，王承绪译：《民主主义与教育》，人民教育出版社2001年版，第348页。
③ ［美］约翰·杜威著，王承绪译：《民主主义与教育》，人民教育出版社2001年版，第351页。
④《我的教育信条》，参见［美］约翰·杜威著，赵祥麟、王承绪编译：《杜威教育论著选》，华东师范大学出版社1981年版，第11—12页。
⑤ ［美］约翰·杜威著，王承绪译：《民主主义与教育》，人民教育出版社2001年版，第98页。

动的实质是其本能的发展过程。教育者的任务就在于发现本能生长的规律，并按本能生长的不同阶段提供适当材料，使其得到不断的生长与发展。

二、论教育的本质

杜威认为，人是社会性动物，具有赖以相互维系的精神因素，必须养成共同的心理因素，而教育是有效联系和沟通的渠道。他把教育看作社会的功能和社会生活延续的工具，一切教育都是通过个人参与人类的社会意识而进行的。这个过程从人出生时就开始了，由于这种不知不觉的教育，个人便渐渐地得以分享人类积累下来的智慧和道德的财富。

"个人因素和社会因素的协调或平衡"是杜威对于教育过程本质的基本观点。在他看来，教育过程包含有机联系的两个方面：一个是心理学的，一个是社会学的。它们是平列并重的，哪一个也不能偏废。心理学方面是基础。儿童自己的本能和能力为一切教育提供了素材并指出了起点。为了正确说明儿童的能力，必须具有关于社会状况和文明状况的知识。杜威说："我相信受教育的个人是社会的个人，而社会便是许多个人的有机结合。如果从儿童身上舍去社会的因素，我们便只剩下一个抽象的东西；如果我们从社会方面舍去个人的因素，我们便只剩下一个死板的，没有生命力的集体。因此，教育必须从心理学上探索儿童的能量、兴趣和习惯开始。"[①] 儿童是教育的出发点，社会是教育的归宿点，正像两点之间形成的一条直线，"教育是一种过程"[②]。

杜威深切地意识到，由于教育在"本质上是一个使个人特性与社会目的和价值协调起来的问题"，这使得"教育是一个困难的过程"[③]，是一个需要依据时代变化与个性差异而不断重新解决和重新处理的问题。从"个人因素和社会因素的协调或平衡"出发，杜威阐述了教育本质的三个命题："教育即生长"、"教育即生活"和"教育即经验的改组或改造"。

（一）教育即生长

"教育即生长"（education as growth）是杜威的基本教育观点之一。他明确指出："教育就是各种自然倾向和能力的正常生长。"[④] 该命题的基本含义是：教育是儿童本能和能力不断生长的过程，教育者必须为儿童的生长提供必要的条件。杜威赞同卢梭教育适应自然的思想，并运用生物学的"生长"概念加以发挥，赋予其更加丰富的教育内涵。

杜威认为，儿童具有很大的依赖性和可塑性，具有从经验学习的能力。儿童的成熟要经过一定的时间，不能操之过急。教育者应尊重儿童生长的需要和时机，重视生长的过程。他批评人们把未成熟的状态看作缺乏发展，无视儿童的自然本能；把发展看作对固定环境的静止适应；把习惯视为通过训练而形成的某种僵硬的东西。这些观点在教育上的错误在于：① 不

---

① 《我的教育信条》，参见［美］约翰·杜威著，赵祥麟、王承绪编译：《杜威教育论著选》，华东师范大学出版社1981年版，第3页。

② ［美］约翰·杜威著，王承绪译：《民主主义与教育》，人民教育出版社2001年版，第351页。

③ 《芝加哥实验的理论》，参见［美］约翰·杜威著，赵祥麟、王承绪编译：《杜威教育论著选》，华东师范大学出版社1981年版，第320页。

④ ［美］约翰·杜威著，赵祥麟、任钟印、吴志宏译：《学校与社会·明日之学校》，人民教育出版社1994年版，第223页。

考虑儿童本能的或先天的能力；② 不注重发展儿童应付新情景的首创精神；③ 过分强调训练，牺牲儿童个人的理解力。这三件事都是把成人的环境作为衡量儿童的标准。

杜威认为，儿童的生长不只是一个从内部将潜能展开的过程，也不是从外部进行塑造的工作。比如儿童社交、制作、探究和艺术这四种本能的积极生长仰赖于对它们的运用，仰赖于对社会生活的参与。因此，要想使儿童正常生长，需要认真研究儿童的特点，正视其需要，提供相应的环境，使两者相互作用。总之，"现在我们的教育中正在发生的一种变革是重心的转移。这是一种变革，一场革命，一场和哥白尼把天体的中心从地球转到太阳那样的革命。在这种情况下，儿童变成了太阳，教育的各种措施围绕着这个中心旋转，儿童是中心，教育的各种措施围绕着他们而组织起来"[①]。

杜威还将"教育即生长"与民主主义理想联系在一起，认为儿童个体的充分生长不只是达到社会目的的一个手段和工具，其本身就是民主主义的要求。政府、实业、艺术、宗教和一切社会制度都有一个目的，那就是解放个人能力，向着社会生长，而不问其种族、性别、阶级或经济状况如何。

（二）教育即生活

"教育即生活"（education as life）是杜威的基本教育观点之一，其基本含义是：教育不是生活的预备，而是儿童现在生活的过程；学校课程不应借助于文字符号向儿童灌输文学、历史和地理等学科知识，而应着眼于儿童现有的生活经验；教学应从儿童现有的直接经验出发，经过经验的不断改组和改造，使儿童获得适应社会环境的能力。

首先，"教育即生活"的观点与杜威对"教育"概念的理解有关。他把广义的教育过程分为"正规的教育"（学校教育或直接教导）与"偶然的教育"（环境教育或间接教育）两个方面，认为"教育哲学必须解决的一个最重要的问题，就是要在非正规的和正规的、偶然的和有意识的教育形式之间保持恰当的平衡"[②]。杜威并不认为"教育"（education）与"学校教育"（schooling）是同义词，而是肯定社会的其他部分也具有教育潜力，而两者又各有利弊。他设想通过改革挖掘学校潜力，使其同时担负起正式教育与非正式教育的双重任务。

其次，"教育即生活"的观点还与杜威对"学校"的理解有关。他认为，学校主要是一种社会组织，是社会生活的一种形式，是生活的过程，而非将来生活的预备。他批评美国学校教育与社会生活和儿童生活相脱离，造成教育中的巨大浪费。杜威提出"教育即生活"的主要目的在于消除上述双重的"隔离"状态，实现这一目的的主要途径是使学校社会化。应使学校成为社会生活的一种形式。学校必须呈现、净化和简化现实的社会生活。教育是促进社会进步及社会改革的基本方法，理想的学校应起到调节个人和社会的作用。

再次，使教育成为儿童眼下的现实生活的重要途径是改革教材和教法。杜威强调教材和教法的统一，认为使儿童认识社会遗产的唯一方法是亲身实践。他批评传统教育消极对待儿童，

---

① ［美］约翰·杜威著，赵祥麟、任钟印、吴志宏译：《学校与社会·明日之学校》，人民教育出版社1994年版，第44页。
② ［美］约翰·杜威著，王承绪译：《民主主义与教育》，人民教育出版社2001年版，第14页。

机械地使儿童集合在一起，课程和教法划一，造成学校与生活的隔离，使儿童在学校不能完全自由地运用其在校外所得的经验，不能将学校所学知识应用于日常生活。在杜威看来，学校科目相互联系的中心不是学科而是儿童本身的社会活动，其方法是提供过去由家庭负责的那些教育因素，把各种不同形式的主动作业，如烹调、缝纫、木工等引进学校，"使人们乐于从生活本身学习，并乐于把生活条件造成一种境界，使人人在生活过程中学习，这就是学校教育的最好产物"①。

（三）教育即经验的改组或改造

"教育即经验的继续不断的改组或改造"（education is a constant reorganizing or reconstruction of experience）是杜威的基本教育观点之一。他指出："生长的理想归结为这样的观点，即教育是经验的继续不断的改组或改造。"②从实用主义经验论的角度来看，教育过程即是个人亲身经验不断改造和重组的过程；通过新的经验和原有的经验的结合，达到对经验的改组和改造，就增加了经验的意义；一切教育存在于这种经验之中，经验的改组和改造有助于人们更好地适应环境。

杜威虽然强调"这种经验往往是一些个人的实际生活经验"③，但并非所有的经验都具有教育的价值。衡量一个经验是否具有教育意义和价值的两个基本标准是"连续性"和"交互作用"。

"连续性"原则的含义是：经验作为一个活动过程，后面的结果揭露前面结果的意义，形成一种倾向性或习惯，进而影响到后来的经验的性质。同时，每一种经验在一定程度上都影响到获得更多经验的客观条件。比如，儿童在一种情境中学到的知识和技能，成为有效了解和处理后来情境的工具。所有这种继续不断的经验或活动是有教育作用的，一切教育存在于这种经验之中。

"交互作用"的原则赋予经验的两个因素，即客观的条件和内在的条件以同等权利。为此，杜威认为，教育者应关心有机体与环境相互作用的种种情境，包括个人内在因素和个人交互作用的各种资料，最主要的是个人所参与的情境中的整个社会背景。

杜威关于教育本质的三个论点具有重要意义。首先，这些观点是杜威改革旧教育的纲领。他抨击当时的学校教育与社会生活、儿童生活相脱离的弊端并试图予以克服，使学校教育成为实现民主社会理想的重要杠杆。其次，杜威从不同的侧面探讨教育、社会与受教育个体发展之间的相互关系，力图克服社会本位和个体本位的片面性。再次，杜威力图把教育的社会功能与个体发展功能统一起来，把社会活动视为协调两者的重要手段，有助于消除学校教育与儿童生活、社会生活相隔离的状况。最后，杜威对于教育本质的表述不够科学。例如，"教育即生长"给人以重视个体的生物性而回避社会性的印象，并且生长有方向、方式之异，有好坏优劣之别，因此，仅说"教育即生长"是不严谨的；又如"教育即生活"的表述过于简

---

① ［美］约翰·杜威著，王承绪译：《民主主义与教育》，人民教育出版社2001年版，第59—60页。
② ［美］约翰·杜威著，王承绪译：《民主主义与教育》，人民教育出版社2001年版，第86页。
③ ［美］约翰·杜威著，姜文闵译：《我们怎样思维·经验与教育》，人民教育出版社1981年版，第304页。

要，容易使人在理解上产生歧义。"学校即社会"的提法也被质疑抹杀了学校与社会的本质区别。

三、教育目的论

由于语言的晦涩和思想的复杂等原因，杜威的教育目的论（aims in education）成为长久以来困惑研究者的难题之一，人们甚至认为他是"教育无目的论"者。他关于教育目的的典型表述有："因为生长是生活的特征，所以教育就是不断生长；在它自身以外，没有别的目的。"他区分了"教育过程内部的目的"和"从教育过程以外提出的目的"；"教育本身并无目的。只是人，即家长和教师等才有目的"[①]。实际上，杜威的教育无目的论乃是对脱离儿童而由成人决定教育目的的旧教育的纠正，并非放弃教育目的。在他的心目中，教育是有目的的。

杜威认为，生长、生活和经验改造绝非放任自流，而是循序渐进的积极发展的过程，教育目的就存在于这个过程之中。第一，真正的目的乃是儿童所能预见的奋斗目标，能使他们主动、专心致志地学习；第二，真正的目的含有理性因素，善于适应环境变化，因而具有实验的性质。生长和生活永无止境，因而也没有最后的目的。杜威批评了当时流行的各种教育目的论，以反衬教育无目的论的正确性。① 批评卢梭以发展天性作为教育目的，认为像卢梭那样不顾社会而率性发展是片面的。② 批评把实现社会效能作为教育目的的教育家，认为他们或使受教育者胜任职业的要求，或使受教育者成为公民或士兵。③ 批评将提升文化或精神修养作为教育目的，认为这是特殊阶级脱离生产而崇尚心灵享受的产物，带有贵族偏见。

杜威充分地肯定卢梭将自然发展作为教育目的的合理性：使人特别注意儿童的身体器官和健康的需要；尊重身体活动；关心儿童的个别差异。而卢梭的错误是把儿童发展的条件当作发展的目的。在杜威看来，"人类原始冲动本身既不是善的，也不是恶的，原始冲动或善或恶，就看我们怎样使用它们"[②]。他肯定了将社会效能作为教育目的有其可取性，但一般人在理解上往往出现偏颇。上述缺点只有在民主社会才能被克服。在民主社会里，人民是自由民主的，这使得从教育历程内部制定教育目的成为可能。

杜威心目中的教育目的是"民主的生活方式"和"科学的思想方法"。他将社会需要作为教育的归宿点，提出教育应朝着民主社会的要求，引导儿童生活、生长和经验的改造，从而使新生一代符合和满足民主社会的期望。他希望"解放儿童能力朝着社会目的向前生长"。杜威论述了教育所要培养的人的品质，包括具有良好的公民素质，具有民主理想和参与民主政治生活的能力；掌握科学思维的方法，具有解决实际问题的能力，能适应迅速变化的现代社会；具有良好的道德品质，有合作意识，能处理好个人与社会的关系；具有一定的职业素养，能通过从事某种职业发展个人才能并为社会尽力。杜威的培养目标反映了美国社会民主化、工业化对教育的客观要求，是其社会政治理想——民主主义社会——的逻辑结果。

---

① 参见［美］约翰·杜威著，王承绪译：《民主主义与教育》，人民教育出版社2001年版，第61—62、107—108、111、118页。

② ［美］约翰·杜威著，王承绪译：《民主主义与教育》，人民教育出版社2001年版，第126—127页。

四、教学论

（一）做中学

杜威从经验论和机能心理学出发，认为"人们最初的知识，最根深蒂固地保持的知识，是关于怎样做的知识"[①]。原始的或最初的教材总是一种主动的行动，包括身体的运用和材料的处理，教育的最根本的基础在于儿童的活动能力。使儿童认识到其社会遗产的唯一方法是让他去实践，使他从事那些使文明成其为文明的主要的典型的活动。如果承认教育的自然的发展进程，就总是从包含着"做中学"（1earning by doing）的那些情境开始。杜威认为，儿童在未进学校以前所学的东西与其生活有直接联系，为自然的学校教育方法提供了线索。儿童不是通过阅读书本或倾听关于火或食物性质的说明，而是自己做这些事情。杜威相信：采用与儿童获得最初经验尽可能相类似的方法来扩大儿童的经验，可以大大提高教学效果。

应当注意的是，杜威的"做中学"方法可能只适合于4—8岁的儿童。他在《民主主义与教育》中将儿童和青少年的学习分为三个层次：4—8岁的儿童可以通过活动和工作来学习，方法是做中学，即从直接经验中学习；8—12岁为自由注意学习阶段，可以学习间接知识，但仍需要融合在直接知识之中；12岁以后属于反省注意学习阶段，学生从此开始掌握系统性和理论性的科学知识或事物的规律，并且学习科学思维的方法。

（二）课程与教材

杜威对传统教学提出批评意见：其一，从课堂组织形式来说，是"静听"的教学，使儿童处于被动的、吸收的状态，很少给儿童进行活动的余地。其二，课程与教材的内容缺乏整体性和社会性。分门别类的学科只考虑本身的逻辑体系，没有顾及儿童生活和经验的连续性和统一性，也没有与社会生活相联系。

为了消除上述弊端，杜威提出应把儿童本身的社会活动，而不是把科学、文学、历史、地理等作为学校科目相互联系的真正中心。应将烹饪、缝纫和手工等引进学校。"从做中学并不是指用手工来代替课本的学习。"[②]这些科目不是附加在文学、历史等之外作为一种娱乐、休息的手段，或者作为次要技能的特殊科目而提出的。杜威的意图是希望把这些手工活动作为一种媒介，把儿童引入更正式的课程中，这样就可以抓住儿童的注意力和兴趣。教师和书本不再是唯一的导师，手、眼睛、耳朵，实际上整个身体都成了知识的源泉，而教师和教科书则分别成为发起者和检验者。

杜威意识到，以"做中学"为原则的课程与教材的关键问题，是有必要把经验的逻辑方面和心理方面区别开来并联系起来，亦即使教材心理化。一方面，把逻辑性的、间接经验性的书本知识直接经验化；另一方面，把儿童的直接经验加以组织，使其系统化、抽象化。但杜威的结论是悲观的："要解决这个问题是非常困难的，我们并没有解决好；这个问题现在还没有解

[①] ［美］约翰·杜威著，王承绪译：《民主主义与教育》，人民教育出版社2001年版，第201页。
[②] ［美］约翰·杜威著，赵祥麟、任钟印、吴志宏译：《学校与社会·明日之学校》，人民教育出版社1994年版，第261页。

决，而且永远不可能彻底解决。"①

（三）教学五步骤

"好的教学必须唤起思维"，这是杜威关于教学方法的一个根本性指导思想。他认为，虽然在理论上没有人怀疑在学校中培养学生优良思维习惯的重要性，但在实践上却不如在理论上那么被真正承认和认识。在各个不同的教学目的之间，整个教学被割裂为技能的获得、知识的掌握和思维的训练。结果是三个目的都不能有效地达到。

杜威认为："思维就是明智的学习方法，这种学习要使用心智，也使心智获得酬报。我们说思维的方法，这话固然不错，但是关于方法重要的是要牢记，思维也就是方法，就是在思维的过程中明智的经验的方法。"②传统观念往往把经验局限于感官、欲望或纯粹的物质世界，而把思维看作出自高级的官能（理智），是用于属于精神或至少属于书本方面的东西，从而割裂了两者之间的内在联系。杜威则认为，想要激发学生的思维，不能单纯学习一些文字，而必须提供引起学生思维的情境，即返回到校外日常生活中去，有更多的实际材料和更多的做事情的机会。总之，"思维就是有教育意义的经验的方法。因此，教学法的要素和思维的要素是相同的"③。

根据上述观点，杜威认为，教学步骤必须依据思维步骤。他把思维的过程分为五个步骤（five steps）：疑难的境地（problem）；指出疑难点所在的位置（data collection）；提出解决问题的假设（hypothesis）；推断哪一种假设能解决问题（testing）；在行动中检验假设（confirmation）。④根据思维的五个步骤，杜威提出了教学的五个步骤或五个要素："第一，学生要有一个真实的经验的情境——要有一个对活动本身感到兴趣的连续的活动；第二，在这个情境内部产生一个真实的问题，作为思维的刺激物；第三，他要占有知识资料，从事必要的观察，对付这个问题；第四，他必须负责有条不紊地展开他所想出的解决问题的方法；第五，他要有机会和需要通过应用检验他的观念，使这些观念意义明确，并且让他自己发现它们是否有效。"⑤杜威提出的教学五步骤也被称为"五步教学法"或"杜威教学法"。

杜威的教学论思想在教育史上具有重要的意义。他以"做中学"为原则的教学论体系对传统的教学观念产生了强有力的挑战和冲击。杜威继承洛克、卢梭、裴斯泰洛齐和福禄培尔等人重视劳动教育、手工教育、直观教学和儿童亲身经验的思想，设计了以学生直接经验为主的活动课程，"活动"（activity）成为杜威的关键词。⑥杜威要求满足学生获取直接经验的需要并反映社会生活的需要；注意到学生心理发展顺序对教材内容的逻辑顺序的制约；自主的学习活动的重要性，认为教学过程应反映人类获得知识的过程；重视教学过程中的一些非智力因素，

① 《芝加哥实验的理论》，参见［美］约翰·杜威著，赵祥麟、王承绪编译：《杜威教育论著选》，华东师范大学出版社1981年版，第323页。
② ［美］约翰·杜威著，王承绪译：《民主主义与教育》，人民教育出版社2001年版，第167—168页。
③ ［美］约翰·杜威著，王承绪译：《民主主义与教育》，人民教育出版社2001年版，第179页。
④ James Bowen. *A History of Western Education, Volume Three*. New York: Methuen & Co. Ltd, 1981: 421.
⑤ ［美］约翰·杜威著，王承绪译：《民主主义与教育》，人民教育出版社2001年版，第179页。
⑥ James Bowen. *A History of Western Education, Volume Three*. New York: Methuen & Co. Ltd, 1981: 425.

如兴趣和爱好等，这些都有一定的合理性。但杜威受其经验学说和历史条件的限制，没能处理好教学过程中的一些基本矛盾，如传授系统的科学文化知识与丰富儿童的感性知识的关系，传授知识与发展智力的关系，以及间接经验与直接经验的关系。问题的症结可能在于，杜威忽视了教学过程中学生认识的特点，而把学生的学习过程与科学家的研究过程相等同。

五、论道德教育

（一）道德教育观

在伦理学中，杜威认为有用就是善。一般的、永恒的、普遍的、超越经验的道德和神学是没有意义的。他引用古话说："一个人光做好人还不够，他还必须做一个有用的好人。所谓做一个有用的好人，就是他能生活得像一个有用的社会成员，在和别人的共同生活中，他对社会的贡献和他所得到的好处能保持平衡。"[①]在杜威看来，道德是民主社会最基本和最宝贵的柱石；道德过程和教育过程是同一的。广义地说，道德教育就是教育。

杜威批评了一些流行道德观念的二元论倾向。其一，把活动的过程划分为内部因素和外部因素或精神因素和身体因素，将行为的动机和后果截然分开，将性格和行为截然分开。其二，把义务和兴趣对立起来，将按原则行动和按兴趣行动对立起来，前者是无私行动，后者是只顾个人私利的行动。其三，把智力和性格对立起来，一是把道德和理性等同起来，二是低估具体的、通常的智慧，认为道德和平常知识无关。"如果我们把发展性格作为最高的目的，同时又把必然占学校主要时间的获得知识和发展理解力看作和性格无关，那么学校的道德教育就是没有希望的。"[②]

杜威一再强调，学校缺乏养成渗透一切社会精神的条件，这是有效的道德训练的大敌。衡量学校行政、课程和教学方法的价值的标准就是它们被社会精神鼓舞的程度。学校本身必须是一种社会生活，使学生在和别人的共同工作和游戏中受到道德教育。同时，校内学习应与校外学习连接起来，在两者之间应有相互影响，避免隔阂式的退隐生活。学校与社会隔离，学校里的知识就不能应用于生活，因此也无益于品德。

（二）德育的实施

杜威认为，学校孤立地通过修身课或公民课向学生灌输道德格言和训诫是迂腐可笑的，其结果是"道德教育不可避免地成为一种教义问答的教学，或者成为'关于道德'的课"，即别人有关德行和义务的想法的课。[③]

杜威主张：第一，学校要布置活生生的社会环境，使儿童通过在这种环境中的生活来理解与人相处之道，形成善良的习惯和态度，从做一个好公民中学习公民学。第二，重视"教育性教学"。他在《德育原理》中指出："道德的目的是各科教学的共同的和首要的目的。知道如

---

① ［美］约翰·杜威著，王承绪译：《民主主义与教育》，人民教育出版社2001年版，第378页。
② ［美］约翰·杜威著，王承绪译：《民主主义与教育》，人民教育出版社2001年版，第372页。
③ ［美］约翰·杜威著，王承绪译：《民主主义与教育》，人民教育出版社2001年版，第372页。

何把表现道德价值的社会标准加到教材上是十分重要的。"①教学必须联系社会生活才能使学生从中受到启发，理解人与人的关系才能理解人对社会应有的责任。第三，把学校的现实生活、教材和教法称为学校德育的"三位一体"。最主要的是抓住学生的感情反应，培养学生乐善好施的精神力量。儿童有行善的本能冲动，教育者要因势利导，使儿童发自内心地喜欢做善人、行善事，而不是为了得到教师的表扬或猎取奖品等外在动机才行善。

六、地位与影响

"尽管有争议，约翰·杜威仍然可以被认为是最伟大的美国哲学家。说杜威是一位美国哲学家并不仅仅是在陈述一个地理上的事实，杜威的哲学确实具有一些鲜明的'美国性'……杜威被尊为'美国民主主义的哲学家'……'美国人民的领路人、导师和良心'……整整一代人都是因杜威而得以启蒙的……因为他的存在，数百万美国儿童的生活才更加丰富、更加幸福。而对每一个成年人来说，他则提供了一种经过深思熟虑的、合理的生活信仰。"②但批评家们认为，在杜威的哲学中存在着对科学技术的危险的沉迷以及对绝对民主的激进幻想。在冷战时代，有人批评"杜威使美国丧失了前途，并极大地削弱了美国在国内外的领导潜力"③。

杜威的教育理论产生于美国社会发生重大变化的历史时期。他从社会改良主义的立场出发，试图通过改革使教育积极适应美国社会经济、政治和文化教育发展的需要。杜威全面深入地探讨了与教育相关联的一系列问题，建构起现代西方最庞大、最完整的教育理论体系。他用辩证观点看待古今教育中所面临的各种两难问题，尽可能把对立双方统一起来。在诸如个人本位与社会本位、教师中心与儿童中心、活动课程与学科课程、正式教育与偶然教育、自由与纪律、兴趣与努力、个人经验与种族经验、科学逻辑与心理逻辑、游戏与工作、学生主动性与教师主动性以及目前需要与长远目标等问题上，杜威摆脱了非此即彼的形而上学的思维模式，论证了二元论问题的内在联系。但受其世界观的局限，杜威不可能对所有这些问题都给予完全正确的答复，许多争论实际上是人类教育发展的永恒主题，是教育研究者和教育实践工作需要不断予以探讨和解决的。但他在一定程度上揭示了教育发展的一些重要规律，给后人以有益的启发。杜威教育理论在20世纪的东西方社会都具有深远的影响，他去过日本、中国、土耳其、墨西哥和苏联访问，他的许多教育著作被译成多种文字广为流传。

第二节　蒙台梭利

在20世纪20—30年代，蒙台梭利是欧洲进步教育运动的主要阐释者，被视为"科学的和进步的教育家"④。她是继福禄培尔之后的一位世界著名的幼儿教育家，毕生致力于探索"科

---

① ［美］约翰·杜威著，王承绪译：《民主主义与教育》，人民教育出版社2001年版，第32页。

② ［美］罗伯特·B·塔利斯著，彭国华译：《杜威》，中华书局2002年版，第12页。

③ 转引［美］罗伯特·B·塔利斯著，彭国华译：《杜威》，中华书局2002年版，第2页。

④ James Bowen. *A History of Western Education, Volume Three.* New York: Methuen & Co. Ltd, 1981: 394.

学的教育学"，创办了"儿童之家"，创立了独特的幼儿教育方法，并通过撰写教育理论著作和开办国际训练班等方式传播自己的教育方法，促进了现代幼儿教育的改革和发展。她的教育方法对当代世界各国的学前教育发展仍有重要的影响。

一、生平和教育活动

蒙台梭利出生于意大利安科纳省基亚拉瓦镇一位军人的家庭。中学毕业后，她不顾社会舆论和父亲的反对，进入罗马大学医学院学习，1896年毕业后，她成为意大利历史上第一位女医学博士。不久，蒙台梭利任罗马大学附属精神病诊所的医生。她受到冯特（Wilhelm Wundt, 1832—1920）和比纳特的影响。因治疗低能儿童的需要，她研究了法国心理学家伊塔（J. M. G. Itard）和塞贡（E. Seguin）的教育方法。她还阅读了夸美纽斯、洛克、卢梭、裴斯泰洛齐和福禄培尔的著作。[①] 1898年，她在都灵召开的教育会议上发表演讲，认为儿童智力低下主要是教育问题而不是医学问题。同年，她被任命为设在罗马的国立精神治疗学院院长（1898—1900），继承并发展了伊塔和塞贡的教育方法，制作了许多教具教育低能儿童，获得了很大成功。

当人们赞扬蒙台梭利教育低能儿童所取得的进步时，她进一步研究了公立学校儿童智力水平低下的原因，发现智力缺陷儿童的心理水平低于一般的同龄正常儿童，但与年龄更小的正常儿童有某些相似之处，遂决定致力于正常儿童教育研究。1901年，蒙台梭利离开国立精神治疗学院再次到罗马大学深造。她在哲学系专修了当时一些大学刚开设的实验心理学课程，并在小学进行教育人类学研究，这项研究使她后来得以在罗马大学讲授教育人类学。

蒙台梭利很早就想在小学低年级正常儿童中实验缺陷儿童的教育方法。1906年，罗马住宅改善协会在圣罗佐区为穷人修建了两栋平民公寓，聘请蒙台梭利担任公寓幼儿教育机构的组织工作。她于1907年在公寓内创办了"儿童之家"（Children's House），把教育缺陷儿童的方法加以修改后用于幼儿园年龄的正常儿童，再次获得成功。

1909年，蒙台梭利在《适用于儿童之家的幼儿教育的科学教育方法》（*The Montessori Method: Scientific Pedagogy as Applied to Child Education in the "Children's Houses"*）一书中总结了"儿童之家"的教育经验，全面介绍了自己的教育方法。该书的英译本将书名简化为《蒙台梭利方法》（*The Montessori Method*）。全书共23章。第1章阐述了新教育学与现代科学的关系；第2章回顾了低能儿童教育方法的历史；第3—23章，全面介绍了"儿童之家"，包括原则、方法、纪律、授课方法、儿童饮食、音乐教育、农业劳动、手工劳动、感官教育、智育、读写算的教授法、宗教教育和教师的任务等。该书出版后很快被译成20多种文字在世界上广为流传，慕名前往罗马的参观者络绎不绝。

1911年，蒙台梭利离开"儿童之家"。为传播自己的思想和方法，促进世界各国幼儿教育方法的改革，她先后在意大利、美国、英国、法国、荷兰、西班牙、奥地利、斯里兰卡、巴基斯坦和印度等国开办国际训练班。1929年，蒙台梭利任在丹麦成立的"国际蒙台梭利协会"的

---

① James Bowen. *A History of Western Education, Volume Three.* New York: Methuen & Co. Ltd, 1981: 395—396.

会长，此后连任9届大会主席。她努力把"科学的教育方法"应用于教育的各个阶段，在新生儿和青春期研究方面取得了许多成果。战后，年迈的蒙台梭利奔波于各国开展巡回演讲，指导教育工作，呼吁通过教育改造世界，促进世界和平。

蒙台梭利的其他教育著作有：《蒙台梭利手册》（*Dr Montessonri's Ovon Handbook*，1914）、《高级蒙台梭利方法》（*The Advanced Montessri Method*，1917）、《童年的秘密》（*The Secret of Childhood*，1936）、《新世界的教育》（1946）、《儿童的发现》（1948）、《有吸收力的心理》（1949）和《童年的教育》（1949）等。

在《童年的秘密》一书中，蒙台梭利考察了人类社会从远古到20世纪初对儿童的生长与教育所负的责任，认为人类社会的文明虽已向前发展，但在对待儿童的问题上仍蒙昧无知。家庭仅给予孩子以生命，学校教育以成人为模范来改造儿童，"教育"一词几乎成为惩罚的同义语，使儿童身心倍受摧残；呼吁全社会了解儿童和关心儿童，承认儿童的社会权利，为儿童建设世界；家长须接受正确保护婴幼儿健康所必需的教导；学校须根据儿童的天性活动采取相应的教育方法等。

二、儿童发展与教育

蒙台梭利的儿童发展观受到伊塔和塞贡的深刻影响。她还利用当时生物学（尤其是胚胎学）、心理学和生命哲学等方面的研究成果，结合自身的长期观察和实验所获得的第一手资料，力图科学阐明儿童发展的特征，并揭示其在教育上的意义。蒙台梭利指责传统教育不了解儿童的本性，忽视儿童的精神需要，使"教育"成为灌输和惩罚的同义语。在她看来，任何教育改革都必须依据人的天性，必须认真研究儿童，了解儿童的身心发展规律。

（一）论遗传和环境对儿童心理发展的影响

蒙台梭利的相关思想有一个发展的过程。早期，她倾向于强调遗传的作用，认为儿童的成长是由于内部潜在的生命的发展，生命的胚胎按照遗传决定的生物学规律发育，内部因素是物种变异和个体变异的基本力量，"环境是生命现象的第二因素，它可以促进和阻碍生命的发展，但决不能创造生命"[1]。后期，蒙台梭利依据心理学研究的新成果修正或完善了先前的观点，倾向于强调环境的主导作用，关注有机体与环境之间的相互作用，认为"只有通过对环境进行的自由活动所得的经验才能完成"[2]。

蒙台梭利不同意格塞尔（A. Gesell）关于儿童智力水平与身体发展成正比的一元论学说，认为儿童的成长虽然受到自然法则的影响，但伊塔教育"阿维龙野孩"的事例说明，"我们若在一个远离人烟、与世隔绝的地方将孩子养大成人，只给他们物质食粮，别的什么也不给，那么孩子的身体发育会是正常的，而大脑的发育却受到严重损伤"[3]。

---

[1] ［意］蒙台梭利著，任代文主译校：《蒙台梭利幼儿教育科学方法》，人民教育出版社1993年版，第120页。
[2] ［意］蒙台梭利著，任代文主译校：《蒙台梭利幼儿教育科学方法》，人民教育出版社1993年版，第410—411页。
[3] ［意］蒙台梭利著，任代文主译校：《蒙台梭利幼儿教育科学方法》，人民教育出版社1993年版，第409页。

（二）儿童心理发展的特征与教育

1. 心理胚胎期与外界环境

蒙台梭利认为，人似乎有两个胚胎期，一个是生理胚胎期，是在出生之前，与动物相同；另一个是心理胚胎期，是出生以后至3岁的儿童所特有的。从心理学上讲，婴儿在出生时空空如也，他所获得的任何能力都非遗传所得。经过吸取外界的刺激和信息，积累材料，儿童形成了许多感受点和心理所需要的器官，然后才产生心理。

2. 吸收心理与教育方式

蒙台梭利认为，在各个物种中甚至在昆虫中都存在着一种无意识心理，驱使生物主动地吸收外界的养料以满足自己生长的需要。儿童亦不例外。在生命潜能的驱使下，儿童天生具有一种"吸收"文化的心理，能进行自我教育。"实际上，当一个新的生命诞生时，它自身包含了神秘的主导本能，这将是它的活动、特征和适应环境能力的源泉，总之，它对外部环境产生作用。"[①]

在蒙台梭利看来，"这一发现给教育界带来了一场革命"。其一，不再把儿童视为弱小的生物，而是赋予儿童一种巨大的创造能力，他们正在进行着创造性的活动。其二，这种能力属于无意识心理，只有通过活动和生活经验才能变为意识。"教育并非教师教的过程，而是人的本能发展的一种自然过程。不是通过听，而是依靠儿童作用于环境获得的经验。教师的任务不是讲解，而是在为儿童设置的特殊环境中预备和安排一系列有目的的文化活动主题。"[②]"儿童教育所要求的第一件事就是为儿童提供一个能够发挥大自然赋予的力量的环境。"[③]

3. 发展的敏感期与教育时机

受荷兰生物学家弗雷斯（Hugo de Vries）的影响，蒙台梭利认为儿童与各类生物一样，在发展过程中对特殊环境刺激有一定的敏感期，并与一定的生长阶段相适应。某种敏感期的出现会驱使儿童长时间重复某种练习，最终能自如地对付其特殊敏感性所涉及的事物。根据对儿童的观察与实验，蒙台梭利试图区分儿童发展过程中的不同敏感期，如儿童从出生到6岁是感觉发展的敏感期；2岁到4岁左右是秩序的敏感期；出生到6岁是语言的敏感期；出生到6岁是动作的敏感期。儿童通过各个敏感期及不同活动的交替进行，逐渐形成自己的个性。

蒙台梭利关于敏感期的定义和描述是模糊而不具体的，但却有重要的意义。首先，"敏感期这种观念带来了一种对待儿童的新方式"[④]。她充分肯定了幼年期在人的发展过程中的价值，为早期教育的重要性找到了科学依据。其次，她提出了教育和学习的最佳时机问题，预见并激起研究儿童学习准备状态的兴趣。这些问题后来成为教育心理学家研究的主要课题，并成为教

---

① 单中惠、钟文芳、李爱萍、原青林、王晓宇编译：《蒙台梭利幼儿教育著作精选》，华东师范大学出版社2009年版，第129页。

② ［意］蒙台梭利著，任代文主译校：《蒙台梭利幼儿教育科学方法》，人民教育出版社1993年版，第327页。

③ ［意］蒙台梭利著，任代文主译校：《蒙台梭利幼儿教育科学方法》，人民教育出版社1993年版，第405页。

④ 单中惠、钟文芳、李爱萍、原青林、王晓宇编译：《蒙台梭利幼儿教育著作精选》，华东师范大学出版社2009年版，第152页。

学法的重要基础。

4. 发展的阶段性与教育重点

以当时的心理学研究成果为依据，蒙台梭利研究了儿童发展的阶段性及其特征和各阶段教育的重点。第一个时期（出生至6岁）是儿童个性形成的最重要时期。其中，头3年是心理的胚胎期，儿童不能接受成人的任何直接影响。后3年是儿童个性的形成期，保持相同的心理类型，开始在某些方面能够接受成人影响。第二个时期（6—12岁）儿童成长的特点是稳定性，开始具有抽象思维能力，产生道德意识和社会感。这是儿童增长学识和艺术才能的时期。教育的重点由感觉练习转向抽象的智力活动。第三个时期（12—18岁）是青春期。这一时期变化之大使人回想起第一个时期。它又可分成两段：12—15岁和15—18岁。这一时期人的身体达到完全成熟，有理想、爱国心和荣誉感，能根据自己的兴趣探索事物，可对其进行类似成人那样的宣传教育。

综上所述，蒙台梭利把儿童的发展解释为在先天因素与环境相互作用过程中生命潜力的不断展现，并揭示了这个过程的动态性、节律性和阶段性特征，强调主体的能动性在发展过程中的作用，主张根据儿童发展的阶段性特征采取相应的教育方式。这些思想不仅在当时具有革新意义，而且至今仍有其合理性。但蒙台梭利受其宗教世界观和科学发展水平的限制，有把儿童生命本能作用夸大和神秘化的倾向，过高估计儿童的自塑能力，并把这种能力视为某种先天的东西。

三、论教育的功能与目的

（一）论教育的功能

蒙台梭利把教育视为促进人类文明的一条重要途径，视为实现社会重建和拯救人类的最佳手段。"要想帮助和拯救世界只能依靠儿童，因为儿童是人类的创造者。儿童被赋予各种未知的能力，这些能力能够引导我们走向一个光辉灿烂的未来。如果我们确实渴望一个新世界，那么教育就必须把发展这些潜在的可能性作为它的目标。"[①]蒙台梭利认为，社会必须关心儿童，承认其权利，满足其需要。父母必须承担起自己的责任，社会要给予必要的指导。一方面，社会必须给予教育以物质上和精神上的帮助；另一方面，教育也应通过其自身进步所取得的利益慷慨地回报社会。

（二）论教育的目的

蒙台梭利认为教育具有双重目的："一是生物学的目的，二是社会学方面的目的。从生物学上讲，我们希望教育能够帮助个体自然地发展；从社会学上看，我们教育的目的是培养个人适应环境。"[②]在儿童个性形成的时期（婴幼儿时期），主要应促进儿童身心的自然发展。而在急速发展时期过后，应更多注意社会学的目的，即使人能适应环境。蒙台梭利希望用自己的新

[①] ［意］蒙台梭利著，任代文主译校：《蒙台梭利幼儿教育科学方法》，人民教育出版社1993年版，第324页。

[②] ［意］蒙台梭利著，任代文主译校：《蒙台梭利幼儿教育科学方法》，人民教育出版社1993年版，第200页。

方法培养品质优异的人，他们将成为有能力、有条件保持我们科学进步和文明发展的强有力的新一代，通过他们的努力可以出现新的、更美好的世界。她将新式教育视为一场"和平革命"，一场非暴力的、不流一滴血的、最终将暴力完全排除在外的革命。这是人类新的光明和希望之所在。

（三）设立"儿童之家"的意义

蒙台梭利认为，最重要的生活时期不是大学学习阶段，而是自出生至6岁这个性格形成的重要时期。所有的社会和道德习惯都在幼儿期形成，并且不可能全部根除掉。她批评了当时学前教育的落后状况，认为"儿童之家"的设立有助于加深学校与家长的联系，有助于妇女外出工作，使家庭教育向社会化方向迈出第一步。"儿童之家"的设立还有"纯教育意义"，它能根据儿童的年龄特点进行教育，为儿童的自然发展提供适宜的环境，促进其身心的协调发展。

蒙台梭利把儿童的发展同社会的发展紧密地联系起来，希望通过人的生理和心理的完善使新世界从旧世界中缓慢地产生出来，通过革新教育的方法防止革命和战争，实现世界和平。她重视学前儿童教育，深刻地揭示了"儿童之家"在社会发展和儿童发展中的重要意义，引起了社会对学前儿童教育改革的关注，促进了学前社会教育的发展。

四、论自由、纪律与工作

自由活动是蒙台梭利教育方法的重要特征之一。她指出："科学的教育学的基本原则应该是学生自由的原则——这一原则允许个性发展，允许儿童天性的自发表现。如果新的教育科学产生于个性研究，那么这种研究就必须从事于对自由儿童的观察。"[①]"这种'自由'是我所提倡的教育体系的不可动摇的基础。"[②]

（一）论教育学上的自由概念

蒙台梭利认为，在卢梭时代，人们曾为儿童的自由而呼吁，但往往把社会自由概念与教育自由概念相等同。在她看来，为教育学上的自由概念奠定科学基础的是19世纪的生物学。她说："从生物学观点看，幼儿早期教育的自由概念必须理解为：他们的环境必须适合幼儿个性的最有利的发展。"[③]一方面，为照顾儿童的个别差异必须个别施教，其前提是观察了解儿童。儿童只有在自由活动中才能表现自己的个性；另一方面，在生命的最初几年，儿童有一种内在的敏感性为精神发展所必需，而错误的引导或压抑的教育会使之消失。因此，不要干涉儿童的努力，"自由的本能"会引导儿童克服一切障碍，不断从胜利走向胜利。

蒙台梭利把固定的桌椅、物质奖励和惩罚等控制学生的方法称作"损害肉体和精神的工具"，把"活动"看作实现儿童自由的关键，自由就是活动。心理发展总是借助于在环境体验

---

① ［意］蒙台梭利著，任代文主译校：《蒙台梭利幼儿教育科学方法》，人民教育出版社1993年版，第68页。
② ［意］蒙台梭利著，任代文主译校：《蒙台梭利幼儿教育科学方法》，人民教育出版社1993年版，第597页。
③ ［意］蒙台梭利著，任代文主译校：《蒙台梭利幼儿教育科学方法》，人民教育出版社1993年版，第120页。

的过程中进行的各种活动，幼儿是通过某些含有动作的活动来吸收知识的，只有凭借自发的行为活动才能进行学习。蒙台梭利认为，为儿童提供自由活动的场所将有助于儿童自我训练和自我发展。她在"儿童之家"精心创造了一个特殊世界，每一样东西的大小都与幼儿的身材相称，轻巧、美观和富有吸引力。儿童可以自由走动，随意取用。人们称她的做法是"教育观念的惊人革新"。

（二）协调自由与纪律的"工作"

在人们的想象中，实施自由教育的"儿童之家"里肯定是乱哄哄的。但他们前往罗马参观时，看到的却是每个孩子在认真地从事自己所选择的活动，到处秩序井然。这使得参观者感动得热泪盈眶。蒙台梭利究竟是怎样成功地使自由与纪律协调起来的呢？她指出："自由与纪律如同一枚徽章的两个面，因为科学的自由会导致纪律。"[1] 自由不等于放任或为所欲为，当儿童尚未发展起控制能力时，"让儿童想干什么就干什么"是与自由观念相违背的。

蒙台梭利指出，"儿童之家"的纪律是一种积极的、工作的纪律，而非静止不动的、被动的和屈从的纪律，不是靠命令、说教和惩戒性措施所得到的，而是通过自发工作和开展活动的方式建立起来的。良好纪律的形成需要经过一系列成套的动做准备，有三个重要步骤：第一，使孩子们在思想上分清好坏，不要混淆"好"与"不动"，不要将"坏"与"活动"相等同，而旧式纪律常将它们混为一谈；第二，自由选择有趣的工作是形成纪律的关键环节；第三，用"肃静课"来巩固所取得的纪律。

蒙台梭利认为，"真正纪律的第一道曙光来自工作"[2]。"儿童只有靠环境经验才能得到充分的发育。我们称这种经验为'工作'。"[3] 儿童的"工作欲"是生命本能的表现，自由选择有趣的工作能满足儿童的内在需要，为儿童提供"活动动机"。"当儿童将其注意集中于他感兴趣的、不仅为他提供有益的练习而且提供错误的控制的某种物体时，纪律也就产生了。"[4] 这样，合理组织儿童工作的自由原则代替了教师的批评和说教。儿童的精力在工作中得到了发挥，"自我"得到了自由发展，独立性得到了培养，意志力和社会性亦有了发展。

"自由、工作和秩序是蒙台梭利为儿童所构房屋的三根主要支柱。"[5] 蒙台梭利以"工作"为中介，将自由与纪律协调起来的思想是富有创见性的。儿童的纪律与自由并行成长、相互依赖。蒙台梭利的"纪律观"与卢梭的"控制良好的自由观"是异曲同工的。

五、论"儿童之家"的教学

如前所述，蒙台梭利教育方法的基础是儿童在为其准备好的环境中进行自由活动。她根据以下考虑安排了"儿童之家"的教学活动。第一，必须有效发展儿童的三种功能：运动功能、

---

[1]［意］蒙台梭利著，任代文主译校：《蒙台梭利幼儿教育科学方法》，人民教育出版社1993年版，第584页。
[2]［意］蒙台梭利著，任代文主译校：《蒙台梭利幼儿教育科学方法》，人民教育出版社1993年版，第295页。
[3]［意］蒙台梭利著，任代文主译校：《蒙台梭利幼儿教育科学方法》，人民教育出版社1993年版，第404页。
[4]［意］蒙台梭利著，任代文主译校：《蒙台梭利幼儿教育科学方法》，人民教育出版社1993年版，第564页。
[5]［澳大利亚］W·F·康纳尔著，孟湘砥、胡若愚主译，周定之、张文庭校：《二十世纪世界教育史》，湖南教育出版社1991年版，第235页。

感觉功能和身体适应功能。儿童生性活跃，对劳动感兴趣，应通过细心组织的活动和劳动来发展这三种功能。第二，儿童的教育应遵循这样的发展路线：从肌肉系统到神经和感觉系统；从感觉训练到一般概念；从一般概念到抽象思维；从抽象思维到道德。第三，儿童发展的各个方面不是孤立进行的，"事实上，人的性格、智力、情感与成长是同步进行的"[①]。她设计的练习能训练技能和开发智力，也能锻炼意志力和培养纪律性。

根据上述设想，蒙台梭利在"儿童之家"的教学内容包括实际生活练习、肌肉训练、自然教育与体力劳动、感觉教育以及读、写、算练习等。根据人各方面的发展是同步进行的观点，她的课程编排采取齐头并进的方式，各种不同的练习大部分同时开始，审慎地分级推进，儿童可以自我矫正，并且只需成人最低限度的指导。蒙台梭利为学前教育所做的努力是20世纪早期程序教学的雏形。

下面分别介绍"儿童之家"的教学内容与方法。

（一）实际生活练习

"儿童之家"作为培育3—6岁儿童的园地，以一系列实际生活练习作为一天的开始，包括清洁、秩序、安静和会话。清洁练习包括个人卫生和环境卫生。在清洁活动结束之后，儿童走向各自的座位，由教师讲解正确的坐姿、如何保持安静和沉着、如何小心地拿起东西及有礼貌地互相授受物品等，以此为起点进行自由教学。教师不再评论和指导儿童，而只限于纠正不规矩的举动。会话活动是指教师请某个孩子与他谈话，主要内容是儿童头一天都干了些什么。蒙台梭利认为，这种谈话能促进儿童语言能力的发展，防止儿童唠叨家里或邻居发生的事情，主动选择适合的愉快的话题，教孩子知道那些他们应该知道的事情。

（二）肌肉训练

1. 肌肉训练的意义

儿童之家的肌肉训练具有促进儿童身心发展的作用。首先，肌肉训练具有保健作用。婴幼儿体形发育的特点是躯干比下肢发达，整个骨骼尚未完全骨化，易造成畸形，应通过体操来帮助儿童发育。其次，肌肉训练还能促进儿童心理的发展。肌肉与中枢神经系统的关系密切。"心理发展必须与运动相结合，而且有赖于运动。这一观念对于教育理论与实践是非常重要的。"[②]

2. 肌肉训练的内容与方法

蒙台梭利把"儿童之家"帮助儿童发展肌肉的训练方法称为"体操"。她的"体操"概念是广义的，包括四类活动：锻炼下肢的各种运动、自由体操、教育体操和呼吸体操。[①] 锻炼下肢的各种运动包括两类，一类是日常生活中的自然运动，如行走、掷物、上下楼梯、起立、跳跃等动作的协调；一类是利用各种器械，如栅栏、篮椅和螺旋梯等，以使儿童的动作达到

---

① ［意］蒙台梭利著，任代文主译校：《蒙台梭利幼儿教育科学方法》，人民教育出版社1993年版，第600页。
② ［意］蒙台梭利著，任代文主译校：《蒙台梭利幼儿教育科学方法》，人民教育出版社1993年版，第452页。

灵活的程度。② 自由体操也分为两类，一类是有指导的、在口令下做的体操，如齐步行进操和类似福禄培尔的运动游戏体操，另一类是自由的游戏活动，如玩皮球、铁环、装有豆子的小包和风筝等。③ 教育体操实际上与自然教育和实际生活练习联系在一起，既包括栽种植物和饲养动物中的锄地、搬运物品等有益的体育锻炼活动，也包括增强手指协调动作的练习，如穿衣、脱衣和解扣子等。为此，蒙台梭利设计了专门的教材供儿童练习。①④ 呼吸体操的目的是调节呼吸运动，并有助于孩子养成正确的说话习惯。

（三）自然教育与体力劳动

蒙台梭利在罗马的第一个"儿童之家"为儿童开辟了一块种植园地，认为"农作物和动物的培育本身就包含着道德教育的宝贵手段"②。自然教育引导儿童提升关心生物的热忱，进而感激教师和妈妈对他们的爱护；自然教育引导儿童通过自我教育而具有预见性和责任感，引导他们学会耐心和有信心；自然教育还能培养儿童对大自然的感情，并使其沿着人类发展的自然道路前进。

蒙台梭利区别了体力锻炼与体力劳动，前者是为了锻炼双手，增强体质，完善个人；后者则是为了完成特定的任务，生产出对社会有用的产品，增加世界的物质财富。两者少有相互联系，双手是人的心灵的伙伴。有了手的帮助，儿童的智力可以发展到更高的水平，获得更健全的品格。经过短期试验，蒙台梭利提出最好完全取消福禄培尔在纸板上教儿童编织和缝纫的练习，认为其不适合儿童视觉的发展。但她十分推崇泥塑，认为这是福禄培尔练习中最合理的部分，应予以保留。蒙台梭利还在"儿童之家"教儿童制作陶器，用小砖砌墙，认为这可使儿童大致了解人类从游牧生活转变为定居生活的主要劳动。

（四）感觉教育

感觉教育是蒙台梭利教育实验的主要部分，在其运动、感觉、语言和智力操练的程序教学结构中处于十分重要的地位。

1. 感觉教育的目的和意义

蒙台梭利认为，感觉教育的主要目的是通过训练儿童的注意、比较和判断的能力，使儿童的感受性更加敏捷、准确和精练。她从以下几个方面具体阐述了感觉教育的意义。

首先，感觉练习有助于儿童智力的发展。蒙台梭利受到贝恩（A. Bain）有关理论的影响，认为"能区分"是智力的特征。她把对差异的感知看作每一个智力运动的开端，将通过感觉收集材料，然后将其加以区别，视为智力形成的最初过程。通过感觉练习，儿童可以学会有条不紊地分门别类，从而奠定智力发展的基础。

其次，3—7岁的儿童正处在感官活动的形成期或发展感官能力的敏感期。应借此时机系统地给予儿童的感觉以直接的刺激，以帮助感官的合理发展。感觉训练还能及早地发现并纠正

① ［意］蒙台梭利著，任代文主译校：《蒙台梭利幼儿教育科学方法》，人民教育出版社1993年版，第146页。
② ［意］蒙台梭利著，任代文主译校：《蒙台梭利幼儿教育科学方法》，人民教育出版社1993年版，第154页。

感官缺陷，并及时采取相应的矫正和改善措施。

最后，感觉训练能把人培养成为一个观察者，为适应现代文明时代的工作和实际生活做准备。此外，感觉训练还与美育和德育密切相关。

2. 感觉训练的基本要求

蒙台梭利认为，感觉训练主要是一个儿童依靠教具进行自我教育的过程，教具的合理设计至关重要。教具设计应有系统性，有合理的刺激等级，即从少数对比强烈的刺激开始，逐渐发展到更多的差别细微的刺激，以帮助儿童适应自己的心理要求。另外，教具要有助于儿童发现并纠正自己的错误。教具的刺激不仅应唤起行为，还应指导行为，以保持活动过程中的正确性。在感觉训练中应始终坚持自由的原则，让儿童自己选择教具，通过反复的练习，缓解"心理饥渴"。

"感觉隔离"是蒙台梭利感觉训练的一个重要技术特点，也是引起人们争议的问题。她的目的是要借此方法有效保持儿童的注意，以增强儿童对物体特殊性的感受力。在她看来，注意力的不稳定性是三四岁儿童的特征，有必要通过隔离的方法将其注意力固定在某一刺激水平上。蒙台梭利采取两种方法来实行"隔离"：一是蒙眼，二是暗室。根据她的经验，这些做法能大大提高正常儿童的兴趣，但不宜在缺陷儿童身上使用。

为把儿童"从感觉训练引向概念"，蒙台梭利要求教授准确的名称术语，并研究了适用于正常儿童的三个教学阶段：第一个阶段把感觉和名称联系起来；第二个阶段认识相应名称的物名；第三个阶段记忆相应的物品。

3. 感觉教育的类别及其教材

蒙台梭利把感觉教育主要分成触觉、温觉、压觉、听觉、视觉、味觉、嗅觉和色觉等。她非常重视触觉，认为幼儿常以触觉来代替视觉或听觉，通过触觉来认识周围事物。她把教具称作"教材"，在《蒙台梭利方法》中较为详细地介绍了感觉训练的教学材料。感觉练习可以通过这些教学材料单个地或多种组合地进行，蒙台梭利称之为"真正的智力体操"。这些感觉练习还为儿童学习文化知识作好了直接准备。

4. 感觉教育与想象力的发展

蒙台梭利主张在感知的基础上发展想象。她批评福禄培尔的一些游戏不过是将成人的想象强加给儿童，如给孩子一块积木说："这是一匹马。"然后又将积木按一定的次序摆好，说："这是马厩。"这样做并未发展儿童的想象，他们只是相信或轻信。想象的真正基础是现实，其直觉与观察的精确度相关联。应使儿童获取想象所必需的材料，培养儿童准确感知周围事物的能力。"进行事物之间的区别的智力训练为富于想象的建筑奠定了坚实的基础。"[①]

5. 对蒙台梭利感觉教育的评价

在蒙台梭利之前，实验心理学一直把注意力集中在感觉测量的精密仪器上，没有尝试对个人感觉进行系统的培训。蒙台梭利高度评价了感觉教育在儿童认知活动中的重要地位，认为儿童是借助于形状、颜色和声音来认识世界的，而不是借助于语言。她主张把儿童从感觉引向概

---

① ［意］蒙台梭利著，任代文主译校：《蒙台梭利幼儿教育科学方法》，人民教育出版社1993年版，第779页。

念，使感知的发展成为思维发展的基础。蒙台梭利设计的感官教具和训练感觉的方法有一定的独创性和科学依据。她把复杂的整体分解为简易的几个部分进行练习，让儿童根据自己的意愿和进度选择按顺序排列的刺激物来认识事物，既有利于儿童通过摆弄物体来进行自我教育，也有利于照顾儿童的个别差异。

对于蒙台梭利感觉教育方法的批评或疑虑主要有以下三个方面：其一，蒙台梭利的感觉教育带有明显的形式训练的痕迹。她认为感觉练习的目的并非使儿童知道颜色、形状及其不同性质，而在于通过注意、对比和判断的练习使感觉精炼化。她所假定的普遍迁移训练的有效性缺乏科学依据。其二，蒙台梭利所进行的孤立的感觉训练，即"感觉隔离"和单纯利用感官教具的做法不利于儿童智力的发展。她注重儿童对物体个别属性的反映，但忽视了对整体的认识，脱离儿童的实际生活。其三，蒙台梭利的感官教具的操作方法机械、呆板且千篇一律。儿童只有选择教具和使用时间上的自由，而没有改变使用教具的方法的自由，不利于儿童想象力和创造力的培养。蒙台梭利并不认为自己的幼儿感觉训练的方法已达到完善程度，但她确信，它为心理学的研究开辟了一个新的领域，带来了丰富而有价值的结果。

（五）读、写、算练习

蒙台梭利不同意当时一般人的看法，即认为学习读、写、算是枯燥的工作，不适合儿童。她认为，3—6岁的儿童天生就具备学习文化的能力，处在学习读、写、算的敏感期。应当利用这种情况，为其准备适当的材料，提供正确途径，帮助儿童获得现代复杂文化。蒙台梭利把感觉教育与读、写、算的教学有机地联系起来，使儿童手脑并用，调动各种感官的配合与协调作用，使他们在没有心理压力的情况下，按自己的发展进度自然地、不知不觉地"爆发式"地学会读、写、算。

1. 儿童语言学习

蒙台梭利研究了儿童语言发展的特点和规律，认为儿童的语言是发展而来的，而不是教出来的。儿童语言的自然发展遵循固定法则：由简单的音节发展到较为复杂的词，最后才能掌握整个句子和文法。儿童的语言发展并不是缓慢进行的，而是存在着心理学家所说的"爆发性现象"。成人必须随时提供儿童所需要的帮助，使其不至于独自摸索、盲目前进。幼儿时期是儿童语言发展的重要时期，能从根本上防止永久性的语言缺陷。

早在罗马国立精神治疗学院任职期间，蒙台梭利就开始用各种教学手段进行阅读和书写的教学实验。经验说明应清楚地区分书写和阅读，这两种活动并不是同时进行的。与一般想法相反，蒙台梭利认为书写先于阅读。前者是低级的语言阶段，主要是心理运动机制起作用；后者即阅读是纯粹的智力活动。书写方法能为阅读做准备，使阅读几乎毫无困难。

书写练习的步骤是：掌握和运用书写工具的肌肉运动机制的练习；建立字母符号的视觉——肌肉感觉印象和建立书写的肌肉运动记忆的练习；拼写的练习。主要的书写教材包括图画教材、贴有砂纸剪成的单个字母的硬纸卡和字母表。

阅读教材由清晰书写的单词和短语的纸片和卡片组成。此外，还备有大量的各种玩具。

蒙台梭利完全抛弃了旧的识字课本，精心研究出许多有助于发展幼儿阅读能力的各种游戏方法。[①]

2. 算术入门

蒙台梭利通过儿童日常生活中遇到的数字问题和游戏活动等方式进行算术教学，并将其与感觉教育联系起来，为儿童提供了多种练习计数的机会和方法。[②]蒙台梭利在"儿童之家"进行算术入门教学的程序和内容是：计数、用书写符号表示数、数的记忆练习、从1到20的加减乘除法、十进位数。

六、论教师的准备

（一）教师训练的必要性

蒙台梭利一直坚持认为，要成为蒙台梭利式的教师，就必须参加训练班以掌握方法的基本原则。"她需要学会沉默的能力以取代表达的技能，她必须用观察取代灌输式教学；必须以谦恭取代那种自诩为一贯正确的骄傲感。"[③]这是传统学校教师与蒙台梭利式的教师的主要区别。蒙台梭利式教师必须意识到在儿童内心深处隐藏的神秘力量是儿童发展的源泉。儿童通过聚精会神的"工作"显示自己。蒙台梭利力图通过教师培训对学校进行改革。

（二）教师的准备工作

蒙台梭利认为，如果教师想要注意儿童即将出现的"聚精会神"，通常必须做好准备工作。第一阶段，教师应成为环境的保护者和管理者。所有教具都小心依次放置，永远保持美丽、光泽与完美，使其保持对儿童的吸引力，便于他们取用。教师的仪表有助于赢得幼儿的信任和尊重，也是儿童生活环境的一部分。轻盈和文雅是对于教师仪表的基本要求。第二阶段，"关键是要激发儿童的兴趣，使他的整个人格都参与活动"[④]。教师必须像火焰一样用温暖去振奋、活跃和鼓舞所有的儿童。她能讲故事、做游戏、哼摇篮曲、朗诵诗歌，吸引儿童做各种练习。第三阶段，当儿童获得专心于某件事的能力之后，教师才可在实际生活的练习中向儿童呈现教具。一旦儿童表现出对某种教育发生了兴趣，教师就一定不要打断他。在蒙台梭利看来，儿童的兴趣不只是集中于操作本身，而通常是以克服困难的愿望为基础。教师不必要的帮助会成为儿童天然能力发展的障碍。

（三）教师个别授课的方法

"儿童之家"的授课以个别方式进行，其特点是简洁、明白和客观。所谓"简洁"是少说废话，教师在备课时要考虑并衡量每句话的价值。所谓"明白"是指教师要删除一切不明确的

---

① ［意］蒙台梭利著，任代文主译校：《蒙台梭利幼儿教育科学方法》，人民教育出版社1993年版，第295页。
② 读者如想了解书写和阅读教学的详情，可参阅蒙台梭利著，任代文主译校：《蒙台梭利幼儿教育科学方法》，人民教育出版社1993年版，第239—264页。由于篇幅所限，这里只能作简要介绍。
③ ［意］蒙台梭利著，任代文主译校：《蒙台梭利幼儿教育科学方法》，人民教育出版社1993年版，第690页。
④ ［意］蒙台梭利著，任代文主译校：《蒙台梭利幼儿教育科学方法》，人民教育出版社1993年版，第511页。

内容，不讲含糊不清的话。所谓"客观"是要求授课仅仅突出教师想要孩子注意的客观对象，解释客观对象并教儿童怎样使用，而不要表现教师自己的个性。

教师授课的基本方法是观察法。首先，蒙台梭利强调教师必须具备科学家的精神，每上一次课就相当于做一次实验。教师应热爱儿童，和被观察的儿童个体之间建立亲密的关系。其次，必须通过实践培养儿童观察的习惯，这是走向科学的必由之路。教师应观察儿童是否对对象感兴趣，怎样感兴趣，兴趣持续的长短，儿童的面部表情。最后，教师必须特别谨慎，避免违反自由原则，不要勉强儿童做出努力。如果教师是严格按照简洁、明白、客观的要求备课和讲课，儿童却不懂，说明儿童尚未达到这一发展水平，就不要再上这样的课。也不要让儿童感觉自己犯了错误，这会使儿童故意努力去理解，进而改变教师进行心理观察所要利用的自然状态。

蒙台梭利在世界各国举办的教师训练班除了学习必要课程之外，还要求每个学员在蒙台梭利学校至少用50个小时观察蒙台梭利方法的实际运用。在6个月训练班结束时，学员要经过书面考试和口试，并写出一份关于蒙台梭利教学材料的报告，最后才获得一张有蒙台梭利亲自签名的文凭，证明他可以开办一所蒙台梭利学校，并作为学校的指导员。

综上所述，在蒙台梭利的教育体系中，传统幼儿教育中的师生关系发生了根本改变。在自由教育和自我教育原则的支配下，师生关系由直接交往变成教师—教具—儿童。儿童是教育活动的中心和主体。教师因人施教，成为儿童活动的观察者和指导者。相对于传统学校的教师来说，蒙台梭利式的教师必须具有更多的奉献精神和更高的素质。研究蒙台梭利的著名学者斯坦丁（E. M. Standing）指出："蒙台梭利教学体系中教师的教学艺术关键在既信奉不干预原则，又知道在何时必须干预，在什么情况下干预到何种程度。"[1]他一语道破了蒙台梭利教学方法的重点和难点。

对于蒙台梭利的教师论也有人提出批评意见，认为她将教师的职责局限于建立常规和排除儿童自然发展的障碍，局限于观察儿童的表现和了解儿童的需要，甚至把教师的帮助看作"侵犯儿童的自由"，这降低了教师在儿童个性形成中应起的重要作用。

七、地位与影响

（一）蒙台梭利与福禄培尔幼儿教育体系的比较

福禄培尔是近代古典幼儿教育体系的创始人，蒙台梭利则是国际公认的进步幼儿教育的先驱。通过比较可以了解两者的异同，进而更好地吸取其精华，总结幼儿教育工作一些带有规律性的经验，探讨一些重要的理论问题。

蒙台梭利和福禄培尔在教育理论上有许多相似之处或相同点。他们都把教育看作一个潜在能力不断向外展现和发展的过程；都特别强调儿童活动的价值，反对迫使儿童静止地、被动地接受知识；都强调在活动中给儿童更多的自由；都主张通过具体物件进行活动，诱发和发展

---

① 赵祥麟主编：《外国教育家评传》（第2卷），上海教育出版社1992年版，第582页。

儿童的活动本能。蒙台梭利也采取了福禄培尔幼儿园的某些游戏和活动的方式。他们的这些共识在某种程度上反映了幼儿教育的一些规律。

但是，蒙台梭利和福禄培尔的教育体系产生于不同的时代，建立在不同的理论基础之上，个人的经验也存在很大的差异。福禄培尔主要以德国古典哲学为其教育方法的理论依据，蒙台梭利则以现代实验心理学、生物学和生理学等为其教育方法的主要理论基础；蒙台梭利的体系更彻底地贯彻了自由教育和自我教育的原则，并设计了更详尽、更直接的感觉训练计划，强调个别教学和全神贯注的反复练习，教具具有矫正的性质。福禄培尔的体系则更重视儿童想象力和创造力的发展，教学以小组为基本单位，更重视儿童社会参与精神的培养。

由于蒙台梭利和福禄培尔的教育体系存在许多相同点，并各有利弊，所以早在1912年就有人提出了将两种体系加以结合的设想。

（二）蒙台梭利的影响

"蒙台梭利影响广泛，几乎遍及世界上每一个国家及其幼儿教育。"[①]她的影响从20世纪20年代一直持续到现在，经历了由兴而衰再复兴的过程。她不同于传统教育的崭新方法曾在世界学前教育界引起不小的轰动。欧美各国的一些教师、心理学家、社会学者和政府工作人员前往罗马参观学习，回国后积极传播和推广，出现了"蒙台梭利热"。但后来，蒙台梭利的教育体系受到批评，尤其在美国很快跌入低谷，主要是由于蒙台梭利的一些观点和美国当时影响较大的教育理论存在重要分歧。

20世纪50年代末期以后，蒙台梭利重视儿童早期教育、智力发展和感官训练的主张重新引起人们的注意并得到了肯定。1960年，美国蒙台梭利协会重新成立。进入80年代以后，蒙台梭利教学法由私立学校向公立学校普及，被誉为"公共教育的文艺复兴"。欧洲各国也开设了许多蒙台梭利式幼教机构。1913年，蒙台梭利教育方法由日本传入中国。20世纪70年代以后，大陆及台湾都有一些学者相继对蒙台梭利进行研究。20世纪90年代，中国与美国研究蒙台梭利的一些团体和专家之间展开访问、讲学和交流，蒙台梭利教育方法对中国学前教育的影响正在日益增强。

蒙台梭利的教学法具有简单明了、材料具体、范围明确和效果显著等特点，对于从事实际工作的教师有很大的吸引力。"蒙台梭利对20世纪教育潮流的主要贡献并不在于其建议的方便可行，而在于其思想对教师如何看待儿童和教育过程的巨大影响。"[②]在蒙台梭利的影响下，教师们更加注意对儿童进行观察和研究，将教学法的重心由教师转向儿童。

① ［澳大利亚］W·F·康纳尔著，孟湘砥、胡若愚主译，周定之、张文庭校：《二十世纪世界教育史》，湖南教育出版社1991年版，第237页。
② ［澳大利亚］W·F·康纳尔著，孟湘砥、胡若愚主译，周定之、张文庭校：《二十世纪世界教育史》，湖南教育出版社1991年版，第240页。

关键概念

杜威　　　　　　　　　　　《民主主义与教育》　　　　教育即生长　　　　教育即生活

教育即经验的改组或改造　　　做中学　　　　　　　　　教学五步骤　　　　蒙台梭利

《蒙台梭利方法》　　　　　　《童年的秘密》　　　　　　感觉教育

本章小结

　　1952年，两位世界著名教育家与世长辞，他们就是本章所介绍的美国教育家杜威和意大利教育家蒙台梭利。他们通过自己富有创造性的教育实践活动和教育著述工作，不仅对当时的世界教育产生了巨大影响，而且直到今天仍然是世界教育宝库的珍贵财富。

　　作为生活在同一个时代的教育家，杜威和蒙台梭利的思想有一些明显的共同特征：首先，他们的教育思想是适应时代发展的产物。19世纪末20世纪初，欧美教育革新运动方兴未艾。杜威和蒙台梭利都措辞尖锐地批评了传统教育脱离儿童生活和社会生活的弊端，试图通过教育方法的改进使学校教育更加贴近儿童的生活，更加贴近社会民主化、工业化和科学化的需求。其次，他们都以生物学和进化哲学作为重要的理论依据，强调教育的目的和作用在于通过促进有机体与环境的相互作用，使年轻一代更好地适应社会生活，进一步发展其首创精神，促进社会更好地发展。再次，他们都根据自己的理解对儿童的发展进行了年龄分段，主张在不同的阶段应有不同的教育任务和教育方式，并且都进行了卓有成效的教育实验。最后，他们都反对教师通过文字符号向儿童灌输知识，强调通过安排适宜的环境，使儿童通过自己的亲身活动所产生的直接经验来进行自我教育。

　　由于杜威和蒙台梭利教育思想在理论依据和个人经验等方面的不同，他们的教育思想以及对于世界教育的影响也有所不同。杜威是一位富有美国精神和美国气质的哲学家，他的民主主义社会理想虽然和当年柏拉图的理想国一样带有空想成分，但他对民主教育的向往和追求仍然给人留下了深刻的印象。杜威教育思想的特征是与其哲学思想的密切联系。他把哲学看作"教育的一般理论"，而教育是使哲学上的分歧具体化并受到检验的"实验室"。与其庞大的实用主义哲学体系相联系，杜威的教育理论体系博大精深。他还对教育史上许多长期争论不休的二元论问题进行了富有启发的探讨，从而深化了教育哲学的研究。相比之下，蒙台梭利的长处不在于理论的阐述，而在于其特殊的教育方法对儿童教育实践所产生的持久影响。正如她的儿子所指出的那样，她在教育理论的建构方面是心有余而力不足的，但她通过自己对儿童的长期观察和对实验所发明的富有成效的儿童教育方法，使她比杜威更加持久地影响了世界各国的儿童教育实践。

思考题

1. 简述杜威《民主主义与教育》的主要内容。
2. 简述杜威的"教育即生长"。
3. 简述杜威的"教育即生活"。
4. 简述杜威的"教育即经验的改组或改造"。
5. 简述杜威论教育的本质。
6. 如何理解杜威的教育无目的论？杜威的教育目的是什么？
7. 简述杜威的"做中学"。
8. 简述杜威的教学五步骤。
9. 述评杜威的道德教育思想。
10. 试论杜威在世界教育史上的地位与影响。
11. 试比较赫尔巴特形式教学阶段理论和杜威教学五步骤理论的异同。
12. 简述蒙台梭利的儿童发展观。
13. 简述蒙台梭利的感觉教育方法。
14. 述评蒙台梭利的教育方法。
15. 试比较蒙台梭利和福禄培尔幼儿教育体系的异同。
16. 试论蒙台梭利在世界教育史上的地位。

第十四章　现代各国教育（上）

20世纪初，在欧洲和拉丁美洲，初等教育和中等教育之间不衔接。在北美洲，初等教育一般通向中等教育。"19世纪牢固建立起来的普及初等教育、技术教育、专业教育，以及所有形式的进一步发展，都有赖于中等教育的富有成效的组织。对中学教育的功能，以及迅速发展中学教育的方法进行重新思考，成为世界工业化国家的教育家们在新的世纪早期最为广泛讨论的课题。"① 战后初期，欧美各国致力于消除学校教育体系中的双轨制，中等教育逐步得到相当程度的普及。20世纪60年代，西方各国进行了课程改革。20世纪70年代以后，在新自由主义的影响下，市场机制被广泛引进西方各国的教育改革。在有地方分权传统的国家中，中央对教育的控制得到加强，国家课程和国家考试有了很大发展。

第一节　英　　国

英国虽然主要是一个一元国家，但在英格兰与威尔士（在教育领域通常当作一个单元）、苏格兰和北爱尔兰之间，学校教育制度存在差异。英国教育发展与两党执政有密切关联。在历史上，工党与北方的工会、实业界和劳工阶层联合在一起，而保守党则与商界和中高层结盟，主要扎根于南方。

自1902年《巴尔福教育法》颁布以后，英国形成国会、教育委员会和地方教育当局相结合、以地方教育当局为主的教育行政管理体制。1918年《费舍教育法》的颁布进一步完善了英国的公共教育制度。《哈多报告》和《斯宾斯报告》的提出促进了20世纪三四十年代的中等教育改革。1944年的《巴特勒教育法》奠定了英国现代教育制度的基础。

20世纪六七十年代是英国中等教育大变革的时期。在工党政府（Labour government）执政期间，大力推行综合中学。20世纪70年代以后，在经济滞胀的影响下，英国奉行小政府、大市场的新自由主义政策。1979—1997年，保守党政府（Conservation government）执政，撒切尔夫人颁布《1988年教育改革法》，强调市场导向的教育改革，削弱地方当局的权力；首次提出国家课程和国家考试，力求提高基础教育的质量。1997年工党执政，强调以大多数学生为对象，继续提高基础教育的质量，并以《2002年教育法》的颁布为契机，开展教育改革。

---

① ［澳大利亚］W·F·康纳尔著，孟湘砥、胡若愚主译，周定之、张文庭校：《二十世纪世界教育史》，湖南教育出版社1991年版，第10页。

2015年5月，保守党上台。2016年3月，英国教育部发布教育白皮书，旨在促进全国教育的公平与卓越。

一、20世纪上半期的英国教育

1902年，英国颁布《巴尔福教育法》，形成了以地方教育局为主体的教育行政领导体制。1918年的《费舍教育法》促进了英国公共教育制度的完善。1926年的《哈多报告》扩展了中等教育概念。1938年的《斯宾斯报告》提出设立多科性中学的设想，为20世纪60—70年代综合中学的发展奠定了政策基础。

（一）《巴尔福教育法》与英国教育领导体制的变化

1902年，英国首相巴尔福提交给国会的议案获得通过，因此《1902年教育法》（*The Education Act of 1902*）又史称为《巴尔福教育法》（*Balfour Education Act*）。其主要内容是：① 废除原来独立于地方政府的地方教育委员会和督促就学委员会，由郡议会和郡级市设立地方教育局（local education authorities，简称LEAs）管理学校教育。② 地方教育局有兴办和资助中等学校、中等专科学校和职业学校并提供地方税款的职权。③ 地方教育局有否决学校管理委员会选任的不合格校长和教师的权力。④ 地方教育局对私立学校和教会学校进行资助。⑤ 地方教育局需要调查本地区的教育需要，制定扩大和协调不同类型教育的计划，并考虑本地区初等教育与中等教育的关系。《巴尔福教育法》结束了英国教育的混乱局面，形成了以地方教育局为主体，议会、教育委员会和地方教育局相结合的教育行政领导体制。

（二）《费舍教育法》与公共教育制度的完善

为建立面向所有人的国家公共教育制度，英国首相乔治（L. George）任命历史学家费舍（H. A. L. Fisher）为教育委员会主席，主持起草了一项议案提交给国会，于1918年获得通过，即《1918年教育法》（*The Education Act of 1918*），史称《费舍教育法》（*Fisher Education Act*）。

《费舍教育法》的主要内容是：① 地方当局为2—5岁的儿童开办幼儿学校。② 义务教育年限延长至14岁，将初等学校分为5—7岁和7—11岁两个阶段。③ 小学一律实行免费。④ 为超龄青少年（14—16岁）设立继续教育学校。⑤ 改革考试制度，精简后的校外考试分为学校证书考试（16岁）和高级学校证书考试（18岁）。⑥ 禁止雇用不满12岁的儿童做工。

《费舍教育法》第一次在英国教育史上初步确立了包括幼儿学校、初等学校、中等学校和各种职业学校在内的公共学校系统，为英国建立国民教育制度奠定了基础，进一步简化了地方教育当局的财政资助办法。

（三）《哈多报告》和《斯宾斯报告》与中等教育改革

1.《哈多报告》与中等教育概念的扩展

1924年，英国工党上台，明确宣布将"人人受中等教育"作为该党教育政策的基础。

1926年秋，英国保守党上台，继续推行该项政策。1926年，由英国教育委员会咨询委员会主席哈多（William Henry Hadow）主持和发表了《关于青少年教育的报告》（*The Education of the Adolescent*，1926），亦称《哈多报告》（*The Hadow Report*）。后来的补充报告有《初等学校》（*The Primary School*，1931）和《幼儿学校与保育学校》（*Infant School and Nurseryschool*，1933）。

《哈多报告》提出了一些重要建议：① 将儿童生活分为11岁以下的初级（primary）和11岁以上的中级（secondary）两个阶段。② 接受中等教育应成为所有11—14岁儿童的权利。③ 提供中等教育的学校主要有文法中学和现代中学两类，前者为升入高等学校做准备，后者偏重实用或实践教育。④ 义务教育年限延长至15周岁。

《哈多报告》被视为现代英国教育发展的里程碑之一，它扩展了中等教育概念，为英国中等教育的发展制定了明确的目标，是20世纪30年代英格兰和威尔士中等学校改革的基础。其基本原则在1944年的《巴特勒教育法》中得到确认。

2.《斯宾斯报告》与设立多科性中学设想的提出

1934年，剑桥大学基督圣体学院院长斯宾斯（W. Spens）接替哈多担任英国教育委员会咨询委员会主席，于1938年提出《关于文法中学和技术中学的中等教育的报告》，在英国教育史上以《斯宾斯报告》（*Spens Report*）著称。

《斯宾斯报告》的主要建议是：① 确定将技术教育作为中等教育一部分的原则，建议保留初等技术学校，设置2—3年课程，招收11—13岁的学生；开办普通技术中学，设置4年课程，招收11—15岁的学生。② 强调以下层青少年为主要对象的现代中学是中等教育制度的组成部分。③ 重申各种类型的中等学校享有平等的地位，但以智力水平为依据决定青少年11岁起进入何种类型的中学。④ 中等学校课程除普通学科之外还应包括具有直接职业价值的训练，并给学生选择学科的最大自由。⑤ 建议设立多科性中学（multilateral school），使其兼具文法中学、现代中学和技术中学的特点。

《斯宾斯报告》是对《哈多报告》的补充和发展，强调社会需要和学校的社会职能以适应一战以后英国对中等技术人才的需求，为1944年教育法的制定奠定了基础。多科性中学的设想是战后英国发展起来的综合中学（comprehensive school）的最初模式。

（四）《巴特勒教育法》与英国现行教育制度基础的奠定

1944年，以巴特勒（R. A. Butler）为主席的教育委员会提出的教育改革议案被国会通过，即著名的《1944年教育法》（*Education Act of 1944*），史称《巴特勒教育法》（*Butler Education Act*）。

《巴特勒教育法》的主要内容是：① 废除1899年建立的中央教育署，设立教育部为全国教育行政领导机构。② 将法定公共教育体系分为初等教育（5—11岁）、中等教育（11—18岁）和继续教育三个阶段。③ 将义务教育年限延长到15岁。④ 公立学校实行免费，并根据学生的年龄、能力和性向提供不同类型的教育。⑤ 教会学校纳入国家教育体制，并规定所有公、私立学校均要进行宗教教育。⑥ 私立学校须在教育部注册、备案并接受检查。⑦ 地方教育当局的职责包括：为学生提供免费医疗、牛奶和午餐等；为缺陷儿童提供特殊教育；为考入收费学校的少数学生支付学费；为接受继续教育和高等教育的学生提供奖学金；为2—5岁的幼儿提供学前教育；设立郡学院为未满18岁的离校青少年提供非全日制教育等。

《巴特勒教育法》继承了英国自19世纪以来历次重要教育法案的原则，从根本上结束了英国公立学校制度的混乱状况，使《1870年教育法》颁布后开始的教育国家化进程得以完成；在减少地方教育当局数量的同时赋予其更多的权力；形成初等教育、中等教育和继续教育互相衔接的现代英国国民教育制度，实现了"人人受中等教育"的目标。该法案是《1988年教育法》颁布以前英国教育发展的主要法律依据。

二、战后英国教育的发展

（一）20世纪60—70年代的教育改革

《1944年教育法》指明了战后英国教育的发展方向，但在改革过程中出现了许多新问题需要继续调整。20世纪60—70年代，英国在中等教育、高等教育和师范教育领域开展了新的改革。

1. 综合中学的发展

战后英国仍实行将11岁考试作为进入文法、技术、现代中学"三分制"学校的选拔依据。进入60年代以后，以英才教育为基础的"三分制"中等教育结构受到教育民主化和教育机会均等社会思潮的挑战。此外，战后英国经济以自动化为特征的工业革命改变了社会就业结构，"三分制"带来的中等教育结构僵化和接受完整中等教育人数不足的状况不能满足现实需要。在工党的推动下，综合中学得到了很大发展。

1942年，英国工党政府提出中学一体化，主张取消"三分制"，实现中学的综合化。1955年，工党在竞选时重申了这一主张。20世纪50年代至60年代初，一些地区逐步开始综合化改组，但因保守党政府的反对，综合中学发展缓慢。1964年4月，英国教育部改为教育和科学部。同年10月，工党组成新政府，加快了中等教育综合化的进程。

1965年，教育国务大臣克罗斯兰（A. Crosland）向各地方当局发布了题为《中等教育的组织》的第10号通告，提出综合中学的六种形式，以供地方教育当局选择，包括一贯制综合中学（11—18岁）、各种两段制综合中学和两级制中等教育等。后来，一贯制综合中学占绝大多数。虽受党派政治影响，但综合中学的发展已是大势所趋，保守党的阻挠和抵制未能改变这一历史进程。到1980年，综合中学成为英国中学的主要类型，但私立中学依然存在。在1964—1979年的"公学革命"中，公学体面地埋葬了"公学"名称，和其他私立中学一起被称为"独立学校"（independent schools）。[1]

2. 罗宾斯原则与英国高等教育的发展

20世纪60年代是英国高等教育发展史上的分水岭。《罗宾斯报告》（*Robbins Report*，1963）

---

[1] 王承绪、徐辉主编：《战后英国教育研究》，江西教育出版社1992年版，第123页。

探讨了英国高等教育如何为社会服务这一重大主题。在多达178条的建议中，最著名的是被称为"罗宾斯原则"（Robbins principle）的建议，即应为所有在能力和成绩方面合格的、并愿意接受高等教育的人提供高等教育课程。该原则为当时的英国政府和各派政治力量所接受，成为60年代英国高等教育大发展的政策依据。

1966年，工党政府发表《关于多科技术学院和其他学院的计划》白皮书，正式提出双重制（binary system）构想，即把高等教育分为"自治"部分（大学）和"公共"部分（除大学以外的各种学院）。1973年，英国通过合并现有学院，成立了30所新型多科技术学院，培养具有实用性和应用性知识和技能的高等人才。

1969年，在英国诞生了具有革新意义的开放大学（The Open University），1969年6月1日获得了皇家特许状，1971年1月正式开学，以成年人为主要教育对象，以现代化的教学手段和灵活的教学方式进行教学，为英国高等教育的发展注入了活力，也为许多国家所效法。

3. 英国师范教育的改革

为了提高中小学教学质量，英国师范教育进行新的尝试，主要措施是：从1960年起将地方训练学院的学制由2年延长到3年；设置4年制教育学士学位课程；扩充教育学院研究生水平的师资培训课程；从70年代初起，政府禁止未受过教育专业训练的大学毕业生从事中小学教学工作。

1967年的《普洛登报告》（Plowden Report）建议对英国师范教育体制进行全面调查研究。1972年的《詹姆斯报告》（James Report）提出全新的职前教育和在职培训计划，即著名的"师资培训三段法"，把师资培训分成由个人高等教育、职前教育专业训练和在职进修三阶段构成的统一体。

1972年，英国政府在《教育：一项扩展的规划》白皮书中提出未来10年英国师范教育的改革方向，内容包括对《詹姆斯报告》建议的评价和英国政府改革师范教育的具体设想，涉及师范教育的性质管理和规模等。1973年，政府发表题为《非大学部分高等教育的发展》的第7号公报也提出对师范教育体制进行改革。

英国师范教育体系在20世纪70年代出现两个方面的显著变化。第一，1975年撤销地区培训组织，师范教育的规划和经费分配等由教育和科学部、全国师范教育与培训委员会、地区委员会三重体制负责。第二，从70年代中期起，师范教育由定向与非定向相结合的体制朝着非定向型体制转变。至80年代初，英国基本上不存在独立培养师资的专门机构，师范教育作为一个专业合并于大学教育院系、多科技术学院和高等教育学院之中。

（二）20世纪80年代以来的英国教育改革

1.《雷沃休姆报告》与英国高等教育改革

20世纪70年代，世界范围的经济危机首先从英国开始，高等教育发展陷入困境。政府大量削减教育经费；人口出生率从60年代中期起逐年下降，大学适龄青年人数减少；高等教育在性质、经费、结构、专业设置和招生等方面均存在问题。

1981年，英国高等教育研究会在雷沃休姆基金会的赞助下对英国高等教育进行了长达两年的调查研究，1981—1983年汇编成11份专题报告，即《雷沃休姆报告》（*Revoshum Report*）。其主要内容是：① 采取灵活多样的方式扩大高等院校的入学途径。② 调整高等教育课程的内容和结构以适应知识综合性和未来职业多变性的需要。③ 进一步改进高等教育管理，双重制界限日趋模糊，多样性应成为重要特征。④ 提出调整政府与高等院校关系的建议。⑤ 加强高校内部的专业化管理，提高教学和科研水平。⑥ 提出对高校学生资助的多种方式。

《雷沃休姆报告》是民间团体调查研究的文件，但对英国高等教育的改革和发展有重大影响，被称为"英国高等教育史上的重要里程碑"，成为后来一系列有关高等教育的报告和政府文件的序曲，其中也有不少内容为《1988年教育改革法》所吸收。

2. 撒切尔主义与《1988年教育改革法》

1979年，以撒切尔夫人为首的保守党执政。她信奉新自由主义重视市场力量的主张，也信奉新保守主义回到质量和排他性标准的观点，强调小政府、大市场的执政理念；注重培养精英人才，大力推行全国统一课程计划和全国成绩评定制度。1986—1993年，保守党政府颁布了一系列法案，其中最为重要的一部单行本立法是1988年7月29日颁布的《1988年教育改革法》（*The Education Reform Act 1988*）。

《1988年教育改革法》的主要内容是：① 实施全国统一的课程计划和成绩评定制度。确定了义务教育阶段所有学生的10门必修课程，包括三门核心学科：英语、数学和科学，七门基础学科：历史、地理、技术、音乐、美术、体育和现代外语。② 实施全国成绩评定制度：为各学科制定了明确的教学目标，每个目标分为与年级相对应的10个水平，分别在7岁、11岁、14岁和16岁进行评估。③ 提出"入学开放"新政策，规定每所中小学每年招生数的最高限额，以确保家长为子女选择学校时不会因招生名额有限而落空。④ 设立新型中等教育机构，即城市技术学校和城市艺术技术学校以加强科学技术教育。⑤ 废除高等教育"双重制"，属于"公共"部分的学院脱离地方教育当局管辖，取得与大学同等的法人地位。

《1988年教育改革法》把加强中央控制与市场机制结合起来，通过"直接拨款学校"政策削弱地方教育当局权限的同时，适当扩大中小学的权限；通过建立全国性课程标准和鼓励学校之间的竞争等措施提高教育质量，打破英国中小学课程设置由地方教育当局和各个学校与教师自行决定的传统；采取多种措施试图加强科学技术教育。但社会上出现了许多批评意见，认为市场机制是一把双刃剑，在增强教育制度的灵活性、多样性和自主性的同时，导致合作精神的缺乏，加重了教育中的不平等。[1]

3. "第三条道路"与《2002年教育法》

进入20世纪90年代以后，西方"第三条道路"思潮兴起。1998年，布莱尔的施政报告《第三条道路：新世纪的新政治》阐述了工党执政理念。"第三条道路"是在知识经济时代一套适应全球性变化的"中间偏左"的社会民主主义政治哲学，它超越了传统右翼政党信守的自由竞争思想和传统左翼政党主张的国家干预主义，倡导建立一种既强调市场机制又强调政府作用的"混合型经济"模式，对英国教育改革产生了重大影响。

---

[1] 易红郡著：《从冲突到融合：20世纪英国中等教育政策研究》，湖南教育出版社2005年版，第492页。

新工党政府对"撒切尔主义"所强调的通过提高教育标准择优汰劣、将高贵文化传递给少数精英、差学校最终会被淘汰等做法进行了严厉批评和彻底改造，提出旨在消弭教育差异、实现教育公平和均衡发展的教育主张，关注薄弱学校和处于不利地位的学生，倡导教育中的包容以消除排斥现象等。

在上述思想指导下，新工党政府出台了一系列教育报告、教育计划和教育立法。1997年发表教育白皮书《追求卓越的学校教育》（*Excellence in Schools*），明确要求改变精英教育模式，改变教育中的两极分化状况，把提高一般学生的成绩放在首位。1998年，颁布《学校标准和组织法》（*School Standards and Organization*）。1998年，批准成立了第一批"教育行动区"（Education Action Zone），积极引进校外力量，以公立私营、学校和社会共建等方式改造薄弱学校。2001年6月，工党在大选中再次获胜，强调制定国家教育标准并建立相关机制予以保证；鼓励中小学和大学自由培养学生的创新能力；解决教师严重短缺问题，对教师实行奖优政策。同年，英国新工党政府将"教育与就业部"更名为"教育与技能部"。2002年，教育与技能部发表《传递结果：到2006年的战略》（*Delivering Results: A Strategy to 2006*），全面勾画出2002—2006年的英国国家教育政策框架。

2002年6月24日，英国颁布了《2002年教育法》（*Education Act 2002*），对《1988年教育改革法》和1998年《学校标准和组织法》的一些规定进行了修改。① 强调建立起能够促进社会和学生精神、道德、文化、智力和身体各方面发展的均衡的、宽基础的课程体系，提高学生的教育达标率。② 详细规定如何对教育和儿童保健实行财政补助。③ 公立学校的管理必须置于董事会的领导之下，着眼于教育质量和绩效的提高。④ 进一步详细规定了地方教育当局和国务大臣可以干预学校，要求国务大臣确保地方教育当局履行职能的权力。⑤ 规定教师的工资和待遇、学校教师评估和学校教师资格等。[①]

《2002年教育法》继续了保守党执政时期的《1988年教育改革法》的一些做法，如通过国家课程和国家考试以提高基础教育质量，但它将教育目标指向教育机会平等和大多数学生，而不只是少数精英；通过管理权的招标吸引社会力量参与教育薄弱地区学校的管理和运作，为薄弱学校带来新的管理思路、经验和资金，全面提高教育质量，实现均衡发展。

4. 2016年《卓越教育无处不在》白皮书

2015年5月，保守党在英国新一届大选中大获全胜。新一届保守党政府宣称"教育是此届政府议程的核心"。2016年3月，英国教育部发布了《卓越教育无处不在》（*Educational Excellence Everywhere*）白皮书，旨在促进全国教育的公平与卓越，是英国扩展公平与卓越教育改革的重要文件。

《卓越教育无处不在》的基本内容如下：

① 批评英国基础教育还没有在全国范围内达到全面优质，改革没有惠及全国各个角落，薄弱地区的教育质量堪忧。白皮书界定了"卓越教育"的含义是学生的学业成绩达到其最大

---

① 参见《2002年英国教育法》，吕达、周满生主编：《当代外国教育改革著名文献》（英国卷·第二册），人民教育出版社2004年版，第239—301页。

潜力所及，学校在督导中获得"优秀"或"良好"的评价等级。② 提出此次改革的原则。第一，让最好的领导者领导学校。即延续2010年以来的权力下放政策，充分相信学校领导者可以运用其智慧、创造力和专业素养来提升学校的质量。第二，重结果而不是方法。没有一种标准化的解决办法适用于各个学校，政府只是提出目标和相应的支持，并运用结果性的评价来问责。第三，高期望值。必须提升对每个孩子的期望值，纠正满足于达到最低要求就可以的态度，要拉伸孩子的潜力，达到其最大限度。③ 白皮书提出了以下七项措施：卓越教师遍及所有需要的地方；让卓越领导者管理学校；以学校为主导，所有公立学校学园化（academy），明确地方政府的职责；引入以学校为主导的自我改进理念，在需要的地方提供支持；提高对学生的期望，并为所有学生提供世界领先的课程；加强公平和高标准的问责；提高拨款及其使用效率。①

《卓越教育无处不在》白皮书突出了公平与卓越并行的特点，延续了2007年提出的0—18岁儿童成长与基础教育发展十年规划——《儿童计划：创造更美好的未来》和2010年《教学的重要性》学校白皮书的改革内容，强调为英国儿童打造世界一流和安全幸福的成长环境，将卓越教育普及到每位儿童。

第二节　法　　国

大革命和第一帝国时期的教育改革初步奠定了法国现代教育的基础。1919年颁布了《阿斯蒂埃法案》（Astier Act），重点发展技术教育和职业培训。1947年，郎之万和瓦隆制定了《教育改革方案》，强调教育民主化理念，注重全民族教育水平的提高。初等教育和中等教育先后由双轨制过渡到单轨制，战后50年间，高等教育入学人数增长迅速。戴高乐执政时期（1959—1969）颁布的《教育改革法令》、《国家和私立学校关系法》和《高等教育方向指导法》，奠定了20世纪60年代以后法国教育制度的基础。20世纪80年代以来，法国围绕如何实现真正民主、应对知识经济挑战、解决失业率居高不下和使法国在统一的欧洲占有重要一席等问题进行教育改革。但传统观念对技术教育的轻视、经济的不景气、政局的错综复杂和官僚主义这个"法国病"等使法国教育改革举步维艰。

一、20世纪上半期的法国教育

20世纪上半期，法国教育改革在四个领域展开：一是统一学校运动，将原来双轨制的初等教育和中等教育前期连接起来，让所有儿童接受相同的教育，通过普及教育以缩小和消除社会不平等；二是通过《阿斯蒂埃法案》发展技术教育和职业培训；三是中等教育的文实之争和《莱格法案》的颁布；四是在初中阶段的第一年设立的方向指导班，根据学生的兴趣倾向而

---

① 王璐、李欣蕾：《让优质面向全体，让卓越成就未来——英国〈卓越教育无处不在〉白皮书评介》，《比较教育研究》2017年第6期，第52—54页。

不论其家庭出身，要求教师深入了解学生，并在教学中采用新的方法。

（一）统一学校运动与方向指导班实验

19世纪末，法国建立起近代国民教育制度，其基本特征体现为：教育管理高度集权，内容标准化和统一化，教育目标由国家规定；依据义务、世俗和免费的原则建立起小学教育网；第一个建立国立中学体系。法国的学校因注重教儿童学习哲学而与其他欧洲学校形成显著差异，同时对修辞和哲学的关注也成为法国国立中学生的独特风格。

1. 统一学校运动

19世纪末的法国学校系统是充满等级色彩的双轨制。一轨是母育学校——初等学校——高等小学或职业学校，学生多为下层家庭子弟，毕业后成为劳动阶级的后备军；另一轨是家庭教育或中学预备班——中等学校（国立或市立中学）——大学或高等技术学校，受教育者多为富家子弟，毕业后成为法国中上层统治人才或技术精英。

1919年，新大学同志会的教师发起改革法国教育体制的运动，呼吁全面改革法国教育制度，批评双轨制是产生阶级差别的土壤，影响政治和公民平等的真正实现，要求建立统一学校，作为初等和中等教育的共同基础，向所有儿童开放。1923年，政府决定在初等教育阶段实行统一学校制。所有初等学校（公立小学和中学预备班）都必须遵循同样的教学大纲，开设同样的课程；所有6—13岁儿童在原则上接受同样的教育。1930—1933年间，国立中学与市立中学逐步实行免费教育。

一方面，统一学校运动所提出的教育改革计划有很多并未能实际执行，因为更充分实现新大学同志会的理想尚有待于制定出能体现改革规划的教育法令；但另一方面，它也推动了法国教育民主化的进程，为以后的工作奠定了基础。而法国中小学教育双轨制真正转向统一学校结构是在战后制定了种种改革规划后才逐步实现的。

2. 方向指导班实验

1937年，国民教育部长让·蔡伊（J. Zay，一译雅依）在实验的基础上倡导在国立中学与市立中学内建立指导班，在由教师、家长与医生组成的小组的持续观察的基础上，建议学生选修最适合其才能的课程。1937年5月22日，蔡伊以教育部规则的形式命令在全国建立50个试验点，正式在中学第一年设立方向指导班，以便根据儿童的兴趣和能力进行教育，而不论学生的社会地位。教师深入了解学生，采用兴趣中心、小组活动和师生合作等新方法进行教学。1938年，教育部两次组织试验点教师开会，对实验结果进行评估，讨论改进指导班工作的新措施。但第二次世界大战的爆发使得指导班的实验被迫中止。

（二）中等教育的文实之争

19世纪末，古典教育和专门教育的争论持续进行。1880年和1882年，费里两次要求减少古典教育，加强现代法语和理科的教学。1890年，教育部长布尔乔亚（L. V. A. Bourgeois）曾试图改革古典中等教育。按照1899年里博（A. Ribot）报告书的基调，法国政府于1902年颁布《莱格中等教育改革法》，规定法国中等教育与初等教育相衔接；中等教育分两个阶段，第一阶段4年，第二阶段3年，各阶段通过适当分组以实行文实并重。1902年的改革使注重讲授法语和自然科学课程的现代学科和以拉丁语为必修课、希腊语为选修课的古典课程平等并列，学生可以自由选择。

1923年，贝哈赫（L. Berard）任教育部长，他反对1902年改革，并得到许多国会议员的赞同。法国总统米勒兰（E. A. Millerand）于1923年5月3日正式颁布法令，规定在中学前4年所有学生都学习同样的课程，包括4年的拉丁文（第六、五、四、三年级）、2年的希腊文（第四、三年级）和其他科目。

法国中等教育课程中文实之争的结果使古典课程和现代课程得到兼顾，但加重了学生的负担。法国的教育以理性主义为目标，历来重理论，轻实践，重文科和数学等基础理论，轻实用学科。如何改变这种状况是战后法国教育改革的一个重要难题。

（三）《阿斯蒂埃法案》与职业技术教育的发展

大革命时期建立的巴黎理工等学校使法国高等技术教育在19世纪前半期居世界领先地位。但由于法国重文轻理、重古典轻实用的传统观念根深蒂固，19世纪后半期法国的职业技术教育落后于很多欧美国家。1919年，法国通过了阿登省议员阿斯蒂埃（P. Astier）提出的职业技术教育法案，史称《阿斯蒂埃法案》。

《阿斯蒂埃法案》规定：由国家全面负责职业技术教育；职业技术教育机构有公立和私立之分，市镇为艺徒、成年工人和职工举办职业补习班，经费由国家和雇主各负担一半，私立职业技术学校可得到国家承认和补助金；18岁以下的青年男女有接受免费职业技术教育的义务，雇主须保证其每周有4小时的工作时间接受职业技术教育，年学时累计不少于100小时；职业技术教育的内容包括普通教育、职业基础课程和实际技能实习。

《阿斯蒂埃法案》建构了法国职业技术教育的基本框架，被誉为法国历史上的"技术教育的宪章"，法国政府多次颁布补充法令完善职业教育体制。1925年法令规定设"学徒税"，所有企业每年必须将工资总额的2%用于职业培训。1930年，法国通过法律承认并资助各省开办的职业方向指导中心。

二、战后法国教育的发展

战后，第四共和国提出的教育任务是使每个年轻人都受到双重培训，一是具有理解、判断以及改变周围世界的能力，二是掌握参加国家社会经济生活的特殊本领。根据上述指导方针，法国进行了一系列改革，包括1947年的郎之万—瓦隆改革、1959年的中等教育改革、1968年的高等教育改革、1975年的普通教育改革和80年代的综合性教育改革。

（一）郎之万—瓦隆的《教育改革方案》

在法国近现代教育史上有三件大事：① 大革命时期1792年的《孔多塞方案》；② 1881年的《费里法案》；③ 1947年的郎之万—瓦隆《教育改革方案》。费里的共和国学校实行双轨制，带有明显的精英主义色彩和阶级性；郎之万—瓦隆的《教育改革方案》和《孔多塞方案》

都强调民主化。[①]

1944年，德国战败投降，法国议会通过组织"教育改革委员会"的决议，任命郎之万（P. Langevin，1870—1946）为主席，瓦隆（H. Wallon，1870—1962）为副主席，由他们组织的教育委员会负责制定长远的教育改革规划，并于1947年向议会提交了《教育改革方案》，主要内容有：① 批评法国教育与现实生活和科学现状脱节等弊病，提出培养现代生产者与公民的教育目标。② 提出六条教育改革原则：人人都有受教育的权利；社会上一切工作的价值平等；尊重儿童性格，发展个人才能；对学生先进行一般方向指导，再给予职业方向指导；各级学校教育实行免费；加强师资培养，提高教师地位等。③ 实行6—18岁的义务教育制，即6—11岁为基础教育阶段，12—15岁为方向指导阶段，16—18岁为分别教育阶段。④ 规定高等教育分为2年预科、2年硕士和最后的国家学位阶段。⑤ 在课程设置上加强自然科学和技术学科的比重，增设经济科目等。

虽然该方案在当时未作为正式法令公布实施，但其提出的基本原则成为法国战后历次教育改革的重要指导思想。20世纪40年代末和50年代所提出的各种教育改革计划以及第五共和国时期的一系列教育改革，实际上都是郎之万—瓦隆《教育改革方案》的继续和发展。

（二）戴高乐执政时期的教育改革

戴高乐（Charles de Gaulle，1890—1970）任法兰西第五共和国总统时期（1959—1969）奉行独立自主的外交政策，为谋求社会稳定、增强经济和军事实力而重视教育改革。戴高乐政府在1959年和1968年先后颁布了三项教育法令，即《教育改革法令》、《国家和私立学校关系法》和《高等教育方向指导法》，奠定了20世纪60年代以来法国教育制度的基础。

1.《教育改革法令》

1959年1月6日颁布的《教育改革法令》亦称《德勃勒法案》，规定将义务教育年限由6—14岁延长至16岁并分为三段：（1）6—11岁为小学教育阶段，所有儿童学习相同的基础知识与技能；（2）11—13岁为中学观察期，对每个儿童的能力与性向进行观察以判断其升学或就业的方向；（3）13—16岁为中学方向指导期，根据学生的能力、学业成绩及性向等对学生的升学、就业加以具体指导，以确定其升入什么类型的高中。该法令为大多数学生提供了7年的普通教育，向统一学校方向前进了一步。

2.《国家和私立学校关系法》

1959年12月通过的《国家和私立学校关系法》规定：国家采取"简单契约"或"协作契约"的形式分别给予私立学校以财政资助。自愿签订"简单契约"的私立学校一方面可以接受国家补助，如只要在学制、教师资历、班级人数和卫生条件等方面符合国家规定，其教师工资便可与公立学校同级同类教师工资相同，并由国家提供教学设备、基建和维修费用。另一方面，这类私立学校必须采用公立学校的生活规则和教学大纲并接受国家监督。这项法令既加强了国家对私立学校的控制，同时也有利于天主教势力在法国的巩固与发展。

---

① 邢克超：《失学校者失天下——2002年法国大选引发的对教育的思考》，《比较教育研究》2004年第9期，第1—6页。

3.《高等教育方向指导法》

1968年11月通过的《高等教育方向指导法》又称《富尔法案》，是战后法国高等教育改革的总纲领，提出高等教育应按照自主自治、民主参与和多科性结构三项原则进行改革，规定大学是享有教学、行政和财政自理权的国家机构；在教育部长及大学区总长的领导下，各大学及教学与科研单位设立各级委员会负责管理学校；打破以往学科的阻隔及互不联系的传统，发展各学科之间的联系，重新组合各种相邻的学科以创立新型课程。该法案旨在改进政府对大学的控制，使高等教育的专业设置更符合经济和科技发展及国际竞争的需要。

（三）20世纪70年代职业技术教育和中小学教育改革

20世纪70年代，法国进入世界先进行列。第六个教育规划（1971—1975）进一步要求教育与经济、社会发展相协调，优先考虑加强职业技术教育，使人力资源的开发利用与就业教育训练相协调。这个时期，法国进一步改革中小学教育，使其内容和方法更加现代化。

1. 职业技术教育改革

1971年，法国议会通过《职业教育方向法》、《艺徒训练改革法》、《工艺教学方向指导法》和《企业主承担初等阶段职业技术教育经费法》四个相同类型的法案，主要内容是：① 终生职业培养是国民义务教育的组成部分，由国家、地方集团、公私立学校、职业团体、家庭和企业部门共同负责。② 艺徒制是教育方式之一，应向义务教育期满后的青年工人授以一般理论和实际知识技能。③ 人人都可接受工艺和经济生活的入门教育。④ 企业主交纳学徒税5%，用于工艺和初等阶段的职业技术教育。

上述法案于1972年开始实施，提高了法国的职业技术教育地位，推动了第一阶段的中学结构改革，扩大了教育机会均等。但由于传统观念的影响，法国职业技术教育的社会地位和师生素质始终难以提高。此外，法国职业技术教育主要依赖政府的提倡，无法解决劳资双方的矛盾，也没有建立严格的职业教育考试制度，其培训效果远不如德国。

2. 哈比改革

1975年，法国议会通过并颁布教育部长哈比（R. Haby）提出的教育改革法案——《法国学校体制现代化建议》，史称"哈比改革"，对中小学的教育体制、课程设置、教学大纲、教学方法和教学手段进行现代化改革，尤其力图加强中小学技术教育，以适应现代化生产对各种劳动力的需要。

哈比改革的主要内容是：① 中小学教育应重视学生个性差异并运用个别化教学方法。学生入学与升级应根据个人智力发展水平和知识接受的能力而不是年龄而定。② 推动教学内容和教学方法的现代化。加强实验科学、技术教育和劳动教育；减少公民课，增加经济课，强调各门学科间的关系及其与实际生活的联系；加速教学手段的现代化。③ 重视职业教育。在初中三、四年级开设职业教育选修课；在高中设置高度专门化的技术选修课。④ 学校教育管理更加开放灵活。中学校长由教育部长任命，在学校内成立各种组织参与行政管理；调动教学人员和学生家长的积极性，更多地吸收社会各方面力量参加教育教学工作。

上述法令从1977年正式实行。哈比改革旨在改变法国停滞、僵化的中小学教育，实现教育内容和教育方法的现代化以及教育管理的多样化，以满足现代化生产对劳动力的需求，降低失业率。但法令实施后引起了诸如学生负担过重、某些课程因时数减少而降低了教学质量等新矛盾。随着第七个教育规划（1976—1980）的实施，哈比改革法案得到了修正和补充，在使职业教育与普通教育结合、改善师资培训和扩大现代化设备等方面取得了一定成就。

（四）20世纪80年代以来的教育改革

1981年法国社会党上台后，以实现教育民主化和现代化为指导思想进行教育改革。法国新政府组成以著名教育家路易·勒格郎（Louis legrand）为首的全国工作委员会，对最敏感的初中教育进行了改革探索。该委员于1982年向政府提交题为《为建立民主的初中而斗争》的长篇报告，认为法国初中教育面临的严重问题是质量下降；改革措施是建立新的教学组织——教学体，调整教学内容，更重视启蒙学科，保证每个学生都接受相同的教育，建立教师监护制度等。①政府以此为蓝本制定了初中改革方案。1984年，通过了法佛雷关于小学教育的报告。1989年，颁布了《教育指导法》，成立国家教学大纲委员会，负责指导、审查、修订教学计划和教学内容，使其适应不断变化的社会需要。②1995年，法国政府重新修订并颁布了中小学课程，加入公民教育、实用技术和学习方法指导的内容。

2006年，为应对知识经济和全球化挑战，欧盟发布"核心素养"（Key Competences）方案，确立21世纪欧盟的教育目标。作为欧盟成员国的法国于2006年出台"共同基础"（全称《知识和能力的共同基础条例》），规定了学生在义务教育阶段必须获得的一系列知识和能力，要求学生能够拥有终身学习所不可或缺的工具，从而参与到社会演进中；让学生理解人类面临的重大挑战、文化的多样性、人类权利的一致性、发展的需要以及保护地球的要求。"共同基础"的主体包括七项素养，分别为：掌握法语；说一种现代外语；数学、科学及技术文化基础知识；掌握通用信息和传播技术；人类文化；社会及公民能力；自治与主动。

2015年，法国教育部颁布了《知识、能力和文化的共同基础条例》，即"新共同基础"条例。该条例的主体结构发生了重大变化，由2006年"共同基础"的七项素养变为"五大领域"，分别为"思考和交流的语言"、"学习的方法和工具"、"个人和公民的培养"、"自然和科技系统"、"世界的展现和人类活动"。为与"新共同基础"相配套，法国教育部发布了新一轮义务教育学校课程计划，于2016年秋季实施，五大领域的培养目标得以在课程内容中落实。在实施原则上，"新共同基础"要求因地制宜，更加关注真实的学生、实际的课堂和教师的经验，并对所有学生更具动员性、塑造性和丰富性。在实施中，"新共同基础"寻求与学校课程更好的匹配和更有效的评价方式，并在法律保障中具备了稳定性和规范性。③

2017年5月14日，埃马纽埃尔·马克龙（Emmanuel Macron，1977— ）正式就任法兰西第五共和国第八任总统。他宣布了社会政策偏左、经济政策偏右的竞选纲领，既反对撒切尔式

① 参见吕达、周满生主编：《当代外国教育改革著名文献》（德国、法国卷），人民教育出版社2004年版，第253—276页。
② 参见吕达、周满生主编：《当代外国教育改革著名文献》（德国、法国卷），人民教育出版社2004年版，第317—324页。
③ 朱莹希、裴新宁：《法国义务教育的"新共同基础"解读》，《比较教育研究》2016年第8期，第36—42页。

的自由资本主义，也反对闭关自守，推动教育、就业、经济现代化、安全与国际战略和政治廉洁六大领域的改革，提出"建立让所有人成功和卓越的学校"，法国未来教育改革的主要目标是：基础教育聚焦公平与质量；高等教育聚焦自主权与竞争力；职业教育聚焦学徒制改革；未来教育改革走向是稳中求进的"长征路"。①

综上所述，20世纪80年代以来的法国教育改革的重点主要是，一是试图通过教育内容和方法的改革，不断把新的科学成果充实到教材中去，并实现教学手段的现代化；二是加强职业技术教育，努力使教育与现代生产和实际生活相联系，解决青年就业和经济快速发展的问题；三是通过对学生的个别指导解决学校的高淘汰率问题。

（五）当代法国教育改革面临的难题

经过多次改革，法国教育仍存在许多难以解决的问题，如淘汰率很高，学校的教学内容和方法不能适应新形势的要求，教育民主化问题有增无减，以及职业技术教育始终难以发展等问题。第一，法国学校的淘汰率很高。从小学到大学，每个阶段都要淘汰一批学生，能通过高中毕业会考的人数只占同龄人的1/3。在普通教育阶段，每年有20万—30万青少年没有任何文凭和资格，两手空空离开学校。高等教育第一阶段的淘汰率通常在50%。这个问题严重降低了学校声誉，不利于国民素质的提高，增加了社会的不稳定因素。第二，学校的教学内容和方法不能适应新形势的要求。虽然历次改革都做了很大努力，但法国教育中偏爱哲学和数学的精英教育传统积重难返，对职业技术教育的轻视，也影响了法国经济和科技的发展。第三，教育民主化问题有增无减。高等教育阶段的"大学"和"大学校"分别代表大众和精英两个方向。"大学"面向所有高中毕业文凭持有者，"大学校"则实行严格的选拔和淘汰制度。这种"积极歧视"的实质是少数人享用公共资源。

（六）法国的文化传统与教育改革

法国教育的很多问题根源于其特殊的文化传统，尤其是自笛卡儿以来重视哲学和数学的教育传统，以及自拿破仑以来的中央集权领导体制的管理传统等。"中央集权制、一致性和唯理智论，是法国几个世纪以来，特别是大革命以来的主要工具。"②

法国教育体系具有三大特色：大学与大学校的双轨制、理论教学至上和免费教育。这些特色对应的教育理念根植于法国社会的文化价值观，即法国教育体系既脱胎于旧制度等级社会的"贵族情结"，也继承于大革命共和体制的平等原则。法国社会赋予了教育难以完成的使命，即通过一个等级分化的结构去实现社会平等。这决定了法国教育很难为了满足相对多变的社会需求而做出背离其传统文化的根本性改革。③

---

① 纪俊男：《建立让所有人成功和卓越的学校——法国新任总统马克龙教育政策走向初探》，《世界教育信息》2017年第13期，第12—15页。
② ［英］埃德蒙·金著，王承绪、邵珊、李克兴、徐顺松译，王承绪校：《别国的学校和我们的学校——今日比较教育》，人民教育出版社2001年版，第172页。
③ 田珊珊、段明明：《法国教育的困境：在等级分化的结构上建立平等》，《比较教育研究》2017年第11期，第48—55、92页。

首先，法国教育传统历来重理论、轻实践，重文科和数学等基础理论，轻实用学科。法国人认为，这种教育是培养政界、政府部门以及知识界等各种杰出人才的最佳途径，可以促使法国文学在世界文坛上占有卓越地位。由于这些原因，改革中等学校课程的提议始终遭到强烈的反对，而古典课程始终是最受欢迎的。

其次，由于法国社会定期发生危机，中央集权制的原则更为人们所坚持，法国教育领导体制也不可避免地存在一定的官僚主义倾向。对这种体制的改革，无疑是要求整个国家机构内有更大的灵活性、创造性和多样性。

最后，法国政局的复杂性也影响了教育改革的成效。法国有150多个政党和政治性组织。其中影响较大的左翼党有社会党和法国共产党，右翼政党有保卫共和联盟和法国民主同盟。总统和总理经常分属于不同党派，影响了施政方针的一贯性和统一性。教育部长变动频繁，无法进行有关根本性改革的讨论。此外，法国教育工会派系复杂，以左派为主，政治力量巨大，甚至有与教育部"共管学校"之说，政府和教育部如果不重视其作用，常会导致教育改革的失败。

第三节　德　国

魏玛共和国（Weimarer Republic，1919—1933）时期的教育奠定了现代德国教育发展的基础。在纳粹统治时期（1933—1945），德国学校教育成为实行法西斯专政的工具。战后，西德恢复了魏玛共和国时期的教育制度，东德则实行社会主义教育，形成两种制度和两种文化的对峙。20世纪90年代初，德国再次由分裂走向统一以后，又面临文化融合与再造的艰巨任务。在20世纪德国文化背景下，教育基本特质包括了四个方面：第一，三阶段的公立学校制度；第二，"双元制"的职业教育；第三，各州的文化主权；第四，大学的理想神话。

一、魏玛共和国时期的教育

1919年2月，德国国民会议在魏玛召开，选举出新的政权，制定宪法，确立共和国体制。魏玛共和国时期的自由化和民主化改革在德国历史进程中具有重要的意义。魏玛共和国虽然只存在14年，但二战结束后，德国人首先想到的就是按照魏玛精神重新开始德国的民主化进程。魏玛精神成为20世纪德国文化转变的最重要标志。[①]

（一）魏玛共和国时期学校教育体系的建立及其意义

1800—1920年，德国学校教育具有明显的阶级特征，表现为两种完全不相干的学校类型：初级学校和学者学校，它们分别招收不同的学生，完成不同的教育任务。前者招收下层子弟，后者招收上层子弟，体现了原始意义上的"分轨"思想。魏玛共和国时期，分轨思想的内涵发

---

① 参见胡劲松：《20世纪德国的文化特质及其教育特征》，《比较教育研究》2004年第3期，第1—6页。

生了变化，从单纯的阶级出身逐步转向学生的个人性向，平等和选择的思想占据了主导地位，形成"三轨制"学校制度，引入普通、义务和面向所有人的四年制小学。

1919年的《魏玛宪法》（*Weimar Constitution*）中有专门一章阐述教育和学校，主要内容是：① 联邦政府确定共和国教育的基本原则，教育的权力应归属各邦。② 实行普及义务教育。"原则上由至少8学年的国民学校和与此相衔接的直至18周岁的进修学校实施。国民学校和进修学校的教学用品均为免费提供。"① 国民学校招收学生应根据其能力和志向而定，不得因其父母的经济和社会地位或宗教信仰的派别而有所歧视。③ 对贫困家庭的儿童进入中等和高等学校应提供奖学金等。④ 对18岁以下未进中等学校和职业学校的青少年实施强迫的业余继续教育。⑤ 全国统一协调师范教育，所有学校教师都必须统一接受高等教育。

1920年，魏玛政府颁布了《关于基础学校和撤销预备学校的法令》（简称《基础教育法》），规定"设立国民学校。国民学校的最初四年为面向所有儿童共同的基础学校，在此基础学校上设中间学校和高级中学"②，废除帝国时期所有附属于中学的贵族化预备学校；基础学校（国民学校的初级阶段）由各邦管理，招收所有6—10岁的儿童；儿童读完基础学校后经过考试，少数成绩优异者升入中学，大多数则进入四年制高等国民学校继续学习，完成义务教育任务；14—18岁的青少年在完成8年义务教育之后还须在补习学校里接受业余的继续教育。

上述法令颁布以后，私立学前班被强行停办，所有未成年人应就读于公立学校并完成相同的义务教育。在此之后，确立初中基本范围，由国民学校高级班和4—6年制的实科中学具体实施。在初中之上，将传统文科中学作为完全中学与之相连，从而完成从小学经初中到高中的学校教育体系的建构。这种新型的学校制度是德国教育现代化的开端，成为日后德国学校教育结构传统的基础。

魏玛共和国成立不久后召开了全国教育会议。来自全国各地的约700名教育工作者参加了历时9天的会议，就学校教育应如何改革的问题展开了热烈讨论并达成一些共识。会议建议各邦根据自己的情况有计划地进行实验；强调活动和工作在学校教育中的作用；提出应设立专门的师资训练机构，教师应具有与国家公务员同等的权利和义务；主张学校与教会分离。全国教育会议广泛地讨论了德国学校教育改革中的一些基本问题，明确了共和国教育未来的发展方向，在德国现代教育史上具有重要的意义。

（二）各级学校的发展

1. 德意志中学与上层文科中学

在中等教育方面，帝国时期的中间学校、文科中学、文实中学和实科中学在魏玛共和国时期依然存在。因被称为"普鲁士学校改革之父"的里希特（Hans Richert）极力倡导德意志化，1922年创设九年制的德意志中学，与其他三类九年制中学一起被称为"完全中学"，与国民学

---

① 李其龙、孙祖复著：《战后德国教育研究》，江西教育出版社1995年版，第6页。
② 李其龙、孙祖复著：《战后德国教育研究》，江西教育出版社1995年版，第6—7页。

校相衔接。德意志中学课程以德意志学科为主，如德语、德国文学、德国历史和德国地理等。德意志中学有浓厚的民族沙文主义色彩，在办学方针和课程内容上突出日耳曼主义和德意志化，在纳粹时期倍受重视，成为中等学校的主要类型。

这一时期还增设了六年制的上层文科中学，被称为"非完全中学"，与国民学校第六、七年级相衔接，为国民学校高年级的优秀学生（特别是农村地区的国民学校学生）提供接受完全中学教育的机会，使其日后有可能升入大学。德意志中学和上层文科中学共同为有才能的年轻人接受完全的中等教育提供了机会。

2. 高等教育和师范教育

魏玛共和国时期，各种类型的高等技术学校得到了发展。教育部长贝克尔（Carl H. Becker，1919—1930在任）强调德国大学要成为讲授科学和研究学术的场所并实行大学自治，战后联邦德国的高等教育也是按照贝克尔的改革设想进行的，提倡合作和自治的精神，注重培养思考力和创造力，国家对大学机构给予支持，保证其教学和研究的自由。

魏玛共和国时期关闭了所有原来建立在8年国民学校之上的教师讲习班和预备班。从1924年起，初等学校教师由师范学院培养，通过严格选拔考试招收中学毕业生，修业4年，分为学习和实习两个阶段，各占2年。中等学校教师由4年制大学培养。此外，对教师资格也有严格的规定，想要担任中学教师者，首先要经学业考试合格才能获得见习教师资格，见习2年以后经专业考试合格者担任助理教师，再经正式任命才能成为任期终身的中学教师。

3. 继续教育

魏玛共和国保留了帝国时期的继续学校形式，但规定所有14—18岁没有进入中学和职业学校的青少年必须接受继续教育并取消学费。在课程中增设现代史、公民学、家庭卫生学、烹饪和缝纫等。劳工部与市和州的职业指导机构进行合作，对初等和中等学校的学生进行职业指导，通过讲座和心理测验，使其尽可能选择适合自己的职业。

总的来说，魏玛共和国试图建立从幼儿园到大学的统一学校制度，但由于学校由各邦管理，共同的基础学校的设备条件和教学质量很差，图林根和巴伐利亚等一些地区又重新开办了预备学校。中等学校学费昂贵，绝大多数学生仍是富家子弟。因此，魏玛共和国时期的教育结构仍带有明显的双轨制性质。

（三）改革教育学运动

魏玛共和国时期处于欧洲新教育运动发展的兴盛时期，许多教育家在课程设置和教学方法等方面提出改革主张，形成"改革教育学运动"，强调劳动教育和艺术教育，主张从儿童出发，反对学校强制性的教育手段。一些提倡新教育的学校，如乡村寄宿学校、自由瓦尔多夫学校应运而生。"徒步旅行"成为魏玛共和国时期学校制度的重要组成部分，教师与儿童每月徒步旅行一次，既有益于身体健康和自然学习，也增进了师生之间的相互了解。

"活动学校原则"对该时期学校的教学与管理产生了影响。1924年和1925年，普鲁士教育部分别颁发了关于小学和中学教育与教学的规定，在教学内容和教学方法上给予教师以更多的自由。自由、自治与合作活动的精神在众多学校得到了体现，学校当局规定学生可选出"演讲者"向教师和校长表达相关的要求。在教师的指导下，学生成立了各种兴趣学习小组。

根据国家与教会分离的原则，魏玛共和国在德国教育史上第一次取消了教会干预公共教育的权利，禁止牧师对学校进行管理。为消除帝国时期学校与家庭的隔阂，学校当局还规定成立家长委员会，定期召开会议，与校长和教师进行合作。女子获得接受各级教育的机会，受过大学教育的女子还可担任中学教师、学校管理者和学校督学的职务。

二、纳粹统治时期的法西斯教育

1933年1月30日起，阿道夫·希特勒（Adolf Hitler）领导的国家社会主义工人党获取政权，在德国垄断资本家和大地主的支持下实行法西斯专政。教育被纳入侵略战争轨道，学校的首要任务是训练士兵，教学内容贯彻日耳曼主义和军国主义。

首先，在教育行政方面取消地方分权，建立中央集权的学校管理体制，1934年设立帝国科学、教育和国民教育部，由其规定从教科书直至教学程序安排等所有教育事宜，取缔群众性组织，关闭一切实验学校和私立学校。

其次，希特勒的《我的奋斗》被称为"纳粹党圣经"，集国家主义、军国主义、反犹太主义和反民主主义于一体，是纳粹统治时期德国教育的指导思想。在各类学校进行种族教育，把宣扬日耳曼民族为主宰世界的最优秀民族的种族学和遗传学列为基础学科，并在各种教科书中狂热宣扬对法西斯暴力的崇拜和对希特勒的盲从。

再次，虽保留了魏玛共和国时期的教育模式，但中等学校学习年限普遍缩短：九年制高级中学缩短1年，六年制中间学校缩短2年，并改称"主要学校"；国民学校教师改由水平较低的五年制师范教育机构来培养；强调德意志学科的德意志中学成为高级中学的主要类型，中等学校与高等学校入学人数大大减少。

最后，设立三种所谓"优秀分子"的学校，即"阿道夫·希特勒学校"、"国家政治学院"和"骑士城堡"，把"乡村生活年"和"劳动服役"等引入学校教育。还建立了各种法西斯青少年组织，如少男团、少女团和希特勒青年团等。

在法西斯的统治下，许多教师和科学家遭到了迫害，有的被撤职，有的被驱逐出境，有的被投入集中营，教育事业受到了严重破坏，学生知识水平大大下降。

三、战后德意志联邦共和国教育的重建与发展

1945年5月7日，法西斯德国无条件投降，德国被分为四个占领区，东区归苏联，西南区归美国，西北区和西区则分别由英国和法国占领。这四个国家在本国占领区内强制推行各自政府制定的一套政策。在苏联占领的东区实行社会主义改造；在美、英、法三国占领区贯彻西方资本主义主张，其结果是德意志民主共和国和德意志联邦共和国的相继建立，并走上不同的重建道路。下面主要介绍德意志联邦共和国（西德）的教育发展概况。

战后联邦德国教育的发展大致经历了三个阶段：战后教育重建（20世纪40年代末）、教育巩固和发展时期（20世纪50—60年代）和教育改革时期（20世纪70—80年代末）。1990年10月，德国重新走向统一。

（一）战后联邦德国教育的重建

战后，联邦德国经历了艰难医治战争创伤和非纳粹化的"再教育"运动。1947年7月，盟国管制委员会综合了各占领当局对德国教育的政策，发布了题为《德国教育民主化的基本方针》的第54号指令，要求联邦德国进行学校结构改革，但遭到德国人的抵抗。自宗教改革以来，德国的文科中学以其教育质量而闻名于西方各国。自19世纪洪堡改革以来，德国大学成为世界各国效法的榜样，想要德国人放弃教育传统实在是困难的事情。

随着联邦德国1949年《基本法》的制定与各州学校法规的先后颁布，德国教育的重建工作基本完成。《基本法》规定教育立法权属于各州的权力范围，各州教育部是各州教育事务的最高权力机关。重建后的联邦各州教育行政机构一般分为州、专区和市县三级。为了协调各州教育事宜，1949年，联邦德国建立了德意志联邦共和国各州文化教育部长常务会议。重建后的联邦德国学制因各州实行教育自治而不统一，儿童一般先接受共同的基础学校教育，然后分流进入性质不同的三轨学校，即国民学校高级阶段、中间学校和高级中学。[①]

（二）20世纪50—60年代各州教育的协调发展

20世纪50—60年代，联邦德国的教育进入巩固和发展时期。各州召开过多次会议，颁布了相关协定和计划，一是使各州教育制度相对统一，二是调整联邦德国的学校教育制度，使其跟上时代发展的步伐。其中较为重要的《汉堡协定》（1964）以此前的《改组和统一公立普通学校教育的总纲计划》（简称《总纲计划》）和《不莱梅计划》为基础，是战后联邦德国教育发展的总纲。

1.《杜塞多夫协定》（1955）

由于各州在教育统一问题上争论很大，1955年2月17日，在北莱茵—威斯特法伦首府杜塞多夫，各州州长签署并发表了《联邦各州关于教育领域统一的协定》，史称《杜塞多夫协定》，其中规定：① 所有学校学年自每年4月1日开始，次年3月31日结束；每学年总假期为85天。② 中小学考试为六分制：优、良、中、可、差、劣。③ 界定了中间学校和完全中学。④ 相互承认各州所签发的毕业证书与某些重要学科的考试成绩和教师职务考试。⑤ 协定的有效期为10年。协定的内容局限于中间学校和完全中学而未涉及其他种类的学校。

2.《总纲计划》（1959）

在1957年苏联人造卫星上天的冲击下，1959年2月14日，德国教育委员会公布了《总纲计划》，建议：① 取代原国民学校高级班，建立共达九学级的主要学校。② 将中间学校改称为"实科学校"。③ 原来的完全中学保持原状，但为基础学校优秀毕业生设立学术中学。

《总纲计划》力图使联邦德国教育更好地适应社会和国家的发展变化，充分发掘学生的天赋才能，促进学生的爱好及专长的发展。该计划的部分建议被1964年的《汉堡协定》所接受，另一些建议为后来在某些州进行的教育改革实验提供了依据。但该计划只涉及普通教育领域，

---

① 李其龙、孙祖复著：《战后德国教育研究》，江西教育出版社1995年版，第15—16页。

未提出高等教育和职业教育方面的改革。

3.《不莱梅计划》（1960）

1960年，德国教师联合会发表了更为激进的《不莱梅计划》，建议：① 在基础学校之上建立中间阶段，2/3课程为必修的核心课，1/3的课程实行分组教学。② 在中间阶段后设十年制劳动中学，从第九学级起设1/3课程为面向劳动界的课程。③ 将实科学校延到第十一学级。

4.《汉堡协定》（1964）

1964年，各州文化教育部长在第100次全体会议上拟订的《柏林声明》中承认联邦德国教育在国际上比较落后，认为有必要确定教育目标的新理念，在更大规模上进行教育改革实验，呼吁联邦、州、地方及各界团体加强在教育发展方面的合作。在这种背景下，1964年10月28日，各州州长制定了《联邦德国就教育领域中的统一问题的协定》，史称《汉堡协定》，代替10年有效期已满的《杜塞多夫协定》。

《汉堡协定》在很大程度上采纳了《总纲计划》和《不莱梅计划》的一些建议，规定：① 普通义务教育延长到9年。② 在基础学校之上设立主要学校、实科学校和完全中学。③ 所有学生在完成基础学校的学习后进入共同的促进阶段或观察阶段。④ 年级的排列自下而上，从基础学校阶段的第一年级连贯上升到高级中学阶段的第13年级。

《汉堡协定》是联邦德国战后教育巩固和发展时期的总纲，也是教育改革时期的起点，中等教育主要通过三种类型的学校，即完全中学、初级中学（主要学校）和中间学校（实科学校）来实施。

（三）20世纪70—80年代的教育改革

20世纪60年代末，联邦德国进入教育改革时期。从60年代中期起，联邦德国在全国范围内开展教育改革大讨论，一些学者认为联邦德国教育固守传统的三轨制结构，使高级中学毕业生和大学毕业生占同龄青年的比重落后于许多工业国家。一些专家和学者关于智力遗传与环境影响的研究结果也支持针对学校教育的改革，认为综合中学是最适合的学校类型。联邦德国各政党纷纷在竞选纲领中提出了教育改革的主张。社会民主党、自由民主党和基督教社会同盟等党派的教育主张相互接近，但在各州实行教育改革后逐渐产生了差别。

在上述背景下，1966年3月17日，联邦各州签订协定，成立了德国教育咨询委员会，提出德国教育事业计划，包括教育结构建议、计算经费的需要和教育发展的长期计划等。1966年，联邦德国各州文化教育部长常务委员会开始制定教育改革协定，其中体现改革总思想的是1970年由联邦德国和各州政府共同委任的德国教育审议会提出的《教育结构计划》和1973年由联邦与州教育审议会提出的《教育总计划》，后者是使前者可操作化的详细规定。[1]

1.《教育结构计划》

1970年2月13日，德国教育咨询委员会以建议的形式提出了《教育结构计划》，其主要内容是：① 将学前教育列入学校教育系统，称为"初步教育领域"。② 基础学校称为"初等教

---

[1] 参见李其龙、孙祖复著：《战后德国教育研究》，江西教育出版社1995年版，第26—32页。

育领域"，入学年龄由6岁提前到5岁。③ 中等教育统称为"中等教育领域"，第一阶段包括第5—10年级，毕业者获中学毕业证书Ⅰ；第二阶段包括第11—13年级，毕业者获中学毕业证书Ⅱ。④ 初步教育领域、初等教育领域、中等教育领域、高等教育领域和继续教育领域形成统一的学校系统。⑤ 在完全中学的高年级实行必修课和选修课制度。⑥ 在中等教育第一阶段的第11年级向学生提供基础职业知识和基本技能。⑦ 按各教育领域的不同要求组织和实施师范教育。

1975年以后出现的新趋势是把初级中学、中间中学和完全中学三种类型的中学合并成为综合中学，高等教育和师范教育也有较大的发展。

2. 联邦政府教育权限的扩大

1969年以前，联邦德国没有联邦一级的教育行政机关。1969年5月12日，联邦政府修改《基本法》，扩大联邦政府的教育权限。同年10月成立了联邦教育和科学部。1970年6月25日，建立了联邦与州教育计划委员会，这两个机构使联邦有可能在统一规划下实行深入的教育改革。1973年，教育计划委员会提出《综合教育计划》，得到联邦与各州政府的批准。这是一个包括从初步教育领域直到继续教育领域的整个教育事业的总领域，是1980年以后联邦德国教育的实施纲领。

这一时期，联邦政府对各州的教育权限明显加大，参与各州教育改革计划的制定，颁布了重要的法律，如《职业教育法》（1969）、《高等教育基本建设促进法》（1969）、《联邦培训促进法》（1971）和经过数年奋斗出台的《高等教育总法》（1976）。①

联邦德国作为联邦制国家，各州拥有相对独立的教育主权，学校教育结构层次多样化，学校教育督导制度较为复杂。在联邦一级设联邦教育科学部以及相应的专业机构，与各州政府协调管理、资助学校教育。在联邦以下的各级政府中设学校教育管理机构，负责各级各类学校的行政与教学。中小学教师绝大部分由国家聘用，属于国家官员，其工资直接由州政府发放。据称，联邦德国的中小学教师待遇是世界上最好的。但对教师的要求也非常严格。②

四、统一以后的德国教育

德国教育领域的巨大挑战是1990年以来德国的重新统一。在1989—1900年，"中小学校和高等院校自发自愿地开始了改革。改革首先涉及政治气候。迄今具有重要影响的意识形态约束被取消。过去从未有过的自治端倪显露了出来"③。随着原民主德国的终结，大规模的社会主义教育体制等待处理。原民主德国教育体制有不少因素被认为有保留价值，特别是社会福利部分，如密集的幼儿园和托儿所网、大学生的奖学金和学生宿舍床位、对中小学生假期的照顾等，但也被认为对原民主德国经济和财政的衰退起了决定性作用。

---

① 参见［德］克里斯托弗·福尔著，肖辉英、陈德兴、戴继强译，戴继强校：《1945年以来的德国教育：概览与问题》，人民教育出版社2002年版，第23页。

② 参见《德意志联邦共和国学校教育的督导制度》，载吕达、周满生主编：《当代外国教育改革著名文献》（德国、法国卷），人民教育出版社2004年版，第3页。

③ ［德］克里斯托弗·福尔著，肖辉英、陈德兴、戴继强译，戴继强校：《1945年以来的德国教育：概览与问题》，人民教育出版社2002年版，第29页。

（一）原民主德国教育的重建

民主德国于1990年6月22日通过州制法以重建州制。1990年10月14日，州议会选举决定了政治力量的对比关系。除对少数地方做了新的安排外，把地区重建与1952年解散（由专区取而代之）的州的结构结合起来。像其他行政管理部门一样，教育行政管理部门也必须全部重建，在这方面，来自西部的大量专业人士提供了帮助。新州纳入联邦和州协调教育政策的全部机制，而这一机制是原联邦德国在过去几十年中发展起来的。

1990年12月，新州所有的文教部长出席了全德各州文教部长联席会议，这同时也意味着新州加入了联邦—州教育规划和研究促进委员会以及科学委员会。自1949年以来存在的西德大学校长联席会议，随着新州高校校长的加入而成为高等院校校长联席会议。联邦的《高等教育总法》和《高等教育基本建设促进法》对新州同样具有决定性意义。

这种从基础开始的重建是一项重大的政治和组织工作。曾经实施严格的集中统一领导的原民主德国教育体制被分轨制教育形式所取代。在科学委员会的参与下，对高等院校结构上进行调整。在波茨坦（Potsdam）、奥得河畔法兰克福（Frankfurt an der Oder）和埃尔富特（Erfurt）建立了新的综合性大学。在科特布斯（Cottbus）和克姆尼茨（Chemnitz）建立了新的综合性技术大学，此外，还建立了30多所专业学院。

（二）欧盟一体化对德国教育的影响

欧洲联盟促进了德国统一，在强化经济和政治一体化的进程中，向中小学校和高等院校提出了新的任务，如外语教学对几乎所有的中小学生来说成为绝对必要的先决条件，要求对中等学校和高等院校的毕业文凭的一致性进行广泛的协调。

2005年2月18—19日，德国教育科学学会和德国联邦政府教育部门在北莱茵—威斯特法伦（NRW）州联合举办大型教育研讨会，主题是"未来教育"。与会者有教育科学专家、社会文化行业的人士、政界人士、商界人士、大学校长和教授，也有大量的中小学教师和管理人员。会议的目的是改善中小学教育和大学教育状况，重点是职业教育和继续教育，目标是更新科学知识，提高学习者运用知识于实践的能力。

2005年的大型教育研讨会最后发布了备忘录，提出了2010年前教育发展的九大目标，包括增加教育机会、教育从幼年开始、增加毕业率、创造更多的实习机会、增强研究型学习的比例等，核心理念是"教育面向所有人"和"能力教育"，以促进向知识型社会的转变。

（三）"双元制"职业教育

"双元制"职业教育思想在19世纪之前已在德意志各邦流行，但作为一种制度则形成于工业化以后，作为一种法律制度是在20世纪60年代以后。德国"双元制"职业教育是一种以私营企业为主、公立职业学校为辅，共同承担培训技术工人的职业教育方式。

"双元制"职业教育中"双元"的含义有以下四种：① 职业教育的承办者以私营企业为主，以州立的部分时间制职业学校为辅。② 受培训者首先是作为学徒在与之签订了劳动合同的企业里接受岗位培训，其次才是以学生身份在职业学校学习相关的专业理论。③ 企业培训行为在联邦《职业教育法》、《青年劳动保护法》、《劳动促进法》和《手工业条例》等法律内得以规范；而学校职业教育则在各州颁布的《学校法》内进行调整。④ 企业培训与学校职业教育在联邦《职业教育法》的指导下开展合作与协调。

总之，"双元制"职业教育是在企业与职业学校、联邦与州、经济界与工会等多方面共同参与下进行的一种职业培训活动，其最基本的框架则是企业的自主与政府的调控，企业与国家的关系是"双元制"职业教育制度中最基本的关系。在德国"双元制"职业教育中，企业培训有着举足轻重的地位。①

德国"双元制"职业教育的形成和发展有其特定的社会背景。有专家曾从德意志民族的严谨、忠诚、责任与教育的实用化倾向等方面进行论述。德国"双元制"职业教育之所以能在行会的组织下以企业为主长期实行下来，与德国的城市是循着纯粹经济发展的路线发展有关。在手工业行会接管城市议会从而接管市政府之后，德国的手工业者和小资产阶级的精神担当了德意志人民的领导和教育工作。手工业行会对其成员的行为承担责任，在德意志人的生活中树立了一种模式，并延续至今。②

应当注意的是，德国职业教育不等于"双元制"职业教育。一是德国职业教育中包含了全日制学校职业教育、过渡系统等非双元制职业教育的成分；二是德国的"双元制"职业教育本身也并非仅有学校和企业两个办学主体，跨企业培训中心在德国职业教育中扮演着重要的角色，随着时间的推移，其地位正在逐步提高。③

（四）《联邦教育促进法》（修正法案）

2014 年，联邦政府内阁会议通过了第二十五版《联邦教育促进法》修正法草案，其主要内容包括两个部分，一是联邦政府将独自承担助学金的费用，二是对中小学生和大学生的资助进行实质和结构上的改革。从 2015 年开始，联邦政府全权负责助学金的财政支出，每年为州政府减轻了 12 亿欧元的财政压力。此外，联邦政府还为各州的教育事业，尤其是高等教育事业的发展提供额外的资金补助。从 2016 年夏季学期和 2016—2017 年冬季学期起，助学金的金额上涨 7%，受资助人数增加 11 万人。儿童抚养费统一为每个孩子每月 130 欧元，房屋补助为每月 250 欧元。不与父母共同居住的大学生每月的奖学金将从 670 欧元增长到 735 欧元，增幅为9.7%。④

2016 年 6 月，德国联邦教研部公布了《德国 2016 年度教育报告》，对 2010—2014 年的德国教育和科研状况进行了分析和总结。报告认为，教育为个人的生涯、社会的未来和富足创造了条件。不论其出身和财富，每个人都应得到良好的受教育机会，使其天赋得以充分发展，德国

---

① 周丽华、李守福：《企业自主与国家调控——德国"双元制"职业教育的社会文化及制度基础解析》，《比较教育研究》2004 年第 10 期，第 54—58 页。
② 胡劲松：《20 世纪德国的文化特质及其教育特征》，《比较教育研究》2004 年第 3 期，第 4 页。
③ 李俊、甄雅琪：《德国职业教育的第三元——跨企业培训中心》，《世界教育信息》2018 年第 5 期，第 51—60 页。
④ 杨柳：《德国通过最新教育法案》，《比较教育研究》2014 年第 11 期，第 112 页。

才能应对当前人口变化和专业人员数量不足所带来的挑战。报告也提到，当前的难民危机对德国的教育系统提出了很多挑战，移民背景对于国民教育实施的影响在减弱。在中学学习成绩上，移民背景家庭的儿童还处于劣势，通过教育进行融合应成为教育领域的重点。[①]

关键概念

《巴尔福教育法》   《费舍教育法》   《哈多报告》

《巴特勒教育法》   《普洛登报告》   英国《1988年教育改革法》

统一学校运动   《阿斯蒂埃法案》   郎之万—瓦隆《教育改革方案》

《富尔法案》   哈比改革   《杜塞多夫协定》

《汉堡协定》   "双元制"职业教育

思考题

1. 简述《巴尔福教育法》的主要内容。
2. 简述《费舍教育法》的主要内容。
3. 简述《哈多报告》的主要内容。
4. 简述《斯宾斯报告》的主要内容。
5. 简述《巴特勒教育法》的主要内容。
6. 简述罗宾斯原则的主要内容。
7. 简述《雷沃休姆报告》的主要内容。
8. 简述英国《1988年教育法》的主要内容。
9. 简述《阿斯蒂埃法案》的主要内容。
10. 述评20世纪二三十年代法国的"统一学校运动"。
11. 述评郎之万—瓦隆《教育改革方案》。
12. 简述《富尔法案》的主要内容。
13. 简述1975年法国的哈比改革。
14. 试析法国当代教育面临的主要问题并分析其成因。
15. 论魏玛共和国时期德国学校教育体系的建立及其意义。
16. 简述德国《汉堡协定》的主要内容。
17. 述评20世纪七八十年代德国教育改革。
18. 述评德国"双元制"职业教育。

[①] 杜卫华、魏晓恬：《2010—2014年德国教育和科研状况——基于〈德国2016年度教育报告〉的分析》，《世界教育信息》2016年第20期，第20—21页。

第十五章　现代各国教育（下）

美国是一个高度分权化的国家。联邦政府制定教育发展的总体政策方针，为多种多样的教育创新计划提供资助，促进教育研究。许多全国性的教育组织发挥了咨询或影响作用。在美国，教育是各州的责任，每个学区有很大的权力。各州及州内各学区对教育的投入取决于其富裕程度。这种分权化延伸的结果是联邦所要求的教育改革在实际上很难付诸实施。美国政策规定的多元化意味着几乎任何有关教育的一般概括都会遇到相反的例证。①

日本战后初期的教育改革是整个社会改革的组成部分，包括清除军国主义教育，提出新日本建设的教育方针。20世纪70年代初以来，日本大力推进第三次教育改革。20世纪80年代提出从终身教育观点出发进而综合性整顿整个教育体系。90年代提出建立个性化教育体系，21世纪初提出建立日本独特教育体系的设想。②

1917年十月革命初期的教育改革从根本上改变了沙皇时代教育的性质。战后苏联进行的四次教育改革主要围绕着中学的功能，即升学和就业而摇摆不定。1984年的《苏联普通学校和职业学校改革的基本方针》认识到必须同时为学生的升学和就业做好准备。1991年末，苏联解体。1992年，俄罗斯颁布《俄罗斯教育法》，社会体制的变化曾给教育带来负面的影响。进入21世纪以来，以实现教育的现代化为目标，俄罗斯联邦政府先后颁布的教育文件体现了国家教育政策的连续性和系统性。

第一节　美　　国

1917年的《史密斯—休斯法》和1918年的《中等教育基本原则》对二战前美国职业教育和中等教育的发展有重要的意义。19世纪末兴起的初级学院运动推动了美国高等教育的大众化。进步主义教育思想对美国学校教育的重要影响反映在"八年研究"中。1958年美国颁布的《国防教育法》成为冷战时期美国课程改革的号角，注重儿童智力的开发，将高、新、难的科学知识反映在教材中。在20世纪70年代经济危机的影响下，为减轻财政压力和提高普通教育质量，美国联邦政府加大对各州教育的干预，大力开展课程标准化运动，持续推进择校运动，通过家长选择给学校施压，并削减教育经费。

---

① 参见 Benjamin Levin 著，项贤明、洪成文译：《教育改革——从启动到成果》，教育科学出版社2004年版，第62页。
② 张德伟：《当代日本教育体系改革的政策走向》，《比较教育研究》2013年第12期，第3页。

一、20世纪上半期的美国教育

与有着封建等级制传统的欧洲不同，美国政治领袖在建国初期就将民主和公平作为教育原则。19世纪公立小学和公立中学的出现为美国单轨学制奠定基础。进入20世纪，美国人关心如何进一步消除古典主义对美国中学的影响，使其能同时为学生的升学和就业做好准备，这种努力反映在1918年的《中等教育基本原则》中。第一次世界大战对受过职业训练的劳动力的迫切需求推动了美国职业教育的发展，1917年初通过的《史密斯—休斯法》成为美国职业教育史上的里程碑。

（一）《史密斯—休斯法》

第一次世界大战对熟练工人的需要使职业教育在美国受到重视。1917年初，美国国会通过了由史密斯和休斯提出的职业教育提案——《史密斯—休斯法》。

《史密斯—休斯法》（*Smith - Hughes Act*）的主要内容是：① 促进各科职业教育发展是联邦政府的职责，由联邦政府拨款补助各州发展大学程度以下的职业教育。② 联邦政府要与各州合作提供职业科目的师资训练并对相关机构提供补助。③ 各州为职业教育提供的拨款数额应与从联邦政府得到的补助费相等。④ 在公立中学设置职业选修课程，并使其改组成兼具升学和就业双重目的的综合中学。⑤ 联邦政府应设立联邦职业教育委员会，各州也应成立州职业教育委员会，负责与职业教育相关的事宜。

《史密斯—休斯法》的颁布奠定了美国联邦职业教育立法体系的基础，确立了美国联邦—州—地方三级政府合作发展职业教育模式[①]，使美国中等职业教育制度化，推动了各种类型的中等职业学校的建立，也促使公立中学开设职业课程。

（二）《中等教育基本原则》

20世纪初，美国中学迅速增加，但课程偏重于为升入大学做准备。1913年，全国教育协会成立了中等教育改组委员会，重新审视美国中等教育的职能和目标，1918年发表了《中等教育基本原则》（*Cardinal Principles of Secondary Education*）报告。

《中等教育基本原则》提出将中学课程分成初级阶段和高级阶段，中等教育与初等教育相衔接，在中等教育必须使青少年完满和有价值地生活的原则指导下提出了中等教育的七大原则：① 保持健康；② 掌握基本知识；③ 成为良好的家庭成员；④ 具有准备就业能力；⑤ 具备公民资格；⑥ 善用闲暇；⑦ 具有道德。七项目标是相互联系的，家庭成员、职业和公民是三项主要目标。

《中等教育基本原则》强调教材不应拘泥于纯粹的文化价值标准，而应当具有功利的目的。20世纪前期美国教育界关于中学目标的论述，没有超出上述七大原则的范围。它指出了美国教育的未来发展方向，对其他各级教育产生了影响，甚至波及其他国家，尤其在英语国家和地

---

① 高玲、张斌贤：《史密斯—休斯法的实施》，《清华大学教育研究》2016年第4期，第98页。

区被广泛阅读和引用。

（三）"八年研究"

"八年研究"（eight-year study）亦称"三十校实验"（thirty schools experiment），是美国进步教育协会在中等教育方面开展的一项调查研究活动，旨在对进步主义学校毕业生和传统学校毕业生在大学的学习情况进行对比研究。

1933—1940年，调查主持人威尔福德·艾金（Wilford M. Aikin）在30所中学和300所大学的合作支持下，对1 475对大学生（每对包括一个进步主义学校的毕业生和一个传统学校的毕业生）从年龄、性别、种族、学术倾向、职业兴趣、家庭、社会背景和大学成绩等方面进行详细比较。调查结果显示，29所进步主义学校的毕业生胜出，具体表现在以下方面：① 平均总分略高。② 除外语以外各科成绩略高。③ 每年的优等生略多。④ 好奇心和内驱力更强，思维更清晰。⑤ 应付新情况时更机智。⑥ 更善于解决适应性问题。⑦ 更经常参加有组织的学生团体。⑧ 在大学获得非学术性奖励的百分比更高。⑨ 更关心国内外大事。

"八年研究"表明，中学为进入大学做准备的传统课程不是唯一可靠的和成功的，许多学院和大学因此修改了入学要求，允许中学在制定课程计划时有更人的自主权和灵活性。另一些大学仍坚持入学考试。1942年，进步教育协会出版关于"八年研究"的5本著作。[①]第二次世界大战爆发后，"八年研究"实验未能继续。战后对进步主义教育的全面批判也使"八年研究"未能产生持久影响。

"八年研究"是美国课程方面一次规模最大的研究，其提出的课题，如怎样确定中学教育目标、怎样协调中学与学院和大学的关系等带有普遍意义。评估委员会设计的标准测验、新的量表和评估方法也在许多没有参加"八年研究"计划的中学得到广泛应用。"八年研究"首创的追踪研究方法、教育目标系统分析和教育评估理论对美国课程研究产生了深远影响。

泰勒（Ralph W. Tyler，1902—1994）在《课程与教学的基本原理》（*Basic Principles of Curriculum and Instruction*）一书中总结了其在"八年研究"中的研究成果，把课程编制的主要步骤列成四个问题：① 学校所要追求的教育目的是什么？② 为了达到这些目的应当提供哪些教育经验？③ 怎样把这些经验有效地组织起来？④ 怎样确定这些教育目的是否能够实现？概括起来，课程分为教学目标、学习活动、课程内容的组织以及教学评价四个要素。"泰勒原理"在现代美国课程研究中产生了广泛的影响。

（四）初级学院运动

19世纪末、20世纪初兴起的初级学院运动（junior college movement）在美国高等教育史上具有重要的意义。1892年，芝加哥大学校长哈珀（William Rainey Harper，1856—1906）将

---

① "八年研究"的5本著作包括：埃金（W. M. Aikin）的《八年研究史》、钱伯林（D. Chamberlin）的《他们在学院里成功吗？——三十所学校毕业生的追踪研究》、贾尔斯（H. Giles）的《课程研究》、史密斯（E. R. Smith）的《学生进步的评估》和《三十所学校实验记述》。

大学分成"学术学院"和"大学学院"两部分。前者包括大学一、二年级，后者包括大学三、四年级。1896年，又将这两部分分别称为"初级学院"（junior college）和"高级学院"（senior college）。哈珀被誉为"初级学院之父"。

早期的初级学院都是由私人或教会创立的。1901年，伊利诺伊州建立了美国第一所公立初级学院——乔利埃特初级学院。1920年，美国联邦教育总署组织召开第一次全美初级学院会议，成立了美国初级学院协会。初级学院满足了大学人数激增的需求，在规模、专业设置、课程、师资和设备上不断得到改善和扩充，数量也急剧增加。到1940年，初级学院已经在美国确立了其重要地位。

美国高等教育委员会于1947年建议使用"社区学院"（community college）这一名称，于是，"社区学院"与"初级学院"两种名称同时使用。一般情况下，"社区学院"指公立的两年制学院，"初级学院"指私人团体或由教会开办的两年制学院。初级学院运动推进了美国高等教育的普及化和民主化，在美国的社会生活和经济发展中有重要作用，适应了美国社会和经济发展的需要，成为美国高等教育结构中的重要组成部分。

二、战后美国教育

战后美国大致经历了三次教育改革：第一次教育改革是20世纪60年代的中小学课程改革，把高、难、新的科学知识充实到教材中；第二次教育改革是1976年的"回到基础"教育运动，旨在恢复传统学校的基础学科教学；第三次教育改革是20世纪80年代以来进行的以小政府、大市场为主导理念，为减少财政开支和提高教育质量而进行的教育改革。

（一）《国防教育法》与中小学课程改革

1957年苏联卫星的上天使美国朝野震惊，谴责进步主义教育的作品铺天盖地。政府和各界人士都认为美国的科学技术之所以落后于苏联，美国学校教育难辞其咎，必须大力改革教育。1958年9月，美国国会通过了《国防教育法》（*National Defense Education Act*，简称NDEA），其基本精神是要求将生活适应教育转向重视科技的教育，以提高教育水平，加速培养人才。

1.《国防教育法》

《国防教育法》强调保证教育质量以满足国防需要。① 加强普通学校的自然科学、数学和现代外语（"新三艺"）教学。要大力更新教学内容，使用现代教学手段，提高师资质量。② 加强职业技术教育。各地区设立职业技术教育领导机构，有计划地培养技术人才或熟练工人。③ 强调天才教育。鼓励有才能的学生完成中等教育并考入高等教育机构。④ 增拨教育经费。1959—1962年由联邦政府拨款8亿多美元加强"新三艺"教学；资助高等学校提高教学和科研水平；发放大学生学习贷款，建立"国防奖学金"。

《国防教育法》的颁布和实施对美国教育发展产生了重要影响。1964年，美国国会通过《国防教育法修正案》以延长《国防教育法》的有效期并扩大其适用范围，改进历史、地理、公民和英语等学科以加强爱国教育。1967年，美国国会再次通过法令延长《国防教育法》的适用时限并扩充其内容。

2. 中小学课程改革

1959年9月，美国科学院召开改进中小学自然科学教育会议，邀集35位科学家、学者和教育家参加。著名心理学家布鲁纳（J. S. Bruner，1915—2016）担任大会主席，他于1960年发表《教育过程》（*Educational Process*）一书，阐述了结构主义课程改革思想，对20世纪60年代美国中小学课程改革产生了很大影响，并促成了"学科结构运动"。布鲁纳认为，应确定学科基本结构要素以设计最佳课程，各个主要知识领域的专家应全面参加课程设计、教科书编写和教学大纲拟定。

在"学科结构运动"的推动下，从20世纪50年代末开始，物理科学教学委员会、生物科学课程研究会、化学教材研究会、普通学校数学研究会和小学科学规划会等编写了大量新的课程和教材，其中小学科学常识3套，中学数学2套，高中物理学2套，高中化学2套，高中生物学1套，高中地理学2套。

20世纪60年代的中小学课程改革加强了数学、自然科学和现代外语等学科的教学，新编的教材内容丰富新颖，注重阐明学科的基本概念、知识结构和科学系统，有利于开发学生的智力，符合教学内容必须适合科学技术和生产力发展状况的要求，最初得到了很高的评价和极大的欢迎。但因各种新编教材强调现代化和理论化，忽视应用知识和基本技能训练，教材难度过大，忽视多数师生的实际能力，未能达到预期效果。

教学目标、课程设置和教学内容的革新对教学制度和教学方法的改革提出了要求，强调启发式教学，加快教学手段的现代化，使用教学机器和重视个别化教学。新行为主义心理学家斯金纳（B. F. Skinner）的"操作性条件作用"和"强化理论"等观点受到重视。个别化教学指针对学生的不同能力、兴趣、习惯等情况，运用较灵活的方式，使教学更加适应学生学习的个别差异。

（二）"生计教育"和"回到基础"

20世纪60年代，美国教育经历了一个所谓的"黄金时期"，基础教育得到普及，高等教育也有所发展。进入70年代以后，美国教育面临许多新的问题，如中小学教育质量低下；1973年"石油危机"导致失业严重；狭隘的职业教育难以适应终身教育的需要。20世纪出现的"生计教育"和"回到基础"教育运动便在上述的历史背景下展开。

1. "生计教育"运动

1971年，美国教育总署署长马兰（S. P. Marland）提出"生计教育"（Career Education），认为随着社会组织性和技术性程度的不断提高，人们不再为终身职业接受相关训练，这就要求彻底改革美国的教育制度，实施一种以职业和劳动为中心的"生计教育"。1974年，美国国会通过了《生计教育法》（*Career Education Act*），"生计教育"运动在全国推行开来。

"生计教育"涉及幼儿园、中小学、大专院校和成人继续教育。① 中小学教育被划分为三个阶段：1—6年级使学生了解各种职业；7—10年级学习感兴趣的职业；11—12年级进行职业抉择，并将不同职业归纳为15个职业组供学生了解。② 消除职业教育与普通教育及纯学术教育之间的鸿沟。③ 重视学生的实际工作经验，学生一边读书一边参加实际活动或劳动。④ 学校、企业和家庭等在"生计教育"中密切合作，由学校聘请事业成功人士讲课。

1976年11月，在得克萨斯州的休斯敦举行"生计教育"讨论会，进一步明确"生计教育"实际上是一种扩大的职业教育，认为"生计教育"重视学校教育与校外学习经验的结合，有利于培养学生的劳动态度，获得基本的劳动技能，提高对自己事业的认识等。但"生计教育"过分强调职业、劳动和实际经验，不注重学生的多方面发展，也无法从根本上解决失业等社会问题，因而最后并未作为一种教育制度在美国普遍推行。

2."回到基础"教育运动

1976年，被称作"回到基础"（Back to Basics）的教育运动被视为美国战后第二次教育改革。在基础教育委员会的推动下，当年有50所学校进行了"回到基础"学科的实践，并逐渐波及全国，形成"回到基础"学科教育的运动。

"回到基础"教育运动的主要内容是：① 小学阶段强调读、写、算的基本技能训练。中学阶段集中学习英语、自然科学、数学和历史。② 强调教师在学校教育中的主导作用。③ 成绩卡要用传统的等第评分法或百分制记分法并定期发给学生，经过考试证明学生确已掌握所要求的基本技能和知识后方可升级或毕业。④ 取消选修课，增加必修课；取消点缀性课程，如泥塑、编织和做布娃娃等；取缔新数学、新科学和电子玩艺教学等；取消学校的社会服务性项目。⑤ 重新强调爱国主义教育等。

"回到基础"教育运动的积极意义主要在于强调学校应有核心课程，重视培养学生读、写、算的能力，有利于克服公立学校中纪律松散的现象等。但许多人认为该运动缺乏明确目标、理论基础和组织领导者，过分强调掌握基本技能和考试成绩，贬低对学生创造性和其他心理品质的培养，使学习过程"非人道化"，是保守地恢复传统教育的运动。

（三）20世纪80年代以来的教育改革

进入20世纪80年代，美国经历了非常迅猛的战后第三次教育改革。以1983年4月国家教育委员会《国家在危急中：教育改革势在必行》（*A Nation at Risk*）著名报告的发表为开端，以提高教育质量为主要目的，以应对美国在经济和科技方面所面临的严峻挑战。

1.《国家在危急中：教育改革势在必行》

1983年，美国政府发表了国家教育委员会一份题为《国家在危急中：教育改革势在必行》（简称《国家在危急中》）的报告。报告认为，美国教育面临严峻的困境，要想继续有能力进行经济竞争，就必须进行大规模的变革以提高教育质量。联邦教育部将该报告推荐给各州作为进行教育改革的依据。在此后几年里，掀起了一个巨大的全国范围内的教育改革浪潮，行政长官和议员都试图对改革的政治需要作出回应。

《国家在危急中》全面总结了20世纪60年代以来美国教育的发展状况，列举了许多"危险的指标"以说明美国教育正在面临的严峻危险，教育改革势在必行。例如，美国中学生在大多数国际标准化测验中的平均成绩已低于26年前（1958）的水平；在19项国际性考试中美国学生获7项倒数第一；美国所有17岁的青年中约有13%是半文盲，少数民族青年中的半文盲可能高达40%；正在接受培养的新一代美国人除少数"英才"外，既是"科学盲"又是"技术盲"；少数科技英才与一般公民之间的差距越来越大等。①

《国家在危急中》提出一系列旨在提高教育质量的建议：① 加强中学"新基础课"（英语、数学、自然科学、社会科学和计算机）的教学。② 提高各级学校的教育标准，采取更严格、可测量的标准敦促学生全力以赴地学习。③ 更有效地利用在校学习时间或延长学习日及学年。④ 提高师资就业前应达到的教育专业训练标准并提高其社会地位和物质待遇。⑤ 各级政府官员以及校长和学监都必须负责领导教改的实施。各级政府、学生家长以及全体公民都要为实现教改的目标提供必要的财政资助。

在《国家在危急中》报告的影响下，全美围绕提高中小学的教育质量展开广泛讨论和改革实验，恢复和确立了学术性学科在中学课程结构中的核心地位；对所有学生提出了严格的共同要求；增强了公众对教育的信心，重新激发了公众对教育的关注和资助。但也有人认为高质量教育运动会引起一些新问题，如因过分强调标准化和测试成绩导致忽视培养学生的情操；因教学要求过于统一导致缺乏灵活性；因强调提高教育标准和要求导致潜在辍学人数迅速增加等。

2.《不让一个儿童掉队法案》

2002年1月8日，美国总统布什（George Walker Bush，1946—）签署的《不让一个儿童掉队法案》（No Child Left Behind，简称NCLB）是一份长达1 000多页的文件，分为10章，涉及提高处境不利的儿童的学业成绩、阅读先行、培训和招聘高素质的教师和校长、为家长和学生提供更多选择等方面的问题。

该法案的主旨是通过强化责任制以实现高标准。① 各州必须在12年内（即在2014年前）使所有学生的阅读、数学和科学成绩达到熟练水平。② 各州必须为所有中小学学生制定具有挑战性的学术标准。③ 对所有3—8年级的学生进行年度数学和阅读考试。④ 实行严厉的奖惩制度。达到年度进度目标或缩小不同学生群体之间成绩差距的学校将得到州学术成就奖，没有达标的将受到逐步升级的惩处：如连续2年不达标将给予所有学生转学的权利；连续3年不达标，还得提供各种补充服务，如课后辅导、假期补课等；连续4年不达标，学校必须更换教员或实施新课程；连续5年不达标，学校就得改为特许学校或由州接管。②

自《不让一个儿童掉队法案》颁布以后，各州着手制定本州的责任制计划。2003年1月，教育部批准俄亥俄、马萨诸塞、纽约、科罗拉多和印第安纳5个州的责任制计划，并得到联邦奖励拨款。但一方面，责任制也遇到了一些棘手问题，如对"熟练水平"的界定、适当的年度进步目标、有效学生群体的最低人数和特殊教育学生等问题。另一方面，在严厉的责任制下，全美的学区和所有中小学处于从未有过的压力之下。压力根源使得美国学生的学业水平和法案的目标之间存在着巨大差距。批评意见认为，责任制迫使学校和教师进行应试教育；责任制要求太高，惩罚太严，而拨款不足，会使教师疲于奔命，失去创造性和工作热情；有些规定不

① 参见吕达、周满生主编：《当代外国教育改革著名文献》（美国卷·第一册），人民教育出版社2004年版，第3—4页。
② 参见吕达、周满生主编：《当代外国教育改革著名文献》（美国卷·第四册），人民教育出版社2004年版，第191—209页。

适合边远地区和农村地区的学校，尤其是在阿拉斯加州。

3. "新美国学校"运动

1989年9月，美国召开首次教育峰会，提出建立非营利性机构来负责设计21世纪新式基础教育模式。1991年，新美国学校发展公司成立，由一些对学校改革方案有兴趣的商人和基金会领导人负责提出新的学校设计要求，包括：由私营领导发起，不接受任何政府资助；新美国学校（New Amarican Schools）只保持5年特权，5年以后学校和学区拥有改革工作的所有权。

新美国学校发展公司成立后发布的招标方案强调三个基本原则：① 新学校必须向所有学生开放。② 对学生提出相对高的要求。③ 学校运行费用必须与当时的学校水平相当。1991—1996年，美国进行了三个阶段的实验。1995年进行到第三个阶段时，新美国学校发展公司改名为"新美国学校"。

到1996年，共有4 000所学校采用了新美国学校发展公司设计小组的方案。1997年，美国国会通过了全面学校改革运动报告，将其作为对新美国学校运动成功的支持，并投入90亿美元来支持全面学校改革运动。"新美国学校"并不隶属美国联邦政府，注重民间组织的作用，重视学校改革中传统与现代的关系，重视学校改革中内外部环境的支持和配合，是战后美国第三次教育改革中的新尝试。

4. 美国新课程标准运动

为了提高基础教育质量，美国新课程标准运动在20世纪90年代进展得如火如荼，各州与此相关的文件不断出台，州政府、企业团体、独立学校改革组织和许多学区都积极投入这场新课程标准的制定运动中。20世纪末，主要的全国性标准计划达15个，州和地方的标准更是不计其数。

由于美国教育的分权体制，美国新课程标准运动从来不是一种齐心协力的努力。一直以来都是两种不同的学校改革运动的暂时和松散的联合，合作10年以后又分道扬镳。一种是绩效改革运动，一种是课程改革运动，两者在教与学的观念上存在很大的不同。保守的绩效改革者包括来自各州的立法委员、州长、教育机构、企业联盟以及一些城市的学区和教师委员会。绩效改革者的标准运动从一开始就几乎被高标准测试和绩效体系所统率，与对学生、教师、学校和学区精确量化的奖惩联系在一起。课程改革者主要是课程领域的专家、课题教师、学科组织、专业学会以及研究中心，更主张通过课程改革来实现教育革新。

在美国新课程标准运动的推动下出现了许多教学创新。全美各学科委员会对全科教学的范式达成了一定程度的共识，鲜明地提出了新课程标准推动下的12条相互联系的教学原则：① 学校教育应当以学生为中心，学校教育的最佳起点是学生的兴趣、关注的焦点和存在的问题。② 学校要反复强调体验性的学习。③ 所有学科的学习都必须是整体性的。④ 学生的学习活动必须是真实性的。⑤ 学生需要学会和实践多种表达的形式来深入激活他们的观点。⑥ 有效的学习在反思的机会和过程中得到强化。⑦ 教师应当探究社会关系的原动力来促进学习的发生。⑧ 一些有效的相互学习活动都是合作性的。⑨ 民主的教学程序使课堂教学变得有效和富有产出性。⑩ 有力的学习来自认知的经验。⑪ 学生的学习必须是自发性的。⑫ 学生的学习要顺利实现意义和系统的建构。①

2010 年 6 月，美国首部全国统一课程标准——《州共同核心课程标准》颁布，现已有44个州采纳。标准颁布后，美国发布了数学标准出版指南，作为编写、出版数学教材的重要参考。联邦政府投入3.6亿美元资助"智慧平衡评估联盟"和"大学与生涯准备度评估伙伴联盟"两个民间机构，为各州学生提供网上在线测试服务。为保障测试能在2014—2015学年度启用，各州把扩充校园网络功能及提升数字设备作为工作重点。另外，大学入学考试SAT的最新改革也更好地反映了新课程标准的内容，新题型已于2016年春季正式启用。在新标准的实施中，各州纷纷加强对教师的培训，并探索"跨课程阅读"教学改革，已取得了一定的成效。对于这场声势浩大的教育改革，人们的支持与反对不一，资金短缺仍是目前遇到的最大问题。②

5. 美国特许学校运动

特许学校运动（charter schools movement）是发端于20世纪90年代的美国教育改革运动，旨在通过市场机制来促进公立教育改革。③20世纪80年代以来，美国公立学校遭到了猛烈批评。公立学校实行就近入学，缺乏选择性，形成僵硬的垄断体制，导致学校丧失了自主改进的动力，办学效率低下，学生学习成绩普遍下降。在对公立学校进行改革的众多措施中，市场本位的教育改革日益成为关注焦点，主要有自由择校（school choice）、供择校用的教育券（educational voucher）、特许学校（charter school）、推动私立学校发展以及给学校更大的办学自主权等。其共同本质是把市场机制引入教育领域，让市场作为教育资源与要素配置的主角，最大限度地减少政府对教育资源的配置，把反垄断的自由竞争机制、供求机制和顾客策略等能带来高效率的理念和方法引入教育领域，激活由于垄断造成的具有很大惰性的现行教育体制，有效地提供多样化、高质量的教育服务。

研究者认为，市场本位的教育改革的好处在于：① 因实行了顾客战略能更好地满足学生和家长的需求。② 因引入竞争机制而提高了教育资源配置效率。③ 因运用市场的非中心化和自主决策的原则而解放了学校的生产力。④ 因拥有清晰、完善的教育产权制度而能建立起有效的成本核算机制与激励机制。但批评者认为，美国市场本位的教育改革会带来公平问题。一是家长在择校过程中由于条件限制产生的公平问题，如有些家长无力增补教育券之外的学费；教育程度较低、经济状况差的家庭也可能无法获得全面或真实的市场信息。二是学校倾向于挑选聪明、有责任心和有强势家庭背景的孩子，他们具备提高考试成绩的潜能，被学校视为"特殊资本"。三是学校倾向于清除"难以相处的"家长。四是教育券的面额以公立学校的平均支出为标准甚至低于这个标准，经济能力有限的家庭难以利用教育券来择校。

尽管有多种批判意见，特许学校仍成为美国联邦政府推进公立教育改革的重要政策抓手。特许学校在本质上属于公立学校，其关键特征是将公共资金支持和私人管理相结合，通过以"责任"换取"自治"的方式，特许学校获得改革创新的空间，引发整个公立教育系统形成健

---

① 胡庆芳、程可拉：《美国新课程标准运动及其推动下的教学创新研究》，《外国教育研究》2004年第4期，第52—54页。
② 杨光富：《美国〈州共同核心课程标准〉实施新进展》，《比较教育研究》2015年第1期，第98页。
③ 可参考杨梅著：《美国特许学校运动研究》，人民出版社2014年版。

康的竞争环境，最终促成教育的公平与优秀。[1]公平与效率一直是贯穿美国教育的一对矛盾。但自20世纪80年代以来，美国已不像以前那样关注公平问题，而是更关心教育质量与效率问题，即能否在激烈的世界经济和科技竞争中继续保持领先地位。社会对于提高教育质量寄予了极高期望。[2]

6. 奥巴马的教育改革

2008年，奥巴马（Barack Hussein Obama，1961—）成为美国有史以来第一任黑人总统。其教育政策主要体现在重视增加教育投入和提高教师质量；重视改造失败学校，强调家长和学生的责任；强调高等教育要降低学费负担。奥巴马的教育政策延续了多年来共和党与民主党政府达成的默契，即强调由联邦政府领导和推动教育改革，并通过制定教育标准、测验、择校、责任制及不断调整并继续提供资助等措施提高学生的学业成绩。

2009年，美国联邦政府在基础教育领域启动了"力争上游"（Race to the Top）计划，这是美国投入经费最多的竞争性教育改革资助项目之一。2010—2015年，美国联邦政府相继投入43.5亿美元，资助11个州和华盛顿特区加入"力争上游"计划，重建本州的教育系统，以提升教育质量。各项数据显示，该项目较好地达成了预定目标，对受资助各州及全美基础教育改革发挥了推动作用。[3]

奥巴马连任总统后，2015年颁布《每个学生都成功法案》（Every Student Succeeds Act，简称 ESSA），希望能修正2002年布什政府颁布的《不让一个儿童掉队法案》中的不足。其主要内容包括：① 通过制定完善的保障措施，提出为美国贫困学生和高需求的学生提供平等受教育的机会。② 授予地方和各州自主选择学术标准的权利，而非通过《不让一个儿童掉队法案》中规定的学校与学区一律进行的强制性改革的解决方案。③ 持续成长与专业发展。教师与校长应高质量地终身学习并不断反思，全力促进专业发展。④ 高效的教育工作者。这些高效的教育工作者在专业实践中有很高的水准，能够有效提高学生的学习能力。高效性是通过对教师的评估实现的。评估的内容应包括学生学习进步情况、对同事及学校的贡献。⑤ 通过加大资金的投入提供高质量学前教育。⑥ 保留了问责制，更加关注那些学生进步不明显的学校、辍学率较高的学校等。[4]

第二节　日　本

日本教育史上经历了三次教育改革：第一次是1868年开始的明治维新时期的教育改革，使日本建立起近代教育制度；第二次是战后在美国占领当局干预下进行的教育民主化改革，通

---

① 魏建国：《为何美国"特许学校"教育改革久盛不衰——兼论公共教育中的政府与市场》，《比较教育研究》2018年第2期，第51页。

② 马健生、张艳敏：《论美国教育改革的市场机制及其公平问题》，《比较教育研究》2004年第5期，第81—86页。

③ 刘长海、叶文韬：《更好的教育　更安全的未来——来自美国"力争上游"计划的启示》，《世界教育信息》2016年第23期，第49—55页。

④ 陈坚、白瑞：《奥巴马第二次总统任期内教育改革》，《全球教育展望》2016年第8期，第82—83页。

过《教育基本法》和《学校教育法》建立起日本现代教育制度；第三次是20世纪80年代开始的教育改革，旨在振兴教育，激发民众信任，适应时代变化，将国际主义和信息化引进日本，解决教育管理和经费等问题。

一、二战前的日本教育

1868—1945年，日本教育发展战略主要体现在采取极端平均主义的方式普及小学教育，用实践和实用主义方式设计和组织教育体系和教育内容，强调献身于国家和社会的态度。战后日本教育的主要特征是：推行全国统一课程标准；继续把重点放在基础教育上；保留教育的实践性和实用主义性质；注重培养中小学生合作共事的能力。

（一）明治后期学校教育制度的完善

明治后期（1895—1912）日本教育的显著特点是以国家主义为指导思想，改革中等教育结构，加强职业技术教育，延长义务教育年限，加强国家对教科书和教师的控制。甲午中日战争和日俄战争以后，日本跨入世界强国行列。明治后期日本教育制度和结构改革的主要内容是：① 提高初等教育的普及率。1900年8月，日本政府发布了《改正小学校令》，实施免费的初等义务教育。② 改革中等教育结构以适应经济发展。1899年颁布高等学校令和实业学校令，将中等教育结构改为男子高等普通教育、女子高等普通教育和实业教育三个系统。③ 高中改为大学预科性质的高等学校。1894年颁布了《高等学校令》，高等中学校被改称为"高等学校"，作为帝国大学的预科。④ 1905年公布了《专科学校令》，使专科学校的管理制度化和法制化。

（二）大正时代的教育

1912年（明治四十五年）7月，明治天皇（睦仁）逝世，皇太子嘉仁继位，年号定为大正，开始了大正时期（1912—1926）。在此期间，政府大力加强普通义务教育，进一步发展中等职业教育和实业教育，重视理工科教育，全面审查和修订明治时期确立的教育制度和教育内容。1917年9月，设置临时教育会议作为日本内阁的教育改革咨询机关，1919年，召开会议，全面审查和修改小学教育、男子高等普通教育、实业教育、大学教育、师范教育和女子教育等方案并提出各种建议，并逐步加以实施，对大正时期和昭和前期教育体制的形成有重要作用。20世纪20年代，在欧美教育革新运动的影响下，出现了许多教育思潮，如公民教育思想、实用主义教育思想、自由主义教育思想、人格主义教育思想和日本的新教育学派等。

（三）昭和前期的教育

1926年12月25日，大正天皇嘉仁逝世，皇太子裕仁继承皇位，年号改为昭和，进入了昭和时期。从20世纪30年代到1941年太平洋战争爆发，日本确立了军国主义教育体制，建立了为侵略战争服务的教育体制。1933年，文部省设立了临时教育调查部，为推行军国主义教育政策出谋划策。为了培养"尽忠天皇"的"皇国臣民"，加强了对各级各类学校教育和教学思想的审查。1935年，成立了教学刷新评议会，1937年，设立了教育审议会，使学校教育完全纳入军国主义道路。各级各类学校教育的教学内容、课程设置和教育方法都贯穿军国主义精神，对青少年实行"劳役式"的职业教育，强调绝对服从。

二、战后日本教育

对战后日本民主教育体制的建立起重要作用的是《日本国宪法》、《教育基本法》、《学校教育法》和《社会教育法》等。根据这些法令，日本政府从1947年3月至1950年6月进行了全面的教育改革，建立了新的教育体制。

（一）《教育基本法》与教育民主化

1890年颁发的《教育敕语》一直发挥着日本教育基本法的作用。1946年11月颁布的新宪法改变了天皇专制的国家体制，规定教育上的重大原则问题应通过议会以立法形式来裁决。1946年8月，日本政府设立教育刷新委员会作为教育改革的调查审议机关，其草拟的《教育基本法》和《学校教育法》经日本国会审议通过，于1947年3月31日公布并开始实施。

《教育基本法》的内容包括：① 强调教育在建设民主文明国家和世界和平中的重要作用。② 强调教育必须以陶冶人格为目标，培养有独立自主精神的身心健康的国民。③ 全体国民必须接受9年普通义务教育。④ 除了国家或地方公共团体外，只有法律所规定的法人才能办学校。⑤ 奖励社会教育。⑥ 国家及地方公共团体开办的学校不得为特定的宗教从事宗教教育和其他宗教活动。

《教育基本法》首次以立法的形式确定了日本教育和平与民主的性质，以法律主义取代敕令主义。1948年6月1日，日本众议院做出"关于排除教育敕语的决议"，不久参议院做出"关于确认教育敕语失效的决议"。议会以《教育基本法》为准则制定了《学校教育法》、《教育委员会法》、《教育职员免许法》和《社会教育法》。

（二）《学校教育法》与新学制的确立

战前的日本学校系统实行"双轨制"：一轨是在小学之上设立实业学校或青年学校，实施职业技术教育；另一轨是在小学的基础上设立中学、高等学校、帝国大学，实施中等教育、高等普通教育和高等专门教育。战后，美国占领军总司令部下设的民间情报局和美国教育使节团主导了日本教育改革基本方针政策的制定，日本通过颁布《学校教育法》建立了各级新学制。

1.《学校教育法》

1947年3月31日，日本公布了《学校教育法》。① 规定关于学校的一般事项，包括学校的范围、设置标准、学校的管理与经费、学费、校长与教员的任免、学生的惩戒、健康检查与卫生保健设施等。② 对各级各类学校的教育目的、编制、教育内容、修业年限和教职员有关事项分别作了规定。③ 对违反关闭学校的命令、不履行保护人的就学义务以及乱用学校名称等违法行为的处罚作了规定。

《学校教育法》的意义在于：使学制单轨化，实行"六三三四"制，即小学6年、初中3年、高中3年、大学4年；延长了义务教育的年限，由原来的6年制义务教育延长为9年；各级各类学校一律实行男女同校制度。

2. 各级新学制的建立

1947年，日本建立的新制小学校和中学校（初中）实行9年义务教育，即将旧制寻常小学改为小学校，将旧制高等小学改为3年制初中。新制小学和初中由市、镇、村教育委员会设立和管辖。新制小学校改革侧重于教育内容改革，增设社会科、家政和自由研究等新课程。新制初中称为"中学校"，大多数由旧制高等小学和青年学校合并而成，有一部分是新建的。新制初中在小学教育的基础上实施中等普通教育，属于义务教育阶段。1947年开设的必修课包括国语、社会、数学、理科、音乐、图画、手工、家政、体育和自由研究，选修课包括外国语、习字和职业课程。

1948年，日本开始建立新制高级中学，称为"高等学校"，是以战前旧制中学为主体，把旧制高等女子学校和实业学校合并起来而建立的。经过结构改革，把旧制的多种类型的中等教育机构统一为单一类型的三年制高级中学，实行学区制、男女同校制和综合制。所谓"综合制"就是在同一所学校内同时设置普通课程和职业课程。后来综合制高中逐渐减少，普通高中和职业高中逐渐增多，形成三者并存的局面。新制高中采取分科制和学分制。

1949年，日本建立新制大学，把多种类型的旧制高等教育机构改造为单一类型的四年制大学，绝大多数大学改组为综合性大学。除全日制大学以外，还可设立夜间制大学和函授制大学。大学实行学年学分制，4年修完124学分方可毕业。高等教育还建立起大众化教育制度。"尽管新制大学改革将战前的高等教育机构统一在大学的框架内，但是战前高等教育体系中的等级现象并没有消失。"[①]

战后日本以美国师资培养制度为样板改革了师范教育，废除师范教育体系，停办中师，中小学教师一律由大学培养，另设置少量专门培养师资的学艺大学或教育大学。在一些综合性大学设立教育学部，负责培养教育科研人员和教育学、心理学教师，或者培养幼儿园、小学、初中和特殊教育学校的教师。1949年5月31日颁布了《教育职员免许法》，规定教员须持有教员许可证，因此必须具有大学或短期大学的学历。

（三）《文部省设置法》与教育行政体制改革

战后日本根据《教育委员会法》对中央集权制教育行政体制进行了改革。《教育委员会法》规定：① 在都道府县及市町村由选举设立教育委员会。② 委员会下设教育长和事务局。③ 教育长由委员会任命一位教育专家担任，在委员会的指导和监督下处理应该由委员会处理的日常教育事务。④ 教育委员会处理的事务包括当地学校和其他教育机关的设置、撤销、经营与管理、教学内容的处置、教科书的选用、校长及教师和职员任免等。经过选举，日本于1948年11月1日成立了教育委员会。

---

① 胡建华著：《战后日本大学史》，南京大学出版社2001年版，第61页。

1949年5月31日公布的《文部省设置法》规定了文部省的任务：① 对教育委员会、大学、研究机构及其他教育机关予以专门的技术性指导和建议。② 为确立民主教育体制制定教育最低基准的法令。③ 编制教育预算、确定教育经费的分配比例，确保教育物资援助等。《文部省设置法》实际上是把文部省由领导、监督机关变成了指导性服务性机关。

但在20世纪50年代以后，日本教育行政体制变化的总趋向是逐步加强了中央集权制。1956年废除了《教育委员会法》，制定《关于地方教育行政组织经营法》，教育委员会由公选制改为任命制，对《文部省设置法》也进行了多次重要的修改，逐渐形成了今天的教育行政体制。

三、经济高速发展时期日本的教育改革

1956—1972年是日本经济高速发展的时期，1967年超过英法，1968年超过西德，跃居世界第二位。日本政府相继推行"经济自立五年计划"（1956—1960）、"国民收入倍增计划"（1961—1970）、"经济社会发展计划"（1967—1971）和"新经济社会发展计划"（1970—1975），把教育发展纳入国民经济发展计划，通过调整教育结构以培养适应社会发展所需要的各种人才和有较高文化水平的劳动力。自1956年起，日本内阁经常通过其下属的经济审议会听取和研究财界的意见。通过咨询报告的形式，日本文部省和中央教育审议会将财界的要求反映在教育政策中。从1957年开始，日本历届政府都把教育发展纳入国民经济计划之中。

（一）中小学课程改革

1958年，文部省提出《充实基础学力，提高科学技术教育》的教学改革方案，修订了中小学教学大纲，使教学计划和教学大纲具有法定约束力，全国统一执行。这次改革强调教学内容的现代化，重点改革数学和理科的教学，增加数理科的教学时数。但由于教学内容太深，负担过重，大多数学生难以接受，使这次改革最终归于失败。1973年，日本不得不对中小学教学再次进行改革。

（二）加强高中职业教育

战后日本教育改革建立起单轨学制，在高中实行"综合制"（多设综合高中）、"共学制"（男女同校）和"学区制"（按小学区划分入学的范围）的"三原则"，体现了教育机会均等，促进了高中的发展，但削弱了职业高中，忽视了综合制高中的职业科，日本产业界对此深表不满。

为了解决上述矛盾，自1951年6月起，日本文部省采取一系列措施：1951年6月公布了《产业教育振兴法》。1961—1970年调整高中学科结构，增设职业科和工业科，普通高中开设职业课程供学生选修。1968年，日本文部省提出"高中职业教育多样化"方针，对职业学科课程进行调整，提高工科和商科的比例，废除过时的旧学科，大量增设适应产业结构变化的新兴科目。

调整高中结构、增设职业高中及实行"高中职业教育多样化"方针起了一定的积极作用。

但职业教育专业划分过细，很难适应日新月异的科技进步变化。20世纪70年代以后，高中教育又向基础化和普通化方向转变。

（三）调整高等教育结构

1956—1973年，日本高等教育进入大发展时期，主要措施包括：有计划地增招理工科大学生，提高理工科在高等教育结构中的比重；调整大学本科与专科的比例，发展短期大学与高等专门学校；扩大高校规模，兴办"巨型大学"；发挥社会团体和财团的办学积极性，鼓励兴办私立大学；调动社会力量、挖掘学校内部潜力，扩充高等教育。

（四）增加教育投资

20世纪50—60年代是经济高速发展时期，日本教育经费逐年增加。1955年度教育费总额为4 373亿日元，1965年为17 881亿日元，1970年为35 470亿日元，1975年为96 113亿日元。1955—1975年，日本国民收入增加16.99倍，教育费总额增加21.97倍，其增长幅度既高于国民收入的增长，也高于国民生产总值的增长。日本教育经费在工业发达国家中名列第二位，教育发展水平仅次于美国。随着国民学历水平的提高和产业结构的变化，毕业生就业结构也发生了变化，各种职业都出现了高学历倾向。

四、20世纪80年代以来的第三次教育改革

20世纪80年代以来日本进行的第三次教育改革集中在高等教育结构多样化、专业设置现代化和中小学课程设置重视身心协调发展等方面。在全球化的背景下，日本教育改革呈现出两条进路。自上而下的教育改革由新保守主义政府所主导，强调爱国和传统的新国家主义思想是改革本质，改革手段基于奉行市场原理的新自由主义思想。自下而上的教育改革由学者所倡导，以公民主义为主导思想，提倡教育的公共性和民主性。两条变革进路的更迭和交织，表明日本共享国际教育改革的话语体系，折射出全球化背景下日本教育改革的独特视景。[①]

（一）第三次教育改革的起因和改革的性质

1970年，日本政府邀请24国的经济合作与发展组织评估其教育政策，专家们赞扬了日本教育取得的成就，也对中央政府控制得太严、教育的标准化和统一性、学校的等级和对大学入学考试的强调等提出了批评意见。1981—1982年，在国际教育成绩评估协会的主持下，在24个国家内进行了第二次国际数学成绩调查，发现日本13岁儿童的成绩已不如以前，学生淘汰率增长，民意测验也表明公众对教育的信任明显下降。改革派的意见主要针对划一的中小学教育和过分强调大学入学考试的作用，认为统一的中小学教育将会抑制创新和引起学校混乱；大学入学考试则阻碍了个性和知识的发展。

---

① 高义吉、唐汉卫：《全球化背景下日本教育的改革进路》，《外国教育研究》2015年第9期，第59页。

（二）国家教育改革审议会及其审议结果

1983年12月大选前夕，中曾根首相制定的教育改革七点计划引起了舆论界的广泛关注，1984年8月成立了由其领导的特别审议会，1986年4月改名为国家教育改革审议会。1985—1987年，审议会提交4份审议报告，1987年报告是终结性的。[①]审议会对日本教育问题的诊断是：过分重视个人学历，特别是名牌大学毕业的学历；存在"荒芜现象"；过分强调死记硬背，使年轻一代缺乏创造性思考问题的能力；高等教育质量堪忧。

审议会提出以下建议：① 中央政权要允许地方有所创新。② 应鼓励中小学根据当地情况因地制宜地制定教学计划。③ 多层次发展高等教育，推广工业、政府和学校之间的合作研究。④ 家庭、学校和社会共同努力根除校内打架斗殴的现象。⑤ 使教育更加国际化和信息化。⑥ 发展终身教育，给成人以学习机会。

（三）21世纪的教育改革方针

为了解决教育面临的诸多课题，小渊惠三内阁设立的教育改革国民会议于2000年12月发表了《教育改革国民会议报告：变革教育的17条提案》，提出培养富有独创性和创造性的人，在构建新型教育体系上注重日本特色。

2001年，日本政府发布了《21世纪教育新生计划》（也称为"彩虹计划"），指出日本教育存在的主要问题包括：一是家庭与社区教育能力显著弱化，拒绝上学、校园暴力、轻视公共利益和闭锁孤独等问题愈加严重；二是教育过于整齐划一，适应儿童个性发展和能力的教育受到轻视；三是原有的教育体系远远落后于时代和社会的发展。计划提出21世纪日本教育的战略重点是：① 通过学生容易理解的课堂教学，提高学生的基础学习能力。② 通过多样的社会服务和社会体验活动培育人性丰富的日本人。③ 创造愉快安心的学习环境。④ 创造父母和社区信赖的学校。⑤ 以培养"教育专家"为目标加强师资培养。⑥ 推进世界一流大学的建设。⑦ 确立符合新世纪要求的教育理念，加强教育的基础环境建设。[②]

2006年10月，安倍晋三内阁设置教育再生会议，发表了四份报告，提出构建日本独特教育体系的两个教育改革策略。其一，建立从幼儿教育到大学教育一贯的教育体系。根据社会的需要和学习者的需求、适应性、发展阶段以及各阶段教育的问题，建立柔软的教育体系，修改幼儿园、小学、初中、高中和大学的教育体系；建立最大限度发展每个儿童的多样化才能的教育体系；推进"六三三四"学制的弹性化。其二，为了对儿童、青年人和家庭进行综合性的支援，而建立教育、福祉、警察、劳动、法务等的合作体系。[③]

[①] 4份审议报告可参见吕达、周满生主编：《当代外国教育改革著名文献》（日本、澳大利亚卷），人民教育出版社2004年版，第73页。

[②] 《21世纪教育新生计划（彩虹计划）》，吕达、周满生主编：《当代外国教育改革著名文献》（日本、澳大利亚卷），人民教育出版社2004年版，第352—353页。

[③] 高义吉、唐汉卫：《全球化背景下日本教育的改革进路》，《外国教育研究》2015年第9期，第59—70页。

（四）各级各类学校改革

日本自1971年提出了《关于今后学校教育的综合扩充、整顿的基本对策》以后，在文部省的主持和领导下进行了教育改革。中小学教育注重课程改革，高等教育注重结构分化和课程综合化。

1. 中小学课程改革

初等和中等教育以课程改革为主。中央教育审议会于1975年发表了《课程改革的中间报告》，提出课程改革的基准：① 培养身心协调发展、具有丰富情感的人。② 安排充实而又愉快的学校生活。③ 既要重视作为国民所必备的基本知识和基本技能教育，又要适应学生的个性和能力。文部省根据中央教育审议会的报告，综合几种课程改革的方案，于1977年公布了《关于改善中小学教学计划的标准》，同年6月又公布了《小学、初中教学大纲》。1978年8月公布了《高中教学大纲》。

这次课程改革的基本方针是：① 进一步重视德育和体育，培养智、德、体协调发展的儿童。② 精选教学内容，使儿童能够掌握各学科的基础知识，并培养一定的创造力。③ 为了使儿童在学校中能轻松、愉快地学习，削减各学科的教学时数，并使各学校尽可能有效地发挥乡土教材的作用。在课程设置上加强基础课，削减必修课，增加选修课，合并一些课程，减少课时数，避免过早专门化。

2. 高等教育改革

高等教育改革是日本第三次教育改革的重点。20世纪90年代以来，日本加大了高等教育改革的力度，目的是培养适应科技发展和产业结构变化的各类人才。日本文部大臣保利耕辅在1990年度教育白皮书《日本的文教措施》中明确指出："目前，正以后期中等教育改革为重点。"[①]

根据1971年《关于今后学校教育综合扩充、整顿的基本对策》的设想，日本实行高等教育结构的分类化和课程内容的综合化。① 设置新型的学部与学科，使大学向综合化方向发展。如在广岛大学成立综合科学部，设地区文化、社会文化、情报行动科学、环境科学4个学科。很多学校设置新兴学科和跨学科专业，如情报科学、国际关系、情报管理学、海洋开发、社会福利、环境科学和资源开发等学科。② 创建各种类型的新型大学以满足不同的需要。如1976年创建了长冈和丰桥技术科学大学，以培养学生对新技术的应变能力和创造性才能；新建了兵库、上越和鸣门3所教育大学以满足教师进修的要求；兴办了专修学校以满足初中、高中毕业生和成年人提高职业技能或社会文化素质的要求；1979年创建了图书情报大学以培养适应信息化社会所需的专门人才；1985年由特殊法人主办的广播大学开始招生。

筑波大学的创建集中体现了日本高等教育结构与体制改革的特点：使大学肩负教学与科研双重任务；废除原有大学的学部制或学科制，用新的学群、学类和专攻组成教学科研单位；

---

① 吕达、周满生主编：《当代外国教育改革著名文献》（日本、澳大利亚卷），人民教育出版社2004年版，第271页。

取消校长选举制和教授治校制，实行由文部大臣任命的校长负责制；实行教学综合化，消除普通教育与专业教育的严格界限。

综上所述，经过战后的改革和发展，日本教育形成了自己的特色。九年义务教育使学生在读、写、算、科学、音乐和艺术等基础教育方面均得到了发展，日本学生的平均水平高于国际标准水平，几乎每个儿童均能完成九年义务教育，高中的毕业率达90%。但日本的小学教育还存在问题，不仅中学教育繁杂，高等教育更是整个教育体系中最薄弱的环节，但它对中小学教育有举足轻重的影响。

第三节　苏联与俄罗斯

自1917年十月革命初期起，在《统一劳动学校宣言》精神的指导下，苏维埃政府进行了20年代的教育改革，建立起统一的学校教育制度。20世纪30年代，苏联以《关于小学和中学的决定》为方针对学校教育进行了整顿，奠定了苏联学校教育的基础。

战后苏联进行了四次教育改革，在中学功能究竟是为学生升学做准备还是为就业做准备之间摇摆不定。1958年的教育改革强调为就业做准备，1966年的教育改革又强调要为大学输送合格的新生，1977年为纠正学生就业准备不足进行了教育改革，一直到1984年《苏联普通学校和职业学校改革的基本方针》颁布以后，苏联才认识到中等教育具有双重功能，即必须同时为学生的升学和就业做好准备。

1991年末，苏联解体，俄罗斯迅速走上私有化道路，给教育事业带来巨大冲击。1992年7月，俄罗斯颁布了《俄罗斯教育法》。但市场经济的全面过渡、经济体制的全面私有化和经济危机，都加剧了社会的动荡和混乱，教育经费奇缺，教师工资被拖欠，教师素质下降，教育改革举步维艰。经过不懈的努力，教育发展环境逐步改善。进入21世纪以来，俄罗斯力图通过教育改革重振大国雄风。

一、苏联时期的教育

（一）20世纪20年代苏联教育制度的初创

1. 十月革命初期的教育改革

十月革命前的沙皇俄国教育落后，充满等级性、宗教性和民族歧视。苏维埃政权建立初期就开始了对学校和整个国民教育制度的革命性改造，以实现教育的民主化和世俗化。1917年11月8日，苏维埃第二次代表大会通过了《关于成立工农政府的法令》，设立教育人民委员部，11月9日颁布了《关于成立国家教育委员会的法令》，规定由国家教育委员会取代过去的国民教育部作为全俄教育领导机关。

1917年12月，人民委员会发布《关于把教育事业从宗教事务院移交给教育人民委员部的决定》，撤销沙皇时代各种类型的教会学校。1918年1月，人民委员会发布《关于信仰自由、教会和宗教团体的法令》，规定教会必须与国家分离，学校必须与教会分离；在学校里禁止讲授宗教教义和举行宗教仪式；教会不能干涉学校事务。

1918年1月，国家教育委员会开始取缔沙皇时代的国民教育管理体制——学区制，撤销了学区督学、国民学校校长和学监的职务，各地中小学由当地工农代表苏维埃领导。1918年2月，教育人民委员部通过决议，把高等学校、中等学校和普通学校移交教育人民委员部管理。在中央设教育人民委员部，在地方则由省、县、乡工农兵代表苏维埃执行委员会的国民教育领导部门管理。1918年5月31日，教育人民委员部公布了在所有学校实行男女同校的决定。

十月革命初期，苏维埃政权机关通过了《俄国各民族权利宣言》，宣布各民族具有平等自决权和自由发展权，承认各民族用本族语接受教育是各民族的权利。苏维埃政府十分重视发展民族教育，在教育人民委员部专设少数民族教育司，培养各民族教育干部。

2.《统一劳动学校宣言》与20世纪20年代的学校教育

1918年3月，在国家教育委员会的领导下成立了统一劳动学校委员会。1918年10月16日，公布了《统一劳动学校规程》和《统一劳动学校基本原则》，后者是对前者的说明。苏联教育史学界将两者统称为《统一劳动学校宣言》。

《统一劳动学校宣言》的主要内容有：① 人人享受免费的普及义务教育。② 统一性原则是指保证学制的各个环节间的衔接性。③ 新学校必须是劳动学校，围绕劳动提出第一级、第二级的教学设想。④ 学校自治原则，师生关系是兄弟般的平等关系，儿童应享有自治权利。⑤ 国家努力解决教育经费、编写教科书和教学参考书问题，培养新的教师队伍。

《统一劳动学校宣言》提出了尽快实施普及义务初等教育的任务，强调教育与生活的联系，注意发挥学生的主动性，要求尊重学生的人格。但过于强调体力劳动对于人的塑造作用，否定传统教学中合理的常规，忽视文化科学知识的学习。

限于当时的历史条件，苏联无法实现《统一劳动学校宣言》中关于8—17岁儿童进入免费的统一劳动学校的设想。1920年12月31日至1921年1月4日，联共（布）中央委员会召开第一次党的国民教育会议，决定以七年制学校作为普通教育学校的主要类型，在此基础上建立3—4年制的技术学校；在四年制初等学校的基础上建立职业学校。为了适应恢复和发展国民经济的需要，苏联在20年代前期创办了一些新型学校，如工厂艺徒学校、工厂学校和农村青年学校等，还在高等学校附设工人系（旧译工农速成中学）。

《统一劳动学校宣言》颁布后，改革普通学校的教学内容和教学方法成为苏维埃教育的重要课题。1921年6月，苏联在教育人民委员部下属的国家学术委员会内成立教育科学组，1925年公布小学综合教学大纲，打破学科界限，各学年按照自然、劳动和人类社会三个方面选定学习材料，并按季节、节日和地区情况组成一些单元，反映了当时欧美教育革新运动对苏联的影响。

20年代后期，苏联加强综合技术教育，劳动在教育中被提到了重要的地位。学校创设了许多小型工场或车间（细木工、钳工和镟工等）和学校生产博物馆，组织学生到生产部门参观实习，让学生学会运用简单的生产工具并熟悉拖拉机、汽车和电动机等。

（二）"九·五决定"与20世纪30年代对学校教育的整顿

20世纪30年代，苏联进入经济发展时期，中小学教育质量有待提高，高等教育结构需要调整，学校消亡论、设计教学法和儿童学等给教育机构造成的混乱有待消除，以适应苏联政治经济发展对教育事业提出的要求。因此，苏联在20世纪30年代重点整顿了普通教育。

1. "九·五决定"

1931年9月5日，联共（布）中央颁布了《关于小学和中学的决定》，史称"九·五决定"，开始整顿中小学教育的改革，主要内容包括：① 各加盟共和国保证在新教学大纲中有范围精确的各种系统知识。② 改进对学校教学方法的领导，改变科学研究机关与学校实际工作脱节的现象。③ 尽快制定培养教育干部的计划，保证充分满足各中小学对教师的需要。④ 解决中小学物质基础不足的问题。⑤ 实行一长负责制，批判设计教学法和学校消亡论，使一切社会生产劳动服从学校教学和教育目的。

"九·五决定"全面阐述了联共（布）中央的普通教育政策，是苏联彻底整顿普通教育的开始，也是以后出台的各种教育决定的主要依据，成为20世纪30年代苏联改革普通教育的指导思想和理论依据。

2. 20世纪30年代对学校教育的整顿

根据"九·五决定"的基本精神，苏联党和政府于1932年8月25日颁布了《关于中小学教学大纲和教科书的决定》，1933年2月12日颁布了《关于中小学教科书的决定》，1934年5月15日，苏联人民委员会和联共（布）中央通过了《关于中小学结构的决定》，1936年7月4日通过了《关于教育人民委员部系统中的儿童学曲解的决定》。

联共（布）中央通过的上述有关国民教育问题的决定，特别是"九·五决定"总结了十月革命以来教育改革的经验教训，整顿和改革了中小学的结构、教学管理和教师作用的发挥等问题，扭转了学校发展的方向，提高了学校教育的质量。但在改革中也存在教学大纲庞杂、中学结构单一和忽视儿童研究等问题。

（三）卫国战争时期的教育

1941年6月22日，德国法西斯突然进攻苏联，苏联的和平生活和社会主义建设被迫中断。在联共党和苏联政府的领导下，如同其他战线一样，苏联按照战时的要求和条件，教育战线改组了各级各类学校的教育教学工作。

1. 战时普及义务教育工作

按照1939年联共（布）十八大通过的第3个五年计划，苏联本应于1942年在城市普及中等教育，在农村普及七年制义务教育。战争的爆发使得大批教师和青年走上前线，大量儿童无家可归，教育经费削减。1941年至1942年初，中小学生数减少25%。苏联教育部门坚持正常的教育秩序，采取措施解决青少年的教育问题。1943年7月把普及义务教育的目标变为在农村实施普及小学教育，在城市和工人镇实施普及七年制义务教育。

2. 学校教育教学工作的改革

战争期间，苏联学校重视学生的思想政治教育和爱国主义教育，如在历史和文学的教学中说明国家过去的光辉业绩，在地理课中着重介绍本国的地理状况和富饶的自然资源等，并适当修改教学大纲和教学计划以使其更加适合战时需要。

为了鼓励学生在战争时期努力学习，1944年2月29日，教育人民委员部批准了《关于采用五级记分法评定小学、七年制学校和中学学生学业和操行成绩的指示》。同年6月21日，人民委员会通过了《关于改进学校教学工作质量的措施》，规定自1944—1945学年起实施毕业考试和毕业证书考试制度。战时苏联普通学校加强了生产劳动教育和军事体育训练。

（四）战后教育改革

战后苏联的四次教育改革旨在解决中学教育职能问题。1958年的教育改革强调就业准备，1966年强调升学准备，1977年进行纠正学生就业准备不足的教育改革，1984年扭转了忽左忽右的做法，使中学同时为学生的升学和就业做好准备。

1. 1958年教育改革

随着七年制义务教育的普及和中等教育的发展，升学与就业的矛盾日益突出。1958年12月24日，苏联最高苏维埃主席团通过了《关于加强学校同生活的联系和进一步发展苏联国民教育制度的法律》，确定了改革苏联普通教育的措施。① 实行八年制普及义务教育，传授基础知识和做好劳动准备。② 通过青年工人学校和农村青年学校、劳动综合技术普通中学和中等技术学校等完成第二阶段的普通教育。③ 扩大寄宿学校网，或按八年制学校类型设立，或按劳动综合技术普通中学类型设立。

苏联联邦教育部和教育科学院从1957—1958学年度开始，在50所学校试行实验教学计划，修业期限为11年，分为两段，前8年接受普通教育和综合技术教育，后3年将普通教育与职业训练结合起来。1960—1961学年度，将8 300所七年制学校改组为八年制学校。1961—1962学年度，开始实施八年制义务教育。

2. 1966年教育改革

1957年苏联发射了第一颗人造地球卫星，刺激美国于1958年颁布了《国防教育法》，改进"新三艺"，即数学、科学和现代外语教学，西方各国相继更新教育内容。苏联1958年的教育改革片面强调为就业做准备，忽视了理论知识的教学，割断了普通中学与高等学校之间的直接联系，不符合世界科技革命时代对教育的要求。在上述背景下，苏联采取措施消除1958年教育改革的消极影响。苏共第23次代表大会决议指出，提高培养专家的质量是头等任务，为以后5—10年的教育改革定下了基调。

苏共中央和苏联部长会议于1966年11月10日通过了《关于进一步改进普通中学工作的措施》，强调：① 使学生获得牢固的科学基础知识。② 科学基础知识的学习要有衔接性，从七年级起开设选修课以加深数理、自然和人文知识。③ 规定普通教育学校各班学生的定额。④ 恢复给中学毕业生颁发奖章和奖状的制度。该文件体现了苏联为提高中小学教学质量所做出的努力。在随后颁布的1967—1968学年和1968—1969学年的十年制学校教学计划中，大幅度增加了选修课的学时，用于劳动教学的时间在各年级减至每周2学时。1974—1975年，苏联所有中小学均按新教学计划、教学大纲和教科书开展教学工作。

3. 1977年教育改革

经过十多年的努力，苏联实现了中小学教学内容的现代化，教育质量有所提高，基本实现了普及九年制义务教育，但重新激化了中学毕业生升学与就业的矛盾。1977年，为了纠正学生就业准备不足，苏联又进行了教育改革。

1977年12月22日，苏共中央和苏联部长会议通过《关于进一步完善普通教育学校学生的教学、教育和劳动训练的决议》，强调中学毕业生在学习期间应学习科学基础知识，并掌握劳动技巧和职业知识，做好选择职业的准备。该决议对改进劳动教育、劳动教学和职业指导提出了具体要求。

该决议颁布后，中等普通教育学校问题委员会、教育部部务委员会和教育科学院主席团召开联席会议通过了贯彻执行该决议的计划。20世纪70年代末，苏联普通教育学校高年级（九、十年级）学生的劳动教学时间由原来的每周2学时增加到4学时。对新编的教学大纲和教科书也进行了局部修改，以使学生更好地掌握科学原理与基本概念，减轻学习负担。普通学校的生产劳动基地得到发展。

4. 1984年教育改革

80年代的教育改革方针反映在1984年由苏共中央和苏联最高苏维埃会议通过的《苏联普通学校和职业学校改革的基本方针》中。① 改革的指导思想是"学校既要保证授予进高校深造所必备的高水平知识，也要引导青年面向国民经济中公益劳动，并为之做好准备。"[1]② 建立普通中等教育和职业教育结构。完全的中等普通教育和职业教育将通过三个渠道进行：普通学校的10—11年级、中等职业技术学校和中等专业学校。③ 提高教育质量。教学应符合社会、科学和技术进步的要求以及学生的年龄特点。④ 规定了小学和普通中学劳动教育、教学和职业定向教育的主要内容。⑤ 改进儿童和少年的社会教育和家庭教育。⑥ 要选拔有志于从事儿童工作的青年就学，增加师范专业招生名额，关心教师劳动和生活条件。[2]

1984年的《苏联普通学校和职业学校改革的基本方针》在苏联教育史上具有重要意义。自十月革命以来，苏联历次教育改革均左右摇摆，不能很好地解决中学教育的功能问题。在这次教育改革中，苏联人终于认识到中等教育必须承担起为升学和就业同时做好准备的双重职能，努力促使普通教育和职业教育互相结合，朝着综合统一的方向发展。

二、俄罗斯教育

1991年末，苏联解体。俄罗斯联邦经历了剧烈的社会动荡，意识形态陷于混乱，教育目的彼此矛盾。普京总统时期提出振兴教育战略，大俄罗斯主义成为俄罗斯教育变革的精神源流。[3]改

---

① 吕达、周满生主编：《当代外国教育改革著名文献》（苏联—俄罗斯卷），人民教育出版社2004年版，第4页。
②《苏联普通学校和职业学校改革的基本方针》，吕达、周满生主编：《当代外国教育改革著名文献》（苏联—俄罗斯卷），人民教育出版社2004年版，第3—20页。
③ 张男星：《俄罗斯教育变革的精神源流：大俄罗斯主义》，《比较教育研究》2004年第5期，第24—28页。

革后的俄罗斯教育的明显变化是引入市场机制、教育经济化、非国有化、民主化和多元化。苏联解体初期，独联体各国仍延续苏联自20世纪80年代中期以来的教育改革趋势，后来逐渐进行一些适应本国特点的教育改革。俄罗斯作为独联体中最大的国家，其教育发生了值得关注的变化。

（一）俄罗斯联邦初期的教育

1992年，俄罗斯颁布了《俄罗斯联邦教育法》。1996年，经过修改的《俄联邦教育法》生效。此外，还有《关于俄罗斯联邦国家教育管理体制的决议》《俄罗斯联邦教育发展国家纲要（草案）》以及关于各级各类教育的法令和条例等，为俄罗斯教育改革提供了法律和政策保证。但是，市场经济的全面过渡和经济体制的全面私有化加剧了社会动荡。教育经费奇缺，教师待遇低下，教师素质下降，教育改革举步维艰。

1.《俄罗斯联邦教育法》

1992年7月10日，由俄罗斯联邦总统叶利钦（Бори́с Никола́евич Е́льцин，1931—2007）签署的《俄罗斯联邦教育法》奠定了俄罗斯国家教育政策的基础。① 国家教育政策的主要原则是个性自由发展的优先性，联邦文化教育的一致性和教育的普及性，国立和市立教育机构的非宗教性，教育管理的国家—社会性和教育机构的自主性。② "俄罗斯联邦教育系统是互相衔接的各层次教育大纲和国家教育标准体系的总和，是实施这些大纲和标准的法定组织形式和类型各异的教育机构网络以及教育管理机构和所属的组织、机构体系的总和。"[①]个人可根据自己的需要选择接受教育的形式，教育机构的创办者可以是多元的。③ 国家提供教育拨款，教育机构从事法定活动免征税收，为接受高等教育的个人提供国家贷款。

2. 叶利钦时期的社会和教育危机

自由化改革的结果是在叶利钦时期出现严重的贫富不均。在缩减财政投入的背景下，财政和物资的分配出现极度不公平，缺乏教学条件的学校以及缺少食物和衣服的儿童都增加了。俄罗斯缺乏青少年思想教育的国家战略，信息环境缺乏政府监督。20世纪90年代，俄罗斯电视、报刊等媒体中充斥着暴力和色情。20世纪90年代的前5年，7—18岁的儿童不去学校的比例非常高，未成年人犯罪比重急剧上升，青少年吸食毒品的人数越来越多，这些不安定因素已威胁到国家安全。

俄罗斯实行"剩余原则"的教育拨款政策，使教育经费短缺到难以维持的地步。人才流失，质量下降，俄罗斯的教育和科技水平元气大伤。1991—1994年，高等教育机构近25%的讲师弃教从商，西方国家雇用了俄罗斯20万科学家和专业人士。就收入、声望和就业机会而言，俄罗斯高等教育教职人员和科学家排在倒数第一位。

（二）普京振兴教育战略

2000年新年前夕，俄罗斯总统普京（Владимир Владимирович Путин，1952—）颁布了纲领性文件《千年之交的俄罗斯》，要重振俄罗斯的大国雄风。1999年12月，俄罗斯政府成立战略研

---

① 《俄罗斯联邦教育法》，参见吕达、周满生主编：《当代外国教育改革著名文献》（苏联—俄罗斯卷），人民教育出版社2004年版，第226页。

究中心，制定了《2000—2010年俄联邦政府在社会政策和经济现代化方面的行动纲领》和《俄联邦政府长期社会经济政策的基本方针》，包括创造必要条件发展符合社会和经济需要的教育战略。

2000年，普京签署了《联邦教育发展纲要》、《俄罗斯联邦民族教育方针》和《俄联邦国民教育要义》，重新强调国家对教育应尽的责任，重申优先发展教育的战略意义。在继承20世纪90年代改革成果的同时，对教育的倒退现象提出了尖锐批评。2001年12月29日，俄联邦政府通过《关于2010年实现教育现代化的构想》，提高国民素质和振兴教育成为重塑大国地位的重要组成部分。

普京政府采取了以下措施发展教育：① 增加教育投入，优先发展教育。2002年，政府财政预算中教育投资比例首次超过军费预算的增长速度。2003年，国家投资32亿卢布用于修建468个新的教育设施。② 促进教育现代化，重视信息技术发展。向世界银行贷款用于俄罗斯学校的网络化建设，动员大型企业共同出资为6 600所中小学配备电脑，建立全国联网的教育互联网。③ 教育和文化战略的理论基石是普京的"俄罗斯新思想"，包括爱国主义、强国意识、国家作用和社会团结四个相辅相成的部分。[1]

（三）俄罗斯国家体制转轨后教育体制的变化

苏联解体后，国家政治、经济和社会关系重组，劳动市场变化，人才培养系统变化，教育预算大幅度缩减。随着国家体制的转轨，俄罗斯的教育体制发生了巨大变化，包括教育目的、立法、投资、管理以及教育内容、教学法和教育成果评价等领域。

1. 基础教育的改制

俄罗斯11年的基础教育分为三段：普通教育3—4年，普通基础教育5年，普通完全教育2—3年。在1998年10月俄罗斯教育科学院主席会议之后，各界热烈讨论完全中等教育学制是否改为12年，主要理由是教学大纲过于沉重、青少年发病率高和教育质量降低。俄罗斯教育部赞同改制，但地方当局认为增加1年学制会增加地方财政预算中对教育的支出。1999—2001年，在各种会议上就是否实行12年制普通教育进行了广泛的听证和讨论，多数人倾向于改制。俄罗斯教育部决定在6年内完成从11年制普通教育向12年制过渡的改革试点。

2. 学校类型和教学内容的变化

俄罗斯出现了各级各类非国立教育学校，包括教会学校、私立中学、私立职业中学和私立大学。各种国际组织和公司等也可以在俄罗斯自由办学，主要形式是联合培养，但仅限于经济和法律等少数专业。

俄罗斯强调中等教育与市场经济相适应，致力于培养学生的个性。在完成《俄罗斯中等教育国家标准》的前提下，学校可根据学生、家长和教师意见自主选择教材。俄罗斯的高等教育内容不限于国内人才市场的需求，以超前意识为市场经济发展、加入WTO和信息化的发展修改教学内容、引入远程教育模式和开展教育的国际交流与合作。

3. 学校经费的变化

俄罗斯学校由靠国家经费拨款发展到国家拨款（限于国立学校）和学校多渠道筹措经费并

---

① 张丹华：《普京教育治国思想解读》，《外国教育研究》2005年第1期，第18—20页。

重。因连续多年教育投资不足，教师工资拖欠严重。普京就任总统以后，联邦教育部加强了硬性开支的拨款力度，保证教育工作的基本条件。教育部实施每周财务检查制度，加强对教育经费的管理，对联邦政府预算和联邦实体下拨给教育部门的工资款进行检查，地方政府每周向联邦政府上报工资发放情况报表。除了国家财政拨款外，俄罗斯的学校（主要是大学）还有以下经费来源：自费学生（包括外国自费留学生）、校办产业（包括中介服务）、有偿办理学习班、科研项目经费、校产出租和慈善捐赠等。

4. 高校分配制度的变化

苏联高等教育是计划经济体制下的高等教育，学生毕业后由国家分配工作。苏联解体后，俄罗斯迅速向市场经济转型，法律规定国家要保障大学毕业学生的工作权利，但国家不再负责毕业分配，毕业生需要自己找工作。

5. 部分地区试行全国统一大学入学考试

苏联解体前及解体后的俄罗斯高考制度是：中学毕业考试后，再进行大学和中等职业学校的入学考试；各大学自行命题，考生到所报考院校参加考试。其主要弊端是中学毕业生需要在有限的时间内参加两次不同的考试，压力过大；各大学入学考试中营私舞弊、贪污腐败现象严重；很多边远地区的优秀考生因负担不起到莫斯科的往返交通费用，不能到名牌大学参加考试。为了解决上述问题，俄罗斯教育部认为应实行全国统一的大学入学考试，选拔优秀学生到名牌大学学习，并根据考生成绩确定国家补贴标准。

2001年4月，在马里埃尔共和国、楚瓦什共和国和雅库特共和国试行了全国统一大学入学考试。其具体规则如下：① 试行地区对所属普通教育学校毕业生成绩的最终评定以国家统一考试的形式进行，不再进行中学毕业考试。② 学生至少通过5门考试：数学、俄语及三门自选科目。③ 试行地区毕业生获得中等（完全）普通教育学校毕业证书和国家统一考试成绩证书。④ 根据国家统一考试成绩录取学生的标准由大学自行确定。[1]

（四）21世纪俄罗斯的教育改革

为了实现教育现代化，俄罗斯联邦政府先后颁布了一系列国家教育政策。2002年2月，俄罗斯教育部颁布了《2010年前俄罗斯教育现代化构想》，该文件是俄罗斯进入21世纪颁布的第一个国家教育发展纲要，也是实现俄罗斯教育现代化的重要部署。[2]2006年1月12日，俄罗斯联邦政府正式颁布了《2006—2010年联邦教育发展目标大纲》，致力于完善教育内容和教育方法，建立教育质量评价的保障体系，提高教育机构的有效管理职能，完善教育机构内部的经济机构等，以促进现代化教育体系的形成。[3]

2011年2月7日，俄罗斯通过关于《2011—2015年联邦教育发展目标纲要》（以下简称《纲要》）的决议。为了提高国际竞争力，俄罗斯制定了国家创新发展战略，教育被提升到优先发

① 参见吕文华、李凤忱：《俄罗斯国家体制转轨后教育体制的变化》，《外国教育研究》2004年第9期，第14—17页。
② 赵伟、孙大镭、周春玲：《俄罗斯教育规划〈2010年前俄罗斯教育现代化构想〉评析》，《佳木斯大学社会科学学报》2015年第4期，第162—164页。
③ 曲志坚、高凤兰：《俄罗斯〈2006—2010年联邦教育发展目标大纲〉述评》，《外国教育研究》2007年第4期，第16页。

展的战略地位。《纲要》对推进普通教育和学前教育的现代化、完善更新职业教育的内容和结构、发展教育质量和教育服务需求评价体系三项任务及保障措施作出了明确规定，并对政策实施的社会和经济效应进行了预期评价。

2018年是俄罗斯教育制度变革之年。俄罗斯联邦教科部长奥莉加·瓦西里耶娃提出在2018年9月开始实行一系列创新措施。第一，增加国际象棋和天文学课程。第二，在教师培养中引入补充科目，为师范生增加残障儿童教育学课程。第三，高职院校毕业生除参加文凭考试外还将参加展示性考试，考查学生运用知识解决实践问题的能力。第四，恢复教育优惠贷款计划，增加大学生补助。第五，增加有军事教研室的大学数量，将在俄罗斯的八所大学创建军事教研部门。第六，自2018年起，大学生将能够自主选择在哪所大学听课。[1]

关键概念

《史密斯—休斯法》	《中等教育基本原则》	八年研究
泰勒原理	初级学院运动	《国防教育法》
学科结构运动	生计教育	"回到基础"教育运动
《国家在危急中》	《不让一个儿童掉队法案》	"新美国学校"运动
美国新课程标准运动	美国特许学校运动	《每个学生都成功法案》
《教育基本法》	彩虹计划	统一劳动学校宣言
九·五决定	俄罗斯联邦教育法	

现代各国教育（第十四章、第十五章）小结

（一）20世纪各国教育发展的历史分期

第十四章和第十五章分别介绍了20世纪英、法、德、美、日、俄六个国家的教育。可将20世纪各国教育的发展大致分为战前和战后两个阶段，战后的教育发展又以80年代为界，分为两个时期。

20世纪初至第二次世界大战以前，各国的教育发展主要体现为巩固19世纪初步建立起来的国民教育制度。与此同时，消除双轨学制和普及中等教育被提上了议事日程，各国通过一些教育改革初步实现了初等教育的统一化，而中等教育的真正普及则是在第二次世界大战结束以后才逐步实现的。

战后至70年代是西方学校教育发展的黄金时代。首先，经济的飞速发展使人们对教育的作用

---

[1] 李明华：《俄罗斯联邦教科部长：2018年是俄罗斯教育制度变革之年》，《世界教育信息》2018年第8期，第72页。

和功能充满信心和乐观主义精神，在教育民主化、人力资本理论和环境对智力发展的影响等理论的支持下，学校教育被视为魔杖，似乎无所不能。其次，在战后苏美争霸的冷战国际环境的影响下，各国力图通过教学内容和教学手段的更新培养科学技术人才，以增强本国在国际军备竞赛中的实力。各国争先恐后地通过颁布相关法案进行中小学课程改革，力图选拔和培养科学精英，并将最新的科学研究成果应用在中小学课程中。

20世纪70年代的石油危机导致西方各国经济衰退，劳动力过剩，失业现象严重。前一时期对学校教育的热情此时变为各种不满、怀疑和困惑。与此同时，终身教育理念要求对整个教育制度的发展问题进行重新定位。在这种背景下，80年代以来西方各国教育改革出现了新的特征，主要表现在先后以新自由主义和"第三条道路"为执政理念，以小政府、大市场为指导思想，在教育中引入市场机制，开始了旨在减少财政开支同时提高教育质量的新一轮教育改革。在有地方分权传统的国家，不同程度地加强了联邦政府对教育的控制和协调，推行国家课程和国家考试，通过家长选择学校等方式迫使学校提高教育质量，并根据终身教育理论重新建构整个教育体系。在中央集权制国家，则侧重于考虑如何通过改革增强教育制度的活力和效率，提高地方当局和社会各界参与教育的积极性。

（二）战后各国教育发展的一般趋势

第一，教育行政体制。世界各国主要形成两种不同类型的教育领导体制，即中央集权制和地方分权制，各有其优缺点。教育行政体制的发展趋势是：教育行政管理的均权化、教育行政体制的民主化和科学化。教育行政管理的均权化一般是指实行教育行政中央集权制的国家，如法国等国在向地方分权的方向发展，以调动地方办教育的积极性，改变脱离学校实际的官僚作风；[①]而实行教育地方分权制的国家，如美国等国正在加强中央政府对教育事业的控制，削弱地方教育当局的权力，推行教育标准化、国家课程和国家考试等，出现了相对集中的趋势。在学校管理方面，则向着民主化方向发展，主要体现在扩大学校的办学自主权，以及家长和社会各界人士参与学校的民主管理。

第二，普通教育。战后世界主要发达国家都通过立法保障普及义务教育的实施，延长了义务教育的年限，改进了教学内容和教学方法。在中等教育改革方面，各国教育主要关注两个方面的问题：一是调整中等教育结构，使其更加民主和科学。中等学校教育的分类不再以出身、性别和社会地位作为划分的根据，而是考虑学生的天赋能力和性向，各国采取不同方式，如法国的方向指导班、德国的"促进阶段"和美国的能力分组等，使教育内容和方法更贴近学生的兴趣和能力。二是试图平衡中等教育的双重功能，即为学生升学和就业做好准备，但如何处理好这个问题是中等教育发展中的一大难题。在推行综合中学的国家，如美国，中等教育的发展呈现出所谓的"钟摆现象"，一个时期强调为升学做准备，另一个时期更关注培养科技精英人才；一个时期要以高、新、难为原则改革学校课程，另一个时期又试图提高全体学生的整体水平，"不让一个学生掉队"。在实行多轨制的中等教育的国家，如德国，因实行分流制度，问题的解决似乎更合理一些，但也可能产生教育公平

---

① 吴文侃、杨汉清主编：《比较教育学》（修订本），人民教育出版社1999年版，第588—589页。

和如何提高整体教育质量的问题。因此，如何处理好升学与就业、公平与效率、精英教育与大众教育、智力发展和人格陶冶等之间的关系，始终是中等教育发展中的两难问题。

第三，战后高等教育。其发展趋势是一方面朝着大众化方向发展，如美国的初级学院和英国的开放大学等。另一方面，高等教育改革强调适应科学技术发展的潮流，不断调整课程结构和专业设置；强调大学为社会服务的功能以及学生创新能力的培养。各国高等教育面临的主要难题，一是如何在高等教育大众化的时代提高教育质量，二是如何筹集高等教育所需经费。伴随着高等教育的大众化，教育质量的滑坡似乎成为不可避免的问题。尽管各国为解决高等教育质量问题使出浑身解数，但效果似乎并不明显。经费问题也是制约高等教育发展的瓶颈。高校教师习惯于自由传统，现在却不得不屈服于经费压力，放弃个人爱好和兴趣，去从事服务社会的研究项目以争取相关经费。"发表或死亡"（publish or perish）给高校教师和学者以巨大的心理压力，由此滋生了功利主义和浮躁心理，学术造假时有发生，从根本上影响了教育质量和科研水平的提升。

第四，职业技术教育。为了发展经济，促进就业问题的解决，职业技术教育一直是各国政府关心的重要教育领域，这从各国不断颁布的职业教育法案可以看出。普通教育职业化和职业教育普通化，职业技术教育普及化和上移化，职工教育培训的经常化和制度化，是当代职业技术教育发展的三大主要趋势。[1]比较成功的范例是德国的"双元制"职业教育，其他的还有日本的"产学结合"和美国的"生计教育"等。一种途径是各国试图通过在中等教育课程中增加职业教育选修课的办法使学生做好就业准备；另一种途径是通过专门的机构进行职业技术教育。职业技术教育有其特殊性和复杂性。在许多国家，如法国，由于传统思想的影响，人们总认为职业教育低人一等，无论政府使多大力气，职业教育始终难以发展。又由于职业教育不是一个单纯的书本教育，学生需要有机会从事实践，因此，在职业教育机构内部如何处理普通教育和专业教育的矛盾以及职业教育机构与企业的关系都是难题。大家都知道德国的"双元制"职业教育效果很好，但这种基于德国历史上的手工业行会传统的职业教育制度并非其他不具有这些传统的国家所能学到的。

第五，师范教育。战后各国师范教育的变化一是师资培养日益成为大学教育的一部分；二是师资培养由封闭走向开放，同时职业化要求更加明显。在师范教育机构的改革方面，美国从20世纪40年代起率先将师范教育由封闭型转变为开放型，即将师范学院归并为综合大学，或由大学设立教育学院，或由文理学院设立教育专业，独立师范学院所剩无几。在联邦德国和日本也有类似做法。在英国，20世纪70年代以来，教师需求量减少，政府发表白皮书，允许教育学院设置非师范专业或兼施继续教育。1975年以后，取消地区师资培训组织，对100多所教育学院进行调整，有的并入大学或多科技术学院，有的与别的教育学院合并，有的则被迫关闭。战后的师资培养坚持学术性和师范性的统一，保证职前培养的规格，严格设定入学标准，合理安排课程，重视实践环节，加强在职培训。在终身教育思潮和教师专业化思潮的影响下，各国师资培训向终身化和专业化方向发展，并与教师资格证书制度和教师待遇的提高密切挂钩。

---

[1] 吴文侃、杨汉清主编：《比较教育学》（修订本），人民教育出版社1999年版，第477—483页。

思考题

1. 简述1918年美国《中等教育基本原则》的主要内容。

2. 简述1917年美国《史密斯—休斯法》的主要内容。

3. 简述"八年研究"。

4. 简述"泰勒原理"。

5. 简述美国初级学院运动。

6. 简述1958年美国《国防教育法》的主要内容。

7. 简述美国的"生计教育"运动。

8. 简述美国的"回到基础"运动。

9. 述评美国20世纪60年代的中小学课程改革。

10. 简述美国《不让一个儿童掉队法案》的主要内容。

11. 简述日本《教育基本法》的主要内容。

12. 简述日本《学校教育法》的主要内容。

13. 述评日本第三次教育改革。

14. 简述苏联《统一劳动学校宣言》的主要内容。

15. 简述苏联"九·五决定"的主要内容。

16. 试论1958—1984年苏联教育改革的经验教训。

17. 俄罗斯国家体制转轨后教育体制发生了哪些重要变化？

18. 试论战后世界主要发达国家中等教育改革的一般特征。

19. 述评战后世界发达国家的高等教育改革。

20. 试论20世纪80年代以来西方各国教育发展的一般趋势。

第十六章　苏联教育思想

在20世纪世界教育思想史上，苏联教育思想占有重要地位。十月革命胜利以后，苏维埃政府遵照列宁的教育学说进行了教育改革和教育建设，建立了独特而完整的苏维埃教育体系，发展起不同于西方的教育理论。苏联教育理论以列宁教育学说和马克思主义方法论思想为基础，反映了不同时期苏联党和国家的教育方针，总结了苏联各个时期的教育经验。

在苏联教育史上有四位教育家的思想具有代表性。马卡连柯代表十月革命以后苏联早期的教育思想，尤其总结了关于流浪和违法少年的教育经验。凯洛夫主编的《教育学》是20世纪40—50年代形成的苏联传统教育理论的主要代表，曾对中国教育学界产生了深刻影响。赞科夫的发展性教学理论反映了20世纪60年代苏联教育理论的新发展。苏霍姆林斯基的全面和谐发展理论深深植根于中小学的教育实践，他对儿童的热爱和对教育事业的奉献精神具有很强的感染力，其教育经验成为世界宝贵的教育财富。

第一节　马 卡 连 柯

马卡连柯（Антон Семёнович Макаренко，1888—1939）是苏联早期的教育家和作家，在20世纪20—30年代，主要致力于青少年流浪者和违法者的教育，并获得很大成功。他勤于著述，撰写了许多文艺作品和教育著作，建立起独具特色的教育思想体系。集体教育、劳动教育和家庭教育是构成马卡连柯教育思想体系的三个主要内容。

一、教育活动和教育著作

马卡连柯出生于乌克兰哈尔科夫省的一个工人家庭，从市立四年制学校毕业后，接受了师资训练，1905年开始从事教育工作。在俄国第一次革命爆发时期，他开始接受马克思主义，并受到高尔基著作的深刻影响。1914年，马卡连柯进入波尔塔瓦省师范专科学校学习，奠定了良好的文学、哲学、心理学和教育学基础，并受到校长伏尔宁的深刻影响。

1920—1936年是马卡连柯教育活动的全盛时期。十月革命以后，为了收容和改造流浪儿童和少年罪犯，苏联政府在各地设立工学团。1920年，马卡连柯受波尔塔瓦教育厅的委托，负责波尔塔瓦少年违法者工学团（同年改名为高尔基工学团）的工作。1928年，他到捷尔任斯基公社工作。马卡连柯以马列主义为指导，在高尔基革命乐观主义精神和社会主义人道主义精神的激励下，进行了艰苦卓绝的教育实验活动，把数以千计的流浪儿童和少年违法者改造成社会主义新人。

在投身教育实践的同时，马卡连柯一直坚持进行文学创作和教育研究活动。1937年因病迁居莫斯科后，他认真总结了30多年的教育实践，更加勤奋地从事著述活动。马卡连柯较为著名的著作有《教育诗篇》、《塔上旗》、《父母必读》和《儿童教育讲座》等。后两本书奠定了苏联家庭教育理论的基础，成为家长和儿童教育工作者的必读书籍。

二、教育思想的理论依据

马卡连柯的教育思想体系以马克思主义方法论为指导，努力用辩证逻辑的观点来认识人类的教育实践，分析教育学的基本问题。他论述了学校教育和社会环境在人的发展中的作用，认为学校是最有力的教育手段，在人的成长过程中发挥着巨大的作用。但他也注意到儿童教育机关的工作在时间、数量和深度上都是有限的，因而更重视社会环境对人的影响，指出"人是被整个社会教育着的"[1]。社会中的一切事件、人的整个生活与工作，都成为教育的重要因素。

在教育、教养和教学的相互关系上，马卡连柯认为，教育与教养是相辅相成的，教育过程不只在课堂里进行，教育工作必须指导学生的全部生活。他批评了将教育过程等同于教学过程的主张，对以后苏联教育理论的发展产生了积极影响。

马卡连柯强调教育的目的与任务必须适应社会政治经济的需要和时代发展的要求。苏维埃共产主义教育的目的与任务是根据社会主义革命和建设的总任务提出来的。同时，他又要求在教育实践中应统一共性与个性，对学生的共同要求必须与重视他们的个性相结合，不能抹杀个性。教师只能根据学生的特点把个性发展引向社会需要的方向。

三、论教育的目的

马卡连柯强调教育工作者必须明确教育的目的并为实现它而努力。他主张教育适应社会政治经济的需要和时代的要求，教育必须为社会服务，要对自己正在造就的人负责。在他看来，教育目的应当服从政治目的，必须培养社会所需要的人才，应当从苏联社会的需要、从苏维埃人民的意向、从革命的目的和任务出发考虑教育的目的。

基于上述看法，马卡连柯认为教育的目的是把学生教育成真正有教养的苏维埃人、劳动者，将青年培养成有用、有技术、有学识、有政治修养和高尚道德的身心健全的公民。教育过程的目的应当成为教育工作的主要基础，强调教育战线如同其他生产战线一样必须保证不出废品，即使有1%的废品也不应该。

马卡连柯批判了当时流行的儿童学，认为这种理论企图不问政治，脱离社会，单纯从生物学中得出教育的目的。他也注意到教育工作要考虑儿童的个性差异，但由于当时正处于批判儿童学高潮的年代，他对教育工作必须从生理和心理方面研究儿童的问题强调得不够，甚至表现出一定程度的片面和偏激。

---

[1] ［苏］马卡连柯著，吴式颖等编：《马卡连柯教育文集》（上卷），人民教育出版社1985年版，第1页。

四、集体教育思想

集体教育在马卡连柯的教育思想体系中占有特殊的重要地位。组织、培养和教育集体，通过集体教育社会主义所需要的新人，这就是马卡连柯的主要经验。他的集体教育思想的理论依据是马克思主义关于集体在社会主义社会里可作为教育手段，以及个人只有在集体中才能获得全面发展自己才能的可能性的观点。在马卡连柯看来，苏维埃国家主要是一个由许多大小集体所构成的国家。因此，苏维埃人不能孤独地生活和创造。"我们的教育任务就是要培养集体主义者。"[1]

马卡连柯深入探讨了"集体"的性质和意义，认为许多单个的人集合在一起不能算是集体，集体"是以社会主义的结合原则为基础的人与人互相接触的总体"[2]。集体有共同的奋斗目标，有组织性和纪律性。在集体中，个人的目的及个人的利益必须服从集体的目的和利益。社会主义国家的每一个教育机构就是一个集体，包括学生集体和教师集体。马卡连柯把健全的集体视为最好的教育工具，把建立合理的集体看作取得良好教育成果的首要条件。在多年的教育实践中，马卡连柯创立了一整套集体教育的原则和方法。

（1）平行教育影响原则

马卡连柯认为，个人对个人的影响是狭隘的，作用是有限的，集体的影响则要大得多。为了教育好个人，就要先影响该成员所属的基层集体，然后再影响该成员，通过这种方式，所得的影响效果就会更大。教师必须把整个集体作为教育对象，让个人在集体中受到教育。

（2）自觉的纪律

马卡连柯把纪律看作是苏维埃社会里的一种道德和政治现象。集体中不可缺少纪律，它既能保证其成员的利益，又能美化集体，是获得政治上和道德上幸福的一种方式。纪律首先是教育的结果，然后才能成为教育的手段。苏维埃的纪律是自觉的纪律，要求儿童自觉地、愉快地、主动地和创造地去做自己不喜欢的事情。获得自觉纪律的方法是整顿生活环境、生活制度和说理。

（3）尊重与要求结合的原则

这是马卡连柯基于社会主义人道主义思想而确立的一条基本原则。他把尊重和要求看成一回事，尊重一个人才对他提出要求。从这个原则出发，他要求教育工作者要最大限度地尊重儿童的人格，相信儿童。既不听之任之，也不过分监护，无限地热爱和关怀儿童，善于长善救失。

（4）前景教育

马卡连柯认为："人的生活的真正刺激是明天的快乐。在教育技术中，这种明天的快乐就是最重要的工作对象之一。"[3]教师必须善于向集体和个人循序渐进地提出引人入胜、富有兴趣和具有现实性的远景，领导儿童集体不断发展和前进。他把前景分为近景、中景和远景，先从

---

[1]［苏］马卡连柯著，吴式颖等编：《马卡连柯教育文集》（上卷），人民教育出版社1985年版，第106页。
[2]［苏］马卡连柯著，吴式颖等编：《马卡连柯教育文集》（上卷），人民教育出版社1985年版，第15页。
[3]［苏］马卡连柯著，吴式颖等编：《马卡连柯教育文集》（上卷），人民教育出版社1985年版，第313页。

个人眼前的生活需要入手，按计划开展各种集体活动，再在此基础上引导儿童憧憬未来，激励他们立大志，更加努力地工作。

五、劳动教育思想

从社会主义社会对人的基本要求出发，马卡连柯十分重视年轻一代的劳动教育，认为劳动是人类生活的基础，较为全面地揭示了劳动的教育意义。在他看来，劳动教育能提高人的劳动能力，这对于社会的发展和个人的幸福都是十分必要的；劳动教育能使儿童了解劳动的必要性，养成努力劳动的牢固习惯，产生对劳动的爱好，把劳动当作表现其人格和才能的主要形式；劳动的最大益处在于促进儿童道德上和精神上的发展，使儿童亲近劳动者，谴责懒惰者；家庭劳动教育是顺利完成专门教育的基础。

马卡连柯较为详细地论述了劳动教育的原则和方法。第一，使教学与生产劳动有机地结合，而非机械地结合。第二，使学生的生产劳动服从于学校的教育目的。第三，劳动教育不能单纯强调体力劳动，劳动拜物教会使劳动变成"消耗精力的操作"，会使学生产生厌恶劳动的情绪。第四，必须让学生创造性地劳动。第五，劳动任务应具有量力性、长期性、复杂性和多样性。教师应当考虑儿童的年龄特征和体力健康状况，不能让他们担负过重的劳动任务。他重视定期组织学生参观农村和工厂，反对在劳动过程中滥施奖励和惩罚。

马卡连柯所领导的高尔基工学团主要从事农业生产，兼顾牲畜饲养业，也办了手工作坊，经济逐步自给有余。在捷尔任斯基公社，马卡连柯充分发挥了学生的积极性和主动精神，让他们主持各种会议，领导生产和值勤等工作，使十六七岁的少年能胜任车间长的工作，十八九岁的青年能管理复杂的车间生产。捷尔任斯基公社办起了农场和现代化工厂，600多位师生逐步做到费用自给有余，每年向国家上交500万卢布的纯利润。

马卡连柯不仅是劳动教育的拥护者，也是生产教育的拥护者。从1935年起，公社学员一边完成10年制学校的学业，一边在工厂里每天做4小时工作，使脑力劳动与体力劳动很好地结合起来。马卡连柯深信，学校、教学在培养和改造人的工作中具有特殊的意义。一般说来，违法者的品质改造和再教育工作只有在完全接受了中等教育的条件下才有可能进行。

六、论家庭教育

在长期接触违法少年的过程中，马卡连柯发现不良的家庭教育是使这些孩子误入歧途的一个重要原因，这促使他在后期致力于儿童家庭教育的研究，从培养共产主义新人的角度系统地论述了儿童家庭教育。

（一）家庭教育的意义和父母的职责

马卡连柯指出，儿童将成为什么样的人主要取决于父母，父母在孩子5岁以前所做的一切"等于整个教育过程的90%的工作"[①]，合理进行早期教育工作是为了避免以强制手段进行令人

---

① ［苏］马卡连柯著，吴式颖等编：《马卡连柯教育文集》（上卷），人民教育出版社1985年版，第236页。

痛苦的再教育工作。

马卡连柯把家庭看作社会的一个天然的基层细胞，儿童在这里生活、成长。父母应意识到自己对子女的责任，并把教育子女与国家的未来和前途相联系，将其视为自身对于社会所负责任的一种特殊形式，不能把家庭生活和社会事业分开来。马卡连柯重视学校教育与家庭教育的密切联系，号召学校指导家庭做好教育儿童的工作，父母也应主动争取学校的帮助。

（二）家庭教育的一般条件与主要原则

马卡连柯把集体教育思想运用于家庭教育。"为了成功地教育儿童，首先家庭应当是苏维埃的集体。"[1]良好的家庭教育的基本条件之一是保持家庭的完整和团结一致，父母不在一起生活或离异会对儿童教育产生不良影响。父母也不应在孩子面前争吵。马卡连柯注意到教育独生子女的困难性，认为多子女家庭更有利于孩子的教育。独生子女往往成为家庭注目的中心，有意无意地被教育成利己主义者。只有在多子女的家庭中，父母对孩子的关注才会正常，同时不同年龄的孩子之间互帮互助，也有助于培养集体主义观念。

马卡连柯重视父母的威信在家庭教育中的作用。在他看来，父母是家庭集体中负有责任的长者，他们是否有威信将直接影响到教育的成败。他批评了种种虚假的威信，诸如"以高压获得的威信"、"以疏远获得的威信"、"以爱抚获得的威信"和"以馈赠获得的威信"等，认为父母的公民感及对儿童生活的了解和帮助才是真正威信的基础。父母对自己家庭的尊重和以身作则是首要的教育方法，在家庭教育中有着决定的意义。掌握尺度和分寸也是家庭教育方法的主要原则之一，父母应具备某种介于严厉和慈爱之间的和谐，学会在非常慈爱的口吻中保持严厉。

（三）家庭教育的主要内容

马卡连柯认为家庭教育的真正本质在于如何组织家庭生活。细枝末节是日日夜夜、时时刻刻起作用的，指导和组织日常生活是父母最重要的任务。他重点研究了家庭劳动教育问题，也探讨了家庭经济的教育作用、性教育和文化习惯的培养等问题。

马卡连柯非常重视儿童游戏，提出了较为系统的游戏理论。他比较了游戏和工作的异同，充分肯定了游戏的教育价值，把游戏视为工作的准备，通过游戏训练儿童，使其习惯于工作时所需要的生理上和心理上的努力。游戏不应脱离社会目的，应吸引儿童参加劳动，以此来逐渐地代替游戏。

马卡连柯研究了家庭劳动教育，要求让儿童手脑并用地劳动而不只是出苦力；应让儿童学会使用某种工具去自由劳动；儿童家庭劳动从保持玩具整齐、清洁开始，随着年龄的增长而逐渐与游戏区分开来；不应将知识学习特殊化，以致轻视劳动；由于幼儿缺乏经验，判断力差，应多给他们暗示和指点；不要在劳动问题上采取奖惩方法。马卡连柯的这些主张在今天看来仍富有启发意义。

---

① ［苏］马卡连柯著，吴式颖等编：《马卡连柯教育文集》（上卷），人民教育出版社1985年版，第263页。

七、地位与影响

马卡连柯是苏维埃杰出的教育理论家和教育实践家，他把自己的一生献给了人民的教育事业，为人类留下了丰富的教育学遗产。他从十月革命以后苏联的实际情况出发，以高度的责任感和创造精神从事教育新方法的探索与实验。他所独创的集体教育理论对于各个年龄阶段的儿童教育都具有重要的指导意义。

马卡连柯第一个建立了苏联家庭教育理论的完整体系。他强调了儿童集体活动的教育意义，重视家庭教育在儿童发展中的重要性，详细研究了游戏和劳动教育等问题，这些思想都在苏联学前教育理论中占有重要的地位。

马卡连柯的教育理论反映了教育工作的一些客观规律，受到世界各国教育者的重视，曾有214个代表团参观了捷尔任斯基公社。他的"要求与尊重相结合"的教育原则已为世界各国教育界人士所普遍采用。他的著作被译成各种文字出版。尤其在进步主义教育思潮盛行、把教师的指导视为强制而加以全盘否定的风潮中，马卡连柯关于"重视纪律这一全部教育活动的结果"、"确立父母和教师建立在责任感之上的权威"以及"以信赖为基础的要求"等思想使教育工作者耳目一新。

马卡连柯逝世后不久，俄罗斯联邦教育科学院成立了由他的夫人领导的马卡连柯教育遗产研究室。1946年，教育科学院出版了马卡连柯的《教育论文选》，1948年出版了他的《教育文集》。1950—1952年出版了《马卡连柯文集》（7卷本），1951—1958年出版了增补版。此外，还出版了一些关于马卡连柯研究的专著。为纪念马卡连柯诞辰100周年，苏联教育科学院1983—1986年编辑出版了《马卡连柯教育文集》（8卷本）。

中国的教育工作者对马卡连柯是很熟悉的。人民教育出版社在20世纪50年代出版了《马卡连柯文集》（7卷本）的中译本（以《马卡连柯全集》为书名），80年代出版了分为上下两卷的《马卡连柯教育文集》。马卡连柯用文艺体裁写成的教育名著《教育诗篇》、《父母必读》和《塔上旗》也在20世纪50年代被译成中文出版，根据马卡连柯的《教育诗篇》改编拍摄的同名电影被译成中文在全国放映。

第二节　凯　洛　夫

凯洛夫（И. А. Кайров，1893—1978）是20世纪40—50年代苏联教育学的主要代表，1917年毕业于莫斯科大学数理系，1935年被授予了教育学博士学位，从1937年起先后担任莫斯科大学和莫斯科列宁师范学院教育学教研室主任，1942—1950年任《苏维埃教育学》杂志主编，1946—1967年任俄罗斯联邦教育科学院（1966年改为苏联教育科学院）院长，1949—1956年任俄罗斯联邦教育部部长，曾被选为苏联共产党中央委员会候补委员、苏共中央监察委员会委员、最高苏维埃代表，获得"社会主义劳动英雄"称号和列宁勋章。

1948年，由凯洛夫主编的《教育学》出版。1956年，他在《教育学》中增补了苏共二十大精神。这两本书是当时苏联高等师范学校的教科书。凯洛夫《教育学》贯彻了30年代苏联学校教育整顿时期联共关于教育问题的一系列决定的精神，依据辩证唯物主义和历史唯物主义原理和联共关于教育问题的决议，总结了苏联教育理论和教育经验，论述了教育本质和教学理论，提出教学的双重任务是传授知识和发展能力，班级授课制是基本的教学组织形式，教科书是学生获得知识的主要来源，教师在教学过程中起主导作用；探讨了学校德育工作。20世纪50年代以后，凯洛夫的教育思想被赞科夫等当代革新派教育家称为苏联的"传统教育"思想。

一、论教育的本质和任务

凯洛夫的《教育学》以马克思主义为理论论述教育学的基本原理，主要包括：教育的起源、教育的阶级性和历史性、教育的社会功能和在人发展中的作用、共产主义教育目的和任务等。

凯洛夫的《教育学》通过教育学的产生和历史发展的社会性质的论述，揭示了教育这一社会现象的本质，论述了"教育起源于劳动"的观点，批评了资产阶级教育学关于教育起源于本能模仿的观点，阐述了教育的永恒性与历史性，揭示了阶级社会的教育具有阶级性。

凯洛夫的《教育学》阐述了在不同社会形态中教育的作用，论述了教育在苏维埃国家社会主义革命和建设中的重要作用；批判了"教育万能论"和"教育决定论"的思想，认为必须承认人的天性的差异，主要表现为人的气质特征和感觉器官的差异，但人的遗传素质不由自然完成，而主要是由教育完成。

凯洛夫的《教育学》认为真正的教育科学只有以马克思主义辩证法为基础才有可能建立起来，应以共产主义教育思想和政治方向来确立苏联共产主义教育的目的和任务，并进一步具体论述了苏联共产主义教育的目的和任务，要求完整全面地理解共产主义教育的全部内容，把智育、综合技术教育、德育、体育和美育结合起来统一实施。

二、教学论思想

凯洛夫的《教育学》论述了教学论思想，包括学校教学过程的本质、教学原则、教学内容和教学方法等。

第一，教学任务与教学过程。凯洛夫的《教育学》认为，教学任务是指教师在学生自觉与自动参与下以知识、技能和熟练技巧的体系武装学生的过程。教师还担负着以科学原理和共产主义世界观充实学生头脑，培养学生高尚的道德品质并训练发展学生智力的重任。一方面，教学过程与人类的科学认识过程有相同之处，应以列宁"从生动的直观到抽象的思维，并从抽象的思维到实践"的原理作为组织教学过程的指南。但另一方面，教学过程又有自己的特殊性，主要表现在借助教学过程向学生传授的是前人已经获得的真理（知识）；在教学过程中学生是在有经验的教师的指导下获得对现实事物的认识；在教学过程中需强调巩固知识的工作；教学过程中还承担着应有计划地实现儿童智力、道德和体力发展的任务。

第二，班级授课制和教学环节。凯洛夫的《教育学》将班级授课制视为教学工作的基本组织形式，充分肯定了班级授课制的重要意义，注重教师教的方法，研究了教师口头讲授方法的要领。教学环节主要包括：使学生感知具体的事物并在此基础上形成学生的印象；分清事物的异同和主次，认清它们之间的各种关系；形成概念，认识定律、定理、规则、主导思想、规范等；使学生牢固地掌握事实和概括性的工作；养成和加强技能和熟练技巧；在实践中检验知识，并把知识应用于包括创造性作业在内的各种学习活动中。

第三，教学原则。凯洛夫的《教育学》阐述了以下教学原则：① 直观性原则。使学生在知觉具体事物的基础上形成观念和概念，教学活动的安排应适合学生，尤其要符合低年龄儿童的年龄特征。② 自觉性与积极性原则。保证儿童通过积极的思维活动对已感知到的外部具体事物及其特征进行对比、甄别、分析、归纳，并最终得出概念性及规律性的认识。③ 巩固性原则。把知识保持在记忆中，使学生能在必要的时候想起这些知识并以它作为凭借。④ 系统性与连贯性原则。按照严格的逻辑编写系统的教学大纲与教材，教师系统讲述所任教的学科知识，学生进行系统的学习。⑤ 通俗性与可接受性原则。教材所涵盖的知识范围、复杂程度及深度应符合儿童的年龄特征和个别差异。

第四，教学计划、教学大纲和教科书。凯洛夫认为要确保学生依据教学计划所学习的知识应该是从整个科学知识中选取出来的基本知识；论述了21门学科的教育和教养意义；论述了教学大纲及教科书在教学过程中的重要作用，认为教学大纲是教师从事教学活动所必须依托的基本指导文件，教科书是学生获取知识的主要源泉之一。

三、论道德教育

凯洛夫的《教育学》认为苏联学校担负着双重任务，一是把新一代培养成为有学问的人，二是造就全心全意为社会主义事业服务的新人。苏联学校在道德教育方面的主要任务是培养儿童具有共产主义的道德信念，具有苏维埃爱国主义精神、社会主义人道主义精神、集体主义精神、热爱劳动、珍惜公共财物、诚实正直、意志坚强和乐观向上等道德品质。道德教育全过程应渗透共产主义的目的性与思想性，这是共产主义道德教育所须遵循的首要原则。第一，爱国主义精神教育。使学生树立热爱苏维埃共和国的信念，确立把自己掌握的全部知识与才能贡献给祖国的决心，培养保卫祖国的大无畏气概。第二，社会主义人道主义精神教育。培养学生对劳动者人格的崇敬和尊敬，信任劳动群众的创造能力。第三，集体主义精神教育。教导青少年团结友爱，正确处理个人与集体的关系。第四，热爱劳动的教育。使学生认识劳动的意义，在劳动过程中养成坚忍、刻苦和不畏艰难的精神与品格。第五，珍惜公共财物的教育。在对公共财物的使用与保管中表现出高度的主人翁责任感，使公共财物的作用发挥到最大限度。第六，培养儿童具有诚实正直、意志坚强、乐观向上的道德品质，使其不屈不挠、不怕艰难险阻、任劳任怨和心地坦荡。

凯洛夫的《教育学》论述了道德教育的原则，如适应儿童的发展水平、连续性、长善救失、了解学生特性和进行个别教育等，其中"对学生的严格要求和尊重学生人格相结合"的原则和"在集体中和通过集体进行教育"的原则反映了其受到的马卡连柯的影响。凯洛夫的《教育学》重视教育性教学，认为青少年一代的德育任务基本上是在教学过程中完成的，强调学生道德品质的形成和培养有赖于教学内容和教学方法，教师在道德教育过程中发挥着至关重要的作用。在道德教育的具体方法上，凯洛夫的《教育学》列举了说服法、练习法、儿童集体组织法和奖惩法，并强调完整的道德教育活动是多种道德教育方法综合运用的结果。

四、凯洛夫《教育学》的地位与影响

凯洛夫的《教育学》集中反映了苏联20世纪30年代整顿学校教育时期党和政府的教育改革方针，总结了这一时期苏联学校教育的经验，在规范苏联的学校教育、提高学校的教育质量方面发挥了重要作用。

凯洛夫的《教育学》是苏联传统教育思想的结晶。它以马克思主义关于教育本质的思想为指导，揭示了教育的社会和阶级的本质，论述了共产主义教育的任务，建构起了较为完整的教学论体系，论述了共产主义道德教育的主要内容和方法，代表了20世纪50年代苏联教育理论发展的最高水平，对苏联教育理论和实践的发展具有重要的指导作用。其影响还跨越了国界，对包括中国在内的其他社会主义国家的教育理论和教育实践产生了较大影响。

但是凯洛夫的《教育学》注重系统知识的传授，注重教学过程中教师的主导作用，后来这种特征被斥责为"传统教育"。而且该书存在一定程度的机械化特征，缺乏辩证法思想；把智育、综合技术教育、德育、体育和美育等同于马克思主义关于人的全面发展的教育；有着浓厚的教条主义特征，没能根据苏联社会和教育的新变化提出新的教育理论，也未能解决新出现的实际问题。

第三节　赞　科　夫

赞科夫（Л. В. Занков，1901—1977）是苏联著名的心理学家、教学论专家和苏联教育科学院院士。1957—1977年，赞科夫领导的俄罗斯教育科学院普通教育研究所教育与发展问题实验室（1968年更名为教学与发展问题实验室），对教学与发展的关系进行了长达20年的大规模教育实验，创立了发展性教学理论体系，重点研究教学与发展的关系，提出了以高难度进行教学、以高速度进行教学和理论知识起主导作用等原则。他的主要著作有：《教学与发展》、《教学论与生活》、《和教师的谈话》、《论教学论研究的对象与方法》和《论小学教学》等。《教学与发展》被译成多种文字，享有世界声誉。为了表彰他在教育科学研究方面取得的成就，苏联政府先后授予其一枚列宁勋章和两枚劳动红旗勋章。

一、教学与发展实验

20世纪50年代中期，科学知识的迅猛发展要求充分发展学生获取知识的能力，但在当时的苏联学校教学中普遍存在重知识教学、轻能力培养的倾向。赞科夫将实验心理学和心理分析方法引入教育学研究，试图揭示教学与发展关系中的客观规律，并根据这种研究来安排教学与教育工作。

赞科夫的实验大致经历了四个阶段。① 摸索阶段（1957—1961）。赞科夫在莫斯科第172学校的一个一年级班进行实验，另外要了2个普通班以便进行对照性研究，在实验的基础上提出了关于小学教学新体系的设想，其成果反映在《论小学教学》一书中。② 扩大阶段（1961—1965）。这一时期实验班增至371个，并扩展到莫斯科以外的其他城市，编写了俄语、数学、劳动教学和歌咏等学科的实验教学大纲的初步方案，确定了自然和地理学科的教学内容，并于1964年建议苏联教育部把小学学制由4年改为3年。③ 推广阶段（1965—1969）。在此期间，实验班最多时达1 281个，分布在俄罗斯联邦共和国和其他8个加盟共和国的一些地方。④ 总结阶段（1969—1977）。1975年，赞科夫发表了《教学与发展》全面总结了他所领导的教育实验，介绍了实验的指导思想、方法和进程，发展性教学的主要思想，学生达到的一般发展水平及其掌握知识、技能和技巧的情况。

二、发展性教学理论的主要内容

赞科夫的发展性教学理论受到维果茨基（Lev Vygotsky，1896—1934）的影响。维果茨基在20世纪30年代曾提出了关于教学与发展问题的思想，认为只有当教学走在发展前面的时候才是好的教学。维果茨基把在成人帮助下或同龄人合作中完成智力任务所表现出来的发展水平叫作"最近发展区"（Zone of proximal development）。赞科夫发展性教学理论的基本内容包括实验教学论体系的主导思想和他对"一般发展"概念的界定、实验教学论体系教学原则、教学计划、教学大纲、教科书和教学方法等。

（一）论"一般发展"

赞科夫从事教育实验的指导思想非常明确，就是"教学要在学生的一般发展上取得尽可能大的效果"[①]。其对"一般发展"概念的界定为：①"一般发展"是指儿童心理的一般发展。一般发展是和单方面的、片面的发展相对立的，指的是个性的所有方面（包括道德感、观察力、思维、记忆、言语、意志）的进步。②"一般发展"不同于"特殊发展"。一般发展在学习任何学科、任何情境中都会表现出来，"特殊发展"则是指在某门学科或领域表现出的才能的发展。二者既相互区别又相互联系，特殊发展可以促进一般发展。③"一般发展"也不同于"全面发展"。"一般发展"指的是发展的心理学和教育学方面，而一般意义上的"全面发展"主要是发展的社会和教育方面。④"一般发展"有别于"智力发展"。"一般发展"不仅发展学生的智力，而且发展情感、意志品质、性格和集体主义思想。⑤"一般发展"这个概念本应包括身体发展和心理发展，但在赞科夫的实验中研究的是教学与儿童心理一般发展的关系。[②]

赞科夫关于"一般发展"的理论依据是苏联的教育学和心理学，即认为儿童的心理发展受

---

① ［苏］赞科夫编，杜殿坤、张世臣、俞翔辉、张渭城、丁酉成、叶玉华译：《教学与发展》，人民教育出版社1985年版，第3页。

② 吴式颖、任钟印主编，李明德、杨孔炽本卷主编：《外国教育思想通史》（第十卷：《20世纪的教育思想（下）》），湖南教育出版社2002年版，第477—478页。

教育的制约，教育在学龄儿童的心理发展中起决定性作用和主导作用。但他认为，承认教育在儿童发展中的主导作用绝不意味着忽视发展的内在规律性，教学只是发展的外部条件，并不是发展的内在源泉，教学和发展之间存在着复杂的依存关系。

（二）实验教学论体系的教学原则

赞科夫吸取了苏联以往的教学研究成果，依据维果茨基的教学与发展的关系及最近发展区的理论，提出用整体性观点安排教学结构和组织教学过程时必须遵循的五条教学论原则。

1. 以高难度进行教学的原则

赞科夫认为，高难度原则在实验教学论体系中起决定性作用。"难度"的含义是"克服障碍"和"学生的努力"。如果教材和教学方法没有提出应克服的困难和问题，学生的精神就会萎靡不振，得不到应有的发展。高难度的教学原则要求新的教学内容具有结构，即要求增加系统的理论知识的分量。教学内容充实以后，教学方法也要做出相应改变，实验教学的方法要求学生学会独立思考和推理，自己得出问题的答案。赞科夫要求要掌握"难度"的分寸，既要能使学生理解问题，又不能超过学生的理解能力。

2. 以高速度进行教学的原则

赞科夫认为，高难度原则的贯彻有赖于高速度原则。传统教学的做法是多次单调复习旧课，不合理地拖慢教学进度，其结果必然会妨碍高难度原则，甚至使高难度原则难以实行。高速度原则的实质不在于匆忙行事，而是以知识的广度求得知识的深度。增加感性经验、认识现象的本质和解决实际任务是完善知识和技能的三个主要方面。要克服教学中的形式主义和单纯的口头传授。应用各种不同方式进行教学，如增加课外书籍阅读，参加各种课外活动，让学生在劳动和各种活动中学会手脑并用，利用无意识记忆等。

3. 理论知识起主导作用的原则

高难度和高速度的原则都要求加强知识的系统性和理论知识的分量。理论知识起主导作用的原则要求说明现象之间的相互依存性及其内在联系。赞科夫强调，科技的发展已经使人的感官延伸到宏观世界和微观世界，因此不能像以往那样强调低年级儿童主要以形象思维为主，把儿童的认识活动局限在用手摸、用眼看的水平，而要使系统知识在小学教育内容中占主导地位，努力帮助儿童形成抽象概念。应把感性认识和理性认识有机地交织在一起，在训练儿童学习正字法和计算技巧的同时，应尽可能使其深刻理解语言的规律性、数的概念及数的运算概念。

4. 使学生理解学习过程的原则

这与传统教学论的掌握知识的自觉性原则既有相似之处，又有很大的区别。就理解的对象和性质而言，自觉性原则着眼于学习活动的外部因素，即把应当掌握的知识、技能和技巧作为理解的对象。实验教学论则着眼于学习活动的内部机制，让学生通过自己的智力活动探索获得知识的方法和途径，掌握学习过程的特点和规律。因此，教师应当引导学生学会学习，发展学生的思维能力，提高他们学习的主动性和创造性。

5. 使全班学生（包括最差的学生）都得到一般发展的原则

这条原则是前四条原则的总结，是大面积提高教学质量的有力保证。赞科夫领导的实验室对差生进行了长期的观察和比较研究，认为传统教学把补课和布置大量训练性练习看作克服学业落后的必要手段，不能为差生提供真正的智力活动。这条原则的本质在于让优、中、差三类学生都以自己现有的智力水平为起点，按照自己最大的可能性得到理想的一般发展。这就要求教师目标明确地工作，发现、培养和发展每个学生的个人爱好和能力，力求将相同的或不同的教学内容，建立在每个学生不同的最近发展区上。

赞科夫强调实验教学论的上述五条原则既不取代一般教学论著作中所提到的原则，也不与它们相提并论。首先，一般教学论原则是在知识掌握方面取得成功的结果，而实验教学论的五条原则注重学生的一般发展。其次，上述五条原则之间是有机联系和相辅相成关系。"每一条原则都是根据它在教学论体系中的作用，根据它的职能，以及根据它与其他原则的联系的特点而具体地表现出来的。"[①]最后，这个原则体系的特点一是强调培养学生学习的内因，二是给学生个性以发挥作用的余地。而传统方法注重通过外部手段给学生施加压力，过于强调集体性和整齐划一，压制了学生的个性，阻碍了学生的一般发展。

三、地位与影响

赞科夫注意到当代科技发展对人的发展的要求，批判了传统教育的诸多弊端，把心理实验方法引进教育和教学研究领域，以维果茨基的"最近发展区"为重要的理论依据，在教育实验中引进了心理实验的方法。经过长期的、大范围的教育实验，逐步创立和完善了实验教学论体系。

赞科夫的发展性教学理论重视学生的一般发展。他提出的五条教学原则的出发点是改进传统的教学方法，反对通过外部手段给学生施加压力，反对过于强调集体性而导致整齐划一，压制学生个性。他注重培养学生学习的内部动因，给学生个性以发挥作用的余地，即尊重学生个人的特点和愿望；他重视理论学习在促进小学生一般发展中的作用，充分估计了低年纪学生的学习能力，注重促进学生思维能力的发展；他要求克服教学中的形式主义和单纯的口头传授，用各种不同方式的教学丰富学生的知识，使他们认识现象的本质，提高解决实际任务的技能；他要求教师发现和培养每个学生的个人爱好和能力。

赞科夫的发展性教学教育实验取得了很大的成功，并为苏联1969年把小学由四年制改为三年制改革提供了依据。他关于教学的双重任务的思想，即教学既要传授知识、技能和技巧又要促进学生一般发展的观点为苏联教育理论界所接受，并体现在70年代出版的教育学著作和小学教科书中。他的思想为改变苏联教育学中不注意对儿童的心理进行研究的偏向做出了重要贡献。

赞科夫的发展性教学理论和实验与当时美国和日本正在进行的课程改革有很多相似之处，重视将最新科研成果反映到教科书中，强调小学课程的高、难、新原则，注重发展学生的能

---

① ［苏］ 赞科夫编，杜殿坤、张世臣、俞翔辉、张渭城、丁酉成、叶玉华译：《教学与发展》，人民教育出版社1985年版，第50页。

力。但是，这种改革可能更适合优秀学生，而不适合一般学生；把他的新体系与传统教学论和教学法截然对立起来也是欠妥当的；他对五条教学原则的理论论证还不够充分，因而对后来苏联的学校教育实践的影响也是有限的。

第四节　苏霍姆林斯基

苏霍姆林斯基（В. А. Сухомлинский，1918—1970）是苏联著名的教育理论家和实践家，贯穿其教育实践的主线是全面和谐发展的教育思想。他认为，教育是一个统一整体，德育、智育、体育和劳动教育是教育统一体的有机组成部分，是相互联系和渗透的，不可能单独孤立地发展。他的著作是对那个时代苏联学校教育工作的艺术概括和升华，被誉为"活的教育学"和"学校生活的百科全书"，他本人被誉为"教育思想的泰斗"。

一、生平和主要著作

苏霍姆林斯基出身于乌克兰一个农民家庭，在师范学校学习2年之后，年仅17岁的他回到母校担任农村小学教师。在工作期间，他通过函授的方式用4年时间完成了高等师范教育的学习，1939年毕业，获得了中学教师证书。1939—1941年，苏霍姆林斯基在一所完全中学任语文教师兼任教导主任，积累了丰富的教育经验。卫国战争胜利后，他重返教育岗位，先后任中学校长和区教育局局长，积极投身于战后的学校恢复工作中。1947—1970年，他被任命为帕夫雷什中学校长。苏霍姆林斯基把自己的一生贡献给了农村学校教育事业，苏联各地的许多师范学院曾邀请他去工作，都被婉言谢绝。

苏霍姆林斯基有一个坚定的信念："谁的工作能成为其他教师的榜样，他就应当做学校的校长。他应当比任何人都更好地了解孩子，了解涉及孩子的智力发展、兴趣和爱好的一切，缺少了这些，就谈不上教育。"[1]他提出的口号是：到学生中去，到课堂中去，到教师中去。他做行政领导工作、教书，还兼任班主任，将学生从一年级一直带到毕业。他热爱学生，关心每一个学生的健康成长。他的一本书的书名是《把整个心灵献给孩子》[2]，"把整个心灵献给孩子"既是他的座右铭，也是他一生的真实写照。在20多年里，经苏霍姆林斯基长时间直接观察的学生达3 700多人。他了解所有学生的家长，把全校教师团结成一个优秀的教师集体，通过不懈的教育改革和实验，使帕夫雷什中学成为苏联的优秀学校，成为当代世界著名的实验学校之一。

在完成好本职工作的同时，苏霍姆林斯基通过了副博士论文答辩，获得副博士学位。他以帕夫雷什中学为实验基地并注意研究其他学校的经验，从理论与实践的结合上研究教育的新问题，提出了使青少年全面和谐发展的理论。苏霍姆林斯基一生撰写了41种专著、600多篇论文、1 000多篇供儿童阅读的童话和小故事。他的作品被译成30多种文字在世界各国发

---

① ［苏］鲍·塔尔塔科夫斯基著，唐其慈、毕淑芝、赵玮等译：《苏霍姆林斯基的一生》，教育科学出版社1986年版，第214页。

② ［苏］В·А·苏霍姆林斯基著，毕淑芝等译：《育人三部曲》，人民教育出版社1998年版，第1页。

行。苏霍姆林斯基的主要著作有《学生的精神世界》(1961)、《给教师的100条建议》(1965—1967)、《帕夫雷什中学》(1969)、《和青年校长的谈话》(1965—1966)和《培养集体主义的方法》(1969—1970)等。在他逝世以后,苏联教育部和乌克兰教育部分别编选了5卷本和3卷本的《苏霍姆林斯基教育文集》。

二、论人的全面和谐发展与教育

苏霍姆林斯基的教育理想是培养全面和谐发展的人。他指出:"学校教育的理想是培养全面和谐发展的人,社会进步的积极参与者。"[1]全面和谐发展的人是社会物质生产领域和精神领域中的创造者,是物质财富和精神财富的享用者,是有道德和文化素养的人,是积极的社会活动者和公民,是以崇尚道德为基础的新家庭的建立者。

(一)全面和谐教育的含义

苏霍姆林斯基的全面和谐的教育包括两层含义:一是要把学生认识和改造世界的活动和谐地结合起来;二是要把德、智、体、美、劳诸育和谐地结合起来。第一层含义与以往片面强调读书和教师的主导作用不同,全面和谐的教育必然要求学生体力劳动与智力活动的结合、课堂教学与课外活动的结合、教育与自我教育的结合。第二层含义强调的是德育、智育、体育、审美教育和劳动教育的相互渗透和交织,统一为一个完整的过程。

(二)全面和谐教育的内容

在苏霍姆林斯基看来,全面和谐的教育应当包括相互联系和相互渗透的德育、智育、体育、审美教育和劳动教育。

1. 德育

德育在人的全面和谐的发展中占主导地位,德育贯穿于学校教学、教育工作的各个方面。德育任务的完成有赖于其他各育的实施,学校里所做的一切都应当包含深刻的道德意义。知识、劳动和道德是苏霍姆林斯基教育思想体系的支柱,三者统一在培养合格公民的目标之中。应通过各种方法把德育渗透到各科教学中去,通过专门的德育课程进行思想政治教育和共产主义道德教育,通过各种劳动和社会公益活动进行德育,重视集体的教育作用,重视教师人格的榜样作用。

2. 智育

智育是学校的主要任务,无知的人对于社会来说是危险的。智育不等于知识的积累,而应包括获得知识、形成科学世界观、发展认识能力和创造能力、养成脑力劳动的习惯和自我完善能力等。智育的目的不只是使人获得谋生的本领,更要培养学生从事智力活动的兴趣和渴望。苏霍姆林斯基强调把智育纳入全面发展的完整的施教系统中,统筹处理智育与其他各育的相互渗透关系及智育中的各种矛盾和关系。

---

① [苏]В·А·苏霍姆林斯基著,赵玮、王义高、蔡兴文等译:《帕夫雷什中学》,教育科学出版社1983年版,前言第9页。

3. 体育

体育是一个人得以全面和谐发展的最重要的因素。体育在培养道德、审美和智育等方面具有重要的作用，有助于保证人的身体发育、精神生活以及多方面活动的协调一致。儿童的精神生活在很大程度上取决于他的身体，应特别关心少年期和青年期学生的身体健康，使体力劳动和脑力劳动相结合，促进身心的和谐发展。

4. 审美教育

"美是心灵的体操"，要通过各种活动潜移默化地培养学生的美感。大自然的美是使思想变得崇高的源泉之一，应引导他们观察世界，以体验环境的美，关心生物和一切美好的事物，培养学生的观察力和对祖国山河的热爱；艺术和音乐是美育的重要手段，要组织学生阅读童话和文艺书籍；组织唱歌和音乐欣赏活动等。

5. 劳动教育

脱离劳动就不可能有教育。劳动既是学生认识和理解世界的手段，也是他们进行自我认识和自我教育的重要途径。劳动具有经济的价值，能丰富学生的精神生活，创造性劳动是道德修养的源泉和精神文明的基础。学校教育的重要工作是培养青少年热爱劳动、善于劳动的精神和养成劳动习惯。劳动教育和德育、智育、体育和审美教育是不可分割的。在劳动教育的方式方面，应该用新技术代替传统的劳动方式，用机械化代替纯体力劳动，减轻劳动强度，提高劳动效率；手脑结合的劳动教育能有力地促进学生的全面和谐发展。

三、地位与影响

苏霍姆林斯基在平凡的工作中建立了非凡的业绩。他为苏维埃年轻一代的全面和谐发展倾注了全部心血。"他所以能有如此重大的成就与建树，与其主观精神状态有关。这可归结为两点：对教育事业无私的奉献精神和对理论问题无穷尽的探求精神。"[①]这种奉献精神是他的力量源泉，也是所有教育工作者所应当具备的。苏霍姆林斯基教育思想的生命力还来源于教育实践，他的教育思想深深地扎根于实践，因而具有无穷的生命力。

苏霍姆林斯基的全面和谐发展教育理论总结了苏维埃学校教育的经验，有明确的政治方向，即培养共产主义新人。他反对以往片面强调读书和教师的主导作用，论述了综合实施德、智、体、美、劳诸育的重要性和可能性，把体力劳动与智力活动的结合、课堂教学与课外活动的结合和教育与自我教育的结合，作为实施全面和谐发展教育的基本途径。在他那里，智育、体育、德育、劳动教育和审美教育相互渗透，并交织为一个统一的过程。

苏霍姆林斯基的辉煌成就给他带来了很高的声誉。1957年，在他39岁时被选为俄罗斯教育科学院通讯院士，1959年荣获"功勋教师"称号。他还荣获两枚列宁勋章，多枚乌申斯基奖章和马卡连柯奖章。不少国家的教育领导机构和有影响的学术团体纷纷邀请他出国讲学。1968年他当选为苏联教育科学院通讯院士，同年6月被选为全苏教师代表大会代表并荣获"社会主义劳动英雄"称号。

---

① 赵祥麟主编：《外国教育家评传》（第3卷），上海教育出版社1992年版，第697页。

关键概念

马卡连柯	《教育诗篇》	《塔上旗》	集体教育思想
平行教育影响原则	凯洛夫《教育学》	赞科夫	《教学与发展》
苏霍姆林斯基	《给教师的100条建议》		《帕夫雷什中学》

本章小结

通过对马卡连柯、凯洛夫、赞科夫和苏霍姆林斯基的教育思想的学习，大致可以了解苏联不同历史时期的教育思想和教育理论发展的概貌。

马卡连柯是苏联杰出的教育理论家和教育实践家。他以辩证的观点论述了环境、遗传与教育的关系，教育与教学的关系，教育目的与方法的关系，师生关系。他的许多著作在集体教育、劳动教育和家庭教育等方面提出了系统而深刻的见解，对苏联教育的发展起了积极作用。

20世纪30年代，联共（布）中央出于普及义务教育和发展高等教育以培养工业建设人才的需要，颁布了一系列整顿中、小学教育的决定，其中，强调普通学校的重要任务是使学生掌握系统的科学基础知识与读、写、算的技能和技巧，以便为中等专业学校和高等学校培养合格新生；要求实行分科教学，编制比较稳定的分科教学大纲和教科书；肯定班级授课制度，强调教师在教学中的主导地位等。这些政策思想成为凯洛夫主编的《教育学》教学论部分所论证与发挥的基本观点。

二战以后，随着苏联社会政治经济的变迁、科学技术与文化的发展和教育本身的改革与建设，苏联的教育理论在20世纪50年代中期以后发生了深刻变化：在克服引经据典的教条主义、创造性地运用马克思主义方面取得了进展；加强了教育学与社会学、经济学、心理学、生理学的联系；心理学的实验研究和心理分析方法被引入教育科研过程，开展了多种教育实验，教育科学研究的范围不断扩大，理论与实践的联系进一步加强。50年代后期以来，活跃在苏联教育论坛上的著名教育家主要有赞科夫和苏霍姆林斯基。赞科夫的与时俱进的教学理论堪称苏联传统教学理论的革新派。苏霍姆林斯基的全面和谐发展的教育理论蕴含着极为丰富的内涵。他们的教育思想对当时苏联的教育实践和教育理论的发展产生过不同程度的影响。

思考题

1. 简述马卡连柯的集体教育思想。
2. 简述马卡连柯的劳动教育思想。
3. 简述马卡连柯的儿童家庭教育理论。
4. 述评凯洛夫《教育学》的主要内容和意义。
5. 简述赞科夫《教学与发展》的主要内容。
6. 述评赞科夫的发展性教学理论。
7. 述评苏霍姆林斯基的全面和谐发展教育理论。

第十七章　现代欧美教育思潮（上）

第十七章和第十八章介绍了20世纪尤其是战后欧美较有影响的教育思潮，包括改造主义教育、新传统教育（包括要素主义、永恒主义和新托马斯主义）、存在主义教育、结构主义教育、分析教育哲学、新行为主义教育、终身教育和现代人文主义教育。这些教育思潮的出发点和理论基础各有不同，其内涵和外延也存在差异。

在现代欧美各种教育思潮的论争中，所谓"传统教育"和"现代教育"的概念经常被使用。一般认为，杜威在《学校与社会》里第一次使用了"传统教育"一词，用来称呼此前以赫尔巴特为代表的，主张以教师、课堂和教材为中心的教育理论，而将自己的教育理论称为"现代教育"。此后，许多教育思潮的论争常围绕着"传统教育"和"现代教育"的概念进行，在提出一种新的教育理论时，大都以批评或捍卫"传统教育"为其出发点。对上述各种教育思潮的述评将围绕三个方面展开：教育思潮的历史背景和理论基础、教育思潮的主要观点以及对该教育思潮的评析。

第一节　改造主义教育

改造主义（reconstructionism）是进步主义教育运动的一个支流，强调教育的社会改造功能是该思潮的主要特征。改造主义教育思潮吸取了其他学说的一些内容，具有折中主义性质，但其主要观点与杜威的主张非常相似。正如其主要代表人物布拉梅尔德（Theodore Brameld, 1904—1987）所宣称的那样，改造主义真诚尊重和借用要素主义、永恒主义和进步主义三种主要哲学，但从进步主义那里学到的东西最多。[①]

一、改造主义教育思潮的兴衰

作为一种教育哲学思潮，改造主义教育产生于20世纪30年代，40年代曾一度沉寂，50年代复兴。早期代表人物是康茨（G. S. Counts, 1889—1974）和拉格（H. O. Rugg, 1886—1960），20世纪50年代的代表是布拉梅尔德。改造主义教育作为一个独立的思想流派则是50年代布拉梅尔德发表了一系列著作以后才形成的。

---

① 王承绪、赵祥麟编译：《西方现代教育论著选》，人民教育出版社2001年版，第73页。

（一）20世纪30年代改造主义教育思潮的兴起

1929—1933年的美国经济大萧条使进步主义教育在受到多方批评后产生了内部分歧，一部分人，如拉格和康茨等开始走上改造主义道路。1932年，康茨发表小册子《学校敢于建设一个新的社会秩序吗？》（ *Dare the School Build a New Social Order?* ），批评进步教育过多注重个人发展，忽略对社会的改造，主张学校应成为建设社会文明的中心，成为20世纪30年代改造主义教育家的宣言。拉格批评进步主义学校缺少建设性和智力上的严肃性，导致课程缺乏细致计划和连续性，没有提供学校与社会联系的途径。1932年，克伯屈在《教育与社会危机》（ *Education and the Social Crisis* ）中支持康茨的观点，认为学校必须积极参与社会改造。1934年创刊的《社会前沿》（ *The Social Frontier* ）成为改造主义教育家的喉舌。

关于教育与社会改造问题的大辩论给学校教育带来的最突出变化是1928—1935年学校课程中社会内容的大量增加，但此时改造主义教育思想尚未成熟，主要是对进步主义教育理论进行一些修正和补充。与此同时，要素主义、存在主义和永恒主义等也开始活跃。第二次世界大战的爆发转移了人们的视线，一些教育家感到教育的当务之急是维持社会秩序而不是改造社会，改造主义教育思潮随之沉寂。

（二）20世纪50年代改造主义教育思潮的复兴

1957年，苏联成功发射了世界第一颗人造地球卫星，国际竞争加剧，冷战格局形成，学校教育又一次成为众矢之的。人们指责美国教育过分照顾儿童个人的自由和兴趣，忽视学校纪律和系统知识的传授，导致教育质量下降。如何发挥教育在社会重建中的作用？要素主义、新托马斯主义、永恒主义和改造主义等教育哲学流派作出了不同回答。

1955年进步教育协会解散，1957年《进步教育》杂志停刊，标志着进步主义教育思潮辉煌时代的结束。20世纪50年代的改造主义教育思潮融合了新旧两股势力：一是拉格和康茨等人继续奉行自己的改造主义教育观点。二是相继涌现出一些新人，如史密斯（O. Smith）、斯坦利（W. O. Stanly）和布拉梅尔德。20世纪50年代，布拉梅尔德发表了《教育哲学的模式》（ *Patterns of Educational Philosophy* ，1950）和《教育哲学的改造》（ *Philosophical Perspectives in Education* ，1959）等著作，标志着改造主义教育思想日趋成熟并在美国受到较多关注。但改造主义教育的支持者并不多，活跃一段时间以后便不再流行。

二、改造主义教育思潮的主要观点

（一）教育的目的是要改造社会

康茨批评美国教育改革一直未触及社会现实，呼吁必须改革学校教育使其适应工业革命给社会经济政治带来的变化。他认为，学校是一个社会机构，反映了一定的社会价值、信仰和知识等，并反过来对它们进行改造。如果学校敢于投身于社会改造之中，一个崭新的社会秩序就会出现，进步主义教育运动才能真正进步。

布拉梅尔德把改造主义称为"危机时代的哲学"，危机时代教育的目的是要改造社会。改造的实质是通过教育使社会成员承担起建设社会新秩序和实现共同生活理想社会的义务。他提出"社会一致"的概念，认为教育首先要消除意见分歧，培养群体意识和集体心理，形成共同思想、信念和习惯等，最终实现民主、富裕的理想社会。按照布拉梅尔德的说法，他的理想社会包括美国和全人类，是一种遍及全球的民主文化，是全人类的大同社会。

（二）改造主义教育的理论前提

布拉梅尔德认为改造主义教育建立在两个理论前提之上。

第一个前提是时代的需要。氢弹的使用有可能使人类文明毁于一旦，放射性尘埃威胁人类生命。苏联人造卫星事件表明，与美国资本主义相对立的苏联共产主义阵营开始崛起，美国作为世界第一强国的霸主地位受到威胁。改造主义教育正是在这样一个时代产生的一种"危机哲学"，是适应时代需要的教育理论。

第二个前提是行为科学革命的出现。行为科学使确定教育和文化的新目的成为可能。这个革命要求重新考察传统教育结构，用新方法编排教材，探寻教学过程的新途径。行为科学关于人类集体内部力量和过程的研究将有助于教学过程的改造，而人类学和心理学在文化与人格领域里的研究则将促进学习过程的改造。他们的研究表明，学习包括外部经验和内部经验两个对立面，学习是有意识的活动，但有些完全无意识的学习活动被正规的课堂教学理论所忽视。[①]

（三）教师和教学在改造社会中的作用

康茨主张教师应引导社会前进而不是当社会的尾巴。教师应成为学校与社会之间的桥梁，有责任思考社会未来的发展方向，有义务向学生和社会阐明社会的发展前景，并鼓励学生去实现这种前景。作为领导者，教师应在相互冲突的目标和价值中作出选择，成为政策的制定者。教育家要关心学校事务，要在有争议的政治、经济和道德等问题上作出重要选择。康茨主张教学与解决社会问题结合起来，教学内容必须突出民主遗产、科学和工艺。在他看来，美国遗产中的民主主义和平等主义具有永久的文化价值，应当在教学中予以重视，但要对其进行改造，使其与现代工业社会相结合。此外，教学内容还应包括贫困与种族歧视、环境污染和战争等重要问题，以培养学生关心社会的积极态度和解决社会问题的能力。

布拉梅尔德以行为科学为理论依据，对中小学和学院课程提出了批评和建议。在他看来，传统课程是不相连贯的教材大杂烩，各门教材之间缺乏联系，各个学科被划分为不相连贯的单元。行为科学的研究成果表明，人类生活在相互联系的模式和结构之中，课程结构必须具有统一性，应包含人文学科和自然学科。1957年，布拉梅尔德在《新时代的教育》（*Education in the New Era*）一文中设想建立一种新型初级学院，招收17—20岁青年。他设计了一套以社会改造为中心的四年课程计划。该计划与进步主义教育的一些做法相似，如强调以问题为中心而不是以学科知识为中心，重视个人直接经验的获得而不是书本知识的学习。

---

① 王承绪、赵祥麟编译：《西方现代教育论著选》，人民教育出版社2001年版，第75—76页。

三、改造主义教育思潮评析

改造主义是20世纪30年代经济危机和50年代冷战危机的产物，强调学校具有社会改造的功能，试图通过教育建设社会新秩序，但它过于强调教育的社会改造功能，放弃了教育在文化传承方面的作用。改造主义是一种折中主义教育哲学，吸取和融合了其他教育哲学的一些内容，但实质上是进步主义在新形势下的继续和发展。

改造主义对美国教育产生了一定影响，20世纪30年代的美国学校课程中增加了不少社会内容，也转变了人们的观念，使教育的社会功能问题得到了一定程度的关注。但改造主义教育的影响主要集中在教育理论界，很少涉及学校实际工作。尤其是在20世纪50年代，没有提出一套切实可行的教育方案，对教育实践几乎没有产生什么重大影响。[①]

改造主义教育还和进步主义教育一样都夸大了教育的社会功能，带有浓厚的乌托邦色彩，忽视学生的系统知识学习，受到了新传统主义的批评。其过于看重社会一致的做法与美国社会多元文化的特征和对自由的崇尚格格不入，夸大了行为科学的影响并将其视为主要理论依据的做法也受到了质疑。

第二节 新传统教育

新传统教育（new traditional education）是产生于20世纪30年代后半期的力主恢复西方教育传统的教育思潮，由几个相互区别又密切相关的教育思想流派构成，包括要素主义（Essentialism）、永恒主义（Perennialism）和新托马斯主义（Neo-Thomism）等，其中以要素主义为主要代表。

新传统教育也是20世纪30年代经济危机的产物。当时社会上批评进步主义教育在危机面前的软弱无力，试图通过对教育的整顿和重建以拯救经济危机，在此背景下，新传统教育思潮应运而生。美国一些学者试图通过恢复西方人文主义传统来解决社会所面临的问题，认为学校需要源于自然主义哲学和实用主义学说之外的指导价值和标准，这些价值和标准都可在古希腊、希伯来和西方世界的基督教传统中找到。[②]

要素主义、永恒主义和新托马斯主义作为要求恢复传统教育的思潮，在反对进步主义教育和实用主义哲学面前立场是一致的，但批判的角度和重点存在差异，表现出新传统教育思潮中不同流派的各自特点。

新传统各流派都认为进步主义教育过于关注儿童的个人经验和即时需要，忽略学校传授系统文化科学知识的基本职能，导致美国中小学教育质量严重下降；都认为要改变美国教育的落后现状必须恢复基础课程、突出智力标准、注重心智训练和加强学校纪律，以教材、教师为教

---

① 吴式颖、任钟印主编，吴式颖、诸惠芳本卷主编：《外国教育思想通史》（第九卷：《20世纪的教育思想（上）》），湖南教育出版社2002年版，第402—408页。
② 罗伯特·梅逊著，陆有铨译，傅统先校：《西方当代教育理论》，文化教育出版社1984年版，第27页。

育的中心取代以儿童的兴趣和活动为中心；都注重对西方民主社会公民的培养。[①]

一、要素主义教育

要素主义（又被称为本质主义、精粹主义、精华主义等）作为一种教育理论不像永恒主义和新托马斯主义那样以哲学或神学为理论基础，而是一种来自不同方面的共同的教育主张和思想见解。要素主义对秩序和结构的偏爱主要是社会的和文化的，而不是哲学的、形而上学的或神学的。

（一）要素主义教育的兴衰

1938年，在美国成立了要素主义者促进美国教育委员会，其发起者有巴格莱（W. C. Bageley，1874—1946）、德米阿什克维奇（M. Demiashkevich，1891—1938）、莫里森（H. Morrison，1871—1945）和坎德尔（I. L. Kandel，1881—1965）等。1938年4月，巴格莱在《教育行政与辅导》杂志上发表了《要素主义者促进美国教育纲领》（也称《要素主义者宣言》），标志着要素主义教育流派的产生。第二次世界大战爆发以后，要素主义者的活动转入低潮。

20世纪50年代和60年代上半期，要素主义教育对传统文化、权威、纪律和系统知识的重视和强调符合这一时期的需要。科南特（J. B. Conant，1893—1978）、里科夫（H. G. Rickover，1900—1986）和贝斯特（A. E. Bestor，1908—1994）进一步发展了20世纪30年代要素主义者的教育观点。科南特被誉为"20世纪中叶最有影响的美国教育家"，主要著作是《今日美国中学》（*The American High School Today*，1959）和《美国师范教育》（*The Education of American Teachers*，1963）。

要素主义教育理论存在内在缺陷，在教育改革中未能取得预期的效果，在20世纪60年代末逐渐衰弱，作为有组织建构的思想运动已不复存在。20世纪70年代，要素主义以新的形式开始复活，反映在"回归基础"（Back to Basics）教育运动等教育改革之中。

（二）要素主义教育的主要观点

1. 把人类文化的"共同要素"传给下一代

要素主义最早由德米阿什克维奇于1935年提出。所谓"要素"指人类代代传承下来的优秀文化遗产，包括学术、艺术、道德、技术和习惯等。要素主义主张将那些已经被西方历史证明的、代表人类文化遗产中最宝贵的要素传递下去，唯有如此才能拯救美国和西方社会。

巴格莱认为，教育的本质是传授人类种族遗传下来的共同经验和文化精神，这是人类社会得以存在、繁衍和发展的重要前提。无论人类历史多么悠久，各民族的文化差异如何巨大，就整个人类范畴而言，总存在着所有民族都能接受和欣赏的共同文化和经验，即共同要素。共同

---

① 吴式颖、任钟印主编，吴式颖、诸惠芳本卷主编：《外国教育思想通史》（第九卷：《20世纪的教育思想（上）》），湖南教育出版社2002年版，第410页。

要素远比个人独立积累的经验重要，因为它经受了历史的检验和各民族的尝试。共同要素包括共同思想、共同理解、共同准则和共同精神等，是人类文明的精华，也是人类教育的核心内容。对于美国这样一个多民族的国家来说，教育的首要功能是保卫并强化美国的民主理想。

2. 教育的最高目的在于心智训练

巴格莱认为，教育的最高目的在于训练人的心智，基于传授人类文化发展过程中的共同经验和知识。"在最广泛的意义上讲，教育则是传递这些知识的过程，或者说教育是传递人类积累的知识中具有永久不朽价值的那部分的过程。"[①]他批评活动课程和设计教学法常把活动当作目的，使学生只能获得零碎和肤浅的知识，导致教育质量下降。要从人类文化的宝贵遗产中精选出具有永久价值的知识和经验，设计出稳定而系统的课程，如读、写、算、数学、物理、化学、历史、地理、外国语及古典语（拉丁文和希腊文）等。教材的编写要按学科的逻辑顺序循序渐进地编排，推行全国性的统一课程。为了加强对学生的心智训练，巴格莱主张不得以任何借口取缔中学课程中的拉丁文、代数学和几何学等学科，认为不注重以最基本的、公认的基础知识训练学生，就好比把大厦建在流沙上，其结果注定是要失败的。

科南特认为，国家的安全与发展离不开足够数量的科学家和工程师，学校教育，特别是中小学教育只有重视基础学科，如数学和自然科学课程的教学才能培养出合格的人才。同时，为了让学生了解美国在世界上的"极其重要的地位"，学校应教会学生关心国际事务，为此，学校中的本国历史、社会问题研究、外交政策和外国语课程都应大力加强，而数学、自然科学和外国语作为"新三艺"毫无疑义是最重要的学科。

3. 强调教师的权威地位

在巴格莱看来，教师应在教学过程中居主导地位。教学过程是严格训练和艰苦钻研的过程，不能凭学生的兴趣和爱好行事，教师在教学过程中对学生进行管束是正当的，教师在掌握知识和社会经验方面更为成熟，能更清晰地识别和欣赏人类文化中的价值。巴格莱反驳了进步主义教育指责发挥教师作用就是压抑儿童的观点，认为学生应完全听从教师的指导。教师在教学过程中应以系统的讲解为主要方法，帮助学生养成刻苦学习和遵守纪律的习惯。

4. 重视学业成绩考核和天才教育

巴格莱批评实用主义教育理论强调儿童的自由和活动，完全放弃了以学业成绩的严格标准作为升级的条件，导致教学无章可循和学校纪律松弛。他认为必须按一定标准对学生进行考核，将其作为鼓励学生努力学习的措施；考核可以发现尖子生，允许其跳级学习；学校要建立必要的规章制度，对学生提出纪律要求并加以合理管束。

科南特批评了美国教育忽视对具有天赋才能的儿童的培养，造成对"有学术才能的人"的培养的失败。他认为，英才学生约占学生总数的3%，要尽早将其鉴别出来并最大限度地发展其特有的才能，如编成特殊班级进行教学、配备专门的教师、在中学高年级开设大学选修课和开设免费的暑期班等。

---

① ［美］巴格莱著，袁桂林译：《教育与新人》，人民教育出版社1996年版，第48页。

（三）要素主义教育理论评析

要素主义要求传授人类文化的基本要素，主张系统知识的学习和传授，强调学习内容的逻辑性、连贯性和顺序性，要求大力发展天才教育，呼吁培养科技人才，在一定程度上克服了进步主义教育的弊端。20世纪50年代，要素主义一跃成为支配美国教育发展的主要思潮，为60年代美国的中小学课程改革运动提供了理论依据。

20世纪五六十年代，科南特、贝斯特和里科夫等要素主义者对美国教育实践的影响较大，加强基础知识教学、实行天才教育等思想被这一时期的教育改革所采纳。科南特在20世纪50年代末60年代初进行的两次大规模的教育调查的基础上写成的《今日美国中学》和《美国师范教育》，是改革的指导性文献之一，对公共中等教育和师范教育改革有重要的影响。

要素主义关于学习人类文化"共同要素"的思想尚缺乏科学依据和哲学基础，对如何科学地界定出学校所需传授的"共同要素"没有提出明确的原则。例如，巴格莱主张开设古典语科目的理由是老套的，没有多少新意。要素主义过于强调教师权威、书本中心和学校纪律，走向了另一个极端。

二、永恒主义教育

永恒主义教育是20世纪30年代产生于美国的教育思想流派，其哲学基础是欧洲古典实在论，认为一般概念有真实性，共相是事物的本质，运用古典实在论的观点来解释教育问题。永恒主义者大都坚持西方自亚里士多德以来的理性主义人性观和绝对真理论，把教育理解为对人之为人的永恒不变的理性、道德和精神力量的培养，并试图从人类历史文化遗产中选择永恒学科内容，强调教育的永恒原则。[①]该教育哲学流派的主要代表人物有美国的赫钦斯（R. M. Hutchins，1899—1977）、阿德勒（M. J. Adler，1902—2001）、英国的利文斯通（R. W. Livingstones，1880—1960）和法国的阿兰（Alain，1868—1951）[②]等。

（一）永恒主义教育的主要观点

1. 发展人的理性是教育永恒不变的原则

永恒主义反对进步主义教育所依据的自然主义和实用主义的哲学基础，认为实用主义已经使美国的教育理论与实践发生了巨大的偏差，如否认教育的终极目的、过于迁就儿童的兴趣爱好、放弃教育的自身责任等。

永恒主义教育理论的思想渊源可以追溯到西方古希腊时期的自由教育传统。永恒主义者引证最多的是亚里士多德的观点，他把灵魂分为植物的、动物的和理性的三类，认为理性乃人之灵魂的根本特征，正是理性灵魂使人区别并超然于动物和植物。任何灵魂的真谛或目的就是实现其最大的潜在可能性，对人的教育应当尽可能地发展和实现其理性力量。

---

① 吴式颖、任钟印主编，吴式颖、诸惠芳本卷主编：《外国教育思想通史》（第九卷：《20世纪的教育思想（上）》），湖南教育出版社2002年版，第393页。

② 阿兰，原名为爱弥尔·奥古斯特·夏提埃（Emile Auguste Chartier），法国哲学家。

永恒主义认为，教育的重要原则是永恒不变和普遍适用的。① 由于人性是不变的，因而立足于人性的教育的性质也应是永恒不变的。② 理性乃是人将自己从其他动物中区分出来的特性，是人的本质力量之所在，教育的根本目的就在于培养人们运用理智的能力。③ 真理是不变的，是放之四海而皆准的，教育应该使人掌握真理而不应去适应稍纵即逝的眼前需要，教育并不是生活本身而是对生活的准备。④ 应当让儿童学习能使他们认识精神和物质世界之永恒事物的那些基础科目，经典著作包含着所要学习的永恒真理，应是主要的学习内容。

2. 自由教育应成为课程的主要内容

赫钦斯认为，自由教育是使人的本性得到充分发展的教育，具有促进思想交流和文化传递的价值，能够给予人们共同讨论问题的思想、原则和信念，赋予人们进行交流所必需的技能，只有自由教育才能将西方的传统文化延续下去。

赫钦斯主张自由教育的内容应由两部分组成：一是那些触及有关人性、社会和自然本质，具有永恒价值的永恒课程；二是理解基本问题或进行心智训练所必不可少的思维和学习的技能，即自由艺术。前者包括从古至今的西方经典著作和文献，从《荷马史诗》到《联合国宪章》，从古希腊、中世纪的名篇佳作到近现代包括马克思、爱因斯坦的著作在内的西方思想巨著，共80多名作家的140部作品；后者主要包括文法、修辞、逻辑和数学等，这些学科是阅读经典著作、理解西方悠久文化传统的必不可少的手段，本身就具有心智训练的作用。

与西方传统自由教育的精英教育性质不同的是，赫钦斯主张的现代自由教育是全民性的，每个人都应当接受适合于理智地运用闲暇的教育，即自由教育；如果闲暇使得自由教育成为可能，而工业化又给每个人以闲暇，那么，工业化就使得人人接受自由教育成为可能。阿德勒与赫钦斯都倡导在学校乃至全社会实施自由教育，主张让所有的人都接受这种使人成其为人的训练。

阿德勒认为，西方名著是最好的学习材料，每一部名著都能以独特的方式提出人所必须面对且经常发生的基本问题。名著中蕴含着对人类重大问题和原理的积极探索，其结论都是人类思想最重要的成就。一切伟大著作都是当代著作，名著的学习能使人的心灵获得见解、领悟力及智慧，阅读名著是教育和优雅生活的手段，也是自由教育的目的所在。

（二）永恒主义教育评析

永恒主义教育以欧洲古典实在论为哲学基础，试图从有关宇宙和人类的"共相"方面寻找教育的真谛，强调教育的最高目的在于发展共同的人性，反对学校和教育对社会的一味适应；强调普通教育要坚持共同人性基础上的培养目标，大学教育要保持自身在学术和社会发展中的引导人类发展的"灯塔"作用；倡导实施全民的自由教育，是对西方传统的只为少数人所享有的自由教育的发展和超越，反映了现代社会的民主要求；将教育看成是一个终身的过程，赫钦斯于1953年率先提出了建立学习化社会（the learning society）的主张。

永恒主义者言必称希腊，永恒主义教育理论有浓厚的复古色彩，试图以2000多年前人类对自然和自身的认识结果来解决20世纪的新问题。虽然古典名著不乏教育的意义和价值，但过于强调古典名著的学习被指不符合时代发展趋势；注重人的理性发展，相对忽视人的身体和情感教育；把普通教育和职业教育尖锐对立起来也是片面的。

批评者认为，永恒主义的许多有关教育的命题和判断是建立在形而上的哲学思辨的基础上的，是对传统哲学命题的直接演绎，未对儿童生理和心理的过程和特点进行认真系统的考察，因此，在涉及教育事实一类问题上所下的判断和结论往往显得轻率、武断，缺乏事实依据。

永恒主义教育思想最为活跃的时期是20世纪30—50年代，对这一时期西方教育理论和实践产生了一定影响。赫钦斯的自由教育主张使西方一些国家转变了一度偏重职业技术教育的倾向，开始注重人文教育或通才教育。20世纪60年代起，永恒主义作为一种教育思潮逐渐衰落，但阿德勒在1982年发表的《教育宣言——派迪亚建议》（*The Paideia Proposal: An Educational Manifesto*）被西方学者视为永恒主义的复活。

三、新托马斯主义教育

新托马斯主义是现代西方倡导宗教教育的教育思想流派，以新托马斯主义为哲学基础，把宗教教育作为教育的核心和最高目标，要通过设立以宗教原则为灵魂的课程进行"道德上的再教育"和"宗教信仰的恢复"，主张各级各类学校都应进行宗教训练，以培养"真正的基督徒"和"有用的公民"。

永恒主义教育思潮在西方有时被分为世俗派和宗教派两翼，世俗派主要以赫钦斯为代表，宗教派则以法国宗教教育家马里坦（Jacques Maritain，1882—1973）为代表。他在《教育处于十字路口》（*Education at the Crossroads*，1943）和《人的教育》（*The Education of Man*，1967）中主张全面恢复中世纪神学家圣托马斯·阿奎那的哲学和教育思想，被称为"新托马斯主义"。新托马斯主义与永恒主义的教育思想最为接近，西方有些学者干脆把新托马斯主义视为永恒主义的宗教派，或把永恒主义视为新托马斯主义的世俗派。

（一）新托马斯主义教育的主要观点

1. 教育的主要目的是发展人的内在精神力量

马里坦的教育学说以古老的灵魂与肉体二元分离为依据，认为人作为有机体是由"个体"与"个性"两部分构成的。"个体"即人的肉体，以物质为最初实体的根源。"个性"指人的灵魂，以精神为根源，是神性在人身上的体现。正是这种超越时空的东西才是教育所要致力发展的首要目标。马里坦认为，教育还有第二目的，或称"附加的教育任务"，即为当代社会培养富有社会责任感、善于解决问题的优秀公民，但第二目的处于从属位置，发展人的内在精神力量才是教育首要的和本质的目的。

2. 教育的作用在于唤醒人的自然倾向

马里坦认为，教育过程本质上是人的内在精神活动的过程，人的内在精神活动的行动力量只能来自内部，不能从外部给予或强加，是自我教育和自我解放的过程，贯穿于人的一生。儿童的"自然倾向"是构成教育活动和过程的动力。教育的作用在于唤醒人的自然倾向，如爱真理、爱善良、爱正义、乐于生存和与他人合作等。

依据教育过程的这种性质，马里坦主张培养儿童对生活的积极态度，创造以爱和关注为中心的共同生活的环境和气氛。教育工作者最珍贵的天赋是对儿童的爱和关注，倾听儿童内在精神的呼声，唤醒并鼓励他们将隐藏在灵魂内部的精神力量充分发展起来。

马里坦倡导"沉思的学习方法"，以促成青少年的自觉活动，激发其心智，使其从掌握真理中获得愉悦。马里坦将解决问题的学习方法作为辅助方法，以维持个人学习的主动性和兴趣，防止沉思的学习退化为消极、呆板的驯服。

3. 自由教育是人之为人的教育

马里坦将教育视为人的自我教育、自我解放的过程，是终身进行的，学校教育只是对人终身自我教育的准备。中等教育阶段训练的重点主要在哲学上，目的是培养能够自由地对新变化境遇做出正确和独立判断的未来公民，而不是培养未来的专家、教授或特权阶级的上等人。

马里坦主张将七年中学教育划分为两个阶段，并按照自己对人文学科和自由艺术的理解，拟定了内容广泛的课程计划。在第一阶段（13—15岁）设置语法、逻辑和语言、历史（民族史、人类史、文明史和科学史）、地理、天文、植物学和动物学等课程。第二阶段（16—19岁）的课程主要包括数学与诗歌、自然科学与艺术、哲学、伦理和政治哲学等。学习上述课程的目的是了解科学或艺术的意义，学习的基本方法是阅读经典著作。经典著作是人类精神成就的集中体现，阅读经典著作就是与名著作者直接对话，学习者在对话中与伟人分享真理与美，从而使自己的心智得到滋养。

4. 进行道德教育最终必定要进行宗教教育

马里坦认为，在人的道德生活中存在着两种美德或准则：一是适用于人类生活的道德的美德和准则；二是适用于神圣生活的最高级的或神的美德和准则。道德的美德只是教人们注意人类的习惯或与人的利益相关联的生活规则，神的美德则把人的心灵与上帝统一起来。神学美德高于道德美德，进行道德教育最终必定要进行宗教教育。

在马里坦看来，首先应注重对儿童的道德意识的培养。家庭在道德意识的培养中发挥着重要作用，家庭是滋润一个人爱的活力和德行的最早场所，是把人类社会联合起来的爱的基本形式。学校的道德教育既可通过道德哲学（伦理学、政治和社会学）的直接教学进行，也可以在那些能够体现道德美德的人文学科和自由艺术的教学启示中进行。阅读经典著作甚至比讲授专门的道德课更为有效，所有经典著作的内容都渗透着道德价值。学校的生活环境也可以滋养学生的道德美德，学校的共同生活既是道德教育的手段，也是理解和体验民主生活的实际途径。

在马里坦看来，宗教教育是道德教育的最高形式，不承认或不相信上帝，道德法则就没有确实根据。道德生活总是这样或那样、有意或无意地与宗教信仰和经验紧密相连，宗教与生活的割裂是不道德的根源。宗教教育可以在家庭、学校和教会中进行，而且应当建立在学生和家长自愿的基础上，学校应允许宗教教育反映各种不同的信仰。

（二）新托马斯主义教育理论评析

新托马斯主义教育思想以托马斯主义者关于实体、人性、知识、真理和价值的理论为基础，其主线是使人成其为人，通过理智和意志的充分发展使人获得精神的和社会的自由。这种教育目的论基于人的永恒不变的本性，是对两次世界大战给人类造成的深重灾难的反思，也是对抗和缓解西方现代社会日益严重的人的异化现象，防止将人作为工具和手段，是对西方人文主义或人道主义传统的继承和发展。但新托马斯主义对人的信念是以对神的信仰为前提的，未能揭示西方当代社会种种危机的真正根源，其人性说带有中世纪的禁欲主义色彩。

新托马斯主义强调学习者的主体作用，对克服教育中机械训练、强迫灌输现象具有积极的意义；重视对人的自然倾向和发展条件的认识，强调教师对学生的爱和鼓励是培养健全人格必不可少的条件；考虑并适应了现代社会的新情况，将自由教育扩大至包括自然科学甚至工艺学和手工劳动的范围；强调自由教育对象的全民化，适应了现代社会的民主潮流。

新托马斯主义教育思想具有明显的调和与折中色彩，试图调和神与人、宗教与科学、信仰与理性、天国与人间的矛盾，将教育目的表述为发展人之为人的本质力量，又把这种力量看成上帝的恩赐和神性的表现；既把神学看成是至高无上的学科，又在公立学校中淡化神学的宗教意义，允许学生有不选修神学的自由，并容纳一定的科学和技术方面的科目；既力图恢复传统的自由教育的精神，又扩大人文学科的范围，并赋予其一些新的内涵。新托马斯主义为适应当代社会的需要在许多问题上都作了妥协和变通。

新托马斯主义作为以基督教的宗教学说为基础的教育思想流派，在世俗学校制度和社会中的影响较为有限。但作为天主教公认的哲学学说，在拥有众多信徒的天主教世界有广阔的市场，某些天主教占统治地位的国家（意大利、法国、西班牙和拉丁美洲国家等）也在某种程度上受到了这一教会哲学的影响。为了传播和鼓吹新托马斯主义的思想，梵蒂冈在世界范围内建立了广泛的教会分支机构及学校，培养严守教规的神职人员和天主教世俗知识分子。在美国和西欧的一些宗教学校以及一些世俗大学，新托马斯主义的教育理论得以传播和实施。[①]

第三节　存在主义教育

存在主义教育是存在主义哲学被引申到教育领域而形成的一种教育思潮，以人的现实存在、个体的自我实现和个性的自由发展为基调。有些存在主义者尖锐指责甚至否定现代社会的学校教育，提出了一系列独特的教育观。存在主义教育思想在二战后曾广泛流行于一些西方国家，20世纪70年代以后逐渐走向衰微。

一、存在主义哲学的一般特征

存在主义发端于19世纪的欧洲大陆。一般认为，存在主义的先驱是丹麦基督教哲学家克尔恺郭尔（S. A. Kierkegaard，1813—1855）。存在主义哲学体系的形成是在第一次世界大战以后，主要开创者有德国哲学家胡塞尔（E. Husserl，1859—1938）、海德格尔（M. Heidegger，

① 吴式颖、任钟印主编，吴式颖、诸惠芳本卷主编：《外国教育思想通史》（第九卷：《20世纪的教育思想（上）》），湖南教育出版社2002年版，第480—483页。

1889—1976）和雅斯贝尔斯（K. Jaspers，1883—1969）等。二战期间，存在主义的中心从德国移到法国，主要代表人物是萨特（J. P. Sartre，1905—1980）和梅洛-庞蒂（M. Merleau-Ponty，1908—1961）等。20世纪60年代，存在主义曾在美国风靡一时。

存在主义阵营内各种观点林立，没有明确统一的定义，但作为一种思潮有其共同性的特征。① 世界是荒诞的，人与世界的关系也是荒诞的，只有人的存在是唯一可靠的实在，应专注关于人的存在的研究。②"存在先于本质"，每一个人都必须先存在，然后才能体现和认识自己的本质，强调自我创造和自我实现。③ 强调人的主体性，每一个人都是自在的，必须以人的主体性为出发点；强调人的感情和主观意志以及个体存在的独特性，知识和理性只是人存在的工具。④ 人是自由的，但这种自由不是抽象的，它与人的现实存在并存，与人的责任感并进。⑤ 否认任何道德规范，主张由每个人自己去创造他自己的道德规范。

存在主义也是一种危机哲学，其产生和发展在不同程度上反映出在资本主义社会矛盾和危机不断迭起的情况下，人们受到战争、竞争、动荡、恐惧、孤独和绝望的威胁和磨难，人的问题日益突出，是对现实社会发出的抗争。存在主义强调重视研究和解决"人"、"主体"和"生存"的问题，也被认为是一种人道主义。从整体和实质上看，存在主义具有主观唯心主义、非理性主义和极端个人主义等特征。

二、存在主义教育的主要观点

存在主义作为一种现代教育思潮，其产生和流传都有其特定的社会历史背景和教育实践方面的背景。存在主义哲学家和教育家提出的各种教育观点和教育理论不乏共同特点。

（一）尖锐批评现行教育制度

在存在主义者看来，学校在现代社会的重要职能是将信仰、希望、行动和善恶在每一个人身上再创造出来。这样的学校不只是一种社会制度，也是一种个人的制度，即一种为个人而设立的制度。在这样的学校里，基本上是通过统一化、标准化和机械化的教育和学习过程，向学生传授文化知识、灌输道德规范或予以职业训练，使其"埋葬"于社会化之中以适应社会生活，剥夺了学生自我活动的空间和时间，漠视个人的独特性，压抑其个性的自由发展，存在主义者强烈要求对上述学校教育存在的最大缺点和错误进行改革。

（二）教育的主要目的是实现人的本质

存在主义者认为，"人的生成"要关注人的本质的实现，帮助人意识到他的环境条件，促进他顺利地投入到有重要意义的生存中去，养成他对待生活的正确态度。教育的重要目标有三个方面：首先，教育应发展人的自我意识，包括生存意识、自我独特意识和自我创造意识。人的自我意识对人的自我本质的实现具有决定性意义。其次，教育应培养人做出自我选择的能力。一个人如果允许社会把各种价值强加于他，这个人就失去了真实性和人性。学校教育要告诫学生，一切幸福都来自自己的选择和创造。学校要为学生提供自由选择的机会，鼓励和帮助个人进行自由选择，并自由地成为他自己。最后，教育应发展自我责任感。自由，尤其是自我选择的自由，是对无视人的尊严和自由的抗争。但也有存在主义者认为，人的自由与责任并存，只有这样，个人才能与世界合为一体，并真正地实现他自己。

（三）注重人文学科的学习和"对话"式教育和教学

存在主义重视品格教育。所谓"品格"是指一个人的行动是出于他的整个品质，在于他是按照向他进行挑战的每一情境的独特性而做出反应的，是介于一个人的本质与他外表之间的特殊纽带。品格教育实际上也就是品德教育。在某种意义上可以说，存在主义几乎把品德教育视为教育的唯一内容，因此要求学校修改其对知识的看法。

存在主义教育家一般不赞成以学科为中心的教学，认为各种教材本身没有价值，学生不论学习什么东西都应将其作为个人借以自我发展和自我实现的手段，课程的全部重点必须从事物世界转移到人格世界，人文学科更有助于认识人的生活、人的世界和人的本质，专门化课程"必须尽可能多的人性化"。

存在主义教育认为，团体教学形式抑制和阻碍了个人的发展，应代之以个别的、民主的和"对话"式的教育教学方法，其有效的运用必须以师生之间的相互信任、自由和平等为前提，以充分发挥师生的主体性为条件。

三、存在主义教育评析

存在主义教育对西方社会传统教育的制度化、标准化和划一给予了尖锐的抨击，指出美国进步教育的工具性缺陷，强调学校教育要重视"人的生成"、个性发展和自我实现，并以此为基点提出一系列教育观点和教育改革的意见，要把学生从他在学校里所接受的社会控制的重压下解放出来，具有一定的积极因素。

存在主义是西方现代人本主义思潮的派别之一，也是以非理性主义和反社会为特征的极端个人主义哲学。建立在这种哲学基础上的存在主义教育思想在本质上是一种极端个人主义的教育思想。存在主义教育思想认为人的本质是自由，但过分强调个人的自我意识、自我选择、自我设计和自我发展，把个人发展和教育与人的社会化对立起来。

存在主义教育思想过分低估甚至否定学校教育。一些存在主义者批评了现有的学校教育把培养学生适应社会作为其首要目的，采取制度化、标准化和组织化等手段强制性地将学生社会化，忽视学生个体的自由发展等的做法。但他们由此偏激地否定制度化的学校教育，否定学校教育对社会的积极作用。这是与存在主义的反社会的极端个人主义相联系的。

存在主义教育思想认为，教师的作用是帮助和督促学生对所读、所听到的每一种知识进行独立思考、提出问题，并从中找到影响个人发展的意义。总之，教师只应该是促进学生获得自我实现的人。存在主义者虽不完全否认教师的作用，但他们实际上是贬低了教师在教育教学过程中应有的主导地位。[1]

---

[1] 吴式颖、任钟印丛书总主编，李明德，杨孔炽本卷主编：《外国教育思想通史》（第十卷：《20世纪的教育思想（下）》），北京师范大学出版社2017年版，第177—178页。

第四节　新行为主义教育

新行为主义是美国20世纪30年代出现的一种心理学理论流派，曾一度占据心理学研究的主流地位，60年代达到顶峰，其后走向衰落。新行为主义致力于人类行为，特别是学习过程的研究，甚至直接将其理论应用于教育领域，为教育和教学思想奠定了行为主义方法论的基础，开辟了教育科学研究的新视角。新行为主义教育思想是指从新行为主义立场来阐述、解释和解决教育问题的理论体系。

一、新行为主义概述

新行为主义由早期行为主义发展而来。20世纪20年代早期，美国心理学家华生（J. B. Watson，1879—1958）对传统心理学发起挑战，在《行为主义者眼光中的心理学》（1913）和《行为：比较心理学导言》（1914）中阐述了行为主义的重要原则，使其从构造主义与机能主义学派的争论中异军突起，并为后来新行为主义的崛起奠定了基础。

华生认为，心理学要成为一门科学就必须放弃对"心理"和"意识"等机体内部状态的研究，代之以对"行为"的研究。"行为"是可被观察的，行为主义要研究可被观察的行为与引起这些行为的外在条件的关系，是研究刺激与反应关系（S—R）的科学。这一立场使他得出了环境决定论或教育万能论。他的名言是："给我一打健全的婴儿和我可以用以培养他们的特殊世界，我就可以保证随机选出任何一个，不管他们的才能、倾向、本能和他的父母的职业及种族如何，我都可以把他训练成为我所选定的任何类型的特殊人物，如医生、律师、艺术家、大商人或乞丐、小偷。"[1]

以华生为代表的早期行为主义者试图以自然科学的严格标准界定心理学的研究范围和方法，以客观的方法研究可观察的行为，摒弃以内省法研究主观意识的做法，这在西方近代心理学发展史上是一次划时代的转变，但他们完全无视机体内部因素，把复杂的心理现象简单化、机械化和极端化的观点也受到了心理学界的批评。

20世纪30年代出现的新行为主义受到逻辑实证主义和操作主义的影响。逻辑实证主义提出间接证实的方法，即一个不能直接证实的命题，通过对已得到证实的命题的推衍或通过源于观察的事实的推理也是可以接受的，从方法论上打破了早期行为主义者的研究禁区，使通过可观察的行为推断有机体内部因素的研究成为可能。早期行为主义的S—R公式被改写为S—O—R。新行为主义的代表人物赫尔（C. L. Hull，1884—1952）和托尔曼（E. C. Tolman，1886—1959）开始对S—R之间的中介变量进行研究。以斯金纳（B. F. Skinner，1904—1990）为代表的操作主义构成了新行为主义的另一支，主张科学的概念必须以可重复的操作来界定，凡是不能由操作定义的概念都是没有意义的。

---

[1] 转引自刘恩久、李铮等著：《心理学简史》，甘肃人民出版社1985年版，第147页。

20世纪60年代以后，渐成主流的认知心理学和科学哲学方法论的新进展使新行为主义阵营出现急剧分化。一些新行为主义者对自己的立场开始产生怀疑，一些新行为主义者则大胆吸取认知心理学的研究成果，产生出将行为与意识联系起来加以考察的认知行为主义、折中行为主义。20世纪60年代以来，已很难将行为主义视为一个旗帜鲜明的心理学派别了，一般将较为强调研究个体行为及其条件的心理学理论泛称为"新行为主义"。

二、新行为主义教育的主要观点

（一）学校教育应该强化学生行为

斯金纳对美国20世纪50年代的教育和教学提出批评，认为长期以来美国学校中儿童的学习只是为了躲避惩罚，进步教育运动没有使这种状况得到真正改变。在美国典型的课堂教学中，学习行为得不到及时强化，行为与强化的间隔太长，强化次数太少。据斯金纳统计，在小学前4年中，强化的出现只有几千次，而真正需要的强化次数是25 000—50 000次。因此课堂教学必须改革。学校缺少一个连续强化的方案。斯金纳指出，教师若不在每一步上都给予强化，最终的复杂行为就不能形成，教学也不可能达到其所期望的目标。

（二）操作性条件反射是学习的基本条件

斯金纳认为，教育主要关心的是文化传递，教育是改变和塑造人的行为的一种努力。教育学应被视为科学技术学的最重要的分支，应以行为科学的原则和方法改造教育和教育学。为此，必须考虑在学校中创造操作性条件反射的基本学习条件。首先，要明确学校期望建立什么样的行为，因为教师是学生行为的塑造者，教师必须对于教什么、想要学生养成什么行为等有清楚的认识，才有可能达到有效的教育。其次，要善于安排和利用有效的强化物，对儿童单纯控制事物本身的"自动强化"要给予高度重视。教师的亲切、友善、对学生的奖励和学生之间的竞争等都具有强化作用，应善加利用。最后，必须使强化与所要求的行为联系起来，将教学过程尽可能分成许多小步子，最大限度地提高强化频率，以逐步形成复杂的行为模式，并在每一阶段上保持这种行为的强度。

（三）程序教学和机器教学

在斯金纳看来，符合上述操作性条件反射学习条件的教学就是程序教学和机器教学。他认为，教学就是通过控制使学生形成正确的行为反应。在教学领域中，正是通过安排好强化系列，提供强化而塑造有机体的行为，并使行动在一定时间内保持一定的强度水平。程序教学就是应用特殊的强化技术，以取得特殊形式的强化结果。

程序教学具有以下几个特点：① 适合学生的既有水平。程序应由学者专家预先编定，使程序材料与学生的知识背景相联系，材料所用的语言要能被儿童所理解。② 有学习程序的目标或目的。要明确地确定学生所应掌握的知识和技能范围，这些目标或目的应用可操作、可观察、可测量的术语加以说明。③ 学生的积极反应。程序学习要求学生和程序之间相互影响，使学生通过填空、解题和书写答案做出反应。④ 小步子的逻辑序列。教学内容按内在联系分成若干小单元，编成程序，难度逐渐递增，使学生容易理解。⑤ 及时的强化。对学生学习的过程中做出的每一个反应都应立即做出肯定或否定的答复，使学习者得到奖赏而增强信心。⑥ 自定步调。鼓励每一个学生以自己最适宜的速度进行学习。⑦ 最低的错误率。程序教材的编制是由浅入深、由已知到未知的，保证学生每次都能做出正确的反应，将错误率降到最低程度。

斯金纳主张程序教学应通过教学机器来进行，他倡导使用"能评价构答式反应的机器"，这种教学机器可以通过对学习者提供填充、运算和写出答案等活动方式，使其在"构答反应"（constructed response）时经常处于积极状态。教学机器的程序材料以直线式编排，学生学了第一步获得正确反应后再出示第二步，依次类推，学完为止。斯金纳不赞成学生从一组选择材料中选择答案，而极力主张由学生自己做出答案，因为多重选择会使学生凭幸运选对答案，而不是真正掌握知识，似是而非的多重选择答案会造成"塑造行为的障碍"。

三、新行为主义教育评析

斯金纳的学习理论是在心理学实验室的纯研究中建立的，他的实验对象是白鼠、鸽子一类的动物，从动物身上归纳总结出来的学习、行为规律，到底在多大程度上符合对人类自身的解释，是有争议的。斯金纳的操作主义理论是对19世纪下半期以来以自然科学方法论为框架研究人类心理和行为的实证主义传统的继承和发挥。这种以严格的实验为依据的理论，相对此前以思辨为特征的心理学来说是一大进步，提高了教育和教学研究的科学性和客观性。但不可否认的是，行为主义有把人类行为简单化、机械化的倾向，是一种把人简化为一种"较大的白鼠或较慢的计算机"后而得出的有关学习和教学的理论，尚不足以揭示人类复杂学习的全部真谛。

斯金纳最早发明了算术教学机器，后来又研制出其他教学机器。他在哈佛大学讲授心理学时，使用改进过的机器进行教学。20世纪60年代，斯金纳发明的教学机器曾被广泛使用，1963年约有80%的教学机器程序是以斯金纳的原理为依据而设计的。随着计算机的问世和推广，斯金纳发明的简易直线式程序的教学机器目前已很少使用，被收藏在国立博物馆内。随着计算机在学校教育中的广泛使用，程序教学在计算机辅助教学技术方面已探出了新路子，显示出越来越广阔的前景，因此，斯金纳所做工作的作用和意义是不容低估的。

斯金纳所设计的教学机器虽已退出历史舞台，但其倡导的程序教学中所包含的一些重要原则，如循序渐进、个别化安排、积极强化和调动积极性等仍在西方教育和教学中发挥着作用。斯金纳的理论推动了教育和教学理论的科学化，也推动了教学手段的科学化和现代化，重新激起了西方对个别化教学的研究和兴趣。①

---

① 吴式颖、任钟印主编，吴式颖、诸惠芳本卷主编：《外国教育思想通史》（第九卷：《20世纪的教育思想（上）》），湖南教育出版社2002年版，第40页。

关键概念

传统教育	现代教育	改造主义教育	康茨
《学校敢于建设一个新的社会秩序吗？》		布拉梅尔德	新传统教育
要素主义教育	《要素主义者促进美国教育纲领》		巴格莱
科南特	永恒主义教育	赫钦斯	阿德勒
新托马斯主义教育	马里坦	存在主义教育	雅斯贝尔斯
新行为主义教育	斯金纳		

思考题

1. 述评改造主义教育思潮。
2. 述评新传统教育。
3. 述评存在主义教育。
4. 述评新行为主义教育。

第十八章 现代欧美教育思潮（下）

第一节 结构主义教育

结构主义（structuralism）教育思想是当代西方的重要教育流派。瑞士心理学家和教育家皮亚杰（P. J. Piaget, 1896—1980）是结构主义教育思想的奠基人，在20世纪30年代研究了儿童心理结构。布鲁纳（J. S. Bruner, 1915—2016）是20世纪50年代结构主义教育思想的主要代言人，致力于课程结构研究，影响了美国的结构主义课程改革运动。与他同时代的结构主义教育家奥苏伯尔（D. P. Ausubel, 1918—2008）则坚持传统课程和教学理念，以结构的观点考察知识和认知过程，认为教学的主要目的是学生知识结构的形成，其教育思想对当代西方教学理论和实践有重要影响。

一、结构主义的一般特征

结构主义教育思想的哲学基础是结构主义哲学。结构主义是20世纪五六十年代以后在西方盛行的一种哲学思潮，其历史可以追溯到20世纪上半叶瑞士语言学家索绪尔（F. dE. Saussure, 1857—1913），而其核心概念中的一部分可追溯到康德的先验论哲学。但结构主义是一种较为系统的方法论，而不是一个统一的哲学流派。它广泛影响了语言学、人类学、社会学、历史学、文学、心理学和教育学等学科，在各个领域都有理论代言人，如人类学中的列维-斯特劳斯（C. Levi-Strauss, 1908—2009），心理学中的皮亚杰和拉康（J. Lacan, 1901—1981），历史学中的福科（M. Foncault, 1926—1984），文艺理论中的巴特（R. Barthes, 1915—1980）和教育学中的布鲁纳等。

结构主义方法与实证主义和存在主义都不同。实证主义注重对经验现象的"客观"描述和还原主义方法论；存在主义以主体存在为中心来看待世界。结构主义则结合现代自然科学对事物进行整体研究的趋势和成果，将整体性的观点和方法引入社会和人文科学，从结构与要素的关系中去理解现象。尽管结构主义者对结构的解释不尽相同，但他们都认为结构是现象中各个部分或要素之间的关系的组合，部分或要素只能在由这种关系的组合而构成的整体中获得它的意义，现象的性质和变化就是由这种结构支配并决定着的，还原论方法下的机械因果关系是无法真正把握事物发展的原因的。[1]

---

[1] 吴式颖、任钟印主编，李明德、杨孔炽本卷主编：《外国教育思想通史》（第十卷：《20世纪的教育思想（下）》），湖南教育出版社2002年版，第47—48页。

二、结构主义教育思想概述

在结构主义方法论的影响下产生了结构主义教育思想。20世纪30年代，皮亚杰对儿童认知结构进行了研究并创立发生认识论，为结构主义教育思想奠定了心理学基础。20世纪50—60年代，美国的布鲁纳和施瓦布（J. Sehwab，1909—1988）在皮亚杰认知结构理论的基础上对知识结构和学科结构进行了研究，在美国发起结构主义课程改革运动。

（一）儿童智力本质上是一种思维结构

皮亚杰的发生认识论为结构主义教育思想奠定了心理学基础。他曾担任国际心理学会主席和发生认识论国际中心主任，并长期担任联合国教科文组织的国际教育局局长。他的《儿童的语言和思维》（1923）、《儿童的判断与推理》（1924）、《儿童关于世界的概念》（1926）、《智力心理学》（1947）、《教育科学和儿童心理学》（*Educational Science and Child Psychology*，1970）、《发生认识论》（1955，后更名为《逻辑思维的发展》）和《结构主义》（1968—1971）等著作和论文被广为翻译，在国际上产生了广泛影响。

古典心理学把智力或看作先天的心理官能，或视为在外界影响下所形成的联想系统。但皮亚杰认为，儿童智力在本质上是一种思维结构，是主体对客体的协调作用。智力是一种适应过程，适应要使事物同化于主体。儿童在适应过程中促使认识结构不断重组，智力不断由低级向高级发展。

皮亚杰从生物学角度提出人的认识结构涉及四个阶段：图式、同化、顺应和平衡。他借用生物学"同化"（assimilation）和"顺应"（accommodation）的概念来解释主体图式在能动适应环境中的变化发展。他认为，儿童最初的认识结构是一种遗传性的认识图式，随着儿童的成长，与周围环境不断接触，便产生了认识主体与客体的联系，表现为主体认识结构与客体的平衡，这种平衡需通过同化作用或顺应作用来达到。在这个过程中，自我调节有重要作用，是智力发展的最重要的内部因素，体现了主体活动的内在目的性。

皮亚杰认为，儿童智力结构的发展既有连续性又有阶段性。他根据大量实验并结合数理逻辑，将儿童从出生到青年期的认识结构的发展按年龄特点分为四个阶段，论述了发展阶段在教育科学上的意义，证明了儿童的思维随着年龄而发生结构转化。"从学校教育的观点看来，这首先意味着：我们一定要承认心理发展过程的存在；一切智力的原材料不一定为大大小小的儿童所同化；我们必须考虑每个阶段儿童的特殊兴趣和需要。其次，这也意味着环境在心理发展中起着决定性的作用；各阶段的思维内容及其出现的年龄不是固定不变的；所以好的教法可以增强学生的效能，甚至加速他们的精神成长而无所损害。"[1]

（二）应传授学科知识的基本结构

布鲁纳曾长期主持哈佛大学的认知研究所，并任美国心理学会主席。1959年，他主持了

---

[1] 王承绪、赵祥麟编译：《西方现代教育论著选》，人民教育出版社2001年版，第421—422页。

著名的伍兹霍尔会议，讨论如何改进中小学课程，尤其是科学课程的教学以提高教学质量。1960年，他在《教育过程》（*Educational Process*）中阐明了结构主义课程理论，成为美国结构主义教育理论的代表作。布鲁纳关于儿童认知发展的研究与皮亚杰一脉相承，他对结构主义教育思想的主要贡献是关于要传授学科知识的基本结构的主张。

与传统派传授系统知识的学科课程和进步教育以儿童为中心的活动课程不同，结构主义课程改革是要传授学科的基本结构，即学科的基本概念、原理和原则。布鲁纳等人认为，知识是有结构的，结构是人们对于客观事物构造的一种主观模式。传授学科知识的基本结构具有以下重要意义：① 理解了基本原理能更好地理解这门学科。② 易于记忆。③ 领会基本原理和观察对于学习的迁移必不可少。④ 能缩小"高级知识"与"初级知识"之间的差距。学生掌握了每门学科知识的基本结构后，就能独立面对并深入新的知识领域。

（三）重视儿童早期认知能力的发展

布鲁纳提出过一个著名假设："任何学科都能够以智育上是诚实的方式，有效地教给任何发展阶段的任何儿童。"[1]他坚信，只要把知识结构"翻译"成各年龄儿童的认识结构都能理解的程度，早期教育就能收到应有的效果。布鲁纳将教学任务的重点放在发展学生的认知能力，即智力上，认为智力发展是掌握知识结构的保证。他对教学过程中发展智力的要求超过了对基本知识的要求。

（四）提倡活动教学法、同伴影响法和发现法

皮亚杰提倡活动教学法和同伴影响法。① 他根据其智力结构发展理论，将儿童在学习中是否积极活动看作儿童学习主动与否的关键，认为教学中的活动法是儿童教育最重要的原则。② 他所强调的教育中的个体活动是与集体活动相结合的，儿童在这个过程中从自我中心趋向社会化，同伴之间的相互交流和相互理解对儿童人格的形成有重要作用。同伴影响法是这一思想的体现。他重视儿童在教学过程中所处的主体地位，注意发挥儿童的主动性和发展儿童智力，具有积极意义，但被指有忽视教师主导作用的倾向。

布鲁纳也认为，要有效发展学生智力必须采用合理的教学方法，他极力提倡发现法，即引导学生自己去发现以前未曾认识的观念之间的关系和相似规律性及对其本身能力的自信感。他主张要在教学过程中让学生学会学习，自己去发现和得出答案。在他看来，发现法有两个好处，一是儿童能把所学知识变为自己的东西，二是能增强儿童的自信心，这是对学习最好的奖励。

三、结构主义教育思想评析

综上所述，结构主义教育思想的主要观点包括：第一，知识是人们赋予经验中的规律性以意义和结构而构造起来的模式；在任何一个知识领域都存在基本的知识结构，它们通常是由

---

[1] 王承绪、赵祥麟编译：《西方现代教育论著选》，人民教育出版社2001年版，第446页。

一定的概念体系组成，揭示这门学科的主要内容，并制约这门学科的探索活动。第二，教育工作者必须把这门科学的结构和这门科学所特有的探究方法编制成教材，使学生通过对教材的学习达到对知识结构的把握，从而对所学学科产生深刻理解。第三，学生的学习不是环境刺激的被动反应，而是主体将学习纳入自己的认知结构的过程；学习在本质上是发现性质的，教育工作者应当注重发展学生的认知结构，培养学生对知识的自主探求精神，鼓励学生对学科结构的直觉理解，养成学生独立解决问题的能力。

结构主义教育思想具有以下基本特征：① 将教育学理论建立在儿童发展心理学和发生认识论的基础之上，以儿童智力结构的发展阶段作为心理学依据来探讨教育教学问题。② 以课程改革作为教育改革的突破口，主张教育应努力使学生掌握每门学科的基本结构，重视结构的迁移以促进学生智力的发展。③ 认为教育的最终目标是培养儿童的自主性和发展儿童的智力，并试图改变传统的授课方法，提倡活动教学法、同伴影响法和发现法。

结构主义教育思想及其结构主义课程改革运动对美国教育乃至世界教育都产生了重大影响。20世纪60年代，世界上出现课程改革运动的共同趋势。虽然在20世纪70年代，人文主义课程论取而代之，但进入80年代以后，结构主义课程论又有复活的势头。

第二节　分析教育哲学

分析教育哲学（analysis of educational philosophy）萌发于20世纪40年代，英国教育家哈迪（C. D. Hardie）率先用分析哲学方法讨论教育问题。20世纪60年代，分析教育哲学进入全盛期，成为英美教育哲学的主流思潮，70年代开始衰落。20世纪50—70年代著名的分析教育哲学家有英国的奥康纳（D. J. O'Connor，1914— ）、"伦敦派"代表人物彼得斯（R. S. Peters，1919—2011）、"美国派"代表人物谢弗勒（I. Scheffler，1923—2014）和美国后分析教育哲学代表人物索尔蒂斯（J. F. Soltis，1931—2019）等。

分析教育哲学将分析哲学的原则和方法应用于教育领域，将严格的概念和命题分析作为教育哲学的根本任务，认为过去教育问题上的纷争或谬误都是由于概念不清所导致的，主张通过对教育既有的概念和思想进行分析与清理，从而弄清教育的基本概念的本质意义及其价值，用以影响和指导教育和教学的改革，提高教育理论科学化水平和教育实践效率。分析教育哲学以其全新的视角和独特的研究方法对西方教育哲学的发展产生了重要影响。

一、分析教育哲学的理论基础

分析教育哲学是在分析哲学的直接影响下形成的。哲学中概念分析方法的使用可追溯到古希腊哲学，真正意义上的分析哲学则产生于19世纪末20世纪初，并在20世纪上半叶成为西方最主要的哲学思潮之一。分析哲学在长期发展中产生了许多派别，是一个流传甚广、极为庞杂的哲学思潮，包括逻辑原子主义、逻辑实证主义（后发展为逻辑经验主义）、逻辑语义学、实用主义分析哲学（新实用主义）、批判理性主义、普通语义学和日常语言哲学等分支派别。其中，逻辑实证主义和日常语言学派对教育的影响最大。

逻辑实证主义产生于20世纪20年代，以（前期）维特根斯坦（L. J. J. Wittgenstein，1889—1951）、罗素（B. Russell，1872—1970）和维也纳小组成员为代表，基本主张如下：① 实证是基本原则。一个论断或陈述能从经验上被证实时才有意义，不能直接证实的命题须由已被证实的命题的演绎进行间接证实。② 哲学的任务是逻辑分析。哲学不是一个知识体系，而是一种分析活动，哲学的任务是通过对概念意义和逻辑关系的检验以达到"清思"作用。③ 应建立类似于数理逻辑的精确和理想的符号语言，消除日常语言的含混歧义。

日常语言学派产生于20世纪30年代后期，20世纪五六十年代进入顶峰阶段，主要代表人物是赖尔（G. Ryle，1900—1976）、摩尔（G. E. Moore，1873—1958）、（后期）维特根斯坦和"剑桥—牛津学派"。日常语言学派基本主张如下：① 哲学的根本任务是深入调查和详尽阐述日常语言的各种用法以避免概念混淆。② 哲学不是一种理论或体系而是"诊断"或"治疗"语言的活动。③ 须从人的社会交际中研究语言的不同作用。④ 不能脱离语言活动和语境谈语言的意义。⑤ 意义问题是语言的中心问题，词的意义在于其用法，语言的意义是相对的。

逻辑实证主义和日常语言学派在对哲学的根本态度上是一致的，都要求将哲学作为分析、检验概念和命题陈述的工具，只是在判断分析充分与否的标准上，逻辑实证主义强调实证原则和逻辑分析，日常语言学派则注重概念和命题陈述与日常语言使用的符合性。

二、分析教育哲学的基本主张

分析哲学对传统哲学的根本否定和彻底改造所导致的哲学领域的"革命"深刻影响了教育，分析哲学的两大派别都对教育理论和实践产生了重要影响。逻辑实证主义的影响主要体现在方法论方面，通过对社会学、心理学、行为科学、程序教学和教育测量的影响，支持了教育的经验科学研究。日常语言学派则通过分析教育实践中广泛使用的概念和术语对教育产生直接影响。相对于逻辑实证主义，日常语言学派关注的教育问题更为广泛，持这一立场的教育哲学家也相对较多，对教育的影响也更大一点。[①]

1942年，英国教育家哈迪（C. D. Hardie）在《教育理论中的真理与谬误》（*Truth and Fallacy in Educational Theory*）一书中率先用分析哲学的方法讨论教育问题。1953年，谢弗勒向美国促进科学进步协会提交了题为《建立一种分析的教育哲学》的论文，分析教育哲学受到教育哲学界的广泛关注。他的主要著作有《教育的语言》（*The Language of Education*，1960）和《理性与教学》（*Reason and Teaching*，1973）等。20世纪50年代，由布劳迪（H. S. Broudy）和普赖斯（K. Price）主编的论文集《教育哲学有多少哲学性》拉开了对教育哲学本质进行大讨论的序幕。《哈佛教育评论》1956年秋季版专辑讨论了教育哲学的内容和目的，论者普遍主张运用分析哲学的方法对教育的概念和语言进行分析。20世纪60年代，分析教育哲

---

① 吴式颖、任钟印主编，李明德、杨孔炽本卷主编：《外国教育思想通史》（第十卷：《20世纪的教育思想（下）》），湖南教育出版社2002年版，第216—217页。

学成为英美等国教育哲学的主流思潮。

分析教育哲学的典型主张如下。

（一）教育哲学应抛弃形而上学和伦理学的命题陈述

分析教育哲学认为，传统教育哲学中的大量命题属于价值判断，具有先验性假设的特点，无法用确定的经验或科学实验来证实。教育哲学不应对诸如人性是什么和教育本质是什么等形而上学问题做出任何内容上的判断，也不应对以有关价值判断为基础的教育工作规定行动纲领和发出工作指令。教育哲学应善于将复杂的命题陈述还原为经验和逻辑上可证实的原子命题，或仅对单个具体教育概念进行语言形式上的分析。应将无法证实或由于语言的误用而虚构出来的形而上学和伦理学命题从教育哲学中驱逐出去。

坚持逻辑实证主义立场的教育分析哲学家及"美国派"的分析教育哲学家大多持上述观点。以彼得斯为代表的"伦敦派"对形而上学和伦理学命题的态度则有所不同。他们一方面声称要坚持分析方法，另一方面则预设先验的前定假设，有意无意地将自己的价值判断渗透到分析方法中。

（二）教育哲学要对教育概念和命题进行逻辑和语言分析

分析教育哲学认为，教育问题的纷争和混乱是由语言的误解、误用和表达不确切造成的，教育哲学家不应像传统哲学家那样致力于教育理论体系的建构，而应用分析方法对教育理论中的概念和命题进行检验。分析是否充分验证的标准一是逻辑标准，二是日常语言标准。前者要求区分命题陈述的不同逻辑类型，考察逻辑陈述的连贯性，后者要求概念的意义要与日常语言的用法保持一致，这两个标准也是逻辑实证主义和日常语言学派的区别所在。

（三）教育哲学应澄清教育观念

分析教育哲学认为，拒绝形而上学、伦理学命题和对教育语言进行逻辑与语言分析的目的在于对似是而非、含糊不清的语言予以澄清，使对教育思想的表述建立在科学的和清晰准确的语言基础上。除对教育理论陈述进行逻辑上的考察外，分析教育哲学家对大量来自教育实践的术语、概念、口号和隐喻进行了严格分析，诸如教育、教学、知识、学习、课程、训练、灌输、发展、需要、兴趣、以儿童为中心、教儿童而不是教教材、人文学科、学术自由、教育阶梯、多轨课程和学习的控制等。

三、分析教育哲学评析

作为一种教育哲学思潮，分析教育哲学一度发展得波澜壮阔、声势浩大，成为20世纪60年代至70年代英美等国教育哲学的主流。70年代初期之后，因内部挑战和外部压力，分析教育哲学走向衰落。虽然作为一种思想运动，分析教育哲学已成为历史，但其留下的思想值得批判与借鉴。

（一）分析教育哲学的贡献

早期分析教育哲学家如奥康纳等人关心教育理论的科学性问题，试图参照以经典物理学为代表的自然科学的理论模式来清理、改造和确定教育理论，使其成为真正的科学理论。奥康纳有关教育命题陈述逻辑类型的观点已汇入20世纪70年代以来的西方元教育理论之中。

分析教育哲学要求对教育概念和思想的表述要严格而清晰，为澄清教育概念和思想的混乱建立了分析方法和框架，使教育工作者和教育理论研究者更加关心表述教育概念和命题时逻辑的一致性和用词的准确性，对于消除由于逻辑和语言问题而造成的教育争论，使人们在教育交流、争论时保持最低限度的理解上的一致性具有积极意义。

分析教育哲学排斥哲学本体论方面的先验性命题，把哲学当作动词，关心哲学的分析、批判功能，哲学不再是一大堆外在的观念和体系，而是每一个教育工作者应当掌握的思考方法，可以促使教育工作者对教育理论和实践不断进行反思，注重对课堂教学和教育实践中的概念、术语和实例进行分析，使教育研究更加贴近教育实践。

（二）对分析教育哲学的批评

对分析教育哲学的批评主要有以下三个方面：第一，分析教育哲学放弃了教育中的价值判断，忽视价值教育和道德教育的做法使自己脱离了教育的中心问题。第二，分析方法存在局限。分析法排除了价值论和社会哲学中所讨论的一些哲学问题，对于形成完整的教育哲学来讲远远不够。分析教育哲学夸大了逻辑分析方法的作用，混淆了语言问题与哲学问题之间的差别。第三，脱离教育实践。分析教育哲学对实践的关注限于对语言力量的崇拜，以为只要将教育概念和命题加以澄清，教育词语就会自动地影响教育者的目的和行动。分析教育哲学满足于对教育概念进行烦琐的分析，实际上对西方教育实践并没有产生多大影响。

第三节　终身教育

终身教育（lifelong education）思潮是当代国际性教育思潮。英国成人教育家耶克斯利（B. A. Yeaxlee，1883—1967）是最早明确提出终身教育概念的人，1926年出版的《终身教育》（*Lifelong Education*）是其代表作。法国成人教育家保罗·朗格郎（Paul Lengrand，1910—2003）1965年发表的《终身教育导论》（*An Introduction to Lifelong Education*）是该思潮出现的标志。1972年，联合国教科文组织发表的报告《学会生存——教育世界的今天和明天》（*Learning to Be: The World of Education Today and Tomorrow*）；1973年，联合国经济合作发展组织（OECD）提出的回归教育（recurrent education）理论；1996年，由雅克·德洛尔（Jacques Delors，1925— ）任主席的国际21世纪教育委员会经过3年研究后向联合国教科文组织提交的报告《教育——财富蕴藏其中》（*Learning: The Treasure Within*）等，都是终身教育思潮的重要文献。

一、终身教育思想产生的背景

一方面，科技生产的发展以及由此带来的社会生活的巨大变化呼唤教育改革。高科技的应用对劳动力知识、智力素质的要求愈来愈高，新工艺、新知识、新技术的高度融合和分化，要求科技人员要不断掌握本专业之外的新成果和新知识，产业结构的变化也带来职业结构的变化，迫使大批生产者转向新的生产部门，重新回到"课堂"成为时代的需要。另一方面，随着人们的参与、社交意识的增强，就必须掌握和了解有关知识，接受教育和训练，以充分行使自己的权利，履行自己的社会义务。人们还需要学会如何充分利用自己的闲暇时间，丰富和完善自身。老年人保健、生活和知识经验的再开发同样离不开学习和教育。

但传统的学校教育制度的模式把人生分为学习和工作两个阶段，把接受教育的时间限制在青少年时期。学校教育从制度、内容到形式都过于僵化，制度划一、内容陈旧、形式呆板、结构单一，不能很好地适应社会对多种类、多层次人才培养规格的需要。形势的发展要求从根本上改变各级教育制度的结构、职能、方法和内容。同时，教学手段的现代化为终身教育学习提供了物质条件，使人们可以突破时空限制，超越时空去获取新的知识，并且可以使人们根据个人的需要和学习特点自由选择教育的内容和形式。

二、终身教育理论的主要内容

（一）终身教育是从幼儿期到死亡的不间断的学校及校外教育

终身教育有其特定的含义，是指人从出生到死亡的教育历程，并不限于在学校进行的教育，而是人们在一生中所受到的各种培养的总和。保罗·朗格朗认为，教育不能停止在儿童期和青年期，而应通过人的一生持续进行。1973年8月的巴黎全国讨论会给终身教育一个明确的定义：是从幼儿期到死亡的不间断的学校及校外教育，不存在青少年、成年之区别，与培养人格和职业生活的训练相结合。

终身教育是个综合概念，包括人的一生中正规的、不正规的和非正规的多种学习，其目的在于使人的社会的和专业的生活达到最完满的发展；终身教育把教育看作一个整体，包括家庭、学校、社区和工作场所的各式各样的学习活动，借助于大众媒介、其他情境和结构来获取智慧并改进智慧。

（二）终身教育是现代社会的需要

保罗·朗格朗认为，终身教育是从生存的重要意义出发，是为了满足人们生存发展的需要。因此，终身教育要在个体和集体生活中发挥作用，可以帮助人们度过在各年龄阶段的转折时期所遇到的危机和激烈波动，不断充实自己，可以促进夫妻之间的和睦，加强代与代之间的交流；可以培养人们的职业素质，丰富人们的余暇生活，提高人们的艺术欣赏和艺术表现能力；可以利用大众传播媒介进行学习和选择信息；可以帮助人们科学地提高身体素质，进行体育锻炼；还可以培养公民的参与意识和能力。总之，终身教育的最终目标是努力建设更加美好的生活，吸取一切有益的因素帮助人们过一种和谐的与人性相一致的充实生活。

保罗·朗格郎强调终身教育的目的是培养新人，即"现实的完善的人"。一方面，这个人能够适应各种变化，特别是经济和职业方面的变化；另一方面，培养具有丰富个性的人，促进人的全面发展，使人能够度过充实幸福的人生，实现教育民主化，建立学习社会。

（三）终身教育打破家庭教育、学校教育和成人教育之间的隔绝

终身教育实际上改变了过去家庭教育、学校教育和包括成人教育在内的社会教育等各个领域之间互相隔绝的状态；打破隔绝教育世界与劳动世界的壁垒，使这两个世界相互往来；确保教育的连续性以防知识的老化，综合实现各种教育，努力寻求获得知识的方法；打破年龄限制，实现个性的教育；改变传统的师者恒为师的观点；为社会提供多种多样可供选择的学习机会，使社会学习化。终身教育的另一个基本目标是建立学习社会（Learning society）。所谓学习社会，是指每一个国民为求得自我实现和提高生活质量，获得职业需要的知识和技术，终身自主、主动地不断学习的社会。

（四）终身教育应该体系化

保罗·朗格郎主张终身教育制度的体系化。应在如何处理人的整个一生的教育分段和相互依赖的关系上找出努力的方向，学校教育、社会教育还有非正规教育设施等应明确分工负责，并根据这种观点来考虑改革教育的结构。实现终身教育制度的体系化，一方面要求按婴幼儿教育、青少年教育、成人教育和老年教育这样的时间系列，谋求教育的有机统一，同时在培养目标和教育内容上也要有紧密的联系性和统一性。另一方面，从家庭教育、学校教育和社会教育的空间系列上谋求教育的有机统一。这样从时间和空间两方面使人生教育有机结合，实现个人教育的连续性，不会因为某一阶段教育的终结而中断受教育的机会。

确立终身教育制度的体系化需要重新树立一种学校观，即学校教育是终身教育的一个环节，学校教育是终身教育的基础，学校不再是完成教育的最后场所，也不是孤立地进行教育的地方。由此必须改革学校教育的指导思想、教学内容、教学计划、教育方法以及考试制度，"一次考试定终身"将成为历史陈迹。

三、终身教育思想评析

终身教育思想的提出是当代教育理论的重大变革，它从当代社会变革对人类生存的挑战以及人类迎接挑战的需要出发，充分吸收了现代生理学、心理学、社会学、人类学、行为科学及语言学等众多学科最新的研究成果，立足于更广阔的社会大背景对传统教育理论及其弊端进行了较为深刻的反思和批判，从一个全新的角度对教育做出了诠释，从而使教育理论产生了新的变革。20世纪六七十年代以来，在联合国教科文组织（United Nations Educational, Scientific and Cultural Organization，简称UNESCO）的大力推动和各国学者的积极提倡下，终身教育在世界范围内得到迅速发展，逐步成为重要的教育发展和改革的思潮，愈来愈被世界许多国家所接受和发展，成为各国教育改革的指导思想和教育实践的指导原则，并取得巨大成果。

但终身教育思潮也不断遭到批评。非学校论者伊里奇（I. Illich，1926—2002）在其名著《去学校化社会》（*Deschooling Society*，1970）[①]中对终身教育持坚决抵制态度。法国学者格拉（A. Gras）认为终身教育是一把双刃剑，在给个人提供再一次机会的同时也加剧了社会竞争。一些人将终身教育视为远远超出许多国家实际情况而难以实现的乌托邦。英国学者塔尔特（M. Tight）指出，许多发达国家都无法将终身教育真正付诸实践，更何况经济刚刚起步的发展中国家。他认为，终身教育实际上过去是，如今仍是一种乌托邦思想。另外，在一些较早研究终身教育的国家，如日本，对终身教育批判的呼声也较大。

第四节　现代人文主义教育

现代人文主义教育（modern humanism education）是20世纪六七十年代在美国盛行的教育思潮，其思想渊源可以追溯到古代希腊。现代人文主义教育的主要代表人物有马斯洛（A. H. Maslow，1908—1970）、罗杰斯（C. R. Rogers，1902—1987）、弗洛姆（E. Fromm，1900—1980）和奥尔波特（G. W. Allport，1897—1967）等。其主要理论依据是现代人文主义哲学和现代人文主义心理学，主张教育的目的是人的自我实现，宣称要培养"完整的人"；强调人格的整体性以及情感和智力的有机联系；要求课程内容中的思想性和情感性因素的相互渗透。现代人文主义教育思潮对近几十年来的西方教育产生了广泛而深刻的影响。

一、现代人文主义教育的理论基础

第二次世界大战以后，在物质生活日益丰富的同时，人们的精神生活却越来越空虚。高科技的发展反而导致人们内在价值观念的丧失和外部价值标准的崩溃。在教育领域，布鲁纳的结构主义课程改革加重了学习负担，传统教学模式阻碍了学生情感与个性的发展，不断出现厌学和逃学的现象。在这种背景下，现代人文主义者对现实教育提出了尖锐批评，并阐明了新的教育观点。

现代人文主义教育思潮几乎从一开始就与风靡西方的人本主义心理学（humanistic psychology）有着密切的联系，许多人文主义教育理论家本身就是著名的人本主义心理学家；人文主义教育理论在很大程度上是人本主义心理学在教育中的应用。人本主义心理学是一个标榜以人的价值及人性的探索为使命的重要心理学流派，与行为主义学派（Behaviorism）和精神分析学派（Psychoanalysis）共同构成当代西方心理学的三足鼎立之势，因此又被称为是"第三股力量"（third force）或"第三思潮"。1961年《人本主义心理学杂志》的创刊和1962年美国人本主义心理学会的成立是该学派形成的标志，并在20世纪70年代得到很大发展。

现代人文主义教育思想以人本主义心理学为主要的理论基础，吸收了存在主义哲学的一些思想，追求人的存在，把人的存在看成是人的潜能得到实现的一种能动的、贯穿一生的过程。

---

① 参见［美］伊万·伊利奇著，吴康宁译：《去学校化社会》，中国轻工业出版社2017年版。

人本主义心理学的主要观点是：①心理学的研究对象是人，是"健康人"和具有个人丰富体验的人，研究的使命在于揭示人类的真正本性。②主要研究人的创造性、主动性以及人的自我实现。③人的尊严和价值的提高应成为心理学研究的主要内容，应格外重视人类潜在能力的挖掘与培养，应强调个体的意愿、情感和价值观。在此基础上，人本主义心理学形成了理论体系，如动机机能自主论、需求层次论和自我实现论等。一些对教育怀有忧患意识的人本主义心理学家积极涉足教育问题，抨击传统教育，提出学校教育的新准则。人本主义心理学的一些基本主张很快得到了教育界的共鸣，形成了一股新的以人为中心的教育思潮。

二、现代人文主义教育思想概述

现代人文主义教育思想家从培养目标、教育的内容和方法等方面，较为系统地论述了现代人文主义教育理想。

（一）教育目标是培养自我实现的人

马斯洛认为，教育的目标是人的自我实现。通过教育形成完美人性，达到人所能及的最高境界。自我实现的人具有的人格特征包括"整体的人"和"创造性的人"。①"整体的人"不仅指在身体、精神、理智、情感、情绪和感觉诸方面的有机整体性，也指在有机协调的内部世界与外部世界的联系方面达到和谐一致。因此，"整体的人"包括人的内部整合和人的内部与外部世界的整合两个方面。人的内部整体性表现为思想、智力、情感和感觉等方面的一体化联系，这种完整体还包括人的各种内在潜能的整体一致性。②"创造性的人"指人性的转变、性格的改变和整个人的充分发展。自我实现的创造性是指创造性的人格、活动、态度和创造过程，而不是指某些特殊天才的创造性。创造性并非为少数天才所独有，而是每个人生来就存在的特质，是一种固有的潜能，因此应该从人的内部去寻找创造性的源泉。

（二）注重整合的课程观

教育目的决定了教育内容的确定和安排。人格的整体性要求人的学习的整体性。在学习过程中，学生的情感和智力是有机联系的。罗杰斯认为，"整体的人"的学习是认知因素与情感因素的结合，情感因素包括好奇、兴奋、发现的激动、自信和着迷等。教育者必须促成它们的结合。现代人文主义教育课程并非狭义上的学校正规课程，而是把视野扩大和延伸到学生的全部生活经验上。现代人文主义教育家认为，传统学校规定的课程、固定的大纲、课时的安排模式、严格的记分标准和单一的考试制度等都忽视学生作为"整体的人"的本性和潜能的不断实现，阻碍了学生的全面发展。

现代人文主义教育的课程观主要包括：第一，在课程内容的选择上，考虑到学习者的兴趣、能力、需要；课程内容中的思想性和情感性因素内在地相互渗透。第二，在课程内容的组织和安排上，要重视整合（integration）性和富有弹性。课程整合的方式主要有：从知识内在逻辑的统一性加以整合；以特殊问题或兴趣为中心；从知识的结构加以整合。所谓"富有弹性"，是认为适合所有学生的一成不变的课程程序是不存在的，必须提供广泛多样、幅度不同的课程，以适应学生的个性特征，即由儿童自己根据本身的速率，在单元课程程序中不断获得进步，教师应该追求适合于儿童速率发展的最佳效果。第三，在课程评价上，侧重过程与教育内容品质的分析，而非结果；评价的对象侧重学生的认识、情意及心理动作能力，而不是各种事实的记忆；评价的方法从解释学、精神科学的立场出发，采用个别描述的方式了解整个学习的动态意义。

现代人文主义教育的课程学习程序有六个步骤：① 设计并创造能引起学习者体验真实课程的教材。② 提供实现新的思考、行动和感情的完整的经验。③ 协助学习者从体验中了解其意义。④ 将此体验与学习者的价值、目的、行为及与他人的关系之间产生一种关联作用。⑤ 经由实际的练习以建立新的思考、行动与情感。⑥ 使之内在化进而改变学习者的行为。现代人文主义教育的课程把教学内容与学习者的生长过程有机地联系起来，课程内容不仅涉及教学内容（学科、活动等）、进程、时限、大纲和教材，还涉及学校中适合学生成长的一切环境，注重促进学生作为"整体的人"的成长和潜能的实现。

（三）融洽的师生关系是教学成功的秘诀

现代人文主义教育理论认为，人性内部具有实现潜能的倾向性，学习是自我的和自律的，教育的作用及功能在于创造最佳条件使学习者得以塑造自己。最佳学习条件是一种自由的心理气氛。创造这种气氛的关键在于培养能起促进作用的教师，培植真诚融洽的师生关系，进行以学生为中心的教学和评价。

现代人文主义教育尖锐地批评了传统师生观，认为传统教师是知识的占有者和传授者，学生只是被动接受知识的容器和服从者，教师往往通过恐吓和威慑的手段获取学生的敬畏。现代人文主义教育则要求教师促进学生整体发展，更关注学生对所学内容的情感和情绪反应，帮助学生明确学习对个人的意义，善于为学生的学习创造一种自由的心理气氛。教师只能通过鼓励、关怀和提供选择机会等方式表现对学生的理解和接受，通过满足学生的各种需要促进学生个性的充分发展和潜能的实现。

现代人文主义教育主张在学校建立一种人与人之间的帮助关系。这种观点得益于在心理咨询治疗中积累的人际关系经验。罗杰斯把在治疗过程中的经验迁移到师生关系上，认为在学校中建立帮助关系有助于创造自由的气氛。他把学生的自我评价看作"以学生为中心"的教学过程中的最佳评价方式，主张让学生自己提问、编制试卷和参与评价，公开讨论每个学生所能达到的水平，师生共同确定分数等级，这样可以克服传统的单一的外部评价所带来的一些弊端。他批评单一的外部评价迫使教师只重视学业成绩而无视"整体的人"的成长；限制学生去探索学习的个人意义；不考虑学生生长速率的个性特征，压抑学生的创造性，使学生在枯燥乏味中死记硬背标准答案。

三、现代人文主义教育思想评析

在美国物质文明给人们带来普遍精神危机的背景下，现代人文主义教育以现代人文主义心理学为基础，提出"自我实现"的教育目标，试图通过教育实现人的潜能发展和价值。现代人文主义教育针对美国20世纪60年代课程改革只重学科的知识结构而不顾及学生身心特点的弊端，提出课程设置必须考虑使学生的情感发展和认知发展相统一，让学生在适合促进他们成长的氛围中发展认知、创造、审美和人际交往能力。

从西方心理学的三大思潮来看，精神分析学派只关注心理的消极面，行为主义学派否定人的主观世界，人本主义学派则重视对积极人生的探讨。在人本主义心理学者看来，人的发展的本质是内在潜能在后天环境中的充分实现。强调对自我的正确认识并充分实现每个人的潜能是人本主义对当代教育理论的重要贡献之一，体现了教育思想对人性的复归，教育实践对人类情感世界的复归，以及教育理论对个体的复归。"当代社会生活许多方面的集体制度化的倾向是有害的。学校必须抵制这种二十世纪文化的特色。必须关心并尊重个人需要以及他们之间具有个别差异的权力来抵消这种机械化和非人格化的现象。"①

尽管现代人文主义教育理论在发挥人所具有的潜能、促进人的全面发展上有积极意义，但人本主义教育理论由于其所持的认识论与价值观，不可避免地带有许多缺陷。它把立足点放在人性的内部力量上，过分夸大了人的自然素质的作用，简单地把个体的实现与个体的社会价值画等号，无视社会对个体发展的现实性和可能性的必然制约关系。此外，人本主义教育学者对传统教育理论与实践采取全盘否定的态度也是不可取的，因此遭到教育界的种种非难和强烈批评。

关键概念

结构主义教育思想	皮亚杰	发现法	布鲁纳	《教育过程》
分析教育哲学	谢弗勒	终身教育思潮	朗格郎	
《学会生存——教育世界的今天和明天》		《教育——财富蕴藏其中》	伊里奇	
《去学校化社会》	现代人文主义教育	马斯洛	第三思潮	

现代欧美教育思潮（第十七章、第十八章）小结

第十七章和第十八章介绍了20世纪，尤其是战后各种欧美教育思潮。由于思想渊源、理论基础和出发点等方面的差异，各种教育思潮都围绕自己重点关注的教育问题展开研究。例如，改造主义教育理论是对进步主义教育理论的继承和发展，强调教育的社会功能；新传统教育（包括要素主义、永恒主义和新托马斯主义）主要是作为进步主义教育的对立面出现的，主张恢复传统教育，重新强调教师的主导地位和对古典的或现代的知识的系统学习，并主张对学生进行严格的考核和纪律的约束；存在主义和新人文主义则着力于批判技术社会对人的尊严与价值的漠视，要求重建

---

① ［美］罗伯特·梅逊著，陆有铨译，傅统先校：《当代西方教育理论》，文化教育出版社1984年版，第262页。

人的精神世界；结构主义教育理论和行为主义教育思想注重教育内容与教育技术的革新，集中反映了心理学的研究成果；分析教育哲学主要是分析哲学在教育研究中的应用，它提供了一种新的教育研究方法；终身教育思想则反映了现代社会职业流动性大、知识技术更新率高和人的社会化过程更趋复杂等特征的客观要求。上述一些教育思潮，如改造主义教育、新传统教育和行为主义教育等在二战前就已存在，在战后才获得较大发展。有些教育思潮则是战后的产物，如结构主义、终身教育思想和现代人文主义教育思想等。

战后各种教育思潮和教育流派使人眼花缭乱，但大多以现代西方哲学或心理学的某些流派作为自己的主要理论依据。因此，我们可以依据现代西方哲学的做法，"按照它们如何看待哲学和各种特殊科学的关系，大致可以区分为如下三种主要思潮：第一种是把哲学和特殊科学相提并论，并由此而否定哲学的世界观意义的科学主义思潮；第二种是把哲学和特殊科学完全割裂开来、对立起来，把哲学的出发点归结为人的非理性的生命、本能冲动、情感意志的人本主义思潮；第三种是将哲学超出于特殊科学之上，把超出于具体事物之外的某种精神本质当作哲学研究的基础的思辨唯心主义和宗教哲学思潮"[①]。属于科学教育思潮的主要有以实证主义和逻辑经验主义为主的分析教育哲学、新行为主义教育和结构主义教育等。改造主义的代表人物布拉梅尔德也以行为科学作为自己的理论前提之一。属于人本主义思潮的教育思想流派主要有存在主义教育和新人文主义教育等，属于思辨唯心主义和宗教哲学思潮的有新托马斯主义教育等。

现代西方哲学中的上述三种思潮，即科学主义思潮、人本主义思潮以及思辨唯心主义和宗教哲学思潮，与西方思想看待人和宇宙的三种不同模式相联系。"一般来说，西方思想分三种不同模式看待人和宇宙。第一种模式是超越自然的，即超越宇宙的模式，集焦点于上帝，把人看成是神的创造的一部分。第二种模式是自然的，即科学的模式，集焦点于自然，把人看成是自然秩序的一部分，像其他有机体一样。第三种模式是人文主义的模式，集焦点于人，以人的经验作为人对自己，对上帝，对自然了解的出发点。"[②]

但我们也应该意识到，教育作为培养人的社会活动有自己的特殊性，西方教育思想的发展和演变有自己的传承。第一，很多西方教育学者将古代希腊教育思想视为自己灵感的来源和思想的渊源，言必称希腊。第二，从杜威开始，在西方现代教育理论的争论中，所谓的"传统教育"和"现代教育"往往成为焦点。如新传统教育大都主张回到传统教育的老路。但也存在更为复杂的"传统教育"和"现代教育"交叉、交织的复杂情况。第三，各种教育思潮虽然以某种哲学或科学作为自己的理论依据，但落脚点还是要解决教育理论和教育实践中所特有的各种具体问题，这些专门属于教育领域的问题并非哲学或科学所能替代的。

---

① 刘放桐等编著：《现代西方哲学（修订本）》（上册），人民出版社1990年版，第16页。
② ［英］阿伦·布洛克著，董乐山译：《西方人文主义传统》，生活·读书·新知三联书店1997年版，第12页。

思考题

1. 述评结构主义教育思想。
2. 简述分析教育哲学的基本主张。
3. 述评终身教育思潮。
4. 述评现代人文主义教育思想。
5. 简述现代欧美教育思潮主要包括的流派。

主要参考文献

一、中文文献

1. ［苏］米定斯基著，叶文雄译：《世界教育史》，生活·读书·新知三联书店1950年版。

2. ［苏］司徒卢威著，陈文林、贾刚、萧家琛译：《古代的东方》，人民教育出版社1955年版。

3. ［苏］耶·恩·米定斯基著，何国华、吴文侃译：《教育史中教育的自然适应性原则》，《教育译报》1957年第4期。

4. ［古罗马］奥古斯丁著，周士良译：《忏悔录》，商务印书馆1963年版。

5. ［英］罗素著，何兆武、李约瑟译：《西方哲学史》（上、下卷），商务印书馆1963年版。

6. ［英］沛西·能著，王承绪、赵瑞瑛译：《教育原理》，人民教育出版社1964年版。

7. ［古希腊］亚里士多德著，吴寿彭译：《政治学》，商务印书馆1965年版。

8. 上海师范大学教育系编：《马克思恩格斯论教育》，人民教育出版社1979年版。

9. 曹孚编：《外国教育史》，人民教育出版社1979年版。

10. 张焕庭主编：《西方资产阶级教育论著选》，人民教育出版社1979年版。

11. ［瑞士］雅各布·布克哈特著，何新译，马香雪校：《意大利文艺复兴时期的文化》，商务印书馆1979年版。

12. ［意］康帕内拉著，陈大维、黎思复、黎廷弼合译：《太阳城》，商务印书馆1980年版。

13. 曹孚、滕大春、吴式颖、姜文闵编：《外国古代教育史》，人民教育出版社1981年版。

14. 罗炳之编著：《外国教育史》（上、下册），江苏人民出版社1981年版。

15. ［美］约翰·杜威著，赵祥麟、王承绪编译：《杜威教育论著选》，华东师大学出版社1981年版。

16. 刘放桐等编著：《现代西方哲学（修订本）》（上、下册），人民出版社1981年版。

17. ［英］托马斯·莫尔著，戴镏龄译：《乌托邦》，商务印书馆1982年版。

18. 滕大春著：《卢梭教育思想述评》，人民教育出版社1984年版。

19. ［英］培根著，许宝骙译：《新工具》，商务印书馆1984年版。

20. ［瑞士］裴斯泰洛齐著，北京编译社译：《林哈德和葛笃德》（上、下册），人民教育出版社1984年版。

21. ［德］席勒著，徐恒醇译：《美育书简》，中国文联出版公司1984年版。

22. 苏联教育科学院编，华东师范大学《马克思恩格斯论教育》辑译小组辑译：《马克思恩格斯论教育》（上、下卷），人民教育出版社1985—1986年版。

23.〔苏〕赞科夫编，杜殿坤、张世臣、俞翔辉、张渭城、丁酉成、叶玉华译：《教学与发展》，人民教育出版社1985年版。

24.〔法〕卢梭著，李平沤译：《爱弥儿》（上、下卷），人民教育出版社1985年版。

25.〔苏〕马卡连柯著，吴式颖等编：《马卡连柯教育文选》（上、下卷），人民教育出版社1985年版。

26.〔英〕博伊德、金合著，任宝祥、吴元训主译：《西方教育史》，人民教育出版社1985年版。

27.〔美〕朗格郎著，周南照、陈树清译，王遵仲校：《终身教育引论》，中国对外翻译出版公司1985年版。

28.〔德〕弗·鲍尔生著，滕大春、滕大生译：《德国教育史》，人民教育出版社1986年版。

29.〔古希腊〕柏拉图著，郭斌和、张竹明译：《理想国》，商务印书馆1986年版。

30. 日本世界教育史研究会编，梅根悟主编，张举、梁忠义、刘翠荣、祝子平译，梁忠义校订：《世界幼儿教育史》（上、下册），吉林人民出版社1986年版。

31. 赵祥麟主编：《外国现代教育史》，华东师范大学出版社1987年版。

32. 王桂编著：《日本教育史》，吉林教育出版社1987年版。

33.〔美〕S·E·佛罗斯特著，吴元训等译：《西方教育的历史和哲学基础》，华夏出版社1987年版。

34.〔美〕科南特著，陈友松主译：《科南特教育论著选》，人民教育出版社1988年版。

35. 滕大春主编：《外国近代教育史》，人民教育出版社1989年版。

36.〔德〕康·德·赫尔巴特著，李其龙译：《普通教育学·教育学讲授纲要》，人民教育出版社1989年版。

37.〔俄〕康·德·乌申斯基著，郑文樾、张佩珍、张敏鳌译：《人是教育的对象——教育人类学初探》（上、下卷），人民教育出版社1989年版。

38. 吴元训编：《中世纪教育文选》，人民教育出版社1989年版。

39.〔古罗马〕昆体良著，任钟印选译：《昆体良教育论著选》，人民教育出版社1989年版。

40.〔美〕布鲁纳著，邵瑞珍、张渭城等译，王承绪、曾继铎等校：《布鲁纳教育论著选》，人民教育出版社1989年版。

41. 吕大吉主编：《宗教学通论》，中国社会科学出版社1989年版。

42.〔古罗马〕塞涅卡著，赵又春、张建军译：《幸福而短促的人生——塞涅卡道德书简》，上海三联书店1989年版。

43. 滕大春主编：《外国教育通史》（六卷本），山东教育出版社1989—1994年版。

44. 戴本博主编：《外国教育史》（上、中、下），人民教育出版社1989—1990年版。

45. 华东师范大学教育系编：《列宁论教育》（修订本），人民教育出版社1990年版。

46.〔捷〕夸美纽斯著，傅任敢译：《大教学论》，人民教育出版社1990年版。

47.〔德〕第斯多惠著，袁一安译：《德国教师教育指南》，人民教育出版社1990年版。

48.〔英〕托·亨·赫胥黎著，单中惠、平波译：《科学与教育》，人民教育出版社1990年版。

49.〔美〕约翰·杜威著，王承绪译：《民主主义与教育》，人民教育出版社1990年版。

50. 瞿葆奎主编，马骥雄选编：《教育学文集·美国教育改革》，人民教育出版社1990年版。

51. 瞿葆奎主编，李其龙选编：《教育学文集·联邦德国教育改革》，人民教育出版社1990年版。

52. 任钟印选编，任宝祥、熊礼贵、鲍晓苏等译：《夸美纽斯教育论著选》，人民教育出版社1990年版。

53. ［澳大利亚］W·F·康内尔著，张法琨、方能达、李乐天等译：《二十世纪世界教育史》，人民教育出版社1990年版。

54. ［美］威廉·H·克伯屈著，王建新译，杨爱程、黄学溥校：《教学方法原理——教育漫谈》，人民教育出版社1991年版。

55. ［美］约翰·杜威著，姜文闵译：《我们怎样思维·经验与教育》，人民教育出版社1991年版。

56. ［美］约翰·S·布鲁柏克著，吴元训主译，吴元训校：《教育问题史》，安徽教育出版社1991年版。

57. 顾明远主编：《教育大辞典》（第11卷），上海教育出版社1991年版。

58. ［德］福禄培尔著，孙祖复译：《人的教育》，人民教育出版社1991年版。

59. ［澳大利亚］W·F·康纳尔著，孟湘砥、胡若愚主译，周定之、张文庭校：《二十世界教育史》，湖南教育出版社1991年版。

60. ［美］E·P·克伯雷选编，华中师范大学、西南师范大学、西北师范大学、福建师范大学教育系译：《外国教育史料》，华中师范大学出版社1991年版。

61. ［德］雅斯贝尔斯著，邹进译：《什么是教育》，生活·读书·新知三联书店1991年版。

62. 瞿葆奎主编，钟启泉选编：《教育学文集·日本教育改革》，人民教育出版社1991年版。

63. 马骥雄主编：《战后美国教育研究》，江西教育出版社1991年版。

64. 钱乘旦、陈晓律著：《在传统与变革之间——英国文化模式溯源》，浙江人民出版社1991年版。

65. 王承绪、徐辉主编：《战后英国教育研究》，江西教育出版社1992年版。

66. 李明德、金锵主编：《教育名著评介·外国卷》，福建教育出版社1992年版。

67. ［瑞士］裴斯泰洛齐著，夏之莲等译：《裴斯泰洛齐教育论著选》，人民教育出版社1992年版。

68. 赵祥麟主编：《外国教育家评传》（四卷本），上海教育出版社1992—2003年版。

69. ［英］伊丽莎白·劳伦斯著，纪晓林译：《现代教育的起源和发展》，北京语言学院出版社1992年版。

70. 瞿葆奎主编，金含芬选编：《教育学文集·英国教育改革》，人民教育出版社1993年版。

71. 梁忠义主编：《战后日本教育研究》，江西教育出版社1993年版。

72. 瞿葆奎主编，杜殿坤等选编：《教育学文集·苏联教育改革》，人民教育出版社1993年版。

73. ［德］乔治·凯兴斯泰纳著，郑惠卿译：《凯兴斯泰纳教育论著选》，人民教育出版社1993年版。

74. 王天一、夏之莲、朱美玉编著：《外国教育史（第2版）》（上、下册），北京师范大学出版社1993年版。

75. ［英］约翰·洛克著，吴棠译：《理解能力指导散论》，人民教育出版社1993年版。

76. 徐辉、郑继伟编著：《英国教育史》，吉林人民出版社1993年版。

77. ［意］蒙台梭利著，任代文主译校：《蒙台梭利幼儿教育科学方法》，人民教育出版社1993年版。

78. 张法琨选编：《古希腊教育论著选》，人民教育出版社1994年版。

79. ［美］约翰·杜威著，赵祥麟、任钟印、吴志宏译：《学校与社会·明日之学校》，人民教育出版社1994年版。

80. ［美］拉尔夫·泰勒著，施良方译，瞿葆奎校：《课程与教学的基本原理》，人民教育出版社1994年版。

81. 瞿葆奎主编，张人杰选编：《教育学文集·法国教育改革》，人民教育出版社1994年版。

82. ［摩洛哥］扎古尔·摩西主编，梅祖培、龙冶芳等译：《世界著名教育思想家》（4卷本），中国对外翻译出版公司1994年版。

83. 任钟印主编：《世界教育名著通览》，湖北教育出版社1994年版。

84. 滕大春著：《美国教育史》，人民教育出版社1994年版。

85. 张斌贤、褚洪启等著：《西方教育思想史》，四川教育出版社1994年版。

86. ［瑞士］阿图尔·布律迈尔主编，尹德新组译，杜文棠审校：《裴斯泰洛齐选集》（第一卷），教育科学出版社1994年版。

87. ［美］劳伦斯·阿瑟·克雷明著，单中惠、马晓斌译：《学校的变革》，上海教育出版社1994年版。

88. 卓晴君、方晓东主编：《教育与人的发展》，教育科学出版社1995年版。

89. 李其龙、孙祖复著：《战后德国教育研究》，江西教育出版社1995年版。

90. ［德］W·A·拉伊著，沈剑平、瞿葆奎译：《实验教育学》，人民教育出版社1996年版。

91. 王天一、方晓东编著：《西方教育思想史》，湖南教育出版社1996年版。

92. 单中惠主编：《西方教育思想史》，山西教育出版社1996年版。

93. ［瑞士］阿图尔·布律迈尔等主编，尹德新组译，杜文棠审校：《裴斯泰洛齐选集》（第二卷），教育科学出版社1996年版。

94. ［法］蒙田著，潘丽珍等译：《蒙田随笔全集》，译林出版社1996年版。

95. 张瑞璠、王承绪主编：《中外教育比较史纲》（古代卷、近代卷、现代卷），山东教育出版社1997年版。

96. ［英］赫·斯宾塞著，胡毅、王承绪译：《斯宾塞教育论著选》，人民教育出版社1997年版。

97. 朱旭东著：《欧美国民教育理论探源》，北京师范大学出版社1997年版。

98. 吴式颖主编：《外国现代教育史》，人民教育出版社1997年版。

99. 张斌贤著：《社会转型与教育变革——美国进步主义教育运动研究》，湖南教育出版社1998

年版。

100. 贺国庆著：《德国和美国大学发达史》，人民教育出版社1998年版。

101. ［苏］В·А·苏霍姆林斯基著，毕淑芝等译：《育人三部曲》，人民教育出版社1998年版。

102. ［古罗马］西塞罗著，徐奕春译：《论老年　论友谊　论责任》，商务印书馆1998年版。

103. ［德］诺贝特·埃利亚斯著，王佩莉译：《文明的进程：文明的社会起源和心理起源的研究》（第一卷：《西方国家世俗上层行为的变化》），生活·读书·新知三联书店1998年版。

104. 杨汉麟、周采著：《外国幼儿教育史》（修订本），广西教育出版社1998年版。

105. 周采、杨汉麟主编：《外国学前教育史》，北京师范大学出版社1998年版。

106. 瞿葆奎主编，郑金洲副主编：《教育基本理论之研究（1978—1995）》，福建教育出版社1998年版。

107. ［古罗马］西塞罗著，沈叔平、苏力译：《国家篇　法律篇》，商务印书馆1999年版。

108. 夏之莲主编：《外国教育发展史料选粹》（上、下卷），北京师范大学出版社1999年版。

109. 单中惠、杨汉麟主编：《西方教育学名著提要》，江西人民出版社2000年版。

110. 阎照祥著：《英国贵族史》，人民出版社2000年版。

111. 华东师范大学教育系、浙江大学教育系选编：《西方古代教育论著选》（第2版），人民教育出版社2001年版。

112. 任钟印主编：《西方近代教育论著选》，人民教育出版社2001年版。

113. 王承绪、赵祥麟编译：《西方现代教育论著选》，人民教育出版社2001年版。

114. ［俄］卡特林娅·萨里莫娃、［美］欧文·V·约翰宁迈耶主编，方晓东等译：《当代教育史研究与教学的主要趋势》，教育科学出版社2001年版。

115. ［美］罗伯特·M·赫钦斯著，汪利兵译：《美国高等教育》，浙江教育出版社2001年版。

116. 裔昭印著：《古希腊的妇女——文化视域中的研究》，商务印书馆2001年版。

117. 衣俊卿、丁立群、李小娟、王晓东著：《20世纪的新马克思主义》，中央编译出版社2001年版。

118. 吴式颖、任钟印主编：《外国教育思想通史》（10卷本），湖南教育出版社2002年版。

119. 赵祥麟主编：《外国教育家评传（第二版）》（4卷本），上海教育出版社2002年版。

120. 单中惠著：《现代教育的探索——杜威与实用主义教育思想》，人民教育出版社2002年版。

121. ［美］劳伦斯·A·克雷明著，洪成文、丁邦平、刘建永、马忠虎译：《美国教育史：建国初期的历程（1783—1876）》，北京师范大学出版社2002年版。

122. ［美］劳伦斯·A·克雷明著，朱旭东、王保星、张驰、占胜利、陈璞、蒋衡译：《美国教育史：城市化时期的历程（1876—1980）》，北京师范大学出版社2002年版。

123. ［德］克里斯托弗·福尔著，肖辉英、陈德兴、戴继强译，戴继强校：《1945年以来的德国教育：概览与问题》，人民教育出版社2002年版。

124. ［德］赫尔巴特著，李其龙、郭官义等译：《赫尔巴特文集》（6卷本），浙江教育出版社2002年版。

125. 张志伟主编：《西方哲学史》，中国人民大学出版社2002年版。

126. ［美］ 劳伦斯·A·克雷明著，周玉军、苑龙、陈少英译：《美国教育史：殖民地时期的历程（1607—1783）》，北京师范大学出版社2003年版。

127. ［法］卢梭著，何兆武译：《社会契约论》，商务印书馆2003年版。

128. ［古罗马］西塞罗著，王焕生译：《论演说家》，中国政法大学出版社2003年版。

129. 贺国庆、王保星、朱文富等著：《外国高等教育史》，人民教育出版社2003年版。

130. 黄福涛主编：《外国高等教育史》，上海教育出版社2003年版。

131. 杜学元著：《外国女子教育史》，四川人民出版社2003年版。

132. ［法］ 爱弥尔·涂尔干著，李康译：《教育思想的演进》，上海人民出版社2003年版。

133. 吕达、周满生主编：《当代外国教育改革著名文献》，人民教育出版社2004年版。

134. 杜成宪、邓明言著：《教育史学》，人民教育出版社2004年版。

135. ［英］安迪·格林著，王春华等译，朱旭东校：《教育与国家形成：英、法、美教育体系起源之比较》，教育科学出版社2004年版。

136. ［英］格莱夫斯著，吴康译：《中世教育史》，华东师范大学出版社2005年版。

137. ［美］巴格莱著，袁桂林译：《教育与新人》（第2版），人民教育出版社2005年版。

138. ［日］福泽谕吉著，王桂主译，陈榴校：《福泽谕吉教育论著选》，人民教育出版社2005年版。

139. ［德］伊曼努尔·康德著，赵鹏、何兆武译：《论教育学》，上海人民出版社2005年版。

140. 杨汉麟主编：《外国教育实验史》，人民教育出版社2005年版。

141. 余震球选译：《维果茨基教育论著选》（第2版），人民教育出版社2005年版。

142. ［美］斯塔夫里阿诺斯著，董书慧等译：《全球通史：从史前史到21世纪》（第7版·上、下），北京大学出版社2005年版。

143. ［古罗马］塞涅卡著，包利民、李春树、陈琪等译：《强者的温柔——塞涅卡伦理文选》，中国社会科学出版社2005年版。

144. ［意大利］维柯著，张小勇译：《维柯论人文教育——大学开学典礼演讲集》，广西师范大学出版社2005年版。

145. 袁锐锷著：《外国教育史新编》，广东教育出版社2006年版。

146. 吴式颖著：《俄国教育史——从教育现代化视角所作的考察》，人民教育出版社2006年版。

147. ［捷克］夸美纽斯著，任钟印译：《大教学论·教学法解析》，人民教育出版社2006年版。

148. ［英］洛克著，杨汉麟译：《教育漫话》，人民教育出版社2006年版。

149. 周采著：《美国教育史学：嬗变与超越》，人民教育出版社2006年版。

150. 原青林著：《揭示英才教育的秘诀——英国公学研究》，黑龙江人民出版社2006年版。

151. 张斌贤、王保星主编：《西方教育思想史》，高等教育出版社2007年版。

152. 王保星著：《西方教育十二讲》，重庆出版社2008年版。

153. 单中惠著：《让我们与儿童一起生活吧：幼儿园之父福禄培尔》，华东师范大学出版社2008年版。

154. ［英］罗素著，杨汉麟译：《罗素论教育》，人民教育出版社2009年版。

155. 贺国庆等著：《欧洲中世纪大学》，人民教育出版社2009年版。

156. ［美］简·杜威等著，单中惠编译：《杜威传》（修订版），安徽教育出版社2009年版。

157. 单中惠、钟文芳、李爱萍、原青林、王晓宇编译：《蒙台梭利幼儿教育著作精选》，华东师范大学出版社2009年版。

158. 单中惠、许建美、龚兵、杨捷、王晓宇编译：《福禄培尔幼儿教育著作精选》，华东师范大学出版社2009年版。

159. ［美］S·鲍尔斯、H·金蒂斯著，王佩雄等译：《美国：经济生活与教育改革》，上海人民出版社2009年版。

160. 张斌贤、孙益主编：《探索外国教育史研究的新领域与新方法》，广西师范大学出版社2009年版。

161. ［美］乔尔·斯普林著，史静寰等译：《美国学校：教育传统与变革》，人民教育出版2010年版。

162. ［美］罗伯特·威斯布鲁克著，王红欣译：《杜威与美国民主》，北京大学出版社2010年版。

163. ［德］费希特著，梁志学、沈真、李理译：《对德意志民族的演讲》，商务印书馆2010年版。

164. ［美］丹尼斯·舍尔曼著，赵立行译：《西方文明史读本》（第七版），复旦大学出版社2010年版。

165. 张斌贤主编：《西方教育思想史》（修订版），人民教育出版社2011年版。

166. 杨汉麟著：《外国幼儿教育史》，人民教育出版社2011年版。

167. 周采：《柏拉图的未成文学说与书写批判及其教育意义》，《清华大学教育研究》2011年第1期。

168. ［俄罗斯］萨利莫娃、［荷兰］多德编，诸惠芳、方晓东、邹海燕主译，吕达、诸惠芳、刘立德审校：《国际教育史手册》，人民教育出版社2012年版。

169. ［美］凯瑟琳·克莱、钱德里卡·保罗、克里斯蒂娜·塞内卡尔著，裔昭印、张凯译：《世界妇女史（上卷·从史前至公元1500年）》，上海人民出版社2012年版。

170. ［美］凯瑟琳·克莱、钱德里卡·保罗、克里斯蒂娜·塞内卡尔著，裔昭印、张凯译：《世界妇女史（下卷·1500年至今）》，上海人民出版社2012年版。

171. ［美］威廉·W·布里克曼著，许建美译：《教育史学：传统、理论和方法》，山东教育出版社2013年版。

172. 史静寰、延建林等著：《西方教育史学百年史论》，人民教育出版社2014年版。

173. 贺国庆、朱文富等著：《外国职业教育通史》（上、下卷），人民教育出版社2014年版。

174. ［美］杰里·本特利、赫伯特·齐格勒著，魏凤莲译：《新全球史：文明的传承与交流（公元1000年之前）》（第五版），北京大学出版社2014年版。

175. ［美］杰里·本特利、赫伯特·齐格勒著，魏凤莲译：《新全球史：文明的传承与交流

（1000—1800年）》（第五版），北京大学出版社2014年版。

176.［美］杰里·本特利、赫伯特·齐格勒著，魏凤莲译：《新全球史：文明的传承与交流（1750年至今）》（第五版），北京大学出版社2014年版。

177.［英］葛怀恩著，黄汉林译：《古罗马的教育——从西塞罗到昆体良》，华夏出版社2015年版。

178. 郭法奇著：《外国学前教育史》，北京大学出版社2015年版。

179.［美］玛格丽特·L·金著，李平译：《欧洲文艺复兴》，上海人民出版社2015年版。

180. 武翠红著：《英国教育史学：创立与变革》，中国社会科学出版社2015年版。

181. 邬春芹著：《美国城市教育史学发展历程研究》，南京大学出版社2016年版。

182.［意］艾格勒·贝奇、［法］多米尼克·朱利亚主编，申华明译：《西方儿童史（上卷：从古代到17世纪）》，商务印书馆2016年版。

183.［意］艾格勒·贝奇、［法］多米尼克·朱利亚主编，申华明译：《西方儿童史（下卷：自18世纪迄今）》，商务印书馆2016年版。

184. 周洪宇著：《创新与建设——教育史学科的重建》，华中科技大学出版社2016年版。

185. 吴式颖、任钟印丛书总主编：《外国教育思想通史》（10卷本），北京师范大学出版社2017年版。

186. 易红郡著：《英国教育思想史》，华东师范大学出版社2017年版。

187. 涂诗万主编：《〈民主主义与教育〉：百年传播与当代审视》，教育科学出版社2017年版。

188. 诸园著：《美国女性教育史学史》，中国社会科学出版社2017年版。

189. 周采等著：《当代西方教育史学流派研究》，上海交通大学出版社2018年版。

190. 周洪宇主编：《教育史学通论》（上、下卷），人民教育出版社2018年版。

二、英文文献

1. Adamson, John W. *Pioneers of Modern Education, 1600—1700*. London: Cambridge University Press, 1905.

2. Adamson, John W. *A Short History of Education*. London: Cambridge University Press, 1919.

3. Adamson, John W. *English Education, 1789—1902*. London: Cambridge University Press, 1930.

4. Altekar, A. S. *Education in Ancient India (Third edition)*. Benares: Nand Kishore & Bros, 1948.

5. Armytage, W. H. G. *Four hundred years of English education*. London: Cambridge University Press, 1964.

6. Bailyn, Bernard. *Education in the Forming of American Society*. Carolina: The University of North Carolina Press, 1960.

7. Boone, Richard G. *Education in the United States*. New York: Nabu Press, 1889.

8. Bowles, S. & Gintis, H. *Schooling in Capitalist America: Educational Reform and the Contradictions of Economic Life*. London: Routledge & Kegan Paul Ltd, 1976.

9. Boyd, William. *The History of Western Education (Fourth edition)*. London: Black, 1947.

10. Bowen, James. *A History of Western Education*, *Volume One*. New York: Methuen & Co. Ltd, 1972.

11. Bowen, James. *A History of Western Education*, *Volume Two*. New York: Methuen & Co. Ltd, 1975.

12. Bowen, James. *A History of Western Education*, *Volume Three*. New York: Methuen & Co. Ltd, 1981.

13. Brubacher, John S. *A History of the Problems of Education*. New York and London: McGraw-Hill, 1947.

14. Butts, R. Freeman. *A Cultural History of Western Education*. New York and London: McGraw-Hill, 1955.

15. Cremin, Lawrence Archur. *The Transformation of The School (Progressivism in American Education, 1876—1957)*. New York: Alfred A. Knopf, 1964.

16. Cremin, Lawrence Archur. *The Wonderful World of Ellwood Patterson Cubberley, An Essay on the Historiography of American Education*. New York: Bureau of Publications, Teachers College, Columbia University, 1965.

17. Cremin, Lawrence Archur. *American Education (The Colonial Experience , 1607—1783)*. New York: Harper and Row, 1970.

18. Cremin, Lawrence Archur. *American Education (The National Experience, 1783—1876)*. New York: Harper and Row, 1980.

19. Cremin, Lawrence Archur. *American Education (The Metropolitan Experience, 1876—1980)*. New York: Harper and Row, 1988.

20. Cremin, Lawrence Archur. *Public Education*. New York: Basic Books, 1976.

21. Cubberley, E. P. *Public Education in the United States: A Study and Interpretation of American Educational History*. New York: Houghton Mifflin Company, 1919.

22. Cubberley, E. P. *Syllabus of Lectures on the History of Education with Selected Bibliographies*. New York: The Macmillan Company, 1902.

23. Cubberley, E. P. *Readings in the History of Education*. Boston: Houghton Mifflin, 1920.

24. Curti, Merle. *The Social Ideas of American Educators*. New Jersey: Littlefield Adams & Co., 1959.

25. Davidson, Thomas. *History of Education*. New York: Sribners's Sons, 1900.

26. Dexter, Edwin Grant. *A History of Education in the United States*. New York: The Macmillan Company, 1904.

27. Freeman, Kenneth J. *Schools of Hellas (Third edition)*. London: The Macmillan Company, 1922.

28. Goodman, Paul. *Growing up Absurd*. New York: Random House, 1960.

29. Hans, Nicholas. *History of Russia Educational Policy, 1701—1917* . London: King, 1931.

30. Hussey, Joan M. *Church and Learning in the Byzantine Empire, 867—1185*. London: Oxford

University Press, 1937.

31. Katz, Michael B. *Class, Bureaucracy, and Schools: The Illusion of Educational Change in American*. New York: Praeger Publisher, 1971.

32. Kliebard, Herbert M. *The Struggle for the American Curriculum, 1893—1958*. New York and London: Routledge Falmer Press, 2004.

33. Lowe, Roy. *Education in the Post-war Years: A Social History*. London: Routledge, 1988.

34. Monroe, Paul. *A Text-book in the History of Education*. New York: The Macmillan Company, 1905.

35. Monroe, Paul. *History of Education*. New York: The Macmillan Company, 1907.

36. Monroe, Paul. *A Text-book in the History of Education*. New York: The Macmillan Company, 1909.

37. Monroe, Paul. *Source Book in the History of Education for the Greek and Roman Period*. New York: The Macmillan Company, 1915.

38. Monroe, Paul. *A Cyclopedia of Education*. New York: The Macmillan Company, 1915.

39. Monroe, Paul. *A Brief Course in the History of Education*. New York: The Macmillan Company, 1917.

40. Monroe, Paul. *Founding of the American Public School System*. New York: The Macmillan Company, 1940.

41. Quick, Robert, H. *Essays on Educational Reformers*. New York: Appleton, 1890.

42. Rashdall, Hastings. *The Universites of Europe in the Middle Ages. (3 vols)*. New York: Oxford University Press, 1936.

43. Simon, Joan. *The Social Origins of English Education*. London: Rouledge and Kegan Paul Ltd, 1970.

44. Simon, Brain. *Two Nations and the Educational Structure, 1780—1870*. London: Lawrence & Wishart, 1974.

45. Simon, Brain. *Education and the Social Order, 1940—1990*. London: Lawrence and Wishart, 1991.

46. Spring, Joel. *The American School, 1642—1990 (Second Edition)*. New York: Longman, 1990.

47. Spring, Joel. *The American School, 1642—2000 (Fifth Edition)*. Boston: McGraw- Hill, 2000.

48. Spring, Joel. *The American Education (Tenth Edition)*. Boston: McGraw- Hill, 2002.

49. Ulich, Robert. *History of Educational Thought*. New York: American Book, 1945.

50. Ulich, Robert. *Three Thousand Years of Educational Wisdom*. Massachusetts: Harvard University Press, 1947.

51. Wilkins, A. S. *Roman Education*. London: Cambridge University Press, 1905.

52. Woody, Thomas. *A History of Women's Education in the United States (2 vols)*. Lancaster, Pa: Science Press, 1929.